바가바드기타

Bhagavadgītā

바가드기타(Bhagavadgītā)

초판 1쇄 발행 2021년 11월 19일
초판 2쇄 발행 2025년 1월 24일

지은이 임근동

펴낸이 김진수
펴낸곳 사문난적

출판등록 2008년 2월 29일 제313-2008-00041호
주 소 경기도 성남시 분당구 판교로 210번길 14
전화·팩스 031 - 707 - 5344

e-mail imaginee@empas.com

ISBN 978-89-94122-50-2 (03890)

바가바드기타

Bhagavadgītā

사문난적

일러두기

1. 이 책은 1972년에 인도 뿌나(Poona)의 '반다르까르 동양연구소'(The Bhandarkar Oriental Research Institute)에서 간행된 『마하바라타』(The Mahābhārata) 제2권 교정 판본을 번역의 저본으로 삼고, 인도 고라크뿌르(Gorakhapura)에서 간행된 『바가바드기타』 샹까라(Śaṁkara)의 주석본 산스크리트어 힌디어 대역 재판본(Reprint, 1996)과 동일한 곳에서 간행된 라마누자(Rāmānuja)의 주석본 산스크리트어 힌디어 대역 재판본(Reprint, 2017)을 번역의 부본으로 삼았습니다.

2. 번역은 샹까라와 라마누자의 산스크리트어 주석에 의거하여 의미를 맞추고, 원어의 풍격風格과 원의를 잃지 않기 위해 직역을 원칙으로 하였습니다.

3. 본문의 해석에 있어서 슈리하리끄리스나다스 고얀다까(Śrīharikṛṣṇadāsa Goyandakā) 이외의 인도에서 간행된 여러 힌디어 번역, 라다끄리스난(S. Radhakrishnan)의 영어 번역을 참고했습니다. 번역을 마친 후 교정을 보면서 함석헌의 우리말 번역과 길희성의 우리말 번역을 참고했습니다.

4. 이 책의 주석은 대부분 샹까라 그리고 라마누자의 산스크리트어 주석본의 주요 내용을 번역한 것입니다. 주석에서 ( ) 속의 원어는 대부분 산스크리트 낱말의 본래 형태이며, 일부는 낱말의 주격 단수 혹은 다른 격 표지가 첨가된 형태입니다. 이 책의 주석에서 아무런 말이 없이 시작되는 것은 본인의 주석입니다.

5. 산스크리트 원어의 발음은 소리 나는 대로 표기함을 원칙으로 하고, 일부 국내에 통용되는 발음은 그것을 따랐습니다.

서문

제가 『바가바드기타』를 처음 읽은 것은 학생 시절이던 1985년 인도에 힌디어를 공부하러 가서입니다. 당시 인도 정부는 세계 각국의 학생들을 힌디어 장학생으로 초청하여 약 1년 동안 인도 국립 힌디어 연수원에서 함께 힌디어 공부를 할 기회를 주었습니다. 영국, 독일, 프랑스, 이탈리아, 네덜란드, 미국, 중국, 파키스탄, 베트남, 스리랑카, 일본, 당시 소련이던 러시아와 헝가리, 폴란드 등 다양한 나라의 남녀학생들이 있었고, 한국 학생으로는 제가 초청되었습니다.

저는 독일에서 온 한쓰(Haṁsa)와 유난히 친했습니다. 남학생 기숙사 1층엔 저의 방이, 2층엔 그의 방이 있었습니다. 원래 이름은 하인쯔(Heinz)인데, 저는 그 친구를 한쓰라고 불렀습니다. 한쓰는 인도기러기를 의미하는 산스크리트어 낱말입니다. 산스크리트어 식으로 발음을 하면 한싸이지만, 저는 힌디 식으로 발음을 해서 한쓰라고 불렀습니다. 한쓰는 제가 원래 이름 대신 한쓰라고 불러주는 것을 무척 좋아했습니다. 사실인지는 모르지만, 인도 사람들은 인도기러기는 물에다 우유를 섞어주면, 그 물에서 우유만을 골라서 먹는 새라고 말합니다. 그래서 한쓰는 '지혜로운 자', '진리를 추구하는 수행자'를 의미하는 낱말입니다.

저는 제 기숙사 방에서 산스크리트 힌디어 대역 『바가바드기타』를 읽곤 했습니다. 그러다가 밤에 한쓰가 생활하던 2층 방에 올라가 보면, 그는 상의를 벗은 채 땀을 흘리며 산스크리트 힌디어 대역 『우파니샤드』를 읽고 있었습니다. 36년이 지난 지금도 그 모습이 눈에 선합니다. 지금은 할아버지의 모습으로 변한 한쓰는 현재 스웨덴의 웁살라 대학교 인도 관련 학과 교수로 재직 중입니다. 얼마 전 스웨덴에서 전화가 와서 한쓰가 제게 무얼 하냐고 물어 보기에 『바가바드기타』를 번역해서 출간하려고 원고를 교정 중이라고 대답했습니다. 무척 기뻐하며 교정이 중요하니까 교정을 잘 보라고 말했습니다. 청년 한쓰가 기숙사에서 읽던 『우파니샤드』는 10여 년 전에 제가 번역을 해서 출간했고, 그 아래층에서 제가 읽던 『바가바드기타』는 이제야 번역해서 출간하게 되었습니다.

그 시절 인도의 기숙사에서 산스크리트어 한 단어, 힌디어 한 단어 이렇게 떠듬떠듬 『바가바드기타』를 읽다 보면 몸과 마음이 말로는 형용하기 힘든 묘한 상태에 잠기곤 했습니다. 기숙사 뒤편에 공원이 있었는데, 아침이면 야생의 공작새가 우아하게 날아다니고, 이름 모를 남쪽 나라 꽃들이 많이 피어있는 한적한 곳이었습니다. 저는 이따금 『바가바드기타』를 공원에 있는 나무 밑의 잔디밭에 앉아 읽곤 했습니다. 그럴 때면 기숙사 방에서 읽을 때보다 더욱더 몸과 마음이 묘한 상태에 잠기곤 했습니다. 지금 생각해보니 『바가바드기타』는 자연 속에서 읽는 게 좋은 책인 것 같습니다.

인도에서 힌디어 연수를 마치고 우리나라에 돌아온 저는 여름 방학을 맞아 산으로 들어가서 『바가바드기타』만 읽었습니다. 『바가바드기타』를 읽을 때 느끼는 묘한 기분이 좋았기 때문이었습니다. 그

후 학교에서 은사님께 인사를 드리다 제가 이런 말을 했습니다. “선생님, 저 『바가바드기타』를 한번 번역해 보려고 합니다.” 그러자 은사님께서 이렇게 말씀하셨습니다. “글쎄 『바가바드기타』는 지금 번역하는 것보다는 나중에 공부가 익은 다음에 하는 게 좋지 않을까?” 이렇게 대화를 나눈 지 어느새 35년이 지났습니다. 공부가 익는 데 35년이 걸린 셈인데, 아직도 공부가 익었다고 말하기에는 부끄럽다는 생각이 듭니다.

『바가바드기타』는 제가 가장 많이 읽은 책입니다. 첫 번째 유학 시절에 탐독한 것은 물론이고, 한국에 돌아와서도 전철을 타고 이동하면서 산스크리트 힌디어 대역을 읽곤 했습니다. 다만 두 번째 유학 기간-그 시절에는 약 5년간 산스크리트어를 공부했습니다-에는 아마 단 한 번도 『바가바드기타』를 읽은 적이 없었던 것 같습니다. 그 이유는 『바가바드기타』가 산스크리트어 입문 과정의 교재였기 때문이었을 것입니다. 여하튼 이때를 제외하고는 꾸준히 『바가바드기타』를 읽어왔습니다.

그런데 이상하게도 처음 읽던 35년 전에는 이해가 되던 『바가바드기타』의 내용이 시간이 지나면 지날수록 읽으면 읽을수록 이해하기가 점점 더 어려워지는 것이었습니다. 특히 번역작업을 시작하면서 우리말로 옮길수록 점점 더 모호해져 갔습니다. 애초에 번역을 시작하면서는 한 두어 달이면 마칠 것으로 예상했습니다. 『바가바드기타』는 산스크리트 입문 과정의 교재이기 때문입니다. 하지만 샹까라의 산스크리트 주석을 읽으며 주석의 주요 내용을 각주로 첨가하고, 라마누자의 산스크리트 주석을 읽으며 그 주요 내용을 각주로 첨가하다 보니 7년이 넘는 시간이 지나, 2014년 1월 20일 시작한 작업을 2021년 10월 12일 오늘에야 마치고 이렇게 서문을 쓰게 되었습니다.

처음에는 쉬웠던 『바가바드기타』의 내용이 시간이 지날수록 어렵게 여겨지던 이유는 샹까라의 주석을 읽으며 이해하게 되었습니다. 인도 역사상 산스크리트 최고의 학자로 인정받는 샹까라는 자신의 주석에서 이렇게 말하고 있습니다. "『바가바드기타』의 가르침은 모든 베다에 담긴 의미의 정수가 모인 것으로 그 의미를 이해하기가 무척 어렵습니다." 산스크리트 학문에 있어서 가장 어렵고 난해한 것이 베다입니다. 그러니 처음에는 아는 듯하던 것이 읽으면 읽을수록 알 수 없게 느껴지는 게 당연했습니다. 실은 제가 『바가바드기타』의 내용을 아는 게 아니라 안다고 생각하고, 이해하는 게 아니라 이해한다고 생각했던 것입니다. 읽으면 읽을수록 『바가바드기타』에 담긴 의미는 무척 심오하고 깊이 마음에 와 닿습니다. 그래서 『바가바드기타』는 한 번 읽고 덮을 책이 아니라 꾸준히 평생에 걸쳐 읽어야 할 책입니다.

『바가바드기타』(Bhagavadgītā)의 원어에서 바가바드(bhagavad)는 바가와뜨(bhagavat)라는 낱말이 음운 변화한 형태입니다. 바가와뜨는 바가(bhaga)를 가진 존재를 뜻합니다. 바가는 남성명사로 '태양, 달, 보호자, 운, 풍요, 명성, 행복, 탁월함, 사랑스러움, 사랑, 즐거움, 도덕, 힘, 지식, 지복至福, 여덟 가지 초능력, 전능, 장엄, 위엄' 등을 의미하며,

와뜨(vat)는 소유를 의미하는 접미어입니다. 즉, '지복과 여덟 가지 초능력과 전능함' 등을 가지고 있는 성스러운 존재를 바가와뜨라고 합니다. 『위스누뿌라나』(Viṣṇupurāṇa : 6.5.74)에 의하면 바가는 자재력(aiśvarya)自在力, 법도(dharma), 명성(yaśas), 영광(śrī), 지혜(jñāna), 여읨(vairāgya)離欲 이 여섯 가지 모두를 말합니다. 불경에서 바가와뜨는 '세존世尊, 유덕有德, 덕성취德成就, 출유出有, 출유괴出有壞, 여래如來, 불佛, 불세존佛世尊' 등으로 한역이 되며, '박가범薄伽梵, 파가파婆伽婆' 등으로 음차가 됩니다.

기타(gītā)는 '노래하다'라는 의미를 지닌 어근 가이(gai)에서 파생된 여성명사로 '노래, 성가, 운율로 이루어진 종교적인 문헌' 등을 의미합니다. 기타는 불경에서 '가歌, 가음歌音, 음운音韻' 등으로 한역이 됩니다. 따라서 『바가바드기타』는 산문이 아닌 운문으로 되어 있으며 노래로 부를 수 있습니다. 『바가바드기타』의 운문은 8음절 4음보(8, 8, 8, 8)로 구성되는 슬로까(śloka)라는 이름의 운율이 주를 이루고 있습니다. 슬로까라는 낱말에 들어 있는 문자 ㄹ(l)은 자른다는 뜻이 있습니다. 그래서인지 슬로까 운율은 이 운율로 노래를 부르고 노래를 듣는 사람의 슬픔(śoka)을 잘라내 없애는 운율입니다. 슬로까 운율은 현묘한 음을 가진 비나(Vīnā)라고 하는 인도 전통 현악기의 반주에 아주 잘 어울리는 운율이기도 합니다. YouTube에서 검색해 보시면 비나(Vīnā)의 연주와 어우러지며 노래하는 『바가바드기타』를 찾아 들으실 수 있습니다. 들으시는 데 도움이 되었으면 하는 마음에 뒷부분에 원문을 실었습니다. 로마자가 아니라 현재 인도에서 산스크리트를 표기하는 데 사용되는 신성神聖 문자인 데바나가리 문자로 되어 있는 원본이라 보시는 분들이 난처하실지 모릅니다. 하지만 데바나가리 문자는 하루 정도만 노력하면 자유롭게 읽고 쓸 수 있는 쉬운 문자입니다. 『바가바드기타』를 우리말로 옮기는 것도 원어의 운율에 맞게 8음절 4음보의 우리말 운율로 옮겨 이 책을 읽으시는 분들의 슬픔을 없애 드려야 하지만, 이것은 제 능력을 벗어나는 것이라 단지 나름대로 내재율을 주면서 우리말로 옮겼습니다.

제가 역주한 『바가바드기타』를 처음 읽으실 때는 각주는 제외하고 본문만 읽으시기 바랍니다. 본문만 읽으시면 다 읽으시는 데 그다지 많은 시간이 걸리지 않습니다. 사실은 본문만이 『바가바드기타』입니다. 따라서 본문만 읽으셔도 『바가바드기타』를 읽으신 것입니다. 여러 번 본문만 읽으시다가 본문의 내용 가운데 너무도 궁금한 부분이 생기면, 그때 해당 부분의 각주도 함께 읽으시기 바랍니다. 처음부터 본문과 모든 각주를 함께 읽기 시작하시면 책을 끝까지 다 읽기가 무척 지루하고 힘들어집니다.

35년간 『바가바드기타』를 읽어도 『바가바드기타』에 대한 제 공부는 설익은 상태입니다. 따라서 저의 『바가바드기타』 번역에 부족한 점이 많습니다. 강호제현의 질정을 부탁드립니다.

2021년 10월

강원도 오대산 누실陋室에서 역주자 올림

차례

일러두기 — 04

서문 — 05

해제 — 12

제1장 — 61

제2장 — 77

제3장 — 106

제4장 — 128

제5장 — 148

제6장 — 162

제7장 — 183

제8장 — 198

제9장 — 214

제10장 — 228

제11장 — 247

제12장 — 264

제13장 — 275

제14장 — 300

제15장 — 315

제16장 — 329

제17장 — 344

제18장 — 357

부록 — 400

시기

『바가바드기타』(Bhagavadgītā)는 모두 18편으로 구성된 『마하바라타』의 제6편인 '비스마의 편'의 일부분입니다. 『리그베다』, 『싸마베다』, 『야주르베다』, 『아타르바베다』, 이렇게 4개의 베다 이외의 제5의 베다서라고 불리는 『마하바라타』의 시기를 홉킨스(Hopkins)는 기원전 300년에서 기원전 100년 사이 혹은 기원전 4세기에서 기원후 4세기 사이로 봅니다. 그리고 윈테르니츠(Winternitz)는 『마하바라타』에 실린 개별적인 무용담과 전설 그리고 시들은 기원전 1,200년 이전인 베다 시기의 것으로 인정하지만, 이야기는 베다 시대에는 현존하지 않았던 것으로 파악합니다. 그에 의하면 『마하바라타』는 기원전 6세기에서 4세기 사이에는 서사시로 존재했으며, 기원전 4세기에서 기원후 4세기 사이에 점진적으로 변화되어 오다가 기원후 4세기에 이르러 오늘날의 형태를 갖췄고, 그 이후에도 작은 변화와 삽입이 있었습니다. 『마하바라타』 자체의 내용에 따르면 말세인 깔리유가(Kaliyuga)는 이전에는 없었던 야간 기습을 『마하바라타』의 내용을 이루는 전쟁 중에 감행하면서 시작되었다고 합니다. 인도에서 전쟁 중에 최초의 야간 기습이 이루어진 시간은 기원전 3,102년 2월 17일 목요일 자정입니다. 이에 따르면 『마하바라타』의 일부인 『바가바드기타』는 기원전 3,000년 이전의 사실을 바탕으로 만들어진 작품이라고 볼 수 있습니다.

저자

『마하바라타』에 의하면 하쓰띠나뿌라(Hastināpura)국의 왕인 샨따누(Śāntanu)는 전생에 천국에서 갠지스강의 여신에게 애욕을 품어 창조의 신인 브라흐마(Brahmā)의 저주를 받아 인간 세상에 태어난 마하비사(Mahābhiṣa)라는 이름의 왕입니다. 인간의 세상에서 갠지스강의 여신과 결혼하여 비스마(Bhīṣma)를 아들로 얻은 샨따누는 갠지스강의 여신이 떠난 뒤 어부의 딸인 싸뜨야와띠(Satyavatī)에게 마음을 빼앗겨 아들인 비스마의 도움으로 그녀와 결혼했습니다. 그러나 싸뜨야와띠에게는 이미 결혼 전 처녀 뱃사공이던 시절 빠라샤라(Parāśara)라는 이름의 대선인大仙人과 관계를 맺어 낳은 아들이 하나 있었습니다. 그 아들이 바로 『마하바라타』의 저자인 브야싸(Vyāsa) 선인仙人입니다. 이 아들은 태어나자마자 아버지가 숲으로 데려가 양육하여 선인이 되었습니다. 아들을 낳고 대선인의 은총에 의해서 다시 처녀의 몸을 되찾은 싸뜨야와띠는 인도의 단군이라 할 수 있는 바라따(Bharata)의 후손으로 하스띠나뿌라의 왕인 샨따누에게 시집을 가 왕비가 되어 위찌뜨라위르야(Vicitravīrya)와 찌뜨랑가다(Citrāṁgada)라는 이름의 두 아들을 낳았습니다. 그러나 이 두 아들 모두 자식을 낳지 않은 상태에서 세상을 떠나버리자 싸뜨야와띠는 자기가 왕국으로 시집오기 전에 낳은 아들인 브야싸를 불러들여 위찌뜨라위르야의 큰 부인과 작은 부인의 침실에 들어가게 해 아이를 낳게 했습니다. 브야싸는 피부의 색이 검고, 싸뜨야와띠가 섬에서 낳아 '섬에서 태어난 검둥이'라는 의미로 그 이름이 끄리스나 드와이빠야나(Kṛṣṇa Dvaipāyana)라고 지어졌습니다. 나중에 『리그베다』, 『싸마베다』, 『야주르베다』, 『아타르바베다』, 이렇게 네 가지 베다를 편집하여 편집자라는 의미에서 브야싸 혹은 베다의 편집자라는 의미에서 베다브야싸(Vedavyāsa)로 불리게 되었습니다.

브야싸는 너무나 무섭게 생겨서 위찌뜨라위르야의 큰 부인인 암비까(Ambikā)는 침실에 들어온 그의 모습을 보고는 눈을 감고 합방했습니다. 그래서 그녀에게서는 출생하면서부터 장님인 드리따라스뜨라(Dhṛtarāṣṭra)라는 이름의 아들이 태어났습니다. 장님은 왕위를 이을 수 없기에 싸뜨야와띠는 브야싸 선인에게 다시 명을 내려 위찌뜨라위르야의 둘째 부인인 암발리까(Ambālikā)와 관계를 맺어 아들을 낳게 했습니다. 드리따라스뜨라가 장님으로 태어난 연유를 알게 된 암발리까는 눈을 감지는 않았지만, 선인이 너무 무서워 관계를 맺으며 얼굴이 하얗게 질리고 말았습니다. 때문에 암발리까의 아들인 빤두(Pāṁdu)는 피부가 창백한 하얀 색으로 태어났습니다. 빤두는 창백한 하얀 색이라는 뜻입니다. 형인 드리따라스뜨라 대신에 왕위에 오른 빤두는 어느 날 사냥을 나가 수사슴으로 변신한 선인(仙人)이 암사슴과 한 몸이 되어 사랑을 나누는 순간 활을 쏘아 죽였습니다. 이때 선인의 저주를 받아 자신의 아내와 사랑을 나누는 순간 죽을 운명을 가지게 되었습니다. 그래서 빤두는 사슴의 저주 때문에 자식을 낳을 수 없는 운명이었습니다. 한편 그의 첫째 아내인 꾼띠(Kuntī)에게는 신비한 주문이 있었습니다. 빤두에게 시집오기 전 처녀 시절 친정 왕국에 손님으로 찾아온 두르와싸쓰(Durvāsas)라는 이름의 선인을 잘 모셔서, 신들을 불러 아들을 낳을 수 있는 신비한 주문을 선인으로부터 선물로 받은 것입니다. 이러한 주문을 이용해 꾼띠는 도덕의 신인 야마(Yama)를 불러 첫째 아들인 유디스티라(Yudhiṣṭhira)를 낳았습니다. 바람의 신인 와유(Vāyu)를 불러 둘째 아들인 비마(Bhīma)를, 신들의 왕인 인드라(Indra)를 불러 셋째 아들인 아르주나(Arjuna)를 낳고, 빤두의 둘째 부인인 마드리(Mādrī)에게도 주문의 신통력을 빌려주어 쌍둥이 신이며 신들의 의사인 아스비나우(Aśvinau)를 불러 나꿀라(Nakula)와 싸하데바(Sahadeva)를 낳게 했습니다. 이들 다섯 명의 형제들을 빤두의 아들이라는 의미에서 빤다바(Pāṇḍava)라고 부릅니다. 어느 봄날 빤두는 둘째 부인인 마드리와 사랑을 나누다 사슴의 저주에 의해 죽게 되고, 마드리는 빤두의 시신을 태우는 불에 몸을 던져 순장합니다. 이처럼 왕인 빤두가 선인의 저주를 받아 히말라야에서 죽자, 장님이라서 왕위를 동생인 빤두에게 양보하였던 드리따라스뜨라가 동생의 왕권을 차지하게 되었습니다. 드리따라스뜨라에게는 큰아들인 두르요다나(Duryodhana)를 비롯한 백한 명의 아들이 있었습니다. 이 아들들을 그들의 먼 조상인 꾸루(Kuru)의 후손들이라는 의미에서 까우라바(Kaurava)라고 부릅니다. 빤두가 세상을 떠나자 히말라야 산속의 선인들이 빤두의 첫째 아내인 꾼띠와 꾼띠의 다섯 아들을 빤두의 왕국인 하쓰띠나뿌라로 데려다주었습니다. 빤두의 다섯 아들이 하쓰띠나뿌라로 들어오자 백성들은 자신의 왕인 빤두는 사슴의 저주에 의해 아들을 낳을 수가 없는데, 어떻게 이 다섯 명의 소년들이 빤두의 아들일 수가 있냐고 수군대었습니다. 그러자 하늘에서 "이들은 진정 빤두의 아들들이다!"라는 소리가 들려와 백성들이 빤두의 아들로 받아들였다고 합니다. 그래서 이 다섯 명의 아들들은 자신의 사촌들인 드리따라스뜨라의 백한 명의 아들들과 왕궁에서 함께 자라게 되었습니다. 하지만 왕궁에서 함께 성장하는 이들의 사이는 좋지가 않았고, 결국에는 왕국을 놓고 드리따라스뜨라의 아들들과 빤두의 아들들인 사촌지간에 전쟁이 벌어지게 되었습니다. 전쟁을 막기 위해 여러모로 노력을 했음에도 결국 전쟁을 피할 수 없게 되자, 드리따라스뜨라의 아들들인 까우라바의 편에 비스마(빤두의 아들들인 빤다바의 할아버지), 스승인 드로나(Droṇa), 외삼촌 등이 가담합니다. 자신의 할아버지와 스승 그리고 외삼촌을 적으로 삼아 싸워야 하는 이 전쟁의 첫날 전쟁이 시작되기 직전, 전선에서 아르주나(Arjuna)와 아르주나의 전차를 모는 마부인 아르주나의 친구 끄리스나(Kṛṣṇa) 사이에 오가는 대화가 바로 『바가바드기타』입니다. 드리따라스뜨라의 아들들인 까우라바들과 빤두의 아들들인 빤다바들 사이에 전쟁이 일어나게 되자 브야싸 선인은 드리따라스뜨라의 마부인 싼자야(Sañjaya)에게 천리안의 신통을 주어 전쟁 상황을 궁전에 앉아 보면서 드리따라스뜨라에게 이야기를 해주게 합니다. 그래서 『바가바드기타』는 이렇게 시작합니다. "드리따라스뜨라가 말했습니다.

싼자야여, 정의의 들판인 꾸루끄셰뜨라에 싸우려 모여든 나의 아들들과 빤두의 아들들은 무얼 했느냐?" 이러한 대화는 먼 훗날 브야싸 선인의 제자인 와이샴빠야나(Vaiśampāyana)가 자신의 스승에게서 들은 이야기를 나중에 아르주나의 증손자이며 하쓰띠나뿌라의 왕인 자나메자야(Janamejaya)에게 들려주는 형식으로 되어 있습니다. 이상의 사실로 미루어 브야싸는 『바가바드기타』의 직접적인 저자일 뿐만 아니라 작품이 생겨난 배경을 만들어 낸 등장인물이기도 합니다. 베단타학파의 세 가지 소의경전所依經典 가운데 하나인 『브라흐마수트라』(Brahmasūtra)의 저자이기도 한 브야싸를 바다라야나(Bādarāyaṇa)라고도 부릅니다.

내용

인도의 육파철학 가운데 하나인 베단타학파에는 『우파니샤드』, 『바가바드기타』, 『브라흐마수트라』, 이렇게 세 가지 소의경전所依經典이 있습니다. 베단타학파는 8세기경의 인물인 샹까라(Śaṁkara)를 종주로 하는 불이론不二論적 베단타학파와 11세기경의 인물인 라마누자(Rāmānuja)를 종주로 하는 한정불이론限定不二論적 베단타학파 이렇게 양대학파가 있습니다. 따라서 『바가바드기타』의 주석서들 가운데 샹까라와 라마누자의 주석서가 최고의 권위를 가지며, 이 주석서들은 산스크리트로 되어있습니다. 원래 『마하바라타』의 일부분인 『바가바드기타』는 18장으로 구성되어 있으며, 『마하바라타』에서는 이들 18장에 대한 별도의 제목이 붙어있지 않습니다. 따라서 『바가바드기타』의 각각의 장에는 제목이 없는 것이 원칙이지만, 『바가바드기타』의 주석자들 가운데 최고의 권위를 가진 샹까라와 라마누자는 『바가바드기타』의 각각의 장에 제목을 붙이고 있습니다.

먼저 샹까라와 라마누자에 의하면 제1장의 제목은 '아르주나의 낙담의 요가'(arjunaviṣādayoga)입니다. 『요가수트라』에 따르면 요가(yoga)는 '마음의 활동이 멈춤'과 '마음의 활동을 멈추게 하기'를 의미합니다. 마음의 활동이 멈춤은 여타의 마음 활동은 멈춘 상태에서 한 대상에 대한 집중된 마음의 활동이 존재하는 것, 그리고 일체 모든 마음의 활동이 멈춘 상태 이 모두를 포함합니다. 그리고 요가는 삼매(samādhi)三昧와 동의어로 사용됩니다. 『요가수트라』에 따르면 "자기 자신은 없는 듯이 오로지 대상만이 밝혀지는 명상이 삼매입니다." 즉 명상이 아주 깊게 진행되어 대상을 인식하는 주체인 자기 자신은 마치 없는 듯이 느껴지고 오로지 대상만이 인식되는 상태를 삼매라고 합니다. 제가 명상으로 번역한 낱말의 원어는 드야나(dhyāna)입니다. 이 낱말은 일반적으로 '명상, 집중, 사려, 통찰' 등을 의미하며, 불경에서 '정定, 사유思惟, 정려靜慮, 수정修定' 등으로 한역 되며, '선禪, 선나禪那, 선정禪定, 선사禪思' 등으로 음차 됩니다. 선정이 깊게 무르익으면 도달하게 되는 무아의 상태가 삼매라고 할 수 있습니다.

샹까라와 라마누자에 의하면 제2장의 제목은 '온전하게 밝힘의 요가'(sāṁkhyayoga)입니다. 상까라에 의하면 '온전하게 밝힘'(sāṁkhya)은 궁극적인 의미를 지닌 사물을 분별하는 것을 대상으로 삼는 것입니다. 지혜(buddhi)는 윤회의 원인인 슬픔과 미혹 등의 결함을 없애는 직접적인 원인입니다. 요가는 이러한 지혜를 얻는 방편이며, 집착 없이 서로 반대되는 추위와 더위 그리고 고통과 기쁨 등의 이항대립적인 것을 버리고 절대자인 자재자를 경배하기 위한 행위의 실행인 '행위의 요가'(karmayoga), 혹은 '삼매의 요가'(samādhiyoga)입니다. 지혜를 갖추어, 자재자自在者의 은총을 원인으로 하는 인식을 얻어 행위의 속박을, 즉 법(dharma)과 비법(adharma)이라는 이름의 행위가 바로 속박(bandhana)인 것을 물리칩니다. 선에 해당하는 법은 좋은 곳으로 윤회하게 하는 원인이고, 악에 해당하는 비법은 나쁜 곳으로 윤회하게 하는 원인입니다. 이처럼 법과 비법은 모두가 속박인 윤회의 원인이기 때문에 법이라는 행위와 비법이라는 행위 모두가 다 속박입니다. 라마누자에 의하면 지혜는 온전하게 밝히는 것입니다. '온전하게 밝힘'은 지혜를 통해 '아我의 본질'[1]을 확정하는 것입니다.

상까라와 라마누자에 의하면 제3장의 제목은 '행위의 요가'(kar

---

1 아我의 원어인 아뜨만(ātman)은 '가다, 늘 가다' 등을 의미하는 어근 아뜨(at) 혹은 '숨 쉬다, 살다, 능력이 있다, 가다' 등을 의미하는 어근 안(an)에서 파생된 낱말입니다. 아뜨만은 남성명사로 '영혼, 생기, 자아, 우주적인 영혼, 브라흐만, 본질, 몸, 자신, 마음, 사고력, 형상, 아들, 태양, 불, 바람' 등을 의미합니다. 아뜨만은 불경에서 '아我, 아자我者, 기己, 자自, 성性, 자성自性, 신身, 자신自身, 체體, 체성體性, 기체己體, 자체自體, 신神, 신식神識' 등으로 한역됩니다. 아뜨만은 우리나라에서 많은 경우 자아自我로 번역되고 있습니다.

-mayoga)입니다. 샹까라에 의하면 행위(karma)가 요가인 것이 행위의 요가입니다. 이번 생이나 다른 생에 행해진 제사를 비롯한 행위들은 모여 쌓인 악업을 소멸하는 원인이 됩니다. 그래서 행위는 마음을 정화하여 지혜를 생겨나게 하기에 지혜의 성취를 위한 원인이 됩니다. 이러한 행위들을 실행하지 않음으로써 '무위의 상태', 즉, '행위가 없는 상태'인 '행위의 공성[空性]'을 얻는 것이 아닙니다. 이러한 무위의 상태는 '지혜의 요가'(jñānayoga)를 통해 얻는 성취로 '움직임이 없는 아[我]의 본모습'에 안주하는 것입니다. 행위의 요가는 무위의 상태로 특징지어지는 지혜의 요가를 이루게 하는 방편입니다. '모든 것을 내던져 버림'(saṁnyasana)은 지혜가 없이 단지 행위만을 버리는 것입니다. 이러한 '모든 것을 내던져 버림'을 통해서는 지혜의 요가로써 얻어지는 성취인 '무위의 상태'로 특징지어지는 성취를 얻지 못합니다. 모든 무지한 생명체들의 행위는 자연(prakṛti)에서[2] 생겨난 진

---

2 자연(prakṛti)[自然]은 모든 물질의 근본 원인입니다. 그래서 근본 자연(mūlaprakṛti)이라고 부르기도 하며, 물질계를 만드는 모든 원인 가운데 으뜸이 되기 때문에 으뜸(pradhāna)[勝因]이라 부르기도 합니다. 자연이 변화하여 생겨난 지성, 자의식[自意識], 마음, 우주를 구성하는 오대원소 모두가 물질입니다. 자연은 물질을 만들어내는 진성, 동성, 암성이라는 세 가지 성질이 자신의 특질인 빛, 움직임, 멈춤 등을 드러내지 않은 평형상태입니다. 성질에 대한 자세한 내용은 제14장에 대한 해제 부분 그리고 자연에 대한 자세한 내용은 제15장에 대한 해제 부분을 보시기 바랍니다.

3 진성(sattva)[眞性]의 특질은 빛입니다. 빛이 특질인 진성, 움직임이 특질인 동성, 멈춤이 특질인 암성, 이렇게 세 성질의 특질들이 발현되지 않은 세 가지 성질들의 평형상태가 자연(prakṛti) 또는 근본 자연(mūlaprakṛti)입니다. 자연 안에 있는 세 가지 성질들 가운데 빛을 특질로 가진 진성이 제일 먼저 자신의 특질을 발현한 상태가 자연의 첫 번째 변화입니다. 이것은 진성이 많은 상태이기에 진성이라고도 부릅니다. 진성의 특질인 빛의 작용이 지성입니다. 따라서 이것을 지성이라고 부르기도 하며, 이것이 우리의 본마음이기에 마음이라고도 부릅니다.

성(sattva), 동성(rajas), 암성(tamas)이라는 세 가지 성질(guṇa)들에 의해 종속되어 행해지기 때문에 그 누구도 그 어느 때라도 한 찰나나마 행위 하지 않으며 지낼 수가 없습니다. 자재자를 위한 행위를 행하며 사람은 본마음인 진성의[3] 정화를 통해서 지고인 해탈을 얻습니다. 그러나 성질들에 의해 동요되지 않는 지혜로운 자들은 스스로 움직임이 없기에 행위의 요가가 어울리지 않습니다. 라마누자에 의하면 지각기관의 대상에 교란된 지성을 가진 자들은 행위의 요가가 어울립니다. 모든 사람은 자연에서 생겨난 진성, 동성, 암성에 의해, 즉, 이전의 행위의 성질에 따라 늘어난 성질들에 종속되어 스스로 알맞은 행위를 지향해 활동합니다. 따라서 행위의 요가를 통해 과거에 쌓인 죄를 멸하고, 진성을 비롯한 성질들을 장악하여, '무구無垢한 내적기관'을[4] 통해서 지혜의 요가를 이루어야 합니다. '아我에 대한 관조'에 몰두하는 마음으로 지각기관들을 통제하여 집착 없이 행위의 요가를 실행하는 자는 부주의할 가능성이 없기에 지혜에 충실한 자보다 뛰어납니다. 행위를 함에 있어서 '행위 하지 않는 자'로서의 아我의

4 기관(indriya)은 내적기관과 외적기관이 있습니다. 내적기관은 우리의 본마음인 지성(budhi)心,자의식(ahaṁkāra)自意識, 그리고 감각기관인 지각기관과 연결되며 시비를 구별하는 마음(manas)意 이렇게 셋입니다. 외적기관은 다섯 개의 지각기관(jñānendriya, buddhīndirya)五知根과 다섯 개의 행위기관(karmendriya)五作根이 있습니다. 지각기관은 냄새를 지각하는 코(ghrāṇa)鼻, 맛을 지각하는 혀(rasana)舌, 형태를 지각하는 눈(Cakṣus)眼, 촉감을 지각하는 피부(tvac)身, 소리를 지각하는 귀(śrotra)耳 이렇게 다섯입니다. 행위기관은 잡는 기관인 손(hasta), 이동기관인 발(pāda), 언어기관인 입(vāc), 배설기관인 항문(pāyu), 생식기관인 생식기(upastha) 이렇게 다섯입니다. 많은 경우 기관은 다섯 개의 지각기관만을 의미하기도 합니다.

상태에 대한 음미가 '아我의 실상實相에 대한 인식'을 통해 연결됩니다. 따라서 '아我에 대한 지혜'는 행위의 요가에 포함되기 때문에 행위의 요가가 지혜의 요가보다 더 좋은 것입니다. 행위의 요가에는 아我의 '행위 하지 않는 자로서의 상태에 대한 관상觀想'을 통해 아我의 본성에 대한 음미가 포함되기 때문에 행위의 요가가 쉬우며 실수하게 되지 않습니다. 따라서 지혜에 대한 충실함에 적합한 자에게도 지혜의 요가보다는 행위의 요가가 더 낫습니다. 사람은 행위의 요가를 통해 지고인 아我를 얻습니다. '모든 것의 자재자'(sarveśvara)이며, '모든 존재 내의 아我로서 존재하는 것'인 끄리스나에게 모든 행위를 '아我에 대한 마음으로' 내맡기고 바라는 바 없이 내 것이랄 것 없이 고뇌를 여의고 전쟁을 비롯한 모든 지시된 행위를 행해야 합니다. 아我는 '끄리스나의 몸의 상태'이기에 '끄리스나에 의해 움직여지는 아我의 본 모습에 대한 음미'를 통해서 '모든 행위는 바로 끄리스나에 의해서 행해지는 것들이다.'라고 여기어 '지고의 인아人我'(paramapuruṣa)인 끄리스나에게 그 행위들을 온전히 바쳐야 합니다. 오로지 끄리스나에 대한 숭배들만을 행하고 그 결과를 바라지 말아야 합니다. 그리하여 그 행위에 대해 '나의 것이라는 것이 없는 상태'가 되어 고뇌를 여의고 전쟁을 비롯한 것을 행해야 합니다. 행위들에 대해 '나의 것이라는 것이 없는 상태'가 되어 무시이래無始以來로 행한 끝없는 죄악의 쌓임에 의해서 만들어진 '나는 어떻게 될 것인가?'라는 이런 내면의 고뇌를 벗어나 '행위들을 통해 공경된 지고의 인아가 바로 속박에서 풀어 주리라!'라고 염念하며 기쁘게 행위의 요가를 행해야 합니다.

샹까라와 라마누자에 의하면 제4장의 제목은 '지혜와 행위와 온전히 모두 내버림의 요가'(jñānakarmasaṁnyāsayoga)입니다. 샹까라에 의하면 행위 안에서 무위(akarma)를, 그리고 무위 안에서 행위를 보는 것이 지혜입니다. '올바로 보는 것'인 지혜는 슬픔과 미혹 등의 잘못을 없애는 칼입니다. 요가는 올바로 보는 것을 얻는 방편인 행위의 실행입니다. 행위는 행해지는 것인 행동 그 자체이며, 몸과 관련된 것, 말과 관련된 것, 마음과 관련된 것, 이렇게 세 가지가 행위입니다. 즉 몸이 움직이는 것, 말하는 것, 마음이 움직이는 것이 행위입니다. 무위는 행위가 없는 것입니다. 행위에 대해서 무위, 즉, 행위가 없는 것을 '아我와의 연결성'에 의해서 보게 됩니다. 그리고 아我로 상정된 몸과 기관의 활동이 멈춘 것인 무위에 대해 "나는 아무것도 하지 않으며 잠자코 편안히 앉아 있다."라고, 이렇게 행위처럼 자의식과 연결됨으로 인해서 무위 속에서 행위를 보게 됩니다. 행위에 대한 집착을 버리는 것은 행위에 대한 자각과 결과에 대한 탐착을 버리는 것입니다. 이렇게 탐착을 버리는 지혜로운 자에 의해서 행해진 행위는 궁극적인 의미에서 무위입니다. 왜냐하면 그는 활동이 없는 존재인 아我에 대한 지견을 갖춘 상태이기 때문입니다. 라마누자에 의하면 무위는 아我에 대한 지혜입니다. 행해지는 행위 안에서 아我에 대한 지혜를 보고, 무위인 아我에 대한 지혜 안에서 행위를 보는 것은 다음과 같은 사실을 의미합니다. 즉, 행해지는 행위를 아我의 있는 그대로의 실상에 대한 탐구를 통해서 지혜의 형태로 보는 것입니다. 그리고 지혜가 행위에 포함된 상태를 통해서 지혜를 행위의 형태로 보는 것입니다. 행해지는 행위 안에서 행위자가 된 아我의 있는 그대로의 실상에 대한 탐구를 통해서 이렇게 보는 것이 가능합니다. 이처럼 행위가 아我의 있는 그대로의 실상에 대한 탐구에 내재된 것을 보는 자는 해탈의 자격을 가진 자인 모든 행위를 행한 자입니다. 아我를 대상으로 하는 지혜에 의해 마음이 안정된 상태를 통해서 '아我와는 다른 것에 대한 집착이 사라진 자', 소유에서 확연히 벗어난 자가 됩니다. 제사를 완성하기 위해서 활동하는 사람에게 있어서는 속박의 '원인이 되는 것'인 '옛 행위'가 남김없이 사라집니다. 지혜를 얻는다는 것은 몸 등을 아我라고 자각하는 형태이며, 이에 의해서 만들어진 '나의 것이라는 의식' 등이 머무는 곳인 미혹에 이르지 않습니다. 신과 인간을 비롯한 형태의 각각 개별적인 모든 존재를 자신의 아我 안에서 보게 됩니다. 자연과의 접촉이라는 결합에서 벗어난 아我의 본모습은 같은 것이기에, 자연을 벗어난 자신과 다른 존재들의 동일함이 '지혜의 단일한 형태성'에 의해서 생겨납니다. 이름과 형태를 벗어난 아我라는 사물은 본모습이 지고의 존재와 동일합니다. 따라서 자연을 벗어난 모든 '아我라는 사물'은 서로 동일하며, '지고의 자재자'와도 동일합니다. 샹까라에 의하면 지혜는 모든 행위가 씨앗이 없는 상태가 되는 데 원인이 됩니다. 몸을 얻게 한 행위는 이미 결과가 시작된 행위이기에 몸은 결과를 겪어야만 사라집니다. 따라서 지혜를 얻기 전에 행한 것으로 결과가 시작되지 않은 행위들, 지혜와 더불어 행한 행위들, 그리고 지난 수많은 생에 행한 모든 행위를 지혜가 재로 만듭니다. 그리고 행위의 요가와 삼매의 요가를 통해 오랜 시간 동안 정화되어 능력을 갖춘, 해탈을 원하는 자는 스스로 아我 안에서 지혜를 얻습니다. 라마누자에 의하면 아我의 실상實相에 대한 지혜의 형태인 불은 '생명의 아我'(jīvātman)에 깃든 무시이래無始以來로 만들어진 수많은 행위가 쌓인 것을 재로 만듭니다. 아我에 대한 지혜처럼 정화하는 다른 사물은 세상에 없습니다. 그러므로 아我에 대한 지혜는 모든 죄를 멸합니다. 행위들을 온전히 내던진 자는 행위가 지혜의 형태에 도달한 자입니다.

샹까라와 라마누자에 의하면 제5장의 제목은 '행위와 온전히 모두 내버림의 요가'(karmasaṁnyāsayoga)입니다. 샹까라에 의하면 행위들을 온전히 내던져 버리는 것은 경전에 언급된 행위의 실행을 포기하는 것입니다, 즉 행위를 버리는 것입니다. '온전히 내던져 버리는 것'(saṁyāsa)과 '행위의 요가'는 지혜가 생겨나는 원인이 되는 것이기 때문에 둘 다 해탈(mokṣa)인 지극한 행복을 만들어냅니다. 라마누자에 의하면 행위들을 온전히 내던져 버리는 것은 지혜의 요가입니다. 지혜의 요가를 위한 능력을 지닌 자에게 있어서는 행위의 요가와 지혜의 요가는 서로 다른 것을 필요로 하지 않으며 지극한 행복을 만들어내는 것입니다. 하지만 이 둘 중에서 행위를 온전히 내던져 버리는 것인 지혜의 요가보다는 행위의 요가가 더 낫습니다. 행위의 요가를 하는 자는 행위의 요가 안에 내재된 '아我에 대한 경험'에 만족하여 그 무엇도 원하지 않고, 그 무엇도 싫어하지 않습니다. 그래서 추위와 더위 그리고 고통과 기쁨과 같이 서로 대립이 되는 '이항대립二項對立

을 견디는 자'입니다. 이러한 자가 항상 지혜에 충실한 자인 항상 온전히 내던져 버리는 자라고 알아야 합니다. 이러한 자는 행하기 쉬운 행위의 요가에 충실함으로써 속박에서 편안히 벗어납니다. 온전히 내던져 버림인 지혜의 요가는 행위의 요가가 없이는 얻을 수가 없습니다. 그러나 행위의 요가에 전념한 자인 무니(muni)牟尼, '아我를 명상하는 성향을 가진 자'는 짧은 시간에 브라흐만에 도달합니다. 즉 아我를 얻습니다. 그러나 지혜의 요가에 전념한 자는 아주 힘들게 지혜의 요가를 성취합니다. 지혜의 요가는 힘들게 이루어지는 것이라서 오랜 시간이 지나서 아我를 얻습니다. 행위의 요가에 전념한 자는 지고의 인아에 대한 숭배의 형태인 청정한 행위에 몰두하여 마음이 확연히 청정한 자가 됩니다. 자신이 반복하여 익힌 행위에 마음이 몰두하기 때문에 쉽게 '자신을 다스린 자', '마음을 다스린 자'가 됩니다. 그래서 '지각기관을 이긴 자'가 됩니다. 그리고 아我의 실상에 대한 추구에 충실한 상태를 통해서 '모든 존재의 아我가 자신의 아我가 된 자'가 됩니다. 자신의 아我가 신을 비롯한 모든 존재의 아我가 된 자가 '모든 존재의 아我가 자신의 아我가 된 자'입니다. 아我의 실상을 추구하는 자에게 있어서는 신 등등의 아我와 자신의 아我가 한 모습이기 때문입니다. 신 등등의 차이는 자연이 변화한 특별한 형태의 상태입니다. 그러나 자연과 별개인 것은 신을 비롯한 모든 몸에 있어서 '지혜의 동일한 모습의 상태'로 인해서 같은 모습입니다. 이렇게 된 자는 행위를 행하면서도 '아我라는 자각'이 '아我가 아닌 것'에 관계되지 않습니다. 그래서 얼른 아我를 얻습니다.

샹까라에 의하면 제6장의 제목은 '명상의 요가'(dhyānayoga)입니다. 라마누자에 의하면 제6장의 제목은 '아我를 위한 자제의 요가'(ātmasaṁyamayoga)입니다. 요가는 '마음을 삼매에 들게 하는 것'이며, 명상의 요가는 『바가바드기타』의 제6장 10절에서 17절에 걸쳐 나타난 명상법을 말합니다. 샹까라의 의미에 따라 제6장 10절에서 17절에 이르는 내용을 보면 다음과 같습니다. "명상하는 자는 산에 있는 동굴 등 한적하고 고요한 곳에 홀로 머물러 마음과 몸을 제어하고, 바라는 바 없이, 가진 것 없이, 내적기관을 늘 삼매에 들게 해야 합니다. 청정한 장소에 길상초吉祥草, 검은 영양의 털가죽, 천을 차례로 아래에서 위로 덮어 너무 높지도 낮지도 않게 자신의 자리를 안정되게 잘 마련하여, 그 자리에 앉아, 생각과 기관의 움직임을 제어하고 마음을 하나로 모아, 내적기관의 정화를 위해서 요가 삼매에 들어가야 합니다. 몸과 머리와 목을 바르고 움직이지 않게 유지한 상태에서 안정하고, 자신의 코끝을 응시하는 듯이 하고, 다른 방향을 바라보지 않으며, 마음이 아주 평온한 자, 두려움이 사라진 자, 스승에 대한 봉사와 걸식 등등 범행자梵行者의 계율에[5] 머무는 자, 지고의 자재자인 끄리스나에게 마음을 둔 자, 끄리스나를 지고로 여기는 자가 되어

---

5 범행梵行의 원어는 브라흐마짜르야(brahmacarya)입니다. 브라흐마짜르야는 브라흐마(brahma)梵를 '행하는 것'(carya)行을 의미합니다. 여기서 브라흐마는 베다를 뜻합니다. 즉, 브라흐마짜르야는 '베다의 학습을 행하는 것'을 나타내며, 중성명사로 인생의 첫 번째 시기인 '베다의 학습기, 즉 학생의 시기'를 뜻합니다. 베다의 학습기인 학생 시기의 생활은 스승에게 봉사하고, 걸식을 하며, 이성과의 교제가 철저히 금지되는 고행자의 삶을 살아야 합니다.

마음을 잘 제어하고, 삼매에 들어앉아야 합니다. 마음을 확실히 제어한 요가수행자는 늘 이처럼 자신을 삼매에 들게 하며 끄리스나에게 종속되어 있는 지고의 열반이며 해탈인 평온함 즉 적정寂靜에 도달합니다. 배의 이 분의 일은 먹은 음식, 그리고 사 분의 일은 마신 물로 채우고, 나머지 사 분의 일은 숨이 통하게 비어야 합니다. 너무 잠이 많은 자, 그리고 지나치게 깨어있는 자에게 요가는 없습니다. 적절히 먹고 거니는 자, 행위들과 관련하여 적절히 활동하는 자, 적절히 잠자고 깨어있는 자에게는 모든 윤회의 고통을 없애는 것인 요가가 있습니다." 이와 관련한 빤데야 라마의 설명에 의하면 엉덩이 위에서 목 아래까지가 몸입니다. 허리나 배를 앞뒤로 혹은 오른쪽 왼쪽으로 어디로도 숙이지 말아야 합니다. 즉 척추를 바로 세워야 합니다. 목을 어느 곳으로도 숙이지 말고, 머리를 이리저리 돌리지 말아야 합니다. 이처럼 몸과 목과 머리 셋을 끈 하나에 매달아 놓은 듯한 상태에서 조금도 흔들리거나 움직이지 않게 하는 것이 '머리와 목과 머리를 바로 하고 움직이지 않게 간직하는 것'입니다. 명상의 요가를 성취하는 데 있어서 잠, 게으름, 동요, 그리고 추위와 더위 등등 서로 대립적인 것이 장애로 작용합니다. 몸과 목과 머리를 바르게 하고 눈을 뜸으로써 잠과 게으름이 침입하지 못합니다. 코끝에 시선을 응시하여 이리저리 다른 사물을 바라보지 않음으로써 외부의 동요가 생겨나지 않습니다. 자세가 견고해짐으로써 추위와 더위 등의 서로 대립적인 것이 장애가 되지 않습니다. 따라서 명상의 요가를 성취하기 위해서 이처럼 자세를 취하여 앉는 것이 유용합니다. 라마누자에 의하면

'자신의 아我'와 다른 존재들의 자연을 벗어난 본모습들은 '하나인 지혜의 형태성'으로 인해 동일한 것입니다. '불균등한 것'은 자연에 포함된 상태이기 때문입니다. 자연을 벗어난 것들인 아我들에 대해 '하나인 지혜의 형태성'을 통해서 '모든 곳에서 동일하게 보는 자'인 '마음이 요가의 삼매에 든 자'는 자신의 아我를 모든 존재에 있는 것으로, 그리고 모든 존재를 자신의 아我안에 있는 것으로 봅니다. 즉 자신의 아我를 모든 존재의 아我와 동일한 형태로 그리고 모든 존재 안에 있는 아我를 자신의 아我와 동일한 형태들로 봅니다. 아我라는 사물의 동일한 상태로 인해서 하나의 아我를 보게 되면 모든 아我라는 사물을 본 것이 됩니다. 요가의 상태에서 '움츠러들지 않은 지혜의 유일한 형태성'에 의해서 자연에서 생겨난 차이를 온전히 내버림으로써 단일성에 머물러 아주 확고하게 끄리스나를 체험하는 요가수행자는 마음이 활동할 때에도 이리저리 지내면서도 끄리스나 안에서 지내게 됩니다. 자신의 아我와 모든 존재를 보면서 바로 끄리스나를 봅니다. 마음이 잘 제어가 되지 않은 자, 즉 마음을 이기지 못한 자는 큰 힘을 들여도 요가를 얻지 못합니다. 그러나 제대로 마음을 복종시킨 자는 '끄리스나에 대한 숭배의 형태'인 '지혜가 내재된 행위'를 통해서 마음을 이긴 자가 되어 노력하여 동일한 것을 바라보는 형태인 요가를 얻을 수 있습니다.

샹까라와 라마누자에 의하면 제7장의 제목은 '지혜와 예지의 요가'(jñānavijñānayoga)입니다. 샹까라에 의하면 지혜(jñāna)는 경전에 언급된 사물에 대해 온전히 아는 것입니다. 예지(vjñāna)叡智는 경전을 통해 알게 된 것들의 자기경험, 자기경험화입니다. 지혜를 위한 잠재인상(saṁskāra)이[6] 쌓여 모인 곳이 되는 많은 생의 끝에 완숙한 지혜를 얻은 자는 개별적인 아我이며 와아쑤데바인 끄리스나를 "와아쑤데바가 모든 것"(vāsudevaḥ sarvam)이라며 직접 체득하게 됩니다. 이처럼 모든 것의 아我인 끄리스나를 체득한 '위대한 아我'와 동등한 자나 그보다 더한 자는 없습니다. 행복과 고통의 원인을 얻게 되면 좋아함과 싫어함이 생겨납니다. 이러한 좋아함과 싫어함은 모든 존재의 '수승한 지혜'(prajñā)般若를 장악하여 지고의 사물인 아我의 본질에 대한 지혜가 생겨나는 것을 가로막는 원인인 미혹을 만들어냅니다. 생겨나는 모든 존재는 미혹에 장악되어 태어납니다. 라마누자에 의하면 아我의 본 모습을 대상으로 하는 것이 지혜입니다. 자연과는 다른 종류의 형태를 대상으로 하는 것이 예지입니다. 이러한 예지는 분리된 형태를 대상으로 하는 지혜입니다. 끄리스나는 '모든 버려야 할 것에 대해 적인 상태'이기에, 그리고 끄리스나는 '무한하고, 더할 바 없고, 무수하고, 복이며, 장점이 모인 것이며, 무한한 대위력의 상태'

---

6 업행業行으로 불경에서 번역되는 잠재인상은 행위가 만들어 내어 무의식 속에 새겨진 인상입니다. 행위는 몸의 움직임, 마음의 움직임, 입의 움직임인 말하는 것, 이렇게 세 가지입니다. 우리가 몸을 움직여 동작하고, 마음을 움직여 생각하고, 입을 움직여 말을 하고 난 다음에 그러한 동작과 생각과 말이 사라져 없어지는 것이 아니라, 우리의 마음속 깊은 곳 무의식 안에 잠재인상인 행업으로 변화되어 남아 있게 됩니다. 이러한 잠재인상이 기억으로 변화되어 무의식에서 떠올라 우리의 현재 생각을 이룹니다. 이처럼 기억으로 변화되는 잠재인상을 습기(vāsanā)習氣라고 부릅니다.

이기에 끄리스나는 끄리스나 이외의 모든 '의식이 있는 사물과 의식이 없는 사물'들과는 분리된 것입니다. 이처럼 '분리된 것을 대상으로 하는 지혜'가 예지입니다. 지혜는 끄리스나의 본모습을 대상으로 하는 지혜입니다. 세속적인 모든 사람은 성질로 이루어진 상태를 대상으로 하는 '악의 습기習氣'(pāpavāsanā)인 자신의 자연과 항상 연결됩니다. 이러한 자들은 자신의 습기에 따른 성질로 이루어진 그 각각의 대상을 원하는 것인 욕망에 따르기에 '끄리스나의 본모습을 대상으로 하는 지혜'가 빼앗긴 자들입니다. 이전의 각각의 생들에서 '성질들로 이루어진 것'인, '기쁨과 고통을 비롯한 서로 대립적인 것'에 대해 그 대상을 좋아하고 싫어하는 것에 거듭 익숙해지면, 다시 태어날 때 그 습기習氣에 의해서 바로 그 '서로 대립적인 것'이라고 이름하는 것이 '좋아함과 싫어함이라는 대상의 상태'로 자리 잡아 존재들에게 미혹이 생겨납니다. 이러한 미혹에 의해서 존재들은 그 대상을 좋아하고 싫어하는 본성을 가진 존재들이 됩니다. 그러나 지혜로운 자는 끄리스나와의 결합과 분리만이 유일한 기쁨이요 고통이 되는 본성을 가진 자들입니다.

샹까라에 의하면 제8장의 제목은 '해탈하게 하는 브라흐만의 요가'(tārakabrahmayoga)입니다. 라마누자에 의하면 제8장의 제목은 '불멸인 브라흐만의 요가'(akṣarabrahmayoga)입니다. 샹까라에 의하면 불멸(akṣara)은 지고의 아我입니다. 본성은 각각의 몸에 존재하는 지고의 브라흐만의 개별적인 아我의 상태입니다. 몸을 터전으로 삼아 개별적인 아我의 상태로 머물러 있는, 결국은 궁극의 의미인 브라흐만인 사물이 본성입니다. 라마누자에 의하면 불멸은 합성형태인 '농지를 아는 자'(kṣetrajña)입니다.[7] 멸하지 않기 때문에 불멸입니다. 지고의 불멸은 자연을 벗어난 아我의 본모습입니다. 베다를 아는 자들이 지고의 경지라는 낱말로 지칭하는 불멸은 자연과의 접촉을 벗어나 본모습으로 자리 잡은 아我를 의미합니다. 이처럼 본모습으로 자리 잡은 아我를 얻은 다음에는 다시 윤회 속으로 되돌아오지 않습니다.

샹까라와 라마누자에 의하면 제9장의 제목은 '왕의 지혜, 왕의 비밀의 요가'(rājavidyārājaguhyayoga)입니다. 샹까라에 의하면 '브라흐만에 대한 앎'(brahmavidyā)이 모든 앎 가운데 더할 바 없이 빛나는 것이기에 왕입니다. 감추어야 할 것들 가운데 왕입니다. 브라흐만에[8] 대한 지혜는 가장 탁월한 것입니다. 기쁨을 비롯한 것처럼 직접 경험되는 것입니다. 끄리스나가 바로 브라흐만의 본모습인 세존(bhagavat)입니다. 끄리스나는 심장에 깃든 아我입니다. 세존을 대상으로 하는 지혜인 제사가 '지혜의 제사'입니다. 이러한 지혜는 "바로

---

7 『바가바드기타』 제13장 1절과 2절에 의하면 이 몸이 농지(kṣetra)이며 이것을 아는 자를 '농지를 아는 자'라고 합니다. 그리고 끄리스나가 모든 '농지'들에 있어서 또한 '농지를 아는 자'입니다. '농지'와 '농지를 아는 자'에 대한 지혜가 바로 지혜입니다. 해제 제13장에 대한 부분에 농지와 농지를 아는 자에 대한 자세한 설명이 있습니다.

하나인 것이 지고의 브라흐만이다.”(ekam eva paraṁ brahma.)라고 궁극의 대상을 관조하는 것입니다. 이것이 자재자인 끄리스나를 단일한 것으로 경배하며 섬기는 것입니다. 끄리스나의 지고의 상태에 의해 이 모든 세상은 펼쳐진 것입니다. 이러한 지고의 상태의 본모습은 기관을 통해 파악되는 대상이 아니기에 ‘드러나지 않은 형상’입니다. 아我인 끄리스나에 의해서 창조의 신인 브라흐마에서부터 초목에 이르기까지의 모든 존재는 ‘아我를 가진 것’으로 유지되는 것들이기에 끄리스나에게 머물러 있는 것들이라고 말해집니다. 끄리스나는 이러한 존재들의 아我이기 때문에 어리석은 자들에게는 이러한 존재들 안에 끄리스나가 머문 것처럼 보입니다. 그러나 끄리스나에게는 형상을 가진 존재처럼 결합의 상태가 없습니다. 끄리스나는 항상 순수하고 항상 깨닫고 항상 해탈한 본질, 모든 중생들의 아我, 모든 존재들의 위대한 자재자, 자신의 아我입니다. 분별하지 못하는 어리석은 자

---

8 브라흐만(brahman)梵은 ‘자라다, 증가하다, 큰 소리를 내다’ 등을 의미하는 어근 브리흐(bṛh)에서 파생된 낱말입니다. 브라흐만은 중성명사로 ‘예배, 성스러운 삶, 찬가, 기도, 성서, 주문呪文, 옴(ॐ), 베다, 신학, 사제계급, 절대자, 지고의 존재, 우주의 궁극적인 실재, 순수’ 등을 의미하며, 남성명사로는 ‘기도하는 사람, 사제司祭, 성스러운 지식, 사제계급, 절대자, 창조자’ 등을 의미합니다. 브라흐만은 불경에서 ‘진정眞淨, 묘정妙淨, 청정淸淨, 정결淨潔, 청결淸潔, 적정寂靜, 범천梵天, 범천왕梵天王, 범왕梵王, 대범천왕大梵天王, 범주梵主, 범존梵尊’ 등으로 한역이 되고 ‘범梵, 범의(梵矣), 범마梵摩’ 등으로 음차가 됩니다. 저는 브라흐만(Brahman)이 중성명사로 지고의 존재인 우주의 궁극적인 실재를 의미하면 브라흐만(Brahman)이란 우리말 표기를 하고, 우주의 창조자인 범천(Brahmā)梵天을 의미하면 브라흐마(Brahmā)란 우리말 표기를 합니다.

는 이러한 끄리스나의 지고의 상태, 즉, 지고의 아我의 본질을 몰라 인간의 몸을 통해 활동하는 끄리스나를 무시합니다. 라마누자에 의하면 가장 감추어야 할 지혜는 신애의 형태인 숭배라는 이름의 지혜입니다. 이 지혜가 윤회의 속박에서 벗어나게 하는 것입니다. 존재들의 대자재자大自在者이며, 모든 것을 아는 자이며, 생각이 진실이 되는 자이며, 모든 세상의 유일한 원인인 끄리스나가 지극한 자비심에 의해서 모두에게 온전한 의지처를 주기 위해 인간의 몸에 의지한 것을, 자신이 저지른 죄악의 행위 때문에 어리석은 자들은 일반적인 사람과 마찬가지로 여깁니다. 한없는 자비와 관대함과 온유함과 자애로움 등등 때문에 인간의 상태에 의지한 모습인 지고의 자재자인 끄리스나의 이 지고의 상태를 모르는 자들은 끄리스나가 단지 인간의 상태에 의지한 것을 가지고, 끄리스나를 다른 자와 같은 종류로 여기고 끄리스나를 무시합니다.

샹까라와 라마누자에 의하면 제10장의 제목은 '힘의 펼침의 요가'(vibhūtiyoga)입니다. 라마누자에 의하면 '힘의 펼침'(vibhūti)은 자재력(aiśvarya)自在力입니다. 모든 것의 생겨남과 유지됨과 활동의 형태가 끄리스나에게 바탕을 두고 이루어지는 것이 끄리스나의 '힘의 펼침', 즉 자재력입니다.

샹까라에 의하면 제11장의 제목은 '우주의 모습을 봄'(viśvarūpadarśana)이며, 라마누자에 의하면 제11장의 제목은 '우주의 모습을 봄의 요가'(viśvarūpadarśanayoga)입니다. 샹까라에 의하면 끄리스나는 모든 모습이며, 우주의 모습을 지닌 것입니다. 우주의 형태인 지고의 자재자입니다. 이러한 모습은 자재自在한 모습으로 지혜와 자재력自在力과 능력과 힘과 원기와 위광을 갖춘 위스누의 모습입니다. 우주는 끄리스나에 의해 충만하고 편재되어 있습니다. 이러한 끄리스나가 우주의 창조주인 브라흐마(Brahmā)의 아버지이며, 우주인 일체一切입니다. 라마누자에 의하면 끄리스나는 모든 것의 통치자의 상태, 보호자의 상태, 창조자의 상태, 멸하는 자의 상태, 양육하는 자의 상태, 복덕의 출처의 상태, 가장 최고의 상태, 다른 모든 것과는 종류가 다른 상태로 자리 잡은 형태인 자재한 모습입니다. 과거 현재 미래인 삼시三時에 현존하는 모든 세상의 의지처의 상태이기 때문에 공간과 시간에 의해서 한정될 수 없는 것입니다. '의식이 있는 것'과 '의식이 없는 것'이 섞여 있는 모든 세상은 '아我의 상태인 끄리스나'에 의해 충만하며, '모든 것의 아我가 된 것'입니다. 이러한 끄리스나가 끄리스나 자신 이외의 모든 것의 최초 원인입니다.

샹까라와 라마누자에 의하면 제12장의 제목은 '신애의 요가'(bhaktiyoga)입니다. 샹까라에 의하면 마음(manas)은 생각을 본질로 하는 것이고, 지성(buddhi)은 결정을 특징으로 하는 것입니다. 이 둘을 끄리스나에게 바친, '모든 것을 온전히 내버린 자'(saṁyāsin)가 끄리스나에게 마음과 지성을 바친 자입니다. 마음을 모든 것에서 회수하여 하나의 바탕에 거듭거듭 머물게 하는 것이 '반복된 수련'(abhyāsa)이며, 그로 인해서 나타나는 깊은 명상의 형태가 요가입니다. 반복된 수련이 없이도 단지 끄리스나를 위해 행위들을 행하면서도 본마음인 진성의 청정과 요가의 지혜를 얻어서 성취를 이룹니다. 최상의 신애는 지고의 의미에 대한 지혜의 형태입니다. 라마누자에 의하면 끄리스나를 위한 행위는 사원을 만드는 것, 사원에 정원을 꾸미는 것, 등불을 놓는 것, 사원 등을 청소하는 것, 물을 뿌리어 정화하는 것, 칠하는 것, 꽃을 가져다 놓는 것, 공양하는 것, 향유 등을 바르는 것, 계속 반복하여 이름을 찬양하는 것, 예경의 의미로 시계의 바늘이 도는 방향처럼 오른쪽으로 빙 도는 것, 절하는 것, 찬송하는 것 등입니다. '지극한 사랑의 상태'로 끄리스나를 위한 이러한 행위를 하면서도 반복된 수련의 요가에 의해서 생겨나는 것인, 끄리스나 안에서 안정된 마음을 얻습니다. 신애의 요가는 끄리스나의 덕을 추구하여 만들어진 것인, 끄리스나 하나만을 사랑하는 형태입니다. 신애의 요가의 부분에 해당이 되는 형태인 위에서 언급한 끄리스나를 위한 행위를 할 수가 없다면, 지고의 신애를 생겨나게 하는 것이며, 아我의 본질을 추구하는 형태인 불멸의 요가에 의지하여 모든 행위의 결과를 버리는 것을 행해야 합니다. 결과에 대한 바람이 없이 끄리스나에 대한 숭배의 형태로 실행한 행위를 통해서 아我에 대한 지혜를 얻게 됩니다. 그리고 이 지혜에 의해서 무명無明을 비롯한 모든 덮개가 물러나면 '오로지 끄리스나 하나만이 남은 본모습의 상태'인 '개별적인 아我'를 직접 보게 됩니다. 그러면 끄리스나에 대한 지극한 신애가 저절로 생겨납니다. 끄리스나를 신애 하는 자는 이처럼 행위의 요가를 통해서 끄리스나를 사랑하는 자입니다. 샹까라에 의하면 자재자이며, 모든 것을 아는 자이고, 지고의 스승인 끄리스나에게 자신의 모든 마음을 바친 자로서 보고, 듣고, 만지는 모든 것이 바로 세존인 끄리스나라는 인식에 지성이 사로잡힌 자가 끄리스나를 신애 하는 자입니다. 이러한 자는 '끄리스나의 상태'인 '지고의 아我의 상태'에 적합하게 됩니다.

샹까라에 의하면 제13장의 제목은 '농지와 농지를 아는 자의 요가'(kṣetrakṣetrajñayoga)이며, 라마누자에 의하면 제13장의 제목은 '농지와 농지를 아는 자의 구분의 요가'(kṣetrakṣetrajñavibhāgayoga)입니다. 샹까라에 의하면 농지(kṣetra)農地는 '상처로부터 보호하기 때문에'(kṣatatrāṇāt), '소멸하는 것이기 때문에'(kṣaraṇāt), 농지처럼 행위의 결과가 생기는 것이기 때문에 농지라고 합니다. 모든 변형된 것들에 편재하기 때문에 미세한 것들인 오유(pañcatanmātra)五唯, 오유의 원인이며 '나는 이라는 인식형태'인 자의식自意識, 자의식의 원인이며 '결정의 형태'인 지성, 지성의 원인이며 발현되지 않은 '자재자의 힘'인 환력(māyā)幻力이고 바로 자연인 '나타나지 않은 것'(avyakta), 귀를 비롯한 다섯 개의 지각기관 그리고 입과 손을 비롯한 다섯 개의 행위기관들인 열 개의 기관들, 생각 등을 본질로 하는 것으로 열한 번째 기관인 마음, 그리고 다섯 기관의 대상들인 오대원소들, 기쁨의 원인이 되는 사물을 전에 얻은 자가 다시 그러한 사물을 기쁨의 원인이라 여겨서 얻어 가지기를 원하는 내적기관의 특질인 바람, 고통의 원인이 되는 사물을 경험한 자가 다시 그러한 사물을 얻는 것을 싫어하는 것인 싫어함, 순조로움인 명정明淨이며 진성을 본질로 하는 것인 기쁨, 거슬림을 본질로 하는 것인 고통, 몸과 기관의 결합체인 취집聚集, 몸과 기관의 결합체인 취집에 나타나는 내적기관의 활동이며 쇳덩어리가 불에 의해 달구어지는 것처럼 '정신인 아我의 영상인 정기精氣가 들어 온 것'인 의식意識, 피로한 몸과 기관들을 지탱하는 것인 지탱支撑, 바로 이러한 것들이 농지입니다. '농지를 아는 자'(kṣetrajña)는 창조의 신인 브라흐마에서 시작하여 풀 더미에 이르기까지의 수많은 영역의 제한과는 별개의 것, 제한의 모든 차이를 물리친 것, '있음과 없음이라는 등의 단어를 통한 인식에 의해서 파악되지 않는 것'입니다. 이러한 것을 아는 자는 몸이 농지인 것을 아는 자, 즉, 발에서부터 머리까지 지각을 통해 대상화하거나, 자연스럽게 혹은 가르침을 통해 경험하여 대상화하는 자이며, 구분하여 아는 자가 농지를 아는 자입니다. '농지'와 '농지를 아는 자'인 자재자의 실상 이외의 다른 것은 지혜의 대상이 아니라서 '농지'와 '농지를 아는 자'를 대상으로 하는 지혜가 올바른 지혜입니다. 농지는 대상이고, '농지를 아는 자'는 대상을 인식하는 자입니다. 이렇게 본질이 다른 두 개가 서로의 그 특질을 부가附加하는 형태가 연결입니다. 이 연결은 밧줄과 조개껍질 등에 그 특질에 대한 분별지(vivekajñāna)가 없음으로 인해서 뱀과 은 등등을 부가하는 연결과 같은 것입니다. 즉, 이 연결은 '농지'와 '농지를 아는 자'의 본모습에 대한 분별이 없음을 원인으로 하는 것으로 '농지'와 '농지를 아는 자'에 대한 '부가가 본모습'인 연결입니다. 이 연결은 '그릇된 앎의 형태'입니다. 경전의 가르침을 따라서 '농지'와 '농지를 아는 자'의 특성과 차이를 온전히 알아 '문자풀'(muñja)에서 섬유의 줄기를 뽑아내듯이 '농지'에서 '농지를 아는 자'를 분리하여 '한정에 의한 모든 특별함이 사라져 버린 것'을 '브라흐만의 본모습'으로 보고, 그리고 '농지'를 환력幻力에 의해서 만들어진 코끼리와 꿈에서 본 사물과 신기루 등등처럼 '없는 것'인데도 '있는 것'처럼 거짓으로 나타나는 것이라고 마음을 확정한 자의 '그릇된 앎'(mithyājñāna)은 '올바른 앎'(samyagjñāna)에 의해 가로막혀 사라집니다. 이러한 자는 출생의 원인이 사라지기에 다시 태어나지 않습니다. 출생의 원인은 무명無明이 원인이 되어 만들어지는 것인 '농지와 농지를 아는 자의 연결'입니다. 아我인 '농지를 아는 자'를 '행위 하지 않는 것'인 '모든 한정이 제거된 것'으로 보는 자가 지고의 사물을 보는 자입니다. 끄리스나는 '농지와 농지를 아는 자인 자연의 두 힘을 가진 자', 자재자입니다. 이러한 끄리스나는 '무명無明과 욕망과 행위와 제한의 본모습에 순응하는 것'인 '농지를 아는 자'를 '농지'와 연결합니다. 라마누자에 의하면 농지는 향유자(bhoktṛ)인 아我와 다른 것으로 아我의 '향유의 농지'(bhogakṣetra)입니다. 신과 인간 등등의 모든 농지에 있어서 '유일하게 아는 자의 상태의 모습을 가진 것'인 '농지를 아는 자' 또한 끄리스나라고 알아야 합니다. '끄리스나가 아我인 것'이라고 알아야 합니다. 그리고 '농지' 또한 끄리스나라고 알아야 합니다. '농지'와 '농지를 아는 자'에 대한 분별을 대상으로 하는 지혜, 끄리스나가 아我인 것임을 대상으로 하는 지혜, 바로 이러한 지혜가 받아들일 만한 것입니다.

샹까라와 라마누자에 의하면 제14장의 제목은 '세 성질에 대한 분위分位의 요가'(guṇatrayavibhāgayoga)입니다. 인도의 육파철학 가운데 하나인 쌍캬철학에 따르면 성질은 진성, 동성, 암성, 이렇게 세 가지이며 성질들이 자신의 특질을 드러내지 않은 평형상태가 자연입니다. 쌍캬철학의 주요 문헌인 『쌍캬까리까』(Sāṁkhyakārikā)의 열두 번째와 열세 번째 본송(kārikā)本頌에 의하면 성질들은 진성, 동성, 암성, 이렇게 세 가지가 있으며, 이들 가운데 진성은 즐거움을 본질로 하고 빛을 위한 것이며, 가볍고 빛나는 것입니다. 동성은 괴로움을 본질로 하고 활동을 위한 것이며, 자극하고 움직이는 것입니다. 마지막으로 암성은 낙담을 본질로 하고 제한을 위한 것으로 무겁고 덮는 것입니다. 이러한 성질들은 다른 것이 다른 것을 제압하고, 다른 것이 다른 것을 의지하며, 다른 것이 다른 것을 만들어내고, 다른 것이 다른 것에 섞이는 성향들이 있습니다. 그러나 『바가바드기타』에 의하면 진성은 무구無垢한 것이라 빛을 비추는 것, 평안한 것입니다. 진성은 기쁨에 대한 애착과 지혜에 대한 애착으로 속박합니다. 동성은 애염愛染을 본질로 하는 것이며, 갈망과 집착에서 생겨난 것입니다. 그리고 동성은 행위에 대한 애착으로 물들여 속박합니다. 암성은 무지에서 생겨난 것으로 미혹하게 하는 것입니다. 이러한 암성은 부주의와 게으름과 잠들을 통해 속박합니다. 진성은 기쁨에 묶어두고 동성은 행위에 묶어둡니다. 그리고 암성은 지혜를 덮어 부주의에 묶어둡니다. 동성과 암성을 눌러 진성이, 진성과 암성을 눌러 동성이, 그리고 진성과 동성을 눌러 암성이 생겨납니다. 빛인 지혜가 생겨날 때,

그때는 진성 또한 늘어난 것입니다. 탐욕, 활동, 행위들의 시작, 평안하지 않음, 희구, 이러한 것들이 동성이 늘어나면 생겨납니다. 빛이 없음, 활동이 없음, 부주의, 미혹, 이러한 것들이 암성이 늘어나면 생겨납니다. 진성이 한껏 늘어났을 때 세상을 떠나게 되면, 최상의 것을 아는 자들의 청정淸淨한 세상들을 얻습니다. 동성이 한껏 늘어났을 때 세상을 떠나게 되면 행위에 애착하는 자들 가운데 태어납니다. 암성이 한껏 늘어났을 때 세상을 떠난 자는 어리석은 존재들의 자궁들 안에 태어납니다. 선한 행위의 결과는 진성적이고 무구無垢한 것입니다. 동성의 결과는 고통입니다. 암성의 결과는 무지입니다. 진성에서 지혜가 그리고 동성에서 탐욕이 생겨납니다. 암성에서 부주의와 미혹과 무지가 생겨납니다. 진성에 머문 자들은 위로 갑니다. 동성적인 자들은 중간에 머뭅니다. 천한 성질인 암성의 작용에 머문 암성적인 자들은 아래로 갑니다. 성질들 말고는 다른 행위자가 없다는 것을 보고, 그리고 성질들 너머의 것을 아는 자는 끄리스나의 상태에 도달합니다. 몸을 생겨나게 하는 것들인 이 세 성질을 넘어가서, 태어남과 죽음과 늙음의 고통에서 벗어나 불사를 누리게 됩니다. 샹까라에 의하면 진성은 수정구슬처럼 '무구無垢한 것'이기에 빛을 비추는 것, 편안한 것입니다. 이러한 진성이 기쁨에 대한 애착을 통해 '나는 기쁜 자다'(sukhī aham.)라고 대상인 기쁨을 대상을 가진 존재인 자신에게 연결하는 것은 허위입니다. 이 허위는 무명無明입니다. 진성이 대상과 대상을 가진 존재를 분별하지 못하는 형태의 무명을 통해 자기의 아我가 아닌 기쁨에 아我를 연결하여 기쁜 자, 기쁘지 않은 자처럼 됩니다. 지혜에 대한 애착에 의한 것도 마찬가집니다. 지혜도 기쁨과 동행 하는 것이기 때문에 내적기관의 특질이지 아我의 특질이 아닙니다. 아我의 특질에 애착과 속박은 생겨나지 않기 때문입니다. 동성은 붉은색의 연한 토질의 석회암을 비롯한 것처럼 '물들게 하는 것'이기 때문에 '애염을 본질로 하는 것'입니다. 행위에 대한 애착은 이 세상의 것과 이 세상의 것이 아닌 것들을 위한 행위들에 대한 집착연결, 즉, 전념입니다. 동성은 이러한 행위에 대한 애착으로 속박합니다. 동성과 암성 둘을 눌러 자신의 본성을 획득한 진성은 지혜와 기쁨을 비롯한 자신의 작용을 시작합니다. 동성이 진성과 암성 둘을 눌러 늘어나면, 행위와 갈망을 비롯한 자신의 작용을 시작합니다. 암성이 진성과 동성 둘을 눌러 늘어나면, 지혜를 덮는 것 등을 비롯한 자신의 작용을 시작합니다. 빛은 진성의 결과이고, 활동은 동성의 결과이고, 미혹은 암성의 결과입니다. 빛을 본질로 하는 진성적인 성질은 분별성(vivekatva)을 만들어 내어 기쁨에 연결하여 속박하기 때문에 성질을 벗어나지 못한 자는 빛을 싫어합니다. 동성적인 것인 활동은 고통을 본질로 하는 것입니다. 이러한 동성에 작용 되어 자신의 본래 상태에서 벗어나 괴로움이 생기기 때문에 성질을 벗어나지 못한 자는 활동을 싫어합니다. 암성적인 인식이 생겨나서 자신이 어리석다고 여기기 때문에 성질을 벗어나지 못한 자는 미혹을 싫어합니다. 이러한 '세 가지 성질을 본질로 하는 것'이며 끄리스나의 환력幻力이고 자연인 것이 모든 존재의 원인입니다. 이것은 모든 결과보다 '광대한 것'(mahattva)이기 때문에 '큰 것'(mahat)大이고, 자신의 변화들을 '유지하고 양육하는 것'(bharaṇa)이기 때문에 브라흐마(brahma)입니다. 라마누자에 의하면 진성, 동성, 암성, 이렇게 세 성질은 자연의 본모습과 관련된 특별한 본성입니다. 이러한 성질들은 오로지 빛을 비롯한 작용을 통해서 표명되는 것들입니다. 성질들은 자연의 상태에서는 나타나지 않으며, 자연의 변화들인 '큰 것'을 비롯한 것들에서 비로소 나타납니다. 신과 인간 등등의 몸은 '큰 것'에서 시작하여 오대원소에 이르기까지의 것들에 의해 생겨난 것입니다. 이러한 신과 인간 등등의 몸과 관계된 이 '몸을 가진 자'인 불멸은 그 스스로가 성질과 관계되기에는 부적합한 것입니다. 그러나 성질들이 '몸을 가진 자'인 불멸을 몸에 '현존하는 상태인 한정'으로서 매어놓습니다.

샹까라와 라마누자에 의하면 제15장의 제목은 '최상의 인아의 요가'(puruṣottamayoga)입니다. 『바가바드기타』에서 아르주나는 끄리스나를 '최상의 인아'(puruṣottama)라고 부르고 있으며, 끄리스나는 아르주나에게 스스로 자신이 '최상의 인아'라고 말합니다. '최상의 인아'에서 인아人我의 원어는 뿌루샤(puruṣa)입니다. 뿌루샤는 샹캬철학의 25개의 실재 가운데 하나입니다. 샹캬철학은 뿌루샤를 포함한 25개의 실재에 대한 올바른 앎을 얻으면 해탈한다고 말합니다. 25개의 실재는 자연 혹은 근본자연(1), 지성(1), 자의식(1), 오유(5), 다섯 개의 지각기관(5), 다섯 개의 행위기관(5), 마음(1), 오대원소(5), 인아(1), 이렇게 1+1+1+5+5+5+1+5+1=25입니다. 샹캬철학의 주요문헌인 『쌍캬까리까』의 세 번째 본송은 이들 25개의 실재에 대해서 다음처럼 말하고 있습니다. "근본 자연은 다른 것에서 변화된 것이 아닙니다. 큰 것을 비롯한 일곱 개는 자연이기도 하고 변이이기도 합니다. 열여섯 개는 변화이기만 합니다. 인아人我는 자연도 아니고 변화도 아닙니다." 어원에 따르면 '만들어내는 것이 자연입니다.'(prakroti iti prakṛtiḥ). 즉, 다른 것의 원인이 되는 것이 자연(prakṛti)입니다. 따라서 최초의 원인을 일반적인 자연과 구별하기 위해 '근본 자연'(mūlaprakṛti)이라 부르기도 합니다. '근본 자연'과 으뜸(pradhāna)勝因은 동의어입니다. 모든 원인 가운데 궁극적인 원인으로서 으뜸이 되기에 '자연 혹은 근본 자연'을 으뜸이라 부르기도 합니다. 자연은 진성, 동성, 암성, 이렇게 세 가지 성질들이 자신의 특질을 드러내지 않고 평형을 이루고 있는 상태입니다. 진성의 특질은 빛, 가벼움, 해맑음, 기쁨, 평온함 등이며 흰색으로 상징됩니다. 동성의 특질은 움직임, 괴로움 등이며 붉은색으로 상징됩니다. 암성의 특질은 멈춤, 무거움, 덮음, 미혹 등이며 검은색으로 상징됩니다. 자연은 이러한 성질들이 자신의 특질을 드러내지 않고 있는 상태입니다. 따라서 빛도 없고 어둠도 없고 움직임도 없고 멈춤도 없고 가벼움도 없고 무거움도 없고 기쁨도 없고 고통도 없는 상태입니다. 이 상태를 무어라 말로 표현할 길이 없습니다. 『노자』에서 말하는 "도라 할 수 있는 도는 바른 도가 아닙니다. 이름이라 할 수 있는 것은 바른 이름이 아닙니다. 어둡고 어두운 가운데 아주 묘한 곳의 문이 있습니다."道可道 非常道 名加名 非常名 玄之又玄衆妙之門라고 말하듯이 깊고 깊은 명상을 통해서만이 아주 묘한 것인 자연의 상태를 파악할 수 있습니다. 자연에 잠재되어 있던 세 가지 성질들 가운데 진성이 제일 먼저 자신의 특질을 드러내어 자연이 처음 변화한 한 상태를 진성이라고 부릅니다. 샹캬철학에서는 진성을 '큰 것'인 대(mahat)大, 지성(buddhi), 마음(manas)心이라 부르기도 합니다. 첫 번째 태어난 아들과 딸을 큰아들 큰딸이라고 부르듯이 진성은 자연에서 첫 번째로 생겨난 것이기에 '큰 것'인 대(mahat)大라고 하며, 진성의 특질은 빛이며 빛은 밝히는 것이고 어둠을 밝히면 어둠 속에 있던 사물을 알게 되기에 지성이라고 하며, 바로 이것이 우리의 본마음이기에 마음이라고도 부릅니다. 『쌍캬까리까』의 스물두 번째 본송은 근본인 자연에서 '큰 것'이 생겨나고, '큰 것'에서 자의식이 생겨나고, 자의식에서 마음과 다섯 가지 지각기관, 다섯 가지 행위기관, 그리고 오유五唯가 생겨나고, 오유에서 오대원소가 생겨나는 것을 다음처럼 말하고 있습니다. "자연에서 '큰 것'이, '큰 것'에서 자의식이, 자의식에서 열여섯 개로 된 무리가, 그 열여섯 개로 된 무리 가운데 다섯 개에서 다섯 개의 원소들이 생겨납니다." 자연(prakṛti)自然, 自性, 으뜸(pradhāna)勝因, 브라흐만(brahman)梵, '드러나지 않은 것'(avyakta)不顯現, 非變異, '많은 것을 간직하고 포함한 것'(bahudhānaka)衆持, 환력(māyā)幻力, 幻, 幻化은 동의어입니다. 자연으로부터 '큰 것'(mahat)大이 생겨납니다. '큰 것', 지성(buddhi)覺, 유신성(āsurī)有神聖, 지혜(mati)智, 智慧, 밝힘(khyāti), 앎(jñāna)慧, 반야(prajñā)般若, 마음(manas)은 동의어입니다. 그리고 그 '큰 것'에서 자의식(ahaṁkāra)我見, 我執, 自意識, 自我意識이 생겨납니다. 자의식, '원소의 시초'(bhūtādi)大初, '변형된 것'(vaikṛta), '힘있는 것'(taijas)炎熾, 아만(abhimāna)我慢은 동의어입니다. 이 자의식에서 오유와 열한 개의 기관, 이렇게 열여섯 개로 된 무리가 생겨납니다. 예를 들면 성유(śabdatanmātra)[聲唯], 촉유(sparśatanmātra)[觸唯], 색유(rūpatanmātra)[色唯], 미유(rasatanmātra)[味唯], 향유(gandhatanmātra)[香唯] 이렇게 오유(pañcatanmātra)[五唯]가 자의식에서 생겨납니다. 유(tanmātra)[唯]는 미세(sūkṣma)[微細]와 동의어입니다. 그 외에 열한 개의 기관들, 귀(śrotra)[耳], 피부(tvak)[皮], 눈(cakṣuṣī)[眼], 혀(jihvā)[舌], 코(ghrāṇa)[鼻], 이렇게 다섯 개의 지각기관(pañcabuddhīndriya)[五知根], 입(vāk), 손(pāṇi), 발(pāda), 배설기관(pāyu), 생식기관(upastha), 이렇게 다섯 개의 행위기관(pañcakarmendriya)[五作根], 그리고 열한 번째의 것인 마음(manas)이 자의식에서 생겨납니다. 샹캬철학에서는 자연에서 처음으로 생겨난 '큰 것'이며, 진성인 지성도 마음(manas)이라 부르고, 자의식에서 생겨난 기관 가운데 하나인 마음도 마음(manas)이라고 부릅니다. 아마도 우리의 지성이며 본마음인 이 마음, 다섯 개의 지각기관과 다섯 개의 행위기관과 연결되어 좋아하고 싫어하는 저 마음도 결국은 모두가 마음이기에 동일한 용어를 사용하는 것 같습니다. 이렇게 열여섯 개의 무리가 자의식에서 생겨납니다. 이 열여섯 개의 무리 가운데 다섯 개인 오유[五唯]로부터 오대원소들이 생겨납니다. 이를테면, 성유(śabdatanmātra)[聲唯]에서 허공(ākāśa)[空]이, 촉유(sparśatanmātra)[觸唯]에서 바람(vāyu)[風]이, 색유(rūpatanmātra)[色唯]에서 불(tejas)[火]이, 미유(rasatanmātra)[味唯]에서 물(āpas)[水]이, 향유(gandhatanmātra)[香唯]에서 흙(pṛthvī)[地]이 생겨납니다. 이렇게 다섯 개의 극미(paramāṇu)[極微]에서 다섯 개의 오대원소가 생겨납니다. 이상의 사실을 간단히 정리하면 다음과 같습니다.

자연(prakṛti)自然, 性, 本性, 自性, 근본 자연(mūlaprakṛti)本性, 으뜸(pradhāna)勝因, 브라흐마(brahman)梵, '드러나지 않은 것'(avyakta)不顯現, 非變異, '많은 것을 간직하고 포함한 것'(bahudhānaka)衆持, 미망력(, māyā)幻幻化 → 큰 것(mahat)大, 진성(sattva)眞性, 지성(buddhi)覺, 마음(manas), 유신성(有神聖, āsurī), 지혜(mati)智, 智慧, 밝힘(khyāti), 앎(jñāna)慧, 반야(prajñā)般若 → 자의식(ahaṁkāra)我見, 我執, 自意識, 自我意識, '원소의 시초'(bhūtādi)大初, '변형된 것'(vaikṛta), '힘 있는 것'(taijas)炎熾,

아만(abhimāna)我慢 →

→ 마음(manas) [진성이 많은 상태]

→ 다섯 가지 지각기관五知根(pañcajñānendriya, pañca buddhīndrya)[진성이 많은 상태]

→ 다섯 가지 행위기관(pañcakarmendriya)五作根 [동성이 많은 상태]

→ 오유(pañcatanmātra)五唯[암성이 많은 상태] →

→ 오대원소(pañcamahābhūta)五大元素

소리(śabda)聲 → 허공(ākāśa)空

촉감(sparśa)觸 → 바람(vāyu)風

형태(rūpa)色 → 불(tejas)火

맛(rasa)味 → 물(āpa)水

냄새(gandha)香 → 흙(pṛthvī)地

위에서 언급되는 다섯 가지 지각기관, 다섯 가지 행위기관, 오유인 소리와 촉감과 형태와 맛과 냄새는 오대원소의 원인이 되는 것들입니다. 따라서 오대원소로 이루어진 우리 몸의 지각기관과 행위기관 그리고 오대원소로 이루어진 이 세상의 사물들이 만들어내는 소리와 촉감과 형태와 맛과 냄새가 아닙니다. 지금 보고 계시는 이 책의 형태는 오대원소 가운데 흙의 성분이 주를 이루어 만들어진 형태입니다. 따라서 이 책의 형태는 오유 가운데 하나인 형태가 아닙니다. 이 책을 만지는 촉감도 마찬가집니다. 오유는 오대원소와는 무관한 오로지 소리인 것, 오로지 촉감인 것, 오로지 형태인 것, 오로지 맛인 것, 오로지 냄새인 것입니다. 그래서 오로지라는 의미에서 유(mātra)唯라고 부릅니다. 이러한 오유는 깊은 명상을 통해서 파악되는 것입니다. 앞에서 살펴본 24개의 실재 가운데 6개의 실재(최초의 원인인 자연과 자연의 최종 변화상태인 오대원소)를 제외한 18개 의 실재(지성, 자의식, 마음, 다섯 가지 지각기관, 다섯 가지 행위 기관, 오유)들로 이루어진 몸을 미세신(sūkṣma)微細身이라고 합니다. 이 미세신이 바로 윤회의 주체입니다. 그리고 오대원소로 이루어진 몸을 조대신(sthūlaśarīra)粗大身이라고 합니다. 이 조대신은 허공, 바람, 불, 물, 흙, 이렇게 오대원소로 이루어진 것인데, 깃들어 있던 인아人我와 윤회의 주체인 미세신이 떠나면 허공은 허공으로, 바람은 바람으로, 불은 불로, 물은 물로, 흙은 흙으로 되돌아가 사라집니다. 정신, 자아 혹은 영혼이라고도 말할 수 있는 인아(puruṣa)人我는 위에서 말씀드린 24개의 실재와는 전혀 다른 것입니다. 즉, 성질과는 무관한 존재입니다. 음과 양이 모여 하늘(☰)

乾, 땅(☷)坤, 불(☲)離, 물(☵)坎 등을 이루며 변화하듯이 진성, 동성, 암성, 이렇게 세 성질로 이루어진 24개의 실재는 변화하여 삼라만상을 이룹니다. 인아는 24개의 실재와는 전혀 다른 것이기 때문에 불변입니다. 윤회는 24개의 실재 가운데 18개의 실재들로 이루어진 미세신이 하는 것입니다. 인아는 24개의 실재와는 전혀 다른 것이기에 윤회하지 않습니다. 해탈은 고통의 속박에서 완전히 벗어나는 것입니다. 고통은 동성의 특질입니다. 인아는 24개의 실재와는 전혀 다른 존재, 즉, 세 가지 성질을 벗어나 있는 존재라 고통이 아예 없기에 본래부터 해탈한 상태입니다. 진성, 동성, 암성이라는 세 가지 성질들이 더러운 것, 즉 때(mala)垢입니다. 성질들을 벗어난 인아는 때가 없기에 이구청정離垢淸淨 순수한 상태입니다. 『쌍캬까리까』의 서른일곱 번째 본송은 인아에 대해서 이렇게 말하고 있습니다. "지성이 성취케함으로 인아의 모든 맛봄樂受이 있습니다. 그리고 또한 바로 그 지성이 으뜸과 인아의 미세한 차이를 구별 짓습니다." 으뜸인 자연이 제일 처음 변화한 상태인 우리의 본마음인 진성, 즉 지성을 통해서 인아는 24개의 실재를 인식합니다. 그리고 우리의 본마음인 진성, 즉 지성이 인아와 으뜸인 자연의 차이를 파악합니다. 이러한 파악의 궁극적인 주체는 인아입니다. 따라서 인아는 깨달은 상태입니다. 변화는 세 가지 성질들의 작용에 의해서 생겨납니다. 따라서 세 가지 성질을 벗어난 인아는 변화하지 않는 항상한 존재입니다. 이처럼 인아는 본질적으로 항상 해탈하고, 항상 순수하고, 항상 깨달은 상태입니다.

『바가바드기타』는 인아를 '멸하는 인아', '멸하지 않는 인아', '최상의 인아', 이렇게 셋으로 구분하고 있습니다. 멸하는 인아는 라마누자에 의하면 생명(jīva)입니다. 이 생명은 '멸하는 본성을 가진 정신이 없는 것과 접촉한 것'으로 창조주인 브라흐마에서 시작하여 초목에 이르기까지의 모든 존재입니다. 멸하지 않는 인아는 '정신이 없는 것과의 접촉을 벗어난 것'으로서 자신의 모습으로 자리 잡은 '해탈한 아我'입니다. 이러한 멸하지 않는 인아는 정신이 없는 것과의 접촉이 없어서 '정신이 없는 것의 특별한 변화'인 브라흐마 등등의 몸에 공유된 것이 아닙니다. 그래서 '꼭대기에 머문 것'(kūṭastha)이라고 말합니다. 한편 샹까라에 의하면 멸하는 인아는 변화에 의해서 생겨난 모든 존재입니다. 그리고 멸하지 않는 인아는 세존인 끄리스나의 '환력幻力의 힘'(māyāśakti)입니다. 환력의 힘인 이 멸하지 않는 인아가 멸하는 인아를 생겨나게 합니다. 수많은 윤회하는 중생에게 있어서 욕망과 행위 등이 만들어낸 잠재인상業行의 바탕이 바로 이 멸하지 않는 인아입니다. 업행業行으로 불경에서 번역되는 잠재인상은 행위가 만들어 내어 무의식 속에 새겨진 인상입니다. 행위는 몸의 움직임, 마음의 움직임, 입의 움직임인 말하는 것, 이렇게 세 가지입니다. 우리가 몸을 움직여 동작하고, 마음을 움직여 생각하고, 입을 움직여 말을 하고 난 다음에 그러한 동작과 생각과 말이 사라져 없어지는 것이 아니라, 우리의 마음속 깊은 곳 무의식 안에 잠재인상인 행업으로 변화되어 남아 있게 됩니다. 이러한 잠재인상이 기억으로 변화되어 무의식에서 떠올라 우리의 현재 생각을 이룹니다. 이처럼 기억으로 변화되는 잠재인상을 습기(vāsanā)習氣라고 부릅니다. 샹까라는 이러한 잠재인상의 바탕이 세존인 끄리스나의 환력이며 멸하지 않는 인아라고 말하고 있습니다. 윤회의 씨앗은 끝이 없는 것이기 때문에 이 인아는 멸하지 않습니다. 그래서 '멸하지 않는 인아'라고 부릅니다. 최상의 인아는 삼계에 들어와 지키고 유지시키는 자이며 불멸인 자재자로서 지고의 아我라고도 말해지는 것입니다. 이 최상의 인아는 '멸하는 인아'와 '멸하지 않는 인아' 이 두 인아와는 다릅니다. 상까라에 의하면 몸을 비롯한 무명無明에 의해서 만들어진 아我 보다 높은 아我이기 때문에, 그리고 모든 존재들의 '개별적인 정신'(pratyakcetana)이기 때문에 베단따들에서 '지고의 아我'라고 말해지는 이 '최상의 인아'는 '멸하는 인아' 그리고 '멸하지 않는 인아'와는 완전히 다른 것입니다. 이 최상의 인아는 자신의 정신력인 신력神力에 의해서 땅과 허공과 하늘이라고 이름하는 것인 삼계三界에 들어와 오로지 자기 모습의 진실한 상태를 통해 삼계를 지탱합니다. 이 최상의 인아는 멸(vyaya)滅이 없는 것이기 때문에 불멸(avyaya)不滅입니다. 이 최상의 인아는 모든 것을 아는 자이며, 나라야나(Nārāyaṇa)라 이름하는 자이며, '다스리는 자성自性을 가진 자'인 자재자입니다. 한편 라마누자에 의하면 최상의 인아는 '멸하는 것'이라는 낱말로 지시된 속박된 인아와 '멸하지 않는 것'이라는 낱말로 지시된 해탈한 인아, 이 둘과는 다른 것으로 지고의 아我라고 일컬어지는 것입니다. '보이는 것이 세상이다.'(lokyata iti lokaḥ)라는 어원에 따라서 삼계는 '정신이 없는 것', 그 정신이 없는 것과 접촉한 '정신이 있는 것', 그리고 '해탈한 것', 이렇게 셋을 의미합니다. 올바른 앎의 도구를 통해 알게 되는 이러한 셋에 '아我의 상태'로서 들어가 유지하기 때문에 최상의 인아는 다른 것입니다. 최상의 인아가 무엇인지 안다는 것은 샹까라에 의하면 "이것은 나다!"(ayam aham asmi)라고 아는 것입니다. 지금 이 글을 읽고 계신 분 자신이 바로 최상의 인아라고 아는 것을 뜻합니다. 라마누자에 의하면 최상의 인아인 끄리스나는 '본질이 불멸인 것' 그리고 '편재, 유지양육, 자재력 등을 갖춘 것'입니다. 따라서 이러한 끄리스나를 '멸하는 인아'와 '멸하지 않는 인아' 이 둘과는 다른 종류라고 아는 것이 최상의 인아를 아는 것입니다. 샹까라에 의하면 인아의 어원은 그에 의해서 모든 것이 충만(pūrṇa)하기에, 혹은 몸(pur)에 깃들기(śayana) 때문에 인아(puruṣa)人我라고 합니다.

샹까라와 라마누자에 의하면 제16장의 제목은 '신의 자질과 아쑤라의 자질에 대한 구분의 요가'(daivāsurasaṁpadvibhāgayoga)입니다.

샹까라와 라마누자에 의하면 제17장의 제목은 '믿음의 세 가지 구분에 대한 요가'(śraddhātrayavibhāgayoga)입니다. 『바가바드기타』에 의하면 믿음은 본성에서 생겨난 것이며, 진성적인 것, 동성적인 것, 암성적인 것, 이렇게 세 가지가 있습니다. 진성적인 자들은 신들을, 동성적인 자들은 야차와 나찰을 공경합니다. 암성적인 사람들은 이 세상에서 떠나간 자들과 귀신의 무리를 공경합니다.

샹까라와 라마누자에 의하면 제18장의 제목은 '해탈과 온전히 내던져 버림의 요가'(mokṣasaṁnyāsayoga)입니다. 『바가바드기타』에 의하면 욕망을 충족시키기 위한 행위들을 내던져 버림이 온전히 내던져 버림입니다. 육신을 가진 자가 행위들을 남김없이 버린다는 것은 불가능합니다. 그래서 행위의 결과를 버리는 자를 버리는 자라고 말합니다. 샹까라에 의하면 행위의 결과를 버리는 자는 일상적으로 매일 행해야 하는 행위들을 행하면서 행위의 결과에 대한 기대만을 온전히 내던져 버리는 자입니다. 일상적으로 매일 행해야 하는 행위는 우리의 본마음인 진성을 정화하여 지혜를 생겨나게 하는 것이고, 그 지혜에 충실하게 하는 원인이 되는 것입니다. 아울러 해탈을 이루게 하는 것입니다. 세존인 끄리스나에 대한 신애에 의해서 해탈이라는 결과가 분명히 생겨난다는 것을 이해해야 합니다. 해탈은 끄리스나에 이르는 것입니다. 라마누자에 의하면 '행위의 결과를 버리는 자'는 행위의 '결과와 행위자라는 생각과 행위에 대한 애착을 버리는 자'입니다. 해탈은 윤회에서 벗어나는 것의 실상입니다. 요가는 해탈의 방편이 되는 것으로 세존인 끄리스나에 대한 숭배입니다. 세존이며 최상의 인아인 와아쑤데바 즉 끄리스나가 지고의 브라흐만이라는 낱말로 일컬어지는 것입니다. 끄리스나가 바로 모든 세상의 유일한 원인이며, 모든 세상의 바탕입니다. 끄리스나가 바로 모든 것을 움직이게 하는 자입니다. 베다의 모든 행위는 이러한 끄리스나에 대한 숭배입니다. 베다의 각각의 행위들을 통해서 숭배된 끄리스나는 인간이 평생의 삶을 통해서 추구해야 할 목표인 '도리와 재산과 욕망과 해탈'이라는 형태의 결과를 줍니다.

라마누자에 의하면 『바가바드기타』의 제1장부터 제6장에 이르기까지의 '여섯 장으로 구성된 부분'(ṣaṭka)은 『바가바드기타』의 초편을 이루고, 제7장부터 제12장까지의 여섯 장으로 구성된 부분은 중편을 이루며, 제13장부터 마지막 장인 제18장까지의 여섯 장으로 구성된 부분은 종편을 이룹니다.

라마누자에 의하면 초편에서는 우리가 얻어야 할 지고의 존재인 지고의 브라흐만이면서 와아쑤데바 세존인 끄리스나를 얻는 방편이 표명됩니다. 즉 '신애의 형태'인 '세존에 대한 숭배'의 부분이 되는 '개별적인 아'(pratyagātman)[個我]의 실상[實相]에 대한 관조가, 그리고 이 관조는 지혜의 요가와 행위의 요가의 형태인 두 개의 성취를 통해서 이루어진다는 사실이 표명되고 있습니다. 중편에서는 우리가 얻어야 할 지고의 존재인 세존의 본질의 실상과 그 실상의 대위력[大偉力]에 대한 인식을 전제로 하는 절대적이고 지극한 신애의 요가의 성취가 표명됩니다. 그리고 지극한 자재력을 바라는 자들과 오로지 아[我]만을 바라는 자들 모두에게 있어서 신애의 요가는 그 모든 것을 이루게 하는 방편이 된다는 사실이 표명되고 있습니다. 마지막으로 종편에서는 자연과 인아, 자연과 인아의 접촉의 형태인 '현상계의 출현', 자재자의 실상, 행위와 지혜와 신애의 본모습, 행위와 지혜와 신애를 얻는 형태들이 표명되고 있습니다. 그리고 또한 종장에서는 앞서 초장과 중장에서 언급된 내용들을 다시 명확히 하고 있습니다.

샹까라는 『바가바드기타』의 주석 서두에서 『바가바드기타』에 대해서 다음처럼 말하고 있습니다. 세존께서는 이 세상을 창조하신 다음에 세상의 유지를 위해서 마리찌(Marīci) 등을 비롯한 중생주(prajāpati)衆生主들을 만들고는 그들에게 베다에 언급된 '나아가는 형태의 법도'를 갖추게 하셨습니다. 그리곤 싸나까(Sanaka)와 싸난다나(Sanandana)를 비롯한 다른 이들을 출생케 하시고는 그들에게 지혜와 이욕離欲을 특징으로 하는 것인 베다에 언급된 '물러나는 형태의 법도'를 갖추게 하셨습니다. 법도(dharma)란 것은 세상을 유지하기 위한 원인이며, 생명체들의 번영과 해탈의 직접적인 원인이 되는 것입니다. 이러한 법도는 사제계급인 브라흐마나를 비롯한 카스트 구성원들과 복을 바라는 자들에 의해서 준수되는 것입니다. 오랜 시간이 지남으로 인해서 법도를 준수하는 이들에게 욕망이 생겨나 분별의식을 쇠하게 하는 원인인 비법(adharma)非法에 의해 법도가 짓눌리고 비법이 기승하게 되었습니다. 그러자 세상을 유지하고 보호하려 대지의 브라흐만인 사제계급 브라흐마나의 본질을 수호하기 위해서 최초의 창조자이신, 나라야나(Nārāyaṇa)라고 이름하는 위스누(Viṣṇa)께서 데바끼(Devakī)를 어머니로 그리고 와쑤데바(Vasudeva)를 아버지로 삼아 몸을 나투어 끄리스나로 현신하였습니다. 베다의 법도는 브라흐마나의 본질을 수호함으로써 지켜지는 것입니다. 왜냐하면, 카스트들의 구별은 사제계급인 브라흐마나의 본질에 좌우되는 것이기 때문입니다. 지혜와 자재함과 능력과 힘과 원기와 위광을 늘 갖추고 계신 세존 끄리스나께서는 태어나지 않은 분이시며, 불변이시며, 존재들을 다스리는 분이시며, 본질이 항상 청정한 상태이고 항상 깨달은 상태이고 항상 해탈한 상태입니다. 그러나 세 가지 성질로 이루어진 근본자연인 자신의 위스누적인 환력幻力에 의지해서 몸을 가진 듯이 생겨난 것처럼 보이며, 세상에 은총을 베푸는 듯 보입니다. 세존께서는 스스로는 그 어떤 의도도 가지지 않으시나, 중생들에게 자비를 베푸시기 위해서 베다의 두 법도를 슬픔과 미혹의 대해大海에 잠긴 아르주나에게 교시하셨습니다. 수많은 덕을 갖춘 자가 지니고 준수하는 법도는 넓어질 것이기 때문입니다. 바로 이처럼 교시된 법도를 모든 것을 아시는 세존이신 베다브야싸(Vedavyāsa)께서 기타(노래, gītā)라고 이름하는 것으로, 7백 개의 슬로까(śloka) 운율들로 엮었습니다. 이처럼 이루어진 '기타의 교법'(gītāśāstra)은 모든 베다에 담긴 의미의 정수가 모인 것으로 그 의미를 이해하기가 무척 어렵습니다. 이러한 기타의 교법은 지복至福, 즉 '원인과 더불어 윤회의 절대적인 멈춤'에 목적을 두고 있습니다. 이것은 '모든 행위를 온전히 모두 내버림'이 전제가 되는 '아我에 대한 지혜에 충실함의 형태'인 법도를 통해서 이루어집니다. '나아가는 형태의 법도'는 번영과 카스트제도와 인생의 단계를 목표로 삼아 규정된 것으로 신 등을 비롯한 지위를 얻는 원인이 되지만, '자재자에게 바치는 지성知性'을 통해서 결과에 대한 기대가 없이 준수됨으로써 진성을 정화합니다. 그리고 진성이 정화된 자에게 지혜에 충실할 자격을 획득하게 하여 지혜가 생겨나는 원인이 됨으로써 '나아가는 형태의 법도'는 지복의 원인이 됩니다. '기타의 교법'은 지복을 목적으로 삼는 '나아가는 형태의 법도'와 '물러나는 형태의 법도' 이 두 가지 법도와 와아쑤데바로 알려진 지고의 브라흐만이라고 이름 지어진 '지고의 사물의 본질'을 드러내고 있습니다. 이러한 『바가바드기타』의 교법을 앎으로써 모든 '인간의 목표'(puruṣārtha)의 성취가 이루어집니다.

인간의 목표는 인간이 평생의 삶을 통해서 이루어야 할 목적으로 넷이 있습니다. 첫째는 '법도, 혹은 도리'(dharma), 둘째는 재산(artha), 셋째는 욕망(kāma), 넷째는 해탈(mokṣa)입니다. 첫 번째 목표인 '법도 혹은 도리'는 인생의 첫 번째 시기인 학생의 시기에 추구하는 것으로 베다의 학습을 통해서 이루어집니다. 두 번째 목표인 재산은 학생의 시기를 마치고 결혼하여 인생의 두 번째 시기인 가정생활의 시기 동안에 추구되는 것으로 첫 번째 목표인 '법도 혹은 도리'를 바탕으로 이루어집니다. 세 번째 목표인 욕망 역시 인생의 두 번째 시기인 가정생활을 하는 동안에 법도 혹은 도리에 바탕을 두고 이룬 재산의 상태에 알맞게 추구되는 것입니다. 마지막 네 번째 목표인 해탈은 인생의 세 번째 시기인 가정을 버리고 숲으로 출가하는 시기에 첫 번째 목표인 법도 혹은 도리에 따라 세 번째 목표인 욕망을 버림으로써 이루어지기 시작하여, 인생의 네 번째 시기인 '모든 것을 모두 내버리는 시기'에 법도 혹은 도리마저 버림으로써 완성됩니다. 인생을 백 년으로 삼으면 첫 번째 시기는 대략 25세까지, 두 번째 시기는 대략 25세부터 50세에 이르기까지, 세 번째 시기는 대략 50세에서 75세에 이르기까지, 그리고 법도마저 버리어 해탈을 이루는 네 번째 시기인 '모든 것을 모두 내버리는 시기'는 대략 75세에서 100세에 이르기까지입니다. 이 네 번째 시기는 『논어』의 위정爲政편에서 공자께서 "일흔 살이 되어서는 마음이 내키는 대로 따라도 법도를 넘어섬이 없었다."七十而從心所欲 不踰矩라고 하신 말씀과 일맥이 상통합니다.

인간의 네 가지 목표 가운데 첫 번째인 '법도 혹은 도리'는 인생의 목표 가운데 두 번째인 재산, 그리고 세 번째인 욕망을 이루는 지침이 되며, 네 번째 목표인 해탈을 위한 길에 들어서는 데도 지침이 됩니다. 인간이 대체로 50세까지 이루는 목표인 재산과 이를 바탕으로 추구하는 욕망은 세상 속으로 나아가는 것입니다. 따라서 베다에 언급된 세상으로 '나아가는 형태의 법도'는 결국 재산과 이를 토대로 한 욕망을 추구하는 데 지침이 되는 법도입니다. 그리고 50세 이후에 인간이 집중적으로 추구하는 목표인 해탈은 욕망을 벗어나 세상으로부터 물러나는 것입니다. 따라서 베다에 언급된 세상에서 '물러나는 형태의 법도'는 결국 해탈을 추구하는 데 지침이 되는 법도입니다. 『바가바드기타』의 가르침은 바로 이러한 두 가지 법도를 통해서 '인간의 목표'를 성취케 하는 것이라고 샹까라는 말하고 있습니다.

샹까라에 의하면 어근 끄리스(kṛṣ)는 '긁어내다, 끌어내다'라는 의미가 있습니다. 신애信愛 하는 자의 죄를 비롯한 잘못을 끌어 당겨내기 때문에 끄리스나(Kṛṣṇa)입니다. 『바가바드기타』에서 끄리스나는 흐리쉬께샤, 구다께샤, 께샤바, 고빈다, 마두쑤다나, 자나르다나, 마다바, 바르스네야, 와아쑤데바, 이렇게 다양한 이름으로 호칭이 되고 있습니다. 이러한 이름들 가운데 흐리쉬께샤(Hṛṣīkeśa)는 지각기관(hṛṣīka)의 지배자(īśa)를 뜻합니다. 구다께샤(Guḍākeśa)는 '나태, 잠'(guḍākā)의 지배자(īśa)를 뜻합니다. 께샤바(Keśava)는 '훌륭한 머리칼을 가진 자'를 뜻합니다. 고빈다(Govinda)는 '소치기, 목동들의 우두머리' 등을 뜻합니다. 마두(Madhu)는 위스누가 살해한 악신의 이름이며, 쑤다나(sūdana)는 살해자라는 뜻입니다. 따라서 마두쑤다나(Madhusūdana)는 위스누의 화신인 끄리스나의 별칭이 됩니다. 자나르다나(Janārdana)는 '창조물, 천한 자, 사람'(jana)을 '멸하는 자, 없애는 자'(ardana)를 뜻합니다. 마다바(Mādhava)의 어원은 부의 여신(Mā)인 락스미(Lakṣmī)의 남편(dhava)입니다. 우주를 보호하고 유지 육성하는 신인 위스누(Viṣṇu)가 부의 여신인 락스미의 배우자입니다. 그리고 끄리스나는 위스누의 화신이기에 마다바는 끄리스나의 다른 이름이 됩니다. 또는 마다바는 마두(Madhu)의 후손들인 야다바(Yādava)족을 의미하며, 끄리스나는 야다바족이기에 마다바는 끄리스나를 의미합니다. 바르스네야(Vārṣṇeya)는 브리스니(Vṛṣṇi)의 자손이란 뜻입니다. 와아쑤데바(Vāsudeva)는 와쑤데바(Vasudeva)의 아들을 뜻하며, 끄리스나의 별칭입니다.

제1장

드리따라스뜨라가 말했습니다.[01]

---

01 하쓰띠나뿌라(Hastināpura)국의 왕인 샨따누(Śāntanu)는 전생에 천국에서 갠지스강의 여신에게 애욕을 품는 바람에 창조의 신인 브라흐마(Brahmā)의 저주를 받아 인간 세상에 태어난 마하비샤(Mahābhiṣa) 왕이다. 인간의 세상에서 갠지스강의 여신과 결혼하여 비스마(Bhīṣma)를 아들로 얻은 샨따누는 갠지스강의 여신이 떠난 뒤 어부의 딸인 싸뜨야와띠(Satyavatī)에게 마음을 빼앗겨 아들인 비스마의 도움으로 그녀와 결혼하게 되었다. 그러나 싸뜨야와띠에게는 이미 결혼 전 처녀 뱃사공이던 시절 빠라샤라(Parāśara) 선인仙人과 관계를 맺어 아들이 하나 있었다. 그 아들이 바로 『마하바라타』의 저자인 브야싸(Vyāsa) 선인이다. 샨따누가 죽자 비스마는 자신의 배다른 동생인 찌뜨라앙가다(Citrāṃgada)를 왕위에 즉위시켰다. 그가 일찍 죽자 비스마는 계모인 싸뜨야와띠의 허락을 받아 그녀의 아들이자 또 다른 배다른 동생인 위찌뜨라위르야(Vicitravīrya)를 왕위에 올렸다. 하지만 위찌뜨라위르야마저 후사가 없이 죽자, 싸뜨야와띠는 자신의 아들인 브야싸 선인에게 명해 위찌뜨라위르야의 첫째 부인인 암비까(Ambikā)와 관계를 맺게 했다. 그렇게 생겨난 아들이 드리따라스뜨라(Dhṛtarāṣṭra)이다. 암비까는 브야싸 선인과 관계를 맺을 때 브야싸 선인이 너무 무서워 눈을 감고 있었다. 그래서 드리따라스뜨라는 장님으로 태어났다. 그러자 싸뜨야와띠는 자신의 아들인 브야싸로 하여금 위찌뜨라위르야의 둘째 부인인 암발리까(Ambālikā)와 관계를 맺게 하여 암발리까는 하얀 피부를 가진 아들인 빤두(Pāṇḍu)를 낳게 되었다. 장님인 드리따라스뜨라는 왕위에 오르지 못하고 그의 동생인 빤두가 왕위에 올랐다. 그러나 나라를 다스리던 빤두가 사냥을 하다 사슴으로 변신한 선인을 활로 쏘아 죽이고, 빤두는 그 사슴의 저주를 받아 히말라야에서 죽자, 드리따라스뜨라가 동생의 왕권을 차지하게 되었다. 드리따라스뜨라에게는 큰아들인 두르요다나(Duryodhana)를 비롯한 백 한 명의 아들이 있고, 빤두에게는 큰아들인 유디스티라(Yudhiṣṭhira)를 비롯한 다섯 명의 아들이 있었다. 어느 봄날 빤두는 히말라야에서 자신의 둘째 아내와 사랑을 나누다 사슴의 저주에 의해 죽음을 맞이하고, 둘째 아내인 마드리(Mādrī)는 자신의 남편을 화장하는 불길 속으로 들어가 남편과 함께 세상을 떠났다. 그러자 히말라야 산속의 선인들이 빤두의 첫째 아내인 꾼띠와 꾼띠의 다섯 아들을 빤두의 왕국인 하쓰띠나뿌라로 데려다주어 이 다섯 명의 아들들은 자신의 사촌들인 드리따라스뜨라의 백한 명의 아들들과 왕궁에서 함께 자라게 되었다. 하지만 왕궁에서 함께 성장한 이들의 사이는 좋지가 않았고, 결국에는 왕권을 놓고 드리따라스뜨라의 아들들과 빤두의 아들들인 사촌들 사이에 전쟁이 벌어지게 되었다. 이 전쟁의 첫날, 전쟁이 시작되기 직전 전선에서 아르주나(Arjuna)와 아르주나의 전차를 모는 마부인 아르주나의 친구 끄리스나(Kṛṣṇa) 사이에 오가는 대화가 『바가바드기타』 이다. 대화는 브야싸 선인의 제자인 와이샴빠야나(Vaiśampāyana)가 자신의 스승에게 들은 이야기를 아르주나의 증손자이며 하쓰띠나뿌라의 왕인 자나메자야(Janamejaya)에게 들려주는 형식이다. 그래서 원어에서 동사의 형태가 현재형이 아닌 '보지 못한 과거형'이다. 이 형태는 자신이 직접 경험하지 않은 어제 이전의 과거의 사실을 표현할 때 사용된다.

싼자야여,[02] 정의의[03] 들판인 꾸루끄셰뜨라에[04] 싸우려 모여든 나의

---

02 싼자야(Sañjaya)는 드리따라스뜨라의 마부이다. 드리따라스뜨라의 아들들인 까우라바(Kaurava)들과 빤두의 아들들인 빤다바(Pāṇḍava)들 사이에 전쟁이 일어나게 되자 브야싸 선인이 천리안의 신통을 주어 전쟁 상황을 궁전에 앉아 보면서 드리따라스뜨라에게 이야기해준다. 그래서 드리따라스뜨라가 현재 왕궁에서 싼자야에게 물어보는 것이다.

03 정의의 원어는 다르마(dharma) 이다. 다르마는 '존재하다, 살다, 유지하다, 지속하다, 지니다, 챙기다, 간직하다, 수호하다, 소유하다, 입다, 제어하다, 겪다, 두다, 마음에 품다, 준수하다' 등을 의미하는 어근 드리(dhṛ)에서 파생된 낱말이다. 다르마는 남성명사로 '종교, 사회의 신분에 따라 준수해야 할 사항, 법, 관습, 풍습, 규칙, 규정, 진리, 정의, 도덕, 도리, 미덕, 선행, 의무, 태도, 본성, 속성, 영혼, 방법' 등을 의미하며, 중성명사로 '덕행德行'을 의미한다. 다르마는 불경에서 '법法, 정법正法, 교법敎法, 시법是法, 선법善法, 실법實法, 묘법妙法, 여법如法, 법문法門' 등으로 한역된다. 다르마는 '달마達磨, 達摩, 달리마達哩摩' 등으로 음차된다. 『마누법전』(Manusmṛti) 2장 1절에 의하면 "아는 자들, 진실한 자들, 애증이 없는 자들에 의해 준수되고 마음으로 받아들여진 것, 그것이 다르마임을 알아야 한다."『마누법전』2장 6절에 의하면 "베다는 모두 다르마의 뿌리이다. 그것을 아는 자들의 기억과 덕성 그리고 선한 자들의 품행과 마음의 만족도 마찬가지다."

04 꾸루끄셰뜨라(Kurukṣetra)는 현재 인도의 수도인 델리 북쪽 인근 지역이다. 『마누법전』2장 17절에 의하면 "신의 두 강인 싸라쓰와띠와 드리샤드와띠 사이, 신이 만든 이 지역을 브라흐마와르따라고 말한다."『마누법전』2장 18절에 의하면 "이 지역에서 순수한 종성들과 더불어 서로 다른 종성의 결혼으로 인해 생긴 혼종들의 전통적으로 진행되어 온 품행, 그것은 바른 품행이라 일컬어진다." 『마누법전』2장 19절에 의하면 "꾸루끄셰뜨라, 마뜨쓰야, 빤짤라, 슈라쎄나까, 이곳들은 범선(brahmarṣi)梵仙의 지역이며, 브라흐마와르따 바로 다음이다."

아들들과 빤두의[05] 아들들은 무얼 했느냐? 1

싼자야가 말했습니다.

그때 왕인 두르요다나는[06] 전열을 갖춘 빤두의 아들들의 군대를 보

05 빤두(Pāṇḍu)는 위찌뜨라위르야의 둘째 부인인 암발리까(Ambālikā)와 브야싸 선인 사이에 태어난 아들이다. 위찌뜨라위르야의 첫째 부인인 암비까는 브야싸 선인과 관계를 맺을 때 눈을 감아서 드리따라스뜨라는 장님으로 태어났다. 장님은 불구이기에 싸뜨야와띠는 자신의 아들인 브야싸 선인에게 명을 내려 위찌뜨라위르야의 둘째 부인인 암발리까와 관계를 맺어 아들을 낳게 했다. 드리따라스뜨라가 장님으로 태어난 연유를 알게 된 암발리까는 선인과 관계를 맺을 때 눈을 감지는 않았지만, 선인이 너무 무서워 관계를 맺으며 얼굴이 하얗게 질렸기 때문에 빤두는 피부가 창백한 하얀 색으로 태어났다. 빤두는 창백한 하얀 색이라는 뜻이다. 형인 드리따라스뜨라 대신에 왕위에 오른 빤두는 어느 날 사냥을 나가 수사슴으로 변신한 선인이 암사슴과 한 몸이 되어 사랑을 나누는 순간 활을 쏘아 죽였기에 선인의 저주를 받아 자신의 아내와 사랑을 나누는 순간 죽게 된다. 빤두는 사슴의 저주 때문에 자식을 낳을 수 없었다. 그러나 그의 첫째 아내인 꾼띠(Kuntī)에게는 빤두에게 시집오기 전인 처녀 시절, 친정 왕국에 손님으로 찾아온 두르와싸쓰(Durvāsas) 선인을 잘 모신 공으로, 선인으로부터 받은 선물인 신들을 불러 아들을 낳을 수 있는 신비한 주문이 있었다. 이러한 신통력을 이용해 꾼띠는 도덕의 신인 야마(Yama)를 불러 첫째 아들인 유디스티라(Yudhiṣṭhira), 바람의 신인 와유(Vāyu)를 불러 둘째 아들인 비마(Bhīma), 신들의 왕인 인드라(Indra)를 불러 셋째 아들인 아르주나(Arjuna)를 낳고, 둘째 부인인 마드리(Mādrī)에게도 신통력을 빌려주어 쌍둥이 신이며 신들의 의사인 아스비나우(Aśvinau)를 불러 나꿀라(Nakula)와 싸하데바(Sahadeva)를 낳게 했다. 이들 다섯 명의 형제들을 빤두의 아들이라는 의미에서 빤다바(Pāṇḍava)라고 부른다. 어느 봄날 빤두는 둘째 부인인 마드리와 사랑을 나누다 사슴의 저주에 의해 죽게 되고, 마드리는 빤두의 시신을 태우는 불에 몸을 던져 순장한다.

06 두르요다나(Duryodhana)는 '맞서 싸우기 힘든 전사, 정복되지 않는 자'라는 의미이며, 드리따라스뜨라의 큰아들이다.

고는 스승께[07] 다가가 말했습니다. 2

스승이시여, 빤두의 아들들의 이 거대한 군사가 당신의 지혜로운 제자인 드루빠다의 아들에[08] 의해 전열을 이룬 것을 보십시오! 3

여기에는 영웅들이, 큰 활을 쏘는 자들이, 싸움에 있어 비마와[09] 아

07 스승(ācārya)은 드로나(Droṇa)이다. 드로나는 자신의 아버지인 바라드와자(Bharadvāja) 밑에서 빤짤라(Pāñcāla)왕국의 왕자인 드루빠다(Drupada)와 함께 공부했다. 공부를 마치고 결혼하여 아스와뜨타마(Aśvatthāmā)를 외아들로 낳은 드로나는 자신의 외아들에게 우유 한 잔조차 먹일 수 없는 지독한 가난에 시달렸다. 아들의 동네 친구들이 가난한 자신의 아들에게 밀가루를 물에 탄 것을 주면서 우유라고 속이는 모습을 보고는 충격을 받아 경제적인 도움을 얻고자 왕이 된 친구인 드루빠다를 찾아가지만, 빤짤라국의 국왕이 된 드루빠다는 "왕만이 왕의 친구가 될 수 있다."라고 말하면서 도움을 주기는커녕 드로나에게 모욕을 주었다. 그러자 처남의 권유로 하쓰띠나뿌라국의 왕자들인 까우라바와 빤다바의 스승이 되어 그들을 가르친 드로나는 자신의 제자들에게 가르침에 대한 보답으로 빤짤라국을 공격해 드루빠다를 포로로 잡아 올 것을 요구했다. 그렇게 점령한 빤짤라국을 자신이 차지하여 왕이 되고 난 다음, 그는 나라를 잃고 포로가 된 드루빠다에게 "점령한 빤짤라국의 영토 절반을 되돌려 줄 터이니, 왕이 된 자신과 다시 친구가 되겠는지, 아니면 왕국을 모두 잃을 것인지 어떻게 하겠느냐?"고 묻는다. 드루빠다는 이 조건을 받아들지만, 드로나에 대한 복수심을 마음속 깊게 새긴다. 전쟁이 나자 드로나는 까우라바의 편에 서게 된다. 문무에 있어 최고의 실력을 갖춘 드로나는 당대 모든 영웅의 스승이기도 하다. 『마누법전』2장 140절에 의하면 "제자를 입문시키어 제례학 그리고 신비학과 더불어 베다를 가르치는 그러한 재생자를 스승(ācārya)이라고 말한다."

08 드루빠다의 아들은 드리스따디윰나(Dhṛṣṭadyumna)이다. 드루빠다는 빤짤라 왕국의 왕이며, 빤두의 다섯 아들의 공동의 부인인 드라우빠디(Draupadī)의 아버지이다.

09 비마(Bhīma)는 빤두의 첫째 부인인 꾼띠가 바람의 신 와유(Vāyu)를 불러 낳은 아들이다. 빤두의 둘째 아들이다. 신들 가운데 바람의 신이 가장 힘이 세다. 따라서 바람의 신의 아들인 비마의 힘은 상상을 초월한다.

르주나와[10] 같은 자들이 있습니다. 유유다나가,[11] 위라따가,[12] 그리고 큰 전차를 타는 드루빠다가 있습니다. 4

드리스따께뚜가,[13] 쩨끼따나가,[14] 용기가 있는 까쉬의[15] 왕이 있습니다. 뿌루지뜨가,[16] 꾼띠보자가,[17] 사람 가운데 최고인[18] 샤이브야가[19] 있습니다. 5

용맹한 유다만유가,[20] 용기가 있는 우따마우자쓰가,[21] 쑤바드라의 아들

---

10 아르주나(Arjuna)는 꾼띠가 신의 왕인 인드라(Indra)를 불러 낳은 아들이다. 빤두의 셋째 아들이다. 끄리스나(Kṛṣṇa)와 허물이 없는 아주 친한 친구이다.

11 유유다나(Yuyudhāna)는 싸뜨야끼(Sātyaki)의 다른 이름이다. 싸뜨야끼는 끄리스나의 마부이다.

12 위라따(Virāṭa)는 마뜨쓰야(Matsya)국의 왕이다. 빤두의 아들들인 빤다바들이 13년간 유배 생활을 할 때 마지막 한해 자신들의 신분을 속이고 왕궁에서 보낸 나라가 마뜨쓰야국이다. 위라따의 딸인 웃따라(Uttarā)와 아르주나의 아들인 아비만유(Abhimanyu) 사이에 낳은 아들인 빠리끄쉬뜨(Parīkṣit)가 유디스티라에 이어 하쓰띠나뿌라의 왕권을 이어받는다.

13 드리스따께뚜(Dhṛṣṭaketu)는 쩨디(Cedi)국의 왕이다.

14 쩨끼따나(Cekitāna)는 야다바(Yādava)족의 왕자이다.

15 까쉬(Kāśi)는 갠지스 강변에 위치한 도시인 오늘날의 바라나시(Vārāṇasī, Benares)이다.

16 뿌루지뜨(Purujit)는 꾼띠보자(Kuntibhoja)국의 왕이다. 꾼띠보자의 형을 의미하기도 한다.

17 꾼띠보자(Kuntibhoja)는 꾼띠(Kunti)국의 왕이다. 야다바족인 슈라(Śūra)의 딸인 꾼띠(Kuntī)의 양아버지다. 꾼띠는 빤두의 첫 번째 아내이며 유디스티라, 비마, 그리고 아르주나의 어머니이다.

18 '사람 가운데 최고'(narapuṁgava)의 원어 가운데 나라(nara)는 사람을 뜻하며, 뿡가바(puṁgava)는 황소를 뜻한다. 그러나 뿡가바가 복합어의 끝에 오면 '최고, 으뜸, 탁월한' 등을 의미한다.

19 샤이브야(Śaivya)는 쉬비(Śivi)족의 왕이다.

20 유다만유(Yudhāmayu)는 우따마우자쓰(Uttamaujas)의 형제이며, 아르주나의 전차의 왼쪽을 지키는 임무를 수행한 용사이다.

21 우따마우자쓰는 유다만유의 형제이며, 아르주나의 전차의 오른쪽을 지키는 임무를 수행한 용사이다.

이,[22] 드라우빠디의 아들들이[23] 있습니다. 모두가 큰 전차를 타는 자들입니다. 6

그러나 재생자들[24] 가운데 으뜸인 분이시여, 우리에게도 뛰어난 자

---

22 쑤바드라(Subhadrā)는 끄리스나의 누이이며, 아르주나의 부인이다. 아비만유(Abhimanyu)가 쑤바드라의 아들이다.

23 드라우빠디(Draupadī)는 빤짤라국의 왕인 드루빠다의 딸이다. 빤다바인 다섯 형제의 부인이다. 다섯 형제에게서 각각 한 명씩의 아들을 낳았다.

24 재생자(dvija)[再生者]는 '두 번'(dvi) '태어난 자'(ja)를 의미한다. 부모에 의해 몸이 태어나고, 스승을 통한 입문의례에 의해 정신이 태어난 자이다. 카스트에 있어서 사제계급인 브라흐마나, 왕공무사계급인 끄샤뜨리야, 평민계급인 바이샤가 이에 해당한다. 여기에서는 사제계급인 브라흐마나를 의미한다. 『마누법전』2장 169절에 의하면 "계시의 가르침에 따르면 재생자의 첫 번째 태어남은 어머니에게서, 두 번째는 문자 풀 허리띠를 묶는 것에서, 세 번째는 제사의 비밀 계행을 전수받는 것에서다." 『마누법전』2장 170절에 의하면 "이 가운데 재생자의 베다를 위한 탄생은 문자 풀 허리띠를 묶음으로써 표지되는 것이다. 이에 있어서 싸비뜨리 찬가가 그의 어머니이며 스승은 아버지라고 말해진다." 『마누법전』10장 4절에 의하면 "브라흐마나, 끄샤뜨리야, 바이샤, 이들 세 종성들이 재생족들이다. 네 번째는 단생족인 슈드라이다. 다섯 번째는 없다." 싸비뜨리(sāvitrī) 찬가는 태양신의 찬가이며 가야뜨리(gāyatrī) 만뜨라(mantra)를 의미한다. 특히 『리그베다』 3장 62번 찬가의 열 번째 만뜨라를 '가야뜨리 만뜨라'라고 한다. 이 만뜨라는 염송을 처음 시작할 때 내는 소리인 옴(ॐ)을 제외하면, '따뜨/싸/비/뚜르/와/레/니/얌'(tat saviturvareṇyam, 태양의 그 최고의 것을) 이렇게 팔음절 일음보, '바르/고/데/바/쓰야/디/마/히'(bhargo devasya dhīmahi, 우리 빛나는 신의 빛을 명상하노니) 이렇게 팔음절 일음보, '디/요/요/나하/쁘라/쪼/다/야뜨'(dhiyo yo naḥ pracodayāt, 그 지혜를 우리에게 불러일으키소서!) 이렇게 팔음절 일음보로 되어 있다. 즉 만뜨라 전체가 삼음보 이십사음절인 가야뜨리 운율로 되어 있다. 가야뜨리 운율은 태양신을 찬양할 때 사용하는 운율이다. 팔음절은 세 시간을 한 묶음으로 하여 여덟 묶음인 24시간, 하루를 상징하고, 삼음보는 아침과 점심과 저녁의 태양, 혹은 지상과 허공과 천상의 태양, 혹은 과거와 현재와 미래의 태양을 상징하며, 이십사음절은 이십사절기, 일 년을 상징한다. 가야뜨리 만뜨라를 염송할 때는 "옴, 부르 부와하 쓰와하, 따뜨 싸비뚜르와레니얌, 바르고 데바쓰야 디마히, 디요 요 나하 쁘라쪼다야뜨."(Oṁ bhūr bhuvaḥ svaḥ, tat saviturvareṇyam, bhargo devasya dhīmahi, dhiyo yo naḥ pracodayāt.). 이렇게 염송한다. 여기서 만뜨라의 앞에 붙이는 '부르 부와하 쓰와하'(hūr bhuvaḥ svaḥ)는 신비한 세 가지 음이다. 이들 가운데 부르(bhūr)는 부후(bhūḥ)가 음운 변화한 형태이며, 지상의 모든 것과 『리그베다』가 담겨있는 소리이다. 부와하(bhuvaḥ)는 허공의 모든 것과 『야주르베다』가 담겨있는 소리이다. 그리고 쓰와하(svaḥ)는 쓰와르(svar)가 음운 변화한 형태이며, 하늘의 모든 것과 『싸마베다』가 담겨있는 소리이다. 제일 앞에 발음하는 옴(Oṁ)은 만뜨라를 발음하기 전에 내는 소리이며, 창조의 신인 브라흐마(Brahmā)의 입에서 아타(atha)라는 음과 더불어 제일 먼저 나온 소리이다. 모든 베다와 모든 공간과 모든 시간이 담겨있는 신비한 음이다.

들이 있으니 그들을 살펴보십시오. 내 군대의 장수들인 그들을 당신께 알려드리기 위해 말씀드리겠습니다. 7

바로 당신이, 비스마가,[25] 까르나가,[26] 전쟁의 승리자인 끄리빠가,[27] 마찬가지로 아스와뜨타마가,[28] 위까르나가,[29] 그리고 싸우마다띠가[30] 있습니다. 8

나를 위해 목숨을 내놓은 다른 많은 용사들이 있습니다. 갖가지 무

---

25 갠지스강의 여신과 하쓰띠나뿌라국의 왕인 샨따누 사이에 태어난 아들인 비스마(Bhīṣma)는 저주를 받아 인간 세상에 태어난 여덟 명의 바쑤(Vasu)신들의 정수가 모여 생겨난 인물이다. 비스마는 갠지스강의 여신이 떠난 뒤 어부의 딸 싸뜨야와띠에게 마음을 빼앗긴 아버지를 위해 왕위 계승을 포기하고 평생을 독신으로 살기로 맹세하여 마음대로 죽을 수 있는 은총을 아버지에게서 받았다. 드리따라스뜨라의 백한 명의 아들들인 까우라바들과 빤두의 다섯 명의 아들들인 빤다바들의 할아버지에 해당하는 인물이다.

26 까르나(Karṇa)는 꾼띠가 빤두에게 시집오기 전 처녀 시절에 낳은 아들이다. 꾼띠는 두르와싸쓰(Durvāsas) 선인에게서 신을 불러서 신의 아들을 낳게 하는 신비한 주문을 선물로 받자 호기심에 시험 삼아 태양의 신인 쑤르야(Sūrya)를 불렀다. 정말 태양의 신이 눈앞에 나타나자 꾼띠는 겁에 질려 태양신에게 자신을 용서하고 그냥 되돌아가 달라고 빌었다. 하지만 태양의 신은 신비한 주문으로 자신을 부른 이상 자신과 관계해야 한다며 꾼띠의 청을 거절했다. 그 대신에 아들을 낳은 다음에는 다시 처녀의 몸이 될 거라고 태양신은 꾼띠를 안심시켰다. 그래서 생겨난 아들이 까르나이다. 태양신의 아들인 까르나는 황금 귀걸이를 하고 황금갑옷을 입은 채 태어났다. 처녀의 몸으로 아들을 낳게 되자 꾼띠는 두려움에 까르나를 광주리에 담아 강에 띄워 버렸다. 드리따라스뜨라의 마부인 아디라타(Adhiratha)가 강물에 흘러 내려오던 까르나를 발견하여, 까르나는 아디라타의 아내인 라다(Rādhā)의 손에 자라났다. 두르요다나의 도움으로 앙가(Aṁga)국의 왕이 된 까르나는 전쟁이 발발하기 직전 자신의 출생에 대한 비밀을 친어머니인 꾼띠에게서 듣게 되고, 형제들인 빤다바들의 편에 서면 황제의 자리를 주겠다는 꾼띠의 제안을 거절하고, 의리를 지켜 계속 두르요다나의 편에 서서 싸우다 마침내 아르주나의 활에 죽게 된다.

27 끄리빠(Kṛpa)는 샤라드바뜨(Śāradvat)선인과 천녀天女인 자나빠디(Jānapadī) 사이에 태어난 아들이다. 드로나의 처남이다. 끄리빠 역시 까우라바와 빤다바들의 스승이다.

28 아스와뜨타마(Aśvatthāmā)는 드로나의 외아들이다.

29 위까르나(Vikarṇa)는 드리따라스뜨라의 셋째 아들이다.

30 싸우마다띠(Saumadatti)는 바히까(Bāhīka)국의 왕인 쏘마다따(Somadatta)의 아들이다. 싸우마따띠를 부리스라바쓰(Bhūriśravas)라고도 한다.

기를 가진 자들로 모두가 전쟁에 능숙한 자들입니다. 9

비스마께서 지키시는 우리의 이 군대는 만만치 않습니다. 그러나 비마가 지키는 저들의 저 군대는 만만합니다.[31] 10

그러니 모든 전선들에서 각자 알맞은 자리를 확고히 지키며, 여러분 모두는 바로 비스마를 보호해야 합니다! 11

위엄을 갖춘, 꾸루족의 노장인 할아버지는 사자후獅子吼를 높이 울려 그를 기쁘게 하며 소라 나팔을 불었습니다. 12

그에 이어서 소라 나팔들이, 큰 북들이, 둥글고 긴 북들이, 장구들이, 소머리처럼 생긴 긴 나팔들이 갑자기 울렸습니다. 그 소리는 무시무시했습니다. 13

---

31 라마누자(Rāmānuja)에 의하면 두르요다나는 비마가 지키는 빤다바의 군사와 비스마가 지키는 자신의 군사를 직접 보고는 빤다바의 군사가 자신을 이기기에 충분하다는 것을, 그리고 자신의 군사는 빤다바들을 이기기에 충분치 않다는 것을 자신의 스승인 드로나에게 알리고는 속으로 낙담한다. 그러자 두르요다나가 낙담하는 것을 본 비스마는 두르요다나를 기쁘게 하려 사자후獅子吼를 높이 울리고, 소라나팔을 불고, 소라나팔과 큰 북소리들로 승리를 장담하는 소리를 내게 했다. 따라서 라마누자의 해석에 따르면 이 부분은 "비스마께서 지키시는 우리의 이 군대는 충분치 않습니다. 그러나 비마가 지키는 저들의 저 군대는 충분합니다."로 번역된다. 라다크리스난(S. Radhakrishnan)은 "비스마께서 지키시는 우리의 이 군대는 한량이 없습니다. 그러나 비마가 지키는 저들의 저 군대는 한계가 있습니다."(Unlimited is this army of ours which is guarded by Bhīṣma, while that army of theirs which is guarded Bhīma is limited.)라고 번역한다.

그러자, 흰 말들에 매인 큰 전차에 자리잡은 마다바와[32] 빤다바는[33] 성스러운 두 소라 나팔을 불었습니다. 14

흐리쉬께샤는[34] 빤짜잔야를,[35] 이겨 재산을 얻은 자는[36] 데바다따를,[37] 무시무시한 일을 하는 자이며 이리의 배를 가진 자는[38] 큰 소라 나팔인 빠운드라를[39] 불었습니다. 15

꾼띠의[40] 아들이자 왕인 유디스티라[41]는 아난따위자야를,[42] 나꿀라

---

32 마다바(Mādhava)는 끄리스나(Kṛṣṇa)의 다른 이름이다. 일설에 의하면 마다바의 어원은 '부의 신(Mā)'인 락스미(Lakṣmī)의 남편(dhava)이다.(māyā lakṣmyā dhavaḥ). 우주를 보호하고 유지 육성하는 신인 위스누(Viṣṇu)가 부의 신인 락스미의 배우자이다. 그리고 끄리스나는 위스누의 화신이기에 마다바는 끄리스나의 다른 이름이 된다. 혹은 마다바는 마두(Madhu)의 후손들인 야다바(Yādava)족을 의미하며, 끄리스나는 야다바족이기에 마다바는 끄리스나를 뜻한다.

33 빤다바(Pāṇḍava)는 빤두(Pāṇḍu)의 아들이란 뜻이며, 여기서는 빤두의 둘째 아들인 아르주나(Arjuna)를 의미한다.

34 흐리쉬께샤(Hṛṣīkeśa)는 지각기관(hṛṣīka)의 지배자(īśa)를 의미하며, 위스누와 위스누의 화신인 끄리스나의 다른 이름이다.

35 빤짜잔야(Pāñcajanya)는 끄리스나가 가진 소라 나팔의 이름이다.

36 '이겨 재산을 얻은 자'(Dhanaṁjaya)는 재산을(dhanam) '이겨 얻은 자'(jaya)라는 뜻이며, 아르주나의 다른 이름이다.

37 데바다따(Devadatta)는 아르주나가 가진 소라 나팔의 이름이다.

38 '이리의 배를 가진 자'(vṛkodara)는 빤두의 셋째 아들로, 바람의 신인 와유(Vāyu)를 통해서 태어난 비마(Bhīma)를 뜻한다. 이리처럼 음식을 많이 먹어서 '이리의 배를 가진 자'라고 부른다. 인도 신화에서는 신들 가운데 바람의 신인 와유가 가장 힘이 센 신이다. 따라서 바람의 신에 의해 태어난 비마는 초인적인 힘을 가지고 있다.

39 빠운드라(Pauṇḍra)는 비마가 가진 소라 나팔의 이름이다.

40 꾼띠(Kuntī)는 빤두의 첫째 부인이다. 5번, 26번 각주 참조.

41 유디스티라(Yudhiṣṭhira)는 빤두의 첫째 아들로 도덕의 신인 야마(Yama)를 통해 태어났다. 어머니의 이름이 꾼띠(Kuntī)이기 때문에 '꾼띠의 아들'(Kuntīputra)이라 한 것이다.

42 아난따위자야(Anantavijaya)는 유디스티라가 가진 소라 나팔이다. 아난따위자야는 영원한 승리를 의미한다.

와 싸하데바는[43] 쑤고샤와[44] 마니뿌스빠까를[45] 불었습니다. 16

큰 활을 가진 까쉬의 왕이, 큰 전차를 타는 쉬칸디가,[46] 드리스따디윰나가,[47] 위라따가, 패배하지 않는 자인 싸뜨야끼가.[48] 17

대지의 보호자시여![49] 드루빠다가, 드라우빠디의 아들들이, 쑤바드라의[50] 긴 팔을 가진 아들이,[51] 모두가 각각 소라 나팔을 불었습니다. 18

---

43 나꿀라(Nakula)와 싸하데바(Sahadeva)는 쌍둥이 형제들이며, 나꿀라는 빤두의 넷째 아들, 싸하데바는 빤두의 다섯째 아들이다. 나꿀라와 싸하데바는 쌍둥이 신이며 신들의 의사인 아스비나우를 통해서 빤두의 두 번째 부인인 마드리에게서 태어났다. 5번 각주 참조.

44 쑤고샤(Sughoṣa)는 나꿀라가 가진 소라 나팔이다.

45 마니뿌스빠까(Maṇipuṣpaka)는 싸하데바가 가진 소라 나팔이다.

46 쉬칸디(Śikhaṇḍī)는 드루빠다의 아들이다. 부왕인 샨따누가 붕어하자 비스마는 자신의 배다른 동생인 찌뜨라앙가다(Citrāṃgada)를 왕위에 즉위시킨다. 그가 일찍 죽자 비스마는 계모인 싸뜨야와띠의 허락을 받아 그녀의 아들이자 자신의 배다른 동생인 위찌뜨라위르야를 왕위에 올린다. 위찌뜨라위르야에게 알맞은 왕비를 물색하던 중 비스마는 까쉬(Kāśi)국의 아름다운 세 공주인 암바(Ambā), 암비까(Ambikā), 암발리까(Ambālikā)가 신랑을 간택하는 의식을 함께 치른다는 소식을 듣고 이들 세 공주 모두를 납치한다. 납치한 세 명의 공주들과 위찌뜨라위르야의 결혼식을 시작할 준비를 하자, 암바는 자신은 이미 샬바(Śālva)국의 왕을 마음속으로 남편으로 삼은 여자이니 샬바국의 왕에게 보내 달라고 간청한다. 비스마가 허락하여 암바를 샬바국의 도성으로 보냈으나, 암바는 샬바국의 왕에게 거절당한다. 자신이 사랑하는 샬바국의 왕에게 거절당한 암바는 모든 것이 자신을 납치한 비스마 때문이라 생각하고 복수를 위해 혹독한 고행을 한다. 고행의 결과 쉬바(Śiva)신의 은총으로 빤짤라 국의 두루빠다왕의 딸로 다시 태어났다가, 부의 신인 꾸베라(Kubera)의 신하이며 약샤(yakṣa)夜叉 인 쓰투나까르나(Sthūṇakarṇa)의 남성을 얻어 이후에 남자가 되었다.

47 드리스따디윰나(Dhṛṣṭadyumna)는 드루빠다의 아들이다.

48 11번 각주 참조.

49 이것은 싼자야가 장님왕인 드리따라스뜨라에게 말하는 것이다.

50 쑤바드라(Subhadrā)는 끄리스나의 누이이며, 아르주나의 아내이다.

51 '쑤바드라의 아들'(Saubhadra)은 아비만유(Abhimanyu)이다.

그 무서운 소리는 하늘과 땅을 가득 울리며 드리따라스뜨라의 아들들의 심장들을 갈가리 찢었습니다. 19

이제 무기를 사용할 때가 되자 원숭이 깃발을 가진 빤다바는[52] 전열을 이룬 드리따라스뜨라의 아들들을 바라보며 활을 들고는, 20

대지의 보호자시여![53] 그때 흐리쉬께싸에게[54] 이렇게 말했습니다. 퇴락이 없는 분이시여,[55] 나의 전차를 양군 사이에 세워주십시오! 21

이 전쟁에 임하여 제가 어떤 자들과 싸워야 하는지, 싸우기 위해 자리잡은 자들을 제가 일단 잘 살펴보려고 합니다. 22

드리따라스뜨라의 어리석은 아들의 전쟁에서 이익을 바라, 싸우려 여기 기꺼이 함께 모인 자들을 제가 잘 살펴보려 합니다. 23

---

52 빤다바(Pāṇḍava)는 빤두(Pāṇḍu)의 아들이란 뜻이며, 여기서는 아르주나를 의미한다. 아르주나의 깃발에는 원숭이인 하누만(Hanumān)이 임하여 있었기 때문에 아르주나의 깃발을 '원숭이 깃발'(kapidhvaja)이라고 부른다. 하누만은 바람의 신인 와유의 아들이다. 『마하바라타』와 더불어 산스크리트 2대 서사시 가운데 하나인 『라마야나』에서 하누만은 주인공인 라마(Rāma)가 납치된 아내인 씨따(Sītā)를 되찾는 데 가장 큰 역할을 한다. 지혜롭고 마음대로 모습을 변신할 수 있으며 상상을 초월하는 능력을 지닌 하누만은 오늘날 인도에서 힌두교의 여러 신 가운데 하나로 모셔지고 있다.

53 '대지의 보호자'(mahīpati)는 왕을 뜻한다. 여기서는 싼자야가 드리따라스뜨라를 부르는 호칭으로 사용되었다.

54 흐리쉬께샤(Hṛṣīkeśa)는 지각기관(hṛṣīka)을 '다스리는 자'(īśa)를 뜻한다. 끄리스나의 별칭이다.

55 '퇴락이 없는 분'(acyuta)은 우주를 보호하고 유지하는 신인 위스누(Viṣṇu)의 칭호이다. 여기서는 위스누의 화신인 끄리스나의 별칭이다.

바라따의 자손이시여,[56] 구다께샤에게서[57] 이런 말을 들은 흐리쉬께샤는[58] 최상의 전차를 양군 사이에 세우고는, 24

땅들의 모든 지배자들이 있는 가운데 비스마와 드로나의 바로 앞에서 이렇게 말했습니다. 쁘리타의[59] 아들이여, 모여 있는 이 꾸루족들을 보라![60] 25

쁘리타의 아들은 그곳에 서 있는 아버지들, 할아버지들, 스승들, 외삼촌들, 형제들, 아들들, 손자들, 그리고 친구들을 보았습니다. 26

꾼띠의 아들인 그는 양쪽 군대에 있는 장인[丈人]들을, 벗들을, 서 있는 모든 친지들을 주의 깊게 살펴보고는, 27

---

56 바라따(Bharata)의 어머니는 위스바미뜨라(Viśvamitra) 선인의 딸인 샤꾼딸라(Śakuntalā)이며, 아버지는 두스얀따(Duṣyanta) 왕이다. 바라따는 어린 시절 호랑이를 강아지처럼 데리고 놀던 용맹한 인물로 우리나라의 단군에 해당하는 고대 인도의 왕이다. 여기서 '바라따의 자손'(bhārata)은 드리따라스뜨라를 의미한다. 오늘날 인도의 국가명칭이 '바라따의 자손'의 원어인 바라따(bhārata)이다.

57 구다께샤(Guḍākeśa)는 '나태, 잠'(guḍākā)의 지배자(īśa)를 뜻한다. 아르주나의 별칭이다.

58 흐리쉬께샤(Hṛṣīkeśa)는 '감각기관, 지각기관'(hṛṣīka)의 지배자(īśa)를 뜻한다. 끄리스나의 별칭이다. 라마누자에 의하면 끄리스나는 지혜(jñāna), 신력(śakti)[神力], 힘(bala), 자재력(aiśvarya)[自在力], 용맹(vīrya), 위용(tejas)[威容]의 보고[寶庫]이며, 자신의 생각에 의해서 만들어진 세상의 생겨남과 유지와 멸망을 자재하게 놀이하는 자이며, 보잘것 없거나 위대한 모든 사람의 내적기관과 외적기관을 전적으로 통제하는 자이며, 귀의하는 이에게 자애로운 사랑을 베푸는 자다.

59 쁘리타(Pṛthā)는 아르주나의 어머니인 꾼띠(Kuntī)의 다른 이름이다.

60 비스마(Bhīṣma)는 아르주나의 할아버지이며, 드로나(Droṇa)는 아르주나의 스승이다. 아르주나 역시 부계의 조상을 따르자면 꾸루(Kuru)족이다. 그러나 끄리스나는 꾸루족이 아르주나에게 적이라는 사실을 강조하기 위해 모든 왕들이 있는 가운데 할아버지와 스승 앞에서 아르주나를 모계의 조상을 딴 이름인 빠르타[쁘리타의 아들](Pārtha)로 부르고 있다. 아르주나가 부계 혈족과의 싸움에서 물러나려 한다는 것을 이미 짐작했기 때문이다.

지극한 연민에 사로잡혀 낙담하며 이렇게 말했습니다. 끄리스나여, 싸우려고 자리잡은 나의 이 친척을 보니, 28

내 몸들이 맥없이 풀리고 입이 바짝 말라 갑니다! 내 몸이 떨리고 모골이 송연해집니다! 29

간디바가[61] 손에서 떨어지고 살갗이 타들어 갑니다! 마음이 빙빙 도는 듯하고 서 있지도 못하겠습니다! 30

께샤바여,[62] 거슬리는 조짐들이 보입니다.[63] 싸움터에서 자신의 친척을 죽여 행복하리라고 저는 보지 않습니다! 31

끄리스나여, 나는 승리를, 왕국을, 행복한 것들을 바라지 않습니다! 고빈다여,[64] 왕국으로, 즐길 거리들로 우리가 무얼 하겠습니까? 아니, 살아남은들 무얼 하겠습니까? 32

이들을 위해 왕국을, 즐길 것들을, 행복한 것들을 우리가 바란 것인데, 그런 그들이 생명과 재산들을 내던지고 싸움터에 서 있습니다! 33

---

61 간디바(Gāṇḍīva)는 아르주나가 가진 활을 일컬음이며, 불의 신인 아그니(Agni)로부터 선물로 받은 것이다.

62 께샤바(Keśava)는 '훌륭한 머리칼을 가진 자'를 뜻한다. 위스누(Viṣṇu)의 별칭이다. 여기서는 끄리스나를 의미한다.

63 '거슬리는 조짐들'(nimittāni viparītāni)은 승리의 조짐과는 반대되는 불길한 조짐들이다. 아난다기리(Ānandagiri)에 의하면 왼쪽 눈이 떨리는 것 등이다. 닐라깐타(Nīlakaṇṭha)에 의하면 지진(bhūmikampa) 등이다.

64 고빈다(Govinda)는 '소치기, 목동들의 우두머리' 등을 뜻한다. 끄리스나의 다른 이름이다.

스승들, 아버지들, 아들들, 할아버지들, 외삼촌들, 장인들, 손자들, 처남들, 그리고 관계가 있는 이들입니다! 34

마두쑤다나여,[65] 삼계의[66] 왕국을 위해서도, 죽임을 당한다 해도, 나는 저들을 죽이고 싶지 않습니다. 하물며 땅을 위해 어찌 그러겠습니까? 35

자나르다나여,[67] 드리따라스뜨라의 아들들을 살해하여 우리에게 무슨 기쁨이 있겠습니까? 이 포악무도한 자들을[68] 죽인들 우리에게 죄악만이 깃들 것입니다. 36

그러므로 친지들과 더불어[69] 드리따라스뜨라의 아들들을 우리가 죽이는 것은 온당치 않습니다. 마다바여,[70] 자기 집안을 죽이고서 우

---

65 마두(Madhu)는 위스누가 살해한 악신의 이름이다. 쑤다나(sūdana)는 살해자라는 뜻이다. 따라서 마두쑤다나(Madhusūdana)는 위스누의 화신인 끄리스나의 별칭이다.

66 삼계(trailokya)三界는 일반적으로 인간의 세상인 지상의 세계, 천상의 음악가이며 불교에서 악신樂神, 향신香神, 향음신香音神 등으로 일컬어지는 간다르바(Gandharva)의 세상인 허공의 세계, 신들의 세상인 천상의 세계를 의미한다.

67 자나르다나(Janārdana)는 '창조물, 천한 자, 사람'(jana)을 '멸하는 자, 없애는 자'(ardana)를 의미하며, 위스누와 끄리스나의 별칭이다. 마두쑤다나(Madhusūdana)라는 학자는 여기서 아르주나가 끄리스나를 자나르다나라고 호명하는 것은 만일 여기에 있는 이들을 죽여야 한다면, 당신이 죽이라는 의미라고 해석한다. 왜냐하면, 위스누는 세상이 멸망할 때 모든 사람을 죽인다고 할지라도 그 모든 죄와 전혀 무관하기 때문이다.

68 『와씨스타 법전』(Vasiṣṭhasmṛti) 3장 19절에 의하면 "불을 지르는 자, 독을 주는 자, 손에 무기를 들어 해치는 자, 재산을 약탈하는 자, 땅을 빼앗는 자, 아내를 빼앗는 자, 이들 여섯이 포악무도한 자들이다."

69 반다르까르(Bhandarkar) 판본과 짜우캄바(Caukhambā) 판본에 의하면 '친지들과 더불어'(sabāndhavān)이다. 그러나 기타프레스(Gītāpress) 판본들에 의하면 '자신의 친지들'(svabāndhavān)이다.

70 마다바(Mādhava)는 마두(Madhu)의 후손이라는 의미로 여기서는 끄리스나를 뜻한다.

리가 어떻게 행복해질 수 있겠습니까? 37

탐욕에 마음이 빼앗긴 이 자들이 가문을 몰락케 하여 생기는 죄과와 친구를 배반하는 죄악을 비록 못 본다 하여도, 38

자나르다나여, 가문을 몰락케 하여 생기는 죄과를 확연히 아는 우리가 어찌 이 죄에서 벗어날 것을 몰라라 하겠습니까? 39

가문이 몰락하면 유구한 가문의 법도들이 사라지고, 법도가 멸하면 모든 가문에 법도에 어긋난 것이 기승을 부립니다. 40

끄리스나여, 법도에 어긋난 것이 기승을 부림으로써 가문의 여자들이 타락하고, 바르스네야여,[71] 여자들이 타락하여 종성의 혼합이 생겨납니다.[72] 41

그들의 조상들은 제사의 떡과 물이 끊기어 추락하기 때문에, 혼합은 가문을 해치는 자들과 가문에 있어 나락을 위한 것입니다. 42

---

71 바르스네야(Vārṣṇeya)는 브리스니(Vṛṣṇi)의 자손이란 뜻이다. 여기서는 끄리스나를 의미한다.

72 『마누법전』10장 8절에 의하면 "브라흐마나 남자와 바이샤 처녀인 경우 암바스타 라는 이름을 가진 자가 태어난다. 수드라 처녀인 경우 니샤다가 태어나며, 그는 빠라샤바 라고도 일컬어진다." 『마누법전』10장 9절에 의하면 "끄샤뜨리야 남자와 수드라 처녀인 경우 잔혹한 행동을 즐기는 자, 끄샤뜨리야와 수드라의 본성을 지닌 아이인 우그라 라는 이름을 가진 자가 태어난다." 『마누법전』10장 11절에 의하면 "끄샤뜨리야 남자와 브라흐마나 처녀인 경우 종족상으로 쑤따가 된다. 바이샤 남자와 끄샤뜨리야 여자인 경우 자식은 마가다, 바이샤 남자와 브라흐마나 여자인 경우 자식은 바이데하이다." 『마누법전』10장 124절에 의하면 "수드라 남자와 바이샤 여자, 끄샤뜨리야 여자, 브라흐마나 여자들 사이에서 아요가바, 끄샤따, 그리고 사람들 가운데 가장 아래인 짠달라가 태어난다. 종성의 혼합들이다."

가문을 해치는 자들의, 종성의 혼합을 만들어 내는 이 죄과들로 인해 유구한 출생의 법도들과 가문의 법도들이 무너집니다. 43

자나르다나여, 가문의 법도가 무너진 사람들의 거처는 반드시 나락에 정해진다고 우린 전해 들었습니다. 44

왕국과 안락에 대한 탐욕 때문에 친척을 죽이려 일어나다니! 아, 안타깝게도 우린 큰 죄를 저지를 작정을 한 겁니다! 45

만일 무기를 손에 든 드리따라스뜨라의 아들들이, 싸움에 저항치 않고 무기가 없는 나를 죽인다면, 그게 내겐 더 평안할 것입니다! 46

아르주나는 전쟁터에서 이처럼 말하고는 마음이 슬픔에 잠겨 화살과 함께 활을 버리고 전차의 뒷자리에 주저앉았습니다. 47

이상은 성스러운 마하바라타의 비스마 편 스물세 번째 장이다.[73]

---

73 반다르까르 판본에 따른 내용이다. 그러나 짜우캄바 판본에 따른 내용은 "이상은 성스러운 바가바드기타인 우파니샤드들 가운데 브라흐만에 대한 지혜이며 요가의 경전인 성스러운 끄리스나와 아르주나의 대화에서 '아르주나의 낙담의 요가'(arjunaviṣādayoga)라고 이름하는 첫 번째 장이다." 기타프레스의 샹까라 주석 산스크리트어 힌디어 대역본에 따른 내용은 "이상은 브야싸의 십만 개로 이루어진 결집서인 성스러운 마하바라타의 비스마 편에 있어서 성스러운 바가바드기타인 우파니샤드들 가운데 브라흐만에 대한 지혜이며 요가의 경전인 성스러운 끄리스나와 아르주나의 대화에서 '아르주나의 낙담의 요가'라고 이름하는 첫 번째 장이다." 기타프레스의 라마누자 주석 산스크리트어 힌디어 대역본에 따른 내용은 "옴, 그것은 진실한 것! 성스러운 바가바드기타인 우파니샤드들 가운데 브라흐만에 대한 지혜이며 요가의 경전인 성스러운 끄리스나와 아르주나의 대화에서 '아르주나의 낙담의 요가'라고 이름하는 첫 번째 장이다."

제2장

싼자야가 말했습니다.

그렇게 연민에 잠겨 눈물이 가득하고, 어찌할 바를 모르는 눈길로 절망하는 그에게 마두쑤다나는 이렇게 말했습니다. 1

성스러운 세존께서[74] 말했습니다.

아르주나여, 어찌하여 난국에 그대에게 이러한 낙담이 임하였는가? 고귀한 이가 바랄 것이 아니고, 천국을 위한 것도 아니고, 오명을 가져오는 것이! 2

쁘리타의 아들이여, 나약해지지 마라. 이는 그대에게 어울리지 않으니, 하찮은 약한 마음을 버리고 일어서라. 적을 괴롭히는 자여! 3

아르주나가 말했습니다.

---

74 세존의 원어는 바가완(bhagavān)이다. 바가완은 바가와뜨(bhagavat)라는 낱말의 주격 단수 형태다. 바가와뜨는 바가(bhaga)를 가진 존재라는 뜻이다. 바가는 남성명사로 '태양, 달, 보호자, 운, 풍요, 명성, 행복, 탁월함, 사랑스러움, 사랑, 여성의 성기, 쾌락, 무욕, 도덕, 힘, 지식, 욕망, 지복[至福], 여덟 가지 초능력, 전능, 장엄, 위엄' 등을 의미하며, 와뜨(vat)는 소유를 의미하는 접미어다. 즉, '지복과 여덟 가지 초능력과 전능함' 등을 가지고 있는 성스러운 존재를 바가와뜨라고 한다. 『위스누뿌라나』(Viṣṇupurāṇa : 6.5.74)에 의하면 바가는 자재력(aiśvarya)[自在力] 법도(dharma), 명성(yaśas), 영광(śrī), 지혜(jñāna), 여읨(vairāgya)[離欲] 이 여섯 가지 모두를 말한다. 바가와뜨는 형용사로는 '영광스러운, 존경스러운, 신성한, 성스러운' 등을 의미하고, 남성명사로는 '신, 위스누(Viṣṇu), 쉬바(Śiva), 불타(Buddha)[佛陀]' 등을 뜻한다. 불경에서 바가와뜨는 '세존[世尊], 유덕[有德], 덕성취[德成就], 출유[出有], 출유괴[出有壞], 여래[如來], 불[佛], 불세존[佛世尊]' 등으로 한역되며, '박가범[薄伽梵], 파가파[婆伽婆]' 등으로 음차된다.

마두쑤다나여, 내 어찌 화살들을 가지고 비스마와 드로나에 대항해 전쟁에서 싸울 수 있겠습니까? 마땅히 공경해야 할 두 분입니다. 적을 멸하는 자여! 4

존귀하신 어른들을 해치지 않고 이 세상에서 구걸이라도 해 먹는 것이 차라리 낫습니다. 어른들을 해치면 재물과 욕망들에 불과한, 피범벅인 즐거움들을 여기서 누리게 될 것입니다.[75] 5

우린 어떤 것이 우리에게 더 나은지, 우리가 이길 것인지, 아님, 저들이 우릴 이길 것인지도 모릅니다. 죽이고서까지 우리가 살고 싶지는 않은 자들인 드리따라스뜨라의 아들들이 앞에 버티고 서 있습니다. 6

애련[哀憐]이라는 병에 제 심정이 다쳐, 도리에 대해 마음이 미혹하여 당신께 여쭙니다. 보다 나은 확실한 게 있다면, 그걸 제게 말해 주십시오. 저는 당신의 제자입니다. 당신께 의지한 저를 가르쳐 주십시오! 7

지상에서 적이 없는 풍요한 왕국을, 아울러 신들의 왕권을 얻는다

---

75 라마누자에 의하면 "어른들을 해치면 재물과 욕망들에 불과한, 피범벅인 즐거움들을 여기서 누리게 될 것입니다."에 해당되는 부분은 "비스마와 드로나를 비롯한 이들은 매우 존경스러운 분들입니다. 내가 어찌 죽일 수 있겠습니까? 향유(bhoga)[享有] 들에 대해 몹시 집착하시는 그분들을 죽이고, 그분들의 자리에 앉아, 내가 어찌 그분들이 누릴 향유들을 그분들의 피를 적셔 누릴 수 있겠습니까?"라고 해석된다. 라다크리스난은 어른(guru)을 스승들(teachers)이라고 번역한다. 어른의 원어인 구루(guru)는 스승이라는 의미도 있지만, 집안의 어른을 의미하기도 한다.

해도 기관들을[76] 메말리는 저의 슬픔은 물리칠 길이 보이지 않습니다. 8

싼자야가 말했습니다.

적을 괴롭히는 분이시여, 구다께샤는[77] 흐리쉬께샤에게[78] 이렇게 이야기하고,[79] "나는 싸우지 않겠습니다!"라고 고빈다에게[80] 말한 다음 잠자코 있었습니다. 9

---

76 기관(indriya)은 내적기관과 외적기관이 있다. 내적기관은 우리의 본마음인 지성(budhi)[心], 자의식(ahaṁkāra)[自識], 그리고 감각기관인 지각기관과 연결되며 시비를 구별하는 마음(manas)[意] 이렇게 셋이다. 외적기관은 다섯 개의 지각기관(jñānendriya, buddhīndirya)과 다섯 개의 행위기관(karmendriya)이 있다. 지각기관은 냄새를 지각하는 코(ghrāṇa)[鼻], 맛을 지각하는 혀(rasana)[舌], 형태를 지각하는 눈(cakṣus)[眼], 촉감을 지각하는 피부(tvac)[身], 소리를 지각하는 귀(śrotra)[耳] 이렇게 다섯이다. 행위기관은 잡는 기관인 손(hasta), 이동기관인 발(pāda), 언어기관인 입(vāc), 배설기관인 항문(pāyu), 생식기관인 생식기(upastha) 이렇게 다섯이다. 많은 경우 기관은 다섯 개의 지각기관만을 의미하기도 한다.

77 구다께샤(Guḍākeśa)는 '나태, 잠'(guḍākā)을 '다스리는 자'(īśa)를 의미하며 아르주나의 별칭이다. 구다께샤는 마두쑤다나(Madhusūdana)에 의하면 '게으름을 이긴 자'(jitālasya)이다. 다나빠띠(Dhanapati)에 의하면 '무지인 잠을 이긴 자'(jitājñānanidrā)이다.

78 흐리쉬께샤(Hṛṣīkeśa)는 지각기관(hṛṣīka)을 '다스리는 자'(īśa)를 의미하며 끄리스나의 별칭이다. 흐리쉬께샤는 마두쑤다나라는 학자에 의하면 모든 기관을 작동시키는 자로서의 '내적인 통제자'(antaryāmin)이다. 다나빠띠에 의하면 '모든 기관을 제어한 자'(niyamitasarvendriya)이다.

79 반다르까르 판본과 기타프레스 판본에는 '적을 괴롭히는 분'(paraṁtapa)이 호격 형태다. 그러나 짜우캄바 판본과 라마크리스나 마트(Rāmakrishna Math) 판본에는 주격 형태다. 주격 형태인 경우는 번역이 "적을 초토화하는 구다께샤는 흐리쉬께샤에게 이렇게 이야기하고"로 된다. 기타프레스 판본에 따라 고얀다까(Goyandakā)는 "적을 초토화하는 드리따라스뜨라시여, 구다께샤는 흐리쉬께샤에게 이렇게 이야기하고"라고 힌디어로 번역한다.

80 고빈다(Govinda)는 소(go)를 '찾는 자, 얻는 자'(vinda)라는 어원적인 의미를 가지며 '소치기, 소치기의 우두머리'를 뜻한다. 끄리스나의 별칭이다. 마두쑤다나에 의하면 고빈다는 '소(go)는 베다로 나타나는 언어를 얻는다(vindati)'라는 어원에 따라 모든 베다를 지니기 때문에 전지자(sarvajña)를 의미한다. 다나빠띠에 의하면 '베다를 아는 자'(vedajña)인 '지고의 아'(paramātman)가 고빈다이다.

바라따의 후손이시여, 양군 사이에서 절망하고 있는 그에게 흐리쉬께샤는 비웃듯이 이렇게 말했습니다.[81] 10

성스러운 세존께서 말했습니다.

그대는 슬퍼할 일이 없는 것을 애달파하며, 지혜로운 말들을 하는구나! 현명한 사람들은 떠나가 버린 생명들과 떠나지 않은 생명들에

---

81 샹까라(Śaṁkhara)에 의하면, "그때 왕인 두르요다나는 전열을 이룬 빤두의 아들들의 군대를 보고는 스승께 다가가 말했습니다."(1장 2절)에서부터 "나는 싸우지 않겠습니다!"라고 고빈다에게 말한 다음 잠자코 있었습니다."(2장 9절)까지는 생명체들의 윤회의 씨앗이 되는, 슬픔과 미혹을 비롯한 결함을 생겨나게 하는 원인을 제시한다. "마두쑤다나여, 내 어찌 화살들을 가지고 비스마와 드로나에 대항해 전쟁에서 싸울 수 있겠습니까? 마땅히 공경해야 할 두 분입니다. 적을 멸하는 자여!"(2장 4절) 등에서 아르주나는 왕국, 스승, 아들, 친구, 동료, 친지, 처가, 외척에 대해 '나는 이들의 것, 이들은 나의 것'이라는 그릇된 인식에서 생겨나는, 사랑과 이별을 원인으로 하는 자신의 슬픔과 미혹을 제시한다. 아르주나는 슬픔과 미혹에 의해서 분별인식이 제압되어, 스스로 왕공무사 계급의 법도(dharma)에 따라 종사한 전쟁에서 물러나고, 구걸로 생계를 유지하는 등의 다른 법도를 택하려 한다. 이처럼 슬픔과 미혹 등등의 결함에 마음이 사로잡혀 모든 생명체들은 자신의 법도를 자연스레 버리고 금지된 법도를 따른다. 자신의 법도에 따르는 자들이라 할지라도, 그들의 말과 마음과 몸을 통한 활동은 행위의 결과를 추구하며, 자의식(ahaṁkāra)을 동반한다. 이리되면 법도와 '법도가 아닌 것'(adharma)이 쌓이기 때문에, 좋은 출생과 나쁜 출생에서 기쁨과 고통을 얻는 것을 특징으로 하는 윤회가 끊이지 않는다. 따라서 슬픔과 미혹은 윤회의 씨앗이다. 슬픔과 미혹은 '모든 행위를 온전히 내던져 버림'(sarvakarmasaṁnyāsa)을 전제로 하는 '아我에 대한 지혜'(ātmajñāna)에 의해서만 사라진다. 본질을 아는 자는 '내가 행한다'라고 생각지도 않고, 그 행위의 결과도 추구하지 않는다. 따라서 오로지 '본질에 대한 지혜'(tattvajñāna)를 통해서 해탈을 얻는 것이지, 행위와 병합된 지혜를 통해서 해탈을 얻는 것이 아니다. 라마누자에 의하면 아르주나인 빠르타[쁘리타의 아들]는 몸과 아(ātman)我의 본성에 대한 무지로 인해 슬픔에 사로잡힌 상태다. 그리고 그는 몸 이외의 것인 아我에 대한 지혜가 원인이 되는 법도를 말하며 전쟁을 시작하려는 양군 사이에서 갑자기 무기력해진다. 이러한 모습을 보며 '지고의 인아'(paramapuruṣa)人我 가 비웃듯이 이렇게 말한다. 즉, 비웃는 말을 하듯이 아我와 '지고의 아我'의 본성을 얻는 방편인 '행위의 요가'(karmayoga), '지혜의 요가'(jñānayoga), 그리고 '신애信愛의 요가'(bhaktiyoga)에 관해 2장 12절에서 18장 66절에 이르기까지 말한다.

대해 애달파하지 않는다.[82] 11

나는 그 어느 때도 없지 않았다. 그대도, 이 백성의 지배자들도 없지 않았다. 우리 모두는 이 이후에도 없지 않을 것이다.[83] 12

82 샹까라에 의하면 비스마와 드로나를 비롯한 자들은 선행善行으로 인해서 그리고 궁극적인 의미에서 항상恒常하기 때문에 그들을 슬퍼할 필요는 없다. 그러나 아르주나는 자신으로 말미암아 그들이 죽으며, 자신은 그들 없이는 왕국의 안락함 등도 아무 소용없다고 생각한다. 궁극적으로 슬퍼할 바가 없는 항상한 것들에 대해 애달파하기 때문에 아르주나인 그대는 어리석다는 의미이다. '현명한 사람'(paṇḍita)은 '아(ātman)我에 대해 아는 사람'(ātmajña)이다. 이들은 생명이 떠나가 버린 죽은 자와 생명이 떠나지 않은 산 자에 대해 애달파 하지 않는다. 아我에 대한 지성인 빤다(paṇḍā)를 가지고 있는 자가 '현명한 사람'인 빤디따(paṇḍita)이다. 라마누자에 의하면 아르주나는 "그들의 조상들은 제사의 떡과 물이 끊기어 추락하기 때문에, 혼합은 가문을 해치는 자들과 가문에 있어 나락을 위한 것입니다."(1장 42절)를 비롯한, 몸(deha)과 아我 의 본질에 대한 지혜에서 생겨나는 말들을 한다. 그러나 몸과 아我의 본질에 대한 지혜를 가진 자들은 이와 관련하여 전혀 슬퍼할 일이 없다. 생명이 떠나가 버린 것은 몸이고, 생명이 떠나지 않은 것은 아我다. 몸과 아我의 본질에 대해 제대로 알고 있는 사람들은 슬퍼하지 않는다. 아我는 출생에 의해 생겨나는 것도 아니고, 죽음에 의해 멸하는 것도 아니다. 아我에게는 태어남과 죽음이 없기 때문이다. 따라서 아我에 대해 슬퍼할 바가 없다. 그러나 몸은 정신이 없는 것으로 변화하는 본질을 가진다. 몸이 생멸과 연결됨은 자연스러운 것이다. 따라서 몸에 대해서도 슬퍼할 바가 없다.

83 샹까라에 의하면 과거 몸의 생멸들에 있어서도 나는 항상 존재했다는 의미다. 마찬가지로 그대와 백성의 왕들인 이들도 존재했다는 뜻이다. 우리 모두는 이 몸이 멸한 이후에도, 즉, 과거와 현재와 미래에 있어서 늘 '아我 자신의 형태'(ātmasvarūpa)로 존재할 것이라는 뜻이다. 라마누자에 의하면 모든 것의 지배자인 나는 현재 이전의 무시이래無始以來로 존재했다. 그대를 위시한 지배를 받는 이 자들도 존재했다. 나와 그대들 우리 모두는 바로 이 시간 이후에도 존재할 것이다. 모든 것의 지배자이며 '지고의 아我'(paramātman)인 나뿐만 아니라 '농지를 아는 자'(kṣetrajña)들인 그대들 또한 항상하다. 무지에 의해 미혹된 자에 대해 그 무지의 미혹을 없애기 위해 궁극적인 의미에 있어서 항상성을 교시하는 시간에 '나는', '너는', '이들은', '모두는', '우리는'이라고 명칭한다. 따라서 모든 것의 지배자인 세존은 아我들의 서로서로 간에 있어서 궁극적인 의미의 차이를 언급한 것으로 보인다. 13장 1절, 2절 본문과 각주참조.

'몸을 가진 것'의[84] 유년, 청년, 노년의 시기가 이 몸에 있듯이, 그렇게 다른 몸의 얻음이 있다. 견고한 자는[85] 이에 대해 당혹하지 않는다.[86] 13

꾼띠의 아들이여, 추위와 더위와 기쁨과 고통을 주는 것들은 요소와의 접촉들이며,[87] 오고 가는 것들로 항상하지 않은 것들이다. 바라

84 '몸을 가진 것'(dehin)은 닐라깐타(Nīlakaṇṭha)에 의하면 거친 몸과 미세한 몸을 가진 것으로 심아(cittātman)^心我^이다. 다나빠띠에 의하면 몸을 가진 것은 아^我^이다. 슈리다라(Śrīdhara)에 의하면 '몸을 가진 것'은 몸을 자신으로 인식하는 생명(jīva)이다. 빤데야(Pāṇḍeya)에 의하면 '생명의 아^我^'(jīvātman)이다.

85 '견고한 자'(dhīra)를 라다크리스난은 현자(the sage)라고 번역한다.

86 샹까라에 의하면 '몸을 가진 것'(dehin)은 '몸을 가진 아^我^'(dehavadātman)이다. 이 현재의 몸에 어린 상태, 중간 상태, 노년의 상태 이렇게 특징이 서로 다른 세 가지 상태가 있다. 이러한 세 가지 상태들 가운데 첫 번째 상태가 멸한다 해서 아^我^가 멸하지 않으며, 두 번째 상태가 생겨난다 해서 아^我^가 새로 생겨나지 않는다. 두 번째 세 번째 상태를 획득한 변하지 않는 아^我^가 보인다. 이처럼, 변하지 않는 아^我^의 다른 몸에서 다른 몸을 얻음이 있다. '견실한 자'(dhīra), 즉, '지혜가 있는 자'(dhīmat)는 이에 대해 미혹이 없다. 라마누자에 의하면 아^我^인 몸을 가진 것이 유년의 상태를 버리고 청년을 비롯한 상태를 얻음에 있어서 아^我^의 '견고함에 대한 지성'(sthirabuddhi)을 통해서 아^我^가 멸하는 것이라고 슬퍼하지 않듯이, 몸에서 다른 몸을 얻음에도 그렇게 아^我^는 견고한 것이기 때문에 지혜가 있는 사람은 슬퍼하지 않는다. 따라서 아^我^들의 항상성(nityatva) 때문에 아^我^들은 슬퍼할 대상이 아니다.

87 '요소와의 접촉들'(mātrāsparśāḥ)을 라다크리스난은 '그들의 대상들과의 접촉들'(contacts with their objects)이라고 번역한다.

따의 후손이여, 그것들을 견뎌라![88] 14

사람 중에 황소여, 이것들은[89] 기쁨과 고통에 대해 동일하게 여기는 견고한 사람을[90] 뒤흔들지 못하나니, 그는 불사성에 어울린다.[91] 15

실재하지 않는 것의 있음은 없고, 실재하는 것의 없음은 없다. 본질

88 샹까라에 의하면 "소리를 비롯한 것들이 이것들에 의해서 측량된다는 어원에 따라 요소들은 귀를 비롯한 지각기관들이다."(mātrā ābhirmīyante śabdādaya iti śrotrādīnīndriyāṇi)' 지각기관들인 요소들의 접촉은 소리를 비롯한 것과의 결합으로서 추위와 더위와 기쁨과 고통을 준다. '촉감된다(spṛśyante)'의 어원을 보면 접촉(sparśa)은 소리를 비롯한 대상들이다. 지각기관인 요소들과 접촉들인 소리를 비롯한 대상들은 추위와 더위와 기쁨과 고통을 주는 것들이다. 견디라는 말은 그것들에 대해 좋아하거나 싫어하지 말라는 뜻이다. 라마누자에 의하면 '의지하는 곳'(āśraya)들과 더불어 소리와 촉감과 형태와 맛과 냄새들은 '그 요소[唯]의 결과물인 것'(tanmātrakāryatva)이기 때문에 요소들이라고 일컬어진다. 귀를 비롯한 것들과 그것들의 접촉은 추위와 더위와 부드러움과 거친 것의 형태인 기쁨과 고통을 주는 것들이다. 항상하지 않은 이것들은 속박의 원인이 되는 행위(karma)가 소멸하면 사라지고, '오고 가는 것의 상태'(āgamāpāyitva)에 의해서도 사라진다. : '의지하는 곳'(āśraya)은 여기서 소리, 촉감, 형태, 맛, 냄새가 의지하는 곳으로 귀, 피부, 눈, 혀, 코 등의 지각기관을 의미한다.

89 '이것들은' '다나빠띠'에 의하면 추위와 고통을 주는 요소와의 접촉들이다.

90 '견고한 사람'(dhīraṁ puruṣam)을 라다크리스난은 '슬기로운 자'(who is wise)라고 번역한다.

91 샹까라에 의하면 항상한 아[我]를 보기 때문에 기쁨과 고통을 얻어도 좋아함과 싫어함이 없는 견고한 사람, 즉, 지혜가 있는 자를 이 추위와 더위를 비롯한 것들이 동요시키지 못한다. 항상한 아[我]를 보는 것에 충실한 자는 불사성(amṛtatva)[不死性], 즉, 불사의 상태인 해탈(mokṣa)을 위한 능력이 있다. 라마누자에 의하면 '기쁨과 고통에 대해 동일하게 여기는 견고한 사람'(puruṣaṁ......samaduḥka-sukhaṁ dhīraṁ)은 피할 수 없는 고통을 기쁨으로 여기는 인내를 지닌 사람이다.

을 보는 자들에 의해 이 둘 모두의 결말은 간파되었다.[92] 16

그로 인해 이 모든 것이[93] 펼쳐지게 된 그것은[94] 멸하지 않는 것임을 알아라. 쇠하지 않는 이것을 그 누구도 멸할 수 없다.[95] 17

항상한 것으로 육신을 가진 것이고, 멸하지 않는 것이며, 헤아릴 수 없는 것이 소유한 이 몸들은 끝이 있는 것들이라 일컬어진다. 그러니

---

92 샹까라에 의하면 '실재하지 않는 것'(asat)은 원인을 동반한 추위와 더위를 비롯한 것이다. 이것은 변형(vikāra)이며, 변형은 확고하지 않다. 생겨나기 전과 멸한 이후에는 존재하지 않는 것이다. 몸을 비롯한 것으로 원인을 동반한 '서로 반대되는 한쌍인 것'(dvandva), 즉 '아我가 아닌 것'(anātman)은 실재하지 않는 것이다. '실재하는 것'(sat)은 아我다. 이처럼 실재하는 것인 아我와 실재하지 않는 것인 '아我가 아닌 것'의 결말(anta), 즉, 결론(nirṇaya)은 실재하는 것은 실재하는 것이고, 실재하지 않는 것은 실재하지 않는 것이다. 본질의 원어 따뜨뜨바(tattva)에서 따뜨(tat)는 '모든 것'(sarva)을 대신하는 이름이다. 모든 것은 브라흐만(brahman)이다. 따라서 따뜨(tat)는 브라흐만의 이름이다. 따뜨뜨바는 '그것의 상태'(tadbhāva), 즉, 브라흐만의 실상實相이다. '본질을 보는 자'(tattvadarśin)들은 브라흐만의 실상을 보는 자들이다. 라마누자에 의하면 '실재하지 않는 것'은 몸(deha)이고, '실재하는 것'은 아我다. 의식이 없는 사물인 몸의 본질은 실재가 아닌 것이고, 정신(cetana)精神인 아我의 본질은 실재다. 이것이 간파된 결론이다. 왜냐하면, 멸함이 본성인 것이 실재하지 않는 것이고, 멸하지 않음이 본성인 것이 실재이기 때문이다.

93 라마누자에 의하면 '이 모든 것'(sarvam idam)은 '본질이 정신이 아닌 것'(acetanatattva)이다. 이 모든 것은 정신인 아我의 본질에 의해 펼쳐진 것, 즉, 편재된 것이다.

94 라마누자에 의하면 그것(tat)은 '아我의 본질'(ātmatattva)이다. 아我의 본질은 정신(cetana)이다.

95 샹까라에 의하면 실재(sat)라는 이름의 브라흐만에 의해서, 허공과 이 모든 세상은 그릇을 비롯한 것들이 허공에 의한 것처럼 펼쳐진 것, 즉, 편재된 것이다. 실재라는 이름의 브라흐만은 부분이 없는 것이기 때문에 몸처럼 자기 모습을 통해 변하는 것이 아니다. 자신의 것이 없기 때문에 데바다따(Devatatta)라는 이름의 사람이 재산의 손실로 인해 변하듯이 그렇게 자신의 것에 의해 변하지 않는다. 그 누구도, 즉, 자재자(Īśvara)自在者조차도 브라흐만인 아我를 멸할 수 없다.

바라따의 후손이여, 싸우라![96] 18

이것을 죽이는 자라고 아는 자, 이것을 죽은 것으로 여기는 자, 이 둘 모두는 제대로 아는 것이 아니다. 이것은 죽이지 않고, 죽지 않는다.[97] 19

그 어느 때도 이것은 생겨나지도 죽지도 않는다. 생겨나고 다시 생겨나고 하는 것이 아니다. 출생이 없는 것, 항상한 것, 영구한 것, 옛것인 이것은 몸이 죽임을 당해도 죽지 않는다.[98] 20

쁘리타의 아들이여, 이것을 멸하지 않는 것, 항상한 것, 출생이 없는 것, 쇠하지 않는 것이라고[99] 아는 자, 그런 사람이 어찌 누구를 죽

---

96 샹까라에 의하면 '항상한 것으로 육신을 가진 것이고, 멸하지 않는 것이며, 헤아릴 수 없는 것'은 아我다. 헤아릴 수 없는 것은 직접지각을 비롯한 앎의 수단을 통해 규정될 수 없는 것이다. 아我는 항상하고 변하지 않는 것이니 전쟁에서 물러서지 말라는 뜻이다. 라마누자에 의하면 몸의 원어 데하(deha)는 집적(upacaya)集積 을 의미하는 어근 디흐(dih)에서 파생된 낱말이다. 집적을 본질로 하는 그릇을 비롯한 것들은 끝이 있는 것들이기 때문에 집적의 형태들인 이 몸들은 끝이 있는 것들이다. 행위의 결과를 누리기 위해서 원소들이 집적된 형태들이 몸들이다. 이 몸들은 행위가 끝나면 멸하는 것들이다. 그러나 아我는 하나의 형색(rūpatva)形色 임으로 인해서, 집적을 본질로 하는 것이 아니기 때문에, 올바른 앎을 인지하는 것이기 때문에, 편재하는 것이기 때문에 항상하다. 반면에 몸은 집적을 본질로 하는 것이기 때문에, '몸을 가진 것'의 행위의 결과를 누리기 위한 것이기 때문에, 여러 형색이기 때문에, 편재되는 것이기 때문에 멸하는 것이다.

97 샹까라에 의하면 아我는 변하지 않는 것이기 때문에 이 아我는 죽이는 행위를 하는 자가 되지도 않고, 죽는 자가 되지도 않는다.

98 샹까라에 의하면 이것은 아我다. 아我는 죽지 않기 때문에 항상한 것이며, 쇠하지 않기 때문에 영구한 것이며, 새로 늘어나는 것이 없기에 옛것이다. 몸이 변해도, 변하지 않는 것이다. 아我는 모든 종류의 변화가 없는 것이다. 라마누자에 의하면 이것은 모든 몸에 들어가 있는 아我다. 겁(kalpa)劫 의 시작에 생겨나서 다시 겁의 끝에 없어지는 것이 아니다. ; 겁은 우주가 한번 창조되어서 멸하는 동안의 시간이다.

99 '쇠하지 않는 것'(avyaya)을 라다크리스난은 '변하지 않는 것'(unchanging)이라고 번역한다.

이게 할 것이며, 누구를 죽이겠는가?[100] 21

사람이 낡은 옷들을 버리고 다른 새 옷들을 입듯이, 그렇게, '몸을 가진 것'은[101] 낡은 몸들을 버리고 다른 새로운 것들을 얻는다. 22

무기들이 이것을 자르지 못하고, 정화하는 불이 이것을 태우지 못한다. 또한 물이 이것을 적시지 못하고, 바람이 이것을 말리지 못한다.[102] 23

이것은 자를 수 없는 것, 이것은 태울 수 없는 것, 적실 수 없고 말릴 수 없는 것이다. 이것은 항상하고, 모든 것에 들어가 있고, 안정되

---

100 샹까라에 의하면 '멸하지 않는 것'(avināśin)은 최후의 상태라는 변형이 없는 것이다. '항상한 것'(nitya)은 변화가 없는 것이다. 몸을 비롯한 합성물이 아는 자가 아니라, 합성된 것이 아닌 아我가 아는 자이며, 변화가 없는 것이다. 아我의 불변화성(avikriyatva)은 모든 행위가 불가능한 것에 대한 특별한 원인이다. 따라서 '아는 자'에게 있어서 모든 행위는 부정된다. 죽인다는 것은 예를 들기 위한 것이다. 아我는 변화가 없는 것이지만, 아我를 지성의 활동과 분별하지 못하는 인식인 무명(avidyā)無明에 의해서 지각하는 자의 대상은, 지성 등에 의해 받아들여진 소리 등의 부류라 여겨진다. 아我와 '아我가 아닌 것'을 분별하는 지혜인 지성의 활동이 명(vidyā)明이다. 궁극적인 의미에 있어서 이 명明은 진실한 형태가 아니지만, 이러한 명明에 의해서 변화하지 않는 것으로 파악되는 아我가 '아는 자'라고 말해진다. '아는 자'에게 있어서는 행위가 가능한 것이 아니기 때문에 경전에 규정된 행위들은 알지 못하는 자를 위해 언급된 것들이다. 라마누자에 의하면 불멸인 것으로 인해서, 생겨나지 않은 것으로 인해서, 그리고 쇠하지 않는 것으로 인해서 아我는 항상한 것이라는 사실을 아는 사람이 신과 인간과 축생과 식물의 몸들에 자리잡은 아我를 어떻게 죽이고 어떻게 죽이게 할 수 있느냐는 의미다.

101 샹까라에 의하면 '몸을 가진 것'(dehin)은 아我다. 라다크리스난은 '몸을 가진 것'을 '체현된 영혼'(the embodied soul)으로 번역한다.

102 샹까라에 의하면 이것은 '몸을 가진 것'으로 '자신의 아我'(svātman)다. 부분이 없는 것이기 때문에 칼을 비롯한 무기로 자르지 못하고, 물이 적시지 못하고, 바람이 말리지 못한다. 라마누자에 의하면 아我는 모든 것에 편재한 것이기 때문에 '모든 실재에 편재하는 본질성'(sarvatattvavyāpak-asvabhāvatā)에 의해서 모든 실재보다 미세한 것이다. 그래서 무기와 불과 물과 바람들에 의해서 편재되지 않는다. 자르기, 태우기, 적시기, 말리기들은 편재되는 것들에 대해서 이루어진다.

고, 움직이지 않고, 영속하는 것이다.[103] 24

이것은 드러나지 않은 것, 이것은 생각할 수 없는 것, 이것은 변화되지 않는 것이라 말해진다. 그러므로 이것을 이리 알아, 그대는 애달파 할 게 없다.[104] 25

이제 또한 이것을 항상 생겨나는 거라거나 항상 죽는 거라 여길지라도, 그렇다 해도, 긴 팔을 가진 자여,[105] 그대는 이리 슬퍼할 게 없다.[106] 26

왜냐하면, 태어난 것의 죽음은 정해진 것이고, 죽은 것의 태어남도 정해진 것이기 때문이다. 그러므로 물리칠 수 없는 것에 대해 그대는

---

103 샹까라에 의하면 서로서로 파괴의 원인이 되는 오대원소들이 이 아我를 파괴하지 못하기 때문에 아我는 항상한 것이다. 항상한 것이기 때문에 모든 것에 들어가 있는 것이다. 모든 것에 들어가 있는 것이기 때문에 기둥처럼 안정된 것이다. 안정된 것이기 때문에 움직이지 않는 것이다. 그래서 이 아我는 영속하는 것, 즉, '오래된 것'(cirantana)이다. 그 어떤 원인에 의해서도 새롭게 생겨남이 없는 것이다. 라마누자에 의하면 아我의 '모든 것에 편재하는 성질'(sarvagatatva), '모든 실재에 편재하는 본질성'(sarvatattvavyāpakasvabhāvatā)으로 인해서 아我는 모든 실재보다 미세하다. 따라서 실재(tattva)들은 아我에 편재할 수 없다. 편재되어야만 자르고, 태우고, 적시고, 말리는 행위들이 가능하다.

104 샹까라에 의하면 이 아我는 모든 지각기관의 대상이 아니기 때문에 드러나지 않는다. 그래서 '드러나지 않은 것'(avyakta)이다. 드러나지 않은 것이고 지각기관의 대상이 아니라서 '생각할 수 없는 것'(acintya)이다. 이 아我는 부분이 없는 것이기 때문에 변하지 않는다. 라마누자에 의하면 이 아我는 '앎의 도구'(pramāṇa)들을 통해서 드러나지 않기 때문에 '드러나지 않은 것'이다. 모든 사물과는 다른 종류이기에 그 사물들 각각의 본질과 연결하여 '생각할 수 없는 것'이다. 그리고 '생각할 수 없는 것'이라서 '변화되지 않는 것'(avikārya)이다.

105 팔이 긴 것은 인도에서 위인의 상相이다. 아르주나를 의미한다.

106 샹까라에 의하면 세속에 널리 알려진 바에 따라 이 아我를 수많은 몸이 각각 태어남에 따라 태어나는 것이고, 각각 그 몸이 멸함에 따라 죽는 것이라 할지라도, 그러한 아我에 대해서도 슬퍼할 게 없다. 태어남이 있는 것에는 죽음이, 죽음이 있는 것에는 태어남이 반드시 있기 때문이다.

슬퍼할 게 없다.[107] 27

바라따의 후손이여, 중생들은 드러나지 않은 것을 시초로 하는 것들, 드러난 것을 중간으로 하는 것들, 드러나지 않은 것을 종말로 하는 것들이니, 이에 대해 비탄할 것이 무엇이냐?[108] 28

어떤 자는 이것을 놀란 듯이 보고, 다른 자는 놀란 듯이 말한다. 또 다른 자는 놀란 듯이 이것을 듣는다. 그러나 듣고도 그 누구도 이것을 알지 못한다.[109] 29

몸을 가진 것, 항상한 것, 죽일 수 없는 이것은 모든 것의 몸에 있나니, 바라따의 후손이여, 그러니, 그대는 모든 중생들에 대해 슬퍼할

---

107 라마누자에 의하면 실재하는 것의 생겨남이 보이지, 실재하지 않는 것의 생겨남은 보이지 않는다. 생겨남과 멸함 등은 실재하는 사물의 특별한 상태이다. 생겨남이라는 상태에 도달한 사물이 그와는 반대되는 다른 상태를 얻은 것이 멸함이라고 말해진다. 흙이라는 물질의 흙덩이, 그릇, 그릇의 파편, 가루 등의 상태처럼 변화하는 물질의 '변화의 상속相續'(pariṇāmaparamparā)은 피할 수 없다. 이전의 상태에 머물던 사물이 이후의 상태를 얻는 것이 멸함이다. 그리고 이후의 상태를 얻는 것은 그 이후라는 상태의 생겨남이다. 이처럼 생겨남과 멸함이라는 변화의 상속은 변화하는 사물에 있어서 피할 수 없는 것이다. 그러므로 이에 대해 그대가 슬퍼하는 것은 적절치 않다는 뜻이다.

108 샹까라에 의하면 아들과 친구를 비롯한 중생(bhūta)들은 원인과 결과의 집성(saṁghāta)集成을 본질로 하는 것들이다. 이것들은 태어나기 이전에는 안 보이던 것들이고, 태어나 죽기 전까지는 보이는 것들이다. 그리고 죽은 다음에는 다시 보이지 않는 것들이다. 보이고, 보이지 않고, 멸하는 것인 불확정한 중생들에 대해서는 비탄할 게 없다.

109 샹까라에 의하면 갑자기 보는 것, 전에 보지 못한 기이함(adbhuta)이 놀라움(āścarya)이다. 그 누군가는 놀란 듯이 이 아我를 보고, 그렇게 다른 자는 놀란 듯이 이 아我에 대해 말하고, 다른 자는 놀란 듯이 이 아我에 대해 듣고, 또 그 누군가는 보고, 듣고, 말하고도 모른다. 혹은 이 아我를 보고, 이 아我에 대해 말하고, 듣는 자는 수천 명 가운데 그 어느 한 명에 불과하다. 따라서 아我는 알기 힘든 것이다. 라마누자에 의하면 이처럼 언급한 본질은 자신 외의 모든 사물과는 다른 종류이기에 끝없는 중생(jantu)들 가운데 큰 고행을 통해서 죄악을 소멸케 하고 덕을 쌓은 그 어떤 자만이 보고, 다른 자들을 위해 말하고, 듣는다. 듣고도 그 어떤 자는 진실로 자리잡고 있는 이것에 대해 본질적으로 알지는 못한다.

게 없다.[110] 30

자신의 도리를 잘 살피면 흔들릴 바 없나니, 왕공무사 계급에 있어 도리에 따른 전쟁보다[111] 좋은 건 달리 없기 때문이다.[112] 31

열린 천국의 문이 우연히 이르렀다, 쁘리타의 아들이여, 이러한 전쟁을 행복한[113] 왕공무사 계급들이 얻는다.[114] 32

이제 만일 그대가 도리에 따른 이 전쟁을 안 한다면, 그로 인해 자신의 도리와 명예를 잃고 죄를 얻으리라.[115] 33

---

110 샹까라에 의하면 '몸을 가진 것'(dehin)은 부분이 없는 성질과 항상성 때문에 늘 모든 상태에 있어서 죽일 수 없는 것이다. 이것은 일체 모든 것에 편재하는 성질로 인해서 움직이지 않는 것들을 비롯한 모든 것에 머물러 있다. 라마누자에 의하면 '몸을 가진 것'은 신(deva)을 비롯한 이 몸이 죽임을 당해도 죽지 않는 것이다. 따라서 신을 비롯하여 움직이지 않는 것들에 이르기까지 모든 중생은 형태들이 다르다 할지라도 본질적으로 동일하고 항상한 것들이다. 그러나 몸에 관한 것은 다른 것이다. 항상한 것이 아니다.

111 아디데바난다는 '도리에 따른 전쟁'을 '정의로운 전쟁'(a righteous war)이라고 번역한다.

112 라마누자에 의하면 아그니(Agni)와 쏘마(Soma)에 대한 제사에서 제물로 희생당한 짐승은 염소를 비롯한 열등한 몸을 버리고 천상의 복스러운 몸을 얻는다. "사람이 낡은 옷들을 버리고 다른 새 옷들을 입듯이, 그렇게, 몸을 가진 것은 낡은 몸들을 버리고 다른 새로운 것들을 얻는다."라는 2장 22절의 내용 등과 마찬가지로 도리에 따라 행해지는 이 전쟁에서 죽은 자는 보다 복스러운 몸을 얻게 된다.

113 라마누자에 의하면 행복한(sukhin)은 '공덕이 있는'(puṇyavat)이라는 의미이다.

114 왕공무사 계급들은 자신의 의무에 따른 정의로운 전쟁에서 죽게 되면 천국에 간다. 이런 의미에서 전쟁을 '열린 천국의 문'(svargadvāramapāvṛtam)이라고 말한다.

115 '도리에 따른'의 원어는 다르므야(dharmya)이고, 도리의 원어는 다르마(dharma)이다. (다르마에 대해서는 03번 각주 참조) '합법적인, 종교적인, 의무에 합당한, 정의로운, 일상적인, 특질을 지닌, 다르마에 관계된' 등을 의미하며, 불경에서는 '법法, 여법如法' 등으로 번역된다. 샹까라에 의하면 여기서 다르므야는 다르마에서 벗어나지 않는 것이다. 라마누자에 의하면 '자신의 도리'(svad-harma)는 '자신의 도리의 결과'(svadharmaphala)인 더할 바 없는 행복이다.

그리고 또한, 중생들은 그대의 변함없는 불명예에 대해 말할 것이다. 존경받던 이에게 불명예는 죽음보다 더한 것이다.[116] 34

그대가 두려워 싸움에서 물러섰다고, 큰 전차를 타는 자들은 생각할 것이다. 그들에게 대단한 존재로 여겨지던 그대는 하찮은 상태에 이를 것이다. 35

그리고 그대에게 이롭지 않은 자들은 그대의 능력을 헐뜯으며 하지 못할 많은 말들을 할 것이다. 이보다 더 괴로운 게 무엇이 있겠는가?[117] 36

죽어 천국을 얻을 것이다. 아님, 이겨 대지를 누릴 것이다. 그러니, 꾼띠의 아들이여, 마음을 다잡아 싸움을 위해 일어서라![118] 37

기쁨과 고통을, 얻음과 잃음을, 승리와 패배를 동일한 것으로 여기고, 그리하여 싸움을 위해 몰두하라. 이러면 죄를 얻지 않으리

---

116 샹까라에 의하면 '변함없는'(avyaya)은 '오랜 시간 이어지는'(dīrghakāla)이며, 존경받던 자에게 있어서 불명예보다는 죽음이 나은 것이다.

117 샹까라에 의하면 '이롭지 않은 자'(ahita)들은 적(śatru)들이다. 라마누자에 의하면 적들인 드리따라스뜨라의 아들들이다.

118 샹까라에 의하면 '마음을 다잡아'(kṛtaniścaya)는 "내가 적들을 이기든지, 아니면 내가 죽든지 할 것이다!" 이렇게 결심한 상태에서다. 라마누자에 의하면 "마음을 다잡아 싸움을 위해 일어서라!"라는 말은 "결과에 대해 집착하지 않는 전쟁이라는 의무(dharma)는 최고지복(paramaniḥśreyasa)最高至福의 방편이다. 그러므로 최고의 인생목표로 일컬어지는 해탈을 이루는 방법이라고 결심하고 전쟁을 위해 일어서라!"라는 뜻이다. '꾼띠의 아들이여'라고 부르는 것은 이러한 것이 꾼띠의 아들로서 합당하다는 것을 나타내기 위해서다.

라.[119] 38

그대에게 설해진 이 지혜는 '온전하게 밝힘'에 관한 것이다, 그러나 이제 이 요가에 관한 것을 들어라. 쁘리타의 아들이여, 이 지혜를 갖추어 그대는 행위의 속박을 물리치리라.[120] 39

여기에는 시작한 일의 실패가 없다, 반대로 되는 것도 없다, 이 교법의 아주 작은 것이라 할지라도 큰 두려움에서 구해 낸다.[121] 40

---

119 라마누자에 의하면 죄(pāpa)는 고통의 형태인 윤회(saṁsāra)다. 죄를 얻지 않는다는 것은 윤회에서 벗어난다는 뜻이다. '몰두하라'(yujyasva)라는 말은 '시작하라'(ārabhasva)라는 뜻이다.

120 샹까라에 의하면 '온전하게 밝힘'(sāṁkhya)은 '궁극적인 의미를 가진 사물을 분별하는 것을 대상으로 하는 것'(paramārthavastuvivekaviṣaya)이다. 지혜(buddhi), 즉, 인식(jñāna)은 윤회의 원인인 슬픔과 미혹 등의 결함을 없애는 직접적인 원인이다. 요가(yoga)는 그것을 얻기 위한 방법이며, 집착 없이 서로 반대되는 이항대립적인 것을 버리고 '자재자에 대한 경배'(īśvarārādhana)를 위한 '행위의 실행'(karmānuṣṭhāna)인 '행위의 요가'(karmayoga), 혹은 '삼매의 요가'(samādhiyoga)다. 요가를 대상으로 하는 지혜를 갖추어, 자재자의 은총을 원인으로 하는 인식을 얻어 '행위의 속박'(karmabandhana)을, 즉, 법(dharma)과 비법(adharma)이라는 이름의 행위가 바로 속박(bandhana)인 것을 물리친다. 라마누자에 의하면 '온전하게 밝히는 것'(saṁkhyā)이 지혜(buddhi)다. '온전하게 밝힘'(sāṁkhya)은 지혜를 통해 확정되는 것인 '아我의 본질'(ātmatattva)을 의미한다. 2장 12절 "나는 그 어느 때도 없지 않았다. 그대도, 이 백성의 지배자들도 없지 않았다. 우리 모두는 이 이후에도 없지 않을 것이다."에서 2장 30절 "몸을 가진 것, 항상한 것, 죽일 수 없는 이것은 모든 것의 몸에 있나니, 바라따의 후손이여, 그러니, 그대는 모든 중생들에 대해 슬퍼할 게 없다."에 이르기까지 알아야 할 것인 '아我의 본질'을 알기 위한 지혜가 언급되었다. '해탈의 방법이 되는 행위의 실행'(mokṣasādhanabhūtakarmānuṣṭhāna)은 '아我에 대한 인식'(ātmajñāna)을 전제로 한다. 이러한 '해탈의 방법이 되는 행위의 실행'이 '지혜의 요가'(buddhiyoga)다. '지혜의 요가'가 여기서는 요가라는 낱말로 일컬어진다. '행위의 속박'은 행위에 의한 속박으로 '윤회의 속박'(saṁsārabandha)을 의미한다.

121 샹까라에 의하면 여기(iha)는 '해탈의 길'(mokṣamārga)인 '행위의 요가'(karmayoga)이다. 요가와 관련하여 시작한 일의 불확실한 결과는 없다. 반대되는 결과도 없다. 이 '요가의 교법'(yogadharma)의 아주 작은 실행일지라도 생사生死 등으로 특징지어지는 윤회의 두려움에서 구해낸다.

꾸루족을 기쁘게 하는 자여,[122] 확정판단을 본질로 하는 지성은 여기서 하나이며, 확정판단을 하지 못하는 자들의 지성들은 여러 갈래이고 끝이 없다.[123] 41

분별하여 바라보지 못하는 자들은 꽃핀 듯 화려한 이런 말을 한다. 쁘리타의 아들이여, 베다의 말들에 애착하는 자들은 다른 것은 없다고 말하는 자들이다.[124] 42

욕망이 본질인 자들이며[125] 천국이 최고인 자들은 '출생이 행위의 결과인 것'을 주는 것을, 향락과 권세에 관한 특별한 활동이 많은 것

---

122 '꾸루족을 기쁘게 하는 자'(kurunandana)는 꾸루족의 후손이라는 뜻이며, 여기서는 아르주나를 의미한다.

123 샹까라에 의하면 여기(iha)는 '지복[해탈]의 길'(śreyomārga)이다. '확정판단을 본질로 하는 지성'(vyavasāyātmikā buddhi)은 결정을 본질로 하는 지성이다. 이것은 올바른 인식의 수단을 통해서 생겨난 것이기에 이와는 다른 반대되는 갈래의 차이가 있는 지성을 막는 것이다. 올바른 인식의 수단을 통해서 생겨난 분별지(vivekabuddhi)로 인해 끝없는 차이가 있는 지성이 멈추면 윤회가 멈춘다. 라마누자에 의하면 해탈을 원하는 자에 의해 실행되어야 할 행위에 관한 지성이 확정판단을 본질로 하는 지성이다. 확정판단(vyavasāya)은 결정(niścaya)이다. '아[我]의 실상[實相]'을 결정하는 것에 선행하는 지성이기 때문에 확정판단을 본질로 하는 지성이다. 확정판단을 하지 못하는 지성은 욕망에 합치되는 행위를 대상으로 하는 지성이다. 확정판단을 본질로 하는 지성은 해탈을 원하는 자의 모든 행동을 해탈이라는 하나의 결과를 향하게 한다. 그러나 확정판단을 하지 못하는 자들, 즉, 천국과 아들과 가축과 곡식을 비롯한 결과를 위한 수단이 되는 행위를 하는 자들의 지성들은 결과가 끝이 없기에 끝없는 지성들이다. 아디데바난다는 지성을 마음(mind)으로 번역한다.

124 샹까라에 의하면 '꽃핀 듯 화려한 이런 말'(imāṁ puṣpitāṁ vācam)은 앞으로 언급할 듣기에 즐거운 말이다. '분별하여 바라보지 못하는 자'(avipaścita)들은 지혜가 적은 자들, 분별하지 못하는 자들이다. '베다의 말에 애착하는 자'(vedavādarata)는 여러 의미를 말하고, 결과의 수단을 밝히는 베다의 문장들에 애착하는 자들이다. 이들은 천국을 얻는 것 등의 결과를 위한 방법이 되는 행위들 외에는 다른 것이 없다고 말하는 자들이다.

125 라마누자에 의하면 '욕망이 본질인 자'(kāmātman)들은 '욕망에 마음이 기울은 자'(kāmapravaṇamanas)들이다.

을 말한다.[126] 43

그에 의해 마음이 사로잡힌 자들이며 환락과 권세에 집착하는 자들의 확정판단을 본질로 하는 지성은 삼매에 안주하지 않는다.[127] 44

베다들은 세 가지 성질로 이루어진 것을 대상으로 하는 것이다. 아르주나여, 그대는 세 가지 성질로 이루어진 것과는 무관한 자, 이항대립이 없는 자, 항상 진성에 머무는 자, 얻고 간직함이 없는 자, 아我를 지닌 자가 되어라.[128] 45

---

126 샹까라에 의하면 ‘욕망이 본질인 자’들은 욕망이 최고인 자들이다. ‘천국이 최고인 자’(svargapara)들은 천국이 최고의 인생 목표인 자들이다. 이들은 ‘행위의 결과가 출생인 것’(janmakarmaphala)을 주는 말을 한다. 환락과 부귀를 얻기 위한 수단이 되는 특별한 활동들이 많이 언급되는 이런 말을 하는 어리석은 자들은 윤회 속에서 돌아다닌다.

127 샹까라에 의하면 특별한 활동이 많은 말에 ‘마음이 사로잡힌 자들’, 즉, 분별지가 덮여버린 자들의 ‘확정판단을 본질로 하는 지성’은 ‘온전하게 밝힘’(sāṁkhya)에 관한 것이든 요가에 관한 것이든 내적기관(antaḥkaraṇa)에 생겨나지 않는다. 인아(puruṣa)人我의 향유를 위해서 이곳에 모든 것이 ‘자리잡는다’(samādhīyate)라는 어원적인 의미에서 삼매(samādhi)三昧는 내적기관을 뜻한다. 라마누자에 의하면 이곳에 ‘아我에 대한 인식’(ātmajñāna)이 ‘자리잡는다’(samādhīyate)라는 어원에 따라서 삼매는 마음(manas)을 뜻한다. 향락과 부귀의 대상에 의해 ‘아我에 대한 인식’이 손상된 자들의 마음에는 아我의 본성을 결정하는 인식을 전제로 하는 지성, 그리고 해탈의 방법이 되는 행위를 대상으로 하는 지성이 그 어느 때도 생겨나지 않는다. 76번 각주 참조.

128 샹까라에 의하면 베다들은 ‘세 가지 성질로 이루어진 것’(traiguṇya)인 세상을 대상으로 하는 것들이다. ‘세 가지 성질로 이루어진 것과는 무관한 자’(nistraiguṇya)는 ‘욕망이 없는 자’(niṣkāma)다. 이항대립(dvandva)二項對立은 기쁨과 고통의 원인이 되는, 서로 대립되는 사물이다. ‘아我를 지닌 자’(ātmavān)는 ‘부주의하지 않은 자’(apramatta)다. 라마누자에 의하면 ‘세 가지 성질로 이루어진 것’은 세 가지 성질들인 진성(sattva)眞性, 동성(rajas)動性, 암성(tamas)闇性 들이 많은 사람이다. 동성과 암성이 다량인 상태에 의해 진성적인 것의 결과인 해탈을 외면하고 욕망에 경도되어 방편이 아닌 것들을 방편으로 착각하여 몰락한다. 베다들은 세 가지 성질이 많은 사람을 대상으로 한 것이다. 세 가지 성질이 많지 않은 사람이 되어야 한다. 즉, 두 개의 성질이 없는 증진된 진성에 항상 머물러야 한다. 아我의 본질을 얻는 것 이외의 대상들을 얻고 지키는 것을 버리고 ‘아我를 지닌 자’(ātmavat)가 되어야 한다. ‘아我를 지닌 자’는 ‘아我의 본질을 추구하는 데 몰두하는 자’(ātmasvarūpānveṣaṇapara)이다. ‘이항대립이 없는 자’(nirdvandva)는 ‘윤회하는 자의 모든 본성이 사라진 자’(nirgatasakalasāṁsārikasvabhāva)이다.

온통 넘실거리는 못에 물이 원하는 만큼 다 있듯이, 잘 아는 브라흐마나에게 모든 베다들에 있는 것들이 그렇게 있다.[129] 46

행위에 대한 것만이 그대의 권리이다. 결과들에 대해서는 결코 아니니, '행위의 결과'의 원인이 되지 마라. 무위無爲에 대한 그대의 애착은 없어야 한다.[130] 47

이겨 재산을 얻은 자여, 애착을 버리고 요가에 머물러 행위들을 행하라. 이루고 이루지 못함에 대해 동일하여 평등함을 요가라고 말한다.[131]
48

---

129 샹까라에 의하면 우물, 연못 등등 많은 한정된 물에서 목욕하고 물을 마시는 등의 그 모든 의도는 '온통 넘실거리는 물'에서 이루어진다. 즉, 그곳에 포함된다. 이처럼 모든 베다가 의미하는 베다에 언급된 행위들과 관련된 의도인 행위의 결과는 '모든 것을 확실하게 내던져 버린 자'(saṁyāsin)이며, '궁극적인 사물의 본질'(paramārthatattva)을 잘 아는 자인 브라흐마나(brāhmaṇa)에게서 이루어진다. 즉, 온통 넘실거리는 물에 해당되는 그에게 포함된다. 하지만 '지혜의 성취'(jñānaniṣṭhā)에 대한 권리를 얻기 전까지는 행위에 대한 권리자로서 우물, 연못 등등의 사물에 해당되는 행위 또한 행해야 한다. 라마누자에 의하면, 목이 마른 자가 모두를 위해 만들어진 물이 가득 찬 못에서 자신이 필요한 만큼만의 물을 취하듯이, 그렇게 잘 아는 브라흐마나, 즉, 베다의 해탈을 원하는 자는 모든 베다에 있어서 오로지 '해탈의 방법'(mokṣasādhana)만을 취해야 한다.

130 샹까라에 의하면 행위를 하면서 그 어떤 상황에서도 행위의 결과에 대한 갈망이 없어야 한다. 행위의 결과에 대한 갈망이 있을 때, 그때 행위의 결과에 대한 원인이 된다. 이처럼 행위의 결과에 대한 원인이 되어서는 안된다. 왜냐하면, 행위의 결과에 대한 갈망에 상응하여 행위를 하면 '행위의 결과인 출생'의 원인이 되기 때문이다. 라마누자에 의하면 '결과가 있는 것'(saphala)은 '속박의 형태인 것'(bandharūpatva)이고, '결과가 없는 것'(phalarahita)은 '해탈의 원인이 되는 것'(mokṣa-hetutva)이다.

131 샹까라에 의하면 요가에 머물러 오로지 자재자(Īśvara)自在者를 위해 행위들을 행해야 한다. '자재자가 나에 대해 만족하기를!'(Īśvaro me tuṣyatu.)이라는 집착도 버려야 한다. 결과에 대한 갈망이 없이 행위를 행하면, 지혜를 얻음을 특징으로 하는 것이 '순수한 진성'(sattvaśuddhi)에서 생겨난다. 이것이 얻음이고, 이와는 반대되는 것이 얻지 못함이다. 이러한 얻음과 얻지 못함에 대해 평등함(samatva)이 요가라고 말해진다. 라마누자에 의하면 요가는 전쟁의 승리를 비롯한 얻음과 얻지 못함에 대해 평등한 형태인 '마음을 전체적으로 동일하게 유지하는 것'(cittasamādhāna)이다.

이겨 재산을 얻은 자여, 행위는 지혜의 요가보다 아주 열등한 것이다. 지혜 가운데 피난처를 구하라, 결과를 추구하는 자들은 가엾은 자들이다.[132] 49

지혜를 갖춘 자는 선행과 악행 둘 다를 여기서 버린다.[133] 그러니, 요가를 위해 애쓰라. 요가는 행위들에 통달함이다.[134] 50

지혜를 갖춘 현명한 자들은 행위에서 생겨난 결과를 버리고, 생의

---

132 샹까라에 의하면 결과를 추구하여 행한 행위는 생사를 비롯한 것의 원인이 되는 것이기 때문에 '평등한 지혜'(samatvabuddhi)를 갖춘 '지혜의 요가'(buddhiyoga)의 행위보다 아주 열등하다. 그러므로 요가를 대상으로 하는 지혜에, 또는 그러한 지혜가 완숙하여 생겨나는 '온전하게 밝힘의 지혜'(sāṁkhyabuddhi)에 무외(abhaya)無畏를 얻는데 원인이 되는 피난처를 구해야 한다. 즉, 궁극적인 사물에 대한 지혜에 귀의하는 자가 되어야 한다. 결과에 대한 갈망에 묶여 낮은 행위를 하는 자들은 가엾은 자들이다. 라마누자에 의하면 주요한 결과를 버림을 대상으로 하고, 부차적인 결과를 얻고 못 얻음에 대해 평등함을 대상으로 하는 것이 '지혜의 요가'다. 지혜의 요가와 연결된 행위는 윤회와 관련된 모든 고통으로부터 벗어나서 해탈을 얻게 한다. 다른 행위는 무한한 고통의 형태인 윤회다. 따라서 행위를 행함에 있어서 지혜 안에서 피난처를 구해야 한다. 결과에 대한 집착 등등에 의해서 행위를 하는 자들은 비참한 자, 즉, '윤회하는 자'(saṁsārin)들이다.

133 선행(sukṛta)의 결과는 천국을 비롯한 좋은 곳에 좋은 상태로 환생함이고, 악행(duṣkṛta)의 결과는 나쁜 곳에 나쁜 상태로 환생함이다. 환생은 윤회이니, 결국 선행과 악행은 둘 모두가 다 윤회의 원인이다. 따라서 해탈을 위해서는 이 세상에서 윤회의 두 원인을 모두 없애야 한다.

134 샹까라에 의하면 '지혜를 갖춘 자'(buddhiyukta)는 '평등을 대상으로 하는 지혜를 갖춘 자'(samatvaviṣayā buddhyā yukta)이다. 이러한 지혜를 갖춘 자는 '순수한 진성'(sattvaśuddhi)에 의한 지혜의 획득을 통해서 이 세상에서 선행과 악행, 즉, 선(puṇya)과 악(pāpa) 둘 다를 버린다. 그러므로 '평등한 지혜의 요가'(samatvabuddhiyoga)를 위해 노력해야 한다. 요가는 '자신의 의무의 형태인 행위들을 행하는 자'에게 있어서 얻음과 얻지 못함에 대한 '평등한 지혜'(samatvabuddhi)다. 이것은 '자재자에게 바친 마음'(īśvarārpitacetas)에서 생겨난 것이다. 이러한 평등한 지혜에 의해서 행위들에 '통달한 상태'(kuśalabhāva)가 통달함(kauśala)이다. '속박이 본성인 것'(bandhasvabhāva)들인 행위들이 평등한 지혜에 의해서 본성(svabhāva)으로부터 물러난다. 바로 그러한 것이 통달함이다. 라마누자에 의하면 선행과 악행은 무시이래無始以來로 쌓여온 것이며, 끝없는 속박의 원인이 되는 것들이다. 이 '지혜의 요가'(buddhiyoga)는 통달함이다. 통달함은 '대단한 능력'(atisāmarthya)이다. '대단한 능력'은 '대단한 능력을 통해서 성취될 수 있는 것'(atisāmarthyasādhya)을 의미한다.

속박을 홀연히 벗어나 평안한 경지에 이른다.[135] 51

그대의 지성이 미혹의 수렁을 벗어 넘어설 그때, 들은 것과 들을 것에 대해 그대는 완전히 무심한 상태에 이를 것이다.[136] 52

들어서 여러 갈래가 된[137] 너의 지성이 안정되어 삼매에[138] 움직임

---

135 샹까라에 의하면 좋아하거나 좋아하지 않는 몸을 얻음은 행위들에서 생겨나는 것으로 '행위에서 생겨난 결과'다. '지혜를 갖춘 자'(buddhiyukta)는 '평등한 지혜를 갖춘 자'(samatvabuddhiyukta)이다. 생(janma)生이 바로 속박(bandha)이다. 평등한 지혜를 갖춘 자는 결과를 모두 버리고 '현명한 자'(manīṣin), 즉, '지혜로운 자'(jñānin)가 되어 살아서 '생의 속박'(janmabandha)에서 홀연히 벗어나 '평안이 가득한'(anāmaya), 즉, 위스누의 해탈이라는 이름의, '모든 고난苦難이 없는'(sarvopadravarahita) 최고의 영역으로 간다. 아디데바난다는 "생의 속박을 홀연히 벗어나 평안한 경지에 이른다."(janmabandhavinirmuktāḥ padaṁ gacchantyanāmayam)를 '재생의 속박을 벗어나 모든 불행을 넘어선 영역으로 간다.'(are freed from the bondage of rebirth, and go to the region beyond all ills.)라고 번역한다. 라다크리스난은 '평안한 경지'를 '슬픔이 없는 상태'(sorrowless state)로 번역한다.

136 샹까라에 의하면 '미혹의 수렁'(mohakalila)은 미혹을 본질로 하는 '무분별의 형태'(avivekarūpa)인 염오(kāluṣya)染汚이며, 아我와 아我가 아닌 것에 대한 분별 인식을 오염시켜 내적기관을 대상을 향해 작용하게 하는 것이다. 지성(buddhi)이 순수한 상태에 도달하면, 그때 '들은 것'(śruta)과 '들을 것'(śrotavya)에 대해 '무심한 상태'(nirveda), 즉, 이욕(vairāgya)離慾에 이를 것이다. 들은 것과 들을 것의 '결과가 없는 상태'(niṣphala)가 될 것이다. 라마누자에 의하면 '미혹의 수렁'은 아주 사소한 것인 결과에 집착하는 원인이 되는 것이며, 미혹의 형태이며, 죄구(kaluṣa)罪垢이다. '들은 것'은 버려야 할 것으로 이 이전에 들은 것이고, '들을 것'은 버려야 할 것으로 이 이후에 들을 것이다.

137 라다크리스난은 '들어서 여러 갈래가 된'(śrutivipratipannā)을 '베다문헌들에 의해서 혼란스럽게 된 것'(which is bewildered by the Vedic texts)이라고 번역한다.

138 샹까라에 의하면 '마음이 이곳에 모두 모인다'(samādhīyate cittam asmin iti)라는 어원에 따라 여기서 삼매(samādhi)三昧는 아(ātman)我를 의미한다. 기타프레스의 산스크리트 힌디어 대역은 삼매를 '지고의 아我의 본질'로 번역한다. 아디데바난다는 삼매를 '집중된 마음'(a concentrated mind)으로 번역한다. 라다크리스난은 삼매를 정신(spirit)으로 번역한다.

없이 머물게 될 때 그대는 요가를[139] 얻을 것이다.[140] 53

아르주나가 말했습니다.

께샤바여,[141] 삼매에 머문 확고한 수승한 지혜를 가진 자의 말은[142] 어떠합니까? 마음이 확고한 자는 무엇을 말합니까? 어떻게 앉습니까? 어떻게 움직입니까?[143] 54

성스러운 세존께서 말씀하셨습니다.

쁘리타의 아들이여, 마음에 깃든 모든 욕망들을 확연히 저버릴 때,

---

139 아디데바난다는 요가(yoga)를 '자아에 대한 통찰력'(the vision of the self)으로 번역한다. 기타프레스의 산스크리트 힌디어 대역은 요가를 '평등이라는 형태의 요가'(samatvarūpa yoga)로 번역한다. 라다크리스난은 요가를 통찰력(insight)으로 번역한다.

140 샹까라에 의하면 '성취의 방편과 관계되어 밝히는 것'(sādhyasādhanasambandhaprakāśa)을 많이 들어서 다양한 상태가 되면, 산만해진 지성(buddhi)이 안정되어 삼매(samādhi)[三昧] 인 아(ātman)[我]에 머물게 된다. 이때에 움직임이 없는, 즉, 망상(vikalpa)[妄想]이 없는 지성인 내적기관은 요가, 즉, '분별하는 수승한 지혜'(vivekaprajñā)인 삼매를 얻는다. 라마누자에 의하면 내게서 들음으로써 특별한 상태가 된 지성, 모든 다른 것과는 종류가 다르고, 항상하고, 더할 바 없이 미세한 것을 대상으로 하는 움직임이 없는 하나의 형태인 지성이 집착이 없는 행위를 실행하여 때(mala)[垢]가 없어진 마음에 안정되게 머물 때에 '아[我]에 대한 관조'(ātmāvalokana)인 요가를 얻는다. 경전을 통해 생겨나는 아[我]에 대한 지혜를 전제로 하는 '행위의 요가'(karmayoga)는 '확고한 수승한 지혜의 상태라는 이름의 인식의 성취'(sthitaprajñatākhyajñānaniṣṭhā)를 이루어 낸다. 그리고, 인식의 성취형태인 '확고한 수승한 지혜의 상태'는 요가라는 이름의 '아[我]에 대한 관조'를 만들어 낸다.

141 께샤바(keśava)의 어원적인 의미는 '훌륭한 머리카락들을 가진 자'(keśaḥ praśastāḥ santyasya)이다. 위스누의 별칭이다. 여기서는 끄리스나를 의미한다.

142 기타프레스의 산스크리트 힌디어 대역은 말(bhāṣā)을 징표(lakṣaṇa)로 번역한다.

143 샹까라에 의하면 "내가 지고의 브라흐만이다."(ahamasmi paraṁ brahma.)라는 '수승한 지혜'(prajñā)를 가진 자가 '확고한 수승한 지혜를 가진 자'(sthitaprajña)다. '마음이 확고한 자'(sthitadhī)는 '확고한 수승한 지혜를 가진 자'다.

그때, 아我 안에서 아我로 만족하는 자를 일컬어 확고한 수승한 지혜를 가진 자라 말한다.[144] 55

고통들 속에서 마음이 어지럽지 않은 자, 기쁨들에 대한 열망이 없어진 자, 탐애와 두려움과 노여움이 사라진 자를 일컬어 마음이 확고한 자, 적묵자寂默者라 말한다.[145] 56

모든 곳에 바라는 바 없으며, 길하거나 길하지 않은 그 각각의 것을 얻어 좋아하지도 싫어하지도 않는 자, 그의 수승한 지혜는 확고하다.[146] 57

---

144 샹까라에 의하면 마음에 들어온 갖가지 모든 욕망을 확연히 내버릴 때, 외부에서 얻는 것과는 무관하게 '개별적인 아我의 본질'(pratyagātmasvarūpa)에 대해 스스로 만족하는 자가 된다. 즉, 궁극적인 사물을 봄으로써 '불사의 맛'(amṛtarasa)을 얻어 다른 것에 대해서는 그만이라는 인식을 가진 자가 된다. 이러한 자가 '확고한 수승한 지혜를 가진 자'다. 즉, '아我와 아我가 아닌 것을 분별하여 생기는 수승한 지혜'(ātmānātmavivekajā prajñā)를 가진 자가 '확고한 수승한 지혜를 가진 자'인 현명한 자다. 아들과 재산과 세상에 대한 희구를 버린 자, 즉, '모든 것을 확실하게 내던져 버린 자'(saṁyāsin)이며, '아我를 즐기는 자'(ātmārāma), '아我에서 노는 자'(ātmakrīḍa)가 '확고한 수승한 지혜를 가진 자'다. 라마누자에 의하면 '아我 안에서 아我로 만족하는 자'(ātmanyevātmanā tuṣṭaḥ)는 바로 '아我 안에서 아我 하나에 의존하는 마음으로 만족하는 자'다. 이러한 만족을 통해서 아我 이외의 마음에 깃든 모든 욕망을 확연히 내버릴 때 '확고한 수승한 지혜를 가진 자'라고 말한다. 이것이 '지혜 성취의 정점'(jñānaniṣṭhākāṣṭhā)이다. 아디데바난다는 '아我 안에서 아我로'를 '그 자신 안에서 그 자신 스스로'(in himself with himself)라고 번역한다.

145 샹까라에 의하면 '마음이 확고한 자'(sthitadhī)는 '확고한 수승한 지혜를 가진 자'다. 적묵자(muni)寂默者는 '모든 것을 확실하게 내던져 버린 자'다. 라마누자에 의하면 탐애(rāga)貪愛는 얻지 못한 것들에 대한 희구(spṛhā)다. 두려움(bhaya)은 좋아하는 것을 잃고 싫어하는 것을 얻게 되는 원인을 보고 생겨난 고통이다. 노여움(krodha)은 좋아하는 것을 잃고 싫어하는 것을 얻게 하는 원인이 되는 다른 의식체를 향한 것으로서 '고통의 원인'(duḥkhahetu)이며, '자기 마음의 변화'(svamanovikāra)다. 적묵자는 '아我에 대한 명상에 몰두하는 자'(ātmamananaśīla)다.

146 샹까라에 의하면 '수승한 지혜'(prajñā)는 '분별에서 생겨나는 것'(vivekajā)이다. 라마누자에 의하면 모든 좋아하는 것들에 대해 무심한 자, 좋아하는 것을 얻고 잃음의 형태인 길하거나 길하지 않은 것을 얻어도 좋아하거나 싫어하지 않는 자 역시 '확고한 수승한 지혜를 가진 자'다. ; 분별(viveka)이란 아(ātman)我와 '아我가 아닌 것'(anātman)에 대한 분별이다.

거북이가 몸의 부분들을 그렇게 하듯이, 지각기관들을 지각의 대상들에서 전체적으로 거두어들이는 자, 그의 수승한 지혜는 확고하다.[147] 58

단식하는 몸을 가진 자의[148] 대상들은 맛을 제외한 채 멀리 물러간다. 이러한 자의 맛은 지고를 보고서야 물러간다.[149] 59

꾼띠의 아들이여, 거칠게 휘젓는 것인 지각기관들은 애써 노력하는 현명한 사람의 마음도 강제로 앗아 간다.[150] 60

그 모든 것들을 잘 제어하고 집중하여 '내가 지고인 자'가 되어 앉아라. 지각기관들을 장악한 자, 그의 수승한 지혜는 확고하기 때문이

147 샹까라에 의하면 '그'는 지혜의 성취에 전념하는 수행자(yati)다. 라마누자에 의하면 지각기관들이 지각의 대상을 접촉하려 작동하는 때에 지각기관들을 거북이가 몸의 부분들을 전체적으로 거두어들이듯이 거두어들여 마음을 아我에 안주시키는 자 또한 '확고한 수승한 지혜를 가진 자'(sthitaprajña)다.

148 라다크리스난은 '몸을 가진 자'(dehin)를 '체현된 영혼'(the embodied soul)으로 번역한다.

149 샹까라에 의하면 대상(viṣaya)들은 지각기관들 혹은 지각기관의 대상들이다. '단식하는 몸을 가진 자', 즉, '대상을 취하지 않고 어려운 고행에 머무는 몸을 가진 어리석은 자'의 대상들 역시 물러 되돌아간다. 그러나 맛(rasa), 즉, 대상들에 대한 탐애(rāga)貪愛는 제외된다. 이러한 수행자를 '물들게 하는 형태'(rañjanarūpa)인 미세한 탐애는 지고(para)인 '궁극적인 사물의 본질'(paramārthatattva), 즉, 브라흐만을 "내가 바로 그것이다."(ahameva tat)라고 이렇게 볼 때에 물러간다. 즉, '대상에 대한 인식'(viṣayavijñāna)이 '씨앗이 없는 것'(nirbīja)이 된다. '올바르게 바라봄'(samyagdarśana)이 없으면, 탐애의 끊어짐은 없다. 따라서 올바르게 바라봄을 본질로 하는 수승한 지혜를 확고히 해야 한다. 라마누자에 의하면 지각기관들의 음식은 대상들이다. '단식하는 몸을 가진 자'는 지각기관들을 대상들로부터 거두어들인 몸을 가진 자다. 맛은 대상에 대한 탐애이다. 탐애는 대상들보다 월등하며 행복한 것인 '아我의 본모습'(ātmasvarūpa)을 보아야 물러간다. 기타프레스의 산스크리트 힌디어 대역은 지고를 '지고의 아我'(paramātmā)라고 번역한다.

150 샹까라에 의하면 마음(manas)은 '분별 인식을 갖춘 마음'이다. 라마누자에 의하면 '기관에 대한 승리'(indriyajaya)는 '아我를 바라봄'(ātmadarśana)에 달려있고, 아我를 바라봄은 기관의 승리에 달려있다. 이처럼 '지혜의 성취'(jñānaniṣṭhā)는 얻기 어려운 것이다.

다.[151] 61

대상들을 생각하는 사람에게는 그것들에 대한 애착이 생겨난다. 애착에서 갈망이 일어난다. 갈망에서 분노가 발생한다.[152] 62

분노에서 미혹이, 미혹에서 기억의 손상이, 기억의 붕괴에서 지성의 파괴가 생겨난다. 지성의 파괴로 인해 파멸한다.[153] 63

---

151 샹까라에 의하면 '내가 지고인 자'(matpara)에서 나는 와아쑤데바(Vāsudeva)이며 '모든 개별적인 것의 아[我]'(sarvapratyagātman)이고, 지고이다. 이러한 '지고가 그의 것인 자'(paro yasya saḥ), 즉, '내[끄리스나]가 그와 다르지 않은 자'(na anyaḥ tasmāt)가 '내[끄리스나]가 지고인 자'다. 모든 지각기관을 장악하고 삼매에 든 상태에서 이처럼 '내[끄리스나]가 지고인 자'가 되어 앉아야 한다. 이렇게 앉은 수행자의 기관들은 반복된 수련의 힘에 의해 장악되고, 지각기관들을 장악한 그 수행자의 수승한 지혜는 확고한 것이 된다. 라마누자에 의하면 마음에 길한 것의 터전이 되는 나[끄리스나]에게 마음을 정하고 앉아야 한다. 나[끄리스나]를 대상으로 하는 마음을 유지할 때 더럽고 탁한 것이 남김없이 태워져 해맑아진, 대상에 대한 애착이 사라진 마음은 지각기관들을 장악한다. 지각기관을 장악한 마음은 아[我]를 관조할 능력이 있다. ; 와아쑤데바(Vāsudeva)는 와쑤데바(Vasudeva)의 아들이라는 뜻이다. 끄리스나를 의미한다. 와쑤데바(Vasudeva)는 쑤라(Sūra)의 아들이며 야두(Yadu)의 후손이다. 끄리스나의 아버지이다.

152 샹까라에 의하면 '그것들'은 소리를 비롯한 특별한 대상들이다. 갈망(kāma)에 그 어떤 장애가 있으면 분노(krodha)가 생겨난다. 라마누자에 의하면 대상에 대한 애착(saṁga)을 물리치지 못하고, 나[끄리스나]에게 마음을 두지 못한 사람은 지각기관을 모두 제어하여 안주해도 '무시이래의 죄악의 습기'(anādipāpavāsanā)로 인해서 대상들에 대한 생각을 버리지 못한다. 갈망은 애착이 익은 상태다. 이러한 상태에 도달한 사람은 대상들을 누리지 않고는 견디지 못한다. 갈망이 있고 갈망하는 대상을 얻지 못하면 곁에 있는 사람들에게 '이들 때문에 내가 원하는 것이 사라졌다!'라는 분노가 생겨난다.

153 샹까라에 의하면 미혹(saṁmoha)은 해야 할 일과 하지 말아야 할 일에 대한 무분별(aviveka)이다. 기억(smṛti)은 경전과 스승의 가르침을 통해 자리잡은 잠재인상(saṁskāra)[業行]에서 생겨나는 것이다. 기억이 생겨날 원인을 얻어도 생겨나지 않음이 기억의 손실이다. 해야 할 일과 하지 말아야 할 일에 대한 마음의 부적당한 분별의 상태가 지성의 파괴다. 파멸은 인생의 목표에 적합하지 않게 된다는 의미다. 라마누자에 의하면 미혹은 바른 일과 바르지 않은 일에 대한 무분별이며, 이러한 미혹으로 인해 모든 것을 행하게 된다. 따라서 지각기관을 장악하기 위해 시작한 노력에 대한 '기억의 손실'(smṛtibhraṁśa)이 생긴다. '아[我]에 대한 지혜'(ātmajñāna)에 대해 이루어진 확정판단(vyavasāya)의 파괴가 '지성의 파괴'(buddhināśa)다. 지성의 파괴로 인해 다시 윤회에 잠겨 파멸하게 된다.

아我를 다스려 따르게 하는 자는 탐애와 증오를 벗어나고 아我에 종속된 지각기관들로 대상들을 누리며 해맑음에 이른다.[154] 64

해맑아지면 모든 고통들의 사라짐이 그에게 생겨난다. 해맑은 마음을 가진 자에게 속히 지성이 온전히 자리 잡기 때문이다.[155] 65

집중하지 않는 자에게 지성은 없다. 집중하지 않는 자에게는 관상도[156] 없다! 관상하지 않는 자에게는 평온은 없다. 평온하지 않은 자

---

154 샹까라에 의하면 탐애(rāga)와 증오(dveṣa)를 뒤따르는 것은 지각기관의 자연스러운 작용이다. 그러나 해탈을 원하는 자는 탐애와 증오에서 벗어난, 귀를 비롯한 지각기관들을 통해 필요한 대상들을 누리며 해맑음(prasāda)에 이른다. 해맑음은 청정(prasannatā), 즉, '쾌적하고 건전한 상태'(svāsthya)다. '아我를 다스려 따르게 하는 자'(vidheyātman)는 '아我, 즉, 내적기관을 원하는 대로 따르게 하는 자'(icchāto vidheya ātmā antaḥkaraṇaṁ yasya saḥ)이다. 라마누자에 의하면 '아我를 다스려 따르게 하는 자'는 '마음을 다스려 따르게 하는 자'(vidheyamanāḥ)이다. '모든 것의 자재자'(sarveś-vara)이며 마음에 길한 것의 터전인 나[끄리스나]에게 마음을 맡긴 자는 더럽고 탁한 것이 남김없이 타버림으로써 탐애와 증오를 벗어나게 되고, 이때에 아我에 종속된 지각기관들로 대상들을 무시하면서도 대상들을 누리게 함으로써 마음을 복종시켜 활동하며 해맑음을 얻는다. 즉, '때垢가 없는 내적기관'(nirmalāntaḥkaraṇa)이 된다. ; 여기서 아我의 원어는 아뜨만(ātman)이다. 아뜨만은 남성명사로 '영혼, 아我, 자아, 브라흐만, 본질, 본성, 몸, 마음, 자기 자신, 지성, 생기, 형상, 태양, 불, 바람' 등을 의미한다. 내적기관(antaḥkaraṇa)은 마음이다.

155 샹까라에 의하면 해맑아지면 내적인 것을 비롯한 모든 고통의 사라짐이 수행자(yati)에게 생겨난다. 안온한 내적기관을 가진 자에게는 지성(buddhi)이 허공처럼 전체적으로 자리잡기 때문이다. 즉, 지성이 '아我의 본 모습'(ātmasvarūpa)에 의해서 움직임이 없게 되기 때문이다. 라마누자에 의하면 사람의 마음이 해맑아지면 자연(prakṛti)과의 접촉에서 생겨나는 모든 고통의 사라짐이 생겨난다. '해맑은 마음을 가진 자'(prasannacetas)는 '아我를 관조하는 것을 거역하는 결함이 사라진 마음을 가진 자'(ātmāvalokanavirodhidoṣarahitamanas)다. 이러한 마음을 가진 자에게는 '별개인 아我'(vi-viktātman)를 대상으로 하는 지성이 나[끄리스나]에게 온전히 자리잡는다. 그래서 마음이 해맑아지면 모든 고통의 사라짐이 생겨난다.

156 기타프레스의 산스크리트 힌디어 대역은 관상(bhāvanā)觀想을 신앙심(āstikabhāva)으로 번역한다.

에게 어찌 행복이 있겠는가?[157] 66

움직이는 지각기관들을 뒤따르는 마음은 물에서 바람이 배에 그러하듯이 그의 수승한 지혜를 앗아 간다.[158] 67

그러니 긴 팔을 가진 자여! 지각기관의 대상에 대해 지각기관이 전체적으로 억제된 자의 수승한 지혜는 확고하다.[159] 68

온전하게 제어하는 자는 모든 중생들의 밤에 깨어 있다. 중생들이

157 샹까라에 의하면 '집중하지 않은 자'(ayukta)는 '삼매에 들지 않은 내적기관을 가진 자'(asamāhitāntaḥkaraṇa)이다. 이러한 자에게 '아我의 본 모습'을 대상으로 하는 지성(buddhi)은 없다. '집중하지 않은 자'에게 관상(bhāvanā)觀想, 즉, '아我에 대한 지혜가 들어와 자리잡음'(ātmajñānābhiniveśa)은 없다. 아我에 대한 지혜가 들어와 자리잡게 하지 않은 자에게는 평온(śānti), 즉, 적정(upaśama)寂靜은 없다. 기관들이 대상들을 따르는 갈망에서 물러남이 행복이다. 대상을 대상으로 삼는 갈망은 고통일 뿐이다. 갈망이 있는 한 행복은 전혀 생겨나지 않는다. 라마누자에 의하면 나[끄리스나]에게 마음을 온전히 바치지 않고 스스로의 노력을 통해 지각기관을 억누르는 데 몰두하는 사람에게는 '별개인 아我'(viviktātman)를 대상으로 하는 지성이 생겨나지 않는다. 따라서 그러한 자에게는 그 '별개인 아我'에 대한 관상이 불가능하다. '별개인 아我'에 대해 관상하지 않는 자에게는 대상에 대한 열망이 평온해지지 않는다. 대상에 대한 열망에 묶인 자는 어떻게 하더라도 '항상恒常하고 더할 바 없는 행복'(nityaniratiśayasukha)을 얻지 못한다.

158 샹까라에 의하면 각각 자신의 대상들에 대해 작용하는 지각기관들을 뒤따르는 마음, 즉, 지각기관의 대상에 대한 망상에 작용하는 마음은 '아我와 아我가 아닌 것에 대한 분별'(ātmānātmaviveka)에서 생겨난 수승한 지혜를 없앤다. 물에서 가려고 하는 길에서 벗어나 다른 길로 바람이 배를 몰듯이 그렇게 마음은 '아我를 대상으로 삼는 것'(ātmaviṣaya)인 수승한 지혜를 '대상을 대상으로 삼는 것'(viṣayaviṣaya)으로 만든다. 라마누자에 의하면 '별개인 아我에 기울은 것'(viviktātmapravaṇa)인 수승한 지혜를 '대상에 기울은 것'(viṣayapravaṇa)으로 만든다.

159 샹까라에 의하면 지각기관의 대상들은 소리를 비롯한 것들이다. 라마누자에 의하면 길한 것의 터전인 나[끄리스나]에게 마음을 집중하고 지각기관의 대상들에 대해 지각기관이 전체적으로 억제된 자, 바로 그러한 자의 아我에 대한 수승한 지혜는 확고하다.

깨어 있는 그곳은 바라보는 적묵자寂默者에게는 밤이다.[160] 69

온통 가득하고 움직임 없이 안정된 바다로 물이 들어가듯이 모든 욕망들이 들어가는 자, 그가 평온을 얻는다. 욕망을 추구하는 자는 아니다.[161] 70

모든 욕망들을 버리고 희구 없이 행하는 사람, 나의 것이 없는 자,

---

160 샹까라에 의하면 밤(niśā)은 '궁극적인 사물의 본질'(paramārthatattva)이다. 궁극적인 사물의 본질에 대한 지혜가 없는 자들에게는 인식되지 않는 것이기 때문에 밤이다. '온전하게 제어하는 자'(saṁyamin), 즉, 지각기관에 대해 승리를 거둔 요가수행자는 궁극적인 사물의 본질로 특징지어지는 그 밤에 무지의 잠에서 깨어 있다. '지각의 대상'(grāhya)과 '지각의 주체'(grāhaka)의 차이로 나타나는 것인 무명(avidyā)無明의 밤에 중생들은 잠든 것이지만 깨어 있다고 말해진다. 즉, 중생들은 그러한 밤에 잠들어 꿈을 꾸는 것과 같다. 궁극의 사물의 본질을 보는 적묵자(muni)寂默者에게 있어서 그것은 무명의 형태인 것이기 때문에 밤이다. 행위들은 '무명의 상태'(avidyāvasthā)에서 촉구되는 것이지, 명(vidyā)明의 상태에서 촉구되는 것이 아니다. 해가 뜨면 밤의 어둠이 사라지듯이 명이 있게 되면, 무명은 사라진다. 라마누자에 의하면 아我를 대상으로 하는 지성은 모든 중생들에게 밤처럼 드러나지 않는 것이다. '지각기관을 온전하게 제어하는 자'(indriyasaṁyamin), '해맑은 마음을 가진 자'(prasannamanāḥ)는 아我를 대상으로 하는 그러한 지성에 대해 깨어 있다. 즉, 아我를 관조하고 있다. 소리를 비롯한 것들을 대상으로 하는 지성에 대해 모든 중생들은 깨어 있다. 그러나 아我를 바라보는 무니에게 있어서는 소리를 비롯한 것들을 대상으로 하는 그러한 지성은 밤처럼 드러나지 않는다.

161 샹까라에 의하면 온통 가득하고 움직임 없이 안정된 바다의 상태를 변화시킴 없이 모든 곳에서 온 물들이 바다로 들어가듯, 그처럼 모든 욕망(kāma)들이 대상을 가까이 함에도 불구하고 물이 바다를 변화시키지 않듯이 사람을 장악하여 변화시키지 않으며 아我에 잠겨갈 때, 그는 평온(śānti)平穩, 즉, 해탈(mokṣa)을 얻는다. '욕망을 추구하는 자'(kāmakāmin), 즉, 욕망들인 대상들을 추구하는 자는 해탈을 얻지 못한다. 라마누자에 의하면 스스로 온통 가득한 하나의 형태인 바다는 강물들이 들어오든 들어오지 않든지 간에 특별히 달라짐이 없다. 이처럼 소리를 비롯한 것들을 대상으로 하는 모든 욕망들이 지각기관의 대상이 되는, 잘 제어된 그러한 자는 평온을 얻는다. 즉, 소리를 비롯한 것들이 지각기관의 대상이 되든지 되지 않든지 간에 '자신의 아我에 대한 관조로 인한 만족'(svātmāvalokanatṛpti)을 통해서 변함이 없는 자는 평온을 얻는다. '욕망을 추구하는 자', 소리를 비롯한 것들에 의해서 변화되는 그러한 자는 그 어느 때도 평온을 얻지 못한다.

나라는 것이 없는 자, 그러한 자가 평온에 이른다.[162] 71

이것이 브라흐만에 이른 상태다. 쁘리타의 아들이여, 이것을 얻어 미혹되지 않나니, 이것에 머물러 마지막 시간에라도 브라흐만의 열반에 이른다.[163] 72

---

162 샹까라에 의하면 모든 욕망들을 남김없이 버리고 단지 삶을 위한 행위만을 남겨 행하는 자, 단지 몸의 생존에 대해서도 갈망이 사라진 자, 단지 몸의 생존을 위해 필요한 것에 대한 소유에 대해서도 이것이 내 것이라는 집착이 사라진 자, 지식을 가진 것 등등에 의해서 생겨나는 '자신에 대한 높은 평가'(ātmasambhāvanā)가 없는 자, 이렇게 된 확고한 수승한 지혜를 가진 자, 즉, 브라흐만에 대해 아는 자가 모든 윤회의 고통이 사라진 것을 특징으로 하는 열반(nirvāṇa)涅槃이라는 이름의 평온을 얻는다. 즉, '브라흐만에 이른 자'(brahmabhūta)가 된다. 라마누자에 의하면 욕망들은 소리를 비롯한 대상들이다. 소리를 비롯한 모든 대상들을 버리고 그에 대한 갈망 없이, 나의 것이 없이, 즉, 아我가 아닌 것인 몸에 대해 '아我라는 자각'(ātmābhimāna) 없이 행하는 그러한 자는 아我를 보아 평온을 얻는다.

163 샹까라에 의하면 이것은 브라흐만에 존재하는 상태다. 즉, 모든 행위를 온전하게 버리고 브라흐만의 형태로 안주함이다. 브라흐만에 존재하는 이러한 상태에 머무르면, 마지막 나이에도 '브라흐만의 열반'(brahmanirvāṇa), 즉 '브라흐만의 적정寂靜'(brahmanirvṛti)인 해탈에 이른다. 청정한 학생 시기부터 온 생을 브라흐만에 안주한 그러한 자가 브라흐만의 열반에 이른다는 것에 대해서는 말할 필요조차 없다. 라마누자에 의하면 '항상한 아我에 대한 지혜'(nityātmajñāna)가 선행하는, 행위에 대한 집착이 없는 이 상태는 '확고한 지혜'(sthitadhī)를 특징으로 하는 것으로 브라흐만에 도달하게 하는 것이다. 행위의 이러한 상태를 얻어 미혹되지 않는다. 즉, 다시 윤회를 얻지 않는다. 이러한 상태에서는 마지막 나이에 머물러도 브라흐만의 열반, 즉, 열반 그 자체인 브라흐만에 이른다. 단일하게 이어지는 행복인 아我를 얻는다. '항상 아我를 대상으로 하는 온전하게 밝힘의 지혜'(nityātmaviṣayā-sāṃkhyabuddhi)와 이것을 전제로 하는 것이며 '확고하고 수승한 지혜의 상태인 요가의 방편이 되는 것'(sthitaprajñatāyogasādhanabhūtā)인 '애착이 없는 행위의 실행이라는 형태의 요가 행위를 대상으로 하는 지혜'(asaṃgakarmānuṣṭhānarūpakarmayogaviṣayā buddhi)가 이 2장에서 언급되었다.

이상은 성스러운 마하바라타의 비스마 편 스물네 번째 장이다.[164]

164 반다르까르 판본에 따른 내용이다. 그러나 짜우캄바 판본에 따른 내용은 "이상은 성스러운 바가바드기타인 우파니샤드들 가운데 브라흐만에 대한 지혜이며 요가의 경전인 성스러운 끄리스나와 아르주나의 대화에서 '온전하게 밝힘의 요가'(sāṁkhyayoga)라고 이름하는 두 번째 장이다." 기타프레스의 샹까라 주석 산스크리트어 힌디어 대역본에 따른 내용은 "이상은 브야싸의 십만 개로 이루어진 결집서인 성스러운 마하바라타의 비스마 편에 있어서 성스러운 바가바드기타인 우파니샤드들 가운데 브라흐만에 대한 지혜이며 요가의 경전인 성스러운 끄리스나와 아르주나의 대화에서 '온전하게 밝힘의 요가'라고 이름하는 두 번째 장이다." 기타프레스의 라마누자 주석 산스크리트어 힌디어 대역본에 따른 내용은 "옴, 그것은 진실한 것! 성스러운 바가바드기타인 우파니샤드들 가운데 브라흐만에 대한 지혜이며 요가의 경전인 성스러운 끄리스나와 아르주나의 대화에서 '온전하게 밝힘의 요가'라고 이름하는 두 번째 장이다."

제3장

아르주나가 말했습니다.

자나르다나여, 행위보다 지혜가 더 나은 거라는 것이 당신의 생각이라면, 께샤바여, 그럼 어찌하여 나를 잔혹한 행위에 묶어 놓습니까?[165] 1

엇갈리는 말로 나의 지성을[166] 혼란케 하시는 듯합니다! 내가 행복을 얻을 수 있는 것, 그런 것 하나를 결정해 말해 주십시오.[167] 2

성스러운 세존께서 말씀하셨습니다.

---

165 라마누자에 의하면 끄리스나의 말을 들은 아르주나의 생각에 '지혜에 충실함'(jñānaniṣṭhā)이 바로 '아我에 대한 관조를 위한 방편'(ātmāvalokanasādhana)이고, '행위에 충실함'(karmaniṣṭhā)은 지혜에 충실함을 만들어 내는 것에 불과하다. 아我의 관조를 위한 방편이 되는 것인 지혜에 충실함은 모든 지각기관과 마음이 소리를 비롯한 대상들에 대한 작용을 멈춤으로써 이루어진다. 따라서 만일 지각기관의 작용이 멈춤으로써 아我에 대한 관조의 성취를 원하는 것이 끄리스나의 생각이라면, '모든 행위에서 물러나는 것이 전제가 되는 지혜에 충실함'(sakalakarmanivṛttipūrvakajñānaniṣṭhā)에 자신[아르주나]을 묶어 놓아야지, 왜 모든 지각기관이 작용하는 형태인 잔혹한 행위에, 아我의 관조에 반대되는 행위에 자신을 묶어 놓는 것이냐고 아르주나가 끄리스나에게 질문하는 것이다.61번, 67번 각주 참조.

166 아디데바난다는 지성(buddhi)을 마음(mind)으로 번역한다.

167 샹까라에 의하면 지혜와 행위는 각기 다른 두 행위자의 것이다. 이 둘을 한 사람이 실행하기는 불가능하다. 이러한 상황에서 지혜와 행위 가운데 아르주나의 지성과 능력과 상태에 적합한 하나를, 그것이 지혜든 행위든 간에 자신이 행복을 얻을 수 있는 그 하나를 결정하여 말해 달라는 의미다. 라마누자에 의하면 '지혜에 충실함'(jñānaniṣṭhā)은 '아我에 대한 관조'(ātmāvalokana)의 방편이 되는 것이며, 모든 지각기관의 작용을 멈추는 형태다. 행위는 이러한 지혜에 충실함과는 반대된다. 그러한 행위를 행하라는 것은 엇갈리는 말이다.

죄 없는 자여, 온전하게 밝히는 자들에게는 지혜의 요가로, 요가수행자들에게는 행위의 요가로, 나에 의해 예전에 두 가지 상태가[168] 이 세상에 제시되었다![169] 3

행위들을 시작하지 않음으로 인해 사람이 무위의 상태를 얻는 것은 아니다. 아울러, 모든 것을 내던져 버림으로 인해 온전히 성취에

---

168 아디데바난다와 라다크리스난은 상태(niṣṭhā)를 '방법, 길'(way)로 번역한다. ; 상태의 원어인 니스타(niṣṭhā)의 사전적인 의미는 '상태, 견고, 판단, 결론, 완성, 종말, 정점, 헌신, 전심' 등이다. 니스타는 불경에서 '종終, 진尽, 만滿, 성취成就, 성숙成熟, 구경究竟, 결정決定, 변제辺際, 궁진窮尽, 단진断尽, 구경위究竟位' 등으로 한역된다. 본 역서에서는 경우에 따라서 니스타를 '성취', '충실함' '상태' 등으로도 옮긴다.

169 샹까라에 의하면 경전을 실천할 권리를 가진 세 가지 카스트[브라흐마나, 끄샤뜨리야, 바이샤]들의 두 가지 상태(niṣṭhā), 즉, '실천할 바에 대해 충실함'(anuṣṭheyatātparya)인 상태(sthiti)가 창조의 시초에 백성들을 창조하고, 그들의 번영과 무상의 행복을 위한 방법인 베다의 묘의妙意의 전통을 만든 끄리스나에 의해 제시되었다. 끄리스나는 '모든 것을 아는 자'(sarvajña)요, 자재자(īśvara)自在者다. '온전하게 밝히는 자'(sāṁkhya)는 '아我와 아我가 아닌 대상에 대한 분별지를 가진 자'(ātmānātmaviṣayavivekajñānavat)로 청정한 학생의 시기부터 '모든 것을 확실하게 내던져 버린 자'(kṛtasaṁyāsin)이며, '베단따에 대한 지식을 통해 묘의를 제대로 확정한 자'(vedāntavijñānasuniścitārtha)이고, '최고의 수준에 도달한 수행자이자 출가 유행자'(paramahaṁsaparivrājaka)로 브라흐만에 안주하는 자이다. 이러한 자들에게는 지혜가 바로 요가인 '지혜의 요가'(jñānayoga)로 '실천할 바에 대해 충실함'인 상태가 제시되었다. 요가수행자(yogin)는 행위자(karmin)다. 이러한 자들에게는 행위가 요가인 '행위의 요가'(karmayoga)가 제시되었다. 라마누자에 의하면 상태는 지혜와 행위에 대한 적합한 권한이다. 해탈을 바라는 모든 세상 사람이 해탈에 대한 바람이 생긴 그 즉시에 '지혜의 요가'에 대해 권한을 가지는 것이 아니다. 결과에 집착함이 없이 오로지 '지고의 인아人我'(paramapuruṣa)에 대한 숭배의 형태인 실천행위를 통해 '마음의 때'(manomala)가 사라지고 지각기관에 교란되지 않는 자가 '지혜에 충실함'(jñānaniṣṭhā)에 대해 권한을 가진다. '온전하게 밝힘'(sāṁkhyā)은 지혜(buddhi)다. 그 지혜를 가진 자가 '온전하게 밝히는 자'다. 즉, 아我 하나만을 대상으로 하는 지혜를 가진 자가 '온전하게 밝히는 자'다. 그러한 지혜에 적합지 않은 자들은 행위의 요가에 대한 권한을 가지는 자들로 요가수행자들이다. 대상에 교란된 지성을 가진 자들은 '행위의 요가'에 대해 권한이 있다.

이르는 것도 아니다.[170] 4

그 누구도 그 어느 때라도 한 찰나나마 행위하지 않으며 지낼 수는 없기 때문이다. 모두는 자연에서 생겨난 성질들에 의해 어쩔 수 없이 행위 하기 마련이다.[171] 5

행위기관들을 잘 제어하고 마음으로 지각기관의 대상들을 되새기며 앉아 있는 자, 그는 우매한 마음을 가진 자로 위선적인 행위를 하

---

170 샹까라에 의하면 이번 생이나 다른 생에 행해진 제사를 비롯한 행위들은 '거둔 악업'(upāt-tadurita)을 소멸하는 원인이 된다. 그래서 마음을 정화하는 원인이 되어 지혜를 생겨나게 하기에 지혜의 성취를 위한 원인이 되는 것들이다. 이러한 행위들을 실행하지 않음으로써 '무위의 상태'(naiṣkarmya), 즉, '행위가 없는 상태'(niṣkarmabhāva)인 '행위의 공성'(karmaśūnyatā)을 얻는 것이 아니다. 이러한 무위의 상태는 '지혜의 요가'(jñānayoga)를 통해 얻는 성취로 '움직임이 없는 아我의 본모습'(niṣkriyātmasvarūpa)에 안주함이다. '행위의 요가'(karmayoga)는 무위의 상태로 특징지어지는 지혜의 요가를 이루게 하는 방편이다. '모든 것을 내던져 버림'(saṁnyasana)은 지혜가 없이 단지 행위만을 버리는 것이다. 이러한 '모든 것을 내던져 버림'을 통해서는 지혜의 요가로써 얻어지는 성취인 '무위의 상태'로 특징지어지는 성취(siddhi)를 얻지 못한다. 라마누자에 의하면 사람은 경전에 언급된 행위들을 행함이 없이는 '무위의 상태'인 '지혜의 성취'(jñānaniṣṭhā)를 얻지 못한다. 즉, 모든 지각기관의 작용의 형태인 행위를 멈추어서 생겨나는 '지혜의 성취'를 얻지 못한다. 결과에 집착함이 없이 '지고의 아我에 대한 숭배'(paramapuruṣārādhana)에 관련된 행위로 인해 성취, 즉, '아我의 성취'(ātmaniṣṭhā)가 있게 된다. 그러나 고빈다(Govinda)에 대한 경배가 없이 단지 결과에 집착함이 없는 행위들을 통해서는 무시이래無始以來로 행하여 끝없이 쌓인 악이 멸하지 않는다. 그래서 지각기관이 교란되지 않음을 전제로 하는 것인 '아我의 성취'는 이루기 어렵다.

171 샹까라에 의하면 모든 무지한 생명체들의 행위는 자연(prakṛti)에서 생겨난 진성(sattva), 동성(rajas), 암성(tamas)이라는 성질(guṇa)들에 의해 종속되어 행해지기 때문에 그 누구도 그 어느 때라도 한 찰나나마 행위하지 않으며 지낼 수가 없다. 그러나 성질들에 의해 동요되지 않는 지혜로운 자들은 스스로 움직임이 없기 때문에 행위의 요가가 어울리지 않는다. 라마누자에 의하면 이 세상에 존재하는 그 어떤 사람이라도 그 어느 때라도 행위하지 않으며 지낼 수는 없다. 모든 사람은 자연에서 생겨난 진성, 동성, 암성에 의해, 즉, 이전의 행위의 성질에 따라 늘어난 성질들에 의해서 종속되어 스스로 알맞은 행위를 향해 활동한다. 따라서 행위의 요가를 통해 과거에 쌓인 죄를 멸하고, 진성을 비롯한 성질들을 장악하여, '무구無垢한 내적기관'(nirmalāntaḥkaraṇa)을 통해서 지혜의 요가를 이루어야 한다.

는 자라 말해진다.[172] 6

그러나 아르주나여, 지각기관들을 마음으로 통제하여 집착 없이 행위기관들을 통해 행위의 요가를 실행하는 자는 탁월하다.[173] 7

그대는 정해진 행위를 행하라. 행위는 무위보다 낫기 때문이다. 무

---

172 샹까라에 의하면 행위기관(karmendriya)은 손을 비롯한 것들이다. 라마누자에 의하면 죄가 소멸되지 않아 외적기관과 내적기관을 장악하지 못한 상태에서 '아我에 대한 지혜'(ātmajñāna)를 위해 노력하는 자는 대상에 기울기 때문에 아我를 외면한 마음이 되어 대상들을 생각하며 앉아 있다. 이러한 자는 생각하는 것과 행동하는 것이 각각 다르기 때문에 '위선적인 행위를 하는 자'(mithyācāra)라고 말해진다.

173 샹까라에 의하면 행위에 대해 권한을 가진 자인 '지혜가 없는 자'(ajña)가 마음을 통해서 지각기관(buddhīndriya)들을 제어하고 입과 손을 비롯한 행위기관(karmendriya)들을 통해서 집착함이 없이 행위의 요가를 행하면, 그는 위선적인 행위를 하는 자보다 뛰어나다는 의미다. 라마누자에 의하면 전에 반복 수련한 대상과 같은 종류의 '경전에 따른 행위'에 있어서 지각기관들을 '아我에 대한 관조'(ātmāvalokana)에 몰두하는 마음으로 통제하여, 스스로 행위에 기우는 그러한 기관들을 통해 집착 없이 행위의 요가를 실행하는 자는 부주의할 가능성이 없기에 '지혜에 충실한 자'(jñānaniṣṭha)보다 뛰어나다는 의미다.

위로 인해 그대의 몸의 여정 또한 이루지 못하리라.[174] 8

이 세상에 있어서 제사를 위한 행위가 아닌 다른 것은 행위가 속박이다. 꾼띠의 아들이여, 그것을 위한 행위를 애착 없이 온전히 행하라.[175] 9

---

174 샹까라에 의하면 일상적인 것으로서 그 행위에 대해 권한을 가진 자가 [행위의] 결과에 대해 듣지 못한 것이 '정해진 행위'이다. 행위하지 않음으로 '몸의 여정'(śarīrayātrā), 즉, 몸의 유지 또한 이루지 못할 것이기에 행위하지 않는 것보다는 행위가 결과적으로 더 낫다. 라마누자에 의하면 '정해진 행위'는 무시이래의 습기(vāsanā)習氣에 의한 자연의 접촉에 항상 수반되는 행위이다. 무위(akarma)無爲는 '지혜에 대한 충실함'(jñānaniṣṭhā)이다. '지혜에 대한 충실함'의 권한을 가진 자라 해도 전에 익숙하지 않은 '정해지지 않은 상태'(aniyatatva)로 인해 어렵고 부주의하게 되기 때문에 '지혜에 대한 충실함'보다는 '행위에 대한 충실함'(karmaniṣṭhā)이 더 낫다. 행위를 함에 있어서 '행위하지 않는 자'로서의 아我의 상태에 대한 음미가 '아我의 실상實相에 대한 인식'(ātmayāthātmyajñāna)을 통해 연결된다. 따라서 '아我에 대한 지혜'(ātmajñāna)는 행위의 요가에 포함되기 때문에 행위의 요가가 더 낫다. 만일 모든 행위를 버리고 오로지 '지혜에 대한 충실함'에만 권한을 가진다면, 지혜에 충실한 자의 '지혜에 대한 충실함'에 유용한 몸의 유지마저 이루지 못할 것이다. 방편을 마칠 때까지 몸은 유지되어야 한다. 정당하게 모은 재산으로 대제(mahāyajña)大祭 등을 지내고 남은 음식으로 몸을 유지해야 한다. '지혜에 충실한 자' 또한 행위하지 않고는 몸을 유지하지 못한다. 따라서 몸을 지니고 있는 '지혜에 충실한 자'는 방편을 마칠 때까지 대제 등을 비롯한 일상적인 그리고 특별한 행위를 반드시 행해야 한다. 행위의 요가에는 아我의 '행위하지 않는 자로서의 상태에 대한 관상觀想'(akartṛtvabhāvanā)을 통해 아我의 본성에 대한 음미가 포함되기 때문에 자연과 접촉한 자에게는 행위의 요가가 쉬우며 실수하게 되지 않는다. 따라서 '지혜에 대한 충실함'에 적합한 자에게도 지혜의 요가보다는 행위의 요가가 더 낫다.

175 샹까라에 의하면 "제사는 바로 위스누이다."(yajño vai viṣṇuḥ.)라는 『따잇띠리야 쌍히따』(1.7.4)의 구절에 따라 제사(yajña)는 자재자(īśvara)自在者다. 그를 위한 행위가 '제사를 위한 행위'다. '이 세상'은 '행위를 할 권한을 가진 자'를 의미한다. '행위를 할 권한을 가진 자'에게 자재자를 위한 행위가 아닌 다른 행위에 의해 한다면 행위가 바로 속박이 된다. 그러므로 '집착 없이', 즉, 행위의 결과에 대한 집착 없이 자재자를 위한 행위인 제사 행위를 수행해야 한다. 라마누자에 의하면 '제사를 비롯한 경전에 따른 행위의 부분'이 되는 것인 '재산을 모으는 행위' 이외의 '자신을 위한 행위의 부분'이 되는 행위를 하면 이 세상은 행위에 속박된다. 따라서 재산을 모으는 행위 등을 제사를 위해 행해야 한다. 자신을 위한 목표 달성이라는 그러한 애착에서 벗어나야 한다. 이처럼 애착 없이 제사 등을 위해 행위를 함으로써 제사 등의 행위들에 의해서 숭배된 '지고의 인아人我'(paramapuruṣa)는 이 행위자의 '무시이래로 생겨난 행위의 습기'(anādikālapravṛttakarmavāsanā)를 끊어 장애 없이 아我를 관조하게 해준다.

창조주는 예전에 제사와 함께 백성들을 만든 다음 말했다. "이것으로 너희들은 번성하라! 이것은 너희들에게 좋아하고 원하는 것을 짜주는 것이 되리라!"[176] 10

"너희들은 이것으로 신들을 번영하게 하라, 그 신들은 너희들을 번영하게 하리라. 그대들은 서로가 번영하게 하며 지고의 행복을 얻으리라!"[177] 11

---

176 샹까라에 의하면 창조의 시초에 창조주(prajāpati)는 제사와 더불어 백성(prajā)들, 즉 세 카스트를 만든 다음 "이 제사를 통해 너희들은 번성해라! 이 제사는 너희들이 좋아하는 특별한 결과들을 짜내주는 것이 될 것이다!"라고 말했다. ; 세 카스트는 사제계급인 브라흐마나, 왕공무사계급인 끄샤뜨리야, 평민계급이며 경제활동을 하는 계급인 바이샤를 의미한다. 라마누자에 의하면 창조주는 '모든 것의 자재자'(sarveśvara), '우주의 창조자'(viśvasraṣṭṛ), '우주의 아我'(viśvātman), '지고의 의지처'(parāyaṇa)인 나라야나(Nārāyaṇa)다. 이러한 세존인 창조주께서는 자신의 백성들이 '정신이 없는 것'(acet)과의 무시이래로 생겨난 접촉에 의해서 어쩔 도리가 없게 된 것을, 이름과 형태의 구별이 종결되어 자신에게 잠기어 인생의 모든 목표를 달성할 수 없는 상태가 되고 정신이 없는 존재처럼 되어 버린 것을 창조의 시간에 바라보았다. 지극히 자비로운 그는 이러한 창조물들을 소생시키고자 '자신을 숭배하는 것이 되는 제사의 성취'(svārādhanabhūtayajñanirvṛtti)를 위해 제사들과 함께 백성들을 만든 다음 말했다. "이 제사로 스스로를 번성케 하라! 이 제사는 그대들의 '지고의 인생목표의 형태인 해탈'(paramapuruṣārthalakṣaṇamokṣa)이라는 이름의 욕망(kāma)과 그 욕망의 성질들에 따르는 [다른] 욕망들을 가득 채워주는 것이 되리라!" ; 창조주의 원어인 쁘라자빠띠(prajāpati)는 불경에서 '중생주衆生主, 세간주世間主, 세계주世界主, 구류주九類主, 유신천有信天, 범천왕梵天王, 범왕梵王, 범천梵天, 생주生主, 세주世主' 등으로 한역되며, 파사파제波闍波提로 음차된다. 어원적으로는 '인人, 민民, 자子, 중생衆生, 유정有情, 군생群生, 세간世間, 피조물'(prajā)의 '주主, 부夫, 지배자'(pati)를 의미한다. 때때로 창조의 신인 브라흐마(Brahmā)와 동일시되곤 한다. 그러나 일반적으로 창조의 신인 브라흐마는 한 명이지만, 창조주인 쁘라자빠띠는 새로이 생겨나는 각각의 우주의 창조에 따른 각기 다른 쁘라자빠띠가 존재한다.

177 샹까라에 의하면 너희들이 이 제사로 신들의 왕인 인드라(Indra)를 비롯한 신들을 번영하게 하면, 그 신들은 비 등등을 통해 너희들을 번영하게 한다. 이처럼 너희들은 서로서로 번영하게 하면서 '지혜 획득의 차서'(jñānaprāptikrama)에 의해서 해탈로 특징 지어지는 '지고의 행복'(paraṁ śreyaḥ), 혹은 천국(svarga)이라는 지고의 행복을 얻을 것이라는 의미다. 라마누자에 의하면 나[끄리스나]의 몸이 되고 내 스스로의 것들인 신들을 '신을 숭배하는 것이 되는 것'인 이 제사로 숭배하라. 제사에 의해 숭배된 내 스스로의 것들인 그 신들은 자신의 숭배에 필요한 곡식과 음료들로 너희들을 풍성하게 할 것이다. 이처럼 서로를 번영하게 하면서 해탈이라는 이름의 지고의 행복을 얻을 것이라는 의미다.

"제사에 의해 번영한 신들은 분명히 너희에게 좋아하는 누릴 것들을 주리라. 그들에게 받은 것들을 되돌려 주지 않고 누리는 자, 그는 도둑이다."[178] 12

제사 지내고 남은 것을 먹는 경건한 자들은 모든 죄악에서 벗어나리라. 자신을 위해 요리하는 자들, 그 죄인들은 죄를 먹게 되리라.[179] 13

중생들은 곡식에서 생겨난다. 비구름에서[180] 곡식이 생겨나는 것이고, 제사에서 비구름이 생겨난다. 제사는 행위에서 생겨나는 것이

---

178 샹까라에 의하면 제사를 통해 번영한, 즉, 만족한 신들은 '누릴 거리'(bhoga)享有들인 여자와 가축과 아들들을 나누어 줄 것이다. 신들에게 받은 재물들을 신들에게 되갚지 않고 자신의 몸과 지각기관들만을 만족시키는 자는 신 등등의 소유물을 앗아가는 도적이다. 라마누자에 의하면 제사를 통해 숭배 받은 '내[끄리스나] 자신의 것'(madātmaka)들인 신들은 '지고의 인생 목표의 형태인 해탈'의 방편을 행하는 자들에게 그들이 원하는 누릴 것들을 줄 것이다. 각각 뒤따라 이어지는 숭배를 위해 필요한 모든 누릴 것들을 줄 것이다. 그들이 자신의 숭배를 위해 준 것들을 그들에게 되돌려 주지 않고 향유하는 자는 도둑이다. 도둑질이란 다른 사람이 그 자신을 위해 만들어 놓은 사물을 자기 자신의 것으로 생각하고 그것으로 자기 자신을 양육하는 것이다. 이러한 자는 지고의 인생 목표에 합당하지 않을 뿐만 아니라, 지옥(niraya)에 이르게 된다.

179 샹까라에 의하면 모든 죄악은 집에서 화로와 관련되어 행해진 것을 비롯한 생물들의 다섯 가지 살해, 그리고 부주의하게 이루어진 살해들로 생겨난 것들이다. ; 방아와 관련된 것, 맷돌과 관련된 것, 화로와 관련된 것, 물 항아리와 관련된 것, 청소와 관련된 것이 집에서 행해진 생물들의 다섯 가지 살해다. 라마누자에 의하면 신들의 왕인 인드라(Indra) 등등의 아我로써 안주하는 '지고의 인아'(paramapuruṣa)를 숭배하기 위해 물건들을 취해 요리하여 여실하게 안주한 지고의 인아를 숭배하고, 그 남은 것을 먹어 몸을 유지하는 자들은 무시이래로 쌓인, '아我의 본질에 대한 관조'(ātmayāthātmyāvalokana)를 가로막는 모든 죄악에서 벗어난다. 인드라 등등의 아我인 지고의 인아가 그 자신의 경배를 위해 준 것들을 가지고 스스로를 위해 요리하여 먹는 죄인들은 바로 죄를 먹는 것이다.

180 '비구름'의 원어는 빠르잔야(parjanya)다. 빠르잔야는 남성명사로 '비구름, 번개구름, 일반적인 구름, 비, 비의 신, 구름의 울림, 신들의 왕인 인드라(Indra)와 태양의 신인 쑤르야(Sūrya)와 위스누(Viṣṇu) 등의 이름'을 의미한다.

다.[181] 14

행위는 브라흐만에서[182] 생겨남을 알아라. 브라흐만은 불멸에서 생겨나는 것이다. 그러므로 모든 것에 편재하는 브라흐만은 항상 제사에 자리잡은 것이다.[183] 15

이처럼 움직이는 바퀴를 이곳에서 따르지 않는 자, 쁘리타의 아들이여, 그는 죄악의 삶을 사는 자, 지각기관을 즐기는 자로 헛되이 사

---

181 샹까라에 의하면 먹은 음식이 피와 정액으로 변화되어 중생(bhūta)들이 생겨난다. 제주(yajamāna)[祭主]와 제관(ṛtvij)[祭官] 의 활동이 행위(karma)이다. 『마누법전』(3.76)에 의하면 "불에 바친 제물은 태양에 온전하게 도달한다. 태양에서 비가 생겨나고, 비에서 곡식이, 그로 인해 백성들이 생겨난다." 라마누자에 의하면 제사(yajña)는 '물건을 모으는 것을 비롯한 행위를 하는 자인 사람의 활동 형태'인 행위에서 생겨나는 것이다.

182 브라흐만(brahman)은 중성명사로 '예배, 성스러운 삶, 찬가, 기도, 성서, 주문[呪文], 옴(ॐ), 베다, 신학, 사제계급인 브라흐마나, 절대자, 지고의 존재, 순결' 등을 의미하며, 남성명사로는 '기도하는 사람, 사제[司祭], 성스러운 지식, 사제계급인 브라흐마나, 절대자, 창조자' 등을 의미한다. 브라흐만은 불경에서 '진정[眞淨], 묘정[妙淨], 청정[淸淨], 정결[淨潔], 청결[淸潔], 적정[寂靜], 범천[梵天], 범천왕[梵天王], 범왕[梵王], 대범천왕[大梵天王], 범주[梵主], 범존[梵尊]' 등으로 한역되며 '범[梵], 범의[梵矣], 범마[梵摩]' 등으로 음차된다.

183 샹까라에 의하면 브라흐만은 베다(Veda)다. 베다가 행위의 원인임을 알아야 한다. 베다라고 이름하는 브라흐만은 불멸(akṣara)인 브라흐만, 즉, '지고의 아[我]'(paramātman)에서 생겨난 것이다. '지고의 아[我]'라고 이름하는 불멸에서 사람의 날숨처럼 생겨난 것임으로 인해서 모든 사물을 드러내는 것이기 때문에 '모든 것에 편재'(sarvagata)한다. 제사 규정에 으뜸이 되는 것이기 때문에 모든 것에 편재하면서 항상 제사에 자리잡고 있는 것이다. 라마누자에 의하면 브라흐만은 자연(prakṛti)을 지시하는 낱말이다. 여기서 브라흐만은 '자연의 변형인 몸'(prakṛtipariṇāmarūpaśarīra)을 의미한다. '행위는 브라흐만에서 생겨남'은 자연의 변형인 몸에서 생겨난 것이 행위임을 말한다. '브라흐만은 불멸에서 생겨나는 것'에 있어서 불멸은 '생명의 아[我]'(jīvātman)를 의미한다. 곡식과 음료 등에 의해 만족한 '불멸이 지배하는 몸'은 행위에 적합하다. 이처럼 행위의 방편이 되는 몸은 '불멸에서 생겨나는 것'(akṣarasamudbhava)이다. 그래서 '모든 것에 편재하는 브라흐만', 즉, '모든 것을 지배하는 것이 된 몸'은 '항상 제사에 자리잡은 것'이다. '항상 제사에 자리잡은 것'은 '제사의 뿌리'(yajñamūla)를 뜻한다.

는 것이다.[184] 16

아我를 좋아하는, 아我에 만족하는, 그리고 아我 안에서 환희하는 사람이 되어야 한다. 이러한 자에게는 해야 할 바가 없다.[185] 17

---

184 샹까라에 의하면 이처럼 자재자에 의해서 베다의 제사를 앞세워 움직인 세상이라는 바퀴(cakra)를 '이곳에서'(iha), 즉, 이 세상에서 행위에 권한이 있는 자가 뒤따르지 않으면, 그는 '죄악의 삶을 사는 자'(aghāyu), 지각기관들을 통해서 대상을 즐기는 자인 '지각기관을 즐기는 자'(indriyārāma)로 헛되이 사는 것이다. 따라서 '아我에 대해 모르는 자'(anātmajñya)인 '무지한 자'(ajña)는 행위를 행해야 한다. 즉, '아我에 관한 지혜의 성취에 대한 자격'(ātmajñānaniṣṭhāyogyatā)을 얻기 전까지 그 자격을 위해 '행위의 요가의 실천'(karmayogānuṣṭhāna)을 행해야 한다. 라마누자에 의하면 이처럼 이 바퀴는 '지고의 인아'(paramapuruṣa)에 의해서 움직인 것이다. 즉, "중생들은 곡식에서 생겨난다."(3.14)에서 중생(bhūta)이라는 낱말이 지시하는 것은 생명을 가진 몸들이다. 비구름에서 곡식이, 제사에서 비구름이, 제사는 행위자의 활동에 따른 형태인 행위에서, 행위는 생명을 가진 몸에서, 그리고 생명을 가진 몸은 다시 곡식에서 생겨난다. 이처럼 서로서로 원인과 결과의 상태로 바퀴처럼 돌아간다. 행위의 요가에 대한 권한을 가진 자나 지혜의 요가에 대한 권한을 가진 자나 '이곳에서'(iha), 즉, 방편(sādhana)에 있어서 이러한 바퀴를 따르지 않으면, 제사 지내고 남은 음식으로 몸을 유지하지 않는 그는 죄악을 저지르기 위한 삶이거나 죄악으로 변화된 삶, 혹은 이 둘 다인 '죄악의 삶을 사는 자'다. 따라서 '아我를 즐기는 자'(ātmārāma)가 아니라 '지각기관을 즐기는 자'가 된다. 지각기관들이 바로 그의 정원들이 된다. 제사 지내고 남은 음식으로 키운 몸과 마음이 아니기 때문에 '동성과 암성이 많은 자'(udriktarajastamaska)가 되어 '아我에 대한 관조'(ātmāvalokana)를 외면함으로써 '오로지 대상의 향수만을 즐기는 자'(viṣayabhogaikarati)가 된다. 따라서 '지혜의 요가'(jñānayoga) 등에 대해 노력해도 노력의 열매가 없기에 그는 헛되이 사는 것이다.

185 샹까라에 의하면 '온전하게 밝히는 자'(sāṁkhya)인 '아我에 대한 지혜에 충실한 자'(ātmajñānaniṣṭha)는 '아我를 좋아하는 자'(ātmarati), 즉, 대상들에 대해서가 아니라 아我에 대해서만 애락(rati)愛樂이 있는 자이다. '아我에 만족하는 자'(ātmatṛpta)는 곡식과 음료 등에 의해서가 아니라 바로 아我에 의해서 만족하는 자이다. '아我 안에서 환희하는 자'는 '모든 것을 확실하게 내던져 버린 자'(saṁyāsin)다. 외부의 사물을 얻으면 모든 자는 기뻐한다. 그러한 외부의 사물을 무시하고 아我 안에서 기뻐하는 자는 전체적으로 갈망을 벗어난 자다. 이처럼 '아我를 아는 자'(ātmavid)에게는 '해야 할 바'(kārya), 즉, '해야 할 것'(karaṇīya)이 없다. 라마누자에 의하면 '지혜의 요가와 행위의 요가를 이루는 방편과는 무관한 자'(jñānayogakarmayogasādhananirapekṣa)는 스스로 '아我를 좋아하는 자', 즉, '아我를 향하는 자'(ātmābhimukha)로서 아我 이외의 것인 곡식과 음료 등에 의해서가 아니라 바로 아我에 의해서 만족하는 자다. 정원, 목걸이, 전단향(candana)旃檀香, 노래, 악기, 무용 등에 대해서가 아니라 바로 아我에 대해 기뻐하는 자다. 자신의 유지(dhāraṇa), 육성(poṣaṇa), '누릴 것'(bhogya)을 비롯한 모든 것이 바로 아我인 자, 그에게는 항상 스스로 '아我의 본모습'(ātmasvarūpa)이 관조됨으로써 '아我의 관조'(ātmadarśana)를 위해 해야 할 것이 없다.

이곳에서 그에게는 행한 것에도 의미가 없고, 행하지 않은 것에도 그 어떤 의미가 없다. 또한 이러한 자에게는 모든 존재들에 대해 그 아무것도 의존할 바가 없다.[186] 18

그러므로 해야 할 행위를 집착 없이 항상 온전히 행하라. 사람은 집착 없이 행위를 행하며 지고에 이르기 때문이다.[187] 19

---

186 샹까라에 의하면 '지고의 아我'를 좋아하는 자에게는 행한 행위로 인한 의미(artha), 즉, 결과(prayojana)가 없다. 이곳 세상에서 행하지 않은 것으로 인한 그 어떤 불이익을 얻는 형태나 자신의 손해를 특징으로 하는 것도 없다. 그리고 그에게는 '모든 존재들에 대해', 즉, 창조의 신인 브라흐마(Brahmā)에서 초목들에 이르기까지 그 어떤 것에도 의지하는 바가 없다. 결과를 위해 행위를 통해 이루는 것이 의지(vyapāśraya)依支이다. 그 어떤 특별한 존재에 의지하여 이루어야 할 그 어떤 목적도 없다. 라마누자에 의하면 그에게는 '아我의 관조'(ātmadarśana)를 위해서 방편을 행함으로 인해서 그 어떤 의미, 즉, 결과가 없다. '아我의 관조'를 위한 방편을 행하지 않음으로 인해서도 그 어떤 불이익도 없다. '아我의 관조를 위한 방편에 의지하지 않는 상태'(asādhanāyattātmadarśanatva)이기 때문이다. 스스로 아我 이외의 정신이 없는 모든 사물을 외면한 그에게는 자연의 특별한 변화인 허공 등의 모든 원소(bhūta)들과 그 결과들에 대해 의도나 방편으로 의지함이 전혀 없다. 그는 바로 '해탈한 자'(mukta)이기 때문이다. ; 샹까라는 원어인 부따(bhūta)를 존재로 해석한다. 그러나 라마누자는 허공을 비롯한 오대원소의 원소로 해석한다. 부따(bhūta)는 형용사로는 '-된, 지나간, 과거의, 전의, 존재하는, 현재의, 실재의' 등을 뜻하고, 남성명사로는 '중생, 존재, 과거, 사실, 세상, 유령, 번영, 원소' 등을 뜻한다. 부따는 불경에서 '진眞, 실実, 정正, 생生, 작作, 득得, 구具, 대大, 오대五大, 대종大種, 실종実種, 사대四大, 진실眞実, 진성眞誠, 여실如実, 실유実有, 성제誠諦, 유정有情, 중생衆生, 이생已生, 제행諸行, 형류形類, 세간世間, 귀신鬼神, 요매妖魅, 비인非人, 일체중생一切衆生' 등으로 한역되며, 부다部多로 음차된다.

187 샹까라에 의하면 '해야 할 행위'(kāryaṁ karma)는 '항상한 행위'(nityaṁ karma)이다. 집착 없이 온전히 행하며, 즉, 자재자를 위해 행위를 행하며 사람은 '진성의 정화'(sattvaśuddhi)를 통해 지고(para)至高인 해탈을 얻는다. ; '진성의 정화'(sattvaśuddhi)에서 진성(sattva)은 본마음인 지성(buddhi)을 뜻한다. 라마누자에 의하면 사람은 행위의 요가를 통해 지고인 아我를 얻는다.

자나까를[188] 비롯한 이들은 행위를 통해 온전한 성취에 깃들었다, 세상의 보호를[189] 위해서라도 헤아려 살펴 행위를 함이 마땅하다.[190]
20

가장 뛰어난 자가 행하는 것마다 다른 사람은 행한다, 그가 규준으

188 자나까(Janaka)는 현자로서 위데하(Videha)국의 왕이며, 라마(Rāma)의 아내인 씨따(Sītā)의 아버지이다. 위데하국에서는 어느 한 특정한 왕만이 아니라 자국의 모든 왕을 전통적으로 아버지를 의미하는 자나까라는 이름으로 부르기도 했다. 따라서 자나까는 씨따의 아버지만을 의미하지는 않는다. 『브리하드아란야까 우파니샤드』(Bṛhadāraṇyaka Upaniṣad)에 자나까와 관련된 이야기가 나온다.

189 아디데바난다는 '세상의 보호'(lokasaṁgraha)를 '세상의 지도'(the guidance of the world)라고 번역한다.

190 샹까라에 의하면 자나까와 아스와빠띠(Aśvapati)를 비롯한 왕공무사계급의 옛 현자들은 행위를 통해 '온전한 성취'(saṁsiddhi)인 해탈(mokṣa)에 이르렀다. 만일 자나까를 비롯한 그들이 '올바로 바라봄'(samyagdarśana)을 얻은 자들이라면, '세상의 보호'(lokasaṁgraha)를 위해 행위를 시작한 자들이기 때문에 행위를 버리지 않고 행위와 더불어 온전한 성취에 깃들었다는 의미다. 그러나 올바로 바라봄을 얻지 못한 이들이라면, '진성을 정화하는 방편이 되는 것'(sattvaśuddhisādhanabhūta)인 행위를 통해 온전한 성취에 깃든 것으로 해석해야 한다. 만일 그대가 자나까를 비롯한 선조들이 잘 모름으로 인해서 해야 할 행위를 한 것이지 '해야 할 바를 이룬 자', '올바로 바라봄을 갖춘 다른 자'가 그렇게 해야 할 바는 없다고 생각하더라도, 그대는 행위를 시작한 자에 해당되기 때문에 세상의 보호를 위해, 즉, '세상의 정도를 벗어난 행위'를 물리치기 위해 행위를 함이 합당하다는 의미다. ; 진성(sattva)眞性 은 자연(prakṛti)의 세 가지 성질(guṇa)性質 가운데 하나로 '해맑음, 밝음, 가벼움, 기쁨, 고요하고 평정함' 등을 특질로 갖는 성질이다. 자연이 처음으로 변한 상태는 진성이 주를 이루는 것이기에 진성이라고도 부르며, 이것이 우리의 본마음인 지성(buddhi)이다. 우리의 본마음은 본래 티끌 하나 없는 맑은 상태이나, 본마음이 작용하는 대상이 지닌 성질에 물들어 대상의 성질과 동일화가 되어 오염된다. 따라서 샹까라는 행위를 '진성을 정화하는 방편이 되는 것'이라고 말한다. 라마누자에 의하면 지혜의 요가에 대한 권리를 가진 자들에게도 '아我의 관조'(ātmadarśana)에 있어서 행위의 요가가 더 좋은 것이다. 따라서 자나까를 비롯한 왕선(rājarṣi)王仙 들도 지혜로운 자들 가운데 탁월한 이들이지만, 행위의 요가를 통해서 온전한 성취에 깃든 자들이다. 즉, 아我를 얻은 자들이다. ; 왕선(rājarṣi)王仙은 왕위에 있다가 수행을 통해서 선인(ṛṣi)仙人이 된 사람이다. 현직의 왕을 왕선이라 부르기도 한다. 선인(ṛṣi)仙人의 원래 의미는 베다의 찬가를 지은 자이다. 이후 베다의 찬가를 이해하는 자도 선인이라고 부르게 되었다.

로 삼는 것을 세상은 뒤따라 행한다.[191] 21

쁘리타의 아들이여, 내게는 삼계三界에서 행해야 할 바가 그 아무것도 없다, 이루어야 할 것을 이루지 못한 것이 없다, 하여도 나는 행위에 종사한다.[192] 22

만일 내가 한시라도 게으름 없이 행위에 종사하지 않는다면, 쁘리타의 아들이여, 사람들은 온통 나의 길을 따를 것이기 때문이다.[193] 23

만일 내가 행위하지 않는다면, 이 세상들은 몰락할 것이다. 또한,

---

191 샹까라에 의하면 으뜸이 되는 '가장 뛰어난 자'(śreṣṭha)가 세속적인 것이거나 베다와 관련된 것이거나 규준(pramāṇa)規準으로 삼는 바로 그것을 세상은 따라 행한다. 라마누자에 의하면 규준은 '부분을 이루는 것'(aṁgayukta)이다. 모든 경전을 알고 실행하는 자임으로 인하여 널리 알려진 '가장 뛰어난 자'가 행하는 부분 만큼을, 완전하게 알지 못하는 사람은 따라 행한다. 따라서 세상을 보호하기 위하여 널리 알려진 가장 뛰어난 자는 자신의 계급에 알맞은 모든 행위를 항상 행해야 한다. 그렇지 않으면, 세상을 멸하게 하려 생겨난 죄악이 지혜의 요가에서 그를 밀려나게 할 것이다.

192 라마누자에 의하면 '모든 것의 자재자'(sarveśara), '모든 욕망을 이룬 자'(avāptasarvakāma), '모든 것을 아는 자'(sarvajña), '생각하는 바가 진실이 되는 자'(satyasaṁkalpa), 삼계(triloka)三界에 신과 인간 등의 모습으로 자유자재로 존재하는 자인 내[끄리스나]게는 '행해야 할 바'(kartavya)가 아무것도 없다. 이루지 못한 것을 행위를 통해 이루어야 할 바가 전혀 없다. 그러함에도 나[끄리스나]는 세상을 보호하기 위해 행위에 종사한다. ; 삼계는 땅의 세계, 허공의 세계, 하늘의 세계이다.

193 라마누자에 의하면 '모든 것의 자재자', '생각하는 바가 진실이 되는 자', '자신의 생각에 따라 세상을 생겨나게 하고 번영케 하며 멸하는 신의 놀이를 하는 자'(svasaṁkalpakṛtajagadudayavibha-valayalīla)인 내[끄리스나]가 스스로 세상을 이롭게 하기 위해 훌륭한 사람들 가운데 으뜸가는 와쑤데바(Vasudeva)의 집에 화현하여 인간으로 태어나 그 가문에 합당한 행위를 부지런히 행하지 않는다면, '모든 것을 알지 못하는 자'(akṛtsnavid)들인 나머지 사람들은 훌륭한 사람들 가운데 으뜸가는 와쑤데바의 아들인 나의 행적을 '이것이 바로 법도'(ayameva dharmaḥ)라고 전적으로 따라 행할 것이다. 그리고 그들은 자신이 해야 할 바를 하지 않음으로 인한 죄(pratyavāya)로 말미암아 아我를 얻지 못하고 지옥에 가는 자들이 될 것이다.

나는 혼란하게[194] 하는 자가 되고, 이 백성들을 해치는 자가 될 것이다.[195] 24

바라따의 후손이여, 행위에 집착한 무지한 자들이 하듯이, 앎이 있는 자는 세상의 보호를 위해 집착 없이 그렇게 행해야 한다.[196] 25

행위에 집착한 무지한 자들의 지성에 혼란을 일으키지 말아야 한다. 앎이 있는 자는 전심하여 온전히 행하며 모든 행위를 좋아하게

---

194 '고얀다까'와 기타프레스의 산스크리트 힌디어 대역, 그리고 '띨락'은 혼란(saṁkara)을 '카스트의 혼혈'로 번역한다.

195 샹까라에 의하면 만일 내[끄리스나]가 행위하지 않는다면, 세상을 유지하는 원인인 행위가 없음으로 인해 이 모든 세상은 몰락할 것이다. 또한 나는 혼란케 하는 자가 될 것이다. 이런 이유로 백성들을 돕기 위해 애쓰면서도 나[끄리스나]는 백성들을 해치는 자가 될 것이다. 이것은 자재자인 내[끄리스나]게 합당치 않은 일이다. 라마누자에 의하면 만일 내가 가문에 합당한 행위를 하지 않는다면, 모든 훌륭한 자들이 나의 행위에 의거하여 법도를 정해서 행하지 않음으로써 몰락할 것이다. 경전의 행위규범을 준수하지 않음으로 인해 모든 훌륭한 가문들을 혼란케 하는 자가 나는 될 것이다. 따라서 이 백성들을 나는 해치게 될 것이다. 훌륭한 사람들 가운데 으뜸가는 빤두(Pāṇḍu)의 아들이며 유디스티라(Yudhiṣṭhira)의 동생인 그대 아르주나 또한 탁월함으로 인해 지혜의 요가에 대한 권한을 행한다면, 해탈을 바라는 자들이며 훌륭한 자들은 모든 것을 알지 못해 자신의 권한을 모르고 그대의 행동을 뒤따르게 되어 행위에 충실함을 이루지 못하게 되어 멸할 것이다. 따라서 모범이 되는 '앎이 있는 자'(vidvas)는 행위를 행해야 한다.

196 샹까라에 의하면 '이 행위의 결과는 내 것이 되리라!'라며 행위에 집착한 그 어떤 무지한 자들이 하듯이, 그렇게 '앎이 있는 자'(vidvas), 즉, '아我를 아는 자'(ātmavid)는 세상을 유지하기를 원하는 자로서 집착 없이 행해야 한다. 라마누자에 의하면 아我에 대해 '모든 것을 알지 못하는 자'(akṛtsnavid)인 무지한 자들은 행위에 집착한 자들, 즉, 행위에 피할 수 없이 관련된 자들이다. 그들은 모든 것을 알지 못함으로써 지혜의 요가에 대해서는 권한이 없고, 행위의 요가에 대해 권한이 있는 자들로서 '아我의 관조'(ātmadarśana)를 위해 행위를 행한다. 그들이 그렇듯이 아我에 대해 모두를 앎으로써 행위에 집착이 없이 지혜의 요가에 대한 권한을 가질만한 자라 할지라도, 모범이 되는 훌륭한 자는 세상을 보호하기 위해 자신의 행실로 훌륭한 사람들의 법도를 정하기를 원하며 바로 행위의 요가를 해야 한다.

해야 한다.[197] 26

행위들은 모두 다 자연의 성질들에 의해서 행해지는 것들이다. 나라는 생각에 미혹된 마음을 가진 자는 "행위자가 나다"라고 여긴다.[198] 27

---

197 샹까라에 의하면 '내가 이것을 행해야 하고, 이 행위의 결과를 누리리라!'라고 생각하는 무지한 자들, 즉, 분별이 없는 자들의 '결정된 형태의 지성'을 움직이게 하지 말아야 한다. 앎이 있는 자는 스스로 무지한 자들의 그 행위를 전심으로 온전히 행하며 모든 행위를 하게 해야 한다. 라마누자에 의하면 아[我]에 대해 '모든 것을 알지 못하는 상태'(akṛtsnavittā)로 인해 무지한 자들, 지혜의 요가를 취할 힘이 없으나 해탈을 원하는 자들인 '행위에 애착하는 자'(karmasaṃgin)들은 무시이래[無始以來]의 행위에 대한 습기(vāsanā)[習氣]로 인하여 바로 행위에 한정됨으로써 행위에 대한 권한을 가진 자들이다. 이들에게 '행위의 요가 이외에도 달리 아[我]에 대한 관조가 있다'라고 지성에 혼란을 생기게 하지 말아야 한다. 아[我]에 대해 모든 것을 앎으로 인해 지혜의 요가를 할 수 있는 자라도 '지혜의 요가와는 무관한 행위의 요가만이 아[我]를 관조하기 위한 방편이다.'(karmayoga eva jñānayoganirapekṣa ātmāvalokanasādhanam)라는 지성을 갖추어 행위를 행하며 '모든 것을 알지 못하는 자'들에게 모든 행위에 대해 기쁨이 생겨나게 해야 한다.

198 샹까라에 의하면 으뜸(pradhāna)[勝因]인 자연(prakṛti)은 진성과 동성과 암성이라는 성질들의 평형상태이다. 그러한 '자연의 성질'들, 즉, '원인과 결과의 형태들인 변형'들에 의해서 세속적인 행위들과 경전에 따른 행위들은 전체적으로 행해진다. '나라는 생각에 미혹된 마음을 가진 자'(ahaṁkāravimūḍhātman)에서 '나라는 생각'(ahaṁkāra)[自意識]은 '결과와 기관의 집적을 아[我]라고 인식하는 것'(kāryakaraṇasaṁghātātmapratyaya)이다. 이러한 '나라는 생각'에 의해서 여러 갈래로 미혹된 마음인 내적기관을 가진 자가 '나라는 생각에 미혹된 마음을 가진 자'다. 결과와 기관의 속성들을 자신의 것으로 생각하는 자는 무명(avidyā)[無明]에 의해서 행위들을 자신에 있는 것으로 여기며 자신을 그 각각의 행위들의 행위자라고 여긴다. 고얀다까에 의하면, 허공(ākāśa)[空], 바람(vāyu)[風], 불(agni)[火], 물(jala)[水], 흙(pṛthivī)[土]인 오대원소(pañcamahābhūta)[五大] 와, 소리(śabda)[聲], 촉감(sparśa)[觸], 형태(rūpa)[色], 맛(rasa)[味], 냄새(gandha)[香]인 오유(pañcatanmātra)[五唯]가 결과(kārya)이다. 그리고 지성(buddhi), '나라는 생각'(ahaṁkāra)[自意識], 마음(manas)인 세 가지 내적기관(antaḥkaraṇa)과 [내적기관인 마음을 포함하여] 귀, 피부, 눈, 혀, 코인 '다섯 가지 지각기관'(pañcabuddhīndriya, pañcajñānendriya)[五知根]과, 입, 손, 발, 생식기, 배설기인 '다섯 가지 행위기관'(pañcakarmendriya)[五作根]이 원인(karaṇa)이다. 라마누자에 의하면 자연의 성질들인 진성을 비롯한 것들에 의해서 자신의 모습을 따라 행위들이 행해지는 것에 대해 '나라는 생각'에 미혹된 마음을 가진 자는 '내가 행위자다'라고 여긴다. '나라는 생각'은 내가 아닌 사물인 자연에 대해 나는(aham) 이라고 자각(abhimāna)을 하는 것이다. 그러한 '나라는 생각'에 의해서 '아[我]의 본모습을 모르는 자'(ajñātātmasvarūpa)는 '성질의 행위'(guṇakarma)들에 대해 '내가 행위자다'라고 여긴다. ; '나라는 생각'(ahaṁkāra)[自意識]은 불경에서 '아[我], 오[吾], 아만[我慢], 아집[我執], 아견[我見], 아지[我持], 아계집[我計執], 아인지상[我人之相]' 등으로 한역된다.

긴 팔을 가진 자여, 성질과 행위의 분위分位의 본질에 대해 아는 자는 성질들은 성질들에 대해 활동하는 것이라 여기어 집착하지 않는다.[199] 28

자연의 성질에 미혹된 자들은 성질의 행위들에 집착한다. 온전하게 아는 자는 온전하게 알지 못하는 미욱한 그들을 뒤흔들지 말아야 한다.[200] 29

---

199 샹까라에 의하면 '성질의 분위'(guṇavibhāga)와 '행위의 분위'(karmavibhāga)의 본질을 아는 자는 '기관(karaṇa)器官의 본질인 성질'들이 '대상을 본질로 하는 성질들에 대해'(guṇeṣu viṣayāt-makeṣu) 활동하는 것이지 아我가 활동하는 것이 아니라 여기고 집착하지 않는다. 라마누자에 의하면 진성(sattva)을 비롯한 성질의 분위(vibhāga)分位와 그 각각의 행위의 분위에 대한 본질을 아는 자는, 진성을 비롯한 성질들은 '자신의 성질'(svaguṇa)들인 자신의 결과들에 대해 활동하는 것이라 여기어 '성질의 행위들에 대해서 내가 행위자다.'라고 집착하지 않는다. 고얀다까에 따르면 세 가지 성질을 본질로 하는 환화(māyā)幻化의 결과형태인 오대원소(흙, 물, 불, 바람, 허공), 지성(buddhi)心, '나라는 생각'(ahaṁkāra)自意識, 마음(manas)意, 다섯 가지 지각기관, 다섯 가지 행위기관, 소리를 비롯한 다섯 가지 대상(소리, 촉감, 형태, 맛, 냄새), 이들 모두의 집합이 '성질의 분위'(guṇavibhāga)이다. 그리고 이들의 상호활동이 '행위의 분위'(karmavibhāga)이다.

200 샹까라에 의하면 자연의 성질들에 미혹되어 '우리가 결과를 위해 행위를 행한다.'라고 이렇게 성질들의 행위들에 대해 집착한다. 행위에 집착하는, 온전히 알지 못하는, 행위의 결과만을 바라보는, 지혜가 미욱한 그들을 '온전히 아는 자'(kṛtsnavid)인 '아我를 아는 자'(ātmavid)는 뒤흔들지 말아야 한다. 즉, 정신을 착란케 하지 말아야 한다. 라마누자에 의하면 온전하게 알지 못하는 자들은 아我를 보기 위해 노력하면서도 자연과의 결합으로 말미암아 자연의 성질들에 의해서 '아我의 본래 존재 상태'(yathāvasthitātman)에 대해 미혹되어, 성질을 벗어난 아我의 본 모습에 대해가 아니라 성질의 행위들, 즉, 작용들에 대해 집착한다. 따라서 그들은 '지혜의 요가'(jñānayoga)에 적합하지 않고, 오로지 '행위의 요가'(karmayoga)에 대한 권리만을 가진다. 이렇게 된, 지혜가 미욱한, 온전히 알지 못하는 그들을 온전히 아는 자는 스스로 지혜의 요가에 안주하여 뒤흔들지 말아야 한다. 훌륭한 사람의 행위를 뒤따르는 자들인 미욱한 그들은 행위의 요가를 벗어난 이러한 사람을 보고는 행위의 요가로부터 마음이 뒤흔들린 상태가 될 것이기 때문이다. 그러므로 훌륭한 사람은 스스로 또한 행위의 요가에 머무르면서 '아我의 실상實相에 대한 지혜'(ātmayāthātmyajñāna)를 통해 아我의 '행위자가 아닌 성질'(akartṛtva)을 음미하며, 행위의 요가가 바로 '아我에 대한 관조'(ātmāvalokana)에 있어서 '독립적인 방편'(nirapekṣasādhana)이란 것을 보여주며 온전히 알지 못하는 미욱한 그들을 기쁘게 격려해야 한다.

그대는 나에게 모든 행위를 '아我에 대한 마음'으로 모두 내맡기고, 바라는 바 없이 내 것이랄 거 없이 고뇌를 여의고 싸우라![201] 30

믿음을 가지고 흠잡지 않으며 나의 이러한 의견을 항상 따라 행하는 사람들, 그들 역시 행위들에서 벗어난다.[202] 31

---

201 샹까라에 의하면 '지고의 자재자'(parameśvara)이며, '모든 것을 아는 자'(sarvajña)요, '모든 것의 아我'(sarvātman)이며 와아쑤데바(Vāsudeva)인 나[끄리스나]에게 '아我에 대한 마음으로'(adhyātmacetasā), 즉 '분별지를 통해'(vivekabuddhyā) '행위자인 나는 주를 위해 하인처럼 일하노라!'라는 이러한 지혜로 모든 행위를 내맡기고, 바라는 바를 버리고, '나의 것이라는 생각'(mamabhāva)이 사라진 상태가 되어 고뇌(jvara)를 여의고, 즉, 뇌열(saṁtāpa)惱熱인 슬픔(śoka)을 여의고 싸우라는 의미다. 라마누자에 의하면 '모든 것의 자재자'(sarveśvara)이며, '모든 존재 내의 아我로서 존재하는 것'(sarvabhūtāntarātmabhūta)인 나[끄리스나]에게 모든 행위들을 '아我에 대한 마음으로' 내맡기고 바라는 바 없이 내 것이랄 거 없이 고뇌를 여의고, 전쟁을 비롯한 모든 지시된 행위를 행하라는 의미다. '아我에 대한 마음'(ātmacetas)은 수백의 성전(śruti)聖典들에 확립된, '아我의 본 모습'(ātmasvarūpa)을 대상으로 하는 지혜이다. 아我는 '나[끄리스나]의 몸의 상태'(maccharīratā)이기에 '나[끄리스나]에 의해 움직여지는 아我의 본 모습에 대한 음미'(matpravartyātmasvarūpānusandhāna)를 통해서 '모든 행위는 바로 나[끄리스나]에 의해서 행해지는 것들이다.'라고 여기어 '지고의 인아'(paramapuruṣa)인 나[끄리스나]에게 그 행위들을 온전히 바쳐야 한다. 오로지 나[끄리스나]에 대한 숭배들만을 행하고 그 결과를 바라지 말아야 한다. 그리하여 그 행위에 대해 '나의 것이라는 것이 없는 상태'(mamatārahita)가 되어 고뇌를 여의고 전쟁을 비롯한 것을 행해야 한다. 자신의 것인 아我라는 행위자에 의해서 바로 자신의 것인 기관들을 통해 자신에 대한 숭배라는 하나의 목적을 위해 '지고의 인아'이며, '모든 것의 자재자'이고, '모든 결과를 가진 자'(sarvaśeṣin)가 스스로 자신의 행위들을 행하게 한다. 이처럼 음미하여 행위들에 대해 '나의 것이라는 것이 없는 상태'가 되어 무시이래로 행한 끝없는 죄악의 쌓임에 의해서 '나는 어떻게 될 것인가?'라는 이런 내면의 고뇌를 벗어나 '행위들을 통해 공경된 지고의 인아가 바로 속박에서 풀어 주리라!'라고 염念하며 기쁘게 행위의 요가를 행해야 한다. '자재자의 상태'(īśvaratva)는 '통제하는 자의 상태'(niyantṛtva)이며, '결과를 가진 자의 상태'(śeṣitva)는 '주主의 상태'(patitva)이다.

202 샹까라에 의하면 나는 스승인 와아쑤데바(Vāsudeva)다. 행위(karma)는 법(dharma)과 비법(adharma)이라 하는 것이다. ; 행위는 윤회의 원인이다. 법은 좋은 방향으로 윤회를 이끌고, 비법은 나쁜 방향으로 윤회를 이끈다. 따라서 행위에서 벗어난다고 함은 윤회에서 벗어나는 것을 의미한다. 라마누자에 의하면 '아我에 충실한 경전'(ātmaniṣṭhaśāstra)에 대한 자격을 갖춘 자로서 '이것이 바로 경전의 의미이다.'라고 나[끄리스나]의 의견을 받아들여 이러한 경전의 의미에 신심을 가지고 이 위대한 덕을 갖춘 경전의 의미에 대해 흠을 잡지 않는 사람들, 그들 모두는 시작 없는 시간 이래에 비롯된, 속박의 원인이 되는 행위들에서 벗어난다.

그러나 이러한 나의 의견에 대해 흠잡으면서 따라 행하지 않는 사람들, 모든 지식에 미혹된 그들을 파멸에 이른 얼빠진 자들이라고 알아라.[203] 32

지혜로운 자 또한 자신의 본성에 따라 행한다. 중생들은 본성을 향하니, 금하는 것이 무슨 소용이 있겠는가?[204] 33

기관의 좋아함과 싫어함은 기관의 대상에 따라 결정되는 것이니, 그 둘에 지배되지 마라. 왜냐하면, 그 둘은 자신의 길을 방해하는 것

---

203 샹까라에 의하면 나[끄리스나]의 의견(mata)에 대해 흠잡으며 나[끄리스나]의 의견을 따라 실행하지 않는 그들은 모든 지식에 다양하게 미혹된 자들이다. 모든 지식에 미혹된 그들을 파멸에 이른, '무분별한 자'(avivekin)들이라 알아야 한다. 라마누자에 의하면 이 모든 '아我라는 사물'(ātma-vastu)은 나[끄리스나]의 몸을 통해서 '내[끄리스나]가 바탕인 것'(madādhāra), '나[끄리스나]의 부수적인 것'(maccheṣabhūta), '오로지 나[끄리스나]에 의해 움직여지는 것'(madekapravarttya)이다. 이처럼 음미하며 모든 행위를 행하지 않는 자들은 나의 의견을 따라 행하지 않는 자들이다. 아울러 신심을 갖지 않고 또한 흠을 잡는 자들, 그들은 모든 지식에 특별히 미혹된 자들이기에 파멸에 이르는 '얼빠진 자'(acetas)들이다. 얼(cetas)의 작용은 '사물의 실상實相을 결정함'(vastuyāthātmyaniścaya)이다. 이러한 것이 없어서 얼빠진 자들은 '전도된 앎을 갖는 자'(viparītajñāna)들로, 모든 곳에 미혹된 자다.

204 샹까라에 의하면 모든 중생은 본성(prakṛti)에 따른 모습을 행한다. 본성은 전생에 행한 법(dharma)과 비법(adharma) 등의 '행위의 결과로 형성된 일종의 잠재인상'(saṁskāra)行業 이 현재 생의 시작에 나타난 것이다. 라마누자에 의하면 본성과는 별개인 것이 '아我의 본 모습'(ātmasvarūpa)이다. 바로 그것을 항상 추구해야 한다. 이렇게 경전들은 표명한다. 지혜로운 자들 또한 본성인 '옛 습기'(prācīnavāsanā)와 같은 모습의 것을 자연적인 대상들에 대해서 행한다. '정신이 없는 것과 상합한'(acitsaṁsṛṣṭa) 중생들은 무시이래로 생겨난 습기(vāsanā)로 향한다. 그처럼 습기를 뒤따르는 중생들을 경전에 만들어진 금지조항도 어쩌지 못한다. ; 자연과 본성의 원어는 쁘라끄리띠(prakṛti)다. 쁘라끄리띠는 불경에서 '성性, 본本, 법法, 성행性行, 본성本性, 자성自性, 자연自然, 품성品性, 지성志性, 실성實性, 본래本來, 자연본래自然本來, 자연본성自然本性, 진실지성眞實之性, 진실지상眞實之相' 등으로 한역된다. 198번 각주 참조.

이기 때문이다.[205] 34

자신의 도리는 장점이 없어도 잘 행한 다른 자의 도리보다 나은 것이다. 자신의 도리 안에서 죽는 게 낫다. 다른 자의 도리는 두려움을 가져오는 것이다.[206] 35

아르주나가 말했습니다.

---

205 샹까라에 의하면 소리를 비롯한 것들이 모든 지각기관의 대상이다. 좋아하는 대상에 대해서는 애착(rāga)이, 좋아하지 않는 대상에 대해서는 증오(dveṣa)가 각각의 대상에 대해 반드시 생겨난다. '경전의 의미'(śāstrārtha)에 몰입하는 자는 미리 애착과 증오에 지배되지 말아야 한다. 사람의 본성이란 것은 애착과 증오를 앞세워 사람을 본성 자신의 일로 내몬다. 그러할 때 자신의 법도(dharma)를 버리고 다른 자의 법도를 행하게 된다. 반대되는 것을 통해 애착과 증오를 다시 제어할 때, 사람은 '본성에 지배되는 자'(prakṛtivaśa)가 아니라 '경전에 대한 안목을 가진 자'(śāstradṛṣṭi)가 된다. 애착과 증오 이 둘은 사람의 길을 방해하는 것, 즉, 강도처럼 행복의 길에 방해가 되는 것들이다. 애착과 증오에 얽매인 자는 경전의 의미 또한 다르게 생각한다. 그리고 '다른 자의 법도'(paradharma) 또한 법도이기 때문에 행해야 하는 것으로 생각한다. 라마누자에 의하면 귀를 비롯한 지각기관의 대상은 소리 등이며, 입을 비롯한 행위기관의 대상은 말하는 것 등이다. '오래된 습기에서 생겨난 것으로 이러한 대상을 경험하고자 하는 형태'(prācīnavāsanājanitatadanububhūṣārūpa)인 애착은 물리칠 수 없게 자리잡은 것이다. 이러한 대상을 누리는 데 방해가 되는 것에 대해서는 증오 또한 물리칠 수 없게 자리잡는다. 애착과 증오는 '지혜의 요가'(jñānayoga)를 위해 모든 기관을 제어하여 노력하는 자를 자신의 손아귀에 장악하여 억지로 자신의 일로 내몬다. 그래서 그는 '아[我]의 본모습을 경험하는 것'(ātmasvarūpānubhava)에서 벗어나 망하게 된다. 지혜의 요가를 시작하여 애착과 증오에 장악되어 망해서는 안된다. 이기기 힘든 원수인 애착과 증오는 '아[我]에 대한 지혜의 반복된 수련'(ātmajñānābhyāsa)을 물리친다.

206 샹까라에 의하면 다른 자의 도리(dharma)는 나락(naraka)[那落] 등으로 나타나는 결과인 두려움을 가져오는 것이다. 라마누자에 의하면 자신의 도리인 '행위의 요가'(karmayoga)는 장점이 없어도 '방일하지 않음의 원인'(apramādagarbha)이기에 '자연과 상합한 자'(prakṛtisaṁsṛṣṭa)에게 있어서는 다른 자의 도리인 장점을 갖추고 있지만 방일함을 지닌 '지혜의 요가'보다 탁월한 것이다. 자신의 도리인 '행위의 요가'를 행하는 자에게는 한 생에 결과를 얻지 못하고 죽는 것도 좋은 것이다. 왜냐하면, 죽음에 뒤이어지는 출생에서 어려움 없이 '행위의 요가를 시작하는 것'이 가능하기 때문이다. 자연과 상합한 자에게 있어서 다른 자의 도리인 '지혜의 요가'는 방일함의 원인이 되는 것이기 때문에 두려움을 가져오는 것이다.

무엇에 얽매어 사람은 죄를 행합니까? 와르스네야여,[207] 원하지 않으면서도 강제로 일을 떠맡은 듯이 왜 그렇니까?[208] 36

성스러운 세존께서 말씀하셨습니다.

동성에서 생겨난 욕망인 이것, 분노인 이것, 크게 먹는 것, 큰 죄인인 이것을 여기서 적으로 알아라![209] 37

불이 연기에 덮이고, 거울이 때에 덮이듯이, 그리고 모태가 양막에 덮여 있듯이, 그렇게 이것은[210] 그것으로[211] 덮여 있다. 38

---

207 샹까라에 의하면 와르스네야(Vārṣṇeya)는 우리스니(Vṛṣṇi)의 가문에서 태어난 자를 의미한다. 끄리스나의 별칭이다.

208 라마누자에 의하면 '지혜의 요가를 행하는 사람은 스스로가 대상들을 경험하기를 원하지 않음에도 불구하고 무엇에 얽매어 대상의 경험이라는 죄악에 속박된 듯이 행동하는가?'라는 의미다.

209 샹까라에 의하면 욕망(kāma)인 '이것'은 그로 인해서 생명체들이 모든 재난을 얻게 되는 것으로 모든 세상의 적이다. 이러한 이 욕망은 그 무언가에 의해 방해를 받으면 분노라는 것으로 변한다. 따라서 분노(krodha) 또한 바로 '이것'이다. '동성動性에서 생겨난 것'(rajoguṇasamudbhava)은 '동성을 만들어 내는 것'을 의미할 수도 있다. 왜냐하면, 증가한 욕망은 동성을 일으켜 사람을 내몰기 때문이다. '크게 먹는 것'(mahāśana)이기 때문에 '큰 죄인'(mahāpāpmā)이다. 욕망에 고무된 중생이 죄를 행한다. 따라서 이 욕망을 이 세상에서 적(vairiṇa)이라고 알아야 한다. 라마누자에 의하면 생겨나고 소멸하는 존재 형태의 성질로 이루어진 자연(prakṛti)에 상합한 자로서 지혜의 요가를 시작한 자에게 있어서는 '동성에서 생겨난 것'이며, '옛 습기에 의해서 생겨난 것'(prācīnavāsanājanita)이고, '소리를 비롯한 것을 대상으로 가지는 것'(śabdādiviṣaya)인 이 욕망이 '크게 먹는 것'이다. 모든 대상에게로 그를 끌어당기는 적이다. 통로가 막힌 이 욕망은 자신에게 장애의 원인이 되는 생명체들에게 분노의 형태로 변화된 '큰 죄인'이다. 다른 자에 대한 폭행 등을 행하게 하기 때문이다. 동성에서 생겨난 이 욕망을 지혜의 요가를 거역하는 적이라고 알아야 한다.

210 라마누자에 의하면 이것은 '중생의 무리'(jantujāta)이다.

211 라마누자에 의하면 그것은 욕망(kāma)이다.

지혜로운 자의 지혜는 이 항상한 적에 의해, 꾼띠의 아들이여, 욕망의 형태인 충족시키기 어려운 불에 의해 덮여 있다.[212] 39

기관들, 마음, 지성이 이것의 처소라고 말해진다. 이것은 이것들을 통해 지혜를 덮어 '몸을 가진 것'을 미혹시킨다.[213] 40

그러니, 바라따 족의 황소여,[214] 그대는 먼저 기관들을 제어하여 지혜와 예지를 멸하게 하는, 죄악을 행하는 이것을 없애라.[215] 41

---

212 샹까라에 의하면 지혜로운 자만이 '나는 이것에 의해서 얽매어 있다!'라고 이렇게 미리 안다. 그리고 항상 고통스러운 자가 된다. 따라서 이것[욕망]은 지혜로운 자의 항상한 적이지, 어리석은 자의 적은 아니다. 어리석은 자는 미리 아는 것이 아니라, 갈망할 때는 욕망을 친구처럼 바라보다 그 결과가 고통으로 나타나면 '갈망 때문에 나는 고통스러운 상태에 이르렀다!'라고 이렇게 안다. 따라서 욕망은 지혜로운 자의 항상한 적이다. 라마누자에 의하면 대상에 대한 미혹을 만들어내는 것이며, 대상으로는 채워질 수 없는 것이며, 만족할 수 없는 불인 욕망이라는 항상한 적에 의해 지혜로운 자의 아我를 대상으로 하는 지혜는 덮여 있다.

213 샹까라에 의하면 기관(indriya)들, 마음(manas), 그리고 지성(buddhi)이 이 욕망의 처소인 의지처이다. 이 기관들을 비롯한 의지처들을 통해서 이 욕망은 지혜를 덮어 '몸을 가진 것'(dehin)을 여러 가지로 미혹시킨다. 라마누자에 의하면 욕망의 처소가 되는 대상에 기우는 기관과 마음과 지성을 통해서 지혜를 덮어 '자연과 상합한 것'(prakṛtisaṁsṛṣṭa)인 '몸을 가진 것'(dehin)을 여러 가지로 미혹시킨다. 즉, '아我에 대한 지혜'(ātmajñāna)에서 벗어나 대상의 경험에 몰두하게 만든다. 고얀다까에 의하면 '몸을 가진 것'은 [개별적인 영혼인] 생명(jīva)이다.

214 '바라따 족의 황소'의 원어인 바라따르샤바(Bharatarṣabha)는 바라따(Bharata)의 황소(ṛṣabha)라는 의미를 가진 낱말로, '바라따 족의 왕자, 또는 바라따 족의 으뜸인 자'를 의미한다. 아르주나의 별칭이다.

215 샹까라에 의하면 지혜(jñāna)는 경전과 스승을 통해서 아我 등에 대해 앎(avabodha)이다. 예지(vijñāna)叡智는 이러한 앎에 대한 특별한 경험이다. 지혜와 예지는 행복을 얻는 원인이다. 라마누자에 의하면 '모든 기관 작용이 적정寂靜인 형태'(sarvendriyavyāpāroparatirūpa)인 '지혜의 요가'를 행하는 자에게 있어서는 욕망이라는 형태의 적이 대상을 향하게 함으로써 아我를 외면하게 한다. 그러므로 자연과의 상합에 의해서 기관의 작용에 경도되어 있는 그대는 처음에, 즉, 해탈의 방편을 시작하려는 때에 '기관의 작용의 형태'(indriyavyāpārarūpa)인 '행위의 요가'(karmayoga) 안에서 기관들을 제어하여 지혜와 예지를 멸하는 것, 즉, '아我의 본 모습을 대상으로 하는 것'(ātmasvarūpaviṣaya)인 지혜와 '그것을 분별하는 것을 대상으로 하는 것'(tadvivekaviṣaya)인 예지를 없애는 것인, 욕망의 형태인 죄인을 멸하라는 의미다.

기관들이 우세한 것들이라고 말한다. 기관들보다 우세한 것은 마음, 마음보다 우세한 것은 지성, 지성보다 우세한 것은 그것이라고![216] 42

긴 팔을 가진 자여, 이처럼 지성보다 우세한 것을 알아, 아我로서[217] 아我를[218] 잘 항복시켜 욕망의 형태인 이 대적하기 힘든 적을 물리치라![219] 43

---

216 샹까라에 의하면 기관들은 귀를 비롯한 다섯 개다. 거친 것이고 외부의 것이며, 한정된 것인 몸에 비해 미세한 것이고, 내부에 머무는 것이고 편재하는 것이기 때문에 학자들은 기관들이 우세한 것들이라고 말한다. 그리고 생각(saṁkalpa)과 망상(vikalpa)을 본질로 하는 마음은 기관들보다 우세한 것이라고, 결정(niścaya)을 본질로 하는 지성(buddhi)은 마음보다 우세한 것이라고 말한다. 그리고 지성에까지 이르는 모든 대상보다 내적인 것이 '몸을 가진 것'(dehin)이다. 욕망은 기관 등의 의지처들과 연결되어 지혜를 덮음으로써 '몸을 가진 것'을 미혹시킨다. 이러한 '몸을 가진 것'은 '지성을 보는 자'(buddheḥ draṣṭā)인 '지고의 아'(paramātman)다. 따라서 지성보다 우세한 그것(saḥ)은 '몸을 가진 것'이다. 라마누자에 의하면 '지혜를 거역하는 것'(jñānavirodha)과 관련하여 기관들을 우세한 것들이라고 말한다. 왜냐하면, 기관들이 대상에 대해 활동하면 아我에 대한 지혜가 생겨나지 않기 때문이다. 그리고 기관들이 멈추었다 할지라도 대상으로 기운 마음에는 아我에 대한 지혜가 생겨나지 않기 때문에 기관들보다 우세한 것이 마음이다. 다른 대상을 외면한 마음이라 할지라도 반대되는 것에 탐착하는 지성에는 아我에 대한 지혜가 생겨나지 않는다. 그래서 마음보다 우세한 것이 지성이다. 지성에 이르기까지 모든 것이 멈추었다 할지라도 동성에서 생겨난 욕망이 있다면, 이러

한 욕망은 기관을 비롯한 모든 것들을 자신의 대상들에 대해 작용하게 하여 '아我에 대한 지혜'(ātmajñāna)를 막는다. 그래서 지성보다 우세한 것, 그것(saḥ)은 욕망(kāma)이다.

217 라다크리스난은 아(ātman)我를 자아(the Self)라고 번역한다.

218 라다크리스난은 아(ātman)我를 [낮은] 자아(the [lower] self)라고 번역한다.

219 샹까라에 의하면 지성보다 우세한 것인 아我를 알아 온전히 멈추게 하여, 즉, 자신의 아我인 '정화된 마음으로'(saṁskṛtena manasā) 온전히 삼매에 이르게 하여 대적하기 힘든, 알기 힘든, 많은 차별을 가진 욕망이라는 형태의 이 적을 물리치라는 의미다. 라마누자에 의하면 이처럼 지성보다 우세한 것은 지혜를 반대하는 적인 욕망임을 알아 아(ātman)인 마음(manas)을 아(ātman)인 지성(buddhi)을 통해 '행위의 요가'에 자리잡게 하여 다루기 힘든 적인 욕망을 물리쳐야 한다.

이상은 성스러운 마하바라타의 비스마 편 스물다섯 번째 장이다.[220]

220 반다르까르 판본에 따른 내용이다. 그러나 짜우캄바 판본에 따른 내용은 “이상은 성스러운 바가바드기타인 우파니샤드들 가운데 브라흐만에 대한 지혜이며 요가의 경전인 성스러운 끄리스나와 아르주나의 대화에서 ‘행위의 요가’(karmayoga)라고 이름하는 세 번째 장이다.” 기타프레스의 샹까라 주석 산스크리트어 힌디어 대역본에 따른 내용은 “이상은 브야싸의 십만 개로 이루어진 결집서인 성스러운 마하바라타의 비스마 편에 있어서 성스러운 바가바드기타인 우파니샤드들 가운데 브라흐만에 대한 지혜이며 요가의 경전인 성스러운 끄리스나와 아르주나의 대화에서 ‘행위의 요가’라고 이름하는 세 번째 장이다.” 기타프레스의 라마누자 주석 산스크리트어 힌디어 대역본에 따른 내용은 “옴, 그것은 진실한 것! 성스러운 바가바드기타인 우파니샤드들 가운데 브라흐만에 대한 지혜이며 요가의 경전인 성스러운 끄리스나와 아르주나의 대화에서 ‘행위의 요가’라고 이름하는 세 번째 장이다.”

제4장

성스러운 세존께서 말씀하셨습니다.

이 불멸의 요가를 내가 위와쓰와뜨에게 말하였고, 위와쓰와뜨는 마누에게 말했으며, 마누는 이끄스와꾸에게 말했다.[221] 1

이러한 전승으로 얻어진 것을 왕선王仙들이 알았다. 적을 괴롭게 하는 자여, 아주 오랜 시간에 의해 이 요가는 이 세상에서 사라졌다.[222] 2

---

221 샹까라에 의하면 위와스와뜨(Vivasvat)는 태양(āditya)이고, 이끄스와꾸(Ikṣvāku)는 마누(Manu)의 아들이며 최초의 왕이다. 세상의 보호자인 끄샤뜨리야들에게 힘을 주기 위하여 창조의 시초에 말해주었다. 올바로 바라보는 것에 충실한 특징을 가진 이 요가의 결과는 해탈로 일컬어지는 것이기에 쇠하지 않는다. ; 『마누법전』1장 61절에서 62절까지에 의하면 "스스로 존재하는 분의 아들이신 이분 마누께는 동일한 가계에서 생겨난 여섯 명의 다른 마누들이 계십니다. 대아大我들, 대위력大威力들께서는 각기 자신의 창조물들을 만드시었습니다!" "쓰와로찌샤, 웃따마, 따마싸, 라이와따, 짜꾸샤, 그리고 위와쓰와뜨쑤따입니다. 위대한 광휘를 지닌 분들입니다." 그리고 2장 1절에 의하면 "쓰와얌부바를 비롯한 이들 많은 위력을 지닌 일곱 명의 마누들은 움직이는 것과 움직이지 않는 이 모든 것을 각각 자신의 시기에 생겨나게 하고 보살피셨습니다." ; 위와쓰와뜨쑤따(Vivasvat-suta)는 위와쓰와뜨의 아들(suta)이라는 의미다. 따라서 여기서의 마누는 일곱 번째 마누를 의미한다. 마누는 인간의 조상이다. 인간을 마누의 후손이라는 의미에서 마누스야(manuṣya) 혹은 마나바(mānava)라고 한다. 이끄스와꾸(Ikṣvāku)는 위와쓰와뜨의 아들인 마누의 아들이며, 아요댜(Ayodhyā)를 지배한 태양왕조(Sūryavaṁśa)의 시조이다. 이끄스와꾸는 불경에서 '감자甘蔗, 감자왕甘蔗王' 등으로 한역된다. 부처의 종족인 석가(Śākya)釋迦족의 시조 역시 감자왕甘蔗王이다.

222 왕선(rājarṣi)王仙은 선인(ṛṣi)仙人이 된 왕을 의미한다. 때로는 왕의 호칭으로 사용되기도 하는 용어이다. 이러한 전승은 태양왕조에 의한 전승을 의미하며, 이러한 전승으로 얻어진 것을 왕선들이 안다는 것은 끄리스나가 아르주나에게 알려주는 요가가 왕족인 끄샤뜨리야 계급 사이에서 전해진 것임을 뜻한다. 라마누자에 의하면 오랜 세월에 걸쳐서 각각 이 요가에 대해 듣는 자의 둔한 지성 때문에 이 요가는 거의 멸한 것이 되었다.

너는 나를 신애하는 자이며 친구이기에 오늘 내가 너에게 이런 옛 요가를 말해주었다. 이것은[223] 최고의 신비이다. 3

아르주나가 말했습니다.

위와쓰와뜨가 태어난 것이 먼저고, 당신이 태어난 것은 나중인데, 당신께서 태초에 말씀하셨다는 것을 제가 어찌 이해해야 합니까?[224]
4

성스러운 세존께서 말씀하셨습니다.

아르주나여, 나와 그대의 많은 생이 지나갔다. 적을 괴롭히는 자여, 나는 그 모든 것들을 알지만 그대는 모른다.[225] 5

생겨난 자가 아니면서, 쇠하지 않는 본질이요. 존재들의 지배자이

---

223 샹까라에 의하면 이것은(etat)은 요가인 지혜(jñāna)다. 라마누자에 의하면 이것은 베단따(vedānta)에서 설명된 것이다. ; 베단따는 베다(veda)의 '끝 또는 정점'(anta)을 뜻하는 낱말로 일반적으로 우파니샤드를 의미한다. 인도의 육파철학 가운데 베단따 철학은 우파니샤드, 『바가바드기타』, 『브라흐마쑤뜨라』(Brahmasūtra), 이렇게 세 가지 문헌의 내용을 중심으로 삼고 있다.

224 샹까라에 의하면 태양인 위와쓰와뜨는 창조의 시초에 태어났으며, 끄리스나는 나중에 와쑤데바(Vasudeva)의 집에서 태어났다. 라마누자에 의하면 위와쓰와뜨의 출생은 수로 계산하면 24개의 '네 유가'(caturyuga) 이전이다. ; 네 유가는 1. 싸뜨야유가(satyayuga) 1,728,000년, 2. 뜨레따유가(tretāyuga) 1,296,000년, 3. 드와빠라유가(dvāparayuga) 86,4000년, 4. 깔리유가(kaliyuga) 432,000년이다. 이 네 유가가 천 개가 되면 우주가 한번 생겨나서 사라지는 시간인 겁(kalpa)劫이다. 인간의 시간으로는 4,320,000,000년이다.

225 샹까라에 의하면 아르주나는 법(dharma)과 비법(adharma) 등에 의해서 '지혜의 힘'(jñānaśakti)이 막혀서 모르지만, 끄리스나인 나는 '항상 순수한 본질을 가진 자, 항상 깨달은 본질을 가진 자, 항상 해탈한 본질을 가진 자'(nityaśuddhabuddhamuktasvabhāva)이기 때문에 지혜의 힘이 가려지지 않아서 알 수 있다.

면서, 자기의 자연에 머물러 자신의 환력幻力으로 나는 태어난다.[226] 6

바라따의 후손이여, 법도가 쇠락할 때마다, 법도가 아닌 것이 기승할 때마다, 그때마다 나는 자신을 만들어낸다.[227] 7

착한 자들을 구원하기 위해, 악행을 저지르는 자들을 멸하기 위해, 법도를 세우기 위해, 시대 시대마다 나는 나타난다. 8

아르주나여, 이처럼 신성한 나의 탄생과 행위를 사실대로 아는 자

---

226 샹까라에 의하면 '쇠하지 않는 본질'(avyayātman)은 '쇠하지 않는 지혜의 힘이 본질인 자'(akṣīṇajñānaśaktisvabhāva)이다. 끄리스나는 창조의 신인 브라흐마(Brahmā)에서부터 초목에 이르기까지의 존재들을 다스리는 자이지만, 자신의 자연(prakṛti)인 세 성질을 본질로 하는 위스누의 환력(māyā)幻力을 장악하여 몸을 가진 자처럼 생겨난다. 세상은 이러한 환력에 장악되어 움직이고 미혹되어 와쑤데바의 아들인 끄리스나에 대해 알지 못한다. 끄리스나는 세상 사람들처럼 태어나는 것이 아니다. 라마누자에 의하면 '생겨나지 않은 자의 상태'(ajatva), '쇠하지 않는 상태'(avyayatva), '모든 것의 지배자로서의 상태'(sarveśvaratva) 등등 지고의 자재자의 상태를 버리지 않으면서 자신의 자연인 본성(svabhāva)에 머물러 자신의 모습으로 자신의 뜻에 따라 생겨난다. 환력은 지혜(jñāna)와 동의어다. '자신의 환력으로'(ātmamāyayā)는 '자신의 지혜에 의해서'(ātmīyena jñānena), '자신의 생각에 따라서'(ātmasaṁkalpena)라는 의미다. 따라서 '죄를 물리친 상태를 비롯한 모든 복덕의 본질인 상태'인 모든 자재자의 본성을 버리지 않고, 자신의 생각에 따라서 자신의 모습을 신과 인간 등등과 같은 몸의 형태가 되게 한다는 의미다. 그래서 『야주르베다』31장 19절에서는 "태어나지 않으면서도 여러 가지로 다양하게 태어난다."(ajāyamāno bahudhā vijāyate.)라고 말한다.

227 샹까라에 의하면 법도(dharma)는 '종성의 제도'(varṇāśrama) 등을 특징으로 하는 것이며, 생명체들의 발전과 번영의 방편이 되는 것이다. 라마누자에 의하면 법도는 베다에 언급된 '네 가지 종성의 제도와 네 가지 삶의 단계의 제도'(cāturvarṇyacāturāśramyavyavasthā)를 통해서 확립된 의무(kartavya)이다. 이와는 반대되는 것이 '법도가 아닌 것'(adharma)이다.

는 육신을 떠난 다음 다시 태어남에 이르지 않고, 나에게 이른다.[228] 9

애염과 두려움과 노여움이 사라진 자들, 나로써 충만한 자들,[229] 나에게 의지하는 자들,[230] 지혜의 고행으로[231] 정화된 많은 자가 나의 상태에[232] 이르렀다. 10

내게 다가오는 그대로 나는 그들을 받아들인다. 쁘리타의 아들이

---

228 샹까라에 의하면 '신성한 것'(divya)은 자연적인 것이 아니라 '자재자의 것'(aiśvara)이다. 탄생(janma)은 '환력의 형태'(māyārūpa)이며, 행위(karma)는 선한 자를 구원하는 것 등이다. 라마누자에 의하면 나[끄리스나]는 '행위의 뿌리가 되는, 버려야 할 세 가지 성질인 자연과의 접촉의 형태인 출생이 없는 자'이며, '모든 것의 지배자로서의 상태'와 '전지자로서의 상태'와 '생각한 것이 진실이 되는 상태' 등의 '모든 복덕을 갖춘 자'이다. 이러한 나[끄리스나]의 탄생과 활동은 착한 자를 구원하고 착한 자를 나[끄리스나]에게 의지하게 하기 위한 신성한 것이다. 즉, 자연적인 것이 아니다. 나[끄리스나]의 신성한 탄생과 활동을 사실 그대로 앎으로써 '나에게 의지하는 데 거역하게 만드는 모든 죄가 멸해진 자'(vidhvastasamastamatsamāśrayaṇavirodhipāpman)는 이번 생에서 내[끄리스나]게 의지하여 '나[끄리스나]만을 유일하게 사랑하는 자'(madekapriya), '마음에 나[끄리스나] 하나뿐인 자'(madekacitta)가 되어 바로 나[끄리스나]를 얻는다.

229 샹까라에 의하면 '나로서 충만한 자'(manmaya)는 '브라흐만을 아는 자'(brahmavid)이며 '자재자와 차이가 없음을 보는 자'(īśvarābhedadarśin)이다.

230 샹까라에 의하면 '나에게 의지하는 자'(māmupāśrita)는 지고의 자재자인 나에게 의지하여 '오로지 지혜에 충실한 자'(kevalajñānaniṣṭhā)이다.

231 샹까라에 의하면 지고의 아[我]를 대상으로 하는 지혜(jñāna)가 고행(tapas)이다. '지혜의 고행'(jñānatapas)이라는 말은 지혜에 충실한 자는 다른 고행이 필요치 않다는 것을 의미한다. 라마누자에 의하면 '나[끄리스나]의 출생과 행위의 본질에 대한 지혜의 형태'인 고행이 '지혜의 고행'이다.

232 샹까라에 의하면 '나의 상태'(madbhāva)는 '자재자의 상태'(īśvarabhāva)인 해탈(mokṣa)이다.

여, 사람들은 전체적으로 나의 길을 따른다.[233] 11

이곳에서 행위들의 성취를 바라는 자들은 신들을[234] 섬긴다. 왜냐하면, 행위에서 생겨난 성취가 인간 세상에서 속히 이루어지기 때문이다.[235] 12

성질과 행위를 나누어 내가 네 개의 종성을 만들었다.[236] 그것을 만

233 샹까라에 의하면 한 사람이 동시에 해탈을 원하는 자이면서 결과를 바라는 자일 수는 없다. 그래서 '결과를 바라는 자'(phalārthin)에게는 결과를 준다. [경전에서] 지시한 대로 행위를 행하지만, 그 '결과를 바라지 않는 자'(aphalārthin)이며 '해탈을 바라는 자'(mumukṣu)에게는 지혜를 준다. '지혜로운 자'(jñānin)이고 '모든 것을 확실하게 내던진 자'(saṁnyāsin)이며 '해탈을 바라는 자'에게는 해탈을 준다. 고통을 받는 자에게는 고통을 없애 준다. 이렇게 목적을 가지고 내게 다가오는 그대로 나는 그들에게 은총을 베푼다. 결과를 바라고 행위 하는 사람들은 모든 것에 머무는 자재자인 나의 길을 모든 모양으로 따른다. 라마누자에 의하면 나에게 의지하기를 바라는 자들은 자신이 기대하는 모습에 따라 나를 생각하여 의지한다. 그러한 이들에게 나는 그들의 마음이 바라는 방식으로 나를 보여준다. 나를 따르는 것이 유일한 희망인 모든 사람은 '나의 길'(mama vartma)인 '모든 나의 본질'(matsvabhāvaṁ sarvam)을, 요가수행자들이 '말과 마음을 통해서 파악할 수 없는 것'(vāṃmanasāgocara)임에도 자신들의 눈을 비롯한 기관들을 통해서 전적으로 자신들이 바라는 모든 형태로 경험하며 따른다.

234 샹까라에 의하면 신(devatā)은 신들의 왕인 인드라(Indra)와 불의 신인 아그니(Agni) 등이다.

235 라마누자에 의하면 모든 사람은 행위에 대한 결과를 바라며 인드라를 비롯한 신들을 경전에 따라 경배한다. 그 누구도 결과를 바라지 않으면서 '인드라를 비롯한 신의 아我가 되는 것'(indrādidevatātmabhūta)이며 모든 제사의 향유자인 나[끄리스나]를 경배하지는 않는다. 왜냐하면, [신들을 경배함으로써] 이 인간 세상에서 아들과 가축과 곡식 등등 행위에서 생겨난 성취가 얼른 이루어지기 때문이다. 여기서 인간 세상은 천국 등의 세상도 동시에 의미하는 말이다. 세속적인 모든 인간은 '무시이래로 생겨난 끝없는 죄의 축적이 소멸되지 않은 상태'(akṣīṇānādikālapravṛttānantapāpasañcayatā)로 인해서 '무분별한 자'(avivekin)들이며, '결과를 속히 바라는 자'(kṣipraphalābhikāṃkṣin)들이다. 그래서 이들은 아들과 가축과 곡식 등과 그리고 천국 등을 바라며 모든 행위를 오로지 인드라를 비롯한 신들을 경배하는 형태로 행한다. 그 누구도 마음이 윤회로 인해 불안하여 해탈을 바라며 '나[끄리스나]에 대한 경배가 되는 것'(madārādhanabhūta)인 '행위의 요가'를 시작하지 않는다.

236 라마누자에 의하면 네 개의 종성이 주가 되는, 창조의 신인 브라흐마를 비롯하여 초목에 이르기까지의 모든 세상은 나[끄리스나]에 의해서 진성 등의 '성질의 분위'(guṇavibhāga)와 그 성질에 따른 '마음의 제어'(śama)를 비롯한 '행위의 분위'(karmavibhāga)에 의해서 구분된 것, 즉, 만들어진 것이다. 여기서 만든다는 말은 보호한다는 것과 멸한다는 것 모두를 내포한 말이다.

든 자이지만, 만들지 않는 자이며, 불멸이라고 나를 알아라.[237] 13

내게 행위들은 걸림이 되지 않는다, 내게는 행위의 결과에 대한 희구가 없다. 이렇게 나에 대해 아는 자는 행위들에 매이지 않는다.[238] 14

해탈을 바라는 옛사람들은 이렇게 알아 행위를 하였다. 그러니, 너

---

237 샹까라에 의하면 성질(guṇa)은 진성(sattva), 동성(rajas), 암성(tamas)이다. 진성이 수승한 진성적인 브라흐마나의 행위(karma)는 '마음의 제어'(śama), '감관의 제어'(dama), 고행(tapas) 등이다. 진성이 부수적이고 동성이 주가 되는 존재인 끄샤뜨리야의 행위는 용맹(śaurya)과 위력(tejas) 등이다. 암성이 부수적이고 동성이 주가 되는 존재인 바이스야의 행위는 농사 등이다. 동성이 부수적이고 암성이 주가 되는 존재인 슈드라의 행위는 봉사(śuśrūṣā)다. 환력(māyā)의 작용을 통해 행위를 하는 자이지만, 궁극적인 의미에 있어서는 행위하지 않는 자다. 그래서 불멸(avyaya)이며 '윤회하지 않는 자'(asaṁsārin)라고 알아야 한다.

238 샹까라에 의하면 윤회하는 자들에게는 '내가 행위자이다'라는 자의식(ahaṁkāra)[自意識]과 행위와 행위의 결과에 대한 희구(spṛhā)[希求]인 갈망(tṛṣṇā)이 있다. 그러나 [끄리스나인] 내게는 그러한 것이 없기 때문에 행위가 걸림이 되지 않는다. 자의식이 없기에 행위들이 몸을 비롯한 것을 만들어내는 원인으로서 걸림이 되지 않는다. '나는 행위자가 아니다.'(na ahaṁ kartā.), '내게는 행위의 결과에 대한 희구가 없다.'(na me karmaphale spṛhā.), 이렇게 나[끄리스나]를 '자신의 본질'(ātmatva)로 아는 다른 자에게 역시 행위들은 몸을 비롯한 것을 만들어내는 것이 되지 않는다. 라마누자에 의하면 다양한 창조를 비롯한 이 행위들은 나[끄리스나]를 속박하지 않는다. 신과 인간을 비롯한 이 다양한 것들은 나[끄리스나]에게 상응하는 것이 아니라 만들어지는 '선과 악의 형태인 특별한 행위에 상응하는 것'(puṇyapāparūpakarmaviśeṣaprayukta)들이다. 따라서 나[끄리스나]는 다양한 창조 등의 행위자가 아니다. 창조를 통해서 기관과 몸을 얻은 창조된 '밭을 아는 자'(kṣetrajña)들은 '결과에 대한 집착 등에 의해서 만들어진 자신의 행위의 성질에 따른 것'인 '누려야 할 것들'(bhogyajāta)을 누린다. 이러한 자들에게 있어서 창조를 비롯한 행위의 결과에 대해 희구가 있지, [끄리스나인] 내게는 희구가 없다. 이처럼 [끄리스나인] 내가 창조를 비롯한 것의 행위자이면서도 행위자가 아닌 것을, 그리고 창조를 비롯한 행위의 결과에 대한 집착이 없다는 것을 제대로 아는 자는 '행위의 요가의 시작을 방해하는 것'(karmayogārambhavirodhin)들인 '결과에 대한 집착'(phalasaṁga) 등에 의해서 생겨나는 '오래된 행위'(prācīnakarma)들에 속박되지 않는다. 즉, 해탈하게 된다.

는 옛사람들이 아주 예전에 행한 행위를 하라.[239] 15

행위가 무엇이고, 무위가 무엇인지, 이에 대해 시인들조차[240] 미혹된다. 이런 행위에 대해 너에게 말해주리니, 그로서 흉한 것에서[241] 벗어나리라.[242] 16

행위에[243] 대해서도 알고, 엇행위에[244] 대해서도 알고,[245] 무위에[246]

---

239 샹까라에 의하면 자나까(Janaka)를 비롯한 옛사람들이 아주 예전에 행한 행위는 마음을 정화하기 위한 것과 세상을 보호하기 위한 것이다. 라마누자에 의하면 해탈을 바라는 옛사람들은 나[끄리스나]를 알아 죄를 벗어난 자들임에도 앞에서 언급한 형태의 행위들을 하였다. 그러므로 그대[아르주나]는 나[끄리스나]를 대상으로 하는 지혜를 통해 죄를 털어낸 상태가 되어 위와스와뜨(Vivasvat)와 마누(Manu) 등 옛사람들이 행한 행위를 하라는 의미다.

240 샹까라에 의하면 시인(kavi)은 '지혜로운 자'(medhāvin)다.

241 샹까라에 의하면 '흉한 것'(aśubha)은 윤회(saṁsāra)다.

242 라마누자에 의하면 행위(karma)는 '결과에 대한 바람이 없는 것'(phalābhisandhirahita)으로 '세존에 대한 공경의 형태'(bhagavadārādhanarūpa)이다. 무위(akarma)는 행위자인 아[我]에 대한 '있는 그대로의 실상[實相]에 대한 지혜'(yāthātmyajñāna)이다. 지혜는 실행해야 할 행위에 내포되어 있다. 행해야 할 행위에 대한 지혜의 결과는 실행이기 때문에 지혜가 내포된 행위를 알아서, 즉, 행하여 '흉한 것'인 '윤회의 속박'(karmabandha)에서 벗어난다.

243 샹까라에 의하면 행위(karma)는 경전에 규정된 행위이다. 라마누자에 의하면 행위의 본질은 '해탈의 방편이 되는 것'(mokṣasādhanabhūta)이다.

244 샹까라에 의하면 엇행위(vikarma)는 금지된 행위이다. 라마누자에 의하면 엇행위는 금지된 행위가 아니다. '일상적으로 매일 행해야 하는 행위'(nityakarma)와 '특별한 목적을 위해 행해야 하는 행위'(nimittakarma)와 '바라는 것을 위해 행해야 하는 행위'(kāmyakarma)의 형태로서, 그리고 이러한 행위의 방편인 재물을 모으는 것 등의 모습을 통해서 '다양한 상태'(vividhatā)에 도달한 행위이다.

245 라마누자에 의하면 엇행위(vikarma)에 대해서 안다는 것은 '일상적으로 매일 행해야 하는 행위'와 '특별한 목적을 위해 행해야 하는 행위'와 '바라는 것을 위해 행해야 하는 행위'와 재물을 모으는 것 등의 행위를 구별짓는 결과에서 생겨난 다양성을 버리고, '해탈이라는 단일한 결과의 상태'(mokṣaikaphalatā)를 통해서 '경전의 단일한 의미성을 탐구하는 것'(ekaśāstrārthānusandhāna)이다.

246 샹까라에 의하면 무위(akarma)는 '잠자코 있는 상태'(tūṣṇīmbhāva)다. 라마누자에 의하면 무위는 지혜(jñāna)다.

대해서도 알아야 한다. 행위의 길은 심원하다.[247] 17

행위에서 무위를 보고, 아울러 무위에서 행위를 보는 자, 사람들 가운데 그가 지혜로운 자, 그가 챙겨있는 자,[248] 모든 행위를 행한 자이다.[249] 18

모든 일을 욕망과 의도가 없이 하는 자, 지혜의 불로 행위들을 태

---

247 샹까라에 의하면 '행위의 길'은 '행위와 무위와 엇행위들의 본질'이며, 심원하다는 것은 알기 어렵다는 것이다.

248 샹까라에 의하면 '챙겨있는 자'(yukta)는 요가수행자(yogin)다.

249 샹까라에 의하면 행위(karma)는 행해지는 것인 행동자체(vyāpāramātra)다. 무위(akarma)는 '행위가 없는 것'(karmābhāva)이다. 활동하는 것과 활동하지 않는 모두는 행위자에 종속된 것이기 때문에 근본(vastu)을 얻기 전 '무명의 단계'(avidyābhūmi)에서는 행위와 무위 모두가 행함(kriyā)行과 '행하게 하는 주체'(kāraka)能行 등으로 이루어진 행동이다. 모든 세상에 널리 알려진 행위에 대해서 무위, 즉, 행위가 없는 것을 '아我와의 연결성'(ātmasamavetatā)에 의해서 보게 된다. 그리고 아我로 상정된 몸과 기관의 활동이 멈춘 것인 무위에 대해 "나는 아무것도 하지 않으며 잠자코 편안히 앉아 있다."라고 이렇게 행위처럼 자의식과 연결됨으로 인해서 무위 속에서 행위를 보게 된다. 이처럼 행위와 무위의 분위(vibhāga)分位를 아는 자는 사람들 가운데 지혜로운 자, 학자, 요가수행자, '모든 행위를 행하는 자'(kṛtsnakarmakṛt)이다. 이러한 자는 길하지 않은 것에서 벗어나서 해야 할 바를 이룬 자가 된다. ; 고얀다까에 의하면, 근본(vastu)은 아성(ātmatattva)我性이다. '길하지 않은 것'(aśubha)은 선과 악이라는 형태이다. 라마누자에 의하면 무위는 '아我에 대한 지혜'(ātmajñāna)다. 행해지는 행위 안에서 '아我에 대한 지혜'를 보고, 무위인 '아我에 대한 지혜' 안에서 행위를 보는 것은 다음과 같은 사실을 의미한다. 즉, '행해지는 행위'를 '아我의 있는 그대로의 본질에 대한 탐구'(ātmayāthātmyānusandhāna)를 통해서 '지혜의 형태'(jñānākāra)로 보고, 그리고 지혜가 행위에 포함된 상태를 통해서 지혜를 '행위의 형태'(karmākāra)로 보는 것이다. 왜냐하면, 행해지는 행위 안에서 '행위자가 된 아我의 있는 그대로의 본질에 대한 탐구'(kartṛbhūtātmayāthātmyānusandhāna)를 통해서 이렇게 보는 것이 가능하기 때문이다. 이처럼 행위가 '아我의 있는 그대로의 본질에 대한 탐구에 내재된 것'(ātmayāthātmyānusandhānagarbha)을 보는 자는 '모든 경전의 의미를 아는 자'(kṛtsnaśāstrārthavit)인 '지혜로운 자'(buddhimat)이고, '해탈의 자격을 가진 자'(mokṣārha)인 '챙겨있는 자'(yukta)이며, '경전의 모든 의미에 따라 행한 자'(kṛtsnaśāstrārthakṛt)인 '모든 행위를 행한 자'(kṛtsnakarmakṛt)다.

워버린 자, 아는 자들은 그를 학자라고 말한다.[250] 19

행위에 대한 집착을 버리고, 항상 만족하며, 의지하는 것이 없는 자, 그는 행위를 해나가면서도 그 아무것도 하는 바가 없는 자이다.[251] 20

마음과 몸을 다스리고, 모든 소유를 버린 자,[252] 이처럼 바라는 바가 없는 자는[253] 오로지 몸을 유지하기 위한 행위를 하며 죄를[254] 얻지 않

250 샹까라에 의하면 의도(saṁkalpa)는 욕망(kāma)의 원인이다. 행위 안에서 무위를, 무위 안에서 행위를 보는 것이 지혜(jñāna)이며, 지혜가 바로 불(agni)이다. '지혜의 불'(jñānāgni)로 선(śubha)[善]과 악(aśubha)[惡]을 특징으로 하는 행위들을 태워버린 자를, '브라흐만을 아는 자'(brahmavid)들인 '아는 자'(budha)들은 학자(paṇḍita)라고 부른다. 라마누자에 의하면 욕망은 '결과에 대한 애착'(phala-saṃga)이며, 의도는 자연(prakṛti)과 자연의 성질들을 아[我]와 하나인 것으로 추구함이다. 이러한 의도는 '자연과는 별개의 것인 아[我]에 대한 탐구에 몰두함'으로써 없어진다. '행위에 내재되어 있는 아[我]의 있는 그대로의 본질에 대한 지혜의 불'로 '오래된 행위를 태워버린 자'를, '본질을 아는 자'(tat-tvajña)들은 학자라고 부른다.

251 샹까라에 의하면 행위에 대한 집착을 버리는 것은 행위에 대한 자각(abhimāna)과 결과에 대한 탐착(āsaṁga)[耽著]을 버리는 것이다. 항상 만족하는 것은 대상들에 대한 욕구가 없는 것이다. '의지하는 것'(āśraya)은 인생의 목적을 달성하기 원하여 의지하는 것이다. '의지하는 것이 없는 자'(nirāśraya)는 이 세상과 다른 세상에서의 결과의 방편이 되는 '의지하는 것'이 없는 자다. 지혜로운 자에 의해서 행해진 행위는 궁극적인 의미에서 무위(akarma)이다. 그는 '활동이 없는 아[我]에 대한 지견을 갖춘 상태'(niṣkriyātmadarśanasampannatva)이기 때문이다. 라마누자에 의하면 '항상 만족하는 자'(nityatṛpta)는 항상 자신의 아[我]에 만족하는 자다. '의지하는 것이 없는 자'는 '불안정한 자연'(asthiraprakṛti)에 대해 '의지하는 마음이 없는 자'다. 이러한 자는 행위에 대해 몰두하면서도 그 어떤 행위도 행하지 않는다. 즉, 행위를 구실로 하여 '지혜의 반복된 수련'(jñānābhyāsa)을 한다.

252 라마누자에 의하면 '모든 소유를 버린 자'(tyaktasarvaparigraha)는 자연(prakṛti)과 자연에서 생겨난 사물에 대해 '나의 것이라는 생각이 없는 자'(mamatārahita)다.

253 라마누자에 의하면 '바라는 바가 없는 자'(nirāśīs)는 결과에 대한 바람이 사라진 자다.

254 샹까라에 의하면 죄(kilbiṣa)는 윤회(saṁsāra)이며, 바람직하지 않은 형태인 악(pāpa)과 선(dharma)이다. 해탈을 바라는 자에게 있어서는 선 역시 속박을 만들어내는 것이기 때문이다.

는다.[255] 21

얻어진 대로 만족하는 자, 서로 대립적인 것을 벗어난 자, 반감이 없는 자,[256] 성취함과 성취하지 못함에 대해 마찬가지인 자는 행하여도 걸림이 없다.[257] 22

마음이 지혜에 머무는 자, 애착이 사라진 자, 벗어난 자,[258] 제사를 위해 행하는 자의 모든[259] 행위는 사라진다.[260] 23

바치는 제기는 브라흐만, 바치는 제물은 브라흐만, 브라흐만에 의해 브라흐만인 불에 넣어 바친 것이다. 이러한 '브라흐만의 행위삼매

---

255 라마누자에 의하면 죄인 윤회를 얻지 않는다는 것은 '지혜에 충실함'(jñānaniṣṭhā)이라는 장애가 없이 오로지 행위의 요가를 통해서 아我를 바라본다는 의미다.

256 샹까라에 의하면 '반감이 없는 자'(vimatsara)는 '적의가 없는 자'(nirvairabuddhi)다.

257 라마누자에 의하면 몸을 유지하기 위해 저절로 얻어진 사물에 대해 만족하는 자, '방편을 마칠 때까지 피할 수 없는 더위와 추위 등을 견디는 자'인 '서로 대립적인 것'(dvandva)이 없는 자, 바람직하지 않은 것이 생겨나게 된 원인인 자신의 행위를 살피어 다른 자들에 대한 '반감이 없는 자', 전쟁 등의 행위들에 있어서 승리와 패배 등의 성취함과 성취하지 못함에 대해 '동일한 마음을 가진 자'(samacitta)는 '지혜에 대한 충실함'(jñānaniṣṭhā)이 없이 행위만을 행하여도 걸림이 없다. 즉, 윤회에 이르지 않는다.

258 샹까라에 의하면 '벗어난 자'(mukta)는 '법과 비법 등의 속박을 벗어난 자'(nivṛttadharmādharmādibandhana)이다.

259 샹까라에 의하면 모든(samagram)은 '결과와 더불어'라는 의미다.

260 라마누자에 의하면 '아我를 대상으로 하는 지혜를 통해서 마음이 안정된 상태'에 의해서 '그 아我와는 다른 것에 대한 집착이 사라진 자', 따라서 '소유에서 확연히 벗어난 자'(parigrahavinirmukta)로서 제사(yajña)를 완성하기 위해서 활동하는 사람에게 있어서는 '속박의 원인이 되는 것'인 '옛 행위'가 모두 남김없이 사라진다.

行爲三昧에 들은 자'가 도달할 곳은 바로 브라흐만이다.[261] 24

다른 요가수행자들은 신에 대한 제사를 봉행하며, 다른 자들은 브

261 샹까라에 의하면 '브라흐만을 아는 자'(brahmavid)는 제물을 성화에 바치는 도구를 브라흐만(brahman)으로 바라본다. 즉, 아我를 제외하면 그 도구는 없다는 것을 바라본다. 그래서 세상에서 제물을 바치는 도구라고 생각되는 것이 '브라흐만을 아는 자'에게 있어서는 바로 브라흐만이다. 이와 마찬가지로 제물이라고 생각되는 것이 '브라흐만을 아는 자'에게 있어서는 브라흐만이며, 제물을 바치는 성화聖火도 브라흐만이며, 바치는 행위를 하는 자도 브라흐만이고, 불에 제물을 바치는 의례도 브라흐만이다. 그러한 의례를 통해서 얻는 결과 또한 브라흐만이다. 브라흐만이 행위인 것이 '브라흐만의 행위'(brahmakarma)이며, 그러한 행위에 대한 삼매를 가진 자가 '브라흐만의 행위삼매行爲三昧에 들은 자'(brahmakarmasamādhin)이다. 브라흐만이 바로 행위가 되는 행위삼매에 들은 자가 도달할 것은 브라흐만이다. 이러한 자에게 있어서는 행위가 '브라흐만의 지혜'(brahmabuddhi)에 의해서 제거되어 행위(karma)는 궁극적인 의미에서 무위(akarma)가 된다. 따라서 '이 모든 것은 브라흐만이다.'(brahma eva idaṁ sarvam.)라고 아는 지혜로운 자에게 있어서 모든 행위는 없는 것이다. '행위를 이루어 내는 것에 대한 생각'(kārakabuddhi)이 없는 제사라는 형태의 행위는 보이지 않기 때문이다. 화공(agnihotra)火供, 事火法을 비롯한 모든 행위는 언어를 통해 특별한 신에게 바치는 등등[인드라에게 바치옵나니 이루어주소서, 와루나에게 바치옵나니 이루어주소서, 등등의 말을 사용하며 제물을 신에게 바치는 것 등등]의 '행위를 이루어내는 것에 대한 생각'을 가진 것이며, 행위자라는 자각과 행위의 결과에 대한 소망을 가진 것이다. 활동, 행위를 이루어내는 것, 그리고 결과의 차이에 대한 생각이 제거된 제사나, 행위자라는 자각과 결과에 대한 소망이 없는 제사는 보이지 않는다. 그러나 [24절에] 언급된 행위는 바치는 것 등등 '행위를 만들어내는 것', 활동, 그리고 결과의 차이에 대한 생각이 브라흐만의 지혜에 의해서 제거된 것이다. 따라서 이것은 행위가 아니라 무위이다. 라마누자에 의하면 모든 행위는 '브라흐만이 본질인 것'(brahmātmaka)이기 때문에 '브라흐만으로 이루어진 것'(brahmamaya)이다. 이렇게 삼매에 드는 것이 '브라흐만의 행위삼매行爲三昧'(brahmakarmasamādhi)다. 이러한 '브라흐만의 행위삼매'를 통해서 바로 브라흐만에 도달해야 한다. 브라흐만이 본질인 것을 통해서 '자신의 본모습'(ātmasvarūpa)이 '브라흐만이 된 것'(brahmabhūta)에 도달해야 한다. 해탈을 원하는 자가 행하는 행위는 '지고의 브라흐만이 본질인 것'(parabrahmātmaka)이라는 음미를 동반하기 때문에 '직접적으로 아我를 관조하는 방편'(sākṣādātmāvalokasādhana)인 '지혜의 형태'(jñānākāra)다.

라흐만의 불에 제사로 제사를 넣어 태워 올린다.[262] 25

다른 자들은 귀를 비롯한 기관들을 제어의 불들에 넣어 태워 올리며,[263] 또 다른 자들은 소리를 비롯한 대상들을 기관의 불들에 넣어 태워 올린다.[264] 26

그리고 다른 자들은 모든 기관의 행위들과 숨의 행위들을[265] 지혜

---

262 샹까라에 의하면 '행위 하는 자'(karmin)들은 제사를 통해 신을 숭배한다. '브라흐만의 불'(brahmāgni)은 '불의 헌공'(homa)이라는 맥락에서 브라흐만을 불이라고 말한 것이다. 브라흐만은 우파니샤드에서 "브라흐만은 실재요, 지혜이며, 영원함이다."(satyaṁ jñānamanantaṁ brahma. Taittirīya Upaniṣad. 2.1), "눈앞에 명백한 브라흐만이며 모든 것의 안에 있는 아[我]."(yatsākṣādaparokṣād brahma ya ātmā sarvāntaraḥ. Bṛhadāraṇyaka Upaniṣad. 3.4.1), "앎이요 환희인 브라흐만."(vijñānamānandaṁ brahma. Taittirīya Upaniṣad. 2.1) 등등으로 언급되는 것이다. 제사(yajña)는 아[我]다. 아[我]는 궁극적인 의미에서 지고의 브라흐만이다. 하지만, 지성(buddhi) 등등의 한정(upādhi)에 연결된 아[我]는 모든 한정에 의해 잘못 가정된 특질을 가진 것이다. 이러한 아[我]를 제물로 삼아서 지고의 브라흐만인 아[我]를 통해 불에 넣어 태워 올리는 것이다. 한정을 가진 아[我]를 한정이 없는 '지고의 브라흐만의 본모습'(parabrahmasvarūpa)으로 바라보는 것이 제사로 제사를 태워 넣어 올리는 것이다. '범아일여의 상태를 관조하는 것에 충실한 자'(brahmātmaikatvadarśananiṣṭha)인 '모든 것을 확실하게 내던져 버린 자'(saṁyāsin)가 이렇게 불의 헌공을 한다. 라마누자에 의하면 행위의 요가를 수행하는 자들은 신을 숭배하는 형태인 제사를 봉행한다. 다른 자들은 브라흐만의 불에 제사로 제사를 넣어 태워 바친다. 제사의 도구가 되는 것인 '나무 국자'(sruc) 등이 제사(yajña)다. '정제된 우유 기름'(ājya)을 비롯한 물건은 '브라흐만이 본질인 것'으로 제사의 형태이다. "바치는 제기는 브라흐만, 바치는 제물은 브라흐만"(brahmārpaṇaṁ brahma haviḥ)이라는 논리로 제사와 불에 대한 헌공에 전심한다.

263 샹까라에 의하면 제어(saṁyama)[制御]들이 불(agni)들이다. 각각의 기관(indriya)들을 제어하기 때문에 단수가 아닌 복수이다. 기관들을 제어한다는 의미다. 라마누자에 의하면 귀를 비롯한 기관들을 제어하기 위해 노력한다는 의미다.

264 샹까라에 의하면 기관들이 불들이다. 귀와 같은 지각기관을 통해 주저 없이 소리를 비롯한 대상을 취하는 것을 '불의 헌공'(homa)이라 여기는 것이다. 라마누자에 의하면 기관들이 소리를 비롯한 대상들에 경도되는 것을 막기 위해 노력한다는 의미다.

265 샹까라에 의하면 '숨의 행위'(prāṇakarma)는 오므리고 펼치는 것 등이다.

로[266] 밝혀진 '자기제어라는 요가의 불'에 넣어 태워 올린다.[267] 27

그리고 물질의 제사를 지내는 자들,[268] 고행의 제사를 지내는 자들,[269] 요가의 제사를 지내는 자들,[270] 독경과 지혜의 제사를 지내는 다른 자들이 있다.[271] 애쓰는 자들이며 엄한 계율을 지키는 자들이다.[272] 28

그리고 호흡의 제어에 정통한 다른 자들은 생기와 하기의 움직임을 멈추어, 하기에 생기를, 그리고 생기에 하기를 넣어 태워 올린

---

266 샹까라에 의하면 지혜(jñāna)는 분별의식(vivekavijñāna)分別意識이다.

267 라마누자에 의하면 '자기제어라는 요가의 불'(ātmasaṁyamayogāgni)은 '마음의 제어라는 요가의 불'(manaḥsaṁyamayogāgni)이다. 마음을 통해서 기관과 숨들이 행위에 경도되는 것을 막기 위해 노력한다는 의미다.

268 샹까라에 의하면 '물질의 제사'(dravyayajña)는 제사라는 생각으로 적합한 인물에게 물건을 나누어주는 것이다. 라마누자에 의하면 물질의 제사는 정당하게 물질들을 취하여 신을 숭배하기 위해 노력하는 것이다. 어떤 자들은 보시들을 위해서, 어떤 자들은 제사들을 위해서, 어떤 자들은 '불의 헌공'들을 위해서 노력한다. 이들은 모두 물질의 제사를 지내는 자들이며, 행위의 요가를 수행하는 자들이다.

269 샹까라에 의하면 고행자(tapasvin)들이 '고행의 제사'(tapoyajña)를 지내는 자들이다. 라마누자에 의하면 '달이 변하는 크기에 따라 음식의 양을 조절하는 힘든 단식'(kṛcchracāndrāyaṇopavāsa) 등을 충실히 행하는 자가 고행의 제사를 지내는 자들이다.

270 샹까라에 의하면 '요가의 제사'(yogayajña)는 '호흡의 제어'(prāṇāyāma)와 '지각의 대상으로부터 지각기관들을 거둬들여 마음이 내면으로 향하게 하는 것'(pratyāhāra) 등을 특징으로 하는 요가가 제사인 것이다. 라마누자에 의하면 성지(puṇyatīrtha)聖地인 '공덕이 있는 장소'(puṇyasthāna)들에 도달하기 위해 전념하는 자들이 요가의 제사를 지내는 자들이다.

271 샹까라에 의하면 '독경의 제사'(svādhyāyayajña)는 독경(svādhyāya)讀經이 제사(yajña)인 것이다. 독경은 『리그베다』 등을 규정에 맞추어 반복 학습하는 것이다. '지혜의 제사'(jñānayajña)는 지혜가 제사인 것이다. 지혜는 경전의 의미에 대한 통효(parijñāna)通曉다.

272 라마누자에 의하면 '엄한 계율을 지키는 자'(śaṁsitavrata)들은 '결심이 확고한 자'(dṛḍhasaṁkalpa)들이다.

다.[273] 29

다른 자들은 정해진 음식을 먹으며 생기들을 생기들에 넣어 태워 올린다.[274] 이 모든 이들은 제사를 아는 자들이며, 제사로 인해 죄가 소멸한 자들이다.[275] 30

---

273 샹까라에 의하면 하기(apāna)下氣에 생기(prāṇa)生氣를 태워 올리는 것은 '코로 숨을 마시어 가득 채우기'(pūraka)라는 이름의 '호흡의 제어'(prāṇāyāma)를 하는 것이다. 생기에 하기를 넣어 태워 올리는 것은 '숨을 내뱉기'(recaka)라는 이름의 '호흡의 제어'를 하는 것이다. 입과 코를 통해서 숨이 밖으로 나가는 것이 생기의 움직임이다. 이와는 반대로 아래로 내려가는 것이 하기의 움직임이다. 호흡의 제어에 정통한 자들은 생기와 하기의 이 두 움직임을 멈추어 '호흡을 정지시키기'(kumbhaka)인 호흡의 제어를 한다.

274 샹까라에 의하면 각각의 숨을 정복한 자는 정복한 각각의 숨에 다른 숨들을 태워 올린다. 즉, 다른 숨들이 정복한 각각의 숨에 들어간 것처럼 된다. ; 인간의 숨에는 생기(prāṇa)生氣, 하기(apāna)下氣, 평기(samāna)平氣, 편기(vyāna)遍氣, 상기(udāna)上氣 이렇게 다섯 가지가 있다. 이 다섯 가지 숨 전체를 생기라고도 부른다. 따라서 생기는 다섯 가지 숨 전체를 의미하기도 하며, 다섯 가지 가운데 하나인 생기만을 의미하기도 한다. 『문다까 우파니샤드』(3. 1. 9)에 대한 샹까라의 주석에 따르면, 생기는 입과 코로 나가며 스스로 황제의 자리에 주재하는 숨이다. 생기가 스스로 자기를 나눈 것인 하기는 소변과 대변을 빼내며 주재한다. 평기는 먹고 마신 것을 고르게 가져가기 때문에 평기라고 한다. 편기는 태양에서 햇살들이 모든 곳으로 퍼지어 도달하듯이 심장으로부터 모든 곳에 도달하는 경락들에 의해 모든 몸에 두루 퍼져 편재한다. 상기는 쑤슘나(suṣumṇā) 라는 경락의 위에 있으며 발바닥에서 머리끝까지 작용하는 숨이다. ; 라마누자에 의하면 이 부분은 바로 앞 절의 "생기와 하기의 움직임을 멈추어"가 이어져 "생기와 하기의 움직임을 멈추어 생기들을 생기들에 넣어 태워 올린다."라고 읽어야 하며, '호흡을 정지시키기'(kumbhaka)인 호흡의 제어를 의미한다.

275 샹까라에 의하면 이 모든 이들은 제사를 아는 자들로서 앞에서 언급한 제사들에 의해서 죄가 소멸한 자들이다. 라마누자에 의하면 물질의 제사부터 호흡의 제어들에 이르기까지는 스스로가 수행하는 '행위의 요가'의 구별들이다. 이러한 행위의 요가에 몰두하는 모두는 3장 10절에서 "제사와 함께 백성들을 만든 다음"(saha yajñāḥ prajāḥ sṛṣṭvā)에서처럼 언급된 대제사(mahāyajña)와 더불어 '일상적으로 매일 행해야 하는 행위'(nityakarman)와 '특별한 목적을 위해 행해야 하는 행위'(naimittikakarman)의 형태인 제사를 아는 자들이며, 이 제사에 충실한 자들이다. 따라서 죄가 소멸한 자들이다.

꾸루족 가운데 최고여, 제사를 지내고 남은 것인 불사의 감로를[276] 먹는 자들은 항구한 브라흐만에 도달한다.[277] 제사를 지내지 않는 자에겐 이 세상[278] 조차 없나니, 어찌 다른 세상이[279] 있겠는가? 31

이처럼 많은 종류의 제사들이 브라흐만의 입에 펼쳐있으니, 그 모든 것들은 행위에서 생겨난 것임을 알아라. 이처럼 알아 너는 벗어나게 되리라.[280] 32

적을 괴롭히는 자여, 물질의 제사보다 지혜의 제사가 훨씬 나으니,

---

276 샹까라에 의하면 제사의 남은 음식이 '불사의 감로'(amṛta)다.

277 라마누자에 의하면 제사를 지내고 남은 것인 불사의 감로로 몸을 유지하며 '행위의 요가'에 몰두하는 자들은 항구한 브라흐만에 도달한다.

278 샹까라에 의하면 이 세상은 모든 생명체에 공통된 세상이다. 라마누자에 의하면 이 세상은 도리(dharma)와 재산(dhana)과 욕망(kāma)이라는 형태의 '인간의 목표'(puruṣārtha)다.

279 라마누자에 의하면 다른 세상은 해탈(mokṣa)이라는 형태의 '인간의 목표'다.

280 샹까라에 의하면 브라흐만은 베다이다. 제사들은 베다를 통해 이해되는 것이기 때문에 브라흐만의 입에 펼쳐있다고 말한다. 아我는 활동하지 않는 것이기 때문에 제사들은 '아我에서 생겨난 것'이 아니라 '행위에서 생겨난 것'(karmaja)이다. 행위는 몸과 관련된 것, 말과 관련된 것, 마음과 관련된 것이다. 제사들은 나의 활동이 아니다. 나는 '활동하지 않는 자'(nirvyāpāra), '무심한 자'(udāsīna)다. 이러한 올바른 견해를 통해서 '윤회의 속박'(saṁsārabandhana)에서 벗어난다. 라마누자에 의하면 제사는 '행위의 요가'다. 브라흐만의 입에 펼쳐있다는 것은 '아我의 사실성을 획득하는 방편'에 의해서 이루어지는 것임을 의미한다. '행위에서 생겨난 것'은 매일매일 실행되는 '일상적으로 매일 행해야 하는 행위와 특별한 목적을 위해 행해야 하는 행위의 실행에서 생겨난 것'(nitya-naimittikakarmānuṣṭhānaja)을 뜻한다. 이처럼 알아 언급한 방법대로 실행하여 해탈하게 된다.

쁘리타의 아들이여, 모든 행위 일체는 지혜 안에서 끝난다.[281] 33

절을 하고, 질문하고, 봉사를 통해서 그것을[282] 알도록 하라. 본질을 보는[283] 지혜로운 자들이 너에게 지혜를 일러주리라.[284] 34

빤두의 아들이여, 그것을 알아서 다시는 이처럼 미혹에 이르지 않으리라. 그것을 통해서 너는 존재들을 남김없이 아我 안에서, 이어 내

---

281 샹까라에 의하면 물질을 수단으로 삼아 이루어지는 '물질의 제사'(dravyayajñya)는 결과를 생겨나게 하는 것이고, '지혜의 제사'(jñānayajña)는 결과를 생겨나게 하지 않는 것이다. 따라서 지혜의 제사가 훨씬 나은 것이다. 모든 행위는 '해탈의 방편'(mokṣasādhana)인 지혜 안에 막힘없이 포함된다. 라마누자에 의하면 [지혜와 물질] 둘 모두의 형태인 행위에 있어서 물질로 이루어진 부분보다는 지혜로 이루어진 부분이 훨씬 낫다. 모든 행위와 행위 이외의 수용할 만한 것 모두는 지혜에 종결된다. 그러므로 이처럼 모든 방편을 통해서 얻어지는 것인 지혜가 '행위에 내재되어 있는 상태'(karmāntargatatva)를 통해서 반복적으로 수련된다. 반복적으로 수련되면서 그 지혜는 단계적으로 획득되는 상태에 도달한다.

282 라마누자에 의하면 그것은 2장 17절에서 2장 39절까지 지시된 '아我에 대한 지혜'다.

283 라마누자에 의하면 '본질을 보는 자'(tattvadarśin)는 '아我의 본모습을 직접 본 자'(sākṣātkṛtātmasvarūpa)다.

284 샹까라에 의하면 스승에게 다가가 절을 하고, 어떤 것이 속박인지, 어떤 것이 해탈인지, 어떤 것이 명(vidyā)明인지, 어떤 것이 무명(avidyā)無明인지를 묻고, 스승을 받들어 섬기면 본질을 바라보는 지혜로운 스승은 지혜를 말해줄 것이다.

안에서 보게 되리라.[285] 35

만일 네가 모든 죄인보다도 훨씬 극악한 죄를 지은 자라 할지라도, 바로 지혜의 배를 통해 너는 모든 죄를 온전히 건너 벗어나리라.[286] 36

아르주나여, 활활 타는 불이 모든 장작을 재로 만들듯이, 그렇게 지혜의 불은 모든 행위를 재로 만든다.[287] 37

이 세상에서 지혜처럼 정화하는 것은 없다. 시간을 들여 요가를 성

---

285 샹까라에 의하면 지혜를 통해서 창조의 신인 브라흐마(Brahmā)에서부터 초목에 이르기까지의 모든 존재들이 '이 존재들은 내게 머물러 있는 것들이다.'(matsthāni imāni bhūtāni.)라고 직접 자신의 아我, 즉 '개별적인 아'(pratyagātman) 안에서, 또한 와아쑤데바(Vāsudeva)이며 지고의 자재자인 내[끄리스나] 안에서 보게 된다. 모든 우파니샤드에 널리 알려진 '밭을 아는 자와 자재자의 단일성'(kṣetrajñeśvaraikatva)을 보게 된다. 라마누자에 의하면 지혜를 알게 되면 몸 등을 아我라고 자각하는 형태이며, 이에 의해서 만들어진 '나의 것이라는 의식'(mamatā) 등이 머무는 곳인 미혹(moha)에 이르지 않는다. 신과 인간을 비롯한 형태의 각각 개별적인 모든 존재들을 '자신의 아我'(svātman) 안에서 보게 된다. 왜냐하면 자연(prakṛti)과의 접촉이라는 결함에서 벗어난 '아我의 본모습'(ātmas-varūpa)은 같은 것이기 때문에, 자연을 벗어난 그대와 다른 존재들의 동일함이 '지혜의 단일한 형태성'(jñānaikākāratā)에 의해서 생겨난다. 이름과 형태를 벗어난 '아我라는 사물'(ātmavastu)은 지고의 존재와 본모습이 동일하다. 따라서 자연을 벗어난 모든 '아我라는 사물'은 서로서로 동일하며, '지고의 자재자'(parameśvara)와도 동일하다.

286 라마누자에 의하면 이전에 만든 모든 죄악의 형태인 바다를 '아我를 대상으로 하는 지혜의 형태인 배'로 건너게 될 것이다.

287 샹까라에 의하면 지혜는 모든 행위가 씨앗이 없는 상태가 되는 데 원인이 된다. 몸을 얻게 한 행위는 이미 결과가 시작된 행위이기 때문에 몸은 결과를 겪어야만 사라진다. 따라서 지혜를 얻기 전에 행한 것으로 결과가 시작되지 않은 행위들, 지혜와 더불어 행한 행위들, 그리고 지난 수많은 생에 행한 모든 행위를 지혜가 재로 만든다. 라마누자에 의하면 '아我의 실상實相에 대한 지혜의 형태'(ātmayāthātmyajñānarūpa)인 불은 '생명의 아'(jīvātman)에 깃든 '무시이래無始以來로 만들어진 수많은 행위가 쌓인 것'(anādikālapravṛttānekakālakarmasañcaya)을 재로 만든다.

취한 자는 그것을 저절로 아我 안에서 얻는다.[288] 38

믿음이 있고, 몰두하며, 기관을 잘 제어한 자가 지혜를 얻는다. 지혜를 얻으면 지체없이 지고의 평온에[289] 이른다. 39

무지하고, 믿지 못하고, 마음에 의심이 있는 자는 멸한다. 마음에 의심이 있는 자에게는 이 세상도, 저세상도, 기쁨도 없다.[290] 40

이겨 재산을 얻은 자여,[291] 요가를 통해 행위들을 온전히 내던진

---

288 샹까라에 의하면 '행위의 요가'(karmayoga)와 '삼매의 요가'(samādhiyoga)를 통해 오랜 시간 동안 정화되어 능력을 갖춘, 해탈을 원하는 자는 스스로 아我 안에서 지혜(jñāna)를 얻는다. 라마누자에 의하면 '아我에 대한 지혜'(ātmajñāna)처럼 정화하는 다른 사물은 세상에 없다. 그러므로 '아我에 대한 지혜'는 모든 죄를 멸한다. 그러한 가르침에 따라 매일매일 실행하는 '지혜의 형태인 행위의 요가'(jñānākārakarmayoga)를 거듭 성취하면 시간이 흘러감에 따라 지혜를 저절로 '자신의 아我'(svātman) 안에서 얻는다.

289 샹까라에 의하면 '지고의 평온'(parā śānti)은 '해탈의 모습'(mokṣākhyā)인 적정(uparati)寂靜이다. 라마누자에 의하면 '지고의 평온'은 '지고의 열반'(paraṁ nirvāṇam)이다.

290 샹까라에 의하면 '무지한 자'(ajña)는 '아我를 모르는 자'(anātmajña)다. 무지한 자, 믿음이 없는 자, 마음에 의심이 있는 자 가운데 마음에 의심이 있는 자가 가장 죄인이다. 라마누자에 의하면 무지한 자는 '가르침을 통해 얻은 지혜가 없는 자'다. 믿음이 없는 자는 '가르침을 받은 지혜의 증진을 위한 방편을 위해 노력하지 않는 자'다. 마음에 의심이 있는 자는 '가르침을 받은 지혜에 대해 마음에 의심이 있는 자'다. 가르침을 받은 '아我의 본질을 대상으로 하는 지혜'에 대해 마음에 의심이 있는 자는 도리와 재산과 욕망 등의 '인간의 목표'(puruṣārtha)를 성취하지 못한다. [인간의 최고 목표인] 해탈을 성취하지 못함은 말할 필요도 없다. 모든 '인간의 목표'들은 경전에 따른 행위에 의해서 성취되는 형태인 것이다. 그리고 경전에 따른 행위를 통해서 생겨나는 성취는 몸 이외의 것인 아我에 대한 올바른 사유를 전제로 한다. 따라서 아我에 대해 마음에 의심이 있는 자는 조금의 기쁨(sukha)도 누리지 못하는 상태가 된다.

291 '이겨 재산을 얻은 자'(dhanañjaya)는 아르주나를 의미한다.

자,[292] 지혜로써 의심을 끊어버린 자,[293] 마음을 다스린 자를[294] 행위들은[295] 얽어매지 못한다.[296] 41

그러니, 바라따의 후손이여, 무지에서 생겨나 심장에 자리잡은 이 의심을 아我에 대한 지혜의 칼로 잘라내어 요가를 행하라! 일어나라![297] 42

---

292 라마누자에 의하면 '행위들을 온전히 내던진 자'(sannyastakarmāṇam)는 '행위가 지혜의 형태에 도달한 자'(jñānākāratāpannakarmāṇam)이다.

293 라마누자에 의하면 '지혜로써 의심을 끊어버린 자'(jānasañchinnasaṁśaya)는 가르침을 받은 '아我에 대한 지혜'를 통해서 아我에 대한 의심을 끊어버린 자이다.

294 라마누자에 의하면 '마음을 다스린 자'(ātmavat)는 '총명한 자'(manasvin)며, 가르침을 받은 의미로 인해 '마음을 견고하게 안주하게 한 자'(dṛḍhāvasthitamanas)다.

295 라마누자에 의하면 행위들은 '속박의 원인이 된 것'(bandhahetubhūta)으로 '오래된 무한한 행위'(prācīnānantakarma)들이다.

296 샹까라에 의하면 '요가를 통해 행위들을 온전히 내던진 자'(yogasaṁnyastakarma)는 지고의 대상을 보는 것을 특징으로 하는 요가를 통해서 법(dharma)과 비법(adharma)이라는 행위들을 온전히 내던진 자다. '지혜로써 의심을 끊어버린 자'(jñānasaṁchinnasaṁśaya)는 '아我와 자재자의 단일성을 보는 것'(ātmeśvaraikatvadarśana)을 특징으로 하는 지혜를 통해서 의심을 끊어버린 자다. '마음을 다스린 자'(ātmavat)는 '방일放逸하지 않은 자'(apramatta)다. 얽어매지 못한다는 것은 바람직하지 않은 것 등의 형태인 결과를 생겨나게 하지 않는다는 것이다.

297 샹까라에 의하면 무지(ajñāna)는 무분별(aviveka)이다. 심장(hṛd)은 지성(buddhi)이다. '올바로 보는 것'(samyagdarśana)正見인 지혜는 슬픔과 미혹 등의 잘못을 없애는 칼이다. 요가는 올바로 보는 것을 얻는 방편인 '행위의 실행'(karmānuṣṭhāna)이다. 그것을 행하고, 싸움을 위해 일어나라는 의미다. 라마누자에 의하면 무시이래無始以來의 무지에서 생겨나 심장에 자리잡은, 아我를 대상으로 하는 의심을 내[끄리스나]가 가르쳐준 '아我에 대한 지혜의 칼'(ātmajñānāsi)로 베어내어 내[끄리스나]가 가르쳐 준 '행위의 요가'를 실행하라, 이를 위해 일어서라는 의미다.

이상은 성스러운 마하바라타의 비스마 편 스물여섯 번째 장이다.[298]

298 반다르까르 판본에 따른 내용이다. 그러나 짜우캄바 판본에 따른 내용은 "이상은 성스러운 바가바드기타인 우파니샤드들 가운데 브라흐만에 대한 지혜이며 요가의 경전인 성스러운 끄리스나와 아르주나의 대화에서 '지혜와 행위와 온전히 모두 내버림의 요가'(jñānakarmasaṁnyāsayoga)라고 이름하는 네 번째 장이다." 기타프레스의 샹까라 주석 산스크리트어 힌디어 대역본에 따른 내용은 "이상은 브야싸의 십만 개로 이루어진 결집서인 성스러운 마하바라타의 비스마 편에 있어서 성스러운 바가바드기타인 우파니샤드들 가운데 브라흐만에 대한 지혜이며, 요가의 경전인 성스러운 끄리스나와 아르주나의 대화에서 '지혜와 행위와 온전히 모두 내버림의 요가'라고 이름하는 네 번째 장이다." 기타프레스의 라마누자 주석 산스크리트어 힌디어 대역본에 따른 내용은 "옴, 그것은 진실한 것! 성스러운 바가바드기타인 우파니샤드들 가운데 브라흐만에 대한 지혜이며 요가의 경전인 성스러운 끄리스나와 아르주나의 대화에서 '지혜와 행위와 온전히 모두 내버림의 요가'라고 이름하는 네 번째 장이다."

제5장

아르주나가 말했습니다.

끄리스나여, 당신은 행위들을 온전히 내던져 버리는 것에[299] 대해, 그리고 또한 요가에[300] 대해 말합니다. 이 둘 가운데 확실히 좋은 것 하나, 그것을 제게 말해 주십시오. 1

성스러운 세존께서 말씀하셨습니다.

온전히 내던져 버리는 것과 행위의 요가, 둘 다 지극한 행복을 만들어내는 것들이다.[301] 하지만, 이 둘 중에서 행위를 온전히 내던져 버리는 것보다는 행위의 요가가 더 나은 것이다.[302] 2

---

299 샹까라에 의하면 '행위들을 온전히 내던져 버리는 것'(karmaṇāṁ saṁyāsaḥ)은 경전에 언급된 행위의 실행(anuṣṭhāna)들을 포기하는 것이다, 즉 행위를 버리는 것이다. 라마누자에 의하면 '행위들을 온전히 내던져 버리는 것'은 '지혜의 요가'(jñānayoga)다.

300 샹까라에 의하면 요가(yoga)는 경전에 언급된 행위의 실행을 반드시 행해야 하는 것이다. 즉, 행위를 실행하는 것이다. 라마누자에 의하면 요가는 '행위의 요가'(karmayoga)다.

301 샹까라에 의하면 '온전히 내던져 버리는 것'(saṁyāsa)과 '행위의 요가'는 지혜가 생겨나는 원인이 되는 것이기 때문에 둘 다 '지극한 행복을 만들어내는 것'(niḥśreyasakara)이다. '지극한 행복'(niḥśreyasa)은 해탈(mokṣa)이다.

302 라마누자에 의하면 '온전히 내던져 버리는 것'은 '지혜의 요가'다. 지혜의 요가에 대한 능력을 가진 자에게 있어서는 행위의 요가와 지혜의 요가는 서로 다른 것을 필요로 하지 않으며 지극한 행복을 만들어내는 것이다. 하지만 이 둘 중에서 '행위를 온전히 내던져 버리는 것'(karmasannyāsa)인 지혜의 요가 보다는 행위의 요가가 더 나은 것이다.

싫어하는 것도 없고 원하는 것도 없는 자, 그가[303] 바로 항상 온전히 내던져 버리는 자라고 알아야 한다.[304] 긴 팔을 가진 자여, 이항대립이 없는 자는 매임에서 편안히 벗어나기 때문이다.[305] 3

온전하게 밝힘과 요가를[306] 어리석은 자들은 각각 다른 것이라 말하지만 학자들은[307] 그렇게 말하지 않는다.[308] 하나에 제대로 머무는 자는 둘 다의 결과를 얻는다.[309] 4

온전하게 밝힘들을 통해서 얻어지는 경지, 그것은 요가들을 통해

---

303 샹까라에 의하면 그(saḥ)는 '행위의 요가를 하는 자'(karmayogin)다.

304 샹까라에 의하면 그 무엇도 싫어하지 않고 좋아하지도 않는, 고통과 행복에 대해, 그리고 고통과 행복을 얻는 수단에 대해서도 싫어하지도 좋아하지도 않는 자는 행위 안에 있으면서도 '항상 온전히 내던져 버리는 자'(nityasaṁnyāsin)라고 알아야 한다.

305 라마누자에 의하면 행위의 요가를 하는 자는 행위의 요가 안에 내재되어 있는 '아[我]에 대한 경험'(ātmānubhava)에 만족하여 그 무엇도 원하지 않는다. 따라서 그 무엇도 싫어하지 않는다. 그래서 '이항대립[二項對立]을 견디는 자'(dvandvasaha)다. 이러한 자가 '항상 지혜에 충실한 자'(nitya-jñānaniṣṭha)인 '항상 온전히 내던져 버리는 자'라고 알아야 한다. 이러한 자는 행하기 쉬운 행위의 요가에 충실함으로써 매임에서 편안히 벗어난다.

306 샹까라에 의하면 '온전히 내던져 버리는 것'(saṁyāsa)과 '행위의 요가'(karmayoga)는 지혜(jñāna)와 그 지혜의 원인이 되는 '동일에 대한 인식상태'(samabuddhitva) 등에 연결된 것이기 때문에 '온전하게 밝힘'(sāṁkhya)과 요가(yoga)라고 말하는 것이다.

307 샹까라에 의하면 학자(paṇḍita)는 '지혜로운 자'(jñānin)다.

308 라마누자에 의하면 '온전하게 밝힘'은 '지혜의 요가'이며, 요가(yoga)는 '행위의 요가'다. 지혜가 없는 어리석은 자들은 결과의 차이로 인해서 이 둘이 다르다고 말하지만, 학자인 '모두 다 아는 자'(kṛtsnavid)들은 이렇게 말하지 않는다. 행위의 요가는 오로지 지혜의 요가를 성취시키는 것이며, 지혜의 요가는 오로지 '아[我]에 대한 관조'(ātmāvalokana)를 성취시키는 것이라고, 이렇게 이 둘의 결과의 차이로 인해서 이 둘은 각각 다른 것이라고 말하는 자들은 학자들이 아니다.

309 라마누자에 의하면 '아[我]에 대한 관조라는 하나의 결과를 가진 것'(ātmāvalokanaikaphala)인 이 둘 가운데 단지 하나만에라도 제대로 머무는 자는 '결과가 하나인 것'(ekaphalatva)이기 때문에 바로 그 결과[아[我]에 대한 관조]를 얻는다.

서도 달성된다.[310] 온전하게 밝힘과 요가를 하나로 보는 자, 그가 보는 자이다.[311] 5

그러나 긴 팔을 가진 자여, 온전히 내던져 버림은 요가가 없이는 얻기가 힘들고, 요가에 전념한 적묵자寂默者는 오래지 않아 브라흐만에 도달한다.[312] 6

---

310 샹까라에 의하면 '온전하게 밝힘'은 '지혜에 충실함'(jñānaniṣṭha)이다. '온전히 내던져 버리는 자'들은 지혜에 충실함을 통해서 해탈이라는 경지에 도달한다. 자신을 위해 결과를 바라지 않고 행위들을 자재자에게 바치며 지혜를 얻는 원인이라 여기고 행위를 하는 요가수행자들 역시 '지고의 대상에 대한 지혜'(paramārthajñāna)인 '온전히 내던져 버림'(saṁnyāsa)의 획득을 통해서 해탈에 도달한다. 라마누자에 의하면 '지혜에 충실함'들을 통해서 '아我에 대한 관조의 형태인 결과'(ātmāvalokanarūpaphala)를 얻는다. 이것은 '행위의 요가에 충실함'(karmayoganiṣṭha)들을 통해서도 얻어진다.

311 라마누자에 의하면 이처럼 결과가 하나인 것이기 때문에 '온전하게 밝힘'과 '요가'를 '하나인 것'(eka), 즉 '선택적인 것'(vaikalpika)으로 보는 자가 바로 지자(paṇḍita)智者이다.

312 샹까라에 의하면 지혜를 동반한 '온전히 내던져 버림'(sannyāsa)이 '온전하게 밝힘'(sāṁkhya)이다. 이것이 '궁극적인 의미의 요가'(paramārthayoga)다. '행위의 요가'는 베다에 관련된 것이며, 지혜의 방편이 되기 때문에 요가와 '온전히 내던져 버림'이라고 말해진다. '요가에 전념한 자'(yogayukta)는 결과를 바라지 않고 자재자에게 바친, 베다와 관련된 행위의 요가에 전념한 자다. 적묵자寂默者 의 원어인 무니(muni)牟尼는 어원적으로 '자재자의 본모습을 명상하기 때문에 무니이다.'(mananāt īśvarasvarūpasya muniḥ). '지고의 아我에 대한 지혜'(paramātmajñāna)를 특징으로 하는 것이기 때문에 '온전히 내던져 버림'을 브라흐만이라고 말한다. 여기서 브라흐만은 '지고의 아我에 대한 지혜에 충실함'(paramātmajñānaniṣṭhā)을 특징으로 하는 '궁극적인 의미에서의 온전히 내던져 버림'(paramārthasaṁnyāsa)이다. '도달한다는 것'은 얻는다는 의미다. 라마누자에 의하면 '온전히 내던져 버림'인 '지혜의 요가'는 '행위의 요가'가 없이는 얻을 수 없다. 그러나 '행위의 요가에 전념한 자'(karmayogayukta)인 무니, 즉 '아我를 명상하는 성향을 가진 자'(ātmamananaśīla)는 짧은 시간에 브라흐만에 도달한다. 즉, 아我를 얻는다. '지혜의 요가에 전념한 자'(jñānayogayukta)는 아주 힘들게 지혜의 요가를 성취한다. 지혜의 요가는 힘들게 얻어지는 것이라서 오랜 시간이 지나서 아我를 얻는다.

요가에 전념하며, 마음이 확연히 청정하고, 자신을[313] 다스리고, 지각기관을 이긴 자, 모든 존재의 아我가 자신의 아我가 된 자는[314] 행하면서도 걸림이 없다.[315] 7

본질을 아는 자는[316] 전념하여 '나는 그 무엇도 하는 바가 없다'라고 생각해야 한다. 보며, 들으며, 만지며, 맡으며, 먹으며, 가며, 잠자며, 숨쉬며, 8

말하며, 버리며, 잡으며, 눈뜨며, 눈감으면서도 '기관들이 기관의

---

313 샹까라에 의하면 자신(ātman)은 몸(deha)이다. ; 자신의 원어인 아뜨만(ātman)은 '가다, 늘 가다' 등을 의미하는 어근 아뜨(at) 혹은 '숨 쉬다, 살다, 능력이 있다, 가다' 등을 의미하는 어근 안(an)에서 파생된 낱말이다. 아뜨만은 남성명사로 '영혼, 생기, 자아, 우주적인 영혼, 브라흐만, 본질, 몸, 자신, 마음, 사고력, 형상, 아들, 태양, 불, 바람' 등을 의미한다. 아뜨만은 불경에서 '아我, 아자我者, 기己, 자自, 성性, 자성自性, 신身, 자신自身, 체體, 체성體性, 기체己體, 자체自體, 신神, 신식神識' 등으로 한역된다.

314 샹까라에 의하면 '모든 존재의 아我가 자신의 아我가 된 자'(sarvabhūtātmabhūtātman)는 '개별적인 정신'(pratyakcetana)인 아我가 창조의 신인 브라흐마(Brahmā)에서 초목에 이르기까지의 존재들의 '아我가 된 자'(ātmabhūta)로 '올바르게 보는 자'(samyagdarśin)라는 의미다.

315 라마누자에 의하면 '행위의 요가에 전념한 자'는 '지고의 인아에 대한 숭배의 형태'(paramapuruṣārādhanarūpa)인 경전에 언급된 청정한 행위에 몰두한다. 그래서 '마음이 확연히 청정한 자'(viśuddhamanāḥ)가 된다. 자신이 반복하여 익힌 행위에 마음이 몰두하기 때문에 쉽게 '자신을 다스린 자'(vijitātman), 즉 '마음을 다스린 자'(vijitamanāḥ)가 된다. 그리하여 '지각기관을 이긴 자'(jitendriya)가 된다. 그리고 행위자인 아我의 '실상實相에 대한 추구에 충실한 상태'(yāthātmyānusandhānaniṣṭhatā)를 통해서 '모든 존재의 아我가 자신의 아我가 된 자'(sarvabhūtātmabhūtātman)가 된다. 자신의 아我가 신을 비롯한 모든 존재의 아我가 된 자가 '모든 존재의 아我가 자신의 아我가 된 자'다. '아我의 실상'(ātmayāthātmya)을 추구하는 자에게 있어서는 신 등등의 아我와 자신의 아我가 '한 모습'(ekākāra)이기 때문이다. 신 등등의 차이는 '자연이 변화한 특별한 형태의 상태'(prakṛtipariṇāmaviśeṣarūpatā)이기 때문에 '아我의 모습의 상태'(ātmākāratva)가 되는 것은 불가능하다. '자연과 별개인 것'(prakṛtiviyukta)은 신을 비롯한 모든 몸에 있어서 '지혜의 동일한 모습의 상태'(jñānaikākāratā)로 인해서 같은 모습이다. 이렇게 된 자는 행위를 행하면서도 '아我라는 자각'(ātmābhimāna)이 '아我가 아닌 것'(anātman)에 관계되지 않는다. 그래서 얼른 아我를 얻는다.

316 샹까라에 의하면 '본질을 아는 자'(tattvavid)는 아我의 있는 그대로의 본질을 아는 자이다.

대상들에 대해 활동한다'라고 여기며,[317] 9

행위들을 브라흐만에[318] 맡기고, 애착을 버려 행하는 자,[319] 연잎이 물에 젖지 않듯이, 그는 죄에 걸리지 않는다.[320] 10

요가를 하는 자들은 애착을 버리고 자신을 청정케 하려 단지 몸과, 마음과, 지성과, 그리고 오로지 기관들로 행위를 한다.[321] 11

전념한 자는 행위의 결과를 버려 최상의 평온을 얻는다. 전념하지

---

317 라마누자에 의하면 '아我의 본질을 아는 자'(ātmatattvavid)는 귀를 비롯한 지각기관들, 입을 비롯한 행위기관들, 그리고 생기(prāṇa)들이 자신의 대상들에 대해 활동한다고 추정하면서, '나는 아무것도 하지 않는다'라고 여기어야 한다. '지혜와 동일한 본질'(jñānaikasvabhāva)인 나, 그러한 나의 '행위자로서의 상태'(kartṛtva)는 행위의 뿌리인 기관과 생기의 상호 연관으로 만들어낸 것이지, 나의 본질이 상응하는 것은 아니라고 여겨야 한다. 274번 각주 참조.

318 샹까라에 의하면 브라흐만(brahman)은 자재자(īśvara)다. 라마누자에 의하면 브라흐만은 자연(prakṛti)이다.

319 샹까라에 의하면 결과인 해탈(mokṣa)에 대한 집착(saṁga)마저 버려야 한다.

320 라마누자에 의하면 기관들은 '자연이 변화한 특별한 형태의 상태'(prakṛtipariṇāmaviśeṣarūpatva)이다. 그래서 기관의 모습으로 자리잡은 자연(prakṛti)에 행위들을 맡기고 결과에 대한 집착을 버리어 '나는 그 아무것도 하지 않는다.'(naiva kiñcit karomi)라며 행위들을 하는 자는 '자연과 접촉된 상태'(prakṛtisaṁsṛṣṭatā)에서 활동하면서도 '자연을 아我로 자각하는 형태'(prakṛtyātmābhimānarūpa)인 속박의 원인이 되는 죄에 연잎이 물에 젖지 않듯이 걸리지 않는다.

321 샹까라에 의하면 '요가를 하는 자'(yogin)는 '행위 하는 자'(karmin)이다. 단지(kevala)는 '나의 것이라는 생각이 없는 것'(mamatvabuddhiśūnya)을 의미한다. 자신(ātman)은 진성(sattva)眞性을 의미한다. 라마누자에 의하면 '요가를 하는 자'들은 몸과 마음과 지성과 기관에 의해서 이루어지는 행위를, 천국을 비롯한 결과에 대한 집착을 버리고 자신을 청정케 하려, 즉 자신에 깃든 오랜 행위의 속박을 멸하기 위해서 행한다.

않은 자는 욕망이 이끄는 대로 결과에 집착하여 얽매인다.[322] 12

다스리는 자인 '몸을 가진 자'는 마음으로 모든 행위를 온전히 내던져 버리고 하는 바 없이 하게 하는 바 없이 아홉 개의 문이 있는 성에 편안히 머문다.[323] 13

주께서는 세상의 행위자라는 것과 행위들을, 그리고 행위와 결과

322 샹까라에 의하면 '전념한 자'(yukta)는 '삼매에 든 자'(samāhita)이며, '전념하지 않은 자'(ayukta)는 '삼매에 들지 않은 자'(asamāhita)이다. 최상의 평온(śānti)은 최상의 상태에서 생겨난 해탈이라는 평온이다. '진성의 청정'(sattvaśuddhi), '지혜의 획득'(jñānaprāpti), '모든 행위를 온전히 내던져 버림'(sarvakarmasaṁnyāsa), '최상의 지혜'(jñānaniṣṭhā)라는 순서에 의해서 생겨난 해탈이라는 평온을 얻는다. 라마누자에 의하면 '전념한 자'는 '아[我]와는 별개의 것인 결과'(ātmavyatiriktaphala)들에 대해 동요하지 않는 자이며, '아[我] 하나에만 경도된 자'(ātmaikapravaṇa)이다. 이러한 자는 행위의 결과를 버리고 오로지 자신을 청정케 하려고 행위를 실행하여 최상의 평온을 얻는다. 즉, '아[我]에 대한 경험의 형태'(ātmānubhavarūpa)인 안정된 만족(nirvṛti)을 얻는다. '전념하지 않은 자'는 '아[我]와는 별개의 것인 결과'들에 대해 동요하는 자이며, '아[我]에 대한 관조를 외면한 자'(ātmāvalokanavimukha)다. 이러한 자는 욕망이 이끄는 대로 결과에 집착하여 행위들을 행하며 항상 행위들에 의해 얽매인다. 즉, '항상 윤회하는 자'(nityasaṁsārin)가 된다. 그래서 결과에 대한 집착이 없이 기관의 형태로 변화된 자연(prakṛti)에 행위들을 모두 내맡기고 오로지 자신의 속박을 풀기 위해 행위들을 해야 한다.

323 샹까라에 의하면 '다스리는 자'(vaśin)는 '기관을 이긴 자'(jitendriya)라는 의미다. 머리에 있는 일곱 개와 아래에 있는 두 개를 합해서 아홉 개의 문이다. 몸이 성이다. 성의 주인은 아[我]다. 아[我]를 위해 많은 결과와 인식을 만들어내는 기관, 마음, 지성, 대상들은 성의 백성들이다. 이러한 아홉 개의 문이 있는 성에 '몸을 가진 자'(dehin)는 '무위를 온전히 바라보게 하는 것'(akarmasaṁdarśana)이고, 분별지(vivekabuddhi)이며, 행위 등에 대해서 '행위가 아니라는 것을 온전히 보게 하는 것'(akarmasaṁdarśana)인 마음(manas)을 통해 모든 행위를 온전히 내던져 버리고 편안히 머문다. 라마누자에 의하면 행위들에 대한 아[我]의 '행위자로서의 상태'(kartṛtva)는 '오래된 행위의 뿌리인 몸과의 관계에 상응한 것'이지, '자신의 모습에 상응한 것'이 아니다. 이러한 분별을 가진 마음을 통해서 모든 행위를 아홉 개의 문이 있는 성에 온전히 내던져 버리고, '다스리는 자'인 '몸을 가진 자'는 몸을 의지처로 삼는 노력을 스스로 하지 않으며, 몸에게 하게 하지도 않으며 편안히 머문다. ; 머리에 있는 일곱 개의 문은 두 눈, 두 귀, 두 콧구멍, 하나의 입, 이렇게 일곱 개다. 아래에 있는 두 개는 하나의 생식기관, 하나의 배설기관, 이렇게 두 개다.

의 연결을 만들지 않는다. 본성이 작용하는 것이다.[324] 14

편재한 주께서는 그 누구의 선행과 악행도 받아들이지 않는다. 무지에 의해 지혜가 덮여 있다. 그래서 중생들은 미혹된다.[325] 15

아我에 대한 지혜를 통해서 무지가 사라진 그런 자들의 그 지고의

---

324 샹까라에 의하면 '편재한 주'(prabhu)는 아我인 '몸을 가진 자'이다. 본성(svabhāva)은 무명(avidyā)無明을 특징으로 하는 것인 자연(prakṛti), 즉, 환력(māyā)幻力이다. 라마누자에 의하면 '편재한 주'는 '행위에 장악되지 않는 자'(akarmavaśya)이며 '본질적인 본모습'(svābhāvikasvarūpa)으로 자리잡은 아我다. 세상은 '자연과의 접촉'(prakṛtisaṁsarga)에 의해서 신과 축생과 인간과 움직이지 못하는 것의 형태로 존재하는 것이다. '행위자라는 것'(kartṛtva)은 신을 비롯한 특별한 것이다. '행위와 결과의 연결'(karmaphalasaṁyoga)은 각각의 행위에서 생겨난 신 등등이라는 행위와 결과의 연결이다. 본성은 '자연의 습기習氣'(prakṛtivāsanā)다. 행위자라는 것을 비롯한 모든 것은 '자연이란 무시이래로 행한 각각 이전의 행위를 통해 생겨난 신 등등의 형태인데, 이러한 자연과의 접촉에서 만들어진 그 각각을 아我로 자각함으로써 생겨난 습기에 의해서 만들어진 것'(anādikālapravṛttapūrvapūrvakarma-janitadevādyākāraprakṛtisaṁsargakṛtatattadātmābhimānajanitavāsanākṛta)이다.

325 샹까라에 의하면 지혜(jñāna)는 분별인식(vivekavijñāna)이다. 중생(jantu)은 분별하지 못하는 자, 윤회하는 자다. 라마누자에 의하면 '편재한 주'(vibhu)께서는 신 등등의 몸을 비롯한 그 어떤 특별한 장소에 머무는 존재가 아니다. 그래서 그 어떤 것과도 친밀하지 않으며, 그 어떤 것과도 적대적이지 않다. 지혜는 지혜와 반대되는 것인 '각각 이전의 행위'(pūrvapūrvakarma)에 의해서 '자신의 행위의 결과를 경험하기에 적합한 상태'(svaphalānubhavayogyatva)를 위해 덮여 있다. '지혜의 덮개 형태'(jñānāvaraṇarūpa)인 행위(karma)에 의해서 신을 비롯한 몸과의 결합, 그리고 '그 각각의 것을 아我로 자각하는 형태인 미혹'(tattadātmābhimānarūpamoha)이 생긴다. 이로 인해서 '그러한 것에 대한 아我의 자각이라는 습기'(tathāvidhātmābhimānavāsanā)와 '그에 따른 행위의 습기'(taducitakar-mavāsanā)가 생긴다. 그리고 습기에 의해서 '전도된 아我의 자각'(viparītātmābhimāna)과 '행위의 시작'(karmārambha)이 생긴다.

지혜는 태양처럼 비춘다.[326] 16

그것이 지성인 자들, 그것이 아我인 자들, 그것이 궁극인 자들, 그것이 지고의 의지처인 자들은 더러운 것을 지혜로 털어내어 다시는 돌아오지 않음에 이른다.[327] 17

학문과 계율을 갖춘 브라흐마나에 대해, 소에 대해, 코끼리에 대해, 개에 대해, 그리고 개를 요리하는 자에 대해[328] 동일하게 보는 자들이

---

326 샹까라에 의하면 지혜는 분별지(vivekajñāna)다. '그 지고'(tatparam)는 '지고의 대상의 본질'(pramārthatattva)이다. 라마누자에 의하면 지혜는 아我들에 대한 지혜이며, 아我의 본질에 대한 가르침을 통해 생겨난 것이며, 매일매일 특별한 '반복된 수련'(abhyāsa)을 통해 확장된 것이며, 아我를 대상으로 하는 것이며, '더할 바 없이 정화하는 것'(niratiśayapavitra)이다. 무지(ajñāna)는 '지혜의 덮개'(jñānāvaraṇa)이며, '무시이래로 행한 끝없는 행위에 의해서 생겨난 의심의 형태'(anādikāl-apravṛttānantakarmasaṁśayarūpa)이다. '그 지고의 지혜'(tat paraṁ jñānam)는 본질적인 것으로서 제한되지 않고 축소되지 않은 지혜다. 이러한 지혜는 태양처럼 모든 것을 있는 그대로 비추어준다. '그런 자들의'(teṣām)라고 이렇게 무지가 사라진 자들이 많은 것을 나타내는 것은 '아我의 본모습이 많은 상태'(ātmasvarūpabahutva)를 의미한다. 윤회의 상태에서는 행위에 의해서 지혜의 축소가, 해탈의 상태에서는 지혜의 확장이 생긴다.

327 샹까라에 의하면 그것(tat)은 '지고의 브라흐만'(paraṁ brahma)이다. 지고의 브라흐만인 그것에 지성이 도달한 자들이 '그것이 지성인 자'(tadbuddhi)들이다. 지고의 브라흐만이 아我인 자들이 '그것이 아我인 자'(tadātman)들이다. 궁극(niṣṭhā)은 결정(abhiniveśa)이며 목적(tātparya)이다. 모든 행위를 온전히 내던져 버리고 브라흐만에 자리잡은 자들이 '그것이 궁극인 자'(tanniṣṭhā)들이다. '오로지 아我가 애락인 자'(kevalātmarati)들이 '그것이 지고의 의지처인 자'(tatparāyaṇa)들이다. '더러운 것'(kalmaṣa)은 죄악을 비롯한 윤회의 원인이 되는 잘못들이다. '다시는 돌아오지 않음'(apunarāvṛtti)은 '다시 몸과 연결되지 않음'(apunardehasaṁbandha)이다. 라마누자에 의하면 그것은 아我다. '아我를 관조하기 위해서 확고한 결정을 한 자'(ātmadarśanādhyavasāya)들이 '그것이 지성인 자'들이다. '마음이 그것을 대상으로 하는 자'(tadviṣayamanas)들이 '그것이 아我인 자'들이다. '그것을 반복적으로 익히는 데 정진하는 자'(tadabhyāsanirata)들이 '그것이 궁극인 자'들이다. 그것이 지고의 피난처인 자들이 '그것이 지고의 의지처인 자'들이다. '다시는 돌아오지 않음'은 자신의 모습으로 자리잡은 아我다.

328 '개를 요리하는 자'(śvāpāka)는 보기만 해도 부정을 탄다고 여겨지는 최하층 천민인 짠딸라(cāṇḍāla)이다. 원문에서 개 다음으로 언급되는 것으로 보아 개보다 못한 존재로 취급된다는 것을 알 수 있다.

학자들이다.[329] 18

동일함에 마음이 머무는 자들에 의해 생이 바로 이곳에서 장악된다. 브라흐만은 결점이 없음이며, 같음이기 때문에 그들은 브라흐만에 머무는 자들이다.[330] 19

확고한 지성을 가진 자, 미혹되지 않은 자, 브라흐만을 아는 자, 브라흐만에 머문 자는 좋은 것을 얻어 기뻐하지 않고, 싫은 것을 얻어

329 샹까라에 의하면 학문(vidyā)은 아[我]에 대해 아는 것이고, 계율(vinaya)은 적정(upaśama)[寂靜]이다. 브라흐마나는 최고의 성례를 갖춘 진성적인 존재다. 소는 성례를 갖추지 못한 동성적인 존재다. 코끼리 등등은 단지 암성적인 존재다. 이러한 존재들 안에서 진성을 비롯한 성질(guṇa)과 성질에서 생겨난 잠재인상(saṁskāra)[業行]들과는 전혀 무관하며, 동일하고, 변화가 없는 하나인 브라흐만을 보는 성향을 가진 자가 '동일하게 보는 자'(samadarśin)다. 라마누자에 의하면 '아[我]의 실상[實相]을 아는 자'(ātmayāthātmyavid)인 학자(paṇḍita)들은 학문과 계율을 갖춘 브라흐마나, 소, 코끼리, 그리고 개를 요리하는 자 등등의 아주 다른 모습으로 나타나는 아[我]들에 대해서 '지혜의 동일한 모습의 상태'(jñānaikākāratā)를 통해서 모든 곳에서 동일하게 보는 자들이다. 다른 모습은 자연(prakṛti)에 속하는 것이지 아[我]에 속하는 것이 아니다. 아[我]는 '지혜의 동일한 모습의 상태'이기에 동일하다.

330 샹까라에 의하면 생(sarga)[生]은 출생(janman)이다. 동일함(sāmya), 즉 모든 존재 안에 '동일한 상태'(samabhāva)인 브라흐만에 내적기관인 마음이 흔들림 없이 안정되어 있는 자들이 '동일하게 보는 자'인 학자(paṇḍita)들이다. 이러한 자들은 바로 이승에서 살아 있는 동안 출생을 장악한다. '브라흐만은 동일한 것이고 하나인 것이다.'(samaṁ brahma ekaṁ ca). 그러므로 브라흐만에 머무는 자들은 '몸을 비롯한 합성체를 아[我]로 보는 자각이 없음'(dehādisaṁghātātmadarśanābhimānābhāva)으로 인해서 조금의 잘못도 그들에게는 와 닿지 못한다. 브라흐만은 '모든 장단점과 무관한 것'(sarvaguṇadoṣavarjita)이다. 라마누자에 의하면 생은 윤회(saṁsāra)다. 모든 아[我]들의 동일함에 마음이 머무는 자들은 방편을 실행하는 상태인 이곳(iha)에서 윤회를 이긴 자들이다. '자연과의 접촉이라는 잘못에서 벗어난 상태'(prakṛtisaṁsargadoṣaviyukttā)로 인해서 '동일함'(sama)인 '아[我]라는 사물'(ātmavastu)이 바로 브라흐만이다. '아[我]의 동일함'(ātmasāmya)에 머무는 자들은 브라흐만에 머무는 자들이다. 그리고 '브라흐만에 머무는 것이 바로 윤회에 대한 승리이다.'(brahmaṇi sthitiḥ eva hi saṁsāra-jayaḥ). '지혜의 동일한 모습의 상태'를 통해서 아[我]들에 있어서 동일함을 추구하는 자들이 해탈자(mukta)들이다.

괴로워하지 않는다.[331] 20

외부의 접촉들에 마음이 집착하지 않는 자가 아我 안에서 행복을 얻을 때, 그때 그는 브라흐만의 요가에 마음을 전념하여 불멸의 행복을 얻는다.[332] 21

접촉에 의해서 생기는 쾌락들, 그것들은 고통의 자궁들이다. 그래서 꾼띠의 아들이여, 깨달은 자들은 시작과 끝이 있는 그것들 안에서

---

331 샹까라에 의하면 '단지 몸을 아我로 바라보는 자'(dehamātrātmadarśin)들은 '좋은 것'(priya)을 얻으면 기뻐하고, '싫은 것(apriya)을 얻으면 괴로워하지만, '오로지 아我를 바라보는 자'(kevalātmadarśin)에게는 좋은 것과 싫은 것을 얻는 것이 불가능하다. '모든 존재들 안에 하나인 것이고, 동일한 것이며, 결함이 없는 것이 아我이다.'(sarvabhūteṣu ekaḥ samo nirdoṣa ātmā.). 이처럼 확고한, 즉 의심이 없는 지성(buddhi)을 가진 자가 '확고한 지성을 가진 자'(sthirabuddhi)다. 라마누자에 의하면 '확고한 것'(sthira)인 아我에 대한 지성을 가진 자가 '확고한 지성을 가진 자'다. '확고하지 않은 것'(asthira)인 몸(śarīra)과 아我를 동일화하여 생겨나는 오류(moha)가 미혹(sammoha)이다. 이러한 미혹이 없는 자가 '미혹되지 않은 자'(asammūḍha)다. '브라흐만을 아는 자'(brahmavid)는 가르침에 의해서 브라흐만을 아는 자이며, '브라흐만에 머문 자'(brahmaṇi sthitaḥ)는 '브라흐만에 대한 수습修習을 갖춘 자'(brahmaṇi abhyāsayuktaḥ)이다. '실재를 아는 자'(tattvavid)들의 가르침에 따라 '아我의 실상實相을 아는 자'(ātmayāthātmyavid)가 되어 '몸에 대한 아만'(dehābhimāna)을 버리고 '확고한 형태인 아我에 대한 관조의 즐거움의 경험'(sthirarūpātmāvalokanapriyānubhava)에 잘 머물러 '확고하지 않은 것'인 '자연에서 생겨난 좋은 것과 싫은 것'(prākṛtapriyāpriya)을 얻어 기뻐하거나 괴로워하지 말아야 한다.

332 샹까라에 의하면 '외부의 접촉'(bāhyasparśa)들은 소리를 비롯한 대상들이다. 브라흐만에 대한 삼매(samādhi)가 '브라흐만의 요가'(brahmayoga)다. 라마누자에 의하면 '외부의 접촉'인 '아我 이외의 대상에 대한 경험'(ātmavyatiriktaviṣayānubhava)에 '마음이 집착하지 않는 자'(asaktamanāḥ)는 '내적인 아我'(antarātman) 안에서 행복을 얻는 자이다. 이러한 자는 '자연에 대한 수습修習'(prakṛtyabhyāsa)을 버리고 '브라흐만에 대한 수습에 마음이 전념하는 자'(brahmābhyāsayuktamanāḥ)인 '브라흐만의 요가에 마음을 전념하는 자'(brahmayogayuktātmāḥ)로서 '브라흐만에 대한 경험의 형태'(brahmānubhavarūpa)인 불멸의 행복을 얻는다.

즐기지 않는다.[333] 22

바로 이승에서 몸을 벗어나기 전까지 욕망과 분노로 인해 생겨난 격정을 참을 수 있는 자, 그가 삼매에 든 자, 그가 행복한 사람이다.[334] 23

내면이 안락한 자, 내면에서 즐기는 자, 내면에 빛이 있는 자, 그러한 요가수행자는 브라흐만이 되어 브라흐만의 열반에 이른다.[335] 24

더러움이 사라진 자들, 이원성이 끊긴 자들, 자신이 제어된 자들, 모든 존재의 이익을 즐기는 자들인 선인[仙人]들은 브라흐만의 열반을

---

333 샹까라에 의하면 접촉에 의해서 생기는 것은 대상과 지각기관의 접촉에 의해서 생긴다는 것이다. 쾌락(bhoga)은 '대상과 지각기관의 결합'인 시작과 '대상과 지각기관의 분리'인 끝이 있는 것이다. 그래서 쾌락은 중간에 찰나적으로 생겨나는 것이기 때문에 항상한 것이 아니다. '깨달은 자'(budha)는 '분별하는 자'(vivekin)이며 '궁극의 대상의 본질을 이해한 자'(avagataparamārthatattva)이다. 라마누자에 의하면 '깨달은 자'는 '그것의 실상을 아는 자'(tadyāthātmyavid)다.

334 샹까라에 의하면 '몸을 벗어나기 전까지'는 '죽을 때까지'이다. 살아 있는 자에게는 욕망과 분노로 인해 생겨난 격정은 끝없는 원인으로 말미암아 반드시 생겨나는 것이다. 따라서 죽을 때까지 이를 경계하라는 의미에서 죽음이라는 한계를 정한 것이다. '삼매에 든 자'(yukta)는 '요가를 하는 자'(yogin)다. 라마누자에 의하면 몸을 벗어나기 전에 '방편을 실행하는 상태'(sādhanānuṣṭhānadaśā)에서 욕망과 분노로 인해서 생겨난 격정을 '아[我]의 경험에 대한 그리움'(ātmānubhavaprīti)으로 멈출 수 있는 자는 '삼매에 든 자', 즉 아[我]를 경험할 자격을 갖춘 자다. 이러한 자는 몸을 벗어난 후에 '아[我]에 대한 경험의 기쁨'(ātmānubhavasukha)을 누린다.

335 샹까라에 의하면 '내면이 안락한 자'(antaḥsukha)는 내적인 아[我]에 기쁨이 있는 자다. '내면에서 즐기는 자'(antarārāma)는 내적인 아[我]에서 노니는 자다. '내면에 빛이 있는 자'(antarjyoti)는 내적인 아[我]가 바로 빛인 자다. '브라흐만의 열반'(brahmanirvāṇa)은 '브라흐만에 잠기는 것인 해탈'(brahmaṇi nirvṛttiṁ mokṣam)이다. 라마누자에 의하면 모든 외부의 대상에 대한 경험을 버리고 '아[我]에 대한 경험 하나만이 기쁨인 자'(ātmānubhavaikasukha)가 '내면이 안락한 자'다. '내면에서 즐기는 자'는 오로지 아[我] 하나에 종속된 자로서 아[我]가 '자신의 성질'(svaguṇa)들을 통해서 그의 기쁨을 늘리는 자다. 단지 아[我] 하나에 대한 지혜만을 가진 자가 '내면에 빛이 있는 자'다. 이처럼 브라흐만이 된 요가수행자는 '브라흐만의 열반'인 '아[我]에 대한 경험의 기쁨'을 얻는다.

얻는다.[336] 25

욕망과 분노를 벗어나고, 마음을 제어하고, 아我를 아는[337] 금욕적인 수행자들에게는 브라흐만의 열반이 양쪽에 있다.[338] 26

외부의 접촉을 밖으로 내몰고, 시선을 두 눈썹 사이로 하고, 코안에서 움직이는 생기와 하기를 동일하게 하고,[339] 27

기관과 마음과 지성을 제어하고, 기대와 두려움과 분노가 사라지

---

336 샹까라에 의하면 선인(ṛṣi)仙人은 '올바로 보는 자'(samyagdarśin)인 '온전히 내던져 버린 자'(saṁnyāsin)이다. '이원성이 끊긴 자'(chinnadvaidha)는 '의혹이 끊긴 자'(chinnasaṁśaya)다. 더러움(kalmaṣa)은 죄를 비롯한 잘못(doṣa)들이다. '자신이 제어된 자'(yatātman)는 기관을 제어한 자다. 모든 존재의 이익을 즐기는 자는 '살생하지 않는 자'(ahiṁsaka)다. 브라흐만의 열반은 해탈이다. 라마누자에 의하면 '이원성이 끊긴 자'는 추위와 더위 등의 서로 대립적인 것들에서 벗어난 자다. '자신이 제어된 자'(yatātman)는 아我에 마음이 고정된 자다. 모든 존재의 이익을 즐기는 자는 자신처럼 모든 존재의 이익들에 대해 몰두하는 자다. 선인은 '보는 자'(draṣṭṛ), 즉 '아我의 관조에 몰두하는 자'(ātmāvalokanapara)이다. 이러한 자들은 '아我를 얻는데 장애가 되는 더러움을 남김없이 멸한 자'(kṣīṇāśeṣātmaprāptivirodhikalmaṣa)들로 브라흐만의 열반을 얻는다.

337 '아我를 아는 자'(vidiātman)는 반다르까르 판본에 따른 번역이다. 짜우캄바 판본, 기타프레스의 샹까라 주석 산스크리트어 힌디어 대역본, 띨락의 판본, 라다크리스난의 판본들은 반다르까르 판본과 내용이 동일하다. 그러나 기타프레스의 라마누자 주석 산스크리트어 힌디어 대역본에 따르면, '아我를 아는 자'(vidiātman)가 아니라 '아我를 정복한 자'(vijitātman)이다. 라마누자는 '아我를 정복한 자'(vijitātman)를 '마음을 정복한 자'(vijitamanas)라고 해석한다.

338 샹까라에 의하면 아我를 아는 자는 올바로 보는 자다. '금욕적인 수행자'(yati)는 '온전히 내던져 버린 자'(saṁyāsin)다. 브라흐만의 열반이 양쪽에 있다는 것은 살아서도 그리고 죽어서도 해탈이 있다는 것이다. 라마누자에 의하면 '금욕적인 수행자'는 '노력하는 성향을 가진 자'(yatnaśīla)다. '아我를 아는 자'는 '마음을 정복한 자'다. 브라흐만의 열반이 양쪽에 있다는 것은 브라흐만의 열반이 손바닥 안에 있다는 것이다. ; '브라흐만의 열반이 양쪽에 있다.'에서 양쪽에(abhitaḥ)에 해당되는 원어는 '앞뒤로, 가까이, 주위에, 앞에'로도 번역이 가능하다.

339 샹까라에 의하면 외부의 접촉은 소리를 비롯한 대상이다. 지각기관인 귀 등을 통해 내면의 마음에 들어온 지각대상인 소리 등을 생각하지 않는 것이 외부의 접촉을 밖으로 내모는 것이다. 274번 각주 참조.

고, 해탈이 지고의 길인 적묵자寂默者, 그는 늘 해탈한 자이다.[340] 28

나를 제사와 고행들을 받아 누리는 자, 모든 세상의 대자재자大自在者, 모든 존재들의 친구로 알아 평온에 이른다.[341] 29

---

340 샹까라에 의하면 적묵자寂默者의 원어인 무니(muni)牟尼는 '명상으로 인해서'(mananāt) 무니라고 한다. 무니는 '온전히 내던져 버린 자'(saṁyāsin)다. 라마누자에 의하면 무니는 '아我를 관조하는 성향을 가진 자'(ātmāvalokanaśīla)다. 모든 외적 기관의 작용을 거두어들이고 '요가에 적합한 자리'(yogayogyāsana)에서 몸을 바로 하고 앉아 눈을 두 눈썹 사이 코끝에 향하게 하고, 코안에서 움직이는 생기(prāṇa)生氣와 하기(apāna)下氣, 즉 들숨과 날숨의 움직임을 동일하게 한 다음에 '아我에 대한 관조'(ātmāvalokana) 이외의 것에는 기관과 마음과 지성이 작용하지 않는 자는 이로 인해서 기대(icchā)와 두려움(bhaya)과 분노(krodha)가 사라진다. 이러한 상태에서 해탈이 지고의 길인 무니, 즉 해탈 하나만이 목표인 '아我를 관조하는 성향을 가진 자'는 '늘 해탈한 자이다'(sadā mukta eva). '방편을 행하는 상태'(sādhanāvasthā)에서도 '성취한 상태'(sādhyāvasthā)처럼 해탈한 자라는 의미다.

341 샹까라에 의하면 모든 존재들의 친구(suhṛd)는 보답을 바라지 않고 모든 생명체들에게 은혜를 베푸는 자며, 모든 존재들의 심장(hṛdaya)에 깃들어 모든 행위의 결과를 주관하는 자이고, 모든 인식을 지켜보는 자이다. 나라야나(Nārāyaṇa)인 나[끄리스나]를 이러한 자라고 알고, 행위자의 형태와 신의 형태로 제사와 고행을 누리는 자라고 알고, 그리고 모든 세상들의 위대한 자재자라고 알아서 '모든 윤회의 멈춤'(sarvasaṁsāroparati)인 평온(śānti)을 얻는다. 라마누자에 의하면 평온은 '행위의 요가를 하는 데 있어서 편안함'(karmayogakaraṇa eva sukham)이다. '모든 세상의 대자재자'(sarvalokamaheśvara)는 '모든 세상의 자재자들의 자재자'다. 나[끄리스나]를 모든 세상의 대자재자이고 '모든 것의 친구'(sarvasuhṛd)라고, 그리고 '행위의 요가'가 '나[끄리스나]에 대한 숭배의 형태'(madārādhanarūpa)라고 알아 편안히 그에 몰두한다는 의미다.

이상은 성스러운 마하바라타의 비스마 편 스물일곱 번째 장이다.[342]

342 반다르까르 판본에 따른 내용이다. 그러나 짜우캄바 판본에 따른 내용은 "이상은 성스러운 바가바드기타인 우파니샤드들 가운데 브라흐만에 대한 지혜이며 요가의 경전인 성스러운 끄리스나와 아르주나의 대화에서 '행위와 온전히 모두 내버림의 요가'(karmasaṁnyāsayoga)라고 이름하는 다섯 번째 장이다." 기타프레스의 샹까라 주석 산스크리트어 힌디어 대역본에 따른 내용은 "이상은 브야싸의 십만 개로 이루어진 결집서인 성스러운 마하바라타의 비스마 편에 있어서 성스러운 바가바드기타인 우파니샤드들 가운데 브라흐만에 대한 지혜이며 요가의 경전인 성스러운 끄리스나와 아르주나의 대화에서 '행위와 온전히 모두 내버림의 요가'라고 이름하는 다섯 번째 장이다." 기타프레스의 라마누자 주석 산스크리트어 힌디어 대역본에 따른 내용은 "옴, 그것은 진실한 것! 성스러운 바가바드기타인 우파니샤드들 가운데 브라흐만에 대한 지혜이며 요가의 경전인 성스러운 끄리스나와 아르주나의 대화에서 '행위와 온전히 모두 내버림의 요가'라고 이름하는 다섯 번째 장이다."

제6장

성스러운 세존께서 말씀하셨습니다.

행위의 결과에 의지하지 않으면서 해야 할 행위를[343] 하는 자, 그가 온전히 내던져 버린 자이며, 요가를[344] 하는 자이다. 불을 지니지 않은 자와[345] 행위하지 않는 자는[346] 아니다.[347] 1

빤두의 아들이여, 온전히 내던져 버림이라 말하는 그것을 요가라고 알아라.[348] 왜냐하면, 생각을 온전히 내던져 버리지 않은 자는 그

---

343 샹까라에 의하면 '해야 할 행위'(kāryaṁ karma)는 '불의 헌공'(agnihotra)을 비롯한 항상 행하는 제식적인 행위이다. 이 행위는 욕망에 따른 행위와는 반대되는 것이다.

344 샹까라에 의하면 요가(yoga)는 '마음을 삼매에 들게 하는 것'(cittasamādhāna)이다.

345 샹까라에 의하면 '불을 지니지 않은 자'(niragni)는 행위의 요소들이 되는 성화들을 벗어난 자다.

346 샹까라에 의하면 '행위하지 않는 자'(akriya)는 불 없이 이루어지는 행위들인 고행이나 보시 등을 하지 않는 자다.

347 라마누자에 의하면 '천국 등등의 것'(svargādika)인 '행위의 결과'(karmaphala)에 의지하지 않고, 해야 할 것인 행위의 실행이 '모든 것의 아我로서 우리의 친구가 된 지고의 인아에 대한 숭배의 형태인 것'임으로 인해서 '행위가 바로 나의 목표이지 그 행위를 통해서 성취해야 할 것은 아무것도 없다'라며 행위를 하는 자가 '온전히 내던져 버린 자'(saṁnyāsin), 즉 '지혜의 요가에 충실한 자'(jñānayoganiṣṭha)이며, '요가를 하는 자'(yogin), 즉 '행위의 요가에 충실한 자'(karmayoganiṣṭha)다. '불을 지니지 않은 자'와 '행위하지 않는 자'는 지시된 요가를 비롯한 행위들에 몰두하지 않는 자로 '오로지 지혜에 충실한 자'다. 그에게는 단지 '지혜에 대한 충실함'만이 있을 뿐이지만, '행위의 요가에 충실한 자'에게는 둘[지혜에 대한 충실함과 행위에 대한 충실함] 모두가 있다.

348 샹까라에 의하면 '계시서와 법전을 아는 자'(śrutismṛtivid)들은 모든 행위와 그 행위의 결과를 버리는 형태를 궁극적인 의미에서 '온전히 내던져 버림'(saṁnyāsa)이라고 말한다. 그리고 행위의 실행의 형태인 요가 역시 궁극적인 의미에서 '온전히 내던져 버림'이라고 알아야 한다. 라마누자에 의하면 '아我의 실상實相에 대한 지혜'(ātmayāthātmyajñāna)인 '지혜의 요가'라고 말하는 것을 '행위의 요가'라고 알아야 한다.

누구도 요가를 하는 자가 아니기 때문이다.[349] 2

요가에 오르기를 원하는 적묵자寂默者에게 있어서는 행위가 원인이라고 말한다. 요가에 오른 그런 자에게 있어서는 고요함이 원인이라고 말한다.[350] 3

지각기관의 대상들과 행위들에 대해 집착하지 않을 때, 그때 모든

349 샹까라에 의하면 행위의 요가는 '궁극적인 의미에서 온전히 내던져 버림'(paramārthasaṁnyāsa)과 행위자와 관련하여 결과적인 동일함이 있다. '궁극적인 의미에서 온전히 내던져 버린 자'(paramārthasaṁnyāsin)는 모든 행위의 방편을 버림으로 인해서 모든 행위와 그 결과에 관련된 생각(saṁkalpa)을 버린 자다. 결과에 대한 생각은 활동(pravṛtti)을 생겨나게 하는 것인 욕망의 원인이다. '행위의 요가를 하는 자'(karmayogin)도 행위를 행하며 결과와 관련된 생각을 버린다. 결과에 대한 생각은 마음이 동요하게 되는 원인이다. 따라서 행위의 결과에 대한 생각을 버린 행위자는 동요하지 않는 마음을 가진, 즉 삼매를 지닌 '요가를 하는 자'(yogin)가 된다. 라마누자에 의하면 '생각을 온전히 내던져 버린 자'(sannyastasaṁkalpa)는 '아我의 본질에 대한 추구'를 통해서 아我가 아닌 것인 자연(prakṛti)에 대해 '아我라는 생각'(ātmasaṁkalpa)을 온전히 내던져 버린 자다. 이와 같지 않은 자인 '생각을 온전히 내던져 버리지 않은 자'(asannyastasaṁkalpa)는 그 누구도 '행위의 요가를 하는 자'(karmayogin)가 아니다.

350 샹까라에 의하면 요가에 오르기를 원하는 자는 '명상의 요가'(dhyānayoga)에 머물지 못하는 자다. 적묵자(muni)寂默者는 행위의 결과를 온전히 내버리는 자다. 이러한 자에게는 행위가 '명상의 요가'에 머물기 위한 원인(kāraṇa), 즉, 방편이라고 말한다. 요가에 오른 자에게 있어서는 고요함(śama)인 멈춤(upaśama), 즉, 모든 행위로부터 물러남(nivṛtti)이 방편이라 말한다. 편안히 기관을 제어한 자의 마음(citta)은 행위들을 멈추는 만큼 삼매에 든다. 라마누자에 의하면 요가는 '아我에 대한 관조'(ātmāvalokana)다. 행위(karma)는 '행위의 요가'(karmayoga)다. 고요함(śama)은 '행위에서 물러남'(karmanivṛtti)이다. '아我에 대한 관조의 형태인 해탈'(ātmāvalokanarūpamokṣa)을 얻을 때까지 행위를 해야 한다.

생각을[351] 온전히 내던져 버린 자를 요가에 오른 자라고 말한다.[352] 4

자신으로[353] 자신을 구원하라.[354] 자신을 저버리지 마라.[355] 자신이[356] 바로 자신의 친구요, 자신이[357] 바로 자신의 적이다. 5

자신이 자신을 이기는, 그런 자신이 바로 자신의 친구이다. 자신이 그렇지 않은 자의 자신은 바로 적처럼 적의를 행한다.[358] 6

추위와 더위, 즐거움과 괴로움, 마찬가지로 존경과 모욕에 대해 자

---

351 샹까라에 의하면 생각(saṁkalpa)은 이승과 저승의 사물에 대한 욕망의 원인이다.

352 라마누자에 의하면 요가를 하는 자가 '아[我] 하나만을 경험하는 자신의 상태'(ātmaikānubhav-asvabhāvatā)를 통해서 '지각기관의 대상'(indriyārtha)들, 즉 '아[我] 이외의 것인, 자연에서 생겨난 것인 대상'(ātmavyatiriktaprākṛtaviṣaya)들과 이들과 관련된 행위들에 집착하지 않을 때, 모든 생각을 온전히 내던져 버린 자로 요가에 오른 자라 말해진다. 그러므로 [요가에] 오르기를 원하는 자는 '대상에 대한 경험이 가능한 상태'(viṣayānubhavārhatā)이기 때문에 '그에 대해 집착하지 않는 것을 반복하여 익히는 형태'(tadananuṣaṃgābhyāsarūpa)인 '행위의 요가'(karmayoga)가 [요가에 오름을] 성취하는 원인이다. [요가에] 오르기를 원하는 자는 '대상에 집착하지 않는 것을 반복하여 익히는 형태'인 '행위의 요가'를 해야 한다.

353 라마누자에 의하면 자신(ātman)은 대상에 대해 집착하지 않은 마음(manas)이다.

354 샹까라에 의하면 '윤회의 바다'(saṁsārasāgara)에 빠진 자신을 위로 건져 올리라는, 요가에 오른 상태를 이루라는 의미다.

355 라마누자에 의하면 대상에 대해 집착하는 마음으로 자신을 추락시키지 말아야 한다.

356 라마누자에 의하면 자신은 마음이다.

357 라마누자에 의하면 자신은 마음이다.

358 샹까라에 의하면 자신(ātman)은 '원인과 결과의 합성'(kāryakaraṇasaṁghāta)이다. 고얀다까에 의하면 이것은 몸의 형태인 자신이다. 라마누자에 의하면 사람 자신(sva)에 의해서 '자신의 마음'(s-vamanas)이 대상들을 이긴 그러한 마음은 그 사람의 친구다. 이기지 못한 마음을 가진 자에게 있어서는 자신의 마음이 적처럼 적의를 행한다. 세존이신 빠라샤라(Parāśara)께서 다음처럼 말씀하셨다. "마음이 바로 사람들에게 있어서 속박과 해탈의 원인이다. 대상에 집착한 마음은 속박을 위한 것이고, 대상을 벗어난 마음은 해탈을 위한 것이다."(mana eva manuṣyāṇāṁ kāraṇaṁ bandhamokṣayoḥ, bandhāya viṣayāsaṃgi muktyai nirviṣayaṁ manaḥ. Viṣṇu Purāṇa. 6.7.28).

신을 다스려 아주 평온한 자에게는 지고의 아[我]가 온전히 자리잡는다.[359] 7

마음이 지혜와 예지에 만족하는 자이며,[360] 꼭대기에 머무는 자이고,[361] 지각기관을 잘 다스린 자이며, 흙과 돌과 황금이 동등한 자이며, 요가를 하는 자는[362] 삼매에 든 자라[363] 말해진다. 8

친구와 벗과 적과 무심한 자와 중립을 지키는 자와 미운 자와 친척에 대해, 그리고 선인들과 악인들에 대해 동등한 생각을 가진 자는

---

359 샹까라에 의하면 '아주 평온한 것'(praśānta)은 [마음인] '내적기관이 청정한 것'(prasannāntaḥkaraṇa)이다. '지고의 아[我]가 온전히 자리잡는다'라는 것은 '지고의 아[我]'(paramātman)가 직접적으로 '아[我]의 상태'(ātmabhāva)로 존재한다는 의미다. 라마누자에 의하면 추위와 더위, 즐거움과 괴로움, 존경과 모욕에 대해 마음을 다스려 마음에 변화가 없는, 아주 평온한 자의 마음 안에는 '지고의 아'가 온전히 자리잡는다. 여기서 '지고의 아'는 자신의 모습으로 자리잡은 '개별적인 아[我]'(pratyagātman)를 말한다. 각각 이전의 상태에 비하여 '지고의 아[我]의 상태'(paramātmatva)이기 때문이다. 혹은 '지고'(param)라는 낱말을 아[我]라는 낱말 뒤에 놓아 '아[我]가 지고로 온전히 자리잡는다'(ātmā paraṁ samāhitaḥ)라고 해석해야 한다.

360 샹까라에 의하면 지혜(jñāna)는 경전에 언급된 사물에 대해 '온전히 아는 것'(parijñāna)이다. 예지(vijñāna)[叡智]는 경전을 통해 알게 된 것들의 '자기 경험화'(svānubhavakaraṇa)이다. 라마누자에 의하면 '아[我]의 본 모습을 대상으로 하는 것'(ātmasvarūpaviṣaya)이 지혜다. '자연과는 다른 종류의 형태를 대상으로 하는 것'(prakṛtivisajātīyākāraviṣaya)이 예지다. 이러한 지혜와 예지에 의해서 마음이 만족한 자라는 의미이다.

361 샹까라에 의하면 '꼭대기에 머무는 자'(kūṭastha)는 '흔들리지 않는 자'(aprakampya)다. 라마누자에 의하면 '꼭대기에 머무는 자'는 신 등등의 상태들에 따라 머물며 '모든 것에 평등한 지혜와 한가지 형태'(sarvasādhāraṇajñānaikākāra)인 아[我]에 머무는 자다.

362 라마누자에 의하면 '요가를 하는 자'(yogin)는 '행위의 요가를 하는 자'(karmayogin)다.

363 라마누자에 의하면 '삼매에 든 자'(yukta)는 '아[我]에 대한 관조의 형태인 요가의 반복 수련에 적합한 자'(ātmāvalokanarūpayogābhyāsārha)다.

뛰어나다.[364] 9

요가를 하는 자는[365] 한적하고 고요한 곳에[366] 홀로 머물러 마음과 몸을 제어하고, 바라는 바 없이,[367] 가진 것 없이,[368] 자신을[369] 늘[370] 삼매에 들게 해야 한다.[371] 10

---

364 샹까라에 의하면 친구(suhṛd)는 보답을 바라지 않고 도움을 주는 자다. 벗(mitra)은 정다운 자다. '무심한 자'(udāsīna)는 누구의 편도 들지 않는 자다. '중립을 지키는 자'(madhyastha)는 두 반대편 모두의 이익을 바라는 자다. 선인(sādhu)[善人]은 경전에 따라 행하는 자다. 악인(pāpa)은 금지된 것을 행하는 자다. 뛰어나다(viśiṣyate)는 다른 판본에 의하면 '벗어난다, 해탈한다'(vimucyate)가 된다. 라마누자에 의하면 나이에 상관하지 않고 자신을 이롭게 하는 자가 친구다. 같은 나이면서 이롭게 하는 자가 벗이다. 적(ari)은 그 어떤 이유로 해롭게 하기를 원하는 자다. 이롭고 해롭게 할 이유가 없어서 이로움과 해로움이 없는 자가 무심한 자다. 태어나서부터 이로움과 해로움이 없는 자가 중립을 지키는 자다. 태어나서부터 좋지 않은 것을 바라는 자가 '미운 자'(dveṣya)다. 태어나서부터 이로움을 바라는 자가 친척(bandhu)이다. '법의 성향을 가진 자'(dharmaśīla)가 선인이다. '악의 성향을 가진 자'(pāpaśīla)가 악인이다. '아[我] 하나만이 목표인 상태'(ātmaikaprayojanatā)라서 친구나 벗 등에게 기대할 것도, 반대할 것도 없기에 그들에 대해서 '동등한 생각을 가진 자'(samabuddhi)가 된다. 이러한 자는 '요가를 반복 수련할 자격'(yogābhyāsārhatva)에 있어서 뛰어나다.

365 샹까라에 의하면 '요가를 하는 자'(yogin)는 '명상하는 자'(dhyāyin)다. 라마누자에 의하면 '요가를 하는 자'는 '행위의 요가에 충실한 자'다.

366 샹까라에 의하면 '한적하고 고요한 곳'(rahas)은 산의 동굴 등이다. 라마누자에 의하면 사람이 없고 고요한 곳이다.

367 라마누자에 의하면 '바라는 바 없이'(nirāśīḥ)는 아[我] 이외의 모든 사물에 대해 기대하는 바가 없는 것이다.

368 라마누자에 의하면 '가진 것 없이'(aparigrahaḥ)는 아[我] 이외의 그 어떤 것에 대해서도 '나의 것이라는 생각'(mamatā)이 없는 것이다.

369 샹까라에 의하면 자신(ātman)은 내적기관(antaḥkaraṇa)이다. 76번 각주 참조.

370 라마누자에 의하면 늘(satatam)은 '매일매일 요가의 시간에'(aharahaḥ yogakāle)라는 의미다.

371 라마누자에 의하면 '삼매에 들게 해야 한다'(yuñjīta)라는 것은 '자신의 아[我]를 보는 것에 충실'(svātmadarśananiṣṭha)해야 한다는 것이다.

청정한 장소에 길상초吉祥草,[372] 검은 영양의 털가죽,[373] 천을 차례로 위로 덮어[374] 너무 높지도 낮지도 않게 자신의 자리를[375] 안정되게 잘 마련하여 11

그 자리에 앉아, 생각과 기관의 움직임을 제어하고 마음을 하나로 모아, 자신을 정화하기 위해[376] 요가 삼매에 들어가야 한다.[377] 12

몸과 머리와 목을 바르고 움직이지 않게 유지한 상태에서 안정하

---

372 원어는 꾸샤(kuśa)이며, 학명은 Poa cynosuroides 이다. 불경에서는 '길상초吉祥草, 초草, 모茅' 등으로 한역된다.

373 원어는 아지나(ajina)이다. 불경에서는 '피皮, 녹피鹿皮, 오록피烏鹿皮' 등으로 한역된다. 아지나는 많은 경우 영양의 털가죽, 특히 검은 영양의 털가죽을 의미하며, 호랑이의 털가죽을 뜻하기도 한다.

374 샹까라에 의하면 읽는 순서에 따르기 때문에 천을 제일 위에 덮고, 그 아래에 검은 영양의 털가죽을 덮은 다음에, 제일 아래에 길상초를 덮는 것이다. 띨락과 라다크리스난 역시 이와 마찬가지로 해석한다.

375 라마누자에 의하면 자리(āsana)는 '나무 등으로 만든 것'(dārvādinirmita)이다. 그리고 마음을 맑게 하는 등받이가 있는 것이다.

376 샹까라에 의하면 '자신을 정화하기 위해'(ātmaviśuddhaye)는 [마음인] '내적기관의 정화를 위해서'(antaḥkaraṇasya viśuddyartham)라는 의미이다.

377 라마누자에 의하면 '자신을 정화하기 위해 요가 삼매에 들어가야 한다.'(yuñjyādyogamātma-viśuddhaye)라는 것은 속박을 벗어나기 위해 아我를 관조(avalokana)觀照해야 한다는 의미다.

고,[378] 자신의 코끝을 응시하고,[379] 방향들을 바라보지 않으며,[380] 13

마음이 아주 평온한 자,[381] 두려움이 사라진 자, 범행자[梵行者]의 계율에 머무는 자,[382] 나에게[383] 마음을 둔 자, 나를 지고로 여기는 자가 되어 마음을 잘 제어하고, 삼매에 들어 앉아라.[384] 14

---

378 라마누자에 의하면 등받이 등에 의지한 상태이기 때문에 안정을 유지하는 것이다.

379 샹까라에 의하면 '자신의 코끝을 응시하고'는 '자신의 코끝을 응시하는 듯이'라는 뜻이다. 만일 시선이 자신의 코끝을 응시하게 되면 마음이 아[我]가 아닌 코끝에 모이게 되기 때문이다.

380 '빤데야 라마'에 의하면 엉덩이 위에서 목 아래까지가 몸이다. 허리나 배를 앞뒤로 혹은 오른쪽 왼쪽으로 어디로도 숙이지 말아야 한다. 즉, 척추를 바로 세워야 한다. 목을 어느 곳으로도 숙이지 말고, 머리를 이리저리 돌리지 말아야 한다. 이처럼 몸과 목과 머리 셋을 끈 하나에 매달아 놓은 것 같은 상태에서 조금도 흔들리거나 움직이지 않게 하는 것이 '머리와 목과 머리를 바르고 움직이지 않게 간직하는 것'이다. '명상의 요가'(dhyānayoga)를 성취하는 데 있어서 잠, 게으름, 동요[動搖], 그리고 추위와 더위 등의 서로 대립적인 것이 장애로 작용한다. 몸과 목과 머리를 바르게 하고 눈을 뜸으로써 잠과 게으름이 침입하지 못한다. 코끝에 시선을 응시하여 이리저리 다른 사물을 바라보지 않음으로서 외부의 동요가 생겨나지 않는다. 자세가 견고해짐으로써 추위와 더위 등의 서로 대립적인 것이 장애가 될 염려가 없어진다. 따라서 '명상의 요가'를 성취함에 있어서 이처럼 자세를 취하여 앉는 것이 유용하다.

381 라마누자에 의하면 '마음이 아주 평온한 자'(praśāntātman)는 '마음이 아주 안온한 자'(atyantanirvṛtamanāḥ)다.

382 샹까라에 의하면 범행(brahmacarya)[梵行]은 스승에 대한 봉사와 걸식 등이다. 빤데야 라마에 의하면 여기서 범행의 의미는 정력(vīrya)을 간직하는 것이다. 정력을 온전히 보존하지 못하면 육체적, 정신적, 영적인 힘을 얻지 못하고, 축적하지 못한다. ; 범행의 원어는 브라흐마짜르야(brahmacarya)이다. 브라흐마짜르야는 브라흐마(brahma)[梵]를 '행하는 것'(carya)[行]을 의미한다. 여기서 브라흐마는 베다를 뜻한다. 즉, 브라흐마짜르야는 '베다의 학습을 행하는 것'을 나타내며, 중성명사로 인생의 첫 번째 시기인 '베다의 학습기, 즉 학생의 시기'를 뜻한다. 베다의 학습기인 학생 시기의 생활은 이성과의 교제가 철저히 금지되는 고행자의 삶이다. 그래서 브라흐마짜르야는 이성과의 비접촉을 의미하기도 한다. 범행자(brahmacārin)[梵行者]는 범행, 즉, 브라흐마짜르야를 행하는 자인 학생을 의미한다. 이러한 맥락에서 빤데야 라마는 범행을 정력(vīrya)을 간직하는 것으로 해석하고, 라다크리스난은 '범행의 계율에 머무는 자'(brahmacārivrate sthitaḥ)를 '육체적 순결의 서약에 확고한'(firm in the vow of celibacy)으로 번역한다.

383 샹까라에 의하면 '나'[끄리스나]는 '지고의 자재자'(parameśvara)다.

384 라마누자에 의하면 '삼매에 들어 앉아라'(yukta āsīta)라는 것은 '주의하여 오로지 나[끄리스나]만을 생각하며 앉아라'라는 의미다.

마음을 확실히 제어한 요가수행자는 늘 이처럼 자신을 삼매에 들게 하며 내게 있는 지고의 열반인 평온함에 도달한다.[385] 15

아르주나여, 너무 먹는 자, 전혀 먹지 않는 자,[386] 너무 잠이 많은 자, 그리고 지나치게 깨어있는 자에게 요가는[387] 없다.[388] 16

적절히 먹고 노니는 자,[389] 행위들과 관련하여 적절히 활동하는 자, 적절히 잠자고 깨어있는 자에게는 고통을 없애는 것인 요가가[390] 있다.[391] 17

---

385 샹까라에 의하면 열반(nirvāṇa)[涅槃]은 해탈(mokṣa)이다. 평온함(śānti)은 적정(uparati)[寂靜]이다. 평온함의 지고의 상태가 해탈이며, '내게 있는 것'(matsaṁsthā)은 '내게 종속된 것'(madadhīna)이다. 라마누자에 의하면 '나[끄리스나]와의 접촉에 의해서 성화된 마음의 상태'(matsparśapavitrīkṛtamānasatā)에 의해서 마음이 동요하지 않는 자는 '지고의 브라흐만'이며 '최고의 인아[人我]'(puruṣottama)이고 '마음의 복이 깃드는 곳'(manasaḥ śubhāśraya)인 나[끄리스나]에게 마음을 늘 연결하여 내[끄리스나] 안에 자리잡은 '열반의 정점의 형태'(nirvāṇakāṣṭhārūpa)인 평온함을 얻는다.

386 샹까라의 인용에 의하면 배의 이분의 일은 먹은 음식, 그리고 사분의 일은 마신 물로 채우고, 나머지 사분의 일은 숨이 통하게 비어 두어야 한다.

387 요가(yoga)는 삼매(samādhi)와 동의어다.

388 라마누자에 의하면 음식을 너무 먹거나 전혀 먹지 않는 것, 너무 노닐거나 전혀 노닐지 않는 것, 너무 잠을 자거나 너무 깨어있는 것, 너무 노력하거나 전혀 노력하지 않는 것은 요가에 방해가 되는 것이다.

389 샹까라에 의하면 '노니는 것'(vihāra)은 '거니는 것'(pādakrama)이다.

390 샹까라에 의하면 모든 윤회의 고통을 없애는 것이 요가다.

391 라마누자에 의하면 식사와 노닐기가 절제된 자, 노력이 절제된 자, 잠자는 것과 깨어있는 것이 절제된 자에게는 '모든 고통을 없는 것'(sakaladuḥkhahā), 즉 '속박을 멸하는 것'(bandhanāśana)인 요가가 이루어진다.

아주 확실하게 제어된 마음이[392] 아我[393] 안에 머물 때, 그때 모든 욕망에 대한 희구가 사라져 삼매에 든 자라 말해진다.[394] 18

마음이 제어되어 아我의[395] 요가에 전념하는 요가수행자에 대해 "바람이 없는 곳에 놓인 등불은 흔들리지 않는다"라는 그런 비유가 떠오른다.[396] 19

---

392 샹까라에 의하면 '아주 확실하게 제어된 마음'(viniyataṁ cittam)은 집중통일(ekāgratā)된 마음이다. ; 여기서 마음의 원어는 찟따(citta)다. 찟따는 요가철학에서 우리의 본래 청정한 마음인 싸뜨바(sattva), '나'라고 하는 자의식인 아함까라(ahaṁkāra), 지각기관과 연결되는 마음인 마나쓰(manas), 이 셋을 모두 포괄하거나, 싸뜨바만을 의미하는 용법으로 사용된다. 쌍캬철학에서는 진성인 싸뜨바, 마하뜨(mahat)大, 지성(buddhi), 마음인 마나쓰는 동의어다. 자연에서 진성의 특질이 가장 많이 발현되어 생겨난 것이기에 진성을 의미하는 싸뜨바로 부르는 우리의 본래 청정한 마음, 그리고 지각기관과 연결되는 마음은 넓은 의미에서는 모두가 다 마음이라는 뜻에서, 둘 모두를 쌍캬철학에서는 마나쓰라고 이름한다. 진성의 특질은 밝히어 알게 하는 것이기에 싸뜨바와 지성은 동의어로 사용된다. 자연에서 생겨난 첫 번째 상태이기 때문에 '큰 것'이라는 뜻에서 마하뜨大라고도 부른다.

393 샹까라에 의하면 아(ātman)我는 '자신의 아我'(svātman)다. 빤데야 라마에 의하면 '지고의 아我'(paramātmā)다.

394 라마누자에 의하면 '목적을 대상으로 삼는 것'(prayojanaviṣaya)인 마음(citta)이 [아我]인 '더할 바가 없는 것이 목적인 상태'(niratiśayaprayojanatā)가 되어 아我 안에 제어되어 동요가 없을 때 모든 욕망에 대한 희구가 사라져 '요가에 적합한 자'(yogārha)라고 말해진다.

395 빤데야 라마에 의하면 아我는 '지고의 아我'다.

396 라마누자에 의하면 바람이 없는 곳에 놓인 등불은 흔들리지 않는다. 흔들림이 없이 빛을 발하며 머물러 있다. 이러한 비유가 마음의 다른 모든 작용이 사라진, 마음이 제어된, 아我에 대한 요가에 집중하는 요가수행자의 '아我의 본모습'(ātmasvarūpa)에 대해 주어진다. 바람이 없는 곳에 놓인 상태로 인해서 흔들림 없이 빛을 발하는 등불처럼 마음의 다른 모든 작용이 사라진 상태로 인해서 아我가 '흔들림이 없는'(niścala) '지혜의 빛'(jñānaprabha)으로 머문다.

요가의 수련을 통하여 제어된 마음이 멈출 때,[397] 그리고 자기를[398] 통해 자기를[399] 바라보며 자기 안에서[400] 만족할 때,[401] 20

지성으로 파악되는 것이며 지각기관을 초월한 것인 절대적인[402] 행복을 알게 되는 곳, 그가 그곳에 머물러[403] 본질에서[404] 벗어나지 않는 것,[405] 21

얻은 다음에 그것보다 이로운 다른 것은 없다고 여기게 되는 것,[406]

---

397 라마누자에 의하면 '요가의 수련'(yogasevā)을 원인으로 하여 모든 곳에서 멈춘 마음이 그 요가 안에서 멈춘다. 즉, '이것은 비할 바가 없는 기쁨이다'라고 즐거워한다.

398 샹까라에 의하면 여기서 자기(ātman)는 삼매에 의해 청정해진 내적기관이다. 빤데야 라마에 의하면 '지고의 아我'에 대한 집중을 통해서 미세해진 지성(buddhi)이다.

399 샹까라에 의하면 여기서 자기(ātman)는 지고(para)이며, '정신의 빛의 본모습'(caitanyajyotiḥs-varūpa)이다. 빤데야 라마에 의하면 '지고의 아我'다.

400 빤데야 라마에 의하면 여기서 자기(ātman)는 '참된 것이며, 의식이며, 심밀한 것이며, 환희'(saccidānandaghana)인 '지고의 아我'이다.

401 라마누자에 의하면 그 요가 안에서 마음으로 아(ātman)我를 바라보며 다른 것을 기대하지 않으며 오로지 아我 안에서 만족한다.

402 샹까라에 의하면 절대적인(ātyantika)은 영원한(ananta)이란 의미다.

403 샹까라에 의하면 '그가 그곳에 머물러'(yatra ayaṁ sthitaḥ)는 '아는 자가 아我의 본모습에 머물러'(vidvān ātmasvarūpe sthitaḥ)라는 의미이다.

404 샹까라에 의하면 본질(tattva)은 '본질의 본모습'(tattvasvarūpa)이다.

405 라마누자에 의하면 '지각기관을 초월한 것'(atīndriya)이며 '아我에 대한 지성 하나에 의해서 파악되는 것'(ātmabuddhyekagrāhya)인 '절대적인 기쁨'(ātyantikaṁ sukham)을 그 요가 안에서 경험한다. 그리고 그 요가 안에 머물러 '넘치는 기쁨'(sukhātireka)으로 인해 본질, 즉 '그 [아我의] 상태'(tad-bhāva)에서 벗어나지 않는다.

406 샹까라에 의하면 아我를 얻으면 그 이외에 다른 것은 더이상 얻을 것이 없다고 생각하는 것이다.

그러한 곳에[407] 머무는 자는 무거운 고통에도 흔들리지 않는 것,[408] 22

고통과의 연결을 분리하는 그것을 요가라 이름하는 것이라 알아야 한다. 그러한 요가는 싫은 마음 없이 결연히 전념해야 한다.[409] 23

생각에서 생겨난 것들인 모든 욕망을 남김 없이 버리고, 마음으로[410] 지각기관의 무리를 전체적으로 잘 제어하여, 24

견고함을 지닌 지성을 통해 천천히 천천히 멈추어야 한다. 마음을 아我에 머물게 하여 그 아무것도 생각지 말아야 한다.[411] 25

동요하고 불안정한 마음이 빠져나가는 원인이 되는 그 각각의 것

---

407 샹까라에 의하면 그러한 것은 '아我의 본질'(ātmatattva)이다.

408 라마누자에 의하면 요가를 얻은 다음에 그 요가를 멈춘 자가 그 요가만을 원하면서 다른 이로운 것은 없다고 여기는 요가, 그러한 요가에 머물러 멈추지 않는 자는 훌륭한 아들과의 이별 등등의 무거운 고통에 의해서도 흔들리지 않는다.

409 라마누자에 의하면 '고통과의 연결에 대해서 적군의 형태인 것'이 요가라는 낱말을 통해 부르는 지혜(jñāna)임을 알아야 한다. 요가는 이러한 것이니 시작의 단계에서 결연하게 기쁜 마음으로 전념해야 한다.

410 샹까라에 의하면 마음(manas)은 '분별을 가진'(vivekayukta) 마음이다.

411 샹까라에 의하면 아我가 모든 것이며 아我 이외에는 아무것도 없다고 마음을 아我에 머물게 만들어 다른 아무 것도 생각하지 말아야 한다. 이것이 요가의 최고 방법이다. 라마누자에 의하면 욕망(kāma)들은 [지각기관과 대상의] '접촉에 의해서 생겨난 것'(sparśaja)들과 '생각에 의해서 생겨난 것'(saṁkalpaja)들 이렇게 두 가지다. 접촉에 의해서 생겨난 것들은 추위와 더위 등이다. 생각에 의해서 생겨난 것들은 아들, 손자, 토지 등이다. 이들 가운데 생각에서 생겨난 것들은 본래 버릴 수가 있는 것들이다. 그래서 마음으로 [자신이] '그것과 관계가 없음을 추구'하여 그 모든 것들을 버리고, 접촉에 의해서 생겨난 것들인 버릴 수가 없는 것들에 대해서는 그로 인해 생겨난 기쁨과 슬픔을 버리고, 전체적으로 모든 대상에서 기관의 무리를 잘 제어하여 천천히 그리고 견고히 간직한 '분별을 대상으로 삼는 것'(vivekaviṣaya)인 지성(buddhi)을 통해서 아我를 제외한 모든 것에서 물러나 마음을 아我에 온전히 머물게 하고는 그 아무것도 생각하지 말아야 한다.

에서 마음을 제어하여, 그 마음을 아我 안에 복종시켜야 한다.[412] 26

아주 고요한 마음을 가진 자, 동성이[413] 고요해진 자, 죄악이 없는 자, 브라흐만이 된 자,[414] 이러한 요가수행자에게 최상의 행복이 찾아든다.[415] 27

죄악이 사라진 요가수행자는 이처럼 자신을 늘 삼매에 들게 하면서 브라흐만과의 접촉인 지극한 행복을 편안히 누린다.[416] 28

412 샹까라에 의하면 마음(manas)은 본질적인 결함 때문에 동요하고 불안정한 것이다. 이러한 마음은 소리를 비롯한 각각의 원인에 의해서 빠져나간다. 소리를 비롯한 각각의 원인의 사실 그대로의 모습을 통해 허상을 밝혀냄으로써 욕망이 없는 상태를 마음에 환기하여 마음을 아我에 복종된 상태로 만들어야 한다. 이러한 '요가의 반복된 수련의 힘'(yogābhyāsabala)을 통해 요가수행자의 마음은 아我 안에서 고요해진다. 라마누자에 의하면 '움직임이 본질인 상태'(calasvabhāvatā)로 인해서 아我 안에서 불안정한 마음은 각각의 대상에 경도되는 것을 원인으로 하여 밖으로 빠져나간다. 그러한 각각의 것에서 애써 마음을 제어하여 '비할 바 없는 기쁨에 대한 관상觀想'(atiśayasukhabhāvanā)을 통해서 아我 안에 마음을 복종시켜야 한다.

413 샹까라에 의하면 동성(rajas)은 미혹을 비롯한 번뇌(kleśa)다.

414 샹까라에 의하면 '브라흐만이 된 자'(brahmabhūta)는 '이 세상에 살아 있는 동안 해탈을 이룬 자'(jīvanmukta)이며 '브라흐만이 바로 모든 것'(brama eva sarvam)이라고 확정한 자다.

415 라마누자에 의하면 '아주 고요한 마음을 가진 자'(praśāntamanas)는 아我 안에서 움직임이 없는 마음을 가진 자, 아我 안에 마음이 잠긴 자다. 이로 인해서 '죄가 남김없이 불타버린 자'(dagdhāśeṣakalmaṣa)가 되고, 이로 인해서 '동성이 고요해진 자'(śāntarajas), 즉 '동성이 멸해진 자'(vinaṣṭarajoguṇa)가 된다. 그리고 이로 인해서 '브라흐만이 된 자'(brahmabhūta), 즉 '자신의 본 모습으로 자리잡은 자'(svasvarūpeṇāvasthita)가 된다. 이러한 요가수행자에게는 '아我의 경험의 형태'(ātmānubhavarūpa)인 최고의 행복이 찾아든다.

416 라마누자에 의하면 앞에서 언급한 것처럼 자신을 삼매에 들게 함으로써 '옛날의 모든 죄악이 사라진 자'(vigataprācīnasamastakalmaṣa)는 '브라흐만과의 접촉'(brahmasaṁsparśa), 즉 '브라흐만의 경험의 형태'(brahmānubhavarūpa)인 무한한 기쁨을 편안히 늘 누린다.

마음이 요가의 삼매에 든 자, 모든 곳에서 동일함을 보는 자는[417] 모든 존재에 있는 자신을 본다. 그리고 자신 안에서 모든 존재들을 본다.[418] 29

모든 곳에서 나를[419] 보고 내 안에서[420] 모든 것을 보는 자, 그에게서[421] 나는 사라지지 않고, 내게서 그는 사라지지 않는다.[422] 30

---

417 샹까라에 의하면 '모든 곳에서 동일함을 보는 자'(sarvatrasamadarśana)는 창조의 신인 브라흐마(Brahmā)에서 식물에 이르기까지 서로 다른 모든 것들에 대해서 '특별함이 없는 것'(nirviśeṣa), '동일한 것'(sama), 즉, '범아일여梵我一如의 상태'(brahmātmaikatva)를 보는 것인 지혜(jñāna)를 가진 자다.

418 라마누자에 의하면 '자신의 아我'와 '다른 존재들의 자연(prakṛti)을 벗어난 본모습들'은 '하나인 지혜의 형태성'(jñānaikākāratā)으로 인해 '동일한 것'(sāmya)이다. '불균등한 것'(vaiṣamya)은 '자연에 포함된 상태'(prakṛtigatatva)이기 때문이다. 자연을 벗어난 것들인 아我들에 대해 '하나인 지혜의 형태성'을 통해서 모든 곳에서 '동일하게 보는 자'(samadarśana)인 '마음이 요가의 삼매에 든 자'(yogayuktātman)는 '자신의 아'(svātman)를 모든 존재에 있는 것으로, 그리고 모든 존재들을 '자신의 아我' 안에 있는 것으로 본다. 즉 '자신의 아我'를 '모든 존재[의 아我]와 동일한 형태'(sarvabhūtasamānākāra)로 그리고 모든 존재[안에 있는 아我]를 '자신의 아我와 동일한 형태'(svātmasamānākāra)들로 본다. 모든 '아我라는 사물'(ātmavastu)의 동일한 상태로 인해서 하나의 아我를 보게 되면 모든 '아我라는 사물'을 본 것이 된다.

419 샹까라에 의하면 나는 모든 것의 아我인 와아쑤데바(Vāsudeva)다. ; 와아쑤데바(Vāsudeva)는 와쑤데바(Vasudeva)의 아들을 뜻하며, 끄리스나의 별칭이다.

420 샹까라에 의하면 내 안에서는 '모든 것의 아我'(sarvātman) 안에서라는 뜻이다.

421 샹까라에 의하면 그는 '아我의 단일성을 보는 자'(ātmaikatvadarśin)다.

422 샹까라에 의하면 사라지지 않는다는 것은 그와 나의 '단일한 아성我性'(ekātmakatva)으로 인해 간접적이지 않다는 의미다. 라마누자에 의하면 성숙한 상태에 도달해 나[끄리스나]와 '동일한 성질'(sādharmya)을 얻은 자는 '선과 악을 털어내 버린 것'(vidhūtapuṇyapāpa)이며 '본모습으로 자리잡은 것'인 '모든 것의 아我라는 사물'을 나[끄리스나]와 '동일한 것'(sāmya)으로 보면서 모든 아我라는 사물 안에서 나[끄리스나]를 보고 그리고 모든 것을 내[끄리스나] 안에서 본다. 서로서로 동일한 것이기 때문에 어느 하나를 보면 다른 것도 마찬가지라는 것을 보게 된다. 이처럼 '자신의 아我의 본모습'(svātmasvarūpa)을 보는 자에게 있어서 나[끄리스나]는 그와 동일하기 때문에 나[끄리스나]는 사라지지 않는다. 즉, 보이지 않는 상태에 이르지 않는다. 자신의 아我를 나와 같은 것으로 보는 자는 나[끄리스나]와 동일하기 때문에 나[끄리스나]에게 있어서도 사라지지 않는다. 즉, 보이지 않는 상태에 이르지 않는다.

모든 존재에 있는 나를 단일성에 온전히 자리잡아 체험하는 자, 그런 요가수행자는 어떻게 지내든 간에 내 안에 있는 것이다.[423] 31

아르주나여, 자신을 비기어 모든 것에 대해 보는 자, 기쁨이든 고통이든 동일하게 보는 자, 그러한 요가수행자가 최고라고 여겨지는 자이다.[424] 32

아르주나가 말했습니다.

마두쑤다나여,[425] 당신께서 동일한 것을[426] 통해 말씀하신 이 요가

---

423 샹까라에 의하면 제대로 바라보는 요가수행자는 모든 방법으로 현존하면서도 내[끄리스나] 안에 즉 위스누의 지고의 자리에 존재한다. 그는 항상 해탈한 자로서 그 무엇에 의해서도 해탈에 방해받지 않는다. 라마누자에 의하면 '요가의 상태'(yogadaśā)에서 '움츠러들지 않은 지혜의 유일한 형태성'(asaṃkucitajñānaikākāratā)에 의해서 '자연에서 생겨난 차이를 온전히 내버림'(prākṛtabhedaparityāga)으로써 단일성(ekatva)에 머물러 아주 확고하게 나[끄리스나]를 체험하는 요가수행자는 '마음이 활동할 때'(vyutthānakāla)에도 이리저리 지내면서도 내[끄리스나] 안에서 지낸다. 자신의 아[我]와 모든 존재를 보면서 바로 나[끄리스나]를 본다. 즉, 자신의 아[我]와 모든 존재 안에서 늘 '나와 동일한 것'(matsāmya)만을 본다.

424 샹까라에 의하면 자신에게 기쁜 것 좋은 것은 모든 생명체에게도 기쁜 것으로, 자신에게 고통스러운 것 좋지 않은 것은 모든 생명체에게도 고통스러운 것 좋지 않은 것으로, 모든 존재에 대해서 자신에 견주어 기쁨과 고통을 동일하게 보는 자는 그 누구에게도 나쁘게 하지 않는다. 이처럼 '비폭력을 행하는 자'(ahiṁsaka)인 올바로 봄에 충실한 요가수행자는 모든 요가수행자 가운데 최고다. 라마누자에 의하면 '움츠러들지 않은 지혜의 유일한 형태성'으로 인해 자신과 다른 자들의 아[我]의 유사함 때문에 자기 자신과 다른 자들에게 존재하는 아들의 출생 등등의 형태인 기쁨과 그 아들의 죽음 등등의 형태인 고통을 '[특별한] 관계가 없는 동일한 것'(asambandhasāmya)을 통해서 동일한 것으로 바라보는 자, 즉 남의 아들의 태어남과 죽음 등과 동일하게 자신의 아들의 태어남과 죽음 등을 바라보는 자, 그러한 요가수행자는 '지고의 요가의 정점'(paramayogakāṣṭhā)에 도달한 자다.

425 마두쑤다나(Madhusūdana)에서 마두(Madhu)는 악신인 아쑤라(asura)의 이름이며, 쑤다나(sūdana)는 죽인 자라는 뜻이다. 위스누가 악신인 마두를 죽였다. 따라서 마두쑤다나는 위스누인 끄리스나의 별칭이다.

426 라마누자에 의하면 '동일한 것'(sāmya)은 모든 곳에서 동일한 것을 보는 형태다.

라는 것, 저는 동요로[427] 인해 그것의 확실한 상태를 보지 못합니다. 33

끄리스나여,[428] 마음은 동요하는 것, 휘젓는 것,[429] 힘 있는 것,[430] 강한 것입니다. 그래서 그것을 잡기란 바람을 잡듯이 너무 어렵다고 저는 생각합니다.[431] 34

성스러운 세존께서 말씀하셨습니다.

긴 팔을 가진 자여, 움직이는 마음은 의심할 바 없이 잡기 힘든 것이다. 그러나 꾼띠의 아들이여, 반복된 수련과[432] 욕망의 저버림에[433] 의해 잡힌다.[434] 35

---

427 라마누자에 의하면 동요(cañcalatva)는 마음의 동요이다.

428 샹까라에 의하면 어근 끄리스(kṛṣ)는 '긁어내다, 끌어내다'는 의미가 있다. 신애信愛 하는 자의 죄를 비롯한 잘못을 끌어당겨 내기 때문에 끄리스나(Kṛṣṇa)다.

429 샹까라에 의하면 마음(manas)은 몸과 기관을 휘젓는 것, 다른 것에 종속시키는 것이다.

430 샹까라에 의하면 마음은 그 누구에 의해서도 제어되지 않는 것이다.

431 라마누자에 의하면 '동요하는 것'(pramāthi)은 사람이 한곳에 안정시킬 수 없는 것이다. 이러한 마음은 사람을 힘껏 휘저어 강하게 다른 곳으로 데려간다. 마음은 자신이 반복하여 수련한 대상들에 대해서도 동요하는 본성을 가진다. 이러한 마음을 그 마음과 반대되는 형태인 아我에 머물게 하려고 잡는다는 것은 마치 거슬러 부는 큰바람을 부채 등으로 잡는 것처럼 너무 어렵다. 마음을 잡는 방법에 대해 말해 달라는 뜻이다.

432 샹까라에 의하면 '반복된 수련'(abhyāsa)은 그 어떤 마음의 단계에 마음의 동일한 인식이 거듭되는 것이다.

433 샹까라에 의하면 '욕망의 저버림'(vairāgya)離欲은 이 세상과 저세상에서 희구하는 향유(bhoga)享有들에 대한 결함을 바라보는 반복된 수련을 통한 '갈망이 없는 상태'(vaitṛṣṇya)다.

434 라마누자에 의하면 아我가 '장점의 출처'(guṇākara)라는 것에 대한 반복된 수련을 통해 생긴 아我를 향하는 상태와 아我 이외의 대상들에 대해서는 '결함의 출처'(doṣākara)라는 것을 관조(darśana) 함으로써 생겨난 '갈망이 없는 상태'를 통해서 마음은 어떻게든 잡힌다.

내 생각에 요가는 마음이 잘 제어되지 않은 자에 의해서는 얻기가 어려운 것이다. 하지만, 마음을 복종시킨 자[435] 노력하는 자에 의해서 방법을[436] 통해 얻을 수 있는 것이다.[437] 36

아르주나가 말했습니다.

끄리스나여, 믿음이 있으나 노력하지 않아 마음이 요가에서 벗어난 자는[438] 요가의 성취에[439] 이르지 못하고 어떤 상태에 도달하게 됩니까? 37

긴 팔을 가진 자여, 브라흐만의 길에서[440] 미혹하여 의지할 곳 없는 자는 양쪽에서[441] 몰락하여 흩어진 구름처럼 멸하는 것은 아닙니까? 38

---

435 샹까라에 의하면 '마음을 복종시킨 자'(vaśyātman)는 반복된 수련과 욕망의 저버림을 통해서 마음을 복종시킨 자다.

436 샹까라에 의하면 방법(upāya)은 앞에서 언급한 방법이다.

437 라마누자에 의하면 '마음이 잘 제어되지 않은 자'(asaṁyatātman), 즉 '마음을 이기지 못한 자'(ajitamanas)는 큰 힘을 들여도 요가를 얻지 못한다. 그러나 방법을 통해서 '마음을 복종시킨 자'는 나에 대한 숭배의 형태인 지혜가 내재된 행위에 의해서 '마음을 이긴 자'(jitamanas)가 되어, 노력하여 '동일한 것을 바라보는 형태'(samadarśanarūpa)인 요가를 얻을 수 있다.

438 샹까라에 의하면 '마음이 요가에서 벗어난 자'는 마지막 때에 마음이 흔들린 자, 기억이 망가진 자다.

439 샹까라에 의하면 '요가의 성취'(yogasaṁsiddhi)는 요가의 결과인 '올바로 바라보는 것'(samyagdarśana)이다.

440 샹까라에 의하면 '브라흐만의 길'은 '브라흐만을 얻는 길'(brahmaprāptimārga)이다.

441 샹까라에 의하면 양쪽(ubhaya)은 '행위의 길'(karmamārga)과 '요가의 길'(yogamārga)이다. 빤데야 라마에 의하면 천국(svarga)을 비롯한 세상과 '지고의 아我'다. 라마누자에 의하면 규정에 따라 행한 '천국 등의 방편이 되는 것'(svargādisādhanabhūta)인 행위는 결과에 대한 의도가 없는 사람에게 있어서는 '자신의 결과를 위한 방편의 상태'(svaphalasādhanatva)로서 '의지처'(pratiṣṭhā)가 되지 않는다. 그래서 그것은 '의지할 곳 없는 것'(apratiṣṭha)이다. 브라흐만의 길에 나아간 상태에서 미혹하여 그 길에서 몰락한다. 따라서 양쪽은 행위와 브라흐만의 길을 의미한다.

끄리스나여, 당신께서는 이러한 나의 의심을 남김없이 끊어주실 수 있습니다.[442] 당신 말고는 이 의심을 끊어주실 분을 만날 수가 없습니다. 39

성스러운 세존께서 말씀하셨습니다.

쁘리타의 아들이여, 이곳에도 저곳에도[443] 그의 멸망은[444] 없다.[445] 친애하는 자여,[446] 복을 지은 자는 그 누구도 나쁜 처지에 이르지 않기 때문이다. 40

요가에서 벗어난 자는 공덕으로 지은 세상들을[447] 얻어 항구한 세

---

442 라마누자에 의하면 당신[끄리스나]은 자연스럽게 그리고 직접적으로 그리고 동시에 모든 것을 언제나 저절로 보는 자이기 때문이다.

443 샹까라에 의하면 이곳과 저곳은 이 세상과 저세상이다.

444 샹까라에 의하면 멸망(vināśa)은 전보다 열등한 출생을 얻음이다.

445 라마누자에 의하면 믿음으로 요가에 나아갔다가 그 요가에서 몰락한 자에게는 이곳에도 저곳에도 멸망이 없다. '자연에서 생겨난 것인 천국 등의 향유를 경험하는 것'과 '브라흐만을 경험하는 것'에 있어서 '원하는 것을 얻지 못하는 형태'인 실망(pratyavāya)이라는 것과 '원하지 않는 것을 얻는 형태'인 멸망이 없다. 왜냐하면, '더할 바 없는 복의 형태인 요가를 행한 자'(niratiśaya-kalyāṇarūpayogakṛt)는 그 누구도 [과거 현재 미래인] 삼시(kālatraya)三時 어느 때라도 나쁜 처지에 이르지 않기 때문이다.

446 샹까라에 의하면 친애하는 자의 원어인 따따(tāta)는 '늘리다'는 의미를 지닌 어근 딴(tan)에서 파생된 낱말이다. 아버지는 아들의 모습으로 자신을 늘리기에 아버지가 따따(tāta)이다. 아버지가 바로 아들이기에 아들도 따따(tāta)라고 일컬어진다. 제자도 아들이기에 제자도 따따(tāta)라고 말해진다.

447 샹까라에 의하면 공덕(puṇya)으로 지은 세상들은 '말을 제물로 삼아 지내는 제사'(aśvamedha)를 비롯한 제사를 지낸 자들의 세상들이다.

월 동안 머물다 고결하고 귀한 자들의 집에 다시 태어난다.[448] 41

혹은 지혜로운 요가수행자들의[449] 집에 태어난다. 세상에서 이러한 출생은 아주 얻기 힘든 것이다.[450] 42

그곳에서 전생의 몸에 있던 지성과의 연결을 얻는다. 꾸루족을 기쁘게 하는 자여, 그리하여 온전한 성취를 위해 전보다 더 노력한다.[451] 43

그는 정말 어쩔 수 없이 전생의 반복된 그 수련에 의해 이끌린다.

---

448 라마누자에 의하면 그 어떤 종류의 '향유에 대한 열망'(bhogābhikāṃkṣā) 때문에 요가에서 몰락한 자는 아주 많은 공덕을 지은 자들이 얻게 되는 세상들을 얻는다. 그리고 그곳에서 자신이 요가에서 몰락한 계기가 된 바로 그러한 종류의 '아주 많은 복으로 된 향유'(atikalyāṇabhoga)들을 '지혜를 방법으로 하는 요가의 대위력'(jñānopāyayogamāhātmya)을 통해서 그 향유들에 대한 갈망이 사라질 때까지 항구한 세월 동안 누리며 머문다. 요가에 접근하다 몰락한 자는 그러한 향유를 누리다가 향유에 대한 갈망이 없어지면 고결하고 귀한 자들의 집안에, 즉 요가에 접근하기에 적합한 자들의 집안에 '요가의 대위력'(yogamāhātmya)에 의해서 태어난다.

449 샹까라에 의하면 요가수행자는 가난한 요가수행자다.

450 라마누자에 의하면 '완숙한 요가의 상태에서 벗어난 자'는 지혜로운 요가수행자, 즉 요가를 스스로 행하고 요가를 가르치는 자들의 집안에 태어난다. 요가에 적합한 자들과 요가수행자들의 집안에 태어나는 것은 보통사람들에게는 세상에서 아주 얻기 힘든 것이다. 이것은 '요가의 대위력에 의해서 만들어진 것'(yogamāhātmyakṛta)이다.

451 라마누자에 의하면 그 생에서 전생의 몸에 수련한 요가를 대상으로 하는 지성과의 연결을 얻는다. 그래서 잠들었다가 깨어난 자처럼 다시 온전한 성취를 위해 노력한다. 장애로 인해서 제압되지 않게 그렇게 노력한다.

요가를 알기를 원하는 자도 소리인 브라흐만을 넘어선다.[452] 44

그러나 수많은 생을 걸쳐 성취한 자,[453] 죄악을 온전히 씻어 청정한 자, 애써 노력하는 요가수행자는 그리하여[454] 지고의 경지에 도달한다.[455] 45

생각하건대 고행자들보다 요가수행자가 훨씬 낫다, 지혜로운[456] 자들보다 훨씬 낫다. 행위하는[457] 자들보다 요가수행자가 훨씬 낫다. 그

---

452 샹까라에 의하면 그는 '요가에서 벗어난 자'(yogabhraṣṭa)다. 법도에 어긋나는 행위가 '요가의 반복된 수련에 의한 잠재인상'(yogābhyāsasaṁskāra)보다 강하게 행해진 것이 아니면, 요가의 반복된 수련에 의해서 생겨난 잠재인상(saṁskāra)業行에 이끌린다. 만일 법도에 어긋난 행위가 강하게 행해진 것이라면, 요가를 통해서 생겨난 잠재인상은 그 행위에 의해 억압된다. 행위가 소멸이 되면 요가를 통해서 생겨난 잠재인상은 스스로 작용을 시작한다. 요가를 통해서 생겨난 잠재인상은 아주 오랜 시간이 지난 것이라 하여도 멸하지 않는다. 요가의 본질을 알려고 요가의 길에 들어선, 요가에서 벗어난 '온전히 내던져 버린 자'(saṁnyāsin) 역시 '소리인 브라흐만'(śabdabrahma) 즉 '베다에 언급된 행위의 실행의 결과'(vedoktakarmānuṣṭhānaphala)를 벗어난다. 라마누자에 의하면 요가에서 벗어난 자는 요가를 대상으로 하는 전생의 반복된 수련에 의해서 어쩔 수 없이 요가에 이끌린다. 정말(hi)이라는 강조사는 이 '요가의 대위력'(yogamāhātmya)은 널리 알려진 것임을 의미한다. 요가에 전념한 자가 아니라 요가를 알기를 원하는 자라고 할지라도 요가를 알기를 원하는 마음에서 벗어났다가 다시 '알고자 하는 마음'(jijñāsā)을 얻어 행위의 요가를 비롯한 요가를 실행하여 '소리인 브라흐만'을 넘어선다. '소리인 브라흐만'은 신, 인간, 땅, 허공, 천국 등등 소리를 통해서 말해질 만한 브라흐만인 자연(prakṛti)이다. 따라서 '소리인 브라흐만'을 넘어선다는 것은 '자연과의 관계'(prakṛtisambandha)를 벗어나 신이나 인간 등과 같이 소리를 통해서 말할 수 있는 것이 아니라, 말할 수가 없는 것인 '지혜와 환희가 하나로 펼쳐진 것'(jñānānandaikatāna)인 아我를 얻는다는 의미다.

453 샹까라에 의하면 '수많은 생을 걸쳐 성취한 자'(anekajanmasaṁsiddha)는 수많은 생들 속에서 조금씩 얻은 잠재인상(saṁskāra)行業을 수많은 생들에 걸쳐 모아 이룬 것을 통해 성취한 자다.

454 샹까라에 의하면 그리하여(tataḥ)는 '올바로 보는 자'(samyagdarśana)가 되어서라는 의미다.

455 라마누자에 의하면 수많은 생에 걸쳐 모아 쌓은 공덕들에 의해서 죄악을 씻어 온전히 청정해진 상태에서 태어나, 애써 노력하는 요가수행자는 [전생에] 엇나갔어도 [이번 생에] 지고의 경지에 도달한다.

456 샹까라에 의하면 여기서 지혜(jñāna)는 '학문에 대한 학식'(śāstrapāṇḍitya)을 의미한다.

457 샹까라에 의하면 여기서 행위(karma)는 '불에 헌공하는 것'(agnihotra) 등을 의미한다.

러니 아르주나여, 요가수행자가 되어라![458] 46

모든 요가수행자들[459] 중에도 '내게 도달한[460] 내면의 마음'을[461] 통해 믿음을 가지고[462] 나를 체험하는 자,[463] 내 생각에 그가 내게는 가장 올바른 자이다.[464] 47

---

458 라마누자에 의하면 단지 고행(tapas)들과 아我에 대한 지혜를 제외한 지혜들과 그리고 단지 '말을 제물로 삼아 지내는 제사'(aśvamedha) 등등의 행위들, 이 모든 것들을 통해서 이루어지는 '인생의 목표'(puruṣārtha) 보다 요가는 훨씬 많은 인생의 목표를 이루게 하는 방편이다.

459 샹까라에 의하면 '모든 요가수행자들'은 루드라(Rudra)와 아디따(Āditya) 등에 몰두하여 집중하는 자들이다.

460 샹까라에 의하면 '내게 도달한'(madgata)은 '와아쑤데바(Vāsudeva)인 나[끄리스나]에 대한 삼매에 든'이라는 의미이다. 라마누자에 의하면 내가[끄리스나가] 없이는 자신[의 생명]을 유지할 수가 없기 때문에 내게 도달한 것이다.

461 샹까라에 의하면 '내면의 마음'(antarātman)은 내적기관(antaḥkaraṇa)이다. 라마누자에 의하면 외부와 내부의 모든 작용의 특별한 바탕이 되는 마음이 '내면의 마음'이다.

462 라마누자에 의하면 '믿음을 가진 자'(śraddhāvat)는 나[끄리스나]를 아주 사랑하는 상태라서 찰나지간 마저 떨어지는 것을 견디지 못해 나[끄리스나]를 얻기 위해 '서두르는 자'(tvarāvat)이다.

463 '체험하는 자'(bhajate yaḥ)에서 체험하다(bhajate)의 어근 바즈(bhaj)는 '나누다, 몫으로 하다, 의지하다, 따르다, 준수하다, 즐기다, 겪다, 경험하다, 봉사하다, 경배하다, 택하다, 신애하다, 좋아하다, 종사하다' 등을 의미한다. 따라서 '체험하는 자'를 '경배하는 자' 혹은 '섬기는 자' 혹은 '신애하는 자' 등으로도 옮길 수 있다. 샹까라는 어근 바즈를 '봉사하다, 경배하다, 따르다, 사용하다, 즐기다, 실행하다, 믿다' 등을 뜻하는 어근 세브(sev)의 의미로 풀이한다. 라마누자는 어근 바즈를 어근 세브와 '가까이 앉다, 다가가다, 시중들다, 경배하다, 집중하다' 등을 의미하는 어근 우빠쓰(upās)의 의미로 풀이한다. 아디데바난다와 라다크리스난은 '나를 체험하는 자'를 '나를 숭배하는 자'(who......worships me)로 번역한다.

464 라마누자에 의하면 '가장 올바른 자'(yuktatama)는 '가장 탁월한 자'(śreṣṭhatama)이다.

이상은 성스러운 마하바라타의 비스마 편 스물여덟 번째 장이다.[465]

465 반다르까르 판본에 따른 내용이다. 그러나 짜우캄바 판본에 따른 내용은 "이상은 성스러운 바가바드기타인 우파니샤드들 가운데 브라흐만에 대한 지혜이며 요가의 경전인 성스러운 끄리스나와 아르주나의 대화에서 '아我를 위한 자제의 요가'(ātmasaṁyama)라고 이름하는 여섯 번째 장이다." 기타프레스의 샹까라 주석 산스크리트어 힌디어 대역본에 따른 내용은 "이상은 브야싸의 십만 개로 이루어진 결집서인 성스러운 마하바라타의 비스마 편에 있어서 성스러운 바가바드기타인 우파니샤드들 가운데 브라흐만에 대한 지혜이며 요가의 경전인 성스러운 끄리스나와 아르주나의 대화에서 '명상의 요가'(dhyānayoga)라고 이름하는 여섯 번째 장이다." 기타프레스의 라마누자 주석 산스크리트어 힌디어 대역본에 따른 내용은 "옴, 그것은 진실한 것! 성스러운 바가바드기타인 우파니샤드들 가운데 브라흐만에 대한 지혜이며 요가의 경전인 성스러운 끄리스나와 아르주나의 대화에서 '아我를 위한 자제의 요가'라고 이름하는 여섯 번째 장이다."

제7장

성스러운 세존께서 말씀하셨습니다.

쁘리타의 아들이여, 마음이 내게[466] 집착하고[467] 내게 의지하여[468] 요가의[469] 삼매에 들면, 그대는 의심할 바 없이 나의[470] 모든 것을 있는 그대로 알게 된다. 그에[471] 대해 들어라. 1

내가 너에게 예지와[472] 더불어 이 지혜를[473] 남김없이 말해주리라. 이것을 알아 이 세상에 알아야 할 다른 것이 다시는 남아 있지 않으리라. 2

---

466 샹까라에 의하면 나[끄리스나]는 '지고의 자재자'(parameśvara)이다.

467 라마누자에 의하면 '마음이 내게 집착한 자'(mayyāsaktamanāḥ)는 나를 아주 사랑하는 상태라서 나의 본모습과 장점들과 활동들과 나의 위력과 분리되면, 그 즉시 좌절하는 본성으로 인해서 내게 아주 단단히 마음이 묶인 자이다.

468 라마누자에 의하면 '내게 의지하는 자'(madāśraya)는 내가 없이는 좌절하는 상태라서 '내가 유일한 의지가 된 자'(madekādhāra)다.

469 라마누자에 의하면 요가는 '나의 요가'(madyoga)다.

470 라마누자에 의하면 나는 '요가의 대상이 된 나'다.

471 라마누자에 의하면 그것은 나를 알게되는 지혜(jñāna)다.

472 샹까라에 의하면 예지(vijñāna)[叡智]는 자기경험(svānubhava)이다. 라마누자에 의하면 예지는 분리된 형태를 대상으로 하는 지혜다. 나[끄리스나]는 '모든 버려야 할 것에 대해 적인 상태'임으로 인해서, 그리고 나[끄리스나]는 '무한하고, 더할 바 없고, 무수하고, 복이며, 장점의 무리이며, 무한한 대위력의 상태'임으로 인해서 나[끄리스나]는 나[끄리스나] 이외의 모든 '정신이 있는 사물과 정신이 없는 사물'(cidacidvastu)들과는 분리된 것이다. 이처럼 '분리된 것을 대상으로 하는 지혜'(viviktaviṣayajñāna)가 예지이다.

473 라마누자에 의하면 지혜(jñāna)는 '나[끄리스나]의 본모습을 대상으로 하는 지혜'(matsvarūpaviṣayajñāna)다.

사람들에게[474] 있어서 수천 명 가운데 그 어느 하나만이 성취를 위해 노력한다. 노력하는 성취자들[475] 가운데 그 어느 하나만이 사실대로 나를 안다.[476] 3

흙, 물, 불, 바람, 허공,[477] 마음,[478] 지성,[479] 자의식,[480] 이렇게 여덟 가지로 나누어진 것이 나의 자연[481]이다. 4

---

474 라마누자에 의하면 사람(manuṣya)은 경서(śāstra)經書에 대한 자격을 갖춘 자다.

475 샹까라에 의하면 성취자(siddha)는 해탈을 위해 노력하는 자다.

476 라마누자에 의하면 '그 어느 하나만이 사실대로 나를 안다.'라는 것은 '그 누구도 있는 그대로의 나[끄리스나]를 알지 못한다.'라는 뜻이다.

477 샹까라에 의하면 '여덟 가지로 나누어진 것이 자연이다.'라는 말 때문에 흙, 물, 불, 바람, 허공은 유(tanmātra)唯들이다. ; 자연의 원어는 쁘라끄리띠(prakriti)이다. 어원적으로 쁘라끄리띠는 '자신으로부터 다른 것을 만들어내는 것을 말한다.'(prakarotīti prakṛtiḥ). 오대원소(pañcamahābhūta)五大인 흙, 물, 불, 바람, 허공은 다른 것을 만들어내지 않는다. 따라서 흙地, 물水, 불火, 바람風, 허공空은 오대원소가 아니라 오유(pañcatanmātra)五唯인 냄새香, 맛味, 형태色, 촉감觸, 소리聲를 의미한다. 오유인 냄새에서 오대인 흙이 생겨나고, 오유인 맛에서 오대인 물이 생겨나고, 오유인 형태에서 오대인 불이 생겨나고, 오유인 촉감에서 오대인 바람이 생겨나고, 오유인 소리에서 오대인 허공이 생겨난다. 결과를 가지고 원인을 표현하는 방식으로 여기서 흙은 냄새, 물은 맛, 불은 형태, 바람은 촉감, 허공은 소리를 의미한다. 오유(pañcatanmātra)五唯를 유(tanmātra)唯라고도 부른다. 샹까라의 의견이 타당하다.

478 샹까라에 의하면 여기서 마음(manas)은 마음의 원인인 자의식(ahaṁkāra)自意識이다.

479 샹까라에 의하면 지성(buddhi)은 자의식의 원인인 대(mahat)大이다. ; 쌍캬(Sāṁkhya)철학에서 대(mahat)大, 진성(sattva)眞性, 지성(buddhi), 마음(manas)心은 동의어다.

480 샹까라에 의하면 여기서 자의식(ahaṁkāra)은 '무명과 연결된'(avidyāsaṁyukta) '드러나지 않은 것'(avyakta)인 근본원인(mūlakāraṇa)이다. 독이 든 음식을 독이라고 말하듯이 자의식에 훈습된 '드러나지 않은 것'인 근본원인을 자의식이라고 말하는 것이다. 세상에는 자의식이 모든 것의 '현현顯現의 씨앗'(pravṛttibīja)인 것으로 관찰된다. ; '드러나지 않은 것'(avyakta)인 근본원인(mūlakāraṇa)을 쌍캬(Sāṁkhya) 철학에서는 자연(prakṛti), 근본자연(mūlaprakṛti), 승인(pradhāna)勝因 등이라고 부른다. 이것은 진성, 동성, 암성이 동일한 상태로 아직 진성, 동성, 암성의 고유한 특질이 드러나지 않은 상태다.

481 샹까라에 의하면 자연(prakṛti)은 '자재자의 환력幻力의 힘'(īśvarī māyāśakti)이다.

이것은 열등한 것이다. 이것보다 우월한 나의 다른 자연을, 생명이 된 것을 알아라. 긴 팔을 가진 자여, 그것에 의해 이 세상은 유지되는 것이다.[482] 5

이것이[483] 모든 존재의 자궁인 것이라 여겨라. 내가 모든 세상의 생겨남이며 사라짐이다.[484] 6

이겨 재산을 얻은 자여, 나보다 더 높은 다른 건 아무것도 없다.[485]

---

482 샹까라에 의하면 앞에서 언급된 자연은 본질적으로 윤회에 매이게 하는 것이며, 순수하지 않은 것이며, 이롭지 않은 것이고, 열등한 것이다. 이와는 다른 나[끄리스나]의 아[我]가 되는 순수한 자연이 있다. 이 자연은 생명을 유지하는 원인이 되는 것이며 '농지를 아는 자'(kṣetrajña)로 나타나는 것이며 수승한 것이다. 안에 들어간 이 자연에 의해서 이 세상은 유지된다. 라마누자에 의하면 '낮은 자연'(aparā prakṛti)은 '정신이 없는 것'(acetanā)이며, '정신이 있는 것의 향유의 대상이 되는 것'(cetanabhogyabhūta)이다. '높은 자연'(parā prakṛti)은 이러한 낮은 자연과는 전혀 다른 형태이며, 낮은 자연을 '향유하는 자의 상태'(bhokṛtva)이기 때문에 으뜸(pradhāna)이 되는 것이며, '정신의 형태'(cetanarūpa)이다. 나[끄리스나]의 이러한 높은 자연에 의해서 정신이 없는 것인 모든 세상이 유지된다.

483 라마누자에 의하면 이것은 '정신이 있는 것과 정신이 없는 것 전체의 형태인 나[끄리스나]의 두 개의 자연'(cetanācetanasamaṣṭirūpamadīyaprakṛtidvaya)이다.

484 샹까라에 의하면 농지(kṣetra)와 '농지를 아는 자'(kṣetrajña)로 나타나는 나[끄리스나]의 낮은 자연과 높은 자연은 모든 존재의 자궁(yoni), 즉 원인(kāraṇa)이다. 따라서 나[끄리스나]는 모든 세상의 생겨남(prabhava)이며 사라짐(pralaya)인 멸함(vināśa)이다. 전지자(sarvajña)이며 자재자(īśvara)인 나[끄리스나]는 두 개의 자연을 통해서 세상의 원인이라는 의미다. 라마누자에 의하면 나[끄리스나]는 두 개의 자연의 자궁인 상태이며, 두 개의 자연은 나[끄리스나]의 것이다. 그래서 나[끄리스나]는 모든 세상의 생겨남이며 사라짐이고 '남은 것을 가진 자'(śeṣin)이다. 『위스누뿌라나』(Viṣṇupurāṇa : 6.4.39-40)에서는 다음처럼 말한다. "나에 의해서 언급된 '나타난 것과 나타나지 않은 것을 본모습으로 하는 자연'과 인아(puruṣa), 이 둘 모두는 '지고의 아[我]'(paramātman)에 잠겨 든다. '지고의 아[我]'는 모든 것의 바탕이며, '지고의 자재자'(parameśvara)다. 그는 베다들과 베단따들에서 위스누(Viṣṇu)라는 이름으로 찬양된다." ; 고얀다까에 의하면 '남은 것을 가진 자'는 주인(svāmī)을 의미한다.

485 샹까라에 의하면 나[끄리스나]는 '지고의 자재자'다. 지고의 자재자인 나[끄리스나] 외에 다른 원인은 없다는 의미다.

이 모든 것은[486] 실에 보배구슬의 무리처럼 내 안에 엮여 있다.[487] 7

꾼띠의 아들이여, 나는 물에 있어서는 맛,[488] 달과 해에 있어서는 빛,

486 샹까라에 의하면 '이 모든 것'은 이 모든 세상이다.

487 라마누자에 의하면 '정신이 있는 것'(cetana)은 정신이 없는 모든 사물의 주인이다. 나[끄리스나]는 '정신이 있는 것'의 주인인 상태이기 때문에 '원인의 상태'(kāraṇatā)와 '주인의 상태'(śeṣitā)에 의해서 더 높은 것이다. 그리고 지혜와 능력과 힘 등의 장점을 갖추고 있는 것에 있어서도 나[끄리스나]는 더 높은 것이다. 나[끄리스나] 이외에 그 누구도 더 높은 지혜와 능력과 힘 등을 갖춘 자는 없다. '나의 몸이 된 것'인, 결과의 상태와 원인의 상태로 존재하는 유정과 무정의 사물, 이 모든 사물은 실에 꿰인 보배구슬들처럼 '아[我]의 상태'(ātmatā)를 통해서 내[끄리스나] 안에 의지해 있다.

488 샹까라에 의하면 맛(rasa)은 물의 정수이다. 물인 내[끄리스나] 안에 맛이 엮여 있다는 뜻이다. 다른 경우도 마찬가지다.

모든 베다들에 있어서는 '옴',[489] 허공에 있어서는 소리,[490] 사람들에게

489 '옴'(oṃ, ॐ)[唵]은 브라흐마나 문헌에 따르면 모든 것에 퍼진다는 의미를 담고 있으며, 창조주인 브라흐마(Brahmā)의 큰아들이며, 마음이며, 천신[天神]들의 왕인 인드라(Indra)이며, 태양이며, 천상계이며, 진리요, 생명의 정수로, 생명의 원천인 물을 담고 있는 것이다. 우파니샤드 문헌에 따르면 옴(ॐ)의 의미는 보다 구체적으로 불멸, 과거와 현재 그리고 미래를 동시에 포함하며 아울러 시간을 초월한 존재. 우주의 궁극적 실재이며 지고의 영혼인 브라흐만이 문자로 현현된 것, 이 세상 모든 것, 접신[接神]을 이루게 하는 주문[呪文]이다. 요가 문헌에 따르면 '옴'은 고통과 행위와 행위의 결과와 욕망으로부터 완전히 결별된 특별한 인아(puruṣa)[人我] 인 자재자(īśvara)[自在者]를 의미하며, '옴'을 염송함으로써 자재자의 의미가 환기된다. 또한 '옴'은 상주함이요, 청정함이요, 깨달음이요, 불변함이요, 집착이 없음이요, 드러나지 않음이요, 시작과 끝이 없음이요, 하나요, 궁극인 네 번째(turīya)요, 과거요 현재요 미래요, 변함이요, 늘 단절되지 않음이요, 지고의 브라흐만이다. 산스크리트에서 '옴'은 '지키다, 보호하다, 구하다, 기쁘게 하다, 만족하다, 좋아하다, 사랑하다, 가다, 알다, 들어가다, 듣다, 들려주다, 명령을 받다, 주인이 되다, 소망하다, 행동하다, 빛나다, 만나다, 얻다, 껴안다, 죽이다, 괴롭히다, 받다, 존재하다, 증가하다, 힘을 갖추다, 태우다, 나누다, 도달하다' 등의 많은 뜻을 지닌 어근 아브(av)에서 파생된 불변화사로 '공식적인 승낙, 존경하며 받아들임, 찬성, 명령, 기쁨, 멀리하는 느낌, 브라흐만' 등을 뜻하는 말이다. '옴'은 모음 '아'(a)[阿] 와 '우'(u)[烏] 그리고 자음 'ㅁ'(m)[莽]와 반절모음의 결합으로 이루어진 소리이다. 산스크리트에서 자음 'ㅁ'(m)은 우주를 창조하는 신인 브라흐마를 뜻하며, 모음 '아'(a)는 창조된 우주를 보호 육성하는 신인 위스누를 뜻하고, 모음 '우'(u)는 창조되어 보호 육성되던 우주를 파괴하고 새로운 우주가 탄생하는 계기를 만드는 신인 쉬바를 뜻한다. 반절모음은 이 모든 신들이 나타나기 이전의 근원이며 궁극인 '네 번째'(turīya)를 의미한다. 힌두교의 라마(Rāma) 신앙에서 라마가 바로 이 네 번째인 존재가 인간의 모습으로 화현한 신이다. 창조되는 순간은 시간상 과거요, 보호육성되는 순간은 시간상 현재이며, 파괴될 순간은 시간상 미래이니 '옴'은 창조, 보호유지, 파괴, 창조라는 순환하는 우주의 상[相]과 과거, 현재 그리고 미래라는 시간의 상을 모두 나타낸다. 또한 『마누법전』에 따르면 땅의 세계를 소리로 모두 모으면 브후우(bhū) 라는 소리에 땅의 세계 모두가 담기어 모이고, 허공의 세계를 소리로 모두 모으면 브후와하(bhuvaḥ) 라는 소리에 해와 달과 별들을 포함한 모든 허공의 세계가 담겨 모이고, 그리고 별들이 있는 세계를 넘어선 우주 밖 신들이 사는 천상의 세계를 소리로 모으면 쓰와하(svaḥ) 라는 소리에 천상의 모든 세계가 담겨 모인다. 그리고 이들 브후우(bhū), 브후와하(bhuvaḥ), 쓰와하(svaḥ) 라는 소리를 다시 하나로 모아 담으면 바로 '옴'이라는 소리가 된다. 따라서 '옴'은 과거 현재 미래인 모든 시간과 땅과 허공 별들을 넘어선 우주 밖의 공간 모두를 담아 모은 소리이다. 현재 인도에서 '옴'을 문자로 표시하는 데에는 두 가지 방법이 있다. 하나는 삼(3)자 옆에 동그라미를 그리고, 그 동그라미 위에 밑에서 위로 향하는 초승달 모양에 점을 하나 그려 넣는 방법이 있다. 여기서 삼(3)은 과거 현재 미래, 땅과 허공과 천상의 세계, 브라흐마 위스누 쉬바 신을 뜻하며, 삼자 옆의 둥근 모양은 우주의 본상[本相]이 둥글어 무시무종[無始無終]임을 나타낸다. 위에 그린 초승달 모양은 우주의 본상은 달처럼 기울면 다시 차고, 차면 다시 기운다는 제행무상[諸行無常]의 실상을 의미한다. 그리고 위에 그려 넣은 점 하나는 바로 하나를 뜻한다. 이러한 '옴'자의 표시는 시간은 과거 현재 미래로, 공간은 땅의 세계 허공의 세계 천상의 세계, 그리고 브라흐마(창조) 위스누(보호) 쉬바(파괴) 신으로 표시되는 우주삼라만상의 시간과 공간상이 서로 다르게 보이고 느껴지지만, 실은 서로 다름이 없는 하나라는 것을 나타낸다.

490 샹까라에 의하면 소리는 허공의 정수인 것이다.

있어서는 사람이란 것[491]이다. 8

흙에 있어서는 신성한 향기,[492] 불에 있어서는 열기, 모든 존재들에게 있어서는 생명력, 고행자들에게 있어서는 고행이다. 9

쁘리타의 아들이여, 나를 모든 존재들의 항구한 씨앗이라 알아라. 나는 지혜로운 자들의 지혜,[493] 위광威光을 지닌 자들의 위광이다.[494] 10

바라따족의 황소여, 나는 힘 있는 자들의 '욕망과 애염이 없는 힘'이다.[495] 존재들에게 있어서 도리를 거스르지 않는 욕망이다.[496] 11

---

491 샹까라에 의하면 '사람이란 것'(pauruṣa)은 사람의 상태이며, 그로 인해 사람이라고 알게 되는 것이다.

492 샹까라에 의하면 흙 등에 있어서 냄새가 신성하다는 것은 물 등에 있어서도 맛이 신성하다는 것을 의미한다. 냄새 등에 있어서 신성하지 않음은 무명(avidyā)無明과 '법이 아닌 것'(adharma) 등과 관련하여 윤회하는 자들의 특별한 존재와의 결합을 원인으로 하여 생겨나는 것이다.

493 샹까라에 의하면 '지혜로운 자'(buddhimat)는 '분별력이 있는 자'(vivekaśaktimat)이며, 지혜(budhi)는 분별력(vivekaśakti)이다.

494 샹까라에 의하면 위광(tejas)威光은 자신감(prāgalbya)이며 '위광을 지닌 자'(tejasvin)는 자신감을 가진 자다.

495 샹까라에 의하면 욕망(kāma)은 떨어져 있는 대상들에 대한 갈망(tṛṣṇā)이며, 애염(rāga)愛染은 얻은 대상들에 '물드는 것'(rañjanā)이다. 힘은 능력(sāmarthya)이며 정기(ojas)精氣다. 욕망과 애염이 없는 힘은 단지 몸 등을 유지하기 위한 힘이다. 윤회하는 자들의 힘은 갈망과 애염의 원인이다. 그러한 힘이 아니라는 의미다.

496 샹까라에 의하면 존재(bhūta)는 생명체(prāṇin)이며, '도리를 거스르지 않는'(dharmāviddha) 욕망은 경전의 뜻에 거스르지 않는 것으로, 단지 몸을 유지하기 위해 먹고 마시는 것 등을 대상으로 하는 욕망이다.

진성에서 생겨난 사물들, 동성에서 생겨난 것들, 암성에서 생겨난 것들, 그것들은 내게서 생겨나는 것임을 알아라. 그러나 그것들 안에 나는 없고, 그것들은 내 안에 있다.[497] 12

이 모든 세상은 이들 세 가지 성질들로 된 사물들에 의해서 미혹되어 있다. 그래서 이것들을 벗어난 불변하는 나를 모른다.[498] 13

성질로 이루어진 나의 이 신적인[499] 환력은 벗어나기가 어려운 것이다. 나에게 귀의하는 자들은 이 환력을 벗어난다.[500] 14

---

497 샹까라에 의하면 '그러나 그것들 안에 나는 없고, 그것들은 내 안에 있다.'(na tvahaṁ teṣu te mayi)는 말은 '나는 윤회하는 자들처럼 그것들에 종속된 것이 아니다. 그것들이 나에게 종속된 것이다.'라는 뜻이다.

498 샹까라에 의하면 세 가지 성질(guṇa)들의 변형인 애염(rāga)[愛染]과 증오(dveṣa)와 미혹(moha) 등으로 차이 나는 사물들에 의해서 무분별의 상태가 된 이 세상 모든 생명체의 무리는 성질들과는 다른 별개의 것인, 출생 등등의 모든 상태의 변화가 없는 불변하는(avyaya) 나[끄리스나]를 모른다. 라마누자에 의하면 불변하는 것은 늘 한가지 형태인 것이다.

499 샹까라에 의하면 신(deva)은 자재자인 위스누(Viṣṇu)다.

500 샹까라에 의하면 모든 법(dharma)들을 버리고 '자신의 아[我]'(svātman)인 '환력[幻力]을 가진 자'(māyāvin)인 나[끄리스나]를 '모든 것의 아[我]'(sarvātman)라고 여기어 귀의하는 자는 모든 존재를 미혹하게 하는 것인 환력(māyā)을 벗어난다. 즉, '윤회의 속박'(saṁsārabandhana)에서 벗어난다. ; 도리인 법은 좋은 세상에 태어나는 원인이며, 도리에 어긋나는 것인 '법이 아닌 것'(adharma)은 나쁜 세상에 태어나는 원인이다. 결과적으로 도리인 법 역시 윤회의 원인이다. 따라서 윤회의 속박을 벗어나기 위해서는 법마저 버려야 한다. 라마누자에 의하면 진성과 동성 그리고 암성으로 이루어진 환력은 놀이(krīḍā)에 몰두하는 신(deva)인 나[끄리스나]에 의해 만들어진 것이다. 그래서 모두가 벗어나기가 힘든 것이다. 환력이란 낱말은 헛됨을 의미하는 것이 아니다. 환력의 작용은 '세존의 본모습을 감추는 것'(bhagavatsvarūpatirodhāna)과 '자신의 본모습에 향유를 해야 할 것인 지성이 있게 하는 것'(svasvarūpabhogyatvabuddhiḥ)이다. 따라서 세존의 환력에 미혹된 모든 세상은 '무한하고 더할 바 없는 환희의 본모습'(anavadhikātiśayānandarūpa)인 세존을 알지 못한다. 그러나 '생각한 것을 진실하게 이루는 자'(satyasaṁkalpa)이며, '지극히 자비로운 자'(paramakāruṇika)이며, '구별 없이 바라보는, 모든 사람의 귀의처가 되는 자'(anālocitaviśeṣāśeṣalokaśaraṇya)인 지고의 존재[끄리스나]에게 귀의하는 자들은 성질로 이루어진 나[끄리스나]의 환력을 벗어난다. 즉, 환력을 버리고 바로 나[끄리스나]를 체험한다.

잘못을 저지르는 자들, 어리석은 자들, 천한 사람들, 환력에 지혜를 빼앗긴 자들, 아쑤라의 성향에[501] 기댄 자들은 내게 귀의하지 못한다.[502] 15

아르주나여, 선업을 지은 네 종류의 사람들이 나를 체험한다.[503] 바

---

501 샹까라에 의하면 '아쑤라의 성향'(āsuraṁ bhāvam)은 폭력과 거짓 등이다. ; 아쑤라(asura)는 '생명, 생기'를 의미하는 남성명사 아쑤(asu) 라는 낱말과 '주다, 부여하다' 등의 의미를 지닌 어근 라(rā)에서 파생되어 형용사로 '소유하는, 주는' 등을 의미하는 라(ra) 라는 낱말의 결합이다. 혹은 아(a)라는 '부정, 반대, 비슷함' 등을 의미하는 접두어와 신神을 의미하는 쑤라(sura)라는 낱말의 결합이다. 쑤라는 '좋은, 아름다운'을 의미하는 쑤(su)와 '소유하는, 주는' 등을 의미하는 라(ra)가 결합한 낱말이다. 즉, '좋은 것을 가지고 있고 좋은 것을 주는 존재'가 신이라는 뜻이다. '아쑤'와 '라'의 결합으로 아쑤라를 파악할 경우 아쑤라는 '생명을 주는 존재'를 의미한다. 이 의미는 베다에서 일반적으로 나타나는 아쑤라의 의미다. 그러나 '아'와 '쑤라'의 결합으로 이해할 경우에 아쑤라는 '신의 반대인 악신'을 의미한다. 이 의미는 후기 베다와 그 이후의 문헌들에 나타나는 의미다. 불경에서 아쑤라(asura)는 '비천非天, 장폐障蔽' 등으로 한역되며, '아쑤라阿修羅, 아소라阿素羅' 등으로 음차된다.

502 라마누자에 의하면 어리석은 자(mūḍha)들, '천한 사람'(narādhama)들, '환력에 지혜를 빼앗긴 자'(māyayā apahṛtajñāna)들, '아쑤라의 성향에 기댄 자들은'(āsuraṁ bhāvamāśritāḥ) 모두가 죄악의 행위인 '잘못을 저지르는 자'(duṣkṛtin)들이다. 어리석은 자들보다는 천한 자들이, 천한 자들보다는 환력에 지혜를 빼앗긴 자들이, 환력에 지혜를 빼앗긴 자들보다는 아쑤라의 성향에 기댄 자들이 더욱더 잘못을 저지르는 자들이다. 어리석은 자들은 '전도된 지혜를 가진 자'(viparītajñāna)들이다. 즉, 나[끄리스나]에 대한 온전한 지혜가 없어서 자연에서 생겨난 것인 대상들에 집착하는 자들, 세존에 종속된 상태가 유일한 맛인 아我와 향유를 해야 할 것들을 자신에 종속된 것들로 여기는 자가 어리석은 자다. 천한 사람들은 일반적으로 나[끄리스나]의 본모습을 알면서도 '나[끄리스나]를 열망하기에 적합하지 않은 자'(madaunmukhyānarha)들이다. 환력에 지혜를 빼앗긴 자들은 나[끄리스나]를 대상으로 하는 지혜와 나[끄리스나]의 자재력(aiśvarya)을 대상으로 하는 지혜가 제시되어도 그것이 불가능하다고 말하는 그릇된 논리들에 의해서 지혜가 빼앗긴 자들이다. 아쑤라의 감정에 기댄 자들은 나[끄리스나]를 대상으로 하는 지혜와 나[끄리스나]의 자재력을 대상으로 하는 지혜가 확고하게 생겨나도, 그 지혜가 [나에 대한] 증오를 위해 존재하는 자들이다.

503 샹까라에 의하면 '체험한다'(bhajante)는 섬긴다(sevante)라는 의미다. 라다크리스난과 아디데바난다는 '체험한다'를 '숭배한다, 예배한다'(worship)로 번역한다.

라따족의 황소여, 고통 받는 자,[504] 재산을 바라는 자, 알기를 원하는 자,[505] 지혜로운 자[506]이다.[507] 16

그들 가운데 지혜로운 자, 항상 삼매에 잠긴 자, 오로지 신애하는 자가 탁월하다. 지혜로운 자에게 나는 아주 사랑스러우며, 그 역시 내게 사랑스럽기 때문이다.[508] 17

---

504 샹까라에 의하면 '고통 받는 자'(ārta)는 도둑과 호랑이와 질병 등에 시달리는 자다. 라마누자에 의하면 지위(pratiṣṭhā)를 잃고 부귀(aiśvarya)가 사라진 자들로서 그 지위와 부귀를 다시 얻고자 원하는 자들이다.

505 샹까라에 의하면 '알기를 원하는 자'(jijñāsu)는 '세존의 본질'(bhagavattattva)을 알기를 바라는 자다. 라마누자에 의하면 '자연과는 별개인 아[我]의 본모습을 얻기를 원하는 자'(prakṛtiviyuktātmas-varūpāvāptīcchu)다. 지혜(jñāna)가 바로 이것의[아[我]의] 본모습이다. 그래서 '알기를 원하는 자'(jijñā-su)라고 말한 것이다.

506 샹까라에 의하면 '지혜로운 자'(jñānin)는 위스누의 '본질을 아는 자'(tattvavid)다. 라마누자에 의하면 7장 5절에서 "이것보다 우월한 나의 다른 자연을 알아라." 등의 내용을 통해서 언급한 '세존에 종속된 단일한 맛이 아[我]의 본모습임을 아는 자'(bhagavaccheṣataikarasātmasvarūpavit)이며, '단지 자연과의 별개인 아[我]'(prakṛtiviyuktakevalātman)를 가장 얻어야 할 것이라고 여기지 않으며 '세존을 얻기를 바라는 자', 즉 '세존을 가장 얻어야 할 것이라고 여기는 자'다.

507 라마누자에 의하면 '선업을 지은 자'(sukṛtin)들은 '공덕의 행위를 행한 자'(puṇyakarman)들이며, 이들은 나[끄리스나]에게 귀의하여 바로 나를 체험한다. 선업을 지은 자들은 선업의 차이로 인해서 네 가지로 나뉜다. 고통 받는 자보다는 재산을 바라는 자가, 재산을 바라는 자보다는 알기를 원하는 자가, 알기를 원하는 자보다는 지혜로운 자가 더 낫다.

508 샹까라에 의하면 지혜로운 자는 본질을 아는 자이며, 본질을 알기 때문에 '항상 삼매에 잠긴 자'(nityayukta)다. 그에게는 신애(bhakti)[信愛]하여야 할 다른 것이 보이지 않기 때문에 그는 '오로지 신애하는 자'(ekabhakti)다. 와아쑤데바(Vāsudeva)인 나는 지혜로운 자의 아(ātman)[我]이기 때문에 나는 지혜로운 자에게 아주 사랑스러우며, 지혜로운 자는 와아쑤데바인 나의 아[我]이기 때문에 지혜로운 자는 나에게 아주 사랑스럽다. 세상에서 아[我]가 사랑스럽다는 것은 널리 알려진 것이다. 라마누자에 의하면 지혜로운 자는 '항상 삼매에 잠긴 자'(nityayukta)이며 오로지 신애하는 자이기 때문에 특별하다. 나[끄리스나] 하나만이 얻어야 할 것인 그에게는 항상 나[끄리스나]와의 연결(yoga)이 있다. 지혜로운 자에게는 오로지 나[끄리스나] 하나에 대한 신애만이 있다. 그러나 다른 자에게는 자신이 원하는 대상과 관련하여 그리고 그 대상을 얻는 수단의 상태로서 나[끄리스나]에 대한 신애가 있다. 그래서 다른 자들에게 있어서 나[끄리스나]와의 연결은 그들 자신이 원하는 대상을 얻을 때까지만 존재한다.

이들 모두는 뛰어난 이들이다. 그러나 생각건대 지혜로운 자는 나의 아我다. 삼매에 잠긴 마음을 가진 그는 무상의 행처行處인 내게 온전히 머물기 때문이다.[509] 18

지혜로운 자는 많은 생의 끝에 '와아쑤데바가[510] 모든 것'이라며 나에게 귀의한다. 이러한 위대한 아我는 아주 얻기 힘들다.[511] 19

각각의 욕망에 지혜가 빼앗긴 자들은 자신의 자연에[512] 의해 정해

509 샹까라에 의하면 지혜로운 자는 나[끄리스나]와 다른 자가 아니다. 지혜로운 자는 "내가 바로 세존이신 와아쑤데바이지, 다른 자가 아니다."(aham eva bhagavān vāsudevo na anyaḥ asmi.)라고 이렇게 마음이 삼매에 잠겨 도달하여야 할 지고의 브라흐만인 내게 도달하기 위해 몰두해 있다. 라마누자에 의하면 '생각건대 지혜로운 자는 나의 아我다.'라는 말은 '나[끄리스나]는 자신을 지탱하는 것이 그에게 바탕을 두고 있다고 여긴다.'라는 의미이다. 그는 나[끄리스나] 없이는 자신을 지탱하는 것이 불가능하기 때문에 무상(anuttama)無上으로 얻어야 할 것인 바로 내게 온전히 머문다. 그래서 나[끄리스나] 역시 그가 없이는 지탱하는 것이 불가능하기 때문에 그는 나[끄리스나]의 아我이기도 하다.

510 와아쑤데바(Vāsudeva)는 와쑤데바(Vasudeva)의 아들이란 의미로 끄리스나의 별칭이다. '와쑤데바'는 쑤라(Surā)의 아들이며, 끄리스나의 아버지이다. 야두(Yadu)의 후손이다.

511 샹까라에 의하면 '지혜를 위한 잠재인상이 쌓여 모인 곳'(jñānārthasaṁskārārjanāśraya)이 되는 많은 생의 마지막에 '완숙한 지혜를 얻은 자'(prāptaparipākajñāna)는 '개별적인 아我'(pratyagātman)인 와아쑤데바인 나[끄리스나]를 "와아쑤데바가 모든 것"(vāsudevaḥ sarvam)이라며 직접 체득하게 된다. 이처럼 '모든 것의 아我'(sarvātman)인 나를 체득한 '위대한 아我'(mahātman)인 그와 같은 자나 그보다 더한 자는 없다. 그래서 수천 명의 사람들 가운데서도 이러한 사람을 얻기는 아주 힘들다. 라마누자에 의하면 공덕이 가득한 많은 생의 끝에 이르러 '와아쑤데바에 종속된 하나의 맛이 나이며, [나 자신의] 본모습의 상태와 활동은 그 [와아쑤데바]에 바탕을 둔 것이다. 그리고 그[와아쑤데바]는 복으로 가득한 무수한 장점들을 통해서 더욱더 지극한 분이시다.'라고, 이렇게 지혜를 갖추어 '와아쑤데바만이 내가 지고로 얻어야 할 것이며 얻게 해 주시는 분이다. 내 마음이 바라는 다른 모든 것 또한 바로 그 와아쑤데바이다.'라고, 이렇게 내[끄리스나]게 귀의하는 그러한 '위대한 아我', 즉, '위대한 마음을 가진 자'(mahāmanāḥ)는 세상에서 얻기가 아주 힘들다.

512 샹까라에 의하면 여기서 자연(prakṛti)은 '다른 생에 모은 특별한 잠재인상行業'(janmāntarārjitasaṁskāraviśeṣa)인 본성(svabhāva)을 의미한다.

져 그 각각의 권계勸戒를[513] 지키며 다른 신들에게[514] 귀의한다.[515] 20

믿음을 가지고 각각의 형체를[516] 숭배하기 원하는 그 각각의 신애하는 자에게 나는 흔들림 없는 믿음을 가지게 해준다.[517] 21

그러한 믿음을 통해 삼매에 들어 그를 섬기면, 내가 정한 것인 그 바라는 것들을 그로부터 얻는다.[518] 22

그러나 지혜가 부족한 그들의 그 결과는 끝이 있는 것이다. 신에게 제사 지내는 자들은 신들에게 이르고, 나를 신애하는 자들은 나에게

---

513 샹까라에 의하면 권계(niyama)勸戒는 신을 숭배하는 것과 관련된 널리 알려진 계율이다.

514 샹까라에 의하면 다른 신들은 아(ātman)我인 와아쑤데바와는 다른 신들이다.

515 라마누자에 의하면 세속적인 모든 사람들은 성질로 이루어진 상태를 대상으로 하는 '악의 습기習氣'(pāpavāsanā)인 자신의 자연(prakṛti)과 항상 연결된다. 이러한 자들은 자신의 습기에 따른 성질로 이루어진 그 각각의 대상을 원하는 것인 욕망들에 의해서 '나[끄리스나]의 본모습을 대상으로 하는 지혜가 빼앗긴 자'(hṛtamatsvarūpaviṣayajñāna)들이다. 이들은 그러한 각각의 욕망을 성취하기 위해서 나[끄리스나] 이외의 신의 왕인 인드라(Indra)를 비롯한 다른 신들을, 그 특별한 신들을 오로지 기쁘게 하려 일반적이지 않은 권계에 의지하여 예경한다.

516 샹까라에 의하면 형체(tanu)는 '신의 형체'(devatātanu)다.

517 라마누자에 의하면 모든 신들은 나[끄리스나]의 형체들이다. 이러한 사실을 모르고 믿음을 가지고 신의 왕인 인드라를 비롯한 나[끄리스나]의 각각의 형체를 숭배하기를 원하는 그 각각의 '신애하는 자'(bhakta)에게, 나는 '이것은 나의 형체를 대상으로 하는 믿음이다.'라고 이해하여 흔들림 없는, 즉 장해가 없는 믿음을 가지게 해준다.

518 샹까라에 의하면 내가[끄리스나가] 만들어 준 믿음을 통해 삼매에 들어 신의 형체를 섬기는 일을 하면, 섬김을 받은 신의 형체로부터 바라는 것들을 얻는다. 바라는 것들은 지고의 자재자이며 '행위에 따른 결과의 배분을 아는 자'(karmaphalavibhāgajña)이며 전지자인 나[끄리스나]에 의해서 만들어진 것이다. 라마누자에 의하면 섬길 때 인드라를 비롯한 것들이 나[끄리스나]의 형체들이며, 따라서 그에 대한 숭배가 나[끄리스나]를 섬기는 것이라는 사실을 모른다 할지라도, 그것은 사실 나[끄리스나]를 섬기는 것이기 때문에 '섬기는 자가 원하는 것'(ārādhakābhilaṣita)을 나[끄리스나]는 준다.

이른다.[519] 23

지혜가 없는 자들은 나의 불멸이며 무상인 지고의 상태를 몰라, 나를 나타나지 않은 것이 나타난 것으로 여긴다.[520] 24

요가의 환력에[521] 덮여 있는 나는 모두에게 명료한 것은 아니다. 어

---

519 샹까라에 의하면 동일한 노력을 기울이는 것임에도 '영원한 결과'(anantaphala)를 위해 나[끄리스나]를 체득하지 않는다고 한탄하는 것이다. 라마누자에 의하면 신의 왕인 인드라 등에게만 제사를 지내는 지혜가 적은 자들에게 있어서는 그 숭배의 결과가 아주 적고 끝이 있는 것이다. 인드라를 비롯한 신들에게 제사를 지내는 자들은 그 신들에게 이른다. 인드라를 비롯한 것들은 향유가 한정된 것들이며, 제한된 시간 동안만 존재하는 것들이다. 따라서 그러한 '신과 결합한 상태'(sāyujya)에 도달한 자들은 그러한 신들과 더불어 몰락하게 된다. 그러나 '나[끄리스나]를 신애하는 자'(madbhakta)들은 그러한 [다른 신들을 숭배하는] 행위들이 나[끄리스나]를 숭배하는 형태라는 것을 알고서, 제한된 결과에 대한 집착을 버리고 단지 나[끄리스나]를 기쁘게 하려는 목적을 가진 자들로 바로 나에게 도달한다. 그리고 다시 [윤회로] 되돌아오지 않는다.

520 샹까라에 의하면 지고의 상태인 '지고의 아[我]의 본질'(paramātmasvarūpa)이며 자재자(Īśvara)인 나[끄리스나]를 모르는 분별하지 못하는 자는 나의 불멸(avyaya)이며, 무상(anuttama)[無上] 즉, 더 높은 것이 없는 상태를 몰라 나[끄리스나}로 나타나지 않은 것이 지금 나타난 것으로 여긴다. 라마누자에 의하면 모든 행위들을 통해서 숭배되어야 할 존재인 나[끄리스나]는 '모든 것의 자재자[一切萬有의 主]'(sarveśvara)이며, '본모습과 본질이 언어와 마음을 통해서 특정되지 않는 자'(vāṃmanasāparicchedyasvarūpasvabhāva)이며, '지고의 자비'(paramakāruṇya)와 '의지하는 자에 대한 연민'(āśritavātsalya)으로 인하여 모든 자들이 온전히 의지하게 하려 본질을 버림이 없이 와쑤데바(Vasudeva)의 아들로 화현한 것이다. 그러나 지혜가 없는 자들은 나[끄리스나]를 일반적인 왕의 아들과 마찬가지로 '이전에는 나타나지 않은 것이 지금은 행위에 장악되어 특별한 출생으로 나타남을 얻은 것이다.'라고 여긴다. 그래서 내게 귀의하지 않고, 행위들을 통해서 나를 섬기지 않는다.

521 샹까라에 의하면 여기서 요가(yoga)는 결합(yukti)이며, 결합은 성질(guṇa)들의 연결(ghaṭana)이다. 이러한 결합이 환력(māyā)인 것이 '요가의 환력'(yogamāyā)이다. 라마누자에 의하면 '요가의 환력'은 '농지를 아는 자와는 다른 특수한 것인 인간의 상태 등의 몸의 원인의 형태인 요가라고 이름하는 환력'(kṣetrajñāsādhāraṇamanuṣyatvādisaṁsthānayogākhyamāyā)이다. 라다크리스난은 '요가의 환력'을 '창조적인 힘'(creative power)으로 번역한다.

리석은 이 세상은 불생이며 불멸인[522] 나를 모른다.[523] 25

아르주나여, 나는 이미 지나가 버린, 현존하고 있는, 그리고 생겨날 존재들을 안다.[524] 그러나 그 누구도 나를 모른다.[525] 26

바라따의 후손이여, 적을 괴롭히는 자여! 좋아함과 싫어함에 의해 생겨난 서로 대립적인 것에 미혹되어 모든 존재는 태어날 때 어리석

---

522 라다크리스난은 불멸(avyaya)不滅을 '변하지 않는 것'(the unchanging)으로 번역한다.

523 라마누자에 의하면 나[끄리스나]는 바람의 신인 와유(Vāyu)와 신의 왕인 인드라(Indra)의 행위를 능가하고, 태양의 신인 쑤르야(Sūrya)와 불의 신인 아그니(Agni)의 광휘를 능가하며, 지각되는 존재지만 불생(aja)이며 불멸이고, '모든 세상의 유일한 원인'(nikhilajagadekakāraṇa)이며, '모든 것의 자재자'(sarveśvara)이며, 모두에게 의지하는 것이 되고자 인간의 상태인 형태에 자리잡은 존재다. 그러나 어리석은 이 세상은 이러한 나[끄리스나]에 대해 알지 못한다. 이유는 나[끄리스나]에 대해서 단지 인간의 상태 등등의 형태만을 보기 때문이다.

524 과거 현재 미래의 모든 존재들을 안다는 의미이다. 존재하지 않는 것은 그것이 무엇인지 알 수 없다. 과거와 미래의 모든 존재들을 안다는 것은 과거와 미래가 현재 이 순간에도 존재하고 있다는 것을 뜻한다.

525 샹까라에 의하면 내[끄리스나]가 의지처가 되는 '나[끄리스나]를 신애하는 자'(madbhakta)를 제외하고는 그 누구도 나[끄리스나]의 본질을 알지 못하기 때문에 나[끄리스나]를 체험하지 못한다. 라마누자에 의하면 나[끄리스나]는 과거와 현재와 그리고 미래의 모든 존재(bhūta)들을 안다. 그러나 그 누구도 나[끄리스나]를 모른다. 모두에게 의지할 바가 되고자 화현한 나[끄리스나]를 알아 나[끄리스나]에게 의지하는 자는 아무도 없다는 뜻이다.

음에 빠진다.[526] 27

그러나 선한 행위를[527] 하며 죄악이 없어진 사람들, 그들은 서로 대립적인 것의 미혹을 벗어나 확고히 계율을 지키며[528] 나를 체험한다.[529] 28

---

526 샹까라에 의하면 추위와 더위 등이 '서로 대립적인 것'(dvandva)이다. 행복과 고통의 원인을 얻게 되면 좋아함과 싫어함이 생겨난다. 이러한 좋아함과 싫어함은 모든 존재들의 '수승한 지혜'(prajñā)般若를 장악하여 '지고의 의미인 아我의 본질'(paramārthātmatattva)에 대한 지혜(jñāna)가 생겨나는 것을 가로막는 원인인 미혹(moha)을 만들어낸다. '태어날 때'(sarge)라는 말은 생겨나는 모든 존재들은 미혹에 장악되어 태어난다는 의미다. 라마누자에 의하면 이전의 각각의 생들에서 '성질들로 이루어진 것'(guṇamaya)인, '기쁨과 고통을 비롯한 서로 대립적인 것'(sukhaduḥkhādidvanda)들에 대해 그 대상을 좋아하고 싫어하는 것에 거듭 익숙해지면, 다시 태어날 때 그 습기(vāsanā)習氣에 의해서 바로 그 '서로 대립적인 것'이라고 이름하는 것이 '좋아함과 싫어함 이라는 대상의 상태'(icchādveṣaviṣayatva)로 자리잡아 존재들에게 미혹이 생겨난다. 이러한 미혹에 의해서 존재들은 그 대상을 좋아하고 싫어하는 본성을 가진 존재들이 된다. 그러나 지혜로운 자는 나[끄리스나]와의 결합과 분리만이 유일한 기쁨이요 고통이 되는 본성을 가진 자들이다. 어떤 존재도 이런 본성을 가지고 태어나지는 않는다.

527 샹까라에 의하면 '선한 행위'(puṇyakarma)는 '진성을 정화하는 원인'(sattvaśuddhikāraṇa)이다. ; 진성(sattva)眞性은 빛, 해맑음, 가벼움, 기쁨, 고요함, 평온함 등을 특질로 가진 것이다. 진성은 샹캬철학에서 '큰 것'(mahat)大, 지성(buddhi), 마음(manas)心의 동의어로 시비是非를 넘어선 우리의 본마음을 의미한다. 진성이란 본래 청정한 것이지만, 외부의 대상에 물들어 청정함이 오염되기도 한다.

528 샹까라에 의하면 '확고히 계율을 지키는 자'(dṛḍhavrata)는 내[끄리스나]가 '지고의 아我'(paramātman)인 '지고의 의미의 본질'(paramārthatatattva)이라고 확실하게 인식하는 자다.

529 라마누자에 의하면 죄는 성질로 이루어진 것이며, '서로 대립적인 것'인 좋아함과 싫어함의 원인이 되는 것이며, 나[끄리스나]를 향하는 것을 방해하는 것이다. 무시이래無始以來로 행한 이러한 죄를 '수많은 생에 걸쳐 모아 쌓은 뛰어난 공덕'에 의해서 소멸시킨 자들은 내[끄리스나]게 귀의하여 선행(sukṛta)의 정도에 따라, 성질로 이루어진 미혹에서 벗어나 늙음과 죽음에서 벗어나기 위해서, 즉, 자연(prakṛti)과는 별개인 아我의 본모습을 관조하기 위해서, 혹은 위대한 자재력(aiśvarya)을 위해서, 혹은 나[끄리스나]를 얻기 위해서 확고히 계율을 지키며, 즉 확고히 결심하여 나[끄리스나]를 숭배한다.

늙고 죽음을 벗어나기 위해[530] 내게 의지하여 노력하는 자들은 그 브라흐만을, 아我에 대한 모든 것을, 그리고 모든 행위를 안다.[531] 29

나를 존재에 대한 것과 신들에 대한 것과 제사에 대한 것과 더불어 아는 자들,[532] 마음이 삼매에 든 그들은 떠나갈 때도[533] 나를 안다. 30

이상은 성스러운 마하바라타의 비스마 편 스물아홉 번째 장이다.[534]

---

530 라마누자에 의하면 '늙고 죽음을 벗어나기 위해'(jarāmaraṇamokṣāya)는 자연과는 별개인 아我의 본모습을 관조하기 위해서라는 의미다.

531 샹까라에 의하면 늙고 죽음에서 벗어나기 위해 '지고의 자재자'(parameśvara)인 나[끄리스나]에게 의지하여 마음이 나[끄리스나]에 대한 삼매에 들어 노력하는 자는 지고의 브라흐만을 알고, '개별적인 아我'(pratyagātman)와 관련된 모든 사물을 알며, 모든 행위를 안다.

532 샹까라에 의하면 '존재에 대한 것'(adhibhūta)과 그리고 '신에 대한 것'(adhidaiva)과 더불어 아는 자들, 그리고 '제사에 대한 것'(adhiyajña)과 더불어 아는 자들이라는 의미다. 라마누자에 의하면 권능을 추구하는 자들은 나[끄리스나]를 존재에 대한 것과 그리고 신에 대한 것과 더불어 아는 자들이다. 제사에 대한 것은 셋 모두에 대한 자격을 가진 자들을 위해 언급한 것이다.

533 샹까라에 의하면 '떠나갈 때'(prayāṇakāle)는 죽을 때이다.

534 반다르까르 판본에 따른 내용이다. 그러나 짜우캄바 판본에 따른 내용은 "이상은 성스러운 바가바드기타인 우파니샤드들 가운데 브라흐만에 대한 지혜이며 요가의 경전인 성스러운 끄리스나와 아르주나의 대화에서 '지혜와 예지의 요가'(jñānavijñānayoga)라고 이름하는 일곱 번째 장이다." 기타프레스의 샹까라 주석 산스크리트어 힌디어 대역본에 따른 내용은 "이상은 브야싸의 십만 개로 이루어진 결집서인 성스러운 마하바라타의 비스마 편에 있어서 성스러운 바가바드기타인 우파니샤드들 가운데 브라흐만에 대한 지혜이며 요가의 경전인 성스러운 끄리스나와 아르주나의 대화에서 '지혜와 예지의 요가'라고 이름하는 일곱 번째 장이다." 기타프레스의 라마누자 주석 산스크리트어 힌디어 대역본에 따른 내용은 "옴, 그것은 진실한 것! 성스러운 바가바드기타인 우파니샤드들 가운데 브라흐만에 대한 지혜이며 요가의 경전인 성스러운 끄리스나와 아르주나의 대화에서 '지혜와 예지의 요가'라고 이름하는 일곱 번째 장이다."

제8장

아르주나가 말했습니다.

최고의 인아人我시여, 그 브라흐만은 무엇입니까? 아我에 대한 것은 무엇입니까? 행위는 무엇입니까? 존재에 대한 것은 무엇을 말 하신 것입니까? 신에 대한 것은 무엇을 일컫는 것입니까? 1

마두쑤다나여,[535] 이 몸에 있어서 제사에 대한 것이 무엇이고, 이 몸에 어떻게 있는 것입니까? 그리고 떠나갈 때 자신을 잘 제어한 자들에 의해 당신은 어떻게 알려지는 것입니까? 2

성스러운 세존께서 말씀하셨습니다.

지고의 불멸이 브라흐만이다. 본성인 것이 아我에 대한 것이라 말해진다. 존재의 상태를 만들어내는 것인 내버리는 것이 행위라고 이름

535 마두(Madhu)는 위스누신에 의해 살해된 악신의 이름이다. 끄리스나는 위스누의 화신이다. 따라서 끄리스나를 '마두를 죽인 자'(Madhusūdana)라고 호명하는 것이다. 65번 각주 참조.

하는 것이다.[536] 3

멸하는 상태가 존재에 대한 것이고,[537] 인아人我가 신에 대한 것이다.[538] 몸을 가진 것들 가운데 최상이여,[539] 이 몸에 있어서 내가 바로

536 샹까라에 의하면 불멸(akṣara)은 '지고의 아我'(paramātman)다. 불멸의 뒤에 지고(para)라는 형용사가 있기 때문에 불멸의 원어인 악샤라(akṣara)는 여기서 '옴'(Oṁ)을 의미하지 않는다. 본성(svabhāva)本性은 각각의 몸에 존재하는 지고의 브라흐만의 '개별적인 아我의 상태'(pratyagātmabhāva)다. 자신인 몸을 터전으로 삼아 개별적인 아我의 상태로 머물러 있는, 결국은 '궁극의 의미인 브라흐만'(paramārthabrahman)인 사물이 본성이며, 본성이 '아我에 대한 것'(adhyātman)이다. '존재의 상태를 만들어내는 것'(bhūtabhāvodbhavakara)인 '버리는 것'(parityāga)은 신들을 위해서 공물인 짜루(caru)와 뿌로다샤(puroḍāśa) 등의 물건을 바치는 것이다. 이것이 바로 '내버리는 것'(utsarga)으로 특징지어지는 제사다. 이러한 제사가 행위(karma)라고 이름하는 것이다. 씨앗의 형태인 이러한 제사를 통해서 비 등등의 차서次序에 의해 움직이는 존재와 움직이지 않는 존재들이 생겨난다. ; 짜루(caru)는 쌀 혹은 보리를 끓인 것이며, 신 혹은 조상을 위한 제물로 사용된다. 우유에 끓이기도 하고, 우유 기름을 뿌리기도 한다. 뿌로다샤(puroḍāśa)는 쌀가루로 만든 제사떡이며 종지에 담아 올린다. 이러한 제물을 신에게 바쳐 제사를 지내면 비가 내리고, 비가 오면 초목과 곡식이 자라난다. 초목과 곡식이 자라면 가축과 인간이 번성해진다. 이처럼 비 등등의 차서에 의해 움직이는 존재인 동물들과 움직이지 않는 존재인 식물들이 생겨난다. 라마누자에 의하면 불멸은 합성형태(samaṣṭirūpa)인 '밭을 아는 자'(kṣetrajña)다. '멸하지 않기 때문에 불멸이다.'(na kṣarati iti akṣaram). '지고의 불멸'(paramam akṣaram)은 '자연을 벗어난 아我의 본모습'(prakṛtivinirmuktātmasvarūpa)이다. 본성(svabhāva)은 자연(prakṛti)이다. '존재의 상태'(bhūtabhāva)는 '인간 등등의 상태'(manuṣyādibhāva)다.

537 샹까라에 의하면 생명체들을 터전으로 하는 것이 '존재에 대한 것'(adhibhūta)이며 그 무엇이라도 생겨나는 사물은 멸하는 것이다.

538 샹까라에 의하면 그에 의해서 모든 것이 충만(pūrṇa)하기 때문에, 혹은 몸(pur)에 깃들기(śayana) 때문에 인아(puruṣa)人我라고 한다. 인아는 태양 안에 있는 황금자궁(Hiraṇyagarbha)金胎이다. 모든 생명체의 기관들의 지지자인 그 황금자궁이 '신에 대한 것'(adhidaivata)이다.

539 아르주나에 대한 호칭이다.

제사에 대한 것이다.[540] 4

마지막 때에 나를[541] 기억하며 육신을 버려 떠나는 자, 그는 나의 상태에 이른다.[542] 이에 대해 의심의 여지가 없다. 5

꾼띠의 아들이여, 혹은 마지막에 각각의 상태를[543] 기억하며 육신을 버리는 자는, 늘 그 상태에 감응되어 그 각각의 것에[544] 도달한다. 6

그러니 모든 때에 나를 기억하라, 그리고 싸우라! 나에게 마음과 지성을 바친 그대는 바로 내게 이르리라! 의심할 바가 없다. 7

---

540 샹까라에 의하면 '제사에 대한 것'(adhiyajña)은 모든 제사(yajñya)의 주재자인 위스누(Viṣṇu)다. 그러한 위스누가 바로 나[끄리스나]이며, 이 몸에 있는 제사에 있어서 내가[끄리스나가] '제사에 대한 것'이다. 제사는 몸(deha)을 통해서 완성되는 것이기 때문에 몸과 밀접히 연결된 것이며, 몸에 있는 것이다. 라마누자에 의하면 허공(vyat)을 비롯한 원소(bhūta)들에 존재하는 그 원소들의 특별한 결과인, 멸하는 본질을 가진 것인, 상이한 바탕과 더불어 소리, 촉감, 형태, 맛, 냄새들이 '존재에 대한 것'(adhibhūta)이다. 신의 왕인 인드라(Indra)와 창조를 주관하는 자인 쁘라자빠띠(Prajāpati)를 비롯한 신들보다 위에 존재하는 것이 '신에 대한 것'(adhidaivata)이다. 인드라와 쁘라자빠띠를 비롯한 것들이 향유하는 모든 것들과는 상이한 소리 등을 '향유하는 자'(bhoktṛ)가 인아(puruṣa)[人我]다. 제사들을 통해서 숭배의 대상으로 존재하는 것이 '제사에 대한 것'(adhiyajña)이다. 인드라를 비롯한 신들은 나[끄리스나]의 몸이며 나[끄리스나]는 '아[我]의 상태'(ātmatā)로 그 안에 머물러 있다. 따라서 나[끄리스나]는 제사들을 통해서 숭배되어야 할 대상이다.

541 샹까라에 의하면 나[끄리스나]는 지고의 자재자인 위스누이다.

542 샹까라에 의하면 '나의 상태'(madbhāva)는 '위스누의 본질'(vaiṣṇavaṁ tattvam)이다. 라마누자에 의하면 '나의 상태'는 나[끄리스나]의 본질(svabhāva)이다. [마지막 때인] 그때 나[끄리스나]를 추구하는 그대로 그런 종류의 형태가 된다.

543 샹까라에 의하면 상태(bhāva)는 '특별한 신'(devatāviśeṣa)을 의미한다.

544 샹까라에 의하면 '각각의 것'은 생명을 벗어날 때 육신을 버리며 기억한 각각의 상태인 특별한 신이다.

뻐리타의 아들이여, 반복된 수련과 요가를[545] 통해 삼매에 든 마음, 다른 곳을 향하지 않는 마음으로 늘 떠올리며 지고의 신성한 인아에 이른다.[546] 8

시인이며,[547] 옛것이고,[548] 다스리는 자이며,[549] 가장 작은 것보다 작은 것이고,[550] 모든 것을 유지하는 자이며,[551] 불가사의한 모습이고,[552]

---

545 라마누자에 의하면 '반복된 수련'(abhyāsa)은 '일상적으로 매일 행해야 하는 행위'(nityakarman)와 '특별한 목적을 위해 행해야 하는 행위'(naimittikakarman)에 방해가 되지 않는 모든 시간에 마음으로 '숭배해야 할 대상과 자주 교류하는 것'(upāsyasaṁśīlana)이다. 그러나 요가(yoga)는 매일매일 요가의 시간에 실행되는 숭배(upāsana)다.

546 샹까라에 의하면 '반복된 수련'은 마음을 바쳐야 할 대상인 나[끄리스나] 하나에 대해 다른 인식에 의해 간섭되지 않는 동일한 인식의 반복을 특징으로 하는 것이다. 이러한 반복된 수련이 요가(yoga)이며, 이 요가에 의해 연결되어 멈춘 마음은 다른 대상을 향해 가지 않는다. 다른 곳을 향하지 않는 이러한 마음으로 경전과 스승의 가르침에 따라 집중하여 '더할 바가 없는 지고'(paramaṁ niratiśayam)이며 신성한, 즉 천상인 '태양의 원'(sūryamaṇḍala)日輪에 있는 인아(puruṣa)人我에 도달한다. ; 『이샤 우파니샤드』는 16절에서 태양의 원에 있는 인아에 대해 이렇게 말하고 있다. "뿌샨이여, 일선一仙이여, 염라閻羅여, 태양이여, 조물주의 아들이여, 햇살들을 가지런히 하여 빛을 모아라! 지복至福의 그대의 모습, 나는 그대의 그걸 보리라! 저기, 저 인아, 그건 바로 나!"

547 샹까라에 의하면 시인(kavi)은 '너머의 것을 보는 자'(krāntadarśin)인 전지자(sarvajña)全知者이다. 고얀다까에 의하면 너머의 것을 보는 자는 과거와 현재와 미래를 아는 자다.

548 샹까라에 의하면 옛것(purāṇa)은 '오래된 것'(ciraṁtana)이다.

549 샹까라에 의하면 '다스리는 자'(anuśāsitṛ)는 모든 세상을 '지배하는 자'(praśāsitṛ)다.

550 라마누자에 의하면 '가장 작은 것보다 작은 것'(aṇoraṇīyas)은 생명(jīva) 보다도 미세한 것이다.

551 샹까라에 의하면 '모든 것을 유지하는 자'(sarvasya dhātṛ)는 행위의 결과로 생겨난 모든 것을 생명체들에게 다양하게 나누어 주는 자다. 라마누자에 의하면 모든 것의 창조자(sraṣṭṛ)다.

552 샹까라에 의하면 '불가사의한 모습'(acintyarūpa)은 정해진 모습이 존재하지만, 그 누구에 의해서도 그 모습이 생각될 수 없는 모습이다. 라마누자에 의하면 모든 다른 종류의 것과는 본질이 다른 것이다.

태양의 색이며,[553] 어둠[554] 저편의 것, 이러한 것을 늘 기억하는 자[555] 9

그는 떠나갈 때 신애[信愛]와[556] 요가의 힘을[557] 통해 흔들림 없는 마음으로 삼매에 들어, 양 눈썹 사이에 생기를 들여 넣어 온전히 그 지고의 신성한 인아에 이른다.[558] 10

베다를 아는 자들이 불멸이라 말하는 것, 애착을 벗어난 수행자들

553 샹까라에 의하면 '태양의 색'(ādityavarṇa)은 태양의 것과 같은 '항상한 정신의 빛'(nityacaitanyaprakāśa)인 색을 가진 것이다.

554 샹까라에 의하면 어둠(tamas)은 '무지로 나타나는 것'(ajñānalakṣaṇa)인 '미혹의 어둠'(mohāndhakāra)이다.

555 샹까라에 의하면 시인(kavi)에서부터 어둠 저편의 것까지는 인아(puruṣa)[人我]의 특별함을 언급하는 것이다. 이러한 인아의 특징들을 기억하며 인아에 이르리라는 의미다.

556 샹까라에 의하면 신애(bhakti)[信愛]는 '공경, 친근, 교섭, 상응'(bhajana)[恭敬, 親近, 交涉, 相応]이다.

557 샹까라에 의하면 '요가의 힘'(yogabala)은 '삼매에서 생겨나는 잠재인상[業行]의 축적에 의해서 형성된 마음의 안정성을 특징으로 하는 것'(samādhijasaṁskārapracayajanitacittasthairyalakṣaṇa)이다.

558 샹까라에 의하면 먼저 '심장의 연꽃'(hṛdayapuṇḍarīka) 안에서 마음(citta)을 장악한 다음에 위로 올라가는 경락(nāḍī)을 통해서 단계(bhūmi)를 차례로 정복하여 두 눈썹 사이에 생기(prāṇa)를 넣어 안정시키어 온전히, 즉, 부주의함이 없이 지혜로운 요가수행자는 '시인, 옛것' 등으로 특징지어지는 신성한(divya), 즉, '빛남이 본질인 것'(dyotanātmaka)인 지고의 인아를 얻는다. 고얀다까에 의하면 단계(bhūmi)는 마음의 각각의 단계이다. ; 생기는 입과 코로 나가는 숨이다. 생기의 원어인 쁘라나(prāṇa)는 '앞에, 앞으로, 매우' 등을 의미하는 접두어 쁘라(pra)에 '호흡하다, 숨 쉬다, 헐떡이다, 살다, 가다, 움직이다' 등을 의미하는 어근 안(an)에서 파생된 낱말로 '호흡, 숨'을 의미하는 아나(ana)가 결합하여 만들어진 낱말이다. 따라서 생기인 쁘라나(prāṇa)는 '앞으로 움직이는 숨, 수승한 숨'이라는 어원적인 의미를 갖는다. 라마누자에 의하면 매일매일 '반복된 수련을 하는 신애를 갖춘 요가의 힘'(abhyasyamānabhaktiyuktayogabala)을 통해서 확고해진 '잠재인상의 상태'(saṁskāratā)로 인해 흔들림 없는 마음으로, 떠나갈 때 양 눈썹 사이에 생기를 잘 자리잡게 하여 그곳 양 눈썹의 사이에 신성한 인아(puruṣa)[人我]를 떠올리는 자는 바로 그 인아의 상태에 이른다. 즉, 그 인아와 '동일한 자재력을 가진 자'(samānaiśvarya)가 된다.

이[559] 들어가는 곳, 그것을 바라며 범행梵行을 행하는 것,[560] 내 그 자리를[561] 너에게 간략히 말해주리라! 11

모든 문을 잘 막고, 마음을 심장 안에서 멈추고, 자신의 생기를 머리에 간직하고, 요가를 지속하는 상태에 잘 머물러,[562] 12

'옴'이라는[563] 한 음절인 브라흐만을 발음하며 나를[564] 기억하면서 몸을 버리고 떠나가는 자, 그는 지고의 자리에 이른다.[565] 13

쁘리타의 아들이여, 다른 생각 없이 끊임없이 늘 나를 기억하는

---

559 샹까라에 의하면 수행자(yati)는 노력하는 자들인 '온전히 내던져 버린 자'(saṁyāsin)다.

560 샹까라에 의하면 불멸(akṣara)을 알기를 원하며 스승의 집에서 범행(brahmacarya)梵行을 행한다는 의미이다.

561 샹까라에 의하면 자리(pada)는 '추구해야 할 것'(padanīya)이다. 라마누자에 의하면 '그것을 통해서 이르게 되고, 가게 되는 것이 자리이다.'(padyate gamyate anena iti padam). 이 자리는 모든 베단따를 통해서 알아야 할 것인 나[끄리스나]의 본질인 불멸이다.

562 샹까라에 의하면 지각(upalabhdhi)에 관련된 모든 문을 잘 제어하고, 마음을 심장의 연꽃 안에서 멈추어 움직이지 않게 하고, 그곳에서 장악한 마음에 의해 자신의 생기를 심장에서 위로 올라가는 경락을 통해 위로 올려 머리에 놓아 요가를 간직하기 위해 잘 머물라는 의미다. 라마누자에 의하면 '지각의 문'(jñānadvāra)인 귀를 비롯한 모든 지각기관을 자신의 작용들로부터 물러나게 하여 심장의 연꽃에 자리잡은 불멸인 나[끄리스나]에게 마음을 멈추게 하여, 요가라고 이름하는 수지(dhāraṇā)受持에 머물라는 즉 나[끄리스나]에 대한 흔들림 없는 상태에 잘 머물라는 의미다.

563 샹까라에 의하면 '옴'(Oṁ)은 브라흐만의 이름이다. 489번 각주 참조.

564 샹까라에 의하면 나[끄리스나]는 '옴'의 의미인 자재자(īśvara)다.

565 라마누자에 의하면 나[끄리스나]의 이름인 '옴'을 발음하며 나[끄리스나]를 떠올리면서 자신의 생기(prāṇa)를 머리에 올리고 몸을 버리는 자는 '지고의 자리'(paramā gati), 즉 '자연과 분리된 것'(prakṛtiviyukta)이며, '나와 동일한 형태'(matsamānākāra)이며, '다시 돌아오지 않는 것'(apunarāvṛtti)인 아我를 얻는다.

자,[566] 항상 삼매에 든 그러한 요가수행자에게 나는 얻기가 쉽다.[567] 14

나를 얻어 지고의 성취를 이룬 위대한 마음을 가진 자들은 고통의 집이며 무상한 것인 환생을 얻지 않는다![568] 15

아르주나여, 브라흐마의[569] 세상에 이르기까지의 세계들은 다시 되돌아와야 하는 곳들이다. 그러나 꾼띠의 아들이여, 나에게[570] 도달한 다음에는 다시 태어남이 없다. 16

---

566 샹까라에 의하면 늘(nityaśaḥ)은 오랜 시간이다. 육 개월이나 일 년 동안이 아니라 평생 끊임없이 '지고의 자재자'(parameśvara)인 나[끄리스나]를 기억한다는 의미다.

567 라마누자에 의하면 나[끄리스나]를 아주 사랑하는 상태이기 때문에 나[끄리스나]를 기억하지 않고는 생명을 유지하기도 힘들어 더할 바가 없는 사랑(prīti)인 기억(smṛti)을 하는 자, [나와의] 항상한 연결을 원하는 이러한 요가수행자에게 나는 얻기가 쉽다. 즉, 자재력 등을 비롯한 나의 상태가 아니라 바로 내[끄리스나]가 얻어지는 것이 된다. 이러한 자와의 이별을 견디지 못하는 나[끄리스나]는 이러한 자를 선택한다. 즉, '나[끄리스나]를 얻기에 어울리는 성숙한 숭배'(matprāptyanuguṇopāsanavipāka)와 이와는 반대되는 것을 물리치게 하는 것, 그리고 지극한 나[끄리스나]의 사랑 등을 나는 준다.

568 샹까라에 의하면 자재자인 나[끄리스나]를 얻어, 즉 나[끄리스나]의 상태에 도달하면 환생(punarjanman), 즉, '다시 생겨남'(punarutpatti)에 이르지 않는다. '지고의 성취'(paramā saṁsiddhi)는 '해탈이라 이름하는 것'(mokṣākhyā)이다. '위대한 마음을 가진 자'(mahātman)는 '수행자, 노력하는 자'(yati)다. 고얀다까에 의하면 '수행자, 노력하는 자'(yati)는 '온전히 내던져 버린 자'(saṁnyāsin)다. 라마누자에 의하면 나[끄리스나]를 얻은 다음에는 다시는 '모든 고통의 집'(nikhiladuḥkhālaya)인 불안정한 생을 얻지 않는다. 왜냐하면, '있는 그대로 자리잡은 나의 본질을 아는 자'(yathāvasthitamatsvarūpajñāna)들인 위대한 마음을 가진 자들은 나[끄리스나]를 아주 사랑하기 때문에 내[끄리스나]가 없이는 생명을 유지하기가 힘들어 마음이 나[끄리스나]에게 집착하고 나에게 귀의하는 자가 되어 나를 숭배하여 '지고의 성취의 형태'(paramasaṁsiddhirūpa)인 나[끄리스나]를 얻은 자들이기 때문이다.

569 라마누자에 의하면 브라흐마(Brahmā)는 '얼굴이 넷인 자'(caturmukha)이다. ; 창조의 신인 브라흐마는 얼굴이 넷이다. 네 개의 얼굴에 있는 네 개의 입에서 네 개의 베다가 나왔다. 네 개의 베다는 『리그베다』, 『야주르베다』, 『싸마베다』, 그리고 『아타르바베다』이다.

570 라마누자에 의하면 나[끄리스나]는 전지자(sarvajña)全知者, '생각이 진실이 되는 자'(satyasaṁkalpa), '모든 세상의 생겨남과 유지됨과 멸함이 놀이인 자'(nikhilajagadutpattisthitilayalīla), '지극히 자비로운 자'(paramakāruṇika), '늘 하나의 형태인 자'(sadā ekarūpa)이다.

천 시대에까지[571] 이르는 것이 브라흐마의 낮, 천 시대에까지 이르는 것이 브라흐마의 밤이라고 아는 자들, 그들이 밤과 낮을 아는 사람들이다.[572] 17

---

571 시대의 원어는 유가(yuga)다. 유가인 시대의 이름은 차례로 끄리따(kṛta)[施恩] 혹은 싸뜨야(satya)[眞實], 뜨레따(tretā)[三餘], 드와빠라(dvāpara)[二餘], 깔리(kali)[末世]다. 끄리따 혹은 싸뜨야 시대는 인간의 시간으로 1,728,000년간 이어진다. 이 시기는 비유적으로 표현하면, 법도(dharma)가 네 발로 서있는 시기이다. 뜨레따 시대는 인간의 시간으로 1,296,000년간 이어진다. 이 시기는 비유적으로 표현하면, 법도가 세 발로 서있는 시기이다. 드와빠라 시대는 인간의 시간으로 864,000년간 이어진다. 이 시기는 비유적으로 표현하면, 법도가 두 발로 서있는 시기이다. 마지막으로 깔리 시대는 인간의 시간으로 432,000년간 이어진다. 이 시기는 비유적으로 표현하면, 법도가 한 발로 서있는 시기이다. 말세인 깔리 시대는 기원전 3,102년 2월 17일에서 18일 사이의 자정에 시작되었다고 한다. 따라서 오늘날 우리가 살고 있는 시대는 법도가 한 발로 서는 시대이다. 이들 네 시대는 끄리따 혹은 싸뜨야, 뜨레따, 드와빠라, 깔리의 순으로 진행되며 순환한다. 깔리 시대가 끝나면, 한 발로 서있던 법도가 무너져 세상이 끝나고, 다시 법도가 네 발로 서는 진실의 시대인 싸뜨야 시대가 시작된다.

572 『마누법전』 1장 65절에서 73절에 걸친 내용을 보면 다음과 같다. "태양이 인간과 신의 낮과 밤을 나눕니다. 중생들의 잠을 위한 것이 밤, 행위들을 행하기 위한 것이 낮입니다." "조상들에게 있어서 낮과 밤은 한 달입니다. 양 보름으로 나뉩니다. [달이 줄어드는 보름 기간인] 어두운 것이 행위를 행하기 위한 낮, [달이 늘어나는 보름 기간인] 밝은 것이 잠을 위한 밤입니다." "신에게 있어서 낮과 밤은 한 해입니다. 그것은 다시 둘로 나뉩니다. 그 가운데 태양이 북행하는 육 개월은 낮, 태양이 남행하는 육 개월은 밤이 됩니다." "브라흐마에게 있어서의 낮과 밤의 양을, 시대들의 그 양을 하나하나 차례대로 간략하게 잘 알도록 하십시오." "해들의 사천 년, 그것을 시은[施恩]의 시대라고 말합니다. 그에는 사백 년인 아침 박명과 그러한 정도의 저녁 박명이 있습니다." "다른 셋에 있어서는 아침 박명과 그리고 저녁 박명과 더불어 천 년과 백 년이 하나씩 감소되어 있습니다." "바로 앞에서 셈해진 이 네 시대, 이것이 만이천 개인 것이 신들의 한 시대라고 말해집니다." "다시 신들의 시대들의 수를 셈하여 천 개를 브라흐마에 있어서는 하나의 낮으로 아셔야 합니다. 그리고 밤도 바로 그만큼입니다." "천 개의 시대로 끝나는 공덕을 브라흐마의 낮이라고, 그리고 그러한 것이 밤이라고 아는 이들, 그들은 낮과 밤을 아는 사람들입니다." ; 메다띠티, 꿀루까에 의하면 천 개의 '신의 시대'(devayuga)가 창조의 신인 브라흐마의 한 개의 낮이다. 그 만큼인 천 개의 신의 시대가 브라흐마의 한 개의 밤이다. 마니라마에 의하면 신의 시대의 천 개, 즉, 신의 시간으로 12,000,000년이 브라흐마의 한 개의 낮이며, 바로 그 만큼이 브라흐마의 한 개의 밤이다. 브라흐마의 이 낮과 밤을 합하면 신들의 시간으로 24,000,000년이다. 인간의 시간으로 브라흐마의 한 개의 낮은 4,320,000,000년이며, 바로 그만큼이 브라흐마의 한 개의 밤이다. 브라흐마의 이 낮과 밤을 합하면 인간의 시간으로 8,640,000,000년이다. 샹까라에 의하면 이처럼 시간에 의해 제한되기 때문에 이 세상들은 다시 되돌아오는 세상들이다.

낮이[573] 오면 드러나지 않은 것에서[574] 드러난 모든 것들이[575] 생겨난다. 밤이[576] 오면 드러나지 않은 것이라 이름하는 바로 그곳으로 잠기어 든다. 18

쁘리타의 아들이여, 이러한 이 존재의 무리는[577] 거듭거듭 생겨나서는 밤이 오면 어쩔 수 없이 잠겨 들고, 낮이 오면 어쩔 수 없이 생겨난다.[578] 19

---

573 샹까라에 의하면 낮(ahna)은 중생주(prajāpati)衆生主인 브라흐마(Brahmā)가 '깨어 있는 시간'(prabodhakāla)이다.

574 샹까라에 의하면 '드러나지 않은 것'(avyakta)은 중생주인 브라흐마의 '잠자는 상태'(svāpāvasthā)다.

575 라마누자에 의하면 '드러난 것'(vyakti)은 '삼계三界의 안에 존재하는 것'(trailokyāntarvartin)인 '몸, 기관, 향유의 대상, 향유의 장소의 형태'(dehendriyabhogyabhogasthānarūpa)들이다.

576 샹까라에 의하면 밤(rātri)은 중생주인 브라흐마가 '잠자는 시간'(svāpakāla)이다.

577 샹까라에 의하면 '존재의 무리'(bhūtagrāma)는 이전의 겁(kalpa)劫에 있었던 움직이지 않는 것과 움직이는 것으로 특징지어지는 것이다.

578 라마누자에 의하면 행위에 장악된 존재의 무리는 낮이 오면 거듭거듭 생겨나서는 밤이 오면 잠겨 든다. 그리고 다시 낮이 오면 생겨난다. 하루가 천 개의 시대로 이루어진 형태의 백 년이 끝나면 '브라흐마의 세상'(brahmaloka)에 이르기까지의 세상들과 브라흐마는 잠기어 든다. 흙은 물에 잠기어 들고, 물은 불에 잠기어 든다. 이러한 등등의 순서로 '드러나지 않은 것'(avyakta)과 불멸(akṣara)과 어둠(tamas)에 이르기까지 나[끄리스나]에게 잠기어 든다. 나[끄리스나]를 제외한 모든 것은 '시간의 상태'(kālavyavasthā)에 따라서 나[끄리스나]에게서 생겨나고, 나[끄리스나]에게 잠기기 때문에, 생겨남과 멸함에 연결되는 것은 피할 수가 없는 것이다. 그래서 '권능의 자리'(aiśvaryagati)를 얻은 자들에게 있어서 '다시 되돌아옴'(punarāvṛtti)은 물리칠 수가 없다. 하지만 나[끄리스나]에게 도달한 자에게 있어서는 '다시 되돌아옴에 연결되는 것'(punarāvṛttiprasaṁga)은 없다. ; 다시 되돌아옴은 환생(punarjanma)이며 윤회(saṁsāra)다. ; 아디데바난다에 의하면 브라흐마의 수명은 인간의 시간으로 311,040,000,000,000년이다.

드러나지 않은 그것[579] 너머에 드러나지 않은[580] 다른 항구한 상태가[581] 있나니, 그것은 모든 존재가 멸해도 멸하지 않는다.[582] 20

드러나지 않은 것인 불멸이라 말해지는 그것을 지고의 경지라 말한다. 얻은 다음에는 되돌아오지 않는[583] 그것이 나의 지고의 처소[584]

579 샹까라에 의하면 '드러나지 않은 것'(avyakta) 그것은 '존재의 무리의 씨앗이 된 것'(bhūta-grāmabījabhūta)인 '무명無明의 형태'(avidyālakṣaṇa)다.

580 샹까라에 의하면 여기서 '드러나지 않은 것'은 '지각기관에 의해 파악되지 않는 것'(anindri-yagocara)을 뜻한다.

581 샹까라에 의하면 상태(bhāva)는 불멸(akṣara)이라 이름하는 '지고의 브라흐만'(paraṁ brahma)이다.

582 라마누자에 의하면 '드러나지 않은 것'은 '정신이 없는 것인 자연의 형태'(acetanaprakṛtirūpa)다. 이러한 '드러나지 않은 것'보다 인생의 목표라는 것에 의해서 월등한 다른 상태(bhāva)가 있다. 이것은 '유일한 지혜의 형태'(jñānaikākāratā)로 인해서 의식이 없는 자연의 형태인 '드러나지 않는 것'과는 종류가 다른 '드러나지 않은 것'이다. 이것은 그 어떤 '인식의 도구'(pramāṇa)를 통해서도 표명되지 않는 것이기 때문에 '드러나지 않은 것'이라고 한다. 이것은 '스스로 알려지는 것이며, 보편적인 형태가 아닌 것'(svasaṁvedyāsādhāraṇākāra)이다. 이것은 '생겨남과 멸함이 불가능한 상태'(utpattivināśānarhatā)이기 때문에 '항구한 것'(sanātana), 즉 '항상한 것'(nitya)이다. 그리고 이것은 허공을 비롯한 원소들이 자신의 원인과 그리고 결과들과 더불어 멸해도 그 각각의 것에 머물면서도 멸하지 않는다.

583 샹까라에 의하면 '되돌아오지 않는'(na nivartante)은 윤회(saṁsāra)를 위해 되돌아오지 않는다는 의미다.

584 샹까라에 의하면 '나의 지고의 처소'(dhāma paramaṁ mama)는 '위스누의 지고의 자리'(viṣṇoḥ paramaṁ padam)를 의미한다.

이다.[585] 21

쁘리타의 아들이여, 그 안에 존재들이 있고, 그에 의해 이 모든 것이 펼쳐진, 지고의 그 인아는 '다름이 없는 신애[信愛]'로 얻어지는 것이다.[586] 22

바라따족의 황소여, 떠나간 요가수행자들이[587] 어느 때에 떠나가 되돌아오지 않음과 되돌아옴에[588] 이르는지, 그때를 내가 말해주리라.[589] 23

---

585 라마누자에 의하면 베다를 아는 자들이 '지고의 경지'(paramā gati)라는 낱말로 지칭하는 불멸(akṣara)은 자연(prakṛti)과의 접촉을 벗어나 본모습으로 자리잡은 아[我]를 의미한다. 이처럼 본모습으로 자리잡은 것을 얻은 다음에는 다시 되돌아오지 않는다. 이러한 것이 '나[끄리스나]의 지고의 처소'이다. 지고의 처소는 '지고의 머무는 곳'(paramaṁ niyamanasthānam)이다. '의식이 없는 것인 자연'(acetanaprakṛti)은 하나의 '머무는 곳'(niyamanasthāna)이다. 자연과 접촉한 형태인 '생명인 자연'(jīvaprakṛti)은 두 번째 '머무는 곳'이다. '정신이 없는 것과의 접촉을 벗어난 것'(acitsaṁsargaviyukta)이며, 본모습으로 자리잡은 것이며, '해탈한 본모습인 것'(muktasvarūpa)은 '지고의 머무는 곳'이다. 혹은 처소(dhāma)의 원어는 빛(prakāśa)을 뜻하며, 빛은 지혜(jñāna)를 의미한다. 자연과 접촉한 아[我]의 '제한된 지혜의 형태'(paricchinnajñānarūpa)보다 '제한이 없는 지혜의 형태성'(aparicchinnajñānarūpatā)으로 인해서 '해탈한 본모습인 것'은 '지고의 빛'(paraṁ dhāma)이다. 아디데바난다는 '머무는 곳'(niyamanasthāna)을 '통제의 대상'(object of control)이라고 번역한다.

586 샹까라에 의하면 인아[人我]의 원어인 뿌루샤(puruṣa)는 '몸에 깃들기 때문에'(puri śayanāt), '충만한 것'(pūrṇatvāt)이기 때문에 뿌루샤라고 한다. 이러한 인아는 지고(para), 즉, 그보다 더한 것인 높은 것이 없는 것이다. '다름이 없는 신애[信愛]'(ananyā bhakti)는 '아[我]를 대상으로 하는 것'(ātmaviṣaya)인 '지혜의 형태'(jñānalakṣaṇa)이다. 결과(kārya)는 원인(kāraṇa)에 내재된 것이기 때문에 결과로 생겨난 것들인 존재들은 인아에 내재된 것, 즉, 인아 안에 있는 것들이다. 이러한 인아에 의해서 이 모든 세상은 허공이 그릇에 편재하듯이 펼쳐있는 것이다.

587 샹까라에 의하면 여기서 떠나간 요가수행자(yogin)는 죽은 자인 '행위를 하는 자'(karmin)를 뜻한다.

588 샹까라에 의하면 '되돌아오지 않음'(anāvṛtti)은 '다시 태어나지 않음'(apunarjanma)이고, '되돌아옴'(āvṛtti)은 그와 반대되는 것이다.

589 라마누자에 의하면 때(kāla)라는 낱말은 길(mārga)을 의미한다. 요가수행자들이 떠나가 '되돌아오지 않음'에 이르는 길과 '선을 행한 자'(puṇyakarman)들이 떠나가 '되돌아옴'에 이르는 길을 말할 것이라는 의미다.

불 빛,[590] 낮,[591] 밝은 보름,[592] 태양이 북행하는 여섯 달,[593] 브라흐만

---

590 샹까라에 의하면 불(agni)은 시간을 주관하는 신 혹은 베다의 신격인 아그니(Agni)이다. 빛(jyotis)은 시간을 주관하는 신 혹은 베다의 신격인 즈요띠쓰(Jyotis)이다. 빤데야에 의하면 빛은 불을 수식하는 형용사다. 그래서 '불 빛'은 '빛나는 불'(jyotirmaya agni)이 된다. 이 신을 우파니샤드에서 아르찌쓰(arcis)光線라고 한다. 이 신의 본질은 신성한 빛으로 이루어진 것이다. 지상 위 바다를 포함하는 모든 곳이 이 신의 영역이다. 이 신은 '태양이 북행하는 길'(uttarāyaṇa)로 갈 권리를 가진 자를 낮의 신과 연결하는 일을 한다. 태양이 북행하는 길로 갈 권리를 가진 자가 밤에 육신을 버리면 밤새 그를 자신의 영역에 두었다가 날이 밝으면 낮을 주관하는 신에게 넘겨준다. 태양이 북행하는 길로 갈 권리를 가진 자가 낮에 육신을 버리면 그를 즉시에 낮을 주관하는 신에게 넘겨준다.

591 샹까라에 의하면 낮(aha)은 '낮의 신'(ahardevatā)이다. 빤데야에 의하면 낮의 신의 본질은 불의 신보다 훨씬 더 신성한 빛으로 이루어진 것이다. 대기권까지가 이 신의 영역이다. 이 신은 태양이 북행하는 길로 갈 권리를 가진 자를 '밝은 보름'(śuklapakṣa)을 주관하는 신과 연결하는 일을 한다. 즉, 태양이 북행하는 길로 갈 권리를 가진 자가 '어두운 보름'(kṛṣṇapakṣa)에 죽으면 그를 밝은 보름이 올 때까지 자신의 영역에 간직했다가 밝은 보름을 주관하는 신에게 넘겨준다. 그가 만일 밝은 보름에 죽으면 그를 즉각 밝은 보름을 주관하는 신에게 넘겨준다.

592 샹까라에 의하면 '밝은 보름'(śukla)은 '밝은 보름의 신'(śuklapakṣadevatā)이다. 빤데야에 의하면 밝은 보름의 신의 본질은 '낮의 신'보다 훨씬 더 신성한 빛으로 이루어진 것이다. 이 신의 영역은 '땅의 세계'(bhūloka)의 경계 밖의 '허공의 세계'(antarikṣaloka)까지이다. 이 허공의 세계에서는 인간 세계의 15일이 조상의 세계에서의 하루의 낮이며, 그리고 인간 세계의 15일이 조상의 세계의 하루의 밤이다. 이 신은 태양이 북행하는 길로 갈 권리를 가진 자를 자신의 영역을 건너게 하여 태양이 북행하는 길의 신에게 넘겨주는 일을 한다. '태양이 남행하는 길'(dakṣiṇāyana)에 자신에게 온 자는 태양이 북행하는 길의 시간이 올 때까지 간직하였다가 태양이 북행하는 길의 신에게 넘겨주고, 태양이 북행하는 길에 자신에게 온 자는 즉각 태양이 북행하는 길의 신에게 넘겨준다.

593 샹까라에 의하면 '태양이 북행하는 여섯 달'(ṣaṇmāsā uttarāyaṇam)은 태양이 북행하는 여섯 달의 신이다. 빤데야에 의하면 이 신의 본질은 밝은 보름을 주관하는 신보다 훨씬 더 신성한 빛으로 이루어진 것이다. 허공의 세계 위에는 인간 세계의 6개월이 신의 세계의 하루의 낮, 그리고 인간 세계의 6개월이 신의 세계의 하루의 밤에 해당되는 세계가 있다. 이러한 세계가 이 신의 영역이다. 이 신은 태양이 북행하는 길을 통해 지고의 처소로 갈 권리를 가진 자를 자신의 경계를 건너게 하여 연(saṁvatsara)年의 신에게 건네준다. 다음으로 연의 신은 그를 '태양의 세계'(sūryaloka)에 도달하게 한다. 그곳에서 차례로 태양을 주관하는 신은 그를 달을 주관하는 신의 영역으로 도달하게 한다. 달을 주관하는 신은 그를 번개를 주관하는 신의 영역으로 도달하게 한다. 그리고는 세존의 지고의 처소에서 세존을 따르는 자들이 번개를 주관하는 신의 영역으로 와서 그를 지고의 처소로 데려간다. 그러면 그와 세존과의 만남이 있게 된다. 여기서 한 가지 주의할 사항은 달(candra)은 우리의 눈에 보이는 달과 달의 세계, 그리고 그러한 달을 주관하는 신이 아니다.

을 아는 사람들은 그때 떠나가 브라흐만에 도달한다.[594] 24

594 샹까라에 의하면 '브라흐만을 아는 자'(brahmavid)들은 '브라흐만을 지극히 숭배하는 자'(brahmopāsanapara)들이다. 불 빛, 날, 밝은 보름, 태양이 북행하는 여섯 달의 신들이 바로 길이 되는 그런 길에 그들이 죽으면 그들은 브라흐만에 도달한다. '즉각 해탈의 자격을 갖춘 자'(sadyomuktibhāj)들인 '올바로 바라봄에 충실한 자'(samyagdarśananiṣṭha)들에게 있어서는 그 어디로 오고 감도 없기 때문이다. 그들은 '브라흐만의 생기에 잠긴 자'(brahmasaṁlīnaprāṇa)들이며, 바로 '브라흐만으로 가득한 자'(brahmamaya) '브라흐만이 된 자'(brahmabhūta)들이다.

연기,[595] 밤,[596] 어두운 보름,[597] 태양이 남행하는 여섯 달,[598] 요가수행

595 샹까라에 의하면 연기(dhūma)는 연기를 주관하는 신이다. 빤데야에 의하면 연기를 주관하는 신은 어둠을 주관하는 신이다. 이 신의 본질은 '어둠으로 이루어진 것'(andhakāramaya)이다. 이 신의 영역은 불을 주관하는 신의 영역과 마찬가지로 지상 위 바다를 포함하는 모든 곳이다. 이 신은 태양이 남행하는 길로 갈 권리를 가진 자를 밤을 주관하는 신에게 넘겨주는 일을 한다. 태양이 남행하는 길로 갈 권리를 가진 자가 낮에 죽으면 그를 낮 내내 자신의 영역에 간직했다가 밤이 오자마자 밤을 주관하는 신에게 넘겨준다. 밤에 죽은 자는 즉시에 밤의 신에게 넘겨준다.

596 샹까라에 의하면 밤(rātri)은 밤을 주관하는 신이다. 빤데야에 의하면 이 신의 본질은 어둠으로 이루어진 것이다. 이 신의 영역은 낮의 신의 영역과 동일한 '지상의 세계'(pṛthvīloka)이지만, 낮의 신은 낮 동안 동일한 지역을 자신의 영역으로 삼는데 비해 밤의 신은 밤 동안만 자신의 영역으로 삼는 점이 다르다. 이 신은 태양이 남행하는 길로 갈 권리를 가진 자를 지상의 세계의 경계를 건너게 하여 허공의 세계에 있는 '어두운 보름'(kṛṣṇapakṣa)을 주재하는 신에게 넘겨준다. 밝은 보름에 죽은 자는 어두운 보름이 올 때까지 그를 자신의 영역에 간직하였다가 어두운 보름을 주재하는 신에게 넘겨주고, 어두운 보름에 죽은 자는 즉시에 어두운 보름을 주관하는 신에게 넘겨준다.

597 샹까라에 의하면 '어두운 보름'(kṛṣṇa)은 '어두운 보름의 신'(kṛṣṇapakṣadevatā)이다. 빤데야에 의하면 이 신의 본질은 어둠으로 이루어진 것이다. 이 신의 영역은 밝은 보름의 신의 영역과 동일한 허공의 세계이지만, 밝은 보름의 신은 밝은 보름 동안만 이 허공의 세계를 자신의 영역으로 삼는데 비해 어두운 보름의 신은 어두운 보름 동안만을 자신의 영역으로 삼는 점이 다르다. 태양이 남행하는 길을 통해 천국으로 갈 권리를 가진 자를 태양이 남행하는 길의 신에게 건네주는 것이 이 신의 일이다. 태양이 남행하는 길을 통해 갈 권리를 가진 자가 태양이 북행하는 길의 시간에 죽으면 그를 태양이 남행하는 길에 이르기까지 자신의 영역에 간직했다가 태양이 남행하는 길의 시간이 오면 그를 태양이 남행하는 길을 주재하는 신에게 넘겨준다. 태양이 남행하는 길의 시간에 죽으면 자신의 영역의 경계를 넘게 하여 즉각 태양이 남행하는 길을 주재하는 신에게 그를 넘겨준다.

598 샹까라에 의하면 '태양이 남행하는 여섯 달'(ṣaṇmāsā dakṣiṇāyanam)은 태양이 남행하는 여섯 달의 신이다. 빤데야에 의하면 이 신의 본질은 어둠으로 이루어진 것이다. 이 신의 영역은 태양이 북행하는 여섯 달의 신과 동일한 허공 위의 세계이지만, 태양이 북행하는 여섯 달 동안은 태양이 북행하는 여섯 달의 신이 영역을 차지하고, 태양이 남행하는 여섯 달 동안은 태양이 남행하는 여섯 달의 신이 영역을 차지하는 점이 다르다. 이 신은 태양이 남행하는 길을 통해 천국으로 가는 자를 자신의 지배하에서 조상의 세계를 주재하는 신의 지배하로 넘겨준다. 조상의 세계를 주재하는 신은 그를 다시 허공(ākāśa)을 주재하는 신의 지배하로 넘겨준다. 허공을 주재하는 신은 다시 그를 달의 세계에 도달하게 한다. 주목할 사항은 여기서 말하는 '조상의 세계'(pitṛloka)는 허공의 세계에 포함이 되어있는, 인간의 15일이 하루의 낮이며 인간의 15일이 하루의 밤인 조상의 세계가 아니다.

자는[599] 그때 떠나가 달빛을 얻은 다음 되돌아 온다.[600] 25

밝은 길과 어두운 길, 세상의 이 두 길은 영원한 것이라 여겨진다. 한 길을 통해서는 돌아오지 않음에 이르고, 다른 길을 통해서는 다시 돌아 온다.[601] 26

쁘리타의 아들이여, 요가수행자는 이 두 행로를 잘 알아[602] 그 아무도 미혹되지 않는다. 그러니 아르주나여, 모든 시간에 요가에 전념한 자가 되어라![603] 27

요가수행자는 이것을 알아, 베다와 제사와 고행과 보시들과 관련

---

599 라마누자에 의하면 여기서 요가수행자(yogin)는 '선행과 관련된 대상'(puṇyakarmasambandhiviṣaya)이다.

600 샹까라에 의하면 공희(iṣṭa)供犧 등을 행하는 요가수행자인 행위자는 달빛인 결과(phala)를 얻어 누린 다음 그 결과가 쇠하면 돌아온다. 고얀다까에 의하면 결과는 행위의 결과다. 연기, 밤, 어두운 보름, 태양이 남행하는 여섯 달의 신들의 지배하에 죽어 떠나간 요가수행자, 즉, 공희와 덕행(pūrta) 등의 행위를 행하는 행위자는 달빛인 행위의 결과를 얻어 누린 다음 그 행위의 결과가 쇠해지면 돌아온다.

601 샹까라에 의하면 '지혜의 빛이 있는 것'(jñānaprakāśakatva)이기 때문에 밝은 것이고, 지혜의 빛이 없기 때문에 어두운 것이다. 세상(jagat)에서 '지혜로운 자'(jñānin)와 '행위 하는 자'(karmin)가 이 두 길(gati)에 대한 자격을 가진다. 모든 세상에 이 두 길이 가능한 것은 아니기 때문이다. 밝은 길을 통해서는 '돌아오지 않음'(anāvṛtti)에 이르고 어두운 길을 통해서는 다시 되돌아온다. 라마누자에 의하면 앞의 24절에서 언급한 길이 밝은 길이고, 25절에서 언급한 길이 어두운 길이다. 밝은 길을 통해서는 돌아오지 않음에 이르고, 어두운 길을 통해서는 다시 돌아온다.

602 샹까라에 의하면 한 행로(sṛti)는 윤회(saṁsāra)를 위한 것이고, 다른 행로는 해탈(mokṣa)을 위한 것이란 걸 안다는 것이다.

603 라마누자에 의하면 이 두 길을 잘 아는 요가수행자는 떠날 때에 그 누구도 미혹되지 않으며 자신의 길인 '신의 길'(devayāna)을 통해서 간다. 그러므로 날이면 날마다 '빛을 비롯한 길에 대한 사유'(arcirādigaticintana)라는 이름의 '요가에 전념한 자'(yogayukta)가 되어야 한다.

하여 지시된[604] 그 모든 공덕의 결과를 넘어, 최초의 것인[605] 지고의 자리에[606] 도달한다.[607] 28

이상은 성스러운 마하바라타의 비스마 편 서른 번째 장이다.[608]

---

604 샹까라에 의하면 경전(śāstra)에 지시된 것이다.

605 샹까라에 의하면 '최초의 것'(ādya)은 최초에 있는 원인인 브라흐만을 뜻한다.

606 샹까라에 의하면 '지고의 자리'(paraṁ sthānam)는 '수승한 자재자의 자리'(prakṛṣṭam aiśvaraṁ sthānam)이다.

607 라마누자에 의하면 두 개의 장[7장과 8장]에 언급된 이 '세존의 대위력'(bhagavanmāhātmya)을 알아서 『리그베다』, 『야주르베다』, 『싸마베다』, 『아타르바베다』의 형태인 '베다의 반복된 학습'(vedābhyāsa)과 제사(yajña)와 고행(tapas)과 보시(dāna)를 비롯한 모든 공덕(puṇya)과 관련하여 지시된 그 모든 결과를 넘어선다. 즉, 이것[세존의 이 대위력]을 아는 기쁨이 가장 수승한 것이기 때문에 그 모든 것을 짚풀처럼 여기게 된다. 그리고 '요가수행자'(yogin), 즉 '지혜로운 자'(jñānin)가 되어 지혜로운 자가 얻어야 할 것인 지고인 최초의 자리에 도달한다.

608 반다르까르 판본에 따른 내용이다. 그러나 짜우캄바 판본에 따른 내용은 "이상은 성스러운 바가바드기타인 우파니샤드들 가운데 브라흐만에 대한 지혜이며 요가의 경전인 성스러운 끄리스나와 아르주나의 대화에서 '위대한 인아의 요가'(mahāpuruṣayoga)라고 이름하는 여덟 번째 장이다." 기타프레스의 샹까라 주석 산스크리트어 힌디어 대역본에 따른 내용은 "이상은 브야싸의 십만 개로 이루어진 결집서인 성스러운 마하바라타의 비스마 편에 있어서 성스러운 바가바드기타인 우파니샤드들 가운데 브라흐만에 대한 지혜이며 요가의 경전인 성스러운 끄리스나와 아르주나의 대화에서 '해탈하게 하는 브라흐만의 요가'(tārakabrahmayoga)라고 이름하는 여덟 번째 장이다." 기타프레스의 라마누자 주석 산스크리트어 힌디어 대역본에 따른 내용은 "옴, 그것은 진실한 것! 성스러운 바가바드기타인 우파니샤드들 가운데 브라흐만에 대한 지혜이며 요가의 경전인 성스러운 끄리스나와 아르주나의 대화에서 '불멸인 브라흐만의 요가'(akṣarabrahmayoga)라고 이름하는 여덟 번째 장이다."

제9장

성스러운 세존께서 말씀하셨습니다.

트집 잡지 않는 자인[609] 그대에게 이 가장 감추어야 할 지혜를[610] 깨달음과 더불어[611] 말해주리라. 이것을 알아 그대는 상서롭지 못한 것에서[612] 벗어나리라! 1

이것은 앎의 왕, 감추어야 할 것의 왕, 성스럽게 하는 것, 가장 높은 것이다. 직접 경험되는 것, 도리에 맞는 것, 행하기에 아주 편한 것, 불멸이다.[613] 2

---

609 라마누자에 의하면 '트집 잡지 않는 자'(anasūyu)는 '다른 모든 것과는 유사함이 없는 것'(sakaletaravisajātīya)이며, '제한되지 않은 종류의 것'(aparimitaprakāra)인 대위력(māhātmya)이 [끄리스나인] 나에게 속한 것이라는 말을 듣고는 이것이 가능하다고 여기는 자다.

610 라마누자에 의하면 '가장 감추어야 할 지혜'(guhyatamaṁ jñānam)는 '신애의 형태'(bhaktirūpa)인 숭배(upāsanā)라는 이름의 지혜다. ; 숭배(upāsanā)라는 낱말의 어원적인 의미는 '옆에, 가까이'(upa) '앉게 하는 것, 앉기, 앉는 것'(āsana)이다.

611 샹까라에 의하면 '깨달음과 더불어'(vijñānasahitam)는 '경험과 연결된'(anubhavayukta)이란 의미다. 라마누자에 의하면 '숭배의 방법에 대한 특별한 지혜와 더불어'(upāsanagativiśeṣajñānasahitam)라는 뜻이다. 아디데바난다는 '특별한 지식과 더불어'(with special knowledge)라고 번역한다.

612 샹까라에 의하면 '상서롭지 못한 것'(aśubha)은 '윤회의 속박'(saṁsārabandhana)이다. 라마누자에 의하면 나[끄리스나]를 얻는 데 방해가 되는 모든 것이다.

613 샹까라에 의하면 '브라흐만에 대한 앎'(brahmavidyā)인 이것은 모든 앎 가운데 더할 바 없이 빛나는 것이기에 왕이다. 감추어야 할 것들 가운데 왕이다. '브라흐만에 대한 지혜'(brahmajñāna)인 이것은 성스럽게 하는 모든 것을 '정화하는 원인'(śudhikāraṇa)이다. 가장 탁월한 것이다. 기쁨을 비롯한 것처럼 직접 경험되는 것이다. '아[我]에 대한 지혜'(ātmajñāna)는 '도리에 거슬리는 것'(dharmavirodhin)이 아니다. 보석을 분별하는 지식처럼 행하기가 아주 쉬운 것이다. '아[我]에 대한 지혜'는 행위처럼 결과에 의해서 멸(vyaya)[滅]이 있는 것이 아니기에 불멸(avyaya)이다.

적을 괴롭히는 자여, 이 도리를 믿지 못하는 사람들은 나를 얻지 못하고, 죽음인 윤회의 길로 되돌아온다.[614] 3

이 모든 세상은 드러나지 않은 형상인 나에 의해 펼쳐진 것이다. 모든 존재들이 내게 머물러 있지만, 나는 그것들에 머문 것이 아니다.[615] 4

존재들은 내게 머문 것들이 아니다. 나의 자재한 요가를 보라![616] 나의 아[我]는 존재를 생겨나게 하는 것,[617] 존재를 길러내는 것이지만[618]

---

614 샹까라에 의하면 도리(dharma)인 '아[我]에 대한 지혜'의 본모습과 그 결과에 대한 믿음이 없는 죄인들인 무신론자(nāstika)들은 아쑤라(asura)[阿修羅]들의 신비(upaniṣad)인 '오로지 몸이 아[我]라는 견해'(dehamātrātmadarśana)에 도달한 사람들로서 '만족할 줄 모르는 자'(asutṛp)들이다. 그들은 '지고의 자재자'(parameśvara)인 나[끄리스나]를 얻지 못하고 죽음과 연결된 윤회의 길인 '나락과 천한 상태 등을 얻는 길'(narakatiryagādiprāptimārga)을 맴돌아 다닌다.

615 샹까라에 의하면 나[끄리스나]의 지고의 상태에 의해 이 모든 세상은 펼쳐진 것이다. 이러한 지고의 상태의 본모습은 기관(karaṇa)의 파악대상이 아니기 때문에 '드러나지 않은 형상'(avyaktamūrti)이다. 아[我]인 나에 의해서 창조의 신인 브라흐마에서부터 초목에 이르기까지의 모든 존재들은 '아[我]를 가진 것'(ātmavattva)으로 유지되는 것들이기 때문에 내게 머물러 있는 것들이라고 말해진다. 나는 이러한 존재들의 아[我]이기 때문에 어리석은 자들에게는 이러한 존재들 안에 내가 머문 것처럼 보인다. 그래서 '나는 그것들에 머문 것이 아니다.'라고 말하는 것이다. 허공에서도 가장 안에 존재하는 것이 나이기 때문에 나에게는 형상을 가진 존재처럼 결합의 상태가 없다. 접촉하지 않는 사물이 그 어느 곳에 머물 수는 없다. ; 바람은 미세해서 그물에 걸리지 않는다. 허공은 오대원소 가운데 가장 미세한 것이라서 그물뿐만이 아니라 모든 것에 걸림 없이 편재한다. 이러한 허공의 가장 안에 있다는 것은 허공보다 미세한 존재로서 그 어떤 것에도 걸림이 없음을 의미한다.

616 샹까라에 의하면 요가(yoga)는 연결(yukti), 즉, 결합(ghaṭana)이다. '자재한 요가'(yogamaiśvaram)는 자재자(īśvara)의 요가이며, '아[我]의 실상[實相]'(ātmano yāthātmya)을 의미한다.

617 샹까라에 의하면 '존재를 생겨나게 하는 것'(bhūtabhāvana)은 존재들을 생겨나게 하거나 기르는 것이다.

618 샹까라에 의하면 '연결되지 않는 것'(asaṁga)이지만, 존재들을 기른다.

존재에 머문 것은 아니다.[619] 5

모든 곳으로 가는 거대한 바람이 늘 허공에[620] 머물러 있듯이, 그렇게 모든 존재는 내게 머물러 있는 것들이라 여겨라.[621] 6

꾼띠의 아들이여, 모든 존재는 겁劫이 다할 때 나의 자연에 이른다. 겁이 시작할 때 나는 다시 그것들을 내보낸다.[622] 7

자연에[623] 종속되어 어쩔 수 없는[624] 이 모든 존재의 무리를 나는 자

---

619 라마누자에 의하면 내[끄리스나]가 간직하는 상태는 그릇을 비롯한 것들이 물 등등을 간직하는 상태 같은 것이 아니라, 나[끄리스나]의 생각(saṁkalpa)에 의한 것이다. '나의 아我'(mama ātmā), 즉 '나의 마음으로 이루어진 것인 생각'(mama manomayaḥ saṁkalpaḥ)이 바로 존재들을 생겨나게 하는 자, 간직하게 하는 자, 그리고 제어하는 자다.

620 라마누자에 의하면 허공(ākāśa)은 '바탕이 없는 것'(anālambana)이다.

621 샹까라에 의하면 존재(bhūta)들은 모든 것에 편재하는 나[끄리스나]에게 걸림이 없이 머무는 것들이라고 알아야 한다.

622 샹까라에 의하면 '겁劫이 다할 때'(kalpakṣaya)는 '멸할 때'(pralayakāla)이다. 자연(prakṛti)은 '세 가지 성질을 본질로 하는 것인 낮은 것, 아래의 것'(triguṇātmikā aparā nikṛṣṭā)이다. '겁이 시작할 때'(kalpādi)는 '생겨날 때'(utpattikāla)이다. 내보낸다는 것은 생겨나게 한다는 것이다. 라마누자에 의하면 '움직이는 것과 움직이지 않는 것을 몸으로 가진 것'(sthāvarajaṃgamātmaka)인 모든 존재는 겁이 다할 때, 즉 얼굴이 넷인 브라흐마가 멸하는 시간에, '나[끄리스나]의 몸이 된 것'(maccharīrabhūta)인 자연, 즉 '이름과 형태로 구분될 수 없는 것'(nāmarūpavibhāgānarha)인 '어둠이라는 낱말로 말해지는 것'(tamaḥśabdavācya)에 나의 생각(saṁkalpa)에 의해 도달한다. 그러한 존재들을 나[끄리스나]는 겁이 시작할 때 다시 내보낸다.

623 샹까라에 의하면 여기서 자연(prakṛti)은 본성(svabhāva)이다.

624 샹까라에 의하면 '어쩔 수 없는'(avaśam)은 '무명無明을 비롯한 결함'(avidyādidoṣa)들에 의해서 '타에 종속된'(paravaśīkṛta)이란 의미이다.

신의 자연에 의지하여 거듭거듭 내보낸다.[625] 8

이겨 재산을 얻은 자여, 행위들에 대해 무심한 듯 집착 없이 앉은 나를[626] 그 행위들은[627] 얽매지 못한다.[628] 9

감독자인 나에 의해서 자연은 움직이는 것과 움직이지 않는 것을 낳는다. 꾼띠의 아들이여, 이러한 이유로 세상은 돌아간다.[629] 10

어리석은 자들은 존재들의 대자재자인 나의 지고의 상태를 몰라,

---

625 라마누자에 의하면 나[끄리스나]는 다양하게 변화된 것인 자신의 자연에 의지하여, 즉 자연을 여덟 가지로 구분하여 '신, 축생, 인간, 식물을 몸으로 하는 것'(devatiryaṃmanuṣyasthāvarātmaka)인 이 네 가지 '존재의 무리'(bhūtagrāma)를 때마다 다양하게 만들어낸다. 이 존재의 무리는 '미혹하게 하는 것'(mohinī)이며, '성질로 이루어진 것'(guṇamayī)인 나[끄리스나]의 자연에 지배되어 어쩔 수 없는 것들이다. 477번 각주 참조.

626 샹까라에 의하면 나는 지배자(īśa)다.

627 샹까라에 의하면 행위들은 '불평등한 창조의 원인'(viṣamavisarganimitta)들이다.

628 라마누자에 의하면 '불평등한 창조'(viṣamasṛṣṭi) 등등의 그 행위들은 나[끄리스나]를 속박하지 않는다. 즉, 나[끄리스나]에게 '연민을 일으키지 않는 것'(nairghṛṇya) 등등의 잘못을 생겨나게 하지 않는다. 왜냐하면 [개별적인 영혼인] '농지를 아는 자'(kṣetrajña)에게 있어서 신 등등으로 불평등하게 생겨나는 원인은 전에 행한 행위들이기 때문이다. 나[끄리스나]는 그 불평등함에 대해 집착이 없이 무심한 듯 앉아 있는 자이다.

629 샹까라에 의하면 나[끄리스나]는 '전체적으로 오로지 보는 자의 본 모습'(sarvato dṛśimātrasvarūpa)이며 '변형이 없는 아我'(avikriyātman)인 감독자(adhyakṣa)다. 이러한 나에 의해서 나의 환력(māyā)幻力인 '세 가지 성질을 본질로 하는 것'(triguṇātmikā)이며 '무명을 특징으로 하는 것'(avidyālakṣaṇā)인 자연(prakṛti)은 움직이는 것과 움직이지 않는 것인 세상을 만든다. 라마누자에 의하면 '생각이 진실로 이루어지는 자'(satyasaṁkalpa)이며 '살펴보는 자'(īkṣitṛ)이며 감독자인 나[끄리스나]에 의해 나의 자연은 [개별적인 영혼인] '농지를 아는 자의 행위의 덕에 따라서'(kṣetrajñakarmānuguṇam) 움직이는 것과 움직이지 않는 것인 세상을 낳는다. 그래서 '농지를 아는 자의 행위의 덕에 따름'과 나[끄리스나]의 바라봄(īkṣaṇa)을 원인으로 하여 세상은 돌아간다.

인간의 몸에 의지한 나를 무시한다.[630] 11

나찰들과[631] 아쑤라들의 미혹하게 하는 자연에 의지하는 자들은[632] 헛된 희망을 품은 자, 헛된 행위를 하는 자, 헛된 지혜를 가진 자, 분별하는 마음이 없는 자들이다. 12

그러나 쁘리타의 아들이여, 신들의 자연에[633] 의지한 마음이 위대한 자들은 존재의 근원이며 불멸인 나를[634] 한결같은 마음으로 알아

---

630 샹까라에 의하면 나[끄리스나]는 '항상 순수하고 항상 깨닫고 항상 해탈한 본질'(nityaśuddhabuddhamuktasvabhāva), '모든 중생들의 아我'(sarvajantūnām ātman), '모든 존재들의 위대한 자재자'(sarvabhūtānāṁ mahāntam īśvaram), '자신의 아我'(svam ātmānam)이다. 분별하지 못하는 어리석은 자는 이러한 나의 지고의 상태, 즉, '지고의 아我의 본질'(paramātmatattva)을 몰라 인간의 몸을 통해 활동하는 나를 무시한다. ; 항상 순수하다는 것은 항상 세 가지 성질(guṇa)을 벗어난 상태라는 의미다. 라마누자에 의하면 '존재들의 대자재자'(bhūtamaheśvara)이며, 전지자(sarvajña)이며, '생각이 진실이 되는 자'(satyasaṁkalpa)이며, '모든 세상의 유일한 원인'(nikhilajagadekakāraṇa)인 내[끄리스나]가 지극한 자비심에 의해서 모두에게 온전한 의지처를 주기 위해 인간의 몸에 의지한 것을, 자신이 저지른 죄악의 행위 때문에 어리석은 자들은 일반적인 사람과 마찬가지로 여긴다. 한없는 자비와 관대함과 온유함과 자애로움 등등 때문에 인간의 상태에 의지한 모습인 지고의 자재자인 나[끄리스나]의 이 지고의 상태를 모르는 자들은 내가 단지 인간의 상태에 의지한 것을 가지고, 나[끄리스나]를 다른 자와 같은 종류로 여기고 나[끄리스나]를 무시한다.

631 나찰羅刹의 원어인 락샤싸(rākṣasa)는 형용사로 '악령에 속하는, 악령적인, 악귀의 본성을 지닌' 등을 의미하며, 남성명사로 '악령, 악귀, 악마, 여덟 가지 결혼 가운데 하나인 약탈결혼' 등을 의미한다. 락샤싸는 불경에서 '악귀惡鬼, 매魅, 호자護者' 등으로 한역되며, '나찰羅刹, 나차羅叉, 나찰사羅刹娑, 囉刹娑, 邏刹娑, 나차사羅叉娑, 아락찰사阿落刹娑' 등으로 음차된다.

632 샹까라에 의하면 여기서 자연(prakṛti)은 본성(svabhāva)이다. 나찰들과 아쑤라들의 '몸이 아我라고 주장하는 것'(dehātmavādin)인 미혹하게 하는 본성에 의지한 자들은 '부숴라, 잘라라, 마셔라, 먹어라, 다른 자의 재산을 뺏어라!' 이렇게 말하는 자들인 잔혹한 행위를 하는 자들이다. 라마누자에 의하면 자연은 내[끄리스나]가 인간의 상태를 취하는 원인이 되는 것인 지극한 자비를 비롯한 지고의 상태를 숨겨 가린다. 나찰의 자연, 아쑤라의 자연, 미혹하게 하는 자연, 이렇게 세 가지 자연이 있다.

633 샹까라에 의하면 '신들의 자연'(daivī prakṛti)은 '마음의 평정과 기관의 제어와 자비와 믿음 등을 특징으로 하는 것'(śamadamadayāśraddhādilakṣaṇā)이다.

634 샹까라에 의하면 나[끄리스나]는 자재자(īśvara)다.

체험한다. 13

확고하게 계율을 지키는 자들은 늘 나를[635] 부르고,[636] 노력하고,[637] 절을 하고,[638] 신애信愛를 통해 항상 전념하며[639] 나를[640] 섬긴다.[641] 14

다른 자들은 지혜의 제사를 통해 경배하며 단일한 것으로, 별개의 것으로, 모든 곳에 얼굴을 한 나를 여러가지로 섬긴다.[642] 15

---

635 샹까라에 의하면 나[끄리스나]는 '브라흐만의 본모습'(brahmasvarūpa)인 세존(bhagavat)이다.

636 라마누자에 의하면 '부르며'(kīrtayantaḥ)는 '나[끄리스나]의 특질을 나타내는 나의 이름들을 기억하고는 온몸이 전율하며 기쁨에 목이 메어 '성스러운 라마'(Śrī Rāma), 나라야나(Nārāyaṇa), 끄리스나(Kṛṣṇa), 와아쑤데바(Vāsudeva) 등등을 늘 부르며'라는 의미이다. ; '부르며'(kīrtayantaḥ)는 '찬양하며, 찬미하며, 기념하며' 등으로도 번역될 수 있다. 신을 찬양하고 찬미한다는 것은 신을 부르는 것이다.

637 샹까라에 의하면 '노력하고'(yatantaḥ)는 '기관을 거두어들임'(indriyopasaṁhāra), '마음의 평정'(śama)平靜, '기관의 제어'(dama), 자비(dayā), 비폭력(ahiṁsā) 등을 특징으로 하는 도리(dharma)들을 통해 노력하고라는 의미이다.

638 라마누자에 의하면 절을 하는 것은 신애(bhakti)信愛의 무게 때문에 마음(manas), 지성(buddhi), 자만심(abhimāna), 두 손, 두 발, 머리, 이렇게 여덟 부분을 숙여서 먼지, 진흙, 모래 등등을 신경 쓰지 않으며 바닥에 막대기처럼 엎드리는 것이다.

639 라마누자에 의하면 '항상 전념하며'(nityayuktāḥ)라는 것은 '항상한 연결을 원하며'라는 의미다.

640 샹까라에 의하면 나[끄리스나]는 '심장에 깃든 아我'(hṛdayeśayam ātmānam)이다.

641 '나를 섬긴다'(mām upāsate)는 '내게 가까이 앉는다, 내게 머문다, 내게 열중한다, 나를 인정한다' 등으로도 번역될 수 있다. 라다크리스난은 '나를 섬긴다'를 '나를 숭배한다'(worship me)라고 번역한다.

642 샹까라에 의하면 세존을 대상으로 하는 지혜(jñāna)인 제사(yajña)가 '지혜의 제사'(jñānayajña)이다. 이러한 지혜는 "바로 하나인 것이 지고의 브라흐만이다."(ekam eva paraṁ brahma.)라고 '궁극의 대상을 관조함'(paramārthadarśana)이다. 이것이 자재자(Īśvara)인 나[끄리스나]를 '단일한 것으로'(ekatvena) 경배하며 섬기는 것이다. 어떤 이들은 태양과 달 등등의 구별을 통해 세존인 위스누가 태양 등의 형태로 머무는 것이라고 섬긴다. 이것이 '별개의 것으로'(pṛthaktvena) 나를 섬기는 것이다. 어떤 자들은 다양하게 자리잡은 세존은 '모든 곳에 얼굴을 한'(sarvatomukha) '모든 형태'(viśvarūpa)라며 모든 곳에 얼굴을 한 모든 형태를 여러 방법으로 섬긴다. 이것이 '여러 가지로'(bahudhā) 나를 섬기는 것이다.

나는 공희제다. 나는 제사다. 나는 제물이다. 나는 약초다. 나는 진언이다. 나는 녹인 우유기름이다. 나는 불이다. 나는 헌공이다.[643] 16

나는 이 세상의 아버지, 어머니, 유지자,[644] 할아버지, 알아야 할 것, 성스럽게 하는 것, '옴'자, 『리그베다』, 『싸마베다』, 『야주르베다』이다. 17

도달하는 곳, 양육하는 자, 주主, 목격자, 사는 곳, 귀의할 곳, 벗, 생겨남, 사라짐, 머무는 곳, 저장하는 곳, 불멸인 씨앗이다.[645] 18

---

643 샹까라에 의하면 공희제(kratu)供犧祭는 '베다의 제례로 구분되는 것'(śrautakarmabheda)이다. 제사(yajña)는 '법전에 근거한 것'(smārta)이다. 제물(svadhā)祭物은 조상들께 바치는 음식(anna)이다. 혹은 모든 생명체의 일반적인 음식이다. 진언(mantra)眞言은 조상들과 신들에게 공물(havi)供物을 바칠 때 사용하는 주문이다. '녹인 우유기름'(ājya)은 공물이다. 불(agni)은 헌공(huta)獻供되는 곳이다. 헌공은 '제물을 불에 태워 올리는 행위'(havanakarma)이다. 라마누자에 의하면 약초(auṣadha)는 공물이다.

644 샹까라에 의하면 유지자(dhātṛ)維持者는 '행위의 결과'(karmaphala)를 생명체들에게 '배정하는 자'(vidhātṛ)다. 라마누자에 의하면 유지자라는 낱말은 아버지와 어머니 외에 생겨나게 하는 '특별한 정신체'(cetanaviśeṣa)를 의미한다. 고얀다까는 유지자를 창조의 신인 브라흐마(Brahmā)로 해석한다.

645 샹까라에 의하면 '도달하는 곳'(gati)은 '행위의 결과'(karmaphala)이다. 목격자(sākṣin)는 생명체들이 행한 것과 행하지 않은 것의 목격자다. '사는 곳'(nivāsa)은 생명체들이 거주하는 곳이다. '귀의할 곳'(śaraṇa)은 고통받는 자들의 고통을 없애는 것이다. 벗(suhṛd)은 보상을 바라지 않으며 '은혜를 베푸는 자'(upakārin)다. 생겨남(prabhava)은 세상의 발생(utpatti)이다. '저장하는 곳'(nidhāna)은 매장물(nikṣepa)埋藏物이며, 생명체들이 다른 시간에 '향유해야 할 것'(bhogya)이다. 불멸(avyaya)은 세상이 존재하는 한 멸하지 않기 때문이다. 라마누자에 의하면 주(prabhu)主는 '다스리는 자'(śāsitṛ)다. 목격자는 직접 바라보는 자다. 귀의할 곳은 좋은 것을 얻게 해주고 나쁜 것을 없애주어 온전한 귀의처가 되는 정신체(cetana)다. '생겨남, 사라짐, 머무는 곳'(prabhavaḥ pralayaḥ sthānam)은 '생겨나고 사라지는 곳'이다. 저장하는 곳은 '생겨나게 할만하고 거두게 할만한 것'(utpādyam upasaṁhāryaṁ ca)이다. '불멸인 씨앗'(bījam avyayam)은 멸함이 없는 원인이다.

내가 달구고, 내가 비를 거두고 내리게 한다.[646] 아르주나여, 나는 불사이며 죽음,[647] 있음과 없음이다.[648] 19

세 가지 지식을 가진 자들,[649] 쏘마를 마시는 자들, 죄가 정화된 자들은[650] 제사들을[651] 통해 나를 예경하여 천국에 가기를 바란다. 그들은 공덕을[652] 얻어 신의 왕의 세계를, 천상에서 신성한 신들의 환락을 누린다. 20

그들은 그 넓은 천상의 세상을 누리고는 공덕이 쇠하면 죽어야 할 존재인 인간의 세상으로 들어온다. 이처럼 세 가지 법도를 따르는 자

---

646 샹까라에 의하면 내가 태양(āditya)이 되어 어떤 강한 햇살들로 달구고, 어떤 햇살들로 비를 내리고, 어떤 햇살들로는 여덟 달 동안 건조 시킨다는 의미다.

647 샹까라에 의하면 신들에게 있어서, 불사(amṛta)不死이며, 죽어야 할 존재인 인간에게 있어서는 죽음(mṛtyu)이라는 의미이다. 라마누자는 그것에 의해서 세상이 사는 것이 불사이며, 그것에 의해서 죽는 것이 죽음이다.

648 샹까라에 의하면 있음(sat)은 관련성(sambandhitā)에 의하여 존재하게 하는 것이며, 없음(asat)은 이것과는 반대되는 것이다. 혹은 세존 자신은 전적으로 없음은 아니기 때문에 없음과 있음은 원인(kāraṇa)과 결과(kārya)를 의미한다. 라마누자에 의하면 있음은 현재의 것이며, 없음은 과거의 것과 미래의 것이다.

649 샹까라에 의하면 '세 가지 지식을 가진 자'(traividyā)는 『리그베다』와 『싸마베다』와 『야주르베다』를 아는 자이다. 라마누자에 의하면 베단따에 충실한 자가 아니라, 단지 세 가지 베다의 지식에만 충실한 자이다.

650 샹까라에 의하면 '죄가 정화된 자'(pūtapāpa)는 쏘마(Soma)를 마심으로써 '죄과가 정화된 자'(śuddhakilbiṣa)다.

651 샹까라에 의하면 제사(yajña)는 아그니스또마(agniṣṭoma)를 비롯한 것들이다. ; 아그니스또마는 열여섯 명의 제관들에 의해서 이루어지는 쏘마제사(somayajña)의 한 종류인 즈요띠스또마(jyotiṣṭoma) 제사를 구성하는 필수적인 부분이며, 봄에 오랫동안 지속된다.

652 샹까라에 의하면 공덕(puṇya)은 '공덕의 결과'(puṇyaphala)이다.

들,[653] 욕망을 추구하는 자들은 오고 가는 것을 얻는다. 21

다르지 않은 것으로 나를 생각하며 공경하는 사람들, 나는 항상 정진하는 그들에게 성취와 평안을 가져다 준다.[654] 22

믿음을[655] 가지고 다른 신들을 예배하는 신자들, 꾼띠의 아들이여, 그들 역시 방법은 어긋나지만[656] 바로 나를 예배하는 것이다.[657] 23

---

653 샹까라에 의하면 '세 가지 법도를 따르는 자들'(trayīdharmamanuprapannāḥ)은 오로지 베다의 행위를 따르는 자들이다.

654 샹까라에 의하면 '온전히 내던져 버린 자'(saṁnyāsin)들은 지고의 신인 나라야나(Nārāyaṇa)를 아성(ātmatva)^我性^과 별개의 것이 아니라고 생각하며 나를 공경한다. '지고의 대상을 관조하는 자'(paramārthadarśin)들이며, '늘 정진하는 자'(satatābhiyukta)들인 그들에게 나는 성취(yoga)와 평안(kṣema)을 얻게 한다. 성취는 얻지 못한 것을 얻음이며, 그것을 지키는 것이 평안이다. 라마누자에 의하면 나[끄리스나]를 생각하지 않고는 몸을 유지할 수도 없기 때문에 오로지 나[끄리스나]에 대한 생각만이 자신의 목적인 위대한 마음을 가진 자들은, 나[끄리스나]를 생각하면서 모든 '복의 성질'(kalyāṇaguṇa)을 갖추고, 모든 위력을 지닌 나[끄리스나]를 부족함이 없이 공경한다. 항상 나[끄리스나]와 연결되기를 원하는 그들에게 나는 나를 얻음을 특징으로 하는 성취와 다시는 돌아오지 않음이라는 형태의 평안을 가져다 준다.

655 샹까라에 의하면 믿음(śraddhā)은 '신 그리고 다른 세계가 있다고 믿는 생각'(āstikyabuddhi)이다.

656 샹까라에 의하면 '방법이 어긋난 것'(avidhi)은 무지(ajñāna)이다.

657 라마누자에 의하면 인드라(Indra)를 비롯한 신들에게 헌신하는 자들은 '오로지 세 가지의 것에 충실한 자'(kevalatrayīniṣṭha)[『리그베다』와 『싸마베다』와 『야주르베다』, 이렇게 세 가지 베다의 지식에만 충실한 자]들이다. 모든 것이 '나[끄리스나]의 몸의 상태'(maccharīratā)이며, '내가 아^我^인 상태'(madātmatva)이기 때문에 인드라를 비롯한 낱말들은 나[끄리스나]를 나타내는 것이다. 따라서 믿음(śraddhā)을 가지고 인드라를 비롯한 신들을 예배하는 '오로지 세 가지의 것에 충실한 자'들은 사실 바로 나[끄리스나]를 예배하는 것이다. 그러나 그들은 규정에 어긋나게 예배하는 것이다. 왜냐하면, 베단따의 문장들에서 '지고의 인아^人我^의 몸의 상태'(paramapuruṣaśarīratā)로 자리잡은 인드라를 비롯한 것들에 대한 숭배를 규정하면서 '아^我^가 된 것'(ātmabhūta)인 '지고의 인아'(paramapuruṣa)에 대한 직접적인 숭배가 규정되기 때문이다.

바로 내가 모든 제사들을 흠향하는 자, 주主이다.[658] 그러나 그들은 나를 사실대로 알지 못한다. 그래서 몰락한다.[659] 24

신의 계율을 지키는 자들은 신들에게로 간다. 조상의 계율을 지키는 자들은[660] 조상들에게로 간다. 귀신에게 제사 지내는 자들은 귀신

---

658 라마누자에 의하면 주(prabhu)主는 각각의 것에 대한 '결과를 주는 자'(phalapradātṛ)다.

659 샹까라에 의하면 '모든 제사'(sarvayajña)는 베다에 규정된 제사와 법전에 규정된 제사이다. 나[끄리스나]는 '신의 아성我性'(devatātmatva)에 의해 '흠향하는 자'(bhoktṛ)이며 주이다. 이러한 나를 사실대로 알지 못하기 때문에 방법에 어긋나게 예배하여 '제식의 결과'(yāgaphala)에서 멀어지게 된다.

660 샹까라에 의하면 '조상의 계율을 지키는 자'(pitṛvrata)는 '조상에 대한 제사 등의 제례에 충실한 자'(śraddhādikriyāpara)들로 '조상을 신애信愛하는 자'(pitṛbhakta)들이다.

들에게로 간다. 나를 숭배하는 자들은 바로 나에게로 온다![661] 25

신애[信愛]를 통해 내게 나뭇잎, 꽃, 과일, 물을 바치는 마음이 경건한

---

661 라마누자에 의하면 계율(vrata)이라는 낱말은 생각(saṁkalpa)을 의미한다. '초승제사와 보름제사'(darśapaurṇamāsa) 등의 행위들을 통해서 '우리는 인드라를 비롯한 이들에게 제사를 지내리라!'고 하는 것이 인드라 등에 대한 제사를 생각하는 자들이다. 이러한 자들은 인드라를 비롯한 신들에게로 간다. '우리는 조상의 제사 등을 통해 조상께 제사를 지내리라!', 이렇게 조상에 대한 제사를 생각하는 자들은 조상들에게로 간다. '우리는 야차[夜叉], 나찰[羅刹], 비사차[毘舍遮]를 비롯한 귀신들에게 제사를 지내리라!', 이렇게 귀신에 대한 제사를 생각하는 자들은 귀신들에게로 간다. 그러나 '우리는 이러한 제사들을 통해서 신과 조상과 귀신의 몸을 한 지고의 아[我]이며 세존이신 와아쑤데바(Vāsudeva)께 제사를 지내리라!', 이렇게 나[끄리스나]에게 제사를 지내는 나[끄리스나]를 숭배하는 자들은 바로 나[끄리스나]에게로 온다. 신 등등을 생각하는 자들은 신 등등을 얻어 그들과 함께 제한된 향유를 누리고는 그들이 멸할 때 그들과 함께 멸한다. 그러나 '시작과 끝이 없는 자'(anādinidhāna)이며, 전지자(sarvajña)이고, '생각한 것이 진실이 되는 자'(satyasaṃkalpa)이며, '무한하고 더할 바 없는 무수한 복덕의 무리의 큰 바다'(anavadhikātiśayāsaṃkhyeyakalyāṇagaṇamahodadhi)이며, '무한하고 더할 바 없는 환희'(anavadhikātiśayānanda)인 나[끄리스나]를 얻은 다음에는 다시 되돌아오지 않는다. ; 야차[夜叉]의 원어는 약샤(yakṣa)다. 약샤는 '존경하다, 경배하다, 예배하다, 움직이다' 등을 의미하는 어근 약스(yakṣ)에서 파생된 낱말로 남성명사로는 '부[富]의 신인 꾸베라(Kubera)의 신하로 하늘을 나는 등의 신통력을 지닌 반신반인의 존재, 영[靈]의 한 종류, 꾸베라의 이름, 예배, 멍멍이' 등을 의미하며, 중성명사로는 '유령, 제사, 존경스러운 것' 등을 의미한다. 불경에서 약샤는 '용건[勇健], 귀[鬼], 귀신[鬼神], 상자[傷者]' 등으로 한역되며, '야차[夜叉], 약차[藥叉], 열차[閱叉]' 등으로 음차된다. 나찰[羅刹]의 원어는 락샤쓰(rakṣas)이다. 락샤쓰의 사전적인 의미는 '악령, 악귀, 악마' 등이다. 주로 밤에 힘이 강해지고, 하늘을 날며 변신하는 신통력을 지니고 있다. 경건한 제사를 반대하는 존재이다. 이들의 왕의 이름은 라바나(Rāvaṇa)이다. 락샤쓰는 락샤싸(rākṣasa)라는 낱말과 자주 혼용된다. 락샤싸는 형용사로 '악령에 속하는, 악령적인, 악귀의 본성을 지닌' 등을 의미하며, 남성명사로 '악령, 악귀, 악마, 여덟 가지 결혼 가운데 하나인 약탈결혼' 등을 의미한다. 락샤싸는 불경에서 '악귀[惡鬼], 매[魅], 호자[護者]' 등으로 한역된다. 락샤싸는 '나찰[羅刹], 나차[羅叉], 나찰사[羅刹娑, 囉刹娑, 邏刹娑], 나차사[羅叉娑], 아락찰사[阿落刹娑]' 등으로 음차된다. 비사차[毘舍遮]의 원어는 삐샤짜(piśāca)이다. 삐샤짜는 악귀의 일종으로 고기를 좋아하고, 노란색이다. 삐샤짜는 불경에서 '귀[鬼], 신귀[神鬼], 귀신[鬼神], 귀매[鬼魅], 식귀[食鬼], 식혈육귀[食血肉鬼], 전광귀[癲狂鬼]' 등으로 한역되며, '비사차[毘舍遮, 毗舍遮], 비사도[毘舍闍, 毗舍遮], 필사차[畢舍遮]' 등으로 음차된다.

자의[662] 신애로 올린 그것을 나는 먹는다.[663] 26

그대가 행하는 것, 그대가 먹는 것, 그대가 헌공하는[664] 것, 그대가 주는 것, 그대가 고행하는 것, 꾼띠의 아들이여, 그것을 내게 바치라! 27

이렇게 그대는 상서로움과 상서롭지 못한 결과들인 행위의 속박들에서 벗어나리라. 온전히 내던져 버림인 요가에 마음을 전념하는 그대는 벗어나 내게 이르게 되리라![665] 28

모든 존재에 대해 나는 평등하다. 내게는 싫은 것도 없고, 좋은 것도 없다. 그러나 신애를 통해 나를 체험하는 자들, 그들은 내 안에 있

---

662 샹까라에 의하면 '마음이 경건한 자'(prayatātman)는 '지성이 청정한 자'(śuddhabuddhi)이다. 라마누자에 의하면 '마음이 경건한 자'는 '그것을 바치는 것 하나에만 뜻을 둔 상태인 본모습이 청정함을 갖춘 마음'이다. ; 경건에 해당되는 원어 쁘라야따(prayata)는 불경에서 일심一心으로 한역 된다.

663 라마누자가 인용하는 『마하바라타』의 구절에 의하면 "오로지 한마음에 도달한 자들에 의해서 바쳐진 행위들이라면, 신은 스스로 진정 그 모든 것들을 머리로 받아들인다."(yāḥ kriyāḥ samprayuktāḥ syuḥ ekāntagatabuddhibhiḥ, tāḥ sarvāḥ śirasā devaḥ pratigṛhṇāti vai svayam. : Mahābhārata Śāntiparva. 340. 64).

664 샹까라에 의하면 베다에 규정된 헌공(havana)獻供과 법전에 규정된 헌공을 의미한다. ; 헌공은 제물을 불에 태워 신에게 올리는 것이다.

665 샹까라에 의하면 행위(karma)들은 '상서롭거나 상서롭지 않은 결과를 가진 것'(śubhāśubhaphala)들이다. 행위들이 바로 속박(bandhana)들이다. 이러한 속박인 행위들을 내게 바침으로써 그대[아르주나]는 해탈할 것이다. '내게 온전히 바치는 것'(matsamarpaṇatā)이기 때문에 '온전히 내던져 버림'(saṁyāsa)이며, '행위의 상태'(karmatva)이기에 요가(yoga)다. 이러한 '온전히 내던져 버림인 요가'(saṁyāsayoga)에 전념하는 마음을 가진 그대[아르주나]는 속박인 행위에서 벗어나, 살아 있는 동안 그리고 육신이 무너졌을 때도 내게로 올 것이다.

고, 나 또한 그들 안에 있다.[666] 29

만일 아주 나쁜 짓을 하는 자가 오로지 신애하는 자가 되어 나를 체험하게 된다면, 바로 그를 선한 자라 여겨야 한다. 왜냐하면, 그는 제대로 결정한 자이기 때문이다. 30

꾼띠의 아들이여, 그대는 확실히 알아라! 나를 신애하는 자는[667] 속히 마음에 도리를 지닌 자가 된다. 언제나 변함없는 평온을[668] 얻는다. 멸하지 않는다. 31

쁘리타의 아들이여, 태생적인 죄인들이라 하더라도, 여자들, 바이샤들, 수드라들이라 하더라도, 그들은 내게 귀의하여 지고의 경지에 이른다.[669] 32

하물며 덕 있는 브라흐마나들과 왕선인 신애하는 자들에 대해선 말할 바가 무엇이 있겠는가? 덧없고 기쁨이 없는 이 세상을 얻은 그

666 샹까라에 의하면 불이 불에서 멀리 자리한 자들의 추위를 없애지 못하고 불에 가까이 다가오는 자들의 추위를 없애듯이, 나[끄리스나]는 '신애信愛하는 자'(bhakta)들에게 은총을 베풀지 다른 자들에게 은총을 베풀지 않는다.

667 샹까라에 의하면 내게 '내적인 아我를 바친 자'(samarpitāntarātman)가 '나를 신애信愛하는 자'(me bhakta)이다.

668 샹까라에 의하면 평온(śānti)은 적정(upaśama)寂靜이다. 라마누자에 의하면 '변함없는 평온'(śāśvatī śānti)은 '다시 되돌아오지 않게 하는 것'(apunarāvartinin)인 '나[끄리스나]를 얻는 데 방해가 되는 행위의 멈춤'(matprāptivirodhyācāranivṛtti)이다.

669 샹까라에 의하면 '태생적인 죄인'(pāpayoni)들은 죄로 인해 태어난 자들이다. 여자, 바이샤(vaiśya), 수드라(śūdra)들이 죄로 인해 태어난 자들이다.

대는 나를 체험하라![670] 33

그대는 내게 마음을 둔 자, 나를 신애하는 자, 내게 제사를[671] 지내는 자가 되어라. 나를 예경하라. 내가 궁극의 길인 자인 그대는 이처럼 삼매에 들어 자신인 나에게 오게 되리라.[672] 34

이상은 성스러운 마하바라타의 비스마 편 서른한 번째 장이다.[673]

---

670 샹까라에 의하면 왕선(rājarṣi)王仙은 왕(rājan)이면서 선인(ṛṣi)인 자다. '체험하라'(bhajasva)는 '섬겨라'(seva)라는 의미다.

671 라마누자에 의하면 제사(yajana)는 '전체적으로 종속된 활동'(paripūrṇaśeṣavṛtti)이다. '의례적인 것'(aupacārika), '몸에 닿아 즐겁게 하는 것'(sāṁsparśika), '먹고 마시어 기쁘게 하는 것'(ābhyavahārika) 등 모든 향유(bhoga)를 주는 형태가 제식(yāga)祭式이다.

672 라마누자에 의하면 자신(ātman)은 마음을 의미한다. 나[끄리스나]를 경험할 능력을 가진 마음을 얻어 바로 나[끄리스나]에게 이르리라는 의미이다. 샹까라에 의하면 나[끄리스나]는 모든 존재들의 아我이며 지고의 처소이다. 이러한 나[끄리스나]에게 이르리라는 의미이다.

673 반다르까르 판본에 따른 내용이다. 그러나 짜우캄바 판본에 따른 내용은 "이상은 성스러운 바가바드기타인 우파니샤드들 가운데 브라흐만에 대한 지혜이며 요가의 경전인 성스러운 끄리스나와 아르주나의 대화에서 '왕의 지혜, 왕의 비밀의 요가'(rājavidyārājaguhyayoga)라고 이름하는 아홉 번째 장이다." 기타프레스의 샹까라 주석 산스크리트어 힌디어 대역본에 따른 내용은 "이상은 브야싸의 십만 개로 이루어진 결집서인 성스러운 마하바라타의 비스마 편에 있어서 성스러운 바가바드기타인 우파니샤드들 가운데 브라흐만에 대한 지혜이며 요가의 경전인 성스러운 끄리스나와 아르주나의 대화에서 '왕의 지혜, 왕의 비밀의 요가'라고 이름하는 아홉 번째 장이다." 기타프레스의 라마누자 주석 산스크리트어 힌디어 대역본에 따른 내용은 "옴, 그것은 진실한 것! 성스러운 바가바드기타인 우파니샤드들 가운데 브라흐만에 대한 지혜이며 요가의 경전인 성스러운 끄리스나와 아르주나의 대화에서 '왕의 지혜, 왕의 비밀의 요가'라고 이름하는 아홉 번째 장이다."

제10장

성스러운 세존께서 말씀하셨습니다.

긴 팔을 가진 자여, 기뻐하는[674] 너에게 이롭게 하고자 말할 것이니, 나의 지극한 말을[675] 다시 들어라. 1

신의 무리들도 대선인大仙人들도 나의 생겨남에[676] 대해 모른다. 나는 전적으로 신들과 대선인들의 시작이기[677] 때문이다.[678] 2

죽어야 할 존재인 사람들 가운데 미혹되지 않은 자는 나를 생겨나

---

674 샹까라에 의하면 끄리스나의 말을 듣고 아르주나가 기뻐한다는 의미이다.

675 샹까라에 의하면 '지극한 말'(paramaṁ vacanam)은 '지극한 사물'(niratiśayavastu)을 밝혀주는 '수승한 말'(prakṛṣṭaṁ vākyam)이다.

676 샹까라에 의하면 생겨남(prabhava)은 출생(utpatti) 혹은 '지극한 주主의 능력'(prabhuśaktiniratiśaya)인 위신력(prabhāva)威神力이다.

677 샹까라에 의하면 시작(ādi)은 원인(kāraṇa)이다.

678 라마누자에 의하면 지각기관을 초월한 것을 보는 자들이며 아주 대단한 지혜를 가진 자들이지만 신들의 무리와 대선인(maharṣi)들은 나[끄리스나]의 위신력을 모른다. 나[끄리스나]의 이름과 행위와 본모습과 본질 등에 대해 알지 못한다. '신의 상태'(devatva)와 '선인의 상태'(ṛṣitva) 등의 원인이 되는 것인 공덕(puṇya)에 따라서 나에 의해서 그들에게 주어진 지혜는 제한된 것이다. 따라서 제한된 지혜를 가진 그들은 나[끄리스나]의 본모습 등을 제대로 알지 못한다.

지 않은 것, 시작이 없는 것,[679] 세상의 대자재자大自在者라고[680] 안다. 그는 모든 죄에서 벗어난다.[681] 3

지성, 지혜, 미혹이 없음, 인욕, 진실, 자제, 평정, 기쁨, 고통, 있음,[682]

---

679 샹까라에 의하면 나[끄리스나]는 신들과 대선인들의 시작이지만, 나에게는 다른 시작(ādi)이 없기 때문에 나는 '생겨나지 않은 것'(aja), '시작이 없는 것'(anādi)이다. 시작이 없음은 생겨남이 없음의 원인(hetu)이다.

680 샹까라에 의하면 '세상의 대자재자'(lokamaheśvara)는 '무지와 그 무지의 결과가 없는 것'(ajñānatatkāryavarjita)인 '네 번째 상태'(turīya)이다. ; 첫 번째 상태는 '잠에서 깬 상태'(jāgrat)이다. 두 번째 상태는 '꿈의 상태'(svapna)이다. 세 번째 상태는 '꿈이 없는 숙면의 상태'(suṣupti)이다. 네 번째 상태와 관련하여 『만두끄야 우파니샤드』(Māṇḍūkya Upaniṣad)의 6절은 이렇게 말한다. "이것이 모든 것을 다스리는 자이다. 이것이 모든 것을 아는 자이다. 이것이 안을 통제하는 자이다. 이것이 모든 것의 근원이다. 바로 존재들이 나오고 들어가는 곳이다." 그리고 7절은 이렇게 말한다. "내부를 인식하는 자가 아니며. 외부를 인식하는 자도 아니고, 둘 다를 인식하는 자도 아니며, 인식의 덩어리도 아니고, 인식하는 자도 아니며, 인식하지 않는 자도 아니다. 보이지 않는 것이며, 사용할 수 없는 것이고, 잡을 수 없는 것이며, 징표가 없는 것이고, 마음으로 헤아릴 수 없는 것이며, 지시될 수 없는 것이고, 하나의 아我로 인식되는 것이 그의 본질인 것이며, 창조가 멈춘 것이고, 평온한 것이며, 상서로운 것이며, 둘이 아닌 것이 네 번째의 것으로 여겨진다. 그것이 아我이다. 그것이 확연히 알아야 할 것이다."

681 라마누자에 의하면 [끄리스나를] 다른 [인간과] 동일한 종류의 상태로 동일화 하는 것이 미혹(sammoha)이다. 인간들 가운데 왕은 다른 인간들과 동일한 종류이다. 마찬가지로 신들의 왕도 그리고 우주의 왕도 다른 윤회하는 자와 동일한 종류이다. [그러나 끄리스나는 이와는 다르다]. 죄(pāpa)는 '나[끄리스나]에 대한 신애信愛가 생겨나는 것을 방해하는 것'(madbhaktyutpattivirodhin)이다.

682 라마누자에 의하면 있음(bhava)은 순조로움을 경험하는 원인이 되는 마음의 생겨남(bhavana)이다.

없음,[683] 두려움,[684] 그리고 두려움이 없음,[685] 4

비폭력,[686] 동등성,[687] 만족, 고행, 보시, 명예, 그리고 불명예는 바로 내게서 갖가지로 존재들에게 생겨나는 상태들이다.[688] 5

일곱 명의 옛 대선인大仙人들과 네 명의 마누들은 나의 상태에 있는 자들이며, 마음에서 생겨난 이들이다. 이 피조물들은 그들의 세상에

683 라마누자에 의하면 없음(abhāva)은 거슬림을 경험하는 원인이 되는 마음의 권태(avasāda)이다.

684 라마누자에 의하면 두려움(bhaya)은 다가올 고통(duḥkha)의 원인을 보고 생겨나는 고통이다.

685 샹까라에 의하면 지성(buddhi)은 지각기관으로 파악할 수 없는 대상(artha) 등을 이해하는 내적기관(antaḥkaraṇa)의 능력이다. 지혜(jñāna)는 아(ātman)我 등의 사물(padārhta)을 아는 것이다. '미혹이 없음'(asammoha)은 알아야 할 것들에 대한 분별력 있는 마음의 작용이다. 인욕(kṣamā)忍辱은 비난받거나 고통을 당해도 마음이 변하지 않는 것이다. 진실(satya)은 자신이 보고 듣고 경험한 것을 다른 자의 마음에 전하기 위해서 있는 그대로 전해주는 말이다. 자제(dama)는 '외적기관이 고요해지는 것'(bāhyendriyopaśama)이다. 평정(śama)은 내적기관과 관련된 것이다. ; 외적기관은 다섯 개의 지각기관과 다섯 개의 행위기관들이다. 내적기관은 마음(manas), 자의식(ahaṁkāra)自意識 그리고 지성(buddhi)이다.

686 라마누자에 의하면 비폭력(ahiṁsā)은 '타자의 고통의 원인이 되지 않는 것'(paraduḥkhāhetutva)이다.

687 라마누자에 의하면 동등성 (samatā)同等性은 자신과 친구들과 적들에 대해서 그리고 이로운 것과 이롭지 않은 것에 대해서 '동일한 생각의 상태'(samamatitva)이다.

688 샹까라에 의하면 비폭력은 생명체들을 괴롭히지 않는 것이다. 동등성은 '동일한 마음의 상태'(samacittatā)이다. 만족(tuṣṭi)은 얻은 것들에 대해 '충분하다는 생각'(paryāptabuddhi)이다. 고행(tapas)은 '기관의 억제가 선행된 것'(indriyasaṁyamapūrvaka)으로 '몸을 괴롭히는 것'(śarīrapīḍana)이다. 보시(dāna)는 '힘닿는 대로 함께 나누는 것'(yathāśakti saṁvibhāga)이다. 명예(yaśa)는 도리(dharma)道理를 원인으로 하여 생겨나는 명성(kīrti)이다. 불명예(ayaśa)는 '도리가 아닌 것'(adharma)을 원인으로 하여 생겨나는 오명(akīrti)汚名이다. '자신의 행위에 따른 형태'(svakarmānurūpa)에 의해서 갖가지로(pṛthagvidhāḥ) 생겨나는, 존재들인 생명체들의 상태(bhāva)들인 지성을 비롯한 것들은 자재자인 내[끄리스나]게서 생겨나는 것들이다. 라마누자에 의하면 존재들의 상태들은 '세속으로 나아가고 세속에서 물러나는 원인'(pravṛttinivṛttihetu)인 '마음의 작용'(manovṛtti)들이다. 이것들은 나[끄리스나]의 생각에 의지하여 생겨나는 것들이다.

속에 있는 것이다.[689] 6

나의 이러한 힘의 펼침과[690] 요가를[691] 사실대로 아는 자는 흔들림

---

689 샹까라에 의하면 일곱 명의 대선인(maharṣi)大仙人들은 브리구(Bhṛgu) 등이다. 네 명의 마누(Manu)들은 싸와르나(Sāvarṇa) 등의 이름을 가진 유명한 자들이다. '나의 상태에 있는 자'(mad-bhāva)들은 '나와 관련된 동력인動力因을 가진 자'(madgatabhāvana)들로서 '위스누의 능력을 갖춘 자'(vaiṣṇavena sāmarthyena upeta)들이다. 피조물(prajā)은 '움직이는 것'(jaṁgama)과 '움직이지 않는 것'(sthāvara)을 의미한다. 라마누자에 의하면 지난 '마누의 시기'(manvantara)에 브리구를 비롯한 일곱 명의 대선인들이 항상한 창조를 진행시키기 위해서 창조주인 브라흐마(Brahmā)의 마음에서 생겨났다. 그리고 [세상을] 유지하기 위해서 싸와르니까(Sāvarṇika)라는 이름의 네 명의 마누(Manu)들이 있었다. 이들의 후손들로 가득한 세상에 생겨난 것들이 바로 이 모든 피조물들이다. [우주의 모든 것들이 궁극의 원인으로 되돌아가는] 귀멸(pralaya)로부터 [지금에 이르기까지 자신의 후손들을] '생겨나게 하는 자'(utpādaka)이며 '보호하는 자'(pālaka)들인 브리구를 비롯한 마누들은 나의 상태에 있는 자들이다. 즉, 나의 뜻에 머물며 나의 생각에 따라서 행하는 자들이다. 고얀다까에 의하면 일곱 명의 대선인들은 브리구(Bhṛgu), 마리찌(Marīci), 아뜨리(Atri), 뿔라스따(Pulastya), 뿔라하(Pulaha), 끄라뚜(Kratu), 와씨스타(Vasiṣṭha)이다, 마누는 열네 명이다. 네 명의 마누는 그들 가운데 넷으로 싸와르니(Sāvarṇi), 다르마싸와르니(Dharmasāvarṇi), 닥샤싸와르니(Dakṣasāvarṇi), 싸와르나(Sāvarṇa)이다. ;『마누법전』 1장 34과 35절은 이렇게 말한다. "중생들을 만들기를 원하는 나는 아주 행하기 힘든 고행을 하여 중생주衆生主들인 열 명의 대선인大仙人들을 먼저 만들었습니다." "마리찌, 아뜨리, 앙기라쓰, 뿔라쓰뜨야, 뿔라하, 끄라뚜, 쁘라쩨따쓰, 와씨스타, 브리구, 그리고 나라다를," 그리고 『마누법전』1장 61절, 62절, 63절은 이렇게 말한다. "스스로 존재하는 분의 아들이신 이분 마누에게는 동일한 가계에서 생겨난 여섯 명의 다른 마누들이 계십니다. 대아大我들, 대위력大威力들께서는 각기 자신의 창조물들을 만드시었습니다." "쓰와로찌샤, 웃따마, 따마싸, 라이바따, 짜꾸샤, 그리고 위와쓰와뜨쑤따입니다. 위대한 광휘를 지닌 분들입니다." "스스로 존재하는 분의 아들을 비롯한 이들 많은 위력을 지닌 일곱 마누들은 움직이는 것과 움직이지 않는 이 모든 것을 각각 자신의 시기에 생겨나게 하고 보살폈습니다."

690 라마누자에 의하면 '힘의 펼침'(vibhūti)은 자재력(aiśvarya)自在力이다. 모든 것의 생겨남과 유지됨과 활동의 형태가 나[끄리스나]에게 바탕을 두고 이루어지는 것이 나[끄리스나]의 '힘의 펼침', 즉 자재력이다.

691 샹까라에 의하면 여기서 요가(yoga)는 방편(yukti)方便인 자신[끄리스나]의 활동이다. 혹은 '요가에 의한 자재자의 능력'(yogaiśvaryasāmarthya)인, '요가에서 생겨난'(yogaja) 일체지(sarvajñatva)一切智이다. 라마누자에 의하면 여기서 요가는 '버려야 할 것의 적이 되는 복덕의 형태'(heyapratyanīka-kalyāṇaguṇarūpa)이다.

없는 요가를[692] 통해 삼매에 든다.[693] 이에 대해 의심할 바가 없다. 7

내가 모든 것의 근원,[694] 모든 것이[695] 내게서 펼쳐진다. 이렇게 여기며 사색에[696] 잠긴 지혜로운 자들은[697] 나를 체험한다.[698] 8

마음이 내게 있는 자들, 생명이 내게 이른 자들은[699] 서로가 일깨우고 나에 대해 항상 말하면서 만족하고 즐거워한다. 9

늘 전념하고 신애하는 그들에게 나는 다정스레 지혜의 요가를[700]

---

692 샹까라에 의하면 여기서 요가(yoga)는 '견고한 정견[正見]의 형태'(samyagdarśanasthairyalakṣaṇa)인 요가이다. 라마누자에 의하면 여기서 요가는 '신애[信愛]의 요가'(bhaktiyoga)이다.

693 샹까라에 의하면 '요가를 통해 삼매에 든다.'(yogena yujyate)라는 것은 '요가에 연결된다.'(yogena saṁbadhyate)라는 의미이다.

694 샹까라에 의하면 와아쑤데바(Vāsudeva)라고 이름하는 '지고의 브라흐만'(paraṁ brahma)인 나[끄리스나]는 모든 세상의 근원이다.

695 샹까라에 의하면 '모든 것'(sarva)은 '지속, 멸함, 행위의 결과의 향유의 형태'(sthitināśakriyāphalopabhogalakṣaṇa)이자 '변형의 형태'(vikriyārūpa)인 모든 세상이다.

696 샹까라에 의하면 사색(bhāva)[思索]은 관상(bhāvanā)[觀想], 즉, '지고의 대상의 본질에 대한 전념'(paramārthatattvābhiniveśa)이다.

697 샹까라에 의하면 '지혜로운 자'(budha)는 '본질의 의미를 아는 자'(avagatatattvārtha)다.

698 라마누자에 의하면 나[끄리스나]에 대해 '열망하는 자'(spṛhayālu)들은 나를 체험한다는 의미이다. ; '체험한다'(bhajante)는 '섬긴다'로도 번역될 수 있다. 라다크리스난은 숭배한다(worship)로 번역한다.

699 샹까라에 의하면 '생명이 내게 이른 자'(madgataprāṇa)들은 눈을 비롯한 생기(prāṇa)들이 내게 도달한 자들이다. 혹은 내게 '기관이 모두 거두어 모인 자'(upasaṁhṛtakaraṇa)들이다. 혹은 '내게 삶을 바친 자'(madgatajīvana)들이다. 라마누자에 의하면 '생명이 내게 이른 자'들은 내[끄리스나]가 없이는 자신을 지탱할 수 없는 자들이다.

700 샹까라에 의하면 지혜(buddhi)는 '올바로 봄'(samyagdarśana)이며, '나의 본질을 대상으로 하는 것'(mattattvaviṣaya)이다. 이러한 지혜와의 연결(yoga)이 '지혜의 요가'(buddhiyoga)다. 라마누자에 의하면 '지혜의 요가'는 '완숙한 상태에 도달한 것'(vipākadaśāpanna)이다.

준다. 그것을 통해 그들은 내게 이른다.[701] 10

아我의 상태로 머문[702] 나는 그들을 가엽게 여겨, 무지에서 생겨난[703] 어둠을[704] 빛나는 지혜의 등불로[705] 없애준다.[706] 11

아르주나가 말했습니다.

당신은 지고의 브라흐만,[707] 지고의 빛,[708] 지극히 성스럽게 하시는 분, 인아人我, 변함없이 늘 계신 분, 천상에 계신 분, 최초의 신, 생겨나

---

701 샹까라에 의하면 '올바로 봄이 특징인'(samyagdarśanalakṣaṇa) 지혜의 요가를 통해서 '지고의 자재자'(parameśvara)이며 '아我가 된 것'(ātmabhūta)인 나를 아성(ātmatva)我性으로 받아들인다.

702 샹까라에 의하면 '아我의 상태로 머문'(ātmabhāvasthaḥ)은 '내적기관이라는 그 자리에 머물러'(antaḥkaraṇāśayaḥ tasmin eva sthitaḥ san)라는 의미이다.

703 샹까라에 의하면 '무지에서 생겨난 것'(ajñānaja)은 '무분별에서 생겨난 것'(avivekato jāta)이다.

704 샹까라에 의하면 어둠(tamas)은 '그릇된 인식의 형태'(mithyāpratyayalakṣaṇa)인 '미혹의 어둠'(mohāndhakāra)이다.

705 샹까라에 의하면 '지혜의 등불'(jñānadīpa)은 '분별인식의 형태'(vivekapratyayarūpa)이다. 신애(bhakti)信愛에 대한 은총(prasāda)이라는 기름에 적셔진, 나[끄리스나]에 대한 명상의 고착이라는 공기에 타오르는, 범행(brahmacarya)梵行을 비롯한 방편의 잠재인상(saṁskāra)業行을 갖춘 '수승한 지혜'(prajñā)般若라는 심지를 가진, 집착이 없는 내적기관(antaḥkaraṇa)이라는 받침대를 가진, 대상에서 벗어나고 좋아함과 싫어함에 의해서 흐려지지 않은 마음(citta)이라는 바람을 막는 덮개가 있는, '항상 몰두하여 하나로 집중하는 명상'(nityapravṛttaikāgryadhyāna)에 의해서 생겨난 '올바로 봄'(samyag-darśana)이라는 빛을 가진 지혜의 등불이다.

706 라마누자에 의하면 은총(anugraha)을 베풀기 위해서 나[끄리스나]는 '마음의 활동'(manovṛtti)에 '대상의 상태'(viṣayatā)로 자리잡아 나의 '복덕의 무리'(kalyāṇaguṇagaṇa)들을 만들어 내어 나를 대상으로 하는 지혜라는 형태의 빛나는 등불로, '지혜에 반하는 오래된 행위의 형태라는 무지에서 생겨난 것'(jñānavirodhiprācīnakarmarūpājñānaja)이며, '나[끄리스나] 이외의 대상에 기우는 형태'(mad-vyatiriktaviṣayaprāvaṇyarūpa)이며, 예전에 쌓여 모인 것인 어둠(tamas)을 없애준다.

707 샹까라에 의하면 '지고의 브라흐만'(paraṁ brahma)은 '지고의 아我'(paramātmā)이다.

708 빛의 원어는 다만(dhāman)이다. 다만은 중성명사로 '거처, 집, 장소, 빛, 광선, 영광, 힘, 출생, 몸, 상태, 규칙, 모습' 등을 의미한다. 라다크리스난은 다만을 거처(Abode)로 번역한다.

지 않은 분, 편재하는 분입니다. 12

이렇게 당신에 대해 모든 선인仙人들이,[709] 천신의 선인인 나라다,[710] 아씨따,[711] 데왈라,[712] 브야싸가[713] 말합니다. 그리고 당신께서 스스로 제게 말합니다. 13

께샤바여,[714] 당신께서 제게 말씀하시는 이 모든 것을 진실이라 여깁니다. 세존이시여, 신들도 악신들도 당신의 나타남에 대해 모릅니다. 14

---

709 라마누자에 의하면 선인(ṛṣi)仙人은 '높은 것에서 낮은 것에 이르기까지 모든 것의 본질의 실상實相을 아는 자'(parāvaratattvayāthātmyavid)이다. ; 선인의 원래 의미는 베다 찬가를 지은 시인이다.

710 나라다(Nārada)는 '천신天神의 선인'(devarṣi)이다. 창조주인 브라흐마(Brahmā)의 마음에서 태어난 열 명의 아들 가운데 하나이며, 브라흐마의 넓적다리에서 태어난 것으로 알려지기도 한다. 신의 뜻을 인간에게 전달하거나 인간의 뜻을 신에게 전달하는 자이다. 신과 인간 사이에 불화를 일으키기를 좋아하는 자이기도 하다. 그래서 '다툼을 좋아하는 자'(kalipriya)로 불리기도 한다. 인도의 전통 현악기인 비나(vīṇā)를 처음으로 만든 선인이다.

711 아씨따(Asita)는 선인의 이름이다.

712 데왈라(Devala)는 선인의 이름이다.

713 브야싸(Vyāsa)는 베다의 편찬자이며 『바가바드기타』가 그 일부를 이루는 『마하바라타』의 실제 저자이다. 따라서 『바가바드기타』의 저자이기도 하다. 선인인 빠라샤라(Parāśara)와 처녀뱃사공인 싸뜨야와띠(Satyavatī) 사이에 태어났다. 섬에서 검은색의 피부로 태어났기 때문에 본명이 '섬에서 태어난 검둥이'(Kṛṣṇadvaipāyaṇa)이다. 이후에 네 가지 베다를 편찬했으므로 '베다의 편찬자'라는 의미에서 베다 브야싸(Vedavyāsa)로 불리게 되었다. 태어나자마자 아버지인 빠라샤라 선인이 숲으로 데려가 선인으로 성장했다. 후에 샨따누(Śantanu)왕의 왕비가 된 엄마 싸뜨야와띠의 명에 의해 아버지가 다른 자신의 형제인 위찌뜨라위르야(Vicitravīrya)의 과부들에게 왕가의 후사를 이을 아들들을 낳게 했다. 따라서 드리따라스뜨라(Dhṛtarāṣṭra), 빤두(Pāṇḍu), 위두라(Vidhura)의 실제 아버지이다. 『마하바라타』의 전쟁은 드리따라스뜨라의 아들들과 빤두의 아들들 사이에 왕국을 놓고 벌어지는 싸움이다. 바로 이 싸움이 막 벌어지려는 전쟁터에서 나눈 끄리스나와 아르주나의 대화가 『바가바드기타』이다.

714 께샤바(keśava)는 '풍성하고 멋있는 머리카락을 가진 자, 지고의 존재' 등을 의미한다. 위스누의 별칭이다, 여기서는 위스누의 화신인 끄리스나를 뜻한다.

최상의 인아人我여, 존재를 만들어내는 분이여, 존재를 다스리는 분이여, 신의 신이여,[715] 세상의 주인이여, 당신은 스스로 자신을[716] 통해서 자신을[717] 압니다. 15

당신은 힘의 펼침을 통해 이 세상들에 편재하여 머무십니다. 그러한 자신의 신성한 힘의 펼침을 모두 말씀해주실 수 있습니다. 16

요가를 하시는 분이여, 제가 항상 어떻게 생각해야 당신을 알 수 있습니까?[718] 세존이시여, 제가 어떠어떠한 상태들 안에서 당신을 사유해야 합니까?[719] 17

자나르다나여,[720] 불사不死의 말씀을 들어도 저는 만족스럽지 않습니

715 라마누자에 의하면 '신의 신'(devadeva)은 신들 가운데서도 '지고의 신'(paramadaivata)이다.

716 라마누자에 의하면 여기서 자신(ātman)은 자신의 지혜(jñāna)라는 의미다.

717 샹까라에 의하면 여기서 자신은 더할 바가 없는 지혜와 자재력(aiśvarya)自在力과 능력 등등의 힘을 가진 자인 자재자(īśvara)自在者를 의미한다.

718 라마누자의 판본에는 '요가를 하는 자'(yogin)가 호격 단수가 아닌 주격 단수 형태로 되어있다. 라마누자에 따르면 "요가를 하시는 분이여, 제가 항상 어떻게 생각해야 당신을 알 수 있습니까?"에 해당되는 부분은 "요가를 하는 자인 나는 신애信愛의 요가에 충실하여 신애를 통해서 당신을 늘 생각하며, 자재력을 비롯한 복덕의 무리가 충만한 명상의 대상인 당신을 어떻게 알아야 합니까?"로 해석된다.

719 라마누자에 의하면 10장 4절과 5절에 언급된 지성과 지혜를 비롯한 상태들 외에 언급되지 않은 어떠어떠한 상태들 안에서 나는 당신[끄리스나]을 통제자의 상태로 사유해야 하느냐는 뜻이다.

720 샹까라에 의하면 자나(jana)는 사람이며, 아르다나(ardana)의 어근 아르다(arda)는 '가다, 바라다'라는 의미를 가진다. 끄리스나는 아쑤라(asura)들, 즉, 신들의 반대편이 된 사람(jana)들을 나락(naraka) 등으로 가게 하기 때문에 자나르다나(janārdana)라고 한다. 혹은 모든 사람들이 번영과 복을 끄리스나에게 바라기 때문에 자나르다나라고 한다.

다. 당신의 요가와[721] 힘의 펼침을[722] 다시 자세히 말씀해주십시오. 18

성스러운 세존께서 말씀하셨습니다.

꾸루족 가운데 가장 뛰어난 자여, 이제 그대에게 나 자신의 성스러운[723] 힘의 주요한 펼침들을 위주로 말하리라. 나의 펼침의 끝은 없다! 19

구다께샤여,[724] 나는 모든 존재의 심장에 깃들어 머무는 아我다.[725] 내가 모든 존재들의 시작이고, 중간이며, 마지막이다.[726] 20

---

721 샹까라에 의하면 요가(yoga)는 '요가의 자재력'(yogaiśvaryaśakti)이다. 라마누자에 의하면 '창조자의 상태를 비롯한 것'(sraṣṭṛtvādi)이다.

722 라마누자에 의하면 '힘의 펼침'(vibhūti)은 [끄리스나에 의해서] '통제되는 것'(niyāmyatva)[들인 모든 사물들]이다.

723 반다르까르 판본과 기타프레스의 샹까라 판본에는 '성스러운'의 원어가 '성스러운, 천상의, 놀라운, 매력적인' 등을 의미하는 디브야하(divyāḥ)이다. 그러나 기타프레스의 라마누자 판본에는 슈바하(śubhāḥ)로 나타난다. 슈바하는 '길상吉祥의, 미려한' 등을 의미하는 낱말이다. 라마누자는 '복이 가득한'(kalyāṇīḥ)으로 해석한다.

724 샹까라에 의하면 잠(guḍākā)의 지배자(īśa)이기 때문에 구다께샤(guākeśa)다. '잠을 이긴 자'(jitanidra)라는 뜻이다. 혹은 '머리숱이 짙은 자'(ghanakeśa)라는 뜻이다.

725 샹까라에 의하면 아(ātman)我는 '개별적인 아我'(pratyagātman)다. 모든 존재의 내적인 심장 안에 항상 머물러 있는 것으로 생각해야 한다. 라마누자에 의하면 모든 존재는 나[끄리스나]의 몸이 된 것들이다. 이러한 모든 존재의 심장에 나는 '아我의 상태'(ātmatā)로 머물러 있다. '모든 것의 아我'(sarvātman)로서 몸의 바탕이며, 통제자이며, 주인인 것이 아我다.

726 샹까라에 의하면 시작(ādi)은 원인(kāraṇa), 중간(madhya)은 지속(sthiti), 마지막(anta)은 소멸(pralaya)이다. 라마누자에 의하면 모든 존재의 '아我의 상태'로 머물러 있는 나[끄리스나]는 그 모든 존재의 '생겨남과 유지됨과 멸함의 원인'(utpattisthitipralayahetu)이다.

나는 아디띠의 아들들 가운데 위스누이며,[727] 빛나는 것들 가운데 햇살을 가진 태양이며, 마루뜨들 가운데 마리찌이다.[728] 밤하늘에 빛나는 것들 가운데 달이다. 21

나는 베다들 가운데 『싸마베다』다.[729] 나는 신들 가운데 와싸바다.[730] 나는 기관들 가운데 마음이다. 나는 존재들의 의식이다.[731] 22

루드라들 가운데 샹까라다.[732] 약샤와 나찰들 가운데 부의 신이다.[733] 와쑤들 가운데 빠와까다.[734] 봉우리를 가진 것들 가운데 메루

---

727 아디띠(Aditi)는 신들의 어머니이다. 따라서 신을 아디띠의 아들이라는 의미에서 아디뜨야(āditya)라고 부른다. 아디뜨야는 태양을 의미하기도 하며, 열두 달의 태양을 상징하여 아디뜨야는 모두 열두 명이다. 이름은 다음과 같다. 다뜨리(Dhātṛ), 미뜨라(Mitra), 아르야만(Aryaman), 루드라(Rudra), 와루나(Varuṇa), 쑤르야(Sūrya), 바가(Bhaga), 위와쓰와뜨(Vivasvat), 뿌샨(Pūṣan), 싸위뜨리(Savitṛ), 뜨와스뜨리(Tvaṣṭṛ), 위스누(Viṣṇu). 『바가바드기타』는 '위스누 교파'(vaiṣṇava)의 문헌이다. 따라서 『바가바드기타』에 의하면 위스누가 가장 위대하고 중요한 신이다. 라마누자에 의하면 열두 명의 아디뜨야들 가운데 열두 번째인 위스누라는 이름을 가진 아디뜨야가 가장 뛰어나다.

728 마루뜨(Marut)는 바람의 신이다. 바람의 신인 마루뜨는 모두 사십구 명의 신들이 한 무리를 이룬다. 이들 가운데 마리찌(Marīci)가 으뜸이다.

729 베다는 『리그베다』(Ṛgveda), 『싸마베다』(Sāmaveda), 『야주르베다』(Yajurveda), 『아타르바베다』(Atharvaveda), 이렇게 네 가지다. 이들 가운데 『싸마베다』가 으뜸이다.

730 와싸바(vāsava)는 신들의 왕인 인드라(indra)의 별칭이다.

731 샹까라에 의하면 마음(manas)은 열한 개의 기관(indriya) 가운데 하나이며 '사유와 망상을 본질로 하는 것'(saṁkalpavikalpātmaka)이다. 의식(cetanā)意識은 몸에 늘 나타나는 지각활동(buddhivṛtti)이다.

732 루드라(rudra)에 속하는 신의 무리는 모두 열한 명이다. 이들 가운데 샹까라(śaṁkara)가 으뜸이다. 샹까라는 쉬바(Śiva)의 다른 이름이다.

733 약샤(yakṣa)의 왕은 부의 신인 꾸베라(Kubera)이며, 나찰(rakṣas)의 왕은 라바나(Rāvaṇa)이다. 꾸베라는 라바나의 배다른 형이다. 꾸베라의 다른 이름은 와이스라바나(Vaiśravaṇa)이다.

734 와쑤(vasu)는 여덟 명으로 이루어진 신의 무리이다. 와쑤들 가운데는 빠와까(Pāvaka)가 으뜸이다. 빠와까는 불의 신인 아그니(Agni)의 별칭이다.

다.[735] 23

쁘리타의 아들이여, 제관들 가운데 으뜸인 브리하쓰빠띠를[736] 나라고 알아라. 나는 장군들 가운데 쓰깐다다.[737] 물이 고인 곳들 가운데 바다다. 24

대선인大仙人들 가운데 브리구가[738] 나다. 언어들 가운데 한 음절이다.[739] 제사들 가운데 나는 염송제사다.[740] 움직이지 않는 것들 가운데 히말라야다. 25

모든 나무 가운데 보리수[741]다. 신의 선인仙人들[742] 가운데 나라다다.

---

735 메루(meru)는 우주의 중심 산이다.

736 브리하쓰빠띠(Bṛhaspati)는 신들의 스승이며 제관이다.

737 쓰깐다(Skanda)는 쉬바의 아들이며 신들의 대장군이다. 쓰깐다의 다른 이름은 까르띠께야(Kārttikeya)이다.

738 브리구(Bhṛgu)는 첫 번째 마누(Manu)의 열 명의 아들들 가운데 하나이며, 마누에게서 『마누법전』의 가르침을 처음으로 전해 받은 인물이다. 창조의 신인 브라흐마(Brahmā), 우주를 보호하고 유지하며 육성하는 신인 위스누(Viṣṇu), 우주를 파괴하고 새로운 우주가 탄생하게 하는 신인 쉬바(Śiva) 가운데 위스누가 브라흐마나들에게 가장 공경을 받을 신이라는 사실을 브리구가 입증했다.

739 샹까라에 의하면 '한 음절'(ekamakṣaram)은 옴(ॐ, Oṁ)이다.

740 『마누법전』2장 85절에 의하면 "규정에 따른 제사보다 염송제사念誦祭祀가 열 배는 더 뛰어나다. 묵도默禱는 백 배이며, 마음으로 하는 것은 천 배라고 기억되는 것이다." 그러나 『바가바드기타』에 의하면 염송제사(japayajña)가 모든 제사 가운데 으뜸임을 알 수 있다.

741 보리수(aśvattha)菩提樹의 학명은 Ficus religiosa이다. 불경에서는 길상수吉祥樹로 한역 되고, 아설타阿說他로 음차된다. 라마누자에 의하면 보리수는 숭배된다.

742 샹까라에 의하면 '신의 선인'(devarṣi)은 신(deva)이면서 베다의 만뜨라(mantra)를 만들어 선인(ṛṣi)仙人의 경지에 도달한 자이다.

간다르바들[743] 가운데 찌뜨라라타다.[744] 성취자들[745] 가운데 까삘라[746] 무니牟尼다. 26

말들 가운데 불사의 감로와 더불어 생겨난 웃짜이히슈라와싸를,[747] 코끼리의 왕들 가운데 아이라와따를,[748] 사람들 가운데 왕을 나라고 알아라. 27

나는 무기들 가운데 와즈라[749]다. 암소들 가운데 욕망을 짜내주는 암소다.[750] 자식을 생겨나게 하는 것으로는 깐다르빠다.[751] 뱀들 가운

---

743 라마누자에 의하면 간다르바(gandharva)는 '신의 가수'(devagāyaka)이다. ; 간다르바는 남성명사로 '천상의 음악가, 반신반인의 존재로 신들의 가수, 말馬, 사향노루, 죽고 난 다음부터 다시 태어나기 전까지의 영혼, 검은색 뻐꾸기, 태양, 현인' 등을 의미한다. 간다르바는 불경에서 '악신樂神, 악인樂人, 음악音樂, 식향食香, 심향尋香, 후향齅香, 향신香神, 향음신香音神, 향행香行, 중유中有' 등으로 한역 된다. 간다르바는 '달파闥婆, 건달파乾達婆, 犍達婆, 건달박健達縛, 건답화乾沓和, 健沓和, 건답파乾畓婆' 등으로 음차 된다.

744 찌뜨라라타(citraratha)는 간다르바의 왕이다.

745 샹까라에 의하면 성취자(siddha)들은 출생과 더불어 도리(dharma)와 지혜(jñāna)와 이욕(vairāgya)離慾 과 자재력(aiśvarya)自在力을 더할 바 없이 획득한 자들이다.

746 까삘라(Kapila)는 샹캬(Sāṁkhya) 철학의 창시자이다. 위스누 신의 화신으로 여겨지기도 한다.

747 웃짜이히슈라와싸(Uccaiḥśravasa)는 불사의 감로를 위해 우유의 바다를 휘저어 생겨난 말이다. 귀가 큰 말이라는 뜻이다. 신들의 왕인 인드라(Indra)의 말이다.

748 아이라와따(Airāvata)는 신의 왕인 인드라의 코끼리이다. 아이라와따 역시 불사의 감로를 위해 우유의 바다를 휘저어 생겨난 코끼리이다.

749 와즈라(vajra)는 신들의 왕인 인드라의 무기다. 『마하바라타』에 의하면 다디찌(Dadhīci) 선인의 뼈로 만들었다. 불경에서 '금강金剛, 금강저金剛杵, 금강지전金剛之電, 벽력霹靂, 벽력금강霹靂金剛' 등으로 한역된다.

750 샹까라에 의하면 '욕망을 짜내주는 암소'(kāmadhuk)는 와씨스타(Vasiṣṭha) 선인의 암소 혹은 일반적으로 원하는 것을 이루어주는 암소이다. ; 와씨스타 선인에게는 원하는 모든 것을 이루어주는 암소가 있었다.

751 샹까라에 의하면 깐다르빠(kandarpa)는 사랑의 신인 까마(Kāma)이다.

데 와쑤끼다.[752] 28

용[龍][753]들 가운데 아난따다.[754] 물에 사는 것들 가운데 와루나다.[755] 조상들 가운데 아르야만이다.[756] 통제하는 자들[757] 가운데 나는 야마다.[758] 29

다이뜨야들[759] 가운데 쁘라흘라다[760]이다. 셈하는 것들 가운데 나는

752 샹까라에 의하면 와쑤끼(Vāsuku)는 뱀(sarpa)의 왕이다. 라마누자에 의하면 뱀의 원어인 싸르빠(sarpa)는 머리가 하나인 뱀을 의미한다.

753 라마누자에 의하면 용(nāga)[龍]의 원어인 나가(nāga)는 머리가 여러 개인 뱀이다. ; 나가는 불경에서 '용[龍], 상[像], 불래[不來]' 등으로 한역 되며, 나가[那伽]로 음차된다.

754 샹까라에 의하면 아난따(Ananta)는 용의 왕이다.

755 샹까라에 의하면 와루나(Varuṇa)는 '물의 신'(abdevatā)들의 왕이다. ; 와루나는 바다와 창공의 신이며 법의 신이기도 하다.

756 샹까라에 의하면 아르야만(aryaman)은 조상들의 왕이다.

757 라마누자에 의하면 '통제하는 자'(saṁyamat)는 '벌을 주는 자'(daṇḍayat)다.

758 야마(Yama)는 도덕의 신이며 선한 일을 한 이들이 사후에 즐기는 세상의 왕이다. 태양신 가운데 하나로 석양이 지고 난 다음에서 다음 날 아침에 해가 뜨기까지의 태양이 신격화된 것이다. 야마의 다른 이름은 와이와쓰바따(Vaivasvata)이다.

759 샹까라에 의하면 다이뜨야(daitya)는 디띠(Diti)의 자손(vaṁśya)이다. ; 디띠는 닥샤(Dakṣa)의 딸이며 까스야빠(Kaśyapa)의 아내이다. 디띠의 아들을 다이뜨야라고 부른다. 악신이다.

760 쁘라흘라다(Prahlāda)는 악신인 히란야까쉬뿌(Hiraṇyakaśipu)의 아들이다. 전생에 브라흐마나(brāhmaṇa)였던 쁘라흘라다는 위스누에 대한 전생의 신앙을 간직하여 아버지의 적인 위스누를 전지전능하고 모든 곳에 편재하는 존재로 지극히 신봉했다. 이에 화가 난 히란야까쉬뿌는 여러 방법으로 자신의 아들을 설득하고 협박하며 타일렀지만 위스누에 대한 쁘라흘라다의 신앙은 흔들림이 없었다. 그러자 히란야까쉬뿌는 격노하여 아들에게 물었다. "만일 위스누가 모든 곳에 편재하는 존재라면 어째서 이 궁전의 기둥에는 위스누가 보이지 않는단 말이냐?" 그러자 위스누가 몸은 사람이며 얼굴은 사자의 모습을 한 느리씽하(Nṛsiṁha)의 형태로 나타나 히란야까쉬뿌를 처단했다. 히란야까쉬뿌는 디띠와 까스야빠의 사이에 태어난 아들이며 악신의 왕이었다.

시간이다.[761] 짐승들 가운데 짐승의 왕[762]이다. 새들 가운데 나는 와이나떼야[763]이다. 30

정화하는 것들 가운데 바람이다.[764] 나는 무기를 가진 자들 가운데 라마[765]다. 물고기들 가운데 마까라[766]다. 강들 가운데 자흐나비[767]다. 31

아르주나여, 나는 창조들의 시작이요, 마지막이며, 중간이다.[768] 지

---

761 라마누자에 의하면 이롭지 않은 것을 얻게 하기 위해 [생명체의 나이를] 세는 것들 가운데 시간(kāla)인 죽음(mṛtyu)이라는 의미이다.

762 샹까라에 의하면 '짐승의 왕'(mṛgendra)은 사자(siṁha) 또는 호랑이(vyāghra)다.

763 샹까라에 의하면 와이나떼야(Vainateya)는 위나따(Vinatā)의 아들인 가루뜨마뜨(Garutmat)이다. ; 위나따는 까스야빠의 아내들 가운데 하나이며, 아루나(Aruṇa)와 가루다(Garuḍa)의 어머니이다. 가루뜨마뜨를 가루다(Garuḍa) 라고도 부른다. 가루다는 아루나의 형이며, 새들의 왕이다. 가루다는 불경에서 금시조[金翅鳥]로 한역 된다. 용을 먹고 산다고 한다. 아루나는 새벽의 신 가운데 하나이며 태양신의 수레를 모는 마부이다.

764 라마누자에 의하면 원문은 '가는 본질을 가진 것들 가운데 바람이다.'(gamanasvabhāvānāṁ pavanaḥ)로 해석된다.

765 샹까라에 의하면 다샤라타(Daśaratha)의 아들인 라마(Rāma)다. ; 라마는 산스크리트 대서사시인 『라마야나』(Rāmāyaṇa)의 주인공이다. 아요드야(Ayodhyā) 왕국의 첫째 왕자이며 계모에 의해서 왕국에서 쫓겨나 십사 년 동안 숲에서 유배 생활을 하고 돌아와 왕위에 올랐다. 가장 이상적인 인간의 전형이며, 위스누의 화신이다. 라마의 이름을 염송하기만 해도 모든 죄에서 벗어나 해탈에 이른다고 한다. 라마를 신봉하는 힌두들은 서로 만나면 힌디어식 발음으로 '람 람' 이렇게 말하며 인사하기도 한다. 라마의 이름을 일반적으로 '슈리 라마 자야 라마 자야 자야 라마.'(śrī rāma jaya rāma jaya jaya rama.) 이렇게 염송한다. 슈리는 형용사로는 '성스러운, 영광스러운, 아름다운' 등을 의미하며, 명사로는 '묘덕[妙德], 길상[吉祥], 공덕[功德], 위력[威力], 영광[榮光], 위스누의 아내이며 미와 부의 여신인 락스미(Lakṣmī)' 등을 의미한다. 자야는 '승리, 만세' 등을 뜻한다.

766 마까라(Makara)는 바다에 사는 동물로 상정되며 '악어, 상어' 등을 의미한다. 불경에서는 '경어[鯨魚], 수수[水獸], 악수[惡獸], 사[蛇]' 등으로 한역 된다.

767 자흐나비(Jāhnavī)는 '갠지스 강'(Gaṁgā)의 다른 이름이다.

768 라마누자에 의하면 시작(ādi)은 원인이다. 내[끄리스나]가 모든 생명체를 '창조하는 자'(sraṣṭṛ)이며, '멸하는 자'(saṁhartṛ)이고, '기르는 자'(pālayitṛ)라는 의미이다.

식 가운데 아我에 대한 지식[769]이다. 주장하는 말들[770] 가운데 나는 정론正論이다. 32

글자들 가운데 '아'자[771]이다. 합성어들 가운데 병렬합성어다.[772] 나는 불멸인 시간[773]이다. 모든 곳에 얼굴을 둔 창조자다.[774] 33

769 샹까라에 의하면 '아我에 대한 지식'(adhyātmavidyā)은 해탈을 위한 것이기 때문에 으뜸이다. ; 아我에 대한 지식의 원어는 불경에서 내명內明으로 한역 된다. 빤데야 라마에 의하면 '브라흐만에 대한 지식'(brahmavidyā)이다.

770 샹까라에 의하면 주장하는 말들은 악론(jalpa)惡論, 쟁론(vitaṇḍā)爭論, 정론(vāda)正論, 이렇게 셋이다. 이들 가운데 정론이 의미를 결정하는 원인이 되기 때문에 으뜸이다. ; 빤데야 라마에 의하면 악론은 옳고 그름을 떠나 자기편을 지지하고 상대편을 반박하는 주장이다. 쟁론은 단지 상대편을 반박하기 위한 주장이다. 정론은 진실을 밝히기 위한 올바른 주장이다.

771 산스크리트 음성학에서 단모음 아(a)는 모든 음의 모태이다. 단모음 아(a)는 위스누의 이름이며, 끄리스나, 쉬바, 창조의 신인 브라흐마(Brahmā), 신들의 왕인 인드라(Indra), 쏘마(Soma), 생기(prāṇa), 야마(Yama), 바람의 신(Vāyu), 태양의 신(Sūrya), 시간(kāla), 봄(vasanta), 행복한 사람(sukhin), 거북이(kūrma) 등을 의미하기도 한다. 불교에서 단모음 '아(a)阿는 본래가 불생不生이라 반야般若를 의미한다.'阿本不生卽般若. 불생은 생겨남이 없는 것으로 본래부터 존재함을 뜻한다.

772 병렬합성어(dvandva)는 두 개 이상의 낱말들이 '그리고'의 의미를 가지고 병렬로 연결되어 합성어를 이루는 것이다. 병렬합성어에는 호상(itaretara)互相, 집합(samāhāra)集合, 일여(ekaśeṣa)一餘 이렇게 세 가지 종류가 있다. 호상의 예를 들면 '입(patra)과 꽃(puṣpa)과 열매(phala)'의 합성어인 '잎꽃열매들'(patrapuṣpaphalāni)이다. 이 경우 '그리고'에 해당하는 낱말은 생략되고 수는 전체 사물의 개수 그리고 성은 제일 마지막에 오는 낱말에 따른다. 집합의 예를 들면 '손(pāṇi)과 발(pāda)'의 합성어인 손발(pāṇipādam)이다. 이 경우 '그리고'에 해당하는 낱말은 생략되고 수는 단수 그리고 성은 중성이 된다. 일여의 예를 들면 '어머니(mātā)와 아버지(pitā)'의 합성어인 '부모(pitarau)이다. 이 경우 어머니(mātā)와 아버지(pitā)라는 낱말들 가운데 아버지라는 한 낱말만이 남으며 수는 전체 낱말의 수에 따르고, 성은 남성과 여성인 경우에는 남성이 되며, 남성과 여성과 중성인 경우에는 중성이 된다.

773 샹까라에 의하면 '지고의 자재자'(parameśvara)는 시간(kāla)의 시간이기도 하다.

774 라마누자에 의하면 '모든 곳에 얼굴을 둔 창조자'는 '모든 것의 창조자인 네 개의 얼굴을 가진 히란야가르바'(sarvasya sraṣṭā hiraṇyagarbhaḥ caturmukhaḥ)이다.

나는 모든 것을 앗아가는 자인 죽음이다.[775] 미래들의[776] 생겨남이다.[777] 여성들 가운데 명성, 영광, 언어, 기억, 총명, 견고, 인욕이다.[778]

34

싸마들 가운데 브리하뜨싸마다.[779] 운율들 가운데 나는 가야뜨리다.[780] 달들 가운데 마르가쉬르샤[781]다. 계절들 가운데 나는 꽃이 풍부

---

775 샹까라는 죽음(mṛtyu)은 '재산 등을 앗아가는 자'(dhanādihara)와 '생명을 앗아가는 자'(prāṇahara) 이렇게 두 가지가 있다. 이러한 두 가지의 죽음이 '모든 것을 앗아가는 자'(sarvahara)이다. 혹은 지고인 자재자는 멸할 때 모든 것을 앗아가기 때문에 모든 것을 앗아가는 자라고 한다.

776 샹까라에 의하면 미래(bhaviṣyat)는 미래에 생겨날 복(kalyāṇa), 탁월함을 얻을 것을 의미한다.

777 라마누자에 의하면 생겨나는 것들에 있어서 '생겨남이라는 형태의 행위'(udbhavākhyaṁ karma)가 나[끄리스나]라는 의미다.

778 명성(kīrti), 영광(śrī), 언어(vāk), 기억(smṛti), 총명(medhā), 견고(dhṛti), 인욕(kṣamā)忍辱은 산스크리트에서 모두 여성명사다. 샹까라에 의하면 이것들이 단지 비추기만 해도 사람들은 자신을 뜻을 이룬 것으로 여긴다.

779 샹까라에 의하면 싸마(sāma)들 가운데 브리하뜨싸마(bṛhatsāma)가 으뜸이다. ; 싸마는 노래로 불러지는 베다의 찬가다. 일반적으로 『싸마베다』를 의미한다.

780 샹까라에 의하면 가야뜨리(Gāyatrī)를 비롯한 운율로 엮어진 찬가들 가운데 가야뜨리 찬가라는 의미이다. ; 가야뜨리는 베다의 대표적인 운율로 여덟 개의 음절이 한 개의 음보를 이루는 삼음보三音步 팔음절八音節의 운율이다. 『리그베다』 3장 62번 찬가의 열 번째 만뜨라(mantra)眞言를 '가야뜨리만뜨라'(Gāyatrīmantra)라고 부른다. 이 만뜨라는 다음과 같으며 아주 중요한 만뜨라다. "Oṁ, tat saviturvareṇyam, bhargo devasya dhīmahi, dhiyo yo naḥ pracodayāt." 이 만뜨라는 만뜨라를 처음 시작할 때 내는 소리인 옴(ॐ)을 제외하면, '따뜨/싸/비/뚜르/와/레/니/얌'(tat saviturvareṇyam, 태양의 그 최고의 것을) 이렇게 팔음절 일음보, '바르/고/데/바/쓰야/디/마/히'(bhargo devasya dhīmahi, 우리 빛나는 신의 빛을 명상하노니) 이렇게 팔음절 일음보, '디/요/요/나하/쁘라/쪼/다/야뜨'(dhiyo yo naḥ pracodayāt, 그 지혜를 우리에게 불러일으키소서!) 이렇게 팔음절 일음보로 되어있다. 즉 만뜨라 자체가 삼음보 이십사 음절인 '가야뜨리 운율'(gāyatrīchandas)로 되어있다. 샹까라에 의하면 가야뜨리 운율은 그 운율을 사용하는 사람의 생기(gaya)를 보호하기(trāṇa) 때문에 가야뜨리(gāyatrī)이며, 모든 운율 가운데 으뜸이 되는 것이다. 가야뜨리는 '생기의 아我'(prāṇātman)가 되는 것이며, 생기는 모든 운율의 아我이다. 생기가 가야뜨리이다. 가야뜨리에서 브라흐마나가 생겨났다.

781 마르가쉬르샤(Mārgaśīrṣa) 달은 인도의 전통 역법에 따르면 아홉 번째 달이다. 아그라하야나(Agrahāyaṇa) 달이라고도 하며 양력으로 11월22일에서 12월21일에 해당된다.

한 것[782]이다. 35

속이는 것들 가운데 노름이다. 나는 위광威光을 가진 것들의 위광이다. 승리다.[783] 결정이다.[784] 나는 진성을 가진 것들의 진성이다.[785] 36

브리스니들 가운데 와아쑤데바다.[786] 빤두의 아들들 가운데 이겨 재산을 얻은 자[787]다. 무니牟尼들[788] 가운데 또한 나는 브야싸[789]다. 시인들[790] 가운데 우샤나쓰[791] 시인이다. 37

나는 벌주는 것들에 있어서 형벌이다. 이기려는 것들에 있어서 전략이다. 숨기는 것들에 있어서 침묵이다. 나는 지혜를 가진 것들의 지혜다. 38

---

782 샹까라와 라마누자에 의하면 '꽃이 풍부한 것'(kusumākara)은 봄(vasanta)이다.

783 샹까라에 의하면 승리를 하려는 자들에게 있어서 승리(jaya)라는 의미다.

784 샹까라에 의하면 결정하는 자들에게 있어서 결정(vyavasāya)이라는 의미다.

785 라마누자에 의하면 진성(sattva)은 '위대한 마음의 상태'(mahāmanastva)이다.

786 브리스니(Vṛṣṇi)는 끄리스나의 조상의 이름이다. 와아쑤데바(Vāsudeva)는 와쑤데바(Vasudeva)의 아들이란 뜻이다. 와쑤데바는 끄리스나의 아버지의 이름이다. 따라서 와아쑤데바는 끄리스나를 의미한다. 여기서 브리스니들은 브리스니의 후손들을 의미한다.

787 '이겨 재산을 얻은 자'(dhanaṁjaya)는 아르주나의 칭호이다.

788 샹까라에 의하면 무니(muni)牟尼는 '사려가 깊고 지혜로운 자'(mananaśīla), '모든 사물에 대해 아는 자'(sarvapadārthajñānin)이다. 라마누자에 의하면 무니는 사량(manana)思量을 통해서 '사물의 실상實相을 보는 자'(arthayāthātmyadarśin)이다.

789 브야싸(Vyāsa)의 본명은 끄리스나드와이빠야나(Kṛṣṇadvaipāyaṇa)이다. 베다의 편찬자라는 의미에서 베다브야싸(Vedavyāsa)로도 불린다.

790 샹까라에 의하면 시인(kavi)은 '넘어서 보는 자'(krāntadarśin)다. 라마누자에 의하면 시인은 현자(vipaścit)賢者이다.

791 우샤나쓰(Uśanas)는 슈끄라(Śukra)의 다른 이름이다. 슈끄라는 브리구(Bṛgu)의 아들이며 아쑤라(asura)阿修羅들의 스승이다. 슈끄라는 금성을 다스리는 신이기도 하다.

아르주나여, 그 모든 존재의 씨앗인 것이 나다. 움직이는 것이든 움직이지 않는 것이든 내가 없이 있을 수 있는 그런 존재는 없다.[792] 39

적을 괴롭히는 자여, 이상은 힘의 펼침을 일부분만 내가 말한 것이다. 나의 신성한 힘의 펼침의[793] 끝은 없다. 40

신력을 가진 것, 영광을 지닌 것, 혹은 위력을 가진 것인 그 각각의 사물을 너는 나의 위광의 한 부분에서 생겨난 것이라 알아라.[794] 41

아니, 아르주나여, 이리 많이 안들 너에게 무슨 소용이 있겠느냐? 한 부분으로 나는 이 모든 세상을 떠받치며 머문다.[795] 42

---

792 샹까라에 의하면 모든 것은 끄리스나인 나를 본질로 하는 것이라는 의미다. 라마누자에 의하면 움직이는 것과 움직이지 않는 것인 모든 존재는 '아我의 상태'(ātmatā)인 나[끄리스나]의 머무름이 없이는 존재할 수가 없다. 모든 존재의 모든 상태는 '아我가 된 것'(ātmabhūta)인 나[끄리스나]와 연결된 것이다.

793 라마누자에 의하면 '신성한 힘의 펼침'(divyā vibhūti)은 '복스런 힘의 펼침'(kalyāṇī vibhūti)이다.

794 라마누자에 의하면 '신력을 가진 것'(vibhūtimat)은 통치력을 가진 존재들이다. '영광을 지닌 것'(śrīmat)은 훌륭한 재물과 곡식이 풍성한 것이다. 혹은 '위력을 가진 것'(ūrjita)은 복된 일들에 몰두하는 것이다. 위광(tejas)威光은 '타자를 제압하는 능력'(parābhibhavanasāmarthya)이다. 불가사의한 힘을 가진 나[끄리스나]의 '통제하는 힘'(niyamanaśakti)의 한 부분에서 생겨난 것이라는 의미이다.

795 라마누자가 인용하는 『위스누뿌라나』(1.9.53)에 의하면 "그것을 만 개로 나눈 부분, 그 부분을 다시 만 개로 나눈 부분에 이 우주의 힘이 머물러 있다."(yasyāyutāyutāṁśe viśvaśaktiriyaṁ sthitā).

이상은 성스러운 마하바라타의 비스마 편 서른두 번째 장이다.[796]

796 반다르까르 판본에 따른 내용이다. 그러나 짜우캄바 판본에 따른 내용은 "이상은 성스러운 바가바드기타인 우파니샤드들 가운데 브라흐만에 대한 지혜이며 요가의 경전인 성스러운 끄리스나와 아르주나의 대화에서 '힘의 펼침의 요가'(vibhūtiyoga)라고 이름하는 열 번째 장이다." 기타프레스의 샹까라 주석 산스크리트어 힌디어 대역본에 따른 내용은 "이상은 브야싸의 십만 개로 이루어진 결집서인 성스러운 마하바라타의 비스마 편에 있어서 성스러운 바가바드기타인 우파니샤드들 가운데 브라흐만에 대한 지혜이며 요가의 경전인 성스러운 끄리스나와 아르주나의 대화에서 '힘의 펼침의 요가'라고 이름하는 열 번째 장이다." 기타프레스의 라마누자 주석 산스크리트어 힌디어 대역본에 따른 내용은 "옴, 그것은 진실한 것! 성스러운 바가바드기타인 우파니샤드들 가운데 브라흐만에 대한 지혜이며 요가의 경전인 성스러운 끄리스나와 아르주나의 대화에서 '힘의 펼침의 요가'라고 이름하는 열 번째 장이다."

제11장

아르주나가 말했습니다.

제게 은총을 베풀어 아我에 대한 것이라 이름하는,[797] 지극히 비밀스러운 말씀을 당신께서 해 주셨습니다. 이로 인해 저의 이 미혹이[798] 사라졌습니다. 1

연꽃잎 눈이시여,[799] 존재들이 당신에게서 생겨남과 사라짐에 대해서, 불멸의 대위력에 대해서도 저는 자세히 들었습니다. 2

지고의 자재자여, 당신께서 자신에 대해 말씀하신 것은 정말 그러합니다! 지고의 인아人我시여 당신의 자재한 모습을[800] 보고 싶습니다. 3

---

797 샹까라에 의하면 '아我에 대한 것이라 이름하는 것'(adhyātmasaṁjñita)은 '아我와 아我가 아닌 것을 분별하는 것에 대한 것'(ātmānātmavivekaviṣaya)이다.

798 샹까라에 의하면 미혹(moha)은 '분별하지 못하는 지성'(avivekabuddhi)이다. 라마누자에 의하면 미혹은 '몸을 아我라고 자각하는 형태'(dehātmābhimānarūpa)이다.

799 샹까라에 의하면 '연꽃잎 눈'(kamalapattrākṣa)은 연꽃잎 같은 눈을 가진 자라는 의미다.

800 샹까라에 의하면 '자재自在한 모습'(rūpamaiśvaram)은 지혜(jñāna)와 자재력(aiśvarya)自在力과 능력(śakti)과 힘(bala)과 원기(vīrya)와 위광(tejas)威光을 갖춘 자재한 위스누의 모습이다. 라마누자에 의하면 '자재한 모습'은 모든 것의 통치자의 상태, 보호자의 상태, 창조자의 상태, 멸하는 자의 상태, 양육하는 자의 상태, 복덕의 출처의 상태, 가장 최고의 상태, 다른 모든 것과는 종류가 다른 상태로 자리잡은 형태이다.

주여, 만일 제가 그것을 볼 수 있다고 여기신다면, 요가의[801] 자재자여, 당신께서는 제게 불멸인[802] 자신을 보여주십시오! 4

성스러운 세존께서 말씀하셨습니다.

쁘리타의 아들이여, 나의 수백 수천의 모습들을,[803] 여러 가지 성스러운 것들을, 여러 색과 모양들을 보아라. 5

바라따의 후손이여, 아디뜨야들을,[804] 와쑤들을,[805] 루드라들을,[806] 아스위나우들을,[807] 마루뜨들을[808] 보아라. 전에는 보지 못했던 놀라운 많은 것들을 보아라. 6

구다께샤여, 움직이는 것과 움직이지 않는 것을 포함한 모든 세상이 여기 지금 내 몸 한곳에 머무른 것을 보아라. 보고 싶은 다른 것도

---

801 라마누자에 의하면 여기서 요가(yoga)는 '지혜를 비롯한 복덕의 연결'(jñānādikalyāṇaguṇayoga)이다.

802 라마누자에 의하면 불멸(avyayam)은 부사로 사용된 것이며 모두(sakalam)라는 뜻이다.

803 라마누자에 의하면 모습(rūpa)은 '모든 것의 의지처'(sarvāśraya)이다.

804 샹까라에 의하면 아디뜨야(āditya)는 열둘이다. ; 10장 21절 각주 참조.

805 샹까라에 의하면 와쑤(vasu)는 여덟이다. ; 와쑤는 여덟 명의 신의 무리이다. 아빠(āpa), 드루바(dhruva), 쏘마(soma), 다라(dhara) 혹은 다바(dhava), 아닐라(anila), 아날라(anala), 쁘라띠우샤(pratyūṣa), 브라바싸(prabhāsa) 이렇게 여덟이다. 아빠는 아하(aha)로 대체되기도 한다. 바람의 신인 아닐라를 빠와까(pāvaka)라고 부르기도 한다.

806 샹까라에 의하면 루드라(rudra)는 열한 명이다.

807 샹까라에 의하면 아스위나우(aśvinau)는 둘이다. ; 아스위나우는 태양신의 아들이며 쌍둥이이다. 인물이 수려하며 신들의 의사이다.

808 샹까라에 의하면 마루뜨(marut)는 사십구 명이다. ; 10장 21절 각주 참조.

보아라![809] 7

그러나 그대 자신의 눈으로는 나를[810] 볼 수 없으리라! 그대에게 신성한 눈을 줄 것이니, 나의 자재한 요가를[811] 보아라! 8

싼자야가 말했습니다.

왕이시여,[812] 이렇게 말하고는 위대한 요가의 자재자인[813] 하리는[814] 지극히 자재한 모습을 쁘리타의 아들에게 보여주었습니다. 9

수많은 입과 눈이 있는 것을, 수많은 희유한 현현[顯現]이 있는 것을, 수많은 신성한 장식이 있는 것을, 수많은 신성한 무기를 치켜든 것을,[815] 10

---

809 샹까라에 의하면 '다른 것'(anyat)은 승리(jaya)와 패배(parājaya) 등 아르주나가 궁금해하는 것이다.

810 샹까라에 의하면 나[끄리스나]는 '우주의 모습을 지닌 것'(viśvarūpadhara)이다.

811 샹까라에 의하면 '자재[自在]한 요가'(yogamaiśvaram)는 '탁월한 요가의 힘'(yogaśaktyatiśaya)이다. 라마누자에 의하면 '자재한 요가'는 일반적이지 않은 요가이며, 이것은 '끝없는 지혜를 비롯한 요가'(anantajñānādiyoga)와 '끝없는 힘의 펼침의 요가'(anantavibhūtiyoga)이다.

812 샹까라에 의하면 드리따라스뜨라(Dhṛtarāṣṭra)를 호칭하는 것이다.

813 라마누자에 의하면 '위대한 요가의 자재자'(mahāyogeśvara)는 '위대한 놀라운 요가들의 자재자'(mahāścaryayogānām īśvaraḥ)이다.

814 샹까라에 의하면 하리(Hari)는 나라야나(Nārāyaṇa)다. 라마누자에 의하면 '지고의 브라흐마인 나라야나'(parabrahmabhūto nārāyaṇaḥ)이다. ; 하리(hari)는 '없애다, 가져가다, 데려가다' 등의 의미를 지닌 어근 흐리(hṛ)에서 파생된 낱말로 고통을 없애주고, 고통이 없는 세상으로 데려가는 존재인 '위스누, 쉬바, 브라흐마' 등을 의미한다. 특히 위스누의 화신인 끄리스나를 지칭하는 말로 많이 사용된다. '말[馬], 원숭이, 바람, 해, 달, 야마(Yama), 신의 왕인 인드라(Indra)' 등을 의미하기도 한다.

815 샹까라에 의하면 '보여주었습니다'(darśayamāsa)를 앞 절에서 가져와 연결하여 문장을 완성해야 한다.

성스러운 화환과 옷을 걸친 것을, 성스러운 향료를 칠한 것을, 모두가 경탄스러운 것을, 신神을,[816] 끝없는 것을,[817] 모든 곳에 얼굴을 둔 것을.[818] 11

만일 하늘에[819] 천 개의 태양의 빛이 한꺼번에 떠오른다면, 그 위대한 몸의[820] 빛이 그 빛과 같을 것입니다. 12

그때 빤두의 아들은 그곳에서 신 중의 신의[821] 몸의 한곳에 자리한 여러 가지로[822] 나누어진 모든 세상을 보았습니다. 13

그러자 이겨 재산을 얻은 자는 놀라움에 잠겨 털끝이 쭈뼛한 채 머리를 깊게 숙여 합장하며 신께 말했습니다. 14

아르주나가 말했습니다.

---

816 라마누자에 의하면 신(deva)은 '빛나고 있는 것'(dyotamāna)이다.

817 라마누자에 의하면 '끝없는 것'(ananta)은 '삼시三時에 현존하는 모든 세상의 의지처의 상태'(kālatrayavartinikhilajagadāśrayatā)이기 때문에 '공간과 시간에 의해서 한정될 수 없는 것'(deśakālaparicchedānarha)이다.

818 샹까라에 의하면 '보여주었습니다' 혹은 '아르주나에게 보여주었습니다'를 붙여서 문장을 완성해야 한다. 모든 존재의 '아我인 것'(sarvabhūtātmatva)이기 때문에 '모든 곳에 얼굴을 둔 것'(viśvatomukha)이다. 라마누자에 의하면 '모든 곳에 얼굴을 둔 것'은 '모든 방향에 존재하는 얼굴'(viśvadigvartimukha)이다.

819 샹까라에 의하면 하늘(div)은 허공(antarikṣa) 혹은 세 번째 하늘이다.

820 샹까라에 의하면 '위대한 몸'(mahātman)은 '모든 모습'(viśvarūpa)이다. ; 몸의 원어인 아뜨만(ātman)은 '자신, 몸, 마음, 영혼, 자아, 브라흐만' 등을 의미한다.

821 샹까라에 의하면 '신 중의 신'(devadeva)은 하리(hari)이다.

822 샹까라에 의하면 '여러 가지'(anekadhā)는 신(deva), 조상(pitṛ), 인간(manuṣya) 등등의 차이로 여러 가지라는 의미다.

신이여, 당신의 몸에서 저는 모든 신을, 각각 차별되는 존재의 무리들을, 연화좌에[823] 앉아 다스리는 브라흐마를,[824] 모든 선인仙人을,[825] 신성한[826] 뱀들을[827] 봅니다. 15

많은 팔과 배와 입과 눈이 있는, 온통 끝없는 모습인 당신을 봅니다. 모든 것을 다스리는 분이여, 모든 모습이시여, 그러나 당신의 끝과 중간과 또한 시작을 보지 못합니다! 16

보관寶冠을 가진 분을, 곤봉을 가진 분을, 수레바퀴를 가진 분을, 위광의 무리이신 분을, 온통 빛나는 분을, 전체적으로 바라보기 힘든 분을, 빛나는 불과 태양의 빛을 가진 분을, 헤아릴 수 없는 분을, 당신을 봅니다. 17

---

823 샹까라에 의하면 연화좌(kamalāsana)蓮花座는 땅이라는 연꽃(padma) 가운데 있는 메루(Meru) 산이라는 화심(karṇikā)花心 의자이다.

824 샹까라에 의하면 브라흐마(Brahmā)는 '얼굴이 넷'(caturmukha)이다. 라마누자에 의하면 브라흐마는 '우주의 왕'(aṇḍādhipati)이다. '연화좌에 앉아 다스리는 자'(īśaṁ kamalāsanastham)는 '연화좌를 가진 브라흐마에 자리잡은, 다스리는 자'(kamalāsane brahmaṇi sthitam īśam)이다. 즉 '그[브라흐마]의 생각에 자리잡은 다스리는 자'(īśaṁ tanmate avasthitam)이다. 고얀다까에 의하면 '다스리는 자'(īśa)는 쉬바(Śiva)인 대신(mahādeva)大神이다. ; 대신의 원어는 불경에서는 대천大天으로도 한역된다.

825 샹까라에 의하면 선인(ṛṣi)仙人은 와씨스타(Vasiṣṭha)를 비롯한 선인들이다. 라마누자에 의하면 '신의 선인'(devarṣi)을 위시한 이들이다. ; '신의 선인'은 나라다(Nārada)이다.

826 신성한(divaya)은 라마누자의 판본에 의하면 빛나는(dīpta)이다. 샹까라에 의하면 '하늘에 생겨난 것들'(divi bhavān)이 신성한 것이다.

827 샹까라에 의하면 신성한 뱀들은 와쑤끼(Vāsuki) 등이다. 라마누자에 의하면 와쑤끼와 따끄샤까(Takṣaka) 등이다.

당신은 불멸이며 지고인[828] 알아야 바입니다.[829] 당신은 이 모든 것의 지고의 바탕입니다. 당신은 불변이며 영원한 법의 수호자입니다. 당신은 항구한 인아人我라고 저는 여깁니다. 18

시작과 중간과 끝이 없는 당신, 무한한 원기를 가진 당신, 무한한 팔을 가진 당신, 달과 태양이 눈인 당신,[830] 빛나는 불이 입인 당신,[831] 자신의 위광으로[832] 이 모든 것을 달구는 당신을 봅니다. 19

하늘과 땅의 이 사이와[833] 모든 방위들이 당신 한 분에 의해 충만합니다. 위대한 본질이시여,[834] 당신의 이 놀랍고 무서운 모습을 보고는 삼계三界가 어찌할 바를 모릅니다. 20

저 신의 무리들이 당신께 들어갑니다.[835] 어떤 자들은 두려워 합장

828 샹까라에 의하면 지고(parama)至高는 브라흐만(brahman)이다.

829 샹까라에 의하면 '알아야 할 바'(veditavya)는 '해탈을 바라는 자'(mumukṣu)들이 알아야 할 존재이다.

830 라마누자에 의하면 '달과 태양이 눈인 자'(śaśisūryanetra)는 모든 눈이 달처럼 인자하고 태양처럼 위엄을 갖춘 눈을 가진 자라는 의미다. 순응하고 예경을 바치는 신들에게는 인자하고, 이와는 반대되는 락샤쓰 등에게는 위엄이 있는 눈길을 가진 자이다.

831 라마누자에 의하면 '빛나는 불이 입인 자'(dīptahutāśavaktra)는 '빛나는 시간의 불처럼 멸하기에 적합한 입을 가진 자'(pradīptakālānalavat saṁhārānuguṇavaktra)이다. ; 시간(kāla)은 죽음의 신이다.

832 라마누자에 의하면 위광(tejas)威光은 '타자를 제압하는 능력'(parābhibhavanasāmarthya)이다.

833 샹까라에 의하면 '이 사이'(idamantaram)는 허공(antarikṣa)이다. 라마누자에 의하면 이 허공에 모든 세상이 존재한다.

834 샹까라에 의하면 '위대한 본질'(mahātman)은 '사소하지 않은 본질'(akṣudrasvabhāva)이다. 라마누자에 의하면 '위대한 본질'은 '한정되지 않는 마음의 활동을 가진 자'(aparicchedyamanovṛtti)이다.

835 샹까라에 의하면 '저 신의 무리들'(amī surasaṁghāḥ)은 대지의 짐을 덜어내기 위해 인간의 모습으로 화현하여 싸우고 있는 와쑤(Vasu)를 비롯한 신의 무리들이다.

하며 찬양합니다. 대선인과 성취자의 무리들이[836] "복되도다!"라고 말하고는 수많은 찬가로 당신을 찬미합니다. 21

루드라들, 아디뜨야들, 와쑤들, 싸드야들, 위스베들,[837] 아스위나우들, 마루뜨들, 우스마빠들,[838] 간다르바와[839] 약샤와[840] 아쑤라와[841] 성취자의[842] 무리들 모두가 놀라워하며 당신을 바라봅니다. 22

긴 팔을 가진 분이여, 많은 입과 눈을, 많은 팔과 넓적다리와 발을, 많은 배를, 무시무시하게 튀어나온 많은 이빨을, 당신의 거대한 모습을 보고는 세상들과[843] 저는 두려움에 떱니다. 23

위스누여,[844] 빛나는 수많은 색을, 벌린 입을, 빛나는 거대한 눈을, 하늘에[845] 닿은 당신을 보고 두려워 마음이 떨리는 저는 안정과[846] 평안을[847] 얻지 못하겠습니다. 24

---

836 라마누자에 의하면 '대선인과 성취자의 무리'(maharṣisiddhasaṁgha)는 '좋고 나쁜 것의 본질의 실상實相을 그대로 아는 자'(parāvaratattvayāthātmyavid)이다.

837 고얀다까에 의하면 위스베(Viśve)는 위스베데바(Viśvedeva)이다.

838 샹까라와 라마누자에 의하면 우스마빠(ūṣmapa)는 조상(pitara)이다.

839 샹까라에 의하면 간다르바(gandharva)는 하하(Hāhā)와 후후(Hūhū) 등이다.

840 샹까라에 의하면 약샤(yakṣa)는 꾸베라(Kubera) 등이다.

841 샹까라에 의하면 아쑤라(asura)는 위로짜나(Virocana) 등이다.

842 샹까라에 의하면 성취자(siddha)는 까삘라(Kapila) 등이다.

843 샹까라에 의하면 세상(loka)은 세상의 생명체이다.

844 라마누자에 의하면 위스누(Viṣṇu)는 편재자(vyāpin)이다.

845 라마누자에 의하면 하늘(nabhas)은 '세 가지 성질인 자연을 벗어난 지고의 하늘을 나타내는 것'(triguṇaprakṛtyatītaparamavyomavācin)이다.

846 라마누자에 의하면 안정(dhṛti)은 몸을 지탱하는 것이다.

847 라마누자에 의하면 평안(śama)은 몸과 기관의 평안이다.

당신의 무시무시하게 튀어나온 이빨들과 시간의 불같은[848] 입들을 보니 방향들을 알 수가 없고, 평온을 얻을 수가 없습니다. 신을 다스리는 분이여, 세상이 머무는 분이시여, 은총을 베푸소서! 25

드리따라스뜨라의 저 모든 아들이 대지를 지키는 자의[849] 무리와 더불어, 비스마와 드로나 그리고 저 마부의 아들이[850] 우리의 주요한 용사들과 더불어 당신께,[851] 26

이빨들이 무시무시하게 튀어나온 당신의 겁나는 입들로 서둘러 들어갑니다. 어떤 자들은 머리가 박살이 난 채 이빨들 사이에 걸려있는 것이 보입니다. 27

강들의 많은 물살들이 바다를 향해 달려가듯이, 그렇게 인간 세상의 저 영웅들이 당신의 이글거리며 불타는 입들로 들어갑니다. 28

나방들이 파멸을 위해 빛나는 불길로 돌진해 들어가듯이, 그렇게 세상들이[852] 파멸을 위해 당신의 입들로 돌진해 들어갑니다. 29

---

848 샹까라에 의하면 '시간의 불'(kālānala)은 파멸의 시간에 세상들을 태워버리는 불이다.

849 '대지를 지키는 자'(avanipāla)는 왕을 의미한다.

850 샹까라에 의하면 '마부의 아들'(sūtaputra)은 까르나(Karṇa)다. ; 까르나는 태양의 신에 의해서 잉태되어 태어난 꾼띠의 첫째 아들이다. 따라서 본래는 아르주나의 큰형이지만, 어머니에게서 버림을 받아 광주리에 담겨 강물에 띄어져 떠내려가다 마부가 발견하여 건져 길러져서 마부의 아들이 되었다.

851 샹까라에 의하면 마지막에 '들어갑니다'(viśanti)를 넣어서 해석해야 한다.

852 샹까라에 의하면 세상(loka)은 생명체(prāṇin)다.

타오르는 입들로 모든 세상을 온통 삼키며 핥고 있습니다. 위스누여, 당신의 거친 빛들이 모든 세계를 불길로 채워 달굽니다. 30

무서운 모습의 당신은 누군지 제게 말씀해주십시오. 최상의 신이시여,[853] 당신께 머리를 숙입니다. 제게 은총을 베푸소서! 저는 당신의 하시는 일을 모릅니다. 태초부터 계신 당신에 대해 알고 싶습니다! 31

성스러운 세존께서 말씀하셨습니다.

세상을 멸하는 늘어난 시간이다.[854] 세상들을 거두려 이곳에 나섰노라. 적군에 서 있는 이 모든 용사는 그대가 아니라 할지라도 없어질 것이다. 32

그러니 그대여 일어서라. 명예를 얻어라. 적들을 이겨 풍요한 왕국을 누려라. 이들은 나에 의해 예전에 이미 죽었다.[855] 왼손으로 활을 쏘는 자여,[856] 너는 단지 도구가 되어라! 33

---

853 샹까라에 의하면 '최상의 신'(devavara)은 신들 가운데 으뜸(pradhāna)이란 의미다. 라마누자에 의하면 '모든 것을 다스리는 자'(sarveśvara)다.

854 라마누자에 의하면 '세는 것이 시간이다.'(kalayati gaṇayati iti kālaḥ). 드리따라스뜨라의 아들을 비롯한 왕들의 수명의 끝을 세면서 그들을 멸하는 자로서 무서운 형태로 늘어난 시간이라는 의미이다. ; 인도신화에서 시간은 죽음의 신이다.

855 라마누자에 의하면 '예전에 이미 죽었다'(pūrvameva nihatāḥ)는 것은 '죽이기로 정해졌다'(hanane viniyuktāḥ)라는 의미다.

856 라마누자에 의하면 '왼손으로 활을 쏘는 자'(savyasācin)는 왼손으로도 화살들을 시위에 거는 자이다. 양손으로 싸울 능력을 가진 자라는 의미다. ; 인도의 고대 궁술에는 한 번에 여러 개의 화살을 하나의 활시위에 걸어 여러 개의 화살을 쏘는 법이 있다. 그래서 라마누자는 '화살들을 시위에 거는 자'라고 말한다.

너는 드로나, 비스마, 자야드라타,[857] 그리고 까르나를, 마찬가지로 다른 용맹한 용사들을, 나에 의해 죽임을 당한 자들을 죽여라. 그대여 괴로워 마라, 싸우라! 싸움에서 너는 적들을 이기리라! 34

싼자야가 말했습니다.

보관을 쓴 자는 께샤바의[858] 이런 말을 듣고는 합장하여 부들부들 떨며, 머리를 숙여 거듭 조아리며, 두려워 끄리스나에게 머뭇머뭇 말했습니다. 35

아르주나가 말했습니다.

흐리쉬께샤여, 당신을 찬양하며 세상은 기뻐하고 즐거워합니다. 마땅합니다![859] 두려움에 질린 나찰들이 사방으로 달아납니다. 모든 성취자의 무리가 머리를 숙입니다. 36

위대한 몸이여, 어찌 저들이 브라흐민[860] 이전에 시작하신 보다 귀

---

857 자야드라타(Jayadratha)는 드리따라스뜨라의 아들들 편에서 싸우던 씬두싸우비라(Sindhusauvīra)국의 왕이다.

858 께샤바(Keśava)는 훌륭한 머리카락(keśa)들을 가진 자라는 뜻으로 위스누의 별칭이다. 지고의 존재를 뜻하기도 하며, 여기서는 끄리스나를 의미한다.

859 샹까라에 의하면 '마땅합니다'(sthāne)라는 말은 적합한(yukta) 혹은 대상(viṣaya)으로 이해될 수 있다. 세존[끄리스나]은 자재자(Īśvara)이며, '모든 것의 아我'(sarvātmā)이며, '모든 존재의 벗'(sarvabhūtasuhṛd)이기 때문에 기쁨 등의 대상이다.

860 샹까라에 의하면 브라흐만(Brahman)은 히란야가르바(Hiraṇyagarbha)金胎다.

중한 분께 머리를 숙이지 않겠습니까?[861] 끝이 없는 분이여, 신을 다스리는 분이여, 세상이 머무는 분이여, 당신은 불멸이요 있음과 없음이요, 그 너머에 계신 분입니다.[862] 37

당신은 최초의 신,[863] 인아人我,[864] 옛 분입니다. 당신은 이 우주의 지고의 저장고입니다.[865] 아는 분이며,[866] 알아야 할 분이며, 지고의 처소입니다.[867] 끝없는 모습이시여, 우주가 당신에 의해 펼쳐있습니다.[868] 38

---

861 라마누자에 의하면 히란야가르바 보다도 더 이전의 시작이 되는 행위자인 귀중한 당신께 히란야가르바 등이 어찌하여 머리를 숙이지 않겠느냐는 의미다.

862 라마누자에 의하면 불멸(akṣara)은 '생명의 아我의 본질'(jīvātmatattva)이다. 있음(sat)과 없음(asat)이라는 낱말은 원인과 결과의 상태로 자리잡은 '자연의 본질'(prakṛtitattva)이다. [자연의 본질]이 이름(nāma)名과 형태(rūpa)色로 나누어진 상태에 의해서 '결과로 자리잡은 것'(kāryāvastha)이 있음이라는 낱말의 의미이며, 이름과 형태로 나누어지지 않은 상태에 의해서 '원인으로 자리잡은 것'(kāranāvastha)이 없음이라는 낱말의 의미이다. 이러한 있음과 없음 모두가 당신[끄리스나]이다. 그리고 이러한 자연(prakṛti)과 자연과 관계된 것인 '생명의 아我'(jīvātman) 너머의 다른 것은 '해탈한 아我의 본질'(muktātmatattva)이다. 이것 또한 바로 당신[끄리스나]이다.

863 샹까라에 의하면 '최초의 신'(ādideva)은 세상의 창조자이기 때문이다.

864 샹까라에 의하면 몸(pur) 이라는 성城에 잠들기(śayana), 즉 깃들기 때문에 인아(puruṣa)人我라고 한다.

865 샹까라에 의하면 저장고(nidhāna)는 이 모든 세상이 '대파멸의 시작'(mahāpralayādi)에 이곳에 놓이기 때문이다. 라마누자에 의하면 몸이 된 우주(viśva)의 '아我의 상태'(ātmatā)라서 당신[끄리스나]은 '지고의 바탕이 된 것'(paramādhārabhūta)이라는 의미다.

866 샹까라에 의하면 '아는 분'(vettā)은 알아야 할 모든 것을 아는 자라는 의미다.

867 샹까라에 의하면 '지고의 처소'(paraṁ dhāma)는 '위스누의 지고의 자리'(paramaṁ padaṁ vaiṣṇavam)이다. 라마누자에 의하면 세상에서 모든 아는 자와 알아야 할 모든 것이 바로 당신[끄리스나]이며, '모든 것의 아我의 상태'(sarvātmatā)로 자리잡은 당신[끄리스나]이 바로 도달해야 할 지고의 장소라는 의미다.

868 샹까라에 의하면 '펼쳐있습니다'(tatam)는 '충만하다, 편재하다'(vyāpta)는 의미다. 라마누자에 의하면 '정신이 있는 것'(cit)과 '정신이 없는 것'(acit)이 섞여 있는 모든 세상은 '아我의 상태'(ātmatva)인 당신[끄리스나]에 의해서 충만하다는 의미다.

당신은 와유,[869] 야마,[870] 아그니,[871] 와루나,[872] 달, 쁘라자빠띠,[873] 증조부입니다.[874] 당신께 수천 번 머리를 숙이고 숙입니다. 당신께 다시 거듭 머리를 숙이고 숙입니다. 39

모두인 분이여, 앞에서 뒤에서 그리고 사방에서 거듭 당신께 머리를 숙입니다. 당신은 끝없는 힘과 무한한 위덕을 지닌 분입니다.[875] 당신은 모두에 편재합니다. 그래서 모두이십니다.[876] 40

당신의 이러한 위대함을 모르고 친구라[877] 여기어 "끄리스나야! 야

869 와유(Vāyu)는 바람의 신 또는 바람이다.

870 야마(Yama)는 도덕의 신이다. 불교에서는 '옥주獄主, 옥제獄帝' 등으로 한역되며, '염마閻摩, 閻磨, 염라閻羅' 등으로 음차된다.

871 아그니(Agni)는 불의 신 또는 불이다.

872 샹까라에 의하면 와루나(Varuṇa)는 '물의 주인'(apāṁ patiḥ)이다. ; 와루나는 바다의 신이며 창공의 신이다. 법을 관장하는 신이다. 베다어에서 바다와 창공은 동의어다. 와루나는 불경에서 '수신水神, 수천水天, 수왕水王, 사대해신四大海神' 등으로 한역된다.

873 샹까라에 의하면 쁘라자빠띠(Prajāpati)는 까스야빠(Kaśyapa) 등이다. ; 까스야빠의 아내 가운데 유한有限이라는 뜻을 가진 디띠(Diti)라는 여인에게서 악신(daitya)들이 생겨나고, 무한無限이라는 뜻을 가진 아디띠(Aditi)라는 여인에게서 신(daitya)들이 생겨났다. 쁘라자빠띠는 불경에서 '생주生主, 세주世主, 중생주衆生主, 세간주世間主, 세계주世界主, 구류쥬九類主, 범천梵天, 범왕梵王, 범천왕梵天王, 유신천有信天' 등으로 한역된다.

874 샹까라에 의하면 증조부(prapitāmaha)는 할아버지(pitāmaha)인 브라흐마(Brahmā)의 아버지(pitā)이다. 라마누자에 의하면 모든 피조물(prajā)들의 아버지들이 쁘라자빠띠들이다. 쁘라자빠띠의 아버지이며 피조물들의 할아버지가 히란야가르바(Hiraṇyagarbha)金胎이다. 히란야가르바의 아버지이며, 피조물들의 증조할아버지가 당신[끄리스나]이다. 할아버지 등의 '아我의 상태'(ātmatā)이기에 그 각각의 낱말이 나타내는 것이 바로 당신[끄리스나]이라는 뜻이다.

875 샹까라에 의하면 힘(vīrya)은 능력(sāmarthya)이며, 위덕(vikrama)威德은 용맹(parākrama)勇猛이다.

876 샹까라에 의하면 '하나의 아我로써'(ekena ātmanā) 모든 세상에 온전히 편재하기에 모두이며, 당신 없이는 그 어떤 존재(bhūta)도 없다는 뜻이다.

877 샹까라에 의하면 친구(sakhā)는 동년배(samānavayas)同年輩이다.

다바야![878] 친구야!" 이렇게 함부로 말한 것은 부주의[879] 혹은 친숙함[880] 때문이오니, 41

퇴락하지 않는 분이시여, 당신께서는 노니는 것과[881] 잠자리와 앉는 자리와 식사 자리에서 혼자[882] 혹은 그 앞에서[883] 장난삼아 업신여김을 당하셨습니다. 저는 헤아릴 길이 없는 당신께 그것을 용서 바랍니다. 42

당신은 이 세상의 움직이는 것과 움직이지 않는 것의 아버지입니다.[884] 우러러 공경받을 분이며, 아주 귀중한 스승입니다. 비할 바 없는 위력을 가진 분이시여, 당신 같은 분은 없습니다. 당신보다 우월한 다른 이가 삼계 어디에 있겠습니까? 43

하오니, 저는 다스리시는 분이시며 찬양받으실 당신께 머리 숙여 몸을 엎드려 은총을 간구합니다. 아버지가 아들에게 하듯이, 친구가

---

878 야다바(Yādava)는 야두(Yadu)의 후손이란 의미이며, 끄리스나의 별칭이다. 야두는 야다바족의 조상인 고대 인도의 왕이다. 야야띠(Yayāti)의 장남이며, 어머니는 데바야니(Devayānī)이다.

879 샹까라에 의하면 부주의(pramāda)는 '산란한 마음'(vikṣiptacitta)이다. 라마누자에 의하면 미혹(moha)이다. ; 부주의의 원어인 쁘라마다는 불경에서 '방일放逸, 교일驕逸, 일逸' 등으로 한역된다. '산란한 마음'의 원어인 위끄쉬쁘따찌뜨따(vikṣiptacitta)는 불경에서 '난亂, 난심亂心, 난의亂意, 산심散心, 심란心亂, 심해心懈, 산란심散亂心, 심미란心迷亂, 심조요心躁擾, 심란자心亂者, 심생산란心生散亂' 등으로 한역된다.

880 샹까라에 의하면 친숙함(praṇaya)은 정(sneha)情으로 인한 친밀함(viśrambha)이다.

881 샹까라에 의하면 '노니는 것'(vihāra)은 '거니는 것'(pādavyāyāma)이다.

882 샹까라에 의하면 혼자(eka)는 간접적으로(parokṣa san)라는 의미이다.

883 샹까라에 의하면 앞에서(samakṣam)는 직접적으로(pratyakṣam)라는 의미이다.

884 샹까라에 의하면 세상의 움직이고 움직이지 않는 생명체들을 생겨나게 하는 자라는 의미이다.

친구에게 하듯이, 신이여, 사랑하는 당신께서 사랑스러운 저를 위해 참으소서! 44

전에는 보지 못한 것을 보아 기쁘나, 한편 마음이 두려워 어찌할 바를 모르겠습니다. 신이시여, 바로 그 모습을[885] 제게 보여주십시오. 신을 다스리는 분이여, 세상이 머무는 분이시여,[886] 은총을 베푸소서! 45

보관을 가진, 곤봉을 가진, 그리고 손에 바퀴를 가진 당신을 보고 싶습니다. 천 개의 팔을 가진 분이여, 우주의 형상이시여, 팔이 넷인 그 모습으로[887] 나타나소서! 46

성스러운 세존께서 말씀하셨습니다.

아르주나여, 은총을 지닌 나는 자신의 요가를[888] 통해 그대에게 지고의 이 모습을 보여주었다. 위광威光이 가득하고, 우주이며,[889] 끝이

885 샹까라에 의하면 모습(rūpa)은 친구의 모습이다.

886 라마누자에 의하면 '세상이 머무는 분'(jagannivāsa)은 '모든 세상의 바탕이 되는 분'(nikhila-jagadāśrayabhūta)이다.

887 라마누자에 의하면 '모든 것의 자재자'(sarveśvara)이며 '지고의 인아'(paramapuruṣa)이며 지고의 브라흐만이 세상을 이롭게 하기 위해서 '죽어야만 하는 존재인 인간'(martya)으로, 와쑤데바(Vasudeva)의 아들로 태어난 모습은 팔이 넷인 모습이다. 깐싸(Kaṁsa)를 죽이기 전까지는 두 팔을 거두어들인 상태였으나, 이후에 두 팔을 드러냈다.

888 샹까라에 의하면 '자신의 요가'(ātmayoga)는 자재자로서의 자신의 능력(sāmarthya)이다. 라마누자에 의하면 '자신의 진실한 생각의 상태인 요가'(ātmanaḥ satyasaṁkalpatvayoga)이다.

889 샹까라에 의하면 우주(viśva)는 일체(samasta)一切를 의미한다. 라마누자에 의하면 '모든 것의 아我가 된 것'(sarvātmabhūta)이다.

없고,[890] 최초의 것인[891] 나의 이 모습을 그대 외에 다른 자는 본 적이 없다. 47

꾸루족의 뛰어난 영웅이여, 베다와 제사와 학습을 통해서, 보시들을 통해서, 제식祭式들을[892] 통해서, 그리고 혹독한 고행들을 통해서도 인간 세상에서 그대 말고는 이런 모습의 나를 볼 수가 없다. 48

나의 이러한 무서운 모습을 보고 그대여 두려워 마라, 미혹한 마음에 들지 마라. 그대는 두려움을 버리고 기쁜 마음으로 다시 나의 이 그 모습을[893] 보라! 49

싼자야가 말했습니다.

와아쑤데바는 이렇게 아르주나에게 말한 다음 자신의 모습을 다시 보여주었습니다. 위대한 영혼은[894] 다시 다정한 몸이 되어 두려움에 질린 그를 안심시켰습니다. 50

아르주나가 말했습니다.

---

890 라마누자에 의하면 '끝이 없는 것'(ananta)은 '시작과 중간과 끝이 없는 것'(ādimadhyāntarahita)이다.

891 라마누자에 의하면 '최초의 것'(ādya)은 나[끄리스나] 이외의 모든 것의 최초가 된 것이다.

892 샹까라에 의하면 제식(kriyā)祭式은 사화법(agnihotra)事火法을 비롯한 '베다의 규정에 따른 제사'(śrauta) 등이다.

893 샹까라에 의하면 '소라 나팔'(śaṁkha)과 바퀴(cakra)와 곤봉(gadā)을 가진, 팔이 넷인 모습이다.

894 라마누자에 의하면 '위대한 영혼'(mahātman)은 '생각한 것이 진실이 되는 자'(satyasaṁkalpa)이다.

자나르다나여,[895] 당신의 이 다정한 사람의 모습을 보니, 이제 마음이 편안해지고 제정신이 듭니다. 51

성스러운 세존께서 말씀하셨습니다.

그대는 보기 아주 힘든 나의 그런 모습을 보았다. 신들도 그 모습을 보기를 항상 원한다. 52

그대가 본 그러한 나는 베다들을 통해서, 고행을 통해서, 보시를 통해서, 제사를[896] 통해서도 볼 수 있는 것이 아니다. 53

아르주나여, 다름이 없는 신애에[897] 의해서 이러한 나를 알 수 있고, 사실대로 볼 수 있다.[898] 적을 괴롭히는 자여, 내게 들어올 수[899] 있다! 54

빤두의 아들이여, 나를 위해 행위를 하는 자,[900] 나를 지고로 여기는

---

895 자나르다나(Janārdana)는 '창조물, 천한 자, 사람'(jana)을 '멸하는 자, 없애는 자'(ardana)를 의미하며, 위스누와 끄리스나의 별칭이다.

896 샹까라에 의하면 제사(ijyā)는 제사(yajña) 혹은 공경공양(pūjā)恭敬供養이다.

897 샹까라에 의하면 '다름이 없는 신애信愛'(ananyā bhakti)는 세존과 결코 분리되지 않는, '다른 것이 없는 신애'(ananyabhakti)다. 모든 지각기관들을 통해 와아쑤데바(Vāsudeva) 외에는 다른 것을 인식하지 않는 것이다.

898 샹까라에 의하면 "알 수 있고, 사실대로 볼 수 있다."라는 것은 '경전을 통해서 알 수 있고, 경전을 통해서 알 수 있을 뿐만 아니라, 사실대로 직접 볼 수 있다.'라는 의미이다.

899 샹까라에 의하면 '들어올 수'(praveṣṭum)는 '해탈에 이를 수'(mokṣaṁ ca gantuṁ) 있음이다.

900 라마누자에 의하면 '나를 위해 행위를 하는 자'(matkarmakṛt)는 베다의 학습을 비롯한 모든 행위를 나[끄리스나]의 숭배의 형태로 여기고 행하는 자이다.

자,[901] 나를 신애하는 자,[902] 애착을 버린 자,[903] 모든 존재에 대해 적의가 없는 자,[904] 그가 바로 내게로 온다.[905] 55

이상은 성스러운 마하바라타의 비스마 편 서른세 번째 장이다.[906]

---

901 샹까라에 의하면 '나를 지고로 여기는 자'(matparama)는 내(끄리스나)가 지고의 의지처(gati)인 자이다.

902 샹까라에 의하면 모든 방법과 모든 마음과 모든 열정으로 '나를 신애[信愛]하는 자'(madbhakta)이다. 라마누자에 의하면 몹시도 나[끄리스나]를 사랑하는 상태이기 때문에 나[끄리스나]의 '명성과 덕의 노래'(kīrtana), 나[끄리스나]의 찬양(stuti), 나[끄리스나]에 대한 명상(dhyāna), 나[끄리스나]에 대한 숭배(arcana), 나[끄리스나]에 대한 절(praṇāma)을 하지 않고는 자신을 유지하지 못하고 늘 이러한 것들을 하는 자이다.

903 샹까라에 의하면 '애착을 버린 자'(saṁgavarjita)는 재산과 아들과 친구와 아내와 친척들에 대한 애착(saṁga)[愛着]인 애정(prīti), 즉 정(sneha)[情]이 없는 자이다. 라마누자에 의하면 나[끄리스나] 하나만을 사랑하기 때문에 다른 것에 대한 애착을 견디지 못하는 자이다.

904 샹까라에 의하면 '모든 존재들에 대해 적의가 없는 자'(nirvairaḥ sarvabhūteṣu yaḥ)는 자신에 대해 아주 심하게 나쁜 짓을 하는 자들에 대해서도 적의가 없는 자라는 의미다. 라마누자에 의하면 본질적으로 나[끄리스나]와의 연결이 기쁨이고 나[끄리스나]와의 분리가 고통인 상태이기 때문에 자신의 고통을 자신의 죄의 상태 때문으로 돌리고, 모든 존재가 '지고의 인아에 종속된 상태'(paramapuruṣaparatantratva)라는 것을 생각하여 모든 존재에 대해서 적의를 가질 원인이 없어지기 때문에 적의가 없는 자이다.

905 라마누자에 의하면 무명(avidyā)[無明]을 비롯한 모든 잘못의 흔적조차 없이 오로지 나[끄리스나]만을 경험하는 자가 된다는 의미이다.

906 반다르까르 판본에 따른 내용이다. 그러나 짜우캄바 판본에 따른 내용은 "이상은 성스러운 바가바드기타인 우파니샤드들 가운데 브라흐만에 대한 지혜이며 요가의 경전인 성스러운 끄리스나와 아르주나의 대화에서 '우주의 모습을 봄'(viśvarūpadarśana)이라고 이름하는 열한 번째 장이다." 기타프레스의 샹까라 주석 산스크리트어 힌디어 대역본에 따른 내용은 "이상은 브야싸의 십만 개로 이루어진 결집서인 성스러운 마하바라타의 비스마 편에 있어서 성스러운 바가바드기타인 우파니샤드들 가운데 브라흐만에 대한 지혜이며 요가의 경전인 성스러운 끄리스나와 아르주나의 대화에서 '우주의 모습을 봄'이라고 이름하는 열한 번째 장이다." 기타프레스의 라마누자 주석 산스크리트어 힌디어 대역본에 따른 내용은 "옴, 그것은 진실한 것! 성스러운 바가바드기타인 우파니샤드들 가운데 브라흐만에 대한 지혜이며 요가의 경전인 성스러운 끄리스나와 아르주나의 대화에서 '우주의 모습을 봄의 요가'(viśvarūpadarśanayoga)라고 이름하는 열한 번째 장이다."

제12장

아르주나가 말했습니다.

그렇게[907] 늘 전념하며[908] 당신을 신애하여 귀의하는[909] 자들과 불멸인[910] 나타나지 않은 것에[911] 귀의하는 자들이 있습니다.[912] 이들 가운데 어떤 자들이 요가를 가장 잘 아는 자들입니까?[913] 1

성스러운 세존께서 말씀하셨습니다.

---

907 샹까라에 의하면 그렇게(evam)는 제11장 55절의 내용처럼 이라는 의미다.

908 샹까라에 의하면 '늘 전념하며'(satatayuktāḥ)는 끊임없이 세존을 위한 행위 등에 있어서 삼매에 들어 열중하는 이라는 의미다.

909 샹까라에 의하면 귀의하는(paryupāsate)은 명상하는(dhyāyanti)이라는 의미다.

910 샹까라에 의하면 불멸(akṣara)은 브라흐만(brahman)이다. 라마누자에 의하면 '개별적인 아我의 본모습'(pratyagātmasvarūpa)이다.

911 샹까라에 의하면 '나타나지 않은 것'(avyakta)은 모든 한정(upādhi)限定을 벗어난 것이기 때문에 '기관의 대상이 아닌 것'(akaraṇagocara)이다. ; 기관은 지각기관과 행위기관을 의미한다. 지각기관인 눈 등으로 그것을 볼 수도 없고, 행위기관인 발과 손 등으로 그곳에 갈 수도 그것을 잡을 수도 없는 것이기 때문이다.

912 샹까라에 의하면 모든 희구를 버려 모든 행위를 온전히 내던져 버린 자들은 기관의 대상이 아닌, 불멸인 브라흐만, 탁월한 자들이 형용하여 말하는 '수승한 것'(viśiṣṭa)을 명상한다.

913 라마누자에 의하면 어떤 자들이 '자신이 성취해야 할 대상'(svasādhya)에 빨리 도달하는 자들이냐는 의미이다.

내 안에[914] 마음을 모두고[915] 항상 전념하며[916] 내게[917] 귀의하는 자들, 지극한 믿음을 갖춘 그들이 내 생각에는 가장 전념하는 자들이다.[918] 2

불멸인 것,[919] 지시할 수 없는 것,[920] 나타나지 않은 것,[921] 모든 곳에

---

914 샹까라에 의하면 '내 안에'(mayi)의 나는 우주의 형태인 '지고의 자재자'(parameśvara)다.

915 샹까라에 의하면 모두고(āveśya)는 '모두 온전히 놓아두고'(samādhāya)라는 의미다. ; '모두 온전히 놓아두고'(samādhāya)는 '삼매에 들게 하고'로도 번역이 가능하다.

916 라마누자에 의하면 '항상 전념하며'(nityayuktāḥ)는 '항상 연결을 원하며'(nityayogaṁ kāṁkṣamāṇāḥ)라는 의미이다.

917 샹까라에 의하면 내게(mām)의 나는 모든 '요가의 자재자'(yogeśvara)들 가운데 '최고의 주'(adhīśvara)이며, '모든 것을 아는 자'(sarvajña)이며, '애염을 비롯한 번뇌의 어두운 시각을 벗어난 자'(vimuktarāgādikleśatimiradṛṣṭi)다.

918 샹까라에 의하면 끊임없이 '나에 대한 마음'(maccittatā)으로 밤낮을 보내기 때문에 '가장 전념하는 자'(yuktatama)이다. 라마누자에 의하면 '내 생각에는 가장 전념하는 자들이다'(yuktatamā me matāḥ)라는 말은 '나를 편안하게 머지않아 얻게 될 것이다'(māṁ sukhena acirāt prāpnuvanti)라는 의미다.

919 라마누자에 의하면 '불멸인 것'(akṣara)은 '개별적인 아我의 본모습'(pratyagātmasvarūpa)이다.

920 샹까라에 의하면 '지시할 수 없는 것'(anirdeśya)은 '언어의 대상이 아닌 것'(aśabdagocara)이기 때문에 언급될 수 없는 것이다. 라마누자에 의하면 몸과는 다른 상태이기 때문에 신 등등의 낱말들로 지시될 수 없는 것이다.

921 샹까라에 의하면 '나타나지 않은 것'(avyakta)은 그 어떤 '앎의 도구'(pramāṇa)에 의해서도 표명되지 않는 것이다. 라마누자에 의하면 눈을 비롯한 기관에 의해서 표명되지 않는 것이다.

가는 것,[922] 생각할 수 없는 것,[923] 허위虛僞에 머무는 것,[924] 움직이지 않는 것,[925] 변함없는 것에[926] 귀의하는[927] 자들, 3

기관 모두를 잘 제어하여 모든 것에 대해 동일한 생각을 가진 자

922 샹까라에 의하면 '모든 곳에 가는 것'(sarvatraga)은 허공(vyoma)처럼 '편재하는 것'(vyāpin)이다. 라마누자에 의하면 신 등등의 몸들에 존재하는 것이다.

923 샹까라에 의하면 '생각할 수 없는 것'(acintya)은 '나타나지 않은 것'(avyakta)이기 때문이다. 라마누자에 의하면 신 등등의 몸들에 존재하면서도 그 몸들과는 종류가 다른 것이기 때문에 그 몸 각각의 형태를 통해서 생각할 수가 없는 것이다.

924 샹까라에 의하면 허위(kūṭa)虛僞는 보기에는 장점이 있으나, 속으로는 결함이 있는 것이다. "환력을 자연이라고, 환력을 지닌 자를 대자재자라고 알아야 한다."(māyāṁ tu prakṛtiṁ vidyān-māyinaṁ tu maheśvaram. Śvetāśvatara Upaniṣad. 4.10) 등에서 널리 알려진 환력(māyā)이 허위다. 환력을 주관하기 때문에 '허위에 머무는 자'(kūṭastha)다. 혹은 '허위에 머무는 자'는 '쌓인 것처럼 머문 것'(rāśiḥ iva sthitam)이다. 그래서 '움직이지 않는 것'(acala)이고, 움직이지 않는 것이어서 '변하지 않는 것'(dhruva), 즉, '항상한 것'(nitya)이다. 라마누자에 의하면 '허위에 머무는 자'는 '모든 것에 공통된 것'(sarvasādhāraṇa), 즉, '신 등등의 각각의 공통적이지 않은 형태와는 무관한 것'(tattaddevādy-asādhāraṇākārāsambandha)을 의미한다.

925 라마누자에 의하면 '변하는 것이 아닌 상태'(apariṇāmitva)라서 '자신의 공통적이지 않은 형태'(svāsādhāraṇākāra)로부터 움직이지 않는다, 즉 퇴락하지 않는다. 그래서 '움직이지 않는 것'(acala)이다.

926 라마누자에 의하면 '변함없는 것'(dhruva)은 '항상한 것'(nitya)이다.

927 샹까라에 의하면 귀의한다(paryupāsate)는 것은 '전체적으로 다가앉는다.'(samantād upāsate)라는 의미다. '다가앉음'(upāsana)은 '경전에 따라'(yathāśāstram) '예경해야 할 것'(upāsya)을 대상으로 삼아 가까이 다가가 기름의 줄기 같은 끊어지지 않는 '동일한 인식의 흐름'(samānapratyay-apravāha)을 통해 오랜 시간 '앉아 있음'(āsana)을 의미한다.

들,[928] 모든 존재의 이익을 즐거워하는 그들은 바로 나를 얻는다.[929] 4

나타나지 않은 것에 마음이 집착하는 자들, 그들에게는 어려움이 훨씬 더하다. 나타나지 않은 것의 상태는 몸을 가진 자들에게 어렵게 얻어지기 때문이다.[930] 5

그러나 모든 행위를 나에게 온전히 내맡기고 나를 지고로 여기며[931] 다름이 없는 요가를[932] 통해 나를 명상하며[933] 귀의하는 자들이 있다. 6

---

928 샹까라에 의하면 '모든 것에 대해 동일한 생각을 가진 자들'(sarvatra samabuddhayaḥ)은 좋아하는 것과 좋아하지 않는 것을 얻음에 대해 어느 때든 동일한 생각(buddhi)을 가진 자들이다. 라마누자에 의하면 신 등등의 서로 다른 형태인 몸들에 자리잡은 아(ātman)[我]들에 대해서 '지혜의 단일한 형태성'(jñānaikākāratā)을 통해서 동일한 생각을 가진 자들이 '모든 것에 대해 동일한 생각을 가진 자'들이다.

929 라마누자에 의하면 '모든 존재를 해롭게 하는 것을 즐거워함'(sarvabhūtāhitaratitva)은 신 등등의 서로 다른 형태들을 아[我]라고 자각하는 것이 원인이 되기 때문에 '모든 존재의 이익을 즐거워하는 자'(sarvabhūtahite ratāḥ), 즉, '모든 존재를 해롭게 하는 것을 즐거워함에서 벗어난 자'(sarvabhūtāhitaratitvāt nivṛttāḥ)는 '동일한 형태'(samānākāra)이며, '윤회하지 않는 것'(asaṁsārin)이며, 아[我]인 나[끄리스나]를 얻는다.

930 샹까라에 의하면 '몸을 가진 자'(dehavat)는 '몸에 대한 자각을 가진 자'(dehābhimānavat)이다. '나타나지 않은 것의 상태'(avyaktā gatiḥ)는 '불멸이 본질인 것'(akṣarātmikā)이기 때문에 몸에 대한 자각을 가진 자들에 의해서는 힘들게 얻어지는 것이다. 그래서 어려움(kleśa)이 훨씬 더하다. 라마누자에 의하면 '나타나지 않은 것의 상태'는 '나타나지 않은 것을 대상으로 하는 마음의 활동'(avyaktaviṣayā manovṛtti)이다. 몸을 가진 자는 '몸에 대해 아[我]라는 자각이 있는 자'(dehātmābhimānayukta)이다. 그래서 몸을 가진 자는 몸을 아[我]라고 여긴다.

931 라마누자에 의하면 '나를 지고로 여기는 자'(matpara)는 '내가 유일하게 얻을 것인 자'(madekaprāpya)다.

932 샹까라에 의하면 '다름이 없는 요가'(ananya yoga)는 '우주의 모습'(viśvarūpa)이며 신(deva)인 아[我]를 벗어나서는 다른 것에 의지할 바가 없는 순일한 요가다. 요가는 삼매(samādhi)다.

933 샹까라에 의하면 명상하며(dhyāyantaḥ)는 생각하며(cintayantaḥ)라는 뜻이다.

쁘리타의 아들이여, 나는 내 안에 마음이 들어온[934] 그들을 죽음의 윤회인 바다에서[935] 얼른 구원하는 자이다! 7

마음을[936] 내 안에 온전히 내맡기라. 지성을[937] 내 안에 머물게 하라. 그런 다음에는[938] 내 안에 살게 되리라![939] 의심할 바가 없다. 8

이겨 재산을 얻은 자여, 마음을 내게 안정되게 모아둘 수 없으면, 반복된 수련의 요가를[940] 통해 나를 얻기를 바라라! 9

반복된 수련도 할 수가 없으면, 나를 위한 행위가 지고의 것이라 여기는 자가 되어라. 나를 위해 행위들을 행하면서도 성취를 얻으리

---

934 샹까라에 의하면 '내 안에 마음이 들어온 것'(mayyāveśitacetas)은 우주의 모습인 내게 마음이 들어온 것, 마음이 삼매에 든 것이다.

935 샹까라에 의하면 '죽음의 윤회인 바다'(mṛtyusaṁsārasāgara)는 죽음이 연결된 윤회의 바다다. 건너기 힘들기에 바다다.

936 샹까라에 의하면 마음(manas)은 '생각하고 망상하는 것을 본질로 하는 것'(saṁkalpavikalpātmaka)이다.

937 샹까라에 의하면 지성(buddhi)은 결정(adhyavasāya)하는 것이다.

938 샹까라에 의하면 '그런 다음에'(ataḥ ūrddhvam)는 몸을 벗어난 다음이라는 뜻이다.

939 라마누자에 의하면 나[끄리스나]에게 마음을 집중(samādhāna)하라. 내[끄리스나]가 '지고의 얻을 것'(paramaprāpya)이라고 결정하라. 이렇게 결정한 마음을 기울이자마자 내[끄리스나] 안에 거주하게 될 것이라는 의미이다.

940 샹까라에 의하면 '반복된 수련의 요가'(abhyāsayoga)에서 마음(citta)을 모든 것에서 끌어들이어 하나의 바탕(ālambana)에 거듭거듭 머물게 하는 것이 '반복된 수련'(abhyāsa)이며, 그로 인해서 나타나는 '깊은 명상'(samādhāna)의 형태가 요가(yoga)다. 라마누자에 의하면 나에 대한 '더할 바 없는 사랑이 모태가 되는 기억의 반복된 수련인 요가'(niratiśayapremagarbhasmṛtyabyāsayoga)이다. ; "그 마음은 반복된 수련과 이욕(離慾) 이 둘에 의해서 멈춘다."(abhyāsavairāgyabhyāṁ tannirodhaḥ.).[Yogasūtra. 1.12]. "그 가운데 안정을 위한 노력이 반복된 수련이다."(tatra sthitau yatno'bhyāsaḥ.).[Yogasūtra. 1.13]. 이 부분에 대한 브야싸(Vyāsa)의 주석에 의하면 "안정은 움직이지 않는 마음의 아주 고요하고 평온한 흐름이다."(cittasyāvṛttikasya praśāntavāhitā sthitiḥ).

라.[941] 10

이것마저도[942] 할 수가 없으면, 나의 요가에[943] 의지하여 마음을 제어하는 자가 되어 그대는 모든 행위의 결과를 버리라.[944] 11

반복된 수련보다 지혜가 더 낫고, 지혜보다 명상이 뛰어나다. 명상보다 행위의 결과를 버리는 것이 더 낫다. 버리는 것에 뒤이어 평온

941 샹까라에 의하면 반복된 수련이 없이도 단지 나[끄리스나]를 위해 행위들을 행하면서도 '본마음인 진성의 청정과 요가의 지혜'(sattvaśuddhiyogajñāna)를 얻어서 성취(siddhi)를 이룬다. 라마누자에 의하면 '사원을 만드는 것'(ālayanirmāṇa), 사원에 '정원을 꾸미는 것'(udyānakaraṇa), '등불을 놓는 것'(pradīpāropaṇa), 사원 등을 '청소하는 것'(mārjana), '물을 뿌리어 정화하는 것'(abhyukṣaṇa), '칠하는 것'(upalepana), '꽃을 가져다 놓는 것'(puṣpāpaharaṇa), '공양하는 것'(pūjana), '향유 등을 바르는 것'(udvartana), '계속 반복하여 이름을 찬양하는 것'(nāmakīrtana), '예경의 의미로 시계바늘이 도는 방향처럼 오른쪽으로 빙 도는 것'(pradakṣiṇa), '절하는 것'(namaskāra), '찬송하는 것'(stuti) 등이 나[끄리스나]를 위한 행위들이다. '지극한 사랑의 상태'(atyarthapriyatva)로 나[끄리스나]를 위한 이러한 행위를 하면서도 '반복된 수련의 요가'(abhyāsayoga)에 의해서 생겨나는 내[끄리스나] 안에서 안정된 '마음의 상태'(cittasthiti)를 얻어 '나[끄리스나]를 얻는 형태'(matprāptirūpa)인 성취를 얻는다.

942 샹까라에 의하면 이것은 앞에서 언급한 '나를 위한 행위가 지고의 것인 상태'(matkarmaparamatva)이다.

943 샹까라에 의하면 '나의 요가'(madyoga)는 행하는 행위들을 나에게 모두 내맡기고 '행하는 것'(karaṇa)인 실행(anuṣṭhāna)이다.

944 라마누자에 의하면 나[끄리스나]의 덕을 추구하여 만들어진 것인, 나[끄리스나] 하나만을 사랑하는 형태인 '신애信愛의 요가'(bhaktiyoga)에 의지하여 '신애의 요가의 부분에 해당이 되는 형태'(bhaktiyogāṁgarūpa)인 이 '나를 위한 행위'(matkarma) 마저 할 수가 없다면, '지고의 신애를 생겨나게 하는 것'(parabhaktijanana)이며, '아我의 본질을 추구하는 형태'(ātmasvabhāvānusandhānarūpa)인 '불멸의 요가'(akṣarayoga)에 의지하여 그것을 방편으로 하여 '모든 행위의 결과를 버리는 것'(sarvakarmaphalatyāga)을 행하여야 한다. 결과에 대한 바람이 없이 나[끄리스나]에 대한 숭배의 형태로 실행한 행위를 통해서 얻은 '아我에 대한 지혜'(ātmajñāna)에 의해서 무명(avidyā)無明을 비롯한 모든 덮개가 물러나면 '오로지 나[끄리스나] 하나만이 남은 본모습의 상태'(macchesataikasvarūpa)인 '개별적인 아我'(pratyagātman)를 직접 보게 된다. 그러면 나[끄리스나]에 대한 '지극한 신애'(parā bhakti)가 저절로 생겨난다.

이 있다.[945] 12

모든 존재들에 대해 미움이 없는 자,[946] 우의를 가진 자,[947] 자비로운 자,[948] 나의 것이란 생각이 없는 자,[949] 나라는 생각이 없는 자,[950] 고통

---

945 샹까라에 의하면 '무분별에 바탕을 둔'(avivekapūrvaka) '반복된 수련'(abhyāsa)보다는 지혜(jñāna)가 더 낫다. 지혜보다는 지혜에 바탕을 둔 명상(dhyāna)이 더 낫다. 그리고 지혜를 갖춘 명상보다는 '행위의 결과를 버리는 것'(karmaphalatyāga)이 더 낫다. 베다와 법전에 언급된 모든 행위의 결과들은 욕망이다. 그것을 버림으로써 지혜에 충실한 현자에게 바로 뒤이어 평온(śānti)이 있게 된다. 라마누자에 의하면 지극한 사랑이 없는 무미한 형태의 '염念의 반복된 수련'(smṛtyabhyāsa) 보다는 '불멸을 있는 그대로 추구하여 생겨나는 것'(akṣarayāthātmyānusandhānapūrvaka)인 '그[불멸]에 대한 간접적이지 않은 지혜'(tadāparokṣyajñāna)가 '아我의 이익을 위한 것'(ātmahitatva)으로는 더 낫다. 완성되지 않은 형태인 '아我에 대한 간적접이지 않은 지혜'(ātmāparokṣyajñāna) 보다는 그것의 방편이 되는 '아我에 대한 명상'(ātmadhyāna)이 '아我의 이익을 위한 것'으로는 더 낫다. 완성되지 않은 형태인 그[아我]에 대한 명상보다는 그것의 방편인 '결과를 버림'(phalatyāga)으로써 실행된 행위가 더 낫다. 결과에 대한 바람이 없이 실행된 행위에 뒤이어 '죄가 제거된 상태'(nirastapāpatā)로 인해서 마음의 평온(śānti)이 있게 된다. 평온한 마음에 '아我에 대한 명상'이 생겨난다. 명상으로부터 지혜가, 그리고 지혜로부터 '그[아我]에 대한 간접적이지 않은 것'(tadāprokṣya)이, '그[아我]에 대한 간접적이지 않은 것'에서 '지극한 신애'(parā bhakti)가 생겨난다. 이처럼 '신애의 요가'(bhaktiyoga)를 수습할 능력이 없는 자에게는 '아我에 대해 충실함'(ātmaniṣṭā)이 더 좋다. 그리고 '아我에 충실한 자'(ātmaniṣṭha)라고 해도 '마음이 평온하지 않은 자'(aśāntamanas)에게 있어서는 '아我에 대한 지혜가 내재된 것인, 결과를 바라지 않으며 행위에 충실함'(antargatātmajñānānabhisaṁhitaphalakarmaniṣṭhā)이 더욱 좋은 것이다.

946 샹까라에 의하면 '모든 존재들에 대해 미움이 없는 자'(adveṣṭā sarvabhūtānām)는 고통을 주는 그 어떤 것에 대해서도 미워하지 않으며 모든 존재들을 '자신인 것'(ātmatva)으로 보는 자이다. 라마누자에 의하면 증오하고 해롭게 하는 모든 존재들에 대해 미움이 없는 자이다. 즉, 자재자에 의해 명을 받아 자신의 죄에 따라서 이 존재들이 자신을 증오하고 해친다고 생각하는 자이다.

947 라마누자에 의하면 '우의를 가진 자'(maitra)는 자신을 증오하고 해치는 모든 존재에 대해 호의(maitrī mati)를 가지는 자이다.

948 라마누자에 의하면 '자비로운 자'(karuṇa)는 자신을 증오하고 해치는 자들이 고통을 받으면 자비(karuṇā)를 베푸는 자이다.

949 라마누자에 의하면 '나의 것이란 생각이 없는 자'(nirmama)는 몸과 기관들 그리고 이와 관련된 것들에 대해 나의 것이란 생각이 없는 자이다.

950 라마누자에 의하면 '나라는 생각이 없는 자'(nirahaṁkāra)는 '몸에 대해 아我라는 자각이 없는 자'(dehātmābhimānarahita)이다.

과 기쁨에 대해 동일한 자,[951] 인욕을 하는 자,[952] 13

늘 만족하는 자,[953] 요가수행자,[954] 마음을 다스린 자,[955] 결정이 확고한 자,[956] 나에게 마음과 지성을 바친 자,[957] 나를 신애하는 자,[958] 그런 자는 내가 사랑하는 자다. 14

그로 인해 세상이 동요하지 않으며 세상으로 인해 동요하지 않는

---

951 샹까라에 의하면 '고통과 기쁨에 대해 동일한 자'(samaduḥkhasukha)는 고통과 기쁨에 대해 싫어함(dveṣa)과 좋아함(rāga)이 생겨나지 않게 하는 자이다.

952 샹까라에 의하면 '인욕忍辱을 하는 자'(kṣamin)는 욕을 먹거나 맞아도 '변화가 없는 자'(avikriya)다. 라마누자에 의하면 접촉에 의해서 생겨나는 피할 수 없는 둘[고통과 기쁨]에 대해 변화가 없는 자이다.

953 샹까라에 의하면 '늘 만족하는 자'(saṁtuṣṭaḥ satatam)는 몸을 유지하는 원인이 되는 것을 얻거나 얻지 못하거나 간에 항상 충분하다는 생각을 하는 자이다. 그리고 좋은 것을 얻든지 잃든지 간에 늘 만족하는 자이다.

954 샹까라에 의하면 요가수행자(yogin)는 '마음이 삼매에 든 자'(samāhitacitta)이다. 라마누자에 의하면 바로 앞의 '늘 만족하는 자'에서 '늘'은 요가수행자에 연결되는 낱말이다. '늘 자연과는 별개의 것인 아我를 추구하는데 몰두한 자'(satataṁ prakṛtiviyuktātmānusandhānaparaḥ)를 의미한다.

955 샹까라에 의하면 '마음을 다스린 자'(yatātman)는 '본성을 잘 제어한 자'(saṁyatasvabhāva)다. 라마누자에 의하면 '마음의 움직임을 확실히 제어한 자'(niyamitamanovṛtti)이다.

956 샹까라에 의하면 '결정이 확고한 자'(dṛḍhaniścaya)는 '아我의 본질'(ātmatattva)에 대한 결정이 확고한 자다. 라마누자에 의하면 아我와 관련된 경전에 언급된 의미들에 대한 결정이 확고한 자이다.

957 샹까라에 의하면 마음(manas)은 '생각을 본질로 하는 것'(saṁkalpātmaka)이고, 지성(buddhi)은 '결정을 특징으로 하는 것'(adhyavasāyalakṣaṇā)이다. 이 둘을 나[끄리스나]에게 바친, '모든 것을 온전히 내버린 자'(saṁyāsin)가 '나에게 마음과 지성을 바친 자'(mayyarpitamanobuddhi)이다. 라마누자에 의하면 결과를 바라지 않으며 실행한 행위를 통해서 숭배된 세존이신 와아쑤데바(Vāsudeva)는 자신에게 '간접적이지 않은 아我'(ātmāparokṣya)를 이루어준다고 여기어 '나에게 마음과 지성을 바친 자'이다.

958 라마누자에 의하면 '나를 신애信愛하는 자'(madbhakta)는 이처럼 '행위의 요가'(karmayoga)를 통해서 나[끄리스나]를 사랑하는 자이다.

자,[959] 기쁨과[960] 분노와[961] 두려움과 동요를 벗어난 자, 그런 자는 내가 사랑하는 자다. 15

바라는 것이 없는 자,[962] 청정한 자,[963] 능력이 있는 자,[964] 무심한 자,[965] 괴로움이 사라진 자,[966] 시작한 모든 것을 포기하는 자,[967] 나를 신애하는 자, 그런 자는 내가 사랑하는 자다. 16

기뻐하지 않고,[968] 싫어하지 않고,[969] 슬퍼하지 않고,[970] 바라지 않

---

959 샹까라에 의하면 '모든 것을 온전히 내버린 자'로서 그로 인하여 세상이 동요하지 않고, 즉, 고통스러워하지 않고, 또한 세상으로 인해서도 동요하지 않는 그런 자이다.

960 샹까라에 의하면 기쁨(harṣa)은 좋은 것을 얻게 되었을 때 생기는 내적기관의 격앙(utkarṣa)이다. 털이 삐쭉 서고 눈물이 흐르는 것을 특징으로 한다.

961 샹까라에 의하면 분노(amarṣa)는 '감내하지 못하는 것'(asahiṣṇutā)이다.

962 라마누자에 의하면 '바라는 것이 없는 자'(anapekṣa)는 아我 이외의 모든 사물에 대해서 바라는 것이 없는 자이다.

963 샹까라에 의하면 '청정한 자'(śuci)는 내면과 외면의 청정(śauca)을 갖춘 자다. 라마누자에 의하면 경전에 규정된 물건으로 몸을 양육하는 자이다.

964 라마누자에 의하면 '능력이 있는 자'(dakṣa)는 경전에 규정된 활동을 수행하는 능력이 있는 자이다.

965 샹까라에 의하면 '무심한 자'(udāsīna)는 친구를 비롯한 그 누구의 편도 들지 않는 수행자(yati)다.

966 라마누자에 의하면 '괴로움이 사라진 자'(gatavyatha)는 경전에 규정된 활동을 수행하면서 피할 수 없는 추위, 더위, 그리고 거친 것과의 접촉 등등의 고통을 대해도 '괴로움이 없는 자'(vyathārahita)다.

967 샹까라에 의하면 '이승과 저승에서 결과를 누리기 위한 행위들'(ihāmutraphalabhogārthāni karmāṇi), 즉, '욕망이 원인이 된 행위들'(kāmahetūni karmāṇi)이 '시작한 모든 것'(sarvārambha)들이다. 이러한 행위들을 포기하는 자가 '시작한 모든 것을 포기하는 자'(sarvārambhaparityāgin)다.

968 샹까라에 의하면 '좋아하는 것'(iṣṭa)을 얻어도 기뻐하지 않는 것이다.

969 샹까라에 의하면 '좋아하지 않는 것'(aniṣṭa)을 얻어도 싫어하지 않는 것이다.

970 샹까라에 의하면 '사랑하는 자와의 이별'(priyaviyoga)에도 슬퍼하지 않는 것이다. 라마누자에 의하면 슬픔의 원인인, 아내와 아들과 재산을 잃어도 슬퍼하지 않는 것이다.

고,[971] 길한 것과 길하지 않은 것을 모두 버리고,[972] 신애가 있는 자, 그런 자는 내가 사랑하는 자다. 17

적과 친구에 대해 그리고 존경과 모욕에 대해 동일한 자, 추위와 더위와 기쁨과 고통에 대해 동일한 자, 애착을 버린 자, 18

비난과 칭찬을 마찬가지로 여기는 자, 침묵하는 자,[973] 그 무엇에든 만족하는 자,[974] 집이 없는 자,[975] 뜻이 견고한 자,[976] 신애가 있는 자, 이러한 자는 내가 사랑하는 사람이다.[977] 19

믿음을 가지고 나를 지고로 여기며,[978] 법도에 맞는 불사인[979] 이것

---

971 샹까라에 의하면 '얻지 못한 것'(aprāpta)을 바라지 않는 것이다.

972 샹까라에 의하면 '길한 행위와 길하지 않은 행위를'(śubhāśubhe karmaṇī) 모두 버리는 것이다. 라마누자에 의하면 죄(pāpa)와 마찬가지로 선(puṇya)도 '속박의 원인인 것'(bandhahetutva)이기 때문에 둘 모두를 버리는 것이다.

973 샹까라에 의하면 '침묵하는 자'(maunin)는 '입을 잘 제어한 자'(saṁyatavāk)다.

974 샹까라에 의하면 '그 무엇에든 만족하는 자'(saṁtuṣṭo yena kenacit)는 그 무엇이든 '단지 몸을 유지하는 것'(śarīrasthitimātra)에 만족하는 자다.

975 샹까라에 의하면 '집이 없는 자'(aniketa)는 의지할 곳인 일정한 집이 없는 자다.

976 샹까라에 의하면 '뜻이 견고한 자'(sthiramati)는 '지고의 의미를 지닌 사물'(paramārthavastu)에 대한 견고한 뜻을 가진 자다.

977 라마누자에 의하면 아我에 대한 '뜻이 견고한 상태'(sthiramatitva)를 통해서 집 등에 대해 집착이 없는 자가 '집이 없는 자'이다. 그래서 존경(māna)과 모욕(apamāna) 등에 대해서도 마찬가지가 된다. 이처럼 된 '신애信愛가 있는 자'(bhaktimat), 그는 내[끄리스나]가 사랑하는 자이다.

978 샹까라에 의하면 '불멸의 아我'(akṣarātmā)이며 지고(parama)인 내[끄리스나]가 더할 바가 없는 의지처(gati)인 자들이 '나를 지고로 여기는 자'(matparama)들이다.

979 샹까라에 의하면 '불사의 원인인 것'(amṛtahetutva)이기 때문에 불사(amṛta)이다.

을 말한 대로[980] 실행하는 신애자들,[981] 그들은 내가[982] 아주 사랑하는 자들이다. 20

이상은 성스러운 마하바라타의 비스마 편 서른네 번째 장이다.[983]

---

980 샹까라에 의하면 '말한 대로'(yatoktam)는 "모든 존재들에 대해 미움이 없는 자"(12장 13절) 등등의 앞에서 언급한 방법대로 라는 의미이다. 라마누자에 의하면 "내 안에 마음을 모두고 항상 전념하며 내게 귀의하는 자들, 지극한 믿음을 갖춘 그들이 내 생각에는 가장 전념하는 자들이다."(12장 2절) 등등의 앞에서 언급한 방법대로 라는 의미이다.

981 샹까라에 의하면 신애자(bhakta)[信愛者]들은 '지고의 의미에 대한 지혜의 형태'(paramārtha-jñānalakṣaṇā)인 최상의 신애(bhakti)[信愛]에 의지하는 자들이다.

982 샹까라에 의하면 나[끄리스나]는 세존이며 위스누(Viṣṇu)인 '지고의 자재자'(parameśvara)이다.

983 반다르까르 판본에 따른 내용이다. 그러나 짜우캄바 판본에 따른 내용은 "이상은 성스러운 바가바드기타인 우파니샤드들 가운데 브라흐만에 대한 지혜이며 요가의 경전인 성스러운 끄리스나와 아르주나의 대화에서 '신애의 요가'(bhaktiyoga)라고 이름하는 열두 번째 장이다." 기타프레스의 샹까라 주석 산스크리트어 힌디어 대역본에 따른 내용은 "이상은 브야싸의 십만 개로 이루어진 결집서인 성스러운 마하바라타의 비스마 편에 있어서 성스러운 바가바드기타인 우파니샤드들 가운데 브라흐만에 대한 지혜이며 요가의 경전인 성스러운 끄리스나와 아르주나의 대화에서 '신애의 요가'라고 이름하는 열두 번째 장이다." 기타프레스의 라마누자 주석 산스크리트어 힌디어 대역본에 따른 내용은 "옴, 그것은 진실한 것! 성스러운 바가바드기타인 우파니샤드들 가운데 브라흐만에 대한 지혜이며 요가의 경전인 성스러운 끄리스나와 아르주나의 대화에서 '신애의 요가'라고 이름하는 열두 번째 장이다."

제13장

성스러운 세존께서 말씀하셨습니다.

꾼띠의 아들이여, 이 몸을 '농지'라고[984] 말한다.[985] 이것을 아는 자를[986] '농지를 아는 자'라고 그에 대해 아는 자들은[987] 말한다. 1

바라따의 후손이여, 그리고 나를[988] 모든 '농지'들에 있어서 또한 '농지를 아는 자'라고[989] 알아라.[990] '농지'와 '농지를 아는 자'에 대한

---

984 샹까라에 의하면 농지(kṣetra)農地는 '상처로부터 보호하기 때문에'(kṣatatrāṇāt), '소멸하는 것이기 때문에'(kṣaraṇāt), 농지처럼 행위의 결과가 생기는 것이기 때문이다. 라마누자에 의하면 농지는 향유자(bhoktṛ)인 아我와 다른 것으로 아我의 '향유의 농지'(bhogakṣetra)이다.

985 라마누자에 의하면 '몸의 실상實相을 아는 자'(śarīrayāthātmyavid)들이 말한다는 의미다.

986 샹까라에 의하면 '몸의 실상實相을 아는 자'(etadyo vetti)는 몸이 농지인 것을 아는 자, 즉, 발에서부터 머리까지 지각을 통해 대상화하거나, 자연스럽게 혹은 가르침을 통해 경험하여 대상화하는 자이며, 구분하여 아는 자이다.

987 샹까라에 의하면 '그에 대해 아는 자'(tadvid)는 농지(kṣetra)와 '농지를 아는 자'(kṣetrajña)에 대해 아는 자이다. 라마누자에 의하면 '아我에 대해 사실 그대로 아는 자'(ātmayāthātmyavid)이다.

988 샹까라에 의하면 나를(mām)에서의 나는 '지고의 자재자'(parameśvara)이며, '윤회하지 않는 자'(asaṁsārin)이다.

989 샹까라에 의하면 '농지를 아는 자'(kṣetrajña)는 '브라흐마(Brahmā)에서 시작하여 풀 더미에 이르기까지의 수많은 영역의 제한과는 별개의 것'(brahmādistambaparyantānekakṣetropādhipravibhakta), '제한의 모든 차이를 물리친 것'(nirastasarvopādhibheda), '있음과 없음이라는 등의 단어를 통한 인식에 의해서 파악되지 않는 것'(sadasadādiśabdapratyayāgocara)이다.

990 라마누자에 의하면 신과 인간 등등의 모든 농지(kṣetra)에 있어서 '유일하게 아는 자의 상태의 모습을 가진 것'(veditṛtvaikākāra)인 '농지를 아는 자'(kṣetrajña) 또한 나[끄리스나]라고 알아야 한다. 즉, '내가 아我인 것'(madātmaka)이라고 알아야 한다. '또한'(api) 이라는 낱말을 사용해서 '농지' 또한 나[끄리스나]라고 알아야 한다는 뜻이다.

지혜가 바로 지혜라고 나는 여긴다.[991] 2

농지인 그것,[992] 그러한 것,[993] 변형인 것,[994] 그것으로 말미암은 것,[995] 그리고 그것과[996] 그것의 위력,[997] 그것을 나한테 간략하게 들어라.[998] 3

선인仙人들에 의해 여러 가지로, 각각 다양한 운율들로,[999] 조리 정연하게 논증한 브라흐마쑤뜨라의[1000] 구절들에 의해서 읊어진 것이

---

991 샹까라에 의하면 '농지'와 '농지를 아는 자'인 자재자(īśvara)의 실상(yāthātmya) 외의 다른 것은 '지혜의 대상'(jñānagocara)이 아니라서 '농지'와 '농지를 아는 자'를 대상으로 하는 지혜가 '올바른 지혜'(samyag jñāna)라는 것이 위스누이며 자재자인 나[끄리스나]의 생각이다. 라마누자에 의하면 '농지'와 '농지를 아는 자'에 대한 분별을 대상으로 하는 지혜, 내[끄리스나]가 아我인 것임을 대상으로 하는 지혜, 바로 이러한 지혜가 받아들일 만한 지혜라는 것이 나[끄리스나]의 생각이다.

992 샹까라에 의하면 그것(tat)은 이 몸(śarīra)이다. 라마누자에 의하면 '사물인 것'(yaddravyam)이다.

993 샹까라에 의하면 '그러한 것'(yat yādṛk)은 자신의 특질(dharma)들에 의해서 그러한 이 농지(kṣetra)를 의미한다.

994 샹까라에 의하면 '변형인 것'(yadvikāri)은 그것의 변형인 것이다. ; 즉, 농지의 변형을 의미한다.

995 샹까라에 의하면 '그것으로 말미암은 것'(yataśca yat)은 그것으로 인해서 생겨나는 결과(kārya)인 것이다.

996 샹까라에 의하면 그것(saḥ)은 '농지를 아는 자'(kṣetrajña)이다.

997 샹까라에 의하면 위력(prabhāva)은 '한정되어 만들어진'(upādhikṛta) 힘(śakti)이다.

998 샹까라에 의하면 간략하게 나의 말을 통해 듣고 알아서 '농지'와 '농지를 아는 자'의 실상實相(yāthātmya)을 확정하라는 의미이다.

999 샹까라에 의하면 운율(chandas)은 『리그베다』 등이다.

1000 샹까라에 의하면 브라흐마쑤뜨라(brahmasūtra)는 브라흐만을 표명하는 문장들이다.

다.[1001] 4

대원소들,[1002] 자의식自意識,[1003] 지성,[1004] 나타나지 않은 것,[1005] 열 개의

1001 라마누자에 의하면 '농지'와 '농지를 아는 자'의 본질이 빠라샤라(Parāśara)를 비롯한 선인(ṛṣi)仙人들에 의해서 여러 가지로 언급되었다. 다양한 운율들에 의해서, 즉, 『리그베다』와 『야주르베다』와 『싸마베다』와 『아타르바베다』에 의해서 몸과 아我의 본모습(svarūpa)이 각각 언급되었다. 브라흐만을 표명하는 쑤뜨라(sūtra) 라는 구절들, 즉, 추론과 판단과 결론을 갖춘『샤리라까 쑤뜨라』(Śārīrakasūtra)를 통해서도 언급되었다. 이처럼 여러 가지로 언급된 '농지'와 '농지를 아는 자'의 본질을 내[끄리스나]가 간략하고도 분명하게 말하는 것을 들으라는 의미이다. ; 『샤리라까 쑤뜨라』(Śārīrakasūtra), 『브라흐마 쑤뜨라』(Brahmasūtra), 『베단따 쑤뜨라』(Vedāntasūtra)는 모두 동일한 책의 이름이다. 저자는 바다라야나(Bādarāyaṇa) 또는 브야싸(Vyāsa)이다. 인도의 전통에 따르면 바다라야나와 브야싸는 동일 인물이다. 브야싸는 네 베다의 편집자이며 바로 『마하바라타』의 저자, 즉, 『바가바드기타』의 실제 저자이다. 샤리라까(śārīraka)는 형용사로 '몸(śarīra)과 관련된 것'을 의미하며, 중성명사로는 '몸에 깃든 아我, 아我의 본질에 대한 탐구' 등을 의미한다. 쑤뜨라(sūtra)의 원래 의미는 '끈, 실'이다. 꽃을 끈으로 꿰어 꽃목걸이를 만들고, "구슬이 서 말이어도 꿰어야 보배"라는 말처럼 구슬을 실로 꿰어 목걸이를 만들듯이 철학적인 내용을 담은 간략한 문장들을 체계적으로 엮어서 만든 책을 쑤뜨라라고 한다. 쑤뜨라는 불경에서 '승繩, 사絲, 삭索, 경經, 교敎, 경전經典, 집략集略' 등으로 한역되며, '수다라脩多羅, 修多羅, 소달람素怛纜' 등으로 음차된다. 참고로 팔만대장경이 있는 해인사의 장경각에 수다라장脩多羅藏이라는 현판이 걸려있다.

1002 샹까라에 의하면 대원소(mahābhūta)는 모든 변형된 것들에 편재하기 때문에 미세한 것들이다. ; 즉, 오유(pañcatanmātra)五唯를 의미한다. ; 라마누자에 의하면 오대원소인 지(pṛthvī)地, 수(āpa)水, 화(tejas)火, 풍(vāyu)風, 공(ākāśa)空을 의미한다.

1003 샹까라에 의하면 자의식(ahaṁkāra)自意識은 대원소의 원인이며, '나는 ~이라는 인식형태'(ahampratyayalakṣaṇa)이다. ; 여기서 대원소는 오유를 의미한다. '나는 이라는 인식형태'는 '나는 이라는 생각'이다.

1004 샹까라에 의하면 지성(buddhi)은 자의식의 원인이며, '결정의 형태'(adhyavasāyalakṣaṇā)이다. 라마누자에 의하면 대(mahat)大 이다. ; 지성(buddhi), 대(mahat)大, 진성(sattva)眞性 은 동의어이다.

1005 샹까라에 의하면 '나타나지 않은 것'(avyakta)은 지성의 원인이며, 발현되지 않은 '자재자의 힘'(Īśvaraśakti)인 환력(māyā)幻力이다. 바로(eva)는 자연(prakṛti)을 강조하기 위한 낱말이다. 그리고(ca)는 구별되는 것을 모으기 위한 낱말이다.

기관들,[1006] 하나,[1007] 그리고 다섯 기관의 대상들,[1008] 5

바람,[1009] 싫어함,[1010] 기쁨,[1011] 고통,[1012] 취집聚集,[1013] 의식,[1014] 지탱,[1015]

1006 샹까라에 의하면 '열 개의 기관들'(indriyāṇi daśa)은 귀를 비롯한 다섯 개의 지각기관(buddhīndriya), 그리고 입과 손을 비롯한 다섯 개의 행위기관(karmendriya)이다.

1007 샹까라에 의하면 하나(eka)는 '생각 등을 본질로 하는 것'(saṁkalpādyātmaka)으로 열한 번째 기관인 마음(manas)이다.

1008 샹까라에 의하면 쌍캬(Sāṁkhya)철학의 스물네 개의 실재(tattva)들이 언급된 것이다. ; 쌍캬철학의 스물네 개의 실재는, 자연(1), 지성(1), 자의식(1), 오유(5), 다섯 개의 지각기관(5), 다섯 개의 행위기관(5), 마음(1), 오대원소(5), 이렇게 1+1+1+5+5+5+1+5=24이다. 샹까라는 '다섯 기관의 대상들'(pañca cendriyagocarāḥ)은 소리를 비롯한 대상(viṣaya)들, 즉, 소리(śabda)聲, 촉감(sparśa)觸, 형태(rūpa)色, 맛(rasa)味, 냄새(gandha)香들로 해석한다. 오유인 소리에서 허공空이 생겨나고, 촉감에서 바람風이 생겨나고, 형태에서 불火이 생겨나고, 맛에서 물水이 생겨나고, 냄새에서 흙地이 생겨난다. 따라서 소리는 허공과 관련이 있고, 촉감은 바람과 관련이 있고, 형태는 불과 관련이 있고, 맛은 물과 관련이 있고, 냄새는 흙과 관련이 있다. 따라서 샹까라는 이 관련성을 가지고 오대원소를 '다섯 기관의 대상들'이라고 해석하는 것으로 보아야 한다. 즉, '다섯 기관의 대상들'은 오대원소인 지, 수, 화, 풍, 공을 의미하는 것으로 보아야 쌍캬철학의 스물네 개의 실재가 여기서 언급되게 된다.

1009 샹까라에 의하면 바람(icchā)은 기쁨의 원인이 되는 사물을 전에 얻은 자가 다시 그러한 사물을 기쁨의 원인이라 여겨 얻어 가지기를 원하는 내적기관의 특질이다. ; 내적기관(antaḥkaraṇa)은 지성(buddhi), 자의식(ahaṁkāra), 그리고 마음(manas) 이렇게 셋이다.

1010 샹까라에 의하면 싫어함(dveṣa)은 고통의 원인이 되는 사물을 경험한 자가 다시 그러한 사물을 얻는 것을 싫어하는 것이다.

1011 샹까라에 의하면 기쁨(sukha)은 순조로움(anukūla)인 명정(prasanna)明淨이며 '진성을 본질로 하는 것'(sattvātmaka)이다.

1012 샹까라에 의하면 고통(duḥkha)은 '거슬림을 본질로 하는 것'(pratikūlātmaka)이다.

1013 샹까라에 의하면 취집(saṁghāta)聚集은 몸(deha)과 기관(indriya)의 결합체(saṁhati)이다.

1014 샹까라에 의하면 의식(cetanā)意識은 몸과 기관의 결합체인 취집에 나타나는 내적기관의 활동이다. 쇳덩어리가 불에 의해 달구어지는 것처럼 의식은 '정신인 아我의 영상인 정기精氣가 들어온 것'(ātmacaitanyābhāsarasaviddha)이다.

1015 샹까라에 의하면 지탱(dhṛti)支撑은 피로한 몸과 기관들을 지탱하는 것이다.

변형과[1016] 더불어 간략히 언급된 이것이 농지[1017]이다. 6

겸손,[1018] 작위가 없음,[1019] 비폭력,[1020] 감인堪忍,[1021] 질박質朴,[1022] 스승을 가까이 모심,[1023] 청정淸淨,[1024] 견고堅固,[1025] 자기제어,[1026] 7

1016 샹까라에 의하면 변형(vikāra)은 대(mahat)大를 비롯한 것들이다. '나타나지 않은 것'(avyakta)인 자연(prakṛti)에서 제일 처음 변화된 상태다.

1017 샹까라에 의하면 농지(kṣetra)는 이상의 언급된 것들이 '알아야 할 것'(jñeyatva)들이기 때문이다.

1018 샹까라에 의하면 겸손(amānitva)謙遜은 내세우는 감정인 과시함(mānitva)이 없음이다. 즉, 자신을 '기리어 칭찬함'(ślāghana)이 없는 것이다. 라마누자에 의하면 뛰어난 자들을 무시하는 마음이 없는 것이다.

1019 샹까라에 의하면 '작위가 없음'(adambhitva)은 자신의 법도(dharma)를 드러내는 작위(dambhitva)作爲가 없는 것이다. 라마누자에 의하면 작위는 종교적인 명성을 위하여 '법도를 실행하는 것'(dharmānuṣṭhāna)이다. 이러한 것이 없음이 '작위가 없음'이다.

1020 샹까라에 의하면 비폭력(ahiṁsā)은 생명체들을 '괴롭히지 않는 것'(apīḍana)이다. 라마누자에 의하면 말과 마음과 몸으로 다른 자를 괴롭히지 않는 것이다.

1021 샹까라에 의하면 감인(kṣānti)堪忍은 다른 사람이 잘못해도 '변하지 않는 것'(avikriyā)이다. 라마누자에 의하면 자신에게 고통을 주는 다른 자들에 대해서도 '마음의 상태가 변하지 않는 것'(avikṛtacittatva)이다.

1022 샹까라에 의하면 질박(ārjava)質朴은 '질직質直한 상태'(ṛjubhāva), '곧바른 것'(avakratva)이다. 라마누자에 의하면 다른 자들에 대해 말과 마음과 몸의 활동들이 '한결같은 상태'(ekarūpatā)이다.

1023 샹까라에 의하면 '스승을 가까이 모심'(ācāryopāsana)은 해탈의 방편을 교시하는 스승을 봉사 등을 통해 '섬기는 것'(sevana)이다.

1024 샹까라에 의하면 청정(śauca)淸淨은 흙과 물로 몸의 때를 씻는 것, 그리고 '반대되는 것에 대한 관상觀想'(pratipakṣabhāvanā)을 통해서 애염(rāga)愛染 등등의 마음의 때를 없애는 것이다.

1025 샹까라에 의하면 견고(sthairya)堅固는 '안정된 마음의 상태'(sthirabhāva)이며, 바로 '해탈의 길'(mokṣamārga)에 '마음을 충실히 정한 것'(kṛtādhyavasāya)이다.

1026 샹까라에 의하면 자기제어(ātmavinigraha)는 몸의 모든 자연스러운 움직임을 '올바른 길'(sanmārga)에 '멈추게 하는 것'(nirodha)이다. 라마누자에 의하면 마음을 '아我의 본모습'(ātmasvarūpa)을 제외한 다른 대상들로부터 물리치는 것이다.

기관의 대상들에[1027] 대한 이욕離慾,[1028] 자의식自意識이 없음,[1029] 태어남과 죽음과 늙음과 질병의 고통과 결점에 대한 고찰,[1030] 8

애착이 없음,[1031] 아들과 아내와 집 등에 대해 매달림이[1032] 없음, 바라는 것과 바라지 않은 것을 얻음에 늘 한결같은 마음의 상태,[1033] 9

1027 샹까라에 의하면 '기관의 대상'(indriyārtha)은 소리를 비롯한 이 세상과 이 세상의 것이 아닌 '즐길 거리'(bhoga)이다. ; 이 세상의 것이 아닌 것은 천국 등등의 것이다.

1028 샹까라에 의하면 이욕(vairāgya)離慾은 '애염愛染이 없는 마음의 상태'(virāgabhāva)이다. 라마누자에 의하면 잘못을 찾아내어 염리(udvejana)厭離하는 것이다.

1029 라마누자에 의하면 '자의식自意識이 없음'(anahaṁkāra)은 아我가 아닌 몸에 대해서 '아我라는 자각이 없는 상태'(ātmābhimānarahitatva)이다. 아울러 '나의 것이 아닌 것'(anātmīya)에 대해서 '나의 것이라는 자각이 없는 상태'(ātmīyābhimānarahitatva)이다.

1030 샹까라에 의하면 '고통과 결점'(duḥkhadoṣa)은 '고통들인 결점'(duḥkhāni eva doṣaḥ)으로도 해석할 수 있다. 태어남(janma)과 죽음(mṛtyu)과 늙음(jarā)과 질병(vyādhi) 등은 고통의 원인이기 때문에 고통이지만, 본질적으로 고통인 것은 아니다. 태어남을 비롯한 것들에 대해서 고통인 결함을 고찰(anudarśana)함으로써 몸과 기관과 '대상을 누리는 것'(viṣayabhoga)들에 대한 이욕(vairāgya)離欲이 생겨난다. 이욕이 생겨남으로써 '개별적인 아我'(pratyagātman)에 관련된 기관들의 작용이 '아我의 관조'(ātmadarśana)를 위해 생겨난다. 이처럼 '태어남을 비롯한 것의 고통과 결점에 대한 고찰'(janmādiduḥkhadoṣānudarśana)은 '지혜의 원인인 것'(jñānahetutva)이기 때문에 지혜(jñāna)이다.

1031 샹까라에 의하면 애착(sakti)은 집착의 원인이 되는 대상들을 '오로지 좋아함'(prītimātra)이다. 이것이 없는 것이 '애착이 없음'(asakti)이다. 라마누자에 의하면 '아我를 제외한 다른 대상'(ātmavyatiriktaviṣaya)들에 대해 애착이 없는 것이다.

1032 샹까라에 의하면 매달림(abhiṣvaṃga)은 '자신과 다름이 없다는 생각으로 나타나는 것'(ananyātmabhāvanālakṣaṇa)인 '특별한 애착'(saktiviśeṣa)이다. 예를 들면 다른 사람이 행복하고 고통스러운데 내가 행복하고 고통스럽다고, 다른 사람이 살거나 죽는데 내가 살거나 죽는다고 느끼는 것이다.

1033 샹까라에 의하면 '늘 한결같은 마음의 상태'(nityaṁ ca samacittatva)는 바라는 것을 얻건 바라지 않는 것을 얻건 기뻐하지도 화내지도 않는 '늘 비슷한 마음의 상태'(nityaṁ tulyacittatā)이다.

나에[1034] 대한 다름이 없는 요가를 통한 한결같은 신애,[1035] 한적한 곳에서 지내는 것,[1036] 대중과 모이는 것을 즐기지 않음,[1037] 10

아我에 대한 지혜에 상주常住하는 것,[1038] 본질에 대한 지혜의 대상을 바라봄,[1039] 이것이 지혜라고[1040] 말하는 것이다.[1041] 이와 다른 것은 지

1034 샹까라에 의하면 나[끄리스나]는 자재자(īśvara)이다. 라마누자에 의하면 '모든 것의 자재자'(sarveśvara)이다.

1035 샹까라에 의하면 '다름이 없는 요가'(ananyayoga)는 '분리되지 않은 삼매'(apṛthaksamādhi)이다. 세존인 와아쑤데바(Vāsudeva) 외에는 다른 것은 없다. 따라서 그가 바로 우리의 길이라고 결심한 충실한 생각이 '다름이 없는 요가'다. '다름이 없는 요가'를 통한 공경(bhajana)恭敬이 '한결같은 신애信愛'(avyabhicāriṇī bhakti)이다. 그리고 이것[한결같은 신애]은 지혜(jñāna)이다.

1036 샹까라에 의하면 '한적한 곳에서 지내는 것'(viviktadeśasevitva)은 자연스럽거나 정화를 해서 불결한 것과 뱀과 호랑이 따위가 없는 곳이다. 숲, 모래강변, 신전 등등과 더불어 한적한 곳에서 지내기를 좋아하는 자의 성향이다. 마음은 한적한 곳들에서 맑아지기 때문에 '아我 등에 대한 관상觀想'(ātmādibhāvanā)은 한적한 곳에서 생겨난다. 그래서 '한적한 곳에서 지내는 것'은 지혜이다.

1037 샹까라에 의하면 '대중과 모이는 것을 즐기지 않음'(aratirjanasaṁsadi)은 속된 사람, 정화의식을 치르지 않은 사람, 교화되지 않은 사람과의 모임을 즐기지 않는 것이다. 정화의식을 치르고, 교화된 사람들과의 모임은 '지혜에 도움이 되는 것'(jñānopakārakatva)이다.

1038 샹까라에 의하면 '아我에 대한 지혜에 상주常住하는 것'(adhyātmajñānanityatva)은 아(ātman)我 등을 대상으로 하는 지혜에 '항상한 마음의 상태'(nityabhāva)이다. 라마누자에 의하면 아我에 대한 지혜에 충실함이다.

1039 샹까라에 의하면 겸손 등을 비롯한 지혜의 방편들을 완숙하게 수습(bhāvanā)修習하여 생겨나는 것이 '본질에 대한 지혜'(tattvajñāna)이며, 본질에 대한 지혜의 대상(artha)은 '윤회의 멈춤'(saṁsāroparama)인 해탈(mokṣa)이다. 그러한 해탈을 관조(ālocana)觀照하는 것이 '본질에 대한 지혜의 대상을 바라봄'(tattvajñānārthadarśana)이다. 본질에 대한 지혜의 결과를 관조하면 그것의 방편을 실행하는데 지속적인 나아감이 있게 된다.

1040 라마누자에 의하면 '이것에 의해서 아我가 알려지기 때문에 지혜다. 아我에 대한 지혜의 방편이라는 의미이다.'(jñāyate anena ātmā iti jñānam ātmajñānasādhanam ityarthaḥ.).

1041 샹까라에 의하면 이것(etat)은 7절의 겸손에서부터 11절의 '본질에 대한 지혜의 대상을 바라봄'에 이르기까지의 것들이다. 지혜를 위한 것이기 때문에 지혜라고 말한 것이다.

혜가 아니다.[1042] 11

알아야 할 것을[1043] 확실하게 말하리라. 그것을 알아 불사不死를[1044] 누리리라. 시작이 없는 것, 지고의 브라흐만,[1045] 그것은 있음이라 없

1042 샹까라에 의하면 언급한 것들과 다른 것, 즉, 반대되는 것들인 오만(mānitva)傲慢, 작위(dambhitva)作爲, 폭력(hiṁsā), '감인堪忍이 없는 것'(akṣānti), '질박함이 없는 것'(anārjava) 등은 '윤회로 계속 나아가게 되는 원인인 것'(saṁsārapravṛttikāraṇatva)이기 때문에 버리기 위해서 '지혜가 아닌 것'(ajñāna)이라고 알아야 한다.

1043 라마누자에 의하면 '알아야 할 것'(jñeyaṁ yat)은 '개별적인 아我의 본모습'(pratyagātmasvarū-pa)이다.

1044 라마누자에 의하면 불사(amṛta)不死는 '태어남과 늙음과 죽음 등의 자연적인 특질이 없는 것'(janmajarāmaraṇādiprākṛtadharmarahita), 즉, 불사인 아我이다.

1045 샹까라에 의하면 '시작이 없는 것, 지고의 브라흐만'(anādimat paraṁ brahma) 이렇게 번역된다. 그러나 라마누자에 의하면 '시작이 없는 것, 내가 지고인 것, 브라흐만'(anādi matparaṁ brahma) 이렇게 번역된다. 이것은 마뜨(mat)를 샹까라는 '~을 가지고 있는 것'을 의미하는 접사로 보고 '시작이 없는'을 의미하는 앞 낱말인 안아디(anādi)에 붙여서 해석하고, 라마누자는 '마뜨'를 일인칭 탈격 단수 형태인 '마뜨'로 보고 다음 낱말인 '지고'를 의미하는 빠람(param)에 붙여서 해석하기 때문에 생겨나는 해석의 차이이다. 라마누자에 의하면 '시작이 없는 것'(anādi)은 '개별적인 아我'(pratyagāt-man)이다. 생겨남이 없는 것이기 때문에 끝도 없는 것이다. '내가 지고인 것'(matparam)은 '그에게 있어서 내[끄리스나]가 지고인 것'이다. '아我의 본모습'(ātmasvarūpa)은 '[끄리스나인]세존의 몸의 상태'(bhagavaccharīrarūpatā)이기 때문에 '세존만이 남은 상태인 유일한 맛'(bhagavaccheṣataikarasa)이다. 그래서 '내가 지고인 것'이다. 브라흐만(brahman)은 '거대한 덕이 연결된 것'(bṛhattvaguṇayogi)이다. 몸 등등에 의해서 한정되지 않은 것이 '농지를 아는 자의 본질'(kṣetrajñatattva)이라는 의미이다. 행위의 속박에서 벗어난 아我의 본모습은 끝이 없는 것이다. 그래서 아我에 대해서도 브라흐만이라는 낱말이 사용된다.

음이라 말해지지 않는 것이다.[1046] 12

모든 곳에 손과 발이 있는 것,[1047] 모든 곳에 눈과 머리와 입이 있는 것, 모든 곳에 귀가 있는 것, 그것은[1048] 세상에서 모든 것에 두루 편재하여 머문다.[1049] 13

모든 기관이 없는 것이지만[1050] 모든 기관의 특성을 통해서 비추는

1046 샹까라에 의하면 지각기관을 통해서 파악이 가능한 사물인 그릇 같은 것은 '있다는 생각에 따른 인식의 대상'(astibuddhyanugatapratyayaviṣaya)이거나, '없다는 생각에 따른 인식의 대상'(nāstibuddhyanugatapratyayaviṣaya)이다. 그러나 '알아야 할 것'(jñeya)은 '지각기관을 초월한 것'(atīndriyatva)이기 때문에 '있다는 생각에 따른 인식의 대상'도 아니고 '없다는 생각에 따른 인식의 대상'도 아니라서 '그것은 있음이라 없음이라 말해지지 않는 것이다'(nasattannāsaducyate). 브라흐만은 있음(sat)과 없음(asat) 등의 낱말들을 통해서는 말해질 수가 없다. 의미를 표명하기 위해서 화자에 의해서 발화되고 청자에 의해서 청취되는 낱말은 종류(jāti), 움직임(kriyā), 특성(guṇa), 그리고 관계(saṁbandha)에 의한 '협정을 취하는 것에 의지'(saṁketagrahaṇasavyapekṣa)하여 표명되기 때문이다. 이를테면 '소' 혹은 '말' 같은 것이 종류이고, '익는다' 혹은 '읽는다' 같은 것이 움직임이고, '하얀' 혹은 '검은' 같은 것이 특성이고, '재산이 있는 자' 혹은 '소가 있는 자' 같은 것이 관계이다. 브라흐만은 '종류가 있는 것'(jātimat)이 아니라서 '있음'(sat) 등의 낱말로 말해질 수 없고, '성질이 없는 것'(nirguṇatva)이기 때문에 특성이 없는 것이고, 따라서 특성을 나타내는 낱말로 말해질 수 없다. 또한, 브라흐만은 '움직임이 없는 것'(niṣkriyatva)이기 때문에 움직임을 나타내는 낱말로 말해질 수 없고, '하나인 것'(ekatva)이며 '둘이 아닌 것'(advayatva)이기 때문에 관계가 없는 것이다. 브라흐만은 '대상이 아닌 것'(aviṣayatva)이며 '아我인 것'(ātmatva)이기 때문에 그 어떤 낱말로도 말해질 수 없다.

1047 라마누자에 의하면 모든 곳에서 손과 발의 일을 할 수 있는 것을 의미한다.

1048 라마누자에 의하면 그것(tat)은 '전체적으로 청정한 아我의 본모습'(pariśuddhātmasvarūpa)이다. 고얀다까에 의하면 '전체적으로 청정한 아我의 본모습'은 자연과 접촉이 없는 청정한 아我다.

1049 라마누자에 의하면 '전체적으로 청정한 본모습'(pariśuddhasvarūpa)은 공간 등에 의해서 제한됨이 없기에 모든 것에 편재한다.

1050 샹까라에 의하면 '모든 기관이 없는 것'(sarvendriyavivarjita)은 모든 기관이 없기에 '기관의 작용'(karaṇavyāpāra)들을 통해서 활동하는 자가 아니라는 의미이다. 라마누자에 의하면 기관의 작용들이 없이도 스스로 모든 것을 안다는 의미이다.

것,[1051] 집착이 없는 것이지만 모든 것을 지탱하는 것,[1052] 성질이 없는 것이지만 성질을 누리는 것이다.[1053] 14

존재들의 밖에 있으며 안에 있는 것이다.[1054] 움직이지 않는 것이며 움직이는 것이다.[1055] 그것은 미세한 것이기에 알 수 없는 것이다.[1056] 그것은 멀리 있으며 가까이 있는 것이다.[1057] 15

1051 샹까라에 의하면 '모든 기관의 특성을 통해 비추는 것'(sarvendriyaguṇābhāsa)은 모든 기관의 작용들에 의해서 활동하는 자처럼 보이는 것이다. 모든 기관은 내적기관(antaḥkaraṇa)인 지성(buddhi)과 마음(manas), 그리고 외적기관(bahiṣkaraṇa)인 지각기관(buddhīndriya)과 행위기관(karmendriya)들이다. 모든 기관의 특성은 판단하기, 생각하기, 듣기, 말하기 등이다. 라마누자에 의하면 기관의 작용들을 통해서 대상들을 인식할 수 있는 것이라는 의미다.

1052 샹까라에 의하면 '집착이 없는 것'(asakta)은 '모든 것과의 상호접촉이 없는 것'(sarvasaṁśleṣavarjita)이며, 이것은 '모든 기관이 없는 것'이기 때문이다. '모든 것을 지탱하는 것'(sarvabhṛt)은 모든 것은 '있음에 의지하는 것'(sadāspada)이기 때문이다. '있음이라는 생각'(sadbudhi)은 모든 곳에 편재한다. 그래서 있음(sat)이 모든 것의 의지依支이다. 라마누자에 의하면 '신 등등의 몸과 접촉이 없는 것'(devādidehasaṁgarahita)이지만, '신 등등의 모든 몸을 유지하고 양육하는 능력이 있는 것'(devādisarvadehabharaṇasamartha)이다.

1053 샹까라에 의하면 '성질이 없는 것'(nirguṇa)은 진성(sattva), 동성(rajas), 암성(tamas)이 없는 것이다. '성질을 누리는 것'(guṇabhoktṛ)은 기쁨과 고통과 미혹의 형태로 변화된 진성과 동성과 암성을 소리 등등을 통해서 획득하는 것이다.

1054 라마누자에 의하면 존재(bhūta)는 흙(pṛthivī)地을 비롯한 오대원소들이다. 오대원소들을 버리고 '몸이 없는 것'(aśarīra)으로서 그것들 밖에도 머물고, 그것들 안에도 머문다.

1055 샹까라에 의하면 '움직이지 않는 것이며 움직이는 것'(acaraṁ carameva ca)은 밧줄이 뱀으로 보이듯이 움직이고 움직이지 않는 '몸의 모습으로 환영처럼 보이는 것'(dehābhāsa)이다. 라마누자에 의하면 본질적으로는 '움직이지 않는 것'(acara)이지만, '몸의 상태'(dehatva)와 관련하여서는 '움직이는 것'(cara)이다.

1056 샹까라에 의하면 그것은 '모든 것으로 환영처럼 보이는 것'(sarvābhāsa)이지만, 허공처럼 '미세한 것'(sūkṣma)이다. 따라서 그것은 '자신의 모습을 통해서'(svena rūpeṇa) '알 수 있는 것'(jñeya)이지만, 지혜롭지 않은 자들에게는 '알 수 없는 것'(ajñeya)이다.

1057 샹까라에 의하면 그것은 지혜롭지 못한 자들에게 있어서는 무지로 인해 백억 년이 되어도 얻을 수가 없기에 '멀리 머문 것'(dūrastha)이고, 지혜로운 자들에게 있어서는 '아我인 것'(ātmatva)이기 때문에 가까이에 있는 것이다.

나누어지지 않은 것이면서 존재들 안에 나누어진 것처럼 머문 것이다.[1058] 알아야 할 그것은 존재를 보호하고 기르는 것이며,[1059] 삼키는 것이며,[1060] 생겨나게 하는 것이다.[1061] 16

그것은 또한 천체들의 빛,[1062] 어둠의 저편이라 일컬어진다.[1063] '지혜', '알아야 할 것', '지혜로 다가가야 하는 것'이다. 모두의 심장에

1058 샹까라에 의하면 '나누어지지 않은 것'(avibhakta)은 하나인 그것이 각각의 몸에 허공(vyoman)처럼 있는 것을 의미한다. '존재들 안에 나누어진 것처럼 머문 것'(bhūteṣu vibhaktamiva ca sthitam)은 하나인 그것이 모든 생명체에 있어서 몸들 안에 나누어져 있는 것으로 머문 것을 의미한다. 라마누자에 의하면 신과 인간 등등의 존재들 모든 곳에 머문 '아[我]의 실재'(ātmavastu)는 '아는 자의 상태라는 단일한 형태성'(veditṛtvaikākāratā)에 의해서 '나누어지지 않은 것'이다. 그러나 무지한 자들에게 있어서는 신 등등의 형태로 '이것은 신, 이것은 인간' 이렇게 나누어진 것처럼 머문 것이다.

1059 샹까라에 의하면 '유지의 시간'(sthitikāla)에는 존재들을 보호하고 기르기에 '존재를 보호하고 기르는 것'(bhūtabhartṛ)이다.

1060 샹까라에 의하면 '괴멸의 시간'(pralayakāla)에는 '삼키는 성향을 가진 것'(grasanaśīla)이기에 '삼키는 것'(grasiṣṇu)이다.

1061 샹까라에 의하면 '생성의 시간'(utpattikāla)에는 '생겨나게 하는 성향을 가진 것'(prabhavanaśīla)이기에 '생겨나게 하는 것'(prabhaviṣṇu)이다. 생겨나고, 유지하고, 괴멸하는 것은 밧줄에 뱀 등의 허상(mithyākalpita)[虛想]이 생겨나고, 존속하고, 괴멸하는 것과 같은 것이다. ;『열자』의 천서[天瑞]편에서 열자[列子]가 백풍[百豊]이라는 이름의 제자와 함께 위[衛]나라를 가던 길에 앉아 밥을 먹다 길옆에 있는 백 년 묵은 해골을 보고는 쑥대를 뽑아서 해골을 가리키며 "오로지 나와 저것만이 알지만, 일찍이 살아있는 바도 없고, 죽은 바도 없는 것이다. 이것을 몹시 걱정해야 할 것인가? 이것을 몹시 기뻐해야 할 것인가?"[唯予與彼知 而未嘗生 未嘗死也 此過養乎 此過歡乎]라고 제자에게 물은 말과 맥락이 통한다. 샹까라의 해석을 열자의 말에 적용하면 삶도 허상이고, 죽음도 허상이다. 따라서 열자는 '일찍이 살아있는 바도 없고, 죽은 바도 없는 것이다.'라고 말하는 것이다.

1062 샹까라에 의하면 '아[我]인 정신의 빛'(ātmacaitanyajyotis)에 의해서 태양을 비롯한 천체들이 빛나기 때문에 '그것은 또한 천체들의 빛'(jyotiṣāmapi tajjyotis)이다.

1063 샹까라에 의하면 '어둠의 저편'(tamasaḥ param)은 무지(ajñāna)[無智]에 의해서 닿을 수 없는 것을 의미한다. 라마누자에 의하면 어둠(tamas)은 '미세한 상태의 자연'(sūkṣmāvasthaprakṛti)을 의미하는 낱말이다. 따라서 '어둠의 저편'은 자연의 저편을 의미한다.

특별히 머문 것이다.[1064] 17

이렇게 '농지'와 '지혜'와 '알아야 할 것'을 간략히 말했다. 나를 신애하는 자는 이것을 잘 알아 나의 상태에 적합하게 된다.[1065] 18

자연과 인아 둘 모두를 시작이 없는 것이라고 알아라.[1066] 변화들과

1064 샹까라에 의하면 지혜(jñāna)는 13장 7절의 겸손(amānitva)[謙遜] 등등이다. '알아야 할 것'(jñeya)은 13장 12절 '알아야 할 것을 확실하게 말하리라.'(jñeyaṁ yattatpravakṣyāmi) 등에서 언급한 것이다. '지혜로 다가가야 하는 것'(jñānagamya)은 '지혜의 결과'(jñānaphala)를 말한다. 이들 셋은 모든 생명체의 심장(hṛd), 즉 지성(buddhi)에 특별하게 머문 것이다. 그곳에서 이들 셋은 나타나기 때문이다. ; 심장은 지성의 처소이다.

1065 샹까라에 의하면 자재자(Īśvara)이며, '모든 것을 아는 자'(sarvajña)이고, '지고의 스승'(paramaguru)이며, 와아쑤데바(Vāsudeva)인 나[끄리스나]에게 '자신의 모든 마음을 바친 자'(samarpitasarvātmabhāva)로서 보고, 듣고, 만지는 모든 것이 바로 세존인 와아쑤데바라는 '이러한 인식에 지성이 사로잡힌 자'(evaṁgrahāviṣṭabuddhi)가 '나를 신애[信愛]하는 자'(madbhakta)이다. 이러한 자는 앞서 언급한 '올바로 보게 하는 것'(samyagdarśana)을 잘 알아 '나의 상태'(madbhāva)인 '지고의 아[我]의 상태'(paramātmabhāva)에 적합하게 된다. 즉, 해탈(mokṣa)에 이른다. 라마누자에 의하면 '나의 상태'인 나의 본질은 '윤회하지 않는 상태'(asaṁsāritva)이다.

1066 샹까라에 의하면 자연(prakṛti)[自然]과 인아(puruṣa)[人我] 이 둘은 자재자(Īśvara)[自在者]의 자연(prakṛti)이다. '자재자의 항상성'(nityeśvaratva) 때문에 자재자의 두 자연에도 항상성(nityatva)이 있다. 두 자연을 가지고 있는 것이 자재자의 자재자로서의 성질이다. 두 자연을 통해서 자재자는 세상의 생겨남과 유지와 멸망의 원인이 된다. 두 자연은 시작이 없는 것이며 윤회의 원인이다.

성질들을 자연에서 생겨난 것들이라고 알아라.[1067][1068] 19

결과와 도구를[1069] 만들어 냄에 있어서 자연이 원인이라 말해진다

1067 샹까라에 의하면 지성을 비롯한 몸과 기관들이 변화(vikāra)들이다. 여기서 성질(guṇa)들은 '기쁨과 고통과 미혹의 인식의 형태로 변화된 것'(sukhaduḥkhamohapratyayākārapariṇata)들을 의미한다. 자연은 자재자의 '변화의 원인이 되는 힘'(vikārakāraṇaśakti)이며, '세 가지 성질을 본질로 하는 것'(triguṇātmikā)인 환력(māyā)幻力이다. '자연에서 생겨난 것'(prakṛtisaṁbhava)들은 '자연이 변화된 결과'(prakṛtipariṇāma)들이다.

1068 라마누자에 의하면 서로서로 연결된 자연과 인아는 시작이 없는 것임을 알아야 한다. '속박의 원인이 되는 것'(bandhahetubhūta)들인 바람(icchā), 싫어함(dveṣa)[13장 3절] 등등의 변화들을, 그리고 '해탈의 원인이 되는 것'(mokṣahetubhūta)들인 겸손(amānitva)[13장 7절] 등등의 성질들을 자연에서 생겨난 것이라고 알아야 한다. 인아와 접촉한 이 '시작이 없는 시간부터 유전한 것'(anādikālapravṛtta)이며, '농지의 형태로 변이된 것'(kṣetrākārapariṇata)인 자연은 자신의 변화인 바람과 싫어함 등을 통해서 인아를 속박하는 원인이 된다. 그리고 바로 이러한 자연이 겸손 등등 자신의 변화들을 통해서 인아를 해탈하게 하는 원인이 된다.

1069 반다르까르 판본, 기타프레스의 라마누자 주석 산스크리트어 힌디어 대역본에 따르면 원문은 까아라나(kāraṇa)이다. 그러나 짜우캄바 판본, 기타프레스의 샹까라 주석 산스크리트어 힌디어 대역본에 따르면 원문은 까라나(karaṇa)이다. 띨락은 원문은 까아라나로 인용하면서 까라나로 해석하여 감각기관(the senses)의 의미로 번역한다. 라다크리스난은 원문을 까라나로 파악하여 도구(instrument)로 번역한다. 일반적으로 까아라나는 원인을 의미하고, 까라나는 도구를 의미하지만, 두 낱말 모두 다 도구를 뜻하기도 한다.

1070 기쁨과 고통들을 겪음에 있어서는 인아가 원인이라고 말해진

1070 샹까라에 의하면 결과(kārya)는 몸이며, 도구(karaṇa)는 몸에 있는 열세 개다. 몸을 만들어 내는 원소(bhūta)들과 대상(viṣaya)들은 자연에서 생겨난 변화(vikāra)들이다. 이것은 몸을 나타내는 결과라는 낱말에 포함되어 있다. 기쁨과 고통과 미혹을 특질로 가진 성질들은 자연에서 생겨난 것들이며 도구에 깃들기 때문에 도구라는 낱말에 포함되어 있다. 자연은 이러한 '결과와 도구를 만들어 내는 것'(kāryakaraṇa-kartṛtva)이기 때문에 윤회의 원인이다. '결과와 도구를 만들어 냄에 있어서'(kāryakaraṇakartṛtve)가 아니라 '결과와 원인을 만들어 냄에 있어서'(kāryakāraṇakartṛtve)라는 판본을 인정한다면, 결과는 변형(vipariṇāma)인 변화(vikāra)이며, 원인은 '변화를 만들어 내는 것'(vikārin)이다. 따라서 '결과와 원인을 만들어 냄에 있어서'라는 말은 '변화와 변화를 만들어 내는 것'(vikāravikārin)인 결과와 원인을 만들어 내는 것의 원인'이라는 뜻이 된다. 또는 열여섯 개의 변화들이 결과이고, 일곱 개의 자연(prakṛti)과 변이(vikṛti)들이 원인이다. 따라서 열여섯 개의 변화들과 일곱 개의 자연과 변이들을 만들어 내는 데 원인이 되는 것이 근본 자연이다. ; 『쌍캬까리까』의 세 번째 본송(kārikā)本頌에 의하면 "근본 자연은 다른 것에서 변화된 것이 아니다. 큰 것 등 일곱 개는 자연이기도 하고 변이이기도 하다. 열여섯 개는 변화이기만 하다. 인아人我는 자연도 아니고 변화도 아니다."(mūlaprakṛtiravikṛtirmahadādyāḥ prakṛtivikṛtayaḥ sapta, ṣoḍaśakastu vikāro na prakṛtirna vikṛtiḥ puruṣaḥ.). 이에 대한 가우다빠다(Gauḍapāda)의 해석에 의하면 '근본이 되는 자연'(mūlaprakṛti), 즉 으뜸(pradhāna)勝因은 자연이기도 하며 변이이기도 한 일곱 개의 뿌리가 되기 때문이며, 근본(mūla)이고 자연(prakṛti)이라서 '근본 자연'(mūlaprakṛti)이다. '변이가 아닌 것'(avikṛti)은 다른 것으로부터 생겨나는 것이 아니다. 따라서 근본이 되는 자연은 그 어떤 것이 변이된 것이 아니다. '큰 것'(mahat, mahān)大 등 일곱 개는 자연(prakṛti)이기도 하고 변이(vikṛti)이기도 하다. '큰 것'은 지성(buddhi)이다. 지성을 비롯한 일곱 개는 지성 하나, 자의식(ahaṁkāra)自意識 하나, 오유(pañcatanmātra)五唯 다섯 개, 이렇게 일곱 개다. 이 일곱 개는 자연이기도 하고 변이이기도 하다. 이를테면, 다음과 같다. 지성은 으뜸(pradhāna)에서 생겨난다. 따라서 지성은 으뜸의 변이(vikṛti)이며 변화(vikāra)이다. 바로 이 지성이 자의식을 만들어 낸다. 따라서 지성은 자연이 된다. 자의식 역시 지성에서 생겨나기 때문에 변이(vikṛti) 이다. 또한, 자의식은 오유를 만들어 내기 때문에 자연이 된다. 이들 가운데 성유(śabdatanmātra)聲唯는 자의식에서 생겨나기 때문에 변이이다. 그러나 성유에서 오대원소 가운데 하나인 허공(ākāśa)空이 생겨나기에 성유는 자연이다. 마찬가지로 촉유(sparśatanmātra)觸唯는 자의식에서 생겨나기 때문에 변이이며, 바로 그 촉유는 오대원소 가운데 하나인 바람(vāyu)風을 만들어 내기에 촉유는 자연이다. 향유(gandhatanmātra)香唯는 자의식에서 생겨나기 때문에 변이이며, 바로 그 향유는 오대원소 가운데 하나인 흙(pṛthvī)地을 만들어 내기에 자연이다. 색유(rūpatanmātra)色唯는 자의식에서 생겨나기 때문에 변이이며, 바로 그 색유는 오대원소 가운데 하나인 불(tejas)火을 만들어 내기에 자연이다. 미유(rasatanmātra)味唯는 자의식에서 생겨나기 때문에 변이이며, 바로 그 미유는 오대원소 가운데 하나인 물(āpas)水을 만들어 내기에 자연이다. 이처럼 '큰 것'大을 비롯한 일곱 가지는 자연이기도 하고 변이이기도 하다. 그러나 열여섯 가지는 변화(vikāra)이기만 하다. 즉, '다섯 가지 지각기관'(pañcabuddhīndriya, pañcajñānedriya)五知根, '다섯 가지 행위기관'(pañcakarmendriya)五作根, 열한 번째인 마음(manas)意, 오대원소(pañcamahābhūta)五大元素, 이렇게 열여섯 가지로 이루어진 무리는 오로지 변화이다. 변화는 변이이다. 인아(puruṣa)人我는 자연(prakṛti)도 아니고 변이(vikṛti)도 아니다. ; 자연(prakṛti)의 어원에 따르면 '만들어 내는 것이 자연이다.'(prakroti iti prakṛtiḥ). 즉, 다른 것의 원인이 되는 것이 자연이다. 따라서 최초의 원인을 일반적인 자연과 구별하기 위해 '근본 자연'(mūlaprakṛti)이라 부르기도 한다. '근본 자연'과 으뜸(pradhāna)勝因 은 동의어이다. 샹까라가 말하는 몸에 있는 열세 개인 도구(karaṇa)는 지성(buddhi), 자의식(ahaṁkāra)自意識, 마음(manas)意, 다섯 가지 지각기관, 다섯 가지 행위기관, 이렇게 합하여 모두 열세 개이다.

다.[1071] 20

인아는 자연에 머물러 자연에서 생겨난 성질들을 누린다.[1072] 성질에 대한 애착이 이 좋고 좋지 않은 자궁에 태어나는 원인이다.[1073] 21

1071 샹까라에 의하면 인아(puruṣa)[人我], 생명(jīva), '농지를 아는 자'(kṣetrajña), '겪는 자, 누리는 자, 먹는 자'(bhoktṛ)는 동의어다. '결과와 도구의 형태'(kāryakaraṇarūpa)인 '원인과 결과의 본질'(hetuphalātman)로 변화된 '누릴 거리'(bhogya)인 자연과 함께 자연과는 반대되는 것인 인아의 '누리는 자의 상태'(bhotṛtva)로 인해서 '무명의 형태'(avidyārūpa)인 연결(saṁyoga)이 생겨날 때 윤회가 생겨난다. '기쁨과 고통을 겪는 것'(sukhaduḥkhabhoga)이 윤회(saṁsāra)다. 인아가 가진 기쁨과 고통을 '받아들이는 자로서의 상태'(saṁbhoktṛtva)가 인아의 '윤회하는 자로서의 상태'(saṁsāritva)다. 라마누자에 의하면 자연과 접촉한 인아가 기쁨과 고통을 겪음에 있어서 원인이다.

1072 샹까라에 의하면 '누리는 자'(bhoktṛ)인 인아(puruṣa)[人我]가 '결과와 도구의 형태'(kāryakaraṇarūpa)로 변화된 '무명을 특징으로 하는 것'(avidyālakṣaṇa)인 자연(prakṛti)을 '자신의 상태'(ātmatva)로 여기는 것이 인아가 자연에 머무는 것이다. 이러한 인아가 '자연에서 생겨난 것'(prakṛtija)들인 행복과 고통과 미혹의 형태로 나타난 성질(guṇa)들을 '나는 행복하다, 나는 괴롭다, 나는 멍청하다, 나는 학자다', 이렇게 여기며 겪는다. 라마누자에 의하면 성질이란 낱말은 성질 자신이 아니라, 성질 자신이 만들어 내는 것들을 나타낸다. 자연에 머문다는 것은 자연과 접촉(saṁsarga)한다는 것을 의미한다. 인아는 '스스로 자신을 경험하는 것이 유일한 기쁨인 자'(svataḥsvānubhavaikasukha)이다. 이러한 인아는 자연과 접촉하여 자연에서 생겨난 성질들을, 즉, '자연의 접촉이라는 제한에 의해서 생겨난 것'(prakṛtisaṁsargaupādhika)들인 진성 등등의 성질들이 만들어 낸 것들인 기쁨과 고통 등을 경험한다.

1073 샹까라에 의하면 무명(avidyā)[無明]임에도 불구하고 겪고 있는 성질들인 행복(sukha)과 고통(duḥkha)과 미혹(moha)들에 대한 애착(saṁga) 즉, '자기 본연의 것이라는 감정'(ātmabhāva)이 윤회인 출생의 가장 중요한 원인이다. 신(deva)들을 비롯한 자궁(yoni)들이 좋은 자궁들이고, 짐승(paśu)을 비롯한 자궁들이 나쁜 자궁들이다. '좋고 좋지 않은 자궁'(sadasadyoni)을 인간의 자궁이라고 해도 무방하다. '자연에 머문 것의 양상'(prakṛtisthatvākhyā)인 무명[無明]과 성질들에 대한 애착인 욕망(kāma)이 윤회의 원인이다. '온전히 내던져 버림'(saṁnyāsa)과 더불어 지혜(jñāna)와 '욕망을 벗어남'(vairāgya)[離慾, 離染]은 이것이 멈추게 되는 원인이라는 것은 '기타의 성스러운 가르침'(gītāśāstra) 속에 널리 알려진 것이다. 라마누자에 의하면 각각 이전의 자연의 변화된 형태인 신과 인간 등등의 특별한 자궁에 머문 인아가 그 각각의 자궁에서 얻은 진성 등의 성질에 의해서 만들어진 기쁨과 고통 등에 집착하여 그것을 얻는 원인이 되는 것들인 '선악의 행위'(puṇyapāpakarma)들에 몰두하게 된다. 그래서 그러한 선과 악의 결과를 경험하기 위해서 '좋고 좋지 않은 자궁', 즉, '길하고 길하지 않은 자궁'(sādhvasādhuyoni)들 안에 태어난다. 그리고 다시 행위를 하게 되고, 그리고 다시 태어나게 된다. '아[我]를 얻기 위한 방편이 되는 것'(ātmaprāptisādhanabhūta)들인 겸손(amānitva)[謙遜]을 비롯한 장점들을 갖추기 전까지는 윤회하게 된다. 따라서 "성질에 대한 애착이 이것이 좋고 좋지 않은 자궁에 태어나는 원인이다."(kāraṇaṁ guṇasaṁgaḥ asya sadasadyonijanmasu)라고 말한다.

이 몸 안에 있는 지고의 인아는 옆에서 보는 자,[1074] 동의하는 자,[1075]

1074 샹까라에 의하면 '옆에서 보는 자'(upadraṣṭṛ)는 스스로 활동하지는 않으면서 옆에 머물러 보는 자이다. 이를테면 제관(ṛtvij)[祭官]과 제주(yajamāna)[祭主]들이 제사의례(yajñakarma)를 행하는 가운데, 이에 참여하지 않는 제사의 지식에 정통한 다른 사람이 무심하게 제관과 제주의 행위의 잘잘못을 바라보듯이, 그렇게 '결과와 도구'(kāryakaraṇa)의 활동들에 참여하지 않으면서 활동과 더불어 결과와 도구를 가까이에서 바라보는 다른 자가 '옆에서 보는 자'이다. 혹은 몸, 눈, 마음, 지성, 아(ātman)[我]가 보는 자들이다. 이것들 가운데 몸은 외면의 보는 자이다. 몸에서 시작하여 가장 내면의 보는 자는 반대 반향으로 가까이 있는 아[我]이다. 이것이 가장 가까이에서 보는 것이기 때문에 '옆에서 보는 자'이다. 혹은 제사를 옆에서 보는 자처럼 '모든 것을 대상화'(sarvaviṣayikaraṇa)하기 때문에 '옆에서 보는 자'이다.

1075 샹까라에 의하면 행위들을 행함에 대해 '만족하는 것'(paritoṣa)이 승인(anumanana)[承認]이며 '기뻐하며 따르는 것'(anumodana)[隨喜]이다. 그렇게 하는 자가 '동의하는 자'(anumantṛ)이다. 혹은 '결과와 도구의 활동'(kāryakaraṇapravṛtti)들에 스스로는 참여하지 않지만 활동하는 것처럼 그에 순응하여 나타나기 때문에 '동의하는 자'이다. 혹은 자신의 활동들에 참여하는 것들에 대한 목격자가 되어 그것들을 물리치지 않기 때문에 '동의하는 자'이다.

유지하는 자,[1076] 먹는 자,[1077] 대자재자,[1078] '지고의 아'라고도[1079] 말해지는 것이다. 22

이처럼 인아와 자연을 성질들과 더불어 아는 자, 그는 모든 방식으

1076 샹까라에 의하면 '정신인 아[我]가 다른 것을 위한 것'(caitanyātmaparārthya)의 원인(nimitta)이 되기 위해서 몸과 기관과 마음과 지성의 결합(saṁhata)에 대해 '정신의 형태로 나타나는 것'(caitanyābhāsa)을 '자기 모습으로 지니는 것'(svarūpadhāraṇa)이 유지(bharaṇa)이다. 이것은 '정신인 아[我]가 행한 것'(caitanyātmakṛta)이다. 이러한 아[我]가 '유지하는 자'(bhartṛ)이다. ; 고얀다까에 의하면 '정신인 아[我]가 다른 것을 위한 것'은 정신의 본모습인 아[我]의 누림(bhoga)[享有]과 물러남(apavarga)[遠離]이다. ; 물러남의 원어인 아빠와르가는 해탈[解脫]을 의미하기도 한다.

1077 샹까라에 의하면 불의 열기처럼 '항상한 정신의 본모습'(nityacaitanyasvarūpa)을 통해서 '모든 대상을 범위로 하는 것'(sarvaviṣayaviṣaya)인, 지성의 기쁨과 고통과 미혹을 본질로 하는 인식(pratyaya)들은 '정신인 아[我]에 먹혀진 것'(caitanyātmagrasta)처럼 다양하게 생겨 나타난다. 그래서 아[我]를 '먹는 자'(bhoktṛ)라고 말한다. 라마누자에 의하면 먹는 자는 몸의 활동에 의해서 생겨나는 기쁨과 고통을 받아들이는 자이다.

1078 샹까라에 의하면 '모든 것의 아[我]의 상태'(sarvātmatva)이기 때문에, '독립인 상태'(svatantratva)이기 때문에 위대한(mahān) 자재자(īśvara)[自在者]이다. 그래서 대자재자(maheśvara)[大自在者] 이다. 라마누자에 의하면 몸을 제어하고 몸을 유지하고 양육하며 몸의 주인이기 때문에 몸과 기관과 마음들에 대해서 대자재자이다.

1079 샹까라에 의하면 몸에서 시작하여 지성에 이르는 것들은 무명(avidyā)[無明]에 의해서 각각 아(ātman)[我]로 상정되는 것들이다. 그래서 '옆에서 보는 자 등의 형태로 나타나는 것'(upadraṣṭṛtvādilakṣaṇa)인 아[我]가 '지고의 아[我]'(paramātman)이다. '나타나지 않은 것'(avyakta)과는 별개인 이러한 아[我]는 인아(puruṣa)[人我] 이며, 이 몸(deha)에 있다. 라마누자에 의하면 '한정되지 않은 지혜의 힘을 가진 자'(aparicchinnajñānaśakti)인 인아는 '무시이래로 자연과의 관계를 통해 만들어진 성질과의 접촉'(anādiprakṛtisambandhakṛtaguṇasaṃga)에 의해서 이 몸의 대자재자이며 이 몸의 '지고의 아[我]'이다. ; '나타나지 않은 것'(avyakta)은 세 가지 성질들의 평형상태인 자연이다. 아[我]의 원어인 아뜨만(ātman)의 사전적인 의미는 '영혼, 생기, 자아, 자신, 우주의 궁극적인 실재, 지고의 영혼, 브라흐만(brahman), 본질, 성격, 본성, 마음, 지성, 몸, 사유능력, 이해, 형상, 개인, 아들, 태양, 불, 바람' 등이다.

로 살아가더라도 다시 태어나지 않는다.[1080] 23

어떤 자들은[1081] 명상을[1082] 통해서, 다른 자들은[1083] 잘 밝힘의 요가

1080 샹까라에 의하면 "인아(puruṣa)[人我]는 직접적으로 나다."(puruṣaṁ sākṣād aham.)라고 알고, '무명의 형태'(avidyālakṣaṇā)인 자연을 '자신의 변화'(svavikāra)인 성질(guṇa)들과 더불어 명(vidyā)[明]에 의해서 제거된다는 것을 아는 자, 그는 모든 방식으로 존재하면서도 이 '학자의 몸'(vidvaccharīra)이 멸해도 '다른 몸'(dehāntara)을 취하지 않는다. 무명(avidyā)[無明]과 욕망(kāma)인 번뇌(kleśa)의 씨앗을 원인으로 하는 행위들이 다른 생의 새싹을 틔운다. 자의식(ahaṁkāra)[自意識]과 결과를 바라는 마음이 연결된 행위들이 결과를 비롯되게 하는 것들이다. 다른 것들은 아니다. 결과를 위해 작동한 행위는 이미 활시위를 떠난 화살이 과녁에 맞아야 떨어지는 것과 같다. 이처럼 이미 몸을 시작되게 한 행위는 몸을 유지하려는 의도가 사라져도 '잠재인상[業行]의 충동'(saṁskāravega)이 없어질 때까지는 예전처럼 존재한다. 그러나 화살이 '작용의 원인이 비롯되지 않은 충동'(pravṛttinimittānārabdhavega)의 것일 경우에는, 즉, 쏘지 않은 화살일 경우에는 화살은 활에 재어있어도 거두어진다. 이처럼 지혜(jñāna)는 결과를 시작되게 하지 않은 행위들, 즉, 자신의 바탕에 머문 행위들만을 씨앗이 없게 만든다. 그래서 이 학자의 몸이 떨어지면 다시 태어나지 않는다. 라마누자에 의하면 앞에서 언급한 본질인 인아와 앞에서 언급한 본질인 자연을 앞으로 언급할 진성을 비롯한 성질들과 더불어 분별(viveka)을 통해서 있는 그대로 아는 자는 신과 인간 등등의 몸 안에 아주 괴롭게 존재하더라도 다시 자연과 연결되기에 적합하지 않게 된다. 즉, 몸이 끝날 때 '제한되지 않은 지혜의 형태'(aparicchinnajñānalakṣaṇa)인 '죄가 사라진 아[我]'(apahatapāpmānam ātmānam)를 얻는다.

1081 라마누자에 의하면 '어떤 자들'(kecit)은 '요가를 성취한 자'(niṣpannayoga)들이다.

1082 샹까라에 의하면 명상(dhyāna)은 소리를 비롯한 대상들에서 귀를 비롯한 기관들을 마음(manas)에 거두어들여, 마음이 '하나로 집중'(ekāgratā)하여 '개별적인 정신체'(pratyak cetayitṛ)에 대해 사유(cintana)[思惟]하는 것이다. 이러한 명상은 기름의 줄기처럼 계속적으로 이어지는 '끊임이 없는 인식'(avicchinnapratyaya)이다. 라마누자에 의하면 명상은 '신애[信愛]의 요가'(bhaktiyoga)이다. ; 고얀다까에 따르면 '개별적인 정신체'(pratyak cetayitṛ)는 '내적인 아[我]'(antarātmā)이다. ; 명상(dhyāna)의 원어는 불경에서 '정[定], 사유[思惟], 정려[靜慮], 수정[修定], 선[禪], 선나[禪那], 선정[禪定], 선사[禪思]' 등으로 한역된다.

1083 라마누자에 의하면 '다른 자들'(anye)은 '요가를 성취하지 못한 자'(aniṣpannayoga)들이다.

를[1084] 통해서, 또 다른 자들은[1085] 행위의 요가를[1086] 통해서 아我 안에서[1087] 아我로써[1088] 아我를[1089] 바라본다. 24

그러나 다른 자들은[1090] 이처럼 알지 못해 다른 자들에게서[1091] 들은

1084 샹까라에 의하면 "'잘 밝힘'(sāṁkhya)은 진성(tattva), 동성(rajas), 암성(tamas)들인 이 성질(guṇa)들은 나에 의해서 보이는 것들이다. 나는 이러한 성질들과는 다른 것이다. 나는 성질들의 작용을 직접 관찰하는 존재로서 성질과는 다른 '항상한 것'(nitya)인 아我다."라는 사유思惟이다. 이러한 사유인 '잘 밝힘'이 요가라는 의미다. 라마누자에 의하면 '잘 밝힘'은 지혜(jñāna)이며 잘 밝힘의 요가는 '지혜의 요가'(jñānayoga)이다.

1085 라마누자에 의하면 '또 다른 자들'(apare)은 '아我를 관조하는 방편'(ātmāvalokanasādhana)인 요가를 비롯한 것들에 대한 권한이 없는 자들이며, 지혜의 요가에 대한 권한도 없는 자들이다. 혹은 지혜의 요가에 대한 권한을 가진 자들이라 하더라도 쉬운 방법에 집착하는 자들이다. 혹은 '저명한 자'(vyapadeśya)들이다.

1086 샹까라에 의하면 행위(karma)가 바로 요가라는 의미이다. '자재자에게 바친 지성'(īśvarārpaṇabuddhi)을 통해서 행해지는 움직임의 형태는 요가를 위한 것이기 때문에 부수적으로 요가라고 말해진다. 이러한 요가를 통해서 '청정한 진성'(sattvaśuddhi)이 생겨나고, 청정한 진성에 의해서 지혜(jñāna)가 생겨난다. ; 진성과 동성과 암성이 자신들의 고유한 특질들을 발현하지 않고 평형을 이루고 있는 상태가 자연(prakṛti)이다. 이 상태에서 성질들이 자신의 특질들을 드러내어 자연의 변화가 생겨난다. 제일 먼저 진성이 자신의 특질들을 드러내어 자연에서 첫 번째로 변화된 것이 지성(buddhi)이다. 이 상태는 진성(sattva)이 수승한 상태이기 때문에 진성이라고도 부르고, 자연에서 첫 번째로 생겨난 것이기에 첫아들을 큰아들, 첫딸을 큰딸이라고 하듯이 큰 것이라는 의미에서 대(mahat)大라고 부르기도 한다. 그리고 이러한 상태가 우리의 본래 마음의 상태이기 때문에 마음(manas)心이라고 칭하기도 한다. 따라서 지성(buddhi), 진성(sattva), 대(mahat)大, 마음(manas)心, 이들 넷은 동의어이기도 하다.

1087 샹까라에 의하면 '아我 안에서'(ātmani)는 '지성 안에서'(buddhau)라는 의미이다. 라마누자에 의하면 '몸 안에'(śarīre)라는 의미이다. 뒤에 오는 아我와 연결시켜 '몸 안에 자리잡은 아我를 마음인 아我로서'(śarīre avasthitam ātmānam ātmanā manasā)라고 해석한다.

1088 샹까라에 의하면 '아我로써'(ātmanā)는 '명상에 의해 정화된 내적기관을 통해서'(dhyānena saṁskṛtena antaḥkaraṇena)라는 의미이다. 라마누자에 의하면 '마음으로서'(manasā)라는 의미이다.

1089 샹까라에 의하면 여기서 아我(ātman)는 '개별적인 정신'(pratyakcetana)을 의미한다.

1090 샹까라에 의하면 여기서 '다른 자'(anya)들은 선택적인 방법들 가운데 그 어떤 하나를 통해서도 앞에서 언급한 아我를 알지 못하는 자들이다. 라마누자에 의하면 '행위의 요가'(karmayoga)를 비롯한 '아我를 관조하는 방편'(ātmāvalokanasādhana)들에 대한 권한이 없는 자들이다.

1091 샹까라에 의하면 여기서 '다른 자'(anya)들은 교사(ācārya)들이다. 라마누자에 의하면 '본질을 바라보는 자'(tattvadarśin)들인 '지혜로운 자'(jñānin)들이다.

다음에 다가온다.[1092] 가르침에 귀의하는 자인[1093] 그들 또한 죽음을[1094] 건너 벗어난다. 25

바라따족의 황소여, 움직이고 움직이지 않는 그 어떤 사물이든 생겨나는 것은 모두가 '농지'와 '농지를 아는 자'의 연결에 의한 것임을 알아라.[1095] 26

1092 샹까라에 의하면 '다가온다'(upāsate)의 의미는 교사들에게서 "바로 이것만을 사념하라!"(idam eva cintayata)라고 이렇게 말을 들은 다음에 믿으며 사념한다는 의미이다. 라마누자에 의하면 '행위의 요가' 등을 통해서 아[我]를 숭배한다는 의미이다.

1093 샹까라에 의하면 가르침(śruti)은 '듣는 것'(śravaṇa)이며, 듣는 것이 '지고의 것'(para)으로서 '이르게 하는 것'(ayana)[道路], 즉, '가게 하는 것'(gamana)이다. '듣는 것'이 '해탈의 길로 나아감'(mokṣamārgapravṛtti)에 있어서 지고의 방편(sādhana)인 자가 '가르침에 귀의하는 자'(śrutiparāyaṇa)이다. 스스로 분별력이 없는 자로서 '오로지 다른 자의 가르침을 올바른 앎의 도구로 삼는 자'(kevalaparopadeśapramāṇa)이다.

1094 샹까라에 의하면 죽음(mṛtyu)은 '죽음에 연결된 윤회'(mṛtyuyuktaṁ saṁsāram)이다.

1095 샹까라에 의하면 농지(kṣetra)는 대상(viṣaya)이고, '농지를 아는 자'(kṣetrajña)는 '대상을 인식하는 자'(viṣayin)이다. 이렇게 본질이 다른 두 개가 '서로의 그 특질을 부가[附加]하는 형태'(itaretarataddharmādhyāsalakṣaṇa)가 연결(saṁyoga)이다. 이 연결은 밧줄과 조개껍질 등에 그 특질에 대한 분별지(vivekajñāna)가 없음으로 인해서 뱀과 은 등을 부가하는 연결과 같은 것이다. 즉, 이 연결은 '농지'와 '농지를 아는 자'의 본모습에 대한 분별이 없음을 원인으로 하는 것이다. '부가가 본모습'(adhyāsasvarūpa)인 '농지'와 '농지를 아는 자'의 이 연결은 '그릇된 앎의 형태'(mithyājñānalakṣaṇa)이다. 경전의 가르침을 따라서 '농지'와 '농지를 아는 자'의 특성과 차이를 온전히 알아 '문자 풀'(muñja)에서 섬유의 줄기를 뽑아내듯이 '농지'에서 '농지를 아는 자'를 분리하여 "그것은 있음이라고도, 없음이라고도 말해지지 않는다."(na sattannāsaducyate)라는 이 말에 따라서 '한정에 의한 모든 특별함이 사라져 버린 것'(niratasarvopādhiviśeṣa)인 '알아야 할 것'(vijñeya)을 '브라흐만의 본모습'(brahmasvarūpa)으로 보고, 그리고 '농지'를 환력(māyā)[幻力]에 의해서 만들어진 코끼리와 꿈에서 본 사물과 신기루(gandharvanagara)[尋香城] 등처럼 '없는 것'(asat)인데도 '있는 것'(sat)처럼 거짓으로 나타나는 것이라고 '마음을 확정한 자'(niścitavijñāna), 그의 '그릇된 앎'(mithyājñāna)은 '올바른 앎'(samyagjñāna)에 의해 가로막혀 사라진다. 그에게는 출생의 원인이 사라지기에 그는 다시 태어나지 않는다. 출생의 원인은 '무명[無明]이 원인 되는 것'(avidyānimittaka)인 '농지와 농지를 아는 자의 연결'(kṣetrakṣetrajñasaṁyoga)이다.

모든 존재 안에 동일하게[1096] 머물러 있는 지고의 자재자를[1097] 보는 자, 멸하는 것들 안에서 멸하지 않는 것을 보는 자, 그가 보는 자이다.[1098] 27

모든 곳에[1099] 마찬가지로 자리잡은 자재자를[1100] 동일하게 보아[1101] 아

1096 라마누자에 의하면 '동일하게'(samam)는 '아는 자의 상태'(jñātṛtva)로 '동일한 형태'(samānākāra)라는 의미다.

1097 샹까라에 의하면 '지고의 자재자'(parameśvara)는 몸(deha)과 기관(indriya)과 마음(manas)과 지성(buddhi)과 '나타나지 않은 것'(avyakta)과 아(ātman)^我^에 비해서 지고(param)인 자재자(īśvara)이다. 라마누자에 의하면 몸과 기관과 마음들에 대해서 '지고의 자재자의 상태'(parameśvaratva)로 머문 아^我^다.

1098 샹까라에 의하면 모든 '상태의 변화'(bhāvavikāra)는 '출생의 형태'(janilakṣaṇa)가 뿌리이다. 다른 모든 상태의 변화들은 출생 이후에 생겨나는 것들이며 멸하면 끝나는 것들이다. 멸한 다음에는 상태가 존재하지 않기 때문에 그 어떤 상태의 변화도 없다. '속성을 가진 것'(dharmin)이 있어야 속성(dharma)이 존재하기 때문이다. 따라서 마지막 상태의 변화가 존재하지 않음을 '풀이하여 논함'(anuvāda)으로써 이전에 존재하는 모든 상태의 변화들이 결과(kārya)들과 더불어 금지된다. 이로써 모든 존재들과는 완전히 상이(vailakṣṇya)^相異^ 한 것인 지고의 자재자의 무차별성(nirviśeṣatva)^無差別性^과 단일성(ekatva)이 입증된다. 지고의 자재자를 이렇게 보는 자, 그가 보는 자다. 라마누자에 의하면 신을 비롯한 다른 형태에 의해서 아^我^ 역시 '형태가 다른 것'(viṣamākāra)이고 '생멸^生滅^ 등을 가진 것'(janmavināśādiyukta)으로 보는 자, 그는 늘 윤회한다.

1099 샹까라에 의하면 '모든 곳'(sarvatra)은 '모든 존재'(sarvbhūta)들을 의미한다.

1100 샹까라에 의하면 여기서 자재자(īśvara)는 바로 앞에서 특징(lakṣaṇa)을 언급한 자재자이다. 라마누자에 의하면 신을 비롯한 몸들에 그 각각의 '주인의 상태'(śeṣitva)로, '바탕의 상태'(ādhāratā)로, 그리고 '통제자의 상태'(niyantṛtā)로 자리잡은 아^我^이다.

1101 라마누자에 의하면 '동일하게 보아'(samaṁ paśyan)는 신 등등의 다른 형태가 없이 '지혜 하나만의 형태인 상태'(jñānaikākāratā)로서 '동일하게 보아'라는 의미이다.

我로써[1102] 아我를[1103] 해치지 않는다. 그래서 지고의 경지에[1104] 이른다.[1105] 28

행위들은[1106] 모두가 자연에[1107] 의해서 행해지는 것들이라고[1108] 보는 자, 그리고 아我는 행위하지 않는 것이라고[1109] 보는 자, 그가 바로 보는 자이다.[1110] 29

1102 샹까라에 의하면 여기서 아我로써(ātmanā)는 '바로 자신으로써'(svena eva)라는 의미이다. 라마누자에 의하면 마음으로(manasā)라는 뜻이다.

1103 샹까라에 의하면 여기서 아(ātmānam)我는 자신(svam)이라는 의미이다. 라마누자에 의하면 자신의 아我라는 의미이다.

1104 샹까라에 의하면 '지고의 경지'(parā gati)는 '수승한 것인 해탈이라고 하는 것'(prakṛṣṭā mokṣākhyā)이다. 라마누자에 의하면 경지(gati)는 '도달되어야 하는 것'(gamyate iti gatiḥ)이며, '지고의 경지'는 '도달되어야 하는 지고의 것'(paraṁ gantavyam)으로서 '있는 그대로 자리잡은 아我'(yathāvad avasthitam ātmānam)를 의미한다.

1105 샹까라에 의하면 모든 '무지한 자'(ajña)는 직접적으로 아(ātman)我를 무시하고 '아我가 아닌 것'(anātman)을 '아我인 것'(ātmantva)으로 받아들인다. 얻은 아我를 도리(dharma)와 '도리가 아닌 것'(adharma)을 행하여 죽이고, 다른 새로운 아我를 얻는다. 이렇게 거듭거듭 다른 아我를 얻고 그 아我를 죽인다. 그래서 모든 무지한 자는 '아我를 죽이는 자'(ātmahā)이다. 알지 못하는 자들은 무명(avidyā)無明으로 인해 그 '지고의 사물인 아我'(paramārthātman) 마저도 존재하는 결과가 없게 함으로써 모두가 '아我를 죽이는 자'들이다. 그러나 앞에서 언급한 대로 '아我를 보는 자'(ātmadarśin)는 아我로써 아我를 해치지 않는다. 그래서 그에게는 '지고의 경지'라는 결과가 생겨난다.

1106 샹까라에 의하면 행위들(karmāṇi)은 말(vāc)과 마음(manas)과 몸(kāya)에서 비롯되는 것들이다.

1107 샹까라에 의하면 자연(prakṛti)은 세존의 '세 가지 성질을 본질로 하는 것'(triguṇātmikā)인 환력(māyā)幻力이다.

1108 샹까라에 의하면 '행해지는 것들'(kriymāṇāni)은 '이루어지는 것들'(nirvartyamānāni)이다.

1109 라마누자에 의하면 '행위하지 않는 것'(akartṛ)은 '지혜의 형태'(jñānākāra)이다.

1110 샹까라에 의하면 아(ātman)我인 '농지를 아는 자'(kṣetrajña)를 '행위하지 않는 것'인 '모든 한정이 제거된 것'(sarvopādhivivarjita)으로 보는 자, 그가 '지고의 사물을 보는 자'(paramārthadarśin)이다. 라마누자에 의하면 아我를 '지혜의 형태'인 '행위하지 않는 것'으로 보고, 그 아我와 자연과의 연결, 그러한 자연을 바탕으로 삼는 것, 그리고 자연과의 연결에서 생겨나는 기쁨과 고통의 경험, 이 모든 것을 '행위의 형태인 무지가 만들어 낸 것'(karmarūpājñānakṛta)들로 보는 자, 그가 있는 그대로 자리잡은 아我를 보는 자이다.

존재의 각각의 상태가[1111] 한곳에 머문 것을[1112] 보고,[1113] 그리고 그곳에서[1114] 펼쳐지는 것을[1115] 볼 때, 그때 브라흐만을[1116] 이룬다.[1117]

30

꾼띠의 아들이여, 이 '지고의 아我'는 시작이[1118] 없는 것이기 때문

1111 샹까라에 의하면 '존재의 각각의 상태'(bhūtapṛthagbhāva)는 존재들의 개별성(pṛthaktva)이다.

1112 샹까라에 의하면 '한 곳에 머문 것'(ekastha)은 '하나인 아我 안에 머문 것'(ekasmin ātmani sthitam)이다. 라마누자에 의하면 '하나의 실재에 머문 것'(ekatattvastha), 즉, '자연에 머문 것'(prakṛtistha)이다. '아我에 머문 것이 아니다.'(na ātmastham).

1113 샹까라에 의하면 '본다'(paśyati)라는 말의 의미는 경전과 교사(ācārya)敎師의 가르침을 따라 명상하여 "아我가 바로 이 모든 것이다."(ātmaivedaṁ sarvam. : Chāndogya Upaniṣad 7.25.2)라는 말처럼 아我를 직접지각을 통해서 보는 것이다. ; 참된 지혜는 마음으로 헤아리는 것인 추론 등과 같은 생각이 아니라, 마음의 눈이 열려 육신의 눈으로 사물을 보듯이 아我를 직접 보는 것이다. 따라서 직접지각이다.

1114 라마누자에 의하면 그곳(tatra)은 자연(prakṛti)이다.

1115 샹까라에 의하면 '펼쳐지는 것'(vistāra)은 '생겨나는 것'(utpatti)이다.

1116 라마누자에 의하면 브라흐만(brahman)은 '제한되지 않은 하나뿐인 지혜의 형태'(anavacchinnajñānaikākāra)인 아我를 의미한다.

1117 샹까라에 의하면 "아我에서 생기가, 아我에서 희망이, 아我에서 기억이, 아我에서 허공이, 아我에서 열기가, 아我에서 물이, 아我에서 나타남과 사라짐이, 아我에서 곡식이."(ātmataḥ prāṇa ātmata āśātmataḥ smara ātmata ākāśa ātmatasteja ātmata āpa ātmata āvirbhāvatirobhāvātmato'nnam. : Chāndogya Upaniṣad 7.26.1)라는 말처럼 펼쳐지는 것을 볼 때, 그때 '바로 브라흐만이 된다.'(brahma eva bhavati.). ; 고얀다까는 기억(smara)을 생각(saṁkalpa)으로 해석한다. 좋은 해석이다. 기억(smara)의 원어와 동의어인 쓰므리띠(smṛti)는 불경에서 념念으로 번역된다. 념念은 지금今의 마음心이다. 지금 떠오르는 생각이다. 요가철학에 따르면 지금 떠오르는 생각의 모태는 '이전의 행위들이 만들어 낸 잠재인상'(saṁskāra)行業이 변화된 기억(smṛti)이다. 잠재인상들 가운데 기억으로 변화되는 것들을 한정하여 습기(vāsanā)習氣라고 이름한다.

1118 샹까라에 의하면 시작(ādi)은 원인(kāraṇa)이다.

에, 성질이 없는 것이기 때문에 불멸이다.[1119] 몸에 머물러도 행하지 않고, 걸리지 않는다.[1120] 31

모든 곳에 편재한 허공이 미세하여 걸림이 없듯이, 모든 몸에 자리 잡은 아我는 그렇게 걸림이 없다. 32

바라따의 후손이여, 태양 하나가 이 모든 세상을 비추듯이, '농지를 가진 자'는[1121] 그렇게 모든 '농지'를[1122] 비춘다.[1123] 33

1119 샹까라에 의하면 시작이 있는 것은 자기 스스로 줄어든다. 이것은 '시작이 없는 것'(anāditva)이기 때문에 '부분이 없는 것'(niravayaya)이어서 줄어들지 않는다. '성질을 가진 것'(saguṇa)은 성질의 감소로 인해서 줄어든다. 그러나 이것은 '성질이 없는 상태'(nirguṇatva)라서 줄어들지 않는다. 이처럼 이 '지고의 아我'(paramātman)는 불멸(avyaya)이다. 이것에는 감소(vyaya)가 없다.

1120 샹까라에 의하면 아我는 몸(śarīra)들 안에서 얻어지는 것이기 때문에 '몸에 머무는 것'(śrīrastha)이라고 말한다. 이것은 몸에 머물러도 행하지 않는다. '행하는 것'(karaṇa)이 없어서 행위의 결과에도 매이지 않는다. '무명에 불과한 본성'(avidyāmātrasvabhāva)이 행하고 걸리는 작용이 있다. 궁극적인 의미에 있어서 하나인 '지고의 아我'에게는 그러한 작용이 없다. 따라서 '지고의 사물을 온전히 밝혀 관조하는 것'(paramārthasāṁkhyadarśana)에 머물러 '지혜에 충실한 자'(jñānaniṣṭha)들은 '무명無明의 활동을 물리친 자'(tiraskṛtāvidyāvyavahāra)들이라서 이러한 '지고의 인도기러기 유행자'(paramahaṁsaparivrājaka)들에게는 '행위에 의지하는 것'(karmādhikāra)이 없다. ; 인도기러기(haṁsa)는 물에다 우유를 타주면 물에서 우유만을 뽑아내 마신다고 한다. 그래서 인도기러기는 혼탁한 세상 속에서 진리만을 추구하는 자, 거짓과 참을 구별하는 지혜로운 자를 상징한다. '지고의 인도기러기'(paramahaṁsa)는 최고의 수행자에 대한 칭호이다. 유행자(parivrājaka)遊行者는 불경에서 출가외도出家外道로 번역되기도 한다. 즉, 불교가 아닌 다른 종교의 정처 없이 돌아다니는 출가자를 의미한다.

1121 샹까라에 의하면 '농지를 가진 자'(kṣetrin)는 '지고의 아我'(paramātman)다.

1122 샹까라에 의하면 농지(kṣetra)는 13장 5절과 6절에서 언급한 대원소(mahābhūta)들에서 시작하여 지탱(dhṛti)支撐에 이르기까지의 것들이다.

1123 샹까라에 의하면 여기서 태양(ravi)을 예로 든 것은 세상에 태양이 하나이듯이 '모든 농지'(sarvakṣetra)들에 있어서 아我는 하나(eka)라는 것, 그리고 태양이 세상에 붙어있는 것이 아니듯이 아我는 농지들에 붙어있는 것이 아니라는 이 두 가지 의미를 담고 있다. 라마누자에 의하면 조명되는 세상과 조명하는 것인 태양이 전혀 다르듯이 '아는 자의 상태'(veditṛtva)인 '농지를 가진 자'와 '앎의 대상이 되는 것'(vedyabhūta)인 농지는 아주 다른 형태라는 것을 뜻한다. 그리고 비춘다(prakāśayati)는 것은 자신의 지혜(jñāna)로 비춘다는 의미이다.

이처럼 '농지'와 '농지를 아는 자'의 차이를, 그리고 존재의 자연에서[1124] 벗어남을[1125] 지혜의 눈을[1126] 통해 아는 자들은 지고에 이른다.[1127] 34

이상은 성스러운 마하바라타의 비스마 편 서른다섯 번째 장이다.[1128]

1124 샹까라에 의하면 '존재의 자연'(bhūtaprakṛti)은 존재들의 자연(prakṛti)이다. '나타나지 않은 것이라 이름 하는 것'(avyaktākhyā)이며, '무명無明의 형태'(avidyālakṣaṇā)이다. 라마누자에 의하면 '존재의 형태로 변화된 자연'(bhūtākārapariṇataprakṛti)이다.

1125 샹까라에 의하면 벗어남(mokṣa)은 '없음에 도달하는 것'(abhāvagamana)이다. 라마누자에 의하면 '벗어나게 하는 것이 벗어남이다.'(mokṣyate anena iti mokṣaḥ). 이러한 어원에 의해서 벗어남은 '벗어남의 방편'(mokṣasādhana)인 겸손(amānitva)謙遜 등을 뜻한다.

1126 샹까라에 의하면 '지혜의 눈'(jñānacakṣus)에서 지혜(jñāna)는 '경전과 교사의 가르침에서 생겨난 것'(śāstrācāryopadeśajanita)으로 '아我를 분명하게 인식하게 하는 것'(ātmapratyayika)이 지혜(jñāna)이며, 이러한 지혜가 눈(cakṣus)인 것이다. 라마누자에 의하면 '분별을 대상으로 하는 지혜의 형태'(vivekaviṣayajñānākhya)인 눈이다.

1127 샹까라에 의하면 지고(param)는 '지고의 사물의 본질'(paramārthatattva)인 브라흐만(brahman)이다. 브라흐만에 도달한다는 것은 다시 몸(deha)을 가지지 않는다는 의미이다. 라마누자에 의하면 지고는 자신의 모습으로 자리잡은 '제한되지 않은 지혜의 형태'(anavacchinnajñānalakṣaṇa)인 아我이다. 이러한 아我를 얻는다는 의미다.

1128 반다르까르 판본에 따른 내용이다. 그러나 짜우캄바 판본에 따른 내용은 "이상은 성스러운 바가바드기타인 우파니샤드들 가운데 브라흐만에 대한 지혜이며 요가의 경전인 성스러운 끄리스나와 아르주나의 대화에서 '자연과 인아에 대한 분별의 요가'(prakṛtipuruṣavivekayoga)라고 이름하는 열세 번째 장이다." 기타프레스의 샹까라 주석 산스크리트어 힌디어 대역본에 따른 내용은 "이상은 브야싸의 십만 개로 이루어진 결집서인 성스러운 마하바라타의 비스마 편에 있어서 성스러운 바가바드기타인 우파니샤드들 가운데 브라흐만에 대한 지혜이며 요가의 경전인 성스러운 끄리스나와 아르주나의 대화에서 '농지와 농지를 아는 자의 요가'(kṣetrakṣetrajñayoga)라고 이름하는 열세 번째 장이다." 기타프레스의 라마누자 주석 산스크리트어 힌디어 대역본에 따른 내용은 "옴, 그것은 진실한 것! 성스러운 바가바드기타인 우파니샤드들 가운데 브라흐만에 대한 지혜이며 요가의 경전인 성스러운 끄리스나와 아르주나의 대화에서 '농지와 농지를 아는 자의 분위分位의 요가'(kṣetrakṣetrajñavibhāgayoga)라고 이름하는 열세 번째 장이다."

제14장

성스러운 세존께서 말씀하셨습니다.

지혜[1129] 가운데 최고의[1130] 지혜인[1131] 지극한 것을[1132] 다시 말해주리라. 모든 무니牟尼들이[1133] 이를 알아 이후에[1134] 지극한 성취에 이른 것이다.[1135] 1

1129 샹까라에 의하면 여기서 말하는 지혜(jñāna)들은 13장 7절, 8절, 9절, 10절, 11절에서 언급한 겸손(amānitva)謙遜을 비롯한 것들이 아니다. '제사를 비롯한 알아야 할 사물을 대상으로 하는 것'(yajñādijñeyavastuviṣaya)들이다. 이러한 지혜들은 해탈을 위한 것들이 아니다. 그래서 해탈을 위한 지혜를 지극(para)과 최고(uttama)라는 두 낱말을 통해서 칭송하여 청자의 마음에 관심을 불러일으키는 것이다. 라마누자에 의하면 여기서 지혜는 '자연과 인아人我를 대상으로 하는 지혜'(prakṛtipuruṣaviṣayajñāna)를 의미한다.

1130 샹까라에 의하면 '결과가 최고인 것'(uttamaphalatva)이기 때문에 최고(uttama)다.

1131 라마누자에 의하면 여기서 지혜는 '자연과 인아를 포함하는 것'(prakṛtipuruṣāntargata)이며, '진성을 비롯한 성질을 대상으로 하는 것'(sattvādiguṇaviṣaya)인 지혜이다.

1132 샹까라에 의하면 '지고의 사물을 대상으로 하는 것'(paravastuviṣayatva)이기 때문에, '지극한 것'(param)이다. 라마누자에 의하면 '지극한 것'은 앞에서 언급한 것과는 '다른 것'(anyat)을 의미한다. ; '지극한 것'의 원어인 빠람(param)은 중성명사로 '지고, 지고의 영혼, 지복, 미래' 등을 의미한다. 아울러 빠람은 빠라(para)의 형용사 형태이기도 하다. 빠라(para)는 형용사로 '다른, 먼, 너머, 다음, 월등한, 높은, 지고의, 종국의' 등의 사전적인 의미를 가진다.

1133 샹까라에 의하면 무니(muni)牟尼는 '명상을 즐기는 자'(mananaśīla)들로 '모든 것을 확실히 내던져 버린 자'(saṁnyāsin)들이다. ; 여기서 샹까라는 무니의 어원을 '명상, 사량思量'(manana)에서 유래하는 것으로 본다.

1134 샹까라에 의하면 이후(itaḥ)는 '이 몸의 얽매임 이후에'(asmād dehabandhanād ūrdhvam)라는 의미이다. 라마누자에 의하면 '윤회의 바퀴로부터'(saṁsāramaṇḍalāt)라는 의미이다.

1135 샹까라에 의하면 '지극한 성취에 이르렀다'(parāṁ siddhiṁ gatāḥ)라는 것은 '해탈이라고 하는 것을 얻었다'(mokṣākhyāṁ prāptāḥ)라는 의미이다. 라마누자에 의하면 '전체적으로 순수한 아我의 본모습을 얻은 형태인 성취를 획득했다.'(pariśuddhātmasvarūpaprāptirūpāṁ siddhim avāptāḥ)는 의미이다.

이 지혜에 의지해[1136] 나와[1137] 동일한 특질의 상태에[1138] 도달한 자들은 창조의 때에도 태어나지 않고, 멸망의 때에도[1139] 흔들리지 않는다. 2

바라따의 후손이여, 큰 것인 브라흐마는 나의 자궁이다.[1140] 그곳에

1136 샤까라에 의하면 '지혜에 의지해'(jñānamupāśritya)는 '지혜의 방편을 실행해'(jñānasādhana-manuṣṭhāya)라는 의미이다.

1137 샤까라에 의하면 '나'[끄리스나]는 '지고의 자재자'(parameśvara)이다.

1138 샤까라에 의하면 '동일한 특질의 상태'(sādharmya)는 '특질이 동일한 상태'(samānadhar-matā)가 아니라, '나[끄리스나]의 본모습의 상태'(matsvarūpatā)를 의미한다. '바가바드기타의 가르침'(gītāśāstra)에는 '농지를 아는 자'(kṣetrajña)와 자재자의 차이가 용납되지 않기 때문이다. 라마누자에 의하면 '동일한 특질의 상태'는 동일함(sāmya)이다.

1139 샤까라에 의하면 '멸망의 때'(pralaye)는 '브라흐마도 멸하는 시간'(brahmaṇaḥ api vināśakāle)이다. ; 여기서 브라흐마는 남성명사로 창조의 신인 브라흐마(Brahmā)이다.

1140 샤까라에 의하면 '세 가지 성질을 본질로 하는 것'(triguṇātmikā)이며 나[끄리스나]의 환력(māyā)幻力이고 자연(prakṛti)인 것이 모든 존재의 자궁(yoni)이다. 이것은 모든 결과보다 '광대한 것'(mahattva)이기 때문에 '큰 것'(mahat)大이고, '자신의 변화'(svavikāra)들을 '유지하고 양육하는 것'(bharaṇa)이기 때문에 브라흐마(brahma)이다. 라마누자에 의하면 7장 4절과 5절에서 "흙, 물, 불, 바람, 허공, 마음, 지성, 자의식, 이렇게 여덟 가지로 나누어진 것이 나의 자연이다." "이것은 열등한 것이다." 이렇게 언급한 '정신이 없는 것'(acetanā)인 자연(prakṛti)이 '큰 것'(mahat)大과 자의식(ahaṁkāra)自意識 등등의 원인의 상태이기 때문에 '큰 것인 브라흐마'(mahadbrahma)라고 말한다. 이것이 모든 세상의 '자궁이 되는 것'(yonībhūta)이다. ; 브라흐마(brahma)는 브라흐만(brahman)의 주격단수 형태이다. 브라흐만은 '자라다, 증가하다, 큰 소리를 내다' 등을 의미하는 어근 브리흐(bṛh)에서 파생된 낱말이다. 브라흐만은 중성명사로 '예배, 성스러운 삶, 찬가, 기도, 성서, 주문呪文, 옴(ॐ), 베다, 신학, 절대자, 지고의 존재, 순결, 진리, 영혼, 사제계급인 브라흐마나의 능력' 등을 의미하며, 남성명사로는 '지고의 존재, 기도하는 사람, 사제司祭, 성스러운 지식, 사제계급, 창조주' 등을 의미한다. 브라흐만은 불경에서 '진정眞淨, 묘정妙淨, 청정淸淨, 정결淨潔, 청결淸潔, 적정寂靜, 범천梵天, 범천왕梵天王, 범왕梵王, 대범천왕大梵天王, 범주梵主, 범존梵尊' 등으로 한역되며 '범梵, 범의梵矣, 범마梵摩' 등으로 음차된다.

나는 태를[1141] 놓아 둔다.[1142] 그로부터 모든 존재들의 출생이 생겨난다.[1143] 3

꾼띠의 아들이여, 모든 자궁에[1144] 생겨나는 형상들, 그들의 자궁은[1145] 큰 것인 브라흐마다. 나는[1146] 씨앗을 주는 자인[1147] 아버지다. 4

긴 팔을 가진 자여, 진성, 동성, 암성인 성질들은 자연에서 생겨난

1141 샹까라에 의하면 태(garbha)[胎]는 금태(hiraṇyagarbha)[金胎, 金藏]의 출생의 씨앗(bīja)이며, '모든 존재의 출생의 원인'(sarvabhūtajanmakāraṇa)인 씨앗이다. 라마누자에 의하면 7장 5절에서 "이것보다 우월한 나의 다른 자연을, 생명이 된 것을 알아라." 이렇게 언급한 '정신이 있는 집적의 형태'(cetanāpuñjabhūtā)인 자연이 모든 생명체의 씨앗의 상태이기 때문에 '태'라는 낱말로 말해진다.

1142 샹까라에 의하면 나[끄리스나]는 '농지와 농지를 아는 자인 자연의 두 힘을 가진 자'(kṣetrakṣetrajñaprakṛtidvayaśaktimat)인 자재자(īśvara)이다. 이러한 나[끄리스나]는 '무명[無明]과 욕망과 행위와 제한의 본모습에 순응하는 것'(avidyākāmakarmopādhisvarūpānuvidhāyin)인 '농지를 아는 자'를 '농지'와 연결한다. 라마누자에 의하면 자궁이 된 것인 '큰 것인 브라흐마'는 '정신이 없는 것'(acetatna)이다. 이곳에 '정신의 집적 형태'(cetanapuñjarūpa)인 '태'를 나[끄리스나]는 놓는다. 즉, '향유의 터전이 된 것'(bhogakṣetrabhūta)인 '정신이 없는 자연'(acetanaprakṛti)과 '향유자의 부류의 집적이 된 것'(bhoktṛvargapuñjabhūta)인 '정신이 있는 자연'(cetanaprakṛti)을 연결한다.

1143 라마누자에 의하면 나[끄리스나]의 생각으로 만들어진 것인 '두 개의 자연의 연결'(prakṛtidvayasaṁyoga)에 의해서 창조의 신인 브라흐마에서 초목에 이르기까지의 모든 존재가 생겨난다.

1144 샹까라에 의하면 '모든 자궁'(sarvayoni)들은 신과 조상과 인간과 가축과 맹수 등등의 모든 자궁이다.

1145 샹까라에 의하면 여기서 자궁(yoni)[子宮]은 원인(kāraṇa)이다. 라마누자에 의하면 '큰 것'(mahat)[大]에서 시작하여 '다른 것'(viśeṣa)에 이르기까지의 상태인 자연은 나[끄리스나]에 의해서 '정신이 있는 부류'(cetanavarga)와 연결된다. 이러한 상태의 자연이 원인이라는 의미다. 고얀다까에 의하면 '다른 것'은 다섯 개의 지각기관, 다섯 개의 행위기관, 마음, 다섯 개의 지각기관의 대상, 이렇게 모두 열여섯 개를 뜻한다.

1146 샹까라에 의하면 나[끄리스나]는 자재(īśa)[自在]이다.

1147 샹까라에 의하면 '씨앗을 주는 자'(bījaprada)는 수태(garbhādhāna)[受胎]를 하게 하는 자이다. 라마누자에 의하면 행위에 따라서 '정신이 있는 부류'를 각각의 자궁에서 '정신이 없는 자연'과 연결하는 자이다.

것들이며, '몸을 가진 자'인 불멸을 몸에 매어놓는다.[1148] 5

죄 없는 자여, 그 가운데 진성은 무구無垢한 것이기 때문에 빛을 비추는 것, 평안한 것이다. 기쁨에 대한 애착과 지혜에 대한 애착으로

1148 샹까라에 의하면 무릎까지 내려오는 월등한 능력이 있는 팔을 가진 자가 '긴 팔을 가진 자'(mahābāhu)이다. 성질(guṇa)은 형태를 비롯한 것처럼 사물에 의지해 있는 것이 아니다. 성질들은 '농지를 아는 자'(kṣetrajña)에게 항상 종속된 것이지만, 성질은 '무명無明을 본질로 하는 것'(avidyātmaka)이기 때문에 '농지를 아는 자'에 의지해 자신을 드러낸다. 그래서 '농지를 아는 자'를 매어놓는다고 말한다. 자연(prakṛti)은 '세존의 환력'(bhagavanmāyā)幻力이다. '자연에서 생겨난 것'(prakṛtisaṁbhava)들은 '세존의 환력에서 생겨난 것'(bhagavanmāyāsaṁbhava)들이다. '몸을 가진 자'(dehin)는 '시작이 없는 것'(anāditva)이기 때문에 불멸(avyaya)이며, 사실은 매이지 않는 존재이기 때문에 '처럼, 같은'(iva)이라는 낱말을 가져다 넣어서 '매어 놓는 것 같다'(nibadnanti iva)라고 해석해야 한다. 라마누자에 의하면 진성(sattva, sttvaguṇa)眞性, 동성(rajas, rajoguṇa)動性, 암성(tamas, tamoguṇa)闇性, 이렇게 세 성질은 자연의 본모습과 관련된 특별한 본성(svabhāva)이다. 이러한 성질들은 오로지 빛을 비롯한 작용을 통해서 표명되는 것들이다. 성질들은 자연의 상태에서는 나타나지 않으며, 자연의 변화들인 '큰 것'(mahat)大을 비롯한 것들에서 비로소 나타난다. 신과 인간 등등의 몸은 '큰 것'大에서 시작하여 '다른 것'(viśeṣa)에 이르기까지의 것들에 의해서 생겨난 것이다. 이러한 신과 인간 등등의 몸과 관계된 이 '몸을 가진 자'인 불멸은 그 스스로가 성질과 관계되기에는 부적합한 것이다. 그러나 성질들이 '몸을 가진 자'인 불멸을 몸에 '현존하는 상태인 한정'(vartamānatvopādhi)으로서 매어놓는다.

매어둔다.[1149] 6

꾼띠의 아들이여, 애염愛染을[1150] 본질로 하는 동성은[1151] 갈망과 집착에서 생겨난 것임을[1152] 알아라. 그것은 행위에 대한 애착으로 '몸을

1149 샹까라에 의하면 진성(sattva)은 '수정구슬'(sphaṭikamaṇi)처럼 '무구無垢한 것'(nirmalatva)이기 때문에 '빛을 비추는 것'(prakāśaka), '편안한 것'(anāmaya)이다. 이러한 진성이 '기쁨에 대한 애착'(sukhasaṃga)을 통해 '나는 기쁜 자다'(sukhī aham.)라고 대상인 기쁨을 대상을 가진 존재인 자신에게 연결하는 것은 허위(mṛṣā)虛僞이다. 이 허위는 무명(avidyā)無明이다. 대상의 특질(dharma)이 대상을 가진 존재에게 생겨나지는 않기 때문이다. 13장 6절에 언급된 바람(icchā), 싫어함(dveṣa), 기쁨(sukha), 고통(duḥkha), 취집(saṁghāta)聚集, 의식(cetanā), 지탱(dhṛti)은 농지(kṣetra)인 대상의 특질이다. 진성이 대상과 대상을 가진 존재를 분별하지 못하는 형태의 무명을 통해 자기의 아(ātman)我가 아닌 기쁨에 아我를 연결하여 기쁜 자, 기쁘지 않은 자처럼 된다. '지혜에 대한 애착'(jñānasaṃga)에 의한 것도 마찬가지다. 지혜도 기쁨과 동행하는 것이기 때문에 내적기관의 특질이지 아我의 특질이 아니다. 아我의 특질에 애착과 속박은 생겨나지 않기 때문이다. 라마누자에 의하면 진성의 본모습은 '무구한 것'이기 때문에 '빛을 비추는 것'이다. '빛과 기쁨을 덮어버리는 본성이 없는 것'이 '무구한 것'이다. 빛과 기쁨을 생겨나게 하는 유일한 본성의 상태이기 때문에 빛과 기쁨의 원인이 되는 것이라는 의미다. 빛(prakāśa)은 '사물의 실상을 알게 하는 것'(vastuyāthātmyāvabodha)이다. '편안한 것'(anāmaya)은 병(āmaya)病이라는 이름의 작용이 없는 것이다. 즉, '편안한 것'은 '무병의 원인'(arogatāhetu)이다. 진성이라는 이름의 성질은 인아(puruṣa)人我에게 '기쁨에 대한 애착'(sukhasaṁga)과 '지혜에 대한 애착'(jñānasaṁga)이 생겨나게 한다. 지혜와 기쁨에 대한 애착이 생겨나면, 기쁨과 지혜가 생겨나게 하는 세속적인 방편과 베다적인 방편에 몰두하게 된다. 그래서 기쁨과 지혜를 결과로 경험하는 방편이 되는 자궁(yoni) 子宮들에 태어난다. 이처럼 진성은 기쁨과 지혜에 대한 애착으로 인아를 매어둔다. 진성은 '지혜와 기쁨을 생겨나게 하는 것'(jñānasukhajanana)이면서 또한 그 지혜와 기쁨에 대한 '애착을 생겨나게 하는 것'(saṁgajanana)이다.

1150 라마누자에 의하면 애염(rāga)愛染은 남녀의 서로에 대한 욕구(spṛhā)이다.

1151 샹까라에 의하면 동성(rajas)은 '붉은색의 연한 토질의 석회암'(gairika)紅土子을 비롯한 것처럼 '물들게 하는 것'(rañjana)이기 때문에 '애염을 본질로 하는 것'(rāgātmaka)이다. 라마누자에 의하면 '애염을 본질로 하는 것'은 '애염의 원인이 되는 것'(rāgahetubhūta)이다.

1152 샹까라에 의하면 갈망(tṛṣṇā)은 '얻지 못한 것에 대한 희구'(aprāptābhilāṣa)이다. 집착(āsaṃga)은 얻은 대상(viṣaya)에 대한 '기쁨으로 형태'(prītilakṣaṇa)를 이루는 마음의 결합(saṁśleṣa)이다. 라마누자에 의하면 '갈망과 집착에서 생겨난 것'(tṛṣṇāsaṁgasamudbhava)은 '갈망과 애착의 원인이 되는 것'(tṛṣṇāsaṁgahetubhūta)이라는 의미이다. 갈망은 소리를 비롯한 모든 대상에 대한 욕구이다. 집착(āsaṁga)은 애착(saṁga)이며 아들과 친구 등등 관련된 자들과 '연결되고자 하는 욕구'(saṁśleṣaspṛhā)이다.

가진 것'을 물들여 매어둔다.[1153] 7

바라따의 후손이여, 모든 '몸을 가진 자'들을 미혹하게 하는[1154] 암성은 무지에서[1155] 생겨난 것임을 알아라. 그것은 부주의와 게으름과 잠들을 통해 매어둔다.[1156] 8

바라따의 후손이여, 진성은 기쁨에 묶어두고 동성은 행위에 묶어

1153 샹까라에 의하면 '행위에 대한 애착'(karmasaṃga)은 이 세상의 것과 이 세상의 것이 아닌 것들을 위한 행위들에 대한 집착연결(sañjana), 즉, 전념(tatparatā)이다. 이러한 행위에 대한 애착으로 동성은 '몸을 가진 것'(dehin)을 매어둔다. 라마누자에 의하면 동성은 행위(karma), 즉, 활동(kriyā)들에 대한 욕구가 생겨나게 함으로써 '몸을 가진 것'(dehin)을 매어둔다. '몸을 가진 것'은 활동들에 대한 욕구에 의해서 활동들을 시작한다. 활동들은 선과 악의 형태들이다. 그래서 활동들은 선과 악의 결과를 경험하는 방편이 되는 자궁들에 태어나는 원인이 된다. 이처럼 동성은 '행위에 대한 애착'(karmasaṁga)으로 '몸을 가진 것'을 묶어둔다. 동성은 '애염과 갈망에 대한 애착의 원인'(rāgatṛṣṇāsaṁgahetu)이며 행위에 대한 애착의 원인이다.

1154 샹까라에 의하면 '미혹하게 하는 것'(mohana)은 '분별하지 못하게 하는 것'(avivekakara)이다. 라마누자에 의하면 미혹(moha)은 '전도顚倒된 앎'(viparyayajñāna)이다. 따라서 '미혹하게 하는 것'은 '전도된 앎의 원인'(viparyayajñānahetu)을 의미한다. 암성은 '사물의 실상實相을 전도된 대상으로 앎에 의해서 생겨난 것'(vastuyāthātmyaviparītajñānaja)인 '미혹하게 하는 것'이다.

1155 라마누자에 의하면 여기서 무지(ajñāna) 無知는 지혜(jñāna)와는 다른 것을 말한다. 지혜는 '사물의 실상을 알게 하는 것'(vastuyāthātmyāvabodha)이다. 무지는 이와는 다른 것으로 그 사물의 실상이 '전도된 앎'(viparyayajñāna)이다.

1156 라마누자에 의하면 부주의(pramāda)는 해야 할 일이 아닌 다른 것에 몰두하는 원인이 되는 것인 등한시함(anavadhāna)이다. 게으름(ālasya)은 행위들을 시작하지 않는 본성으로서 거오(stabdhatā)倨傲라 이름하는 것이다. 잠(nidrā)은 사람이 기관을 사용하다가 지쳐서 모든 기관의 활동이 멈춘 것이다. 외부기관의 활동이 멈춘 것이 꿈(svapna)이고, 마음마저 멈춘 것이 '꿈이 없는 잠'(suṣupti)이다. 암성은 이러한 부주의와 게으름과 잠의 원인이 되는 것이라서 부주의와 게으름과 잠을 통해서 '몸을 가진 것'을 매어둔다. ; 게으름의 원어인 알라쓰야(ālasya)는 불경에서 '타惰, 나懶, 나타懶惰, 해태懈怠, 해퇴懈退' 등으로 한역된다.

둔다.[1157] 그리고 암성은[1158] 지혜를[1159] 덮어 부주의에[1160] 묶어둔다.[1161] 9

바라따의 후손이여, 동성과 암성을 눌러 진성이, 진성과 암성을 눌러 동성이, 그리고 진성과 동성을 눌러 암성이 생겨난다.[1162] 10

이 몸에 있는 모든 문에서[1163] 빛인 지혜가 생겨날 때, 그때는 진성

1157 라마누자에 의하면 진성(sttva)은 '기쁨에 대한 애착이 승勝한 것'(sukhasaṁgapradhāna)이다. 동성(rajas)은 '행위에 대한 애착이 승한 것'(karmasaṁgapradhāna)이다.

1158 샹까라에 의하면 암성(tamas)은 '덮는 본성'(āvaraṇātman)을 가진 것이다.

1159 샹까라에 의하면 지혜(jñāna)는 '진성이 만든 것'(sattvakṛta)으로 분별(viveka)이다. ; 분별(viveka)은 불경에서 이지간택(지혜로 가려내어 선택함)以智揀擇으로 한역된다. 분별의 원어인 비베까(viveka)에 가장 적확한 의미다.

1160 샹까라에 의하면 부주의(pramāda)不注意는 해야 할 것이 닥쳐도 하지 않는 것이다. ; 부주의의 원어인 쁘라마다(pramāda)는 불경에서 '일逸, 방일放逸, 교일驕逸' 등으로 번역된다.

1161 라마누자에 의하면 암성은 '사물의 실상을 알게 하는 것'(vastuyathātmyajñāna)을 덮어서 '반대된 앎의 원인의 상태'(viparītajñānahetutā)이기에 '해야 할 것과 반대되는 행위에 대한 애착이 승한 것'(kartavyaviparītapravṛttisaṁgapradhāna)이다.

1162 샹까라에 의하면 생겨난다는 것은 늘어난다는 의미이다. 동성과 암성 둘을 눌러 자신의 본성을 획득한 진성은 지혜(jñāna)와 기쁨(sukha)을 비롯한 '자신의 작용'(svakārya)을 시작한다. 동성이 진성과 암성 둘을 눌러 늘어나면, 행위(karma)와 갈망(tṛṣṇā)을 비롯한 자신의 작용을 시작한다. 암성이 진성과 동성 둘을 눌러 늘어나면, '지혜를 덮는 것'(jñānāvaraṇa)을 비롯한 자신의 작용을 시작한다. 라마누자에 의하면 진성을 비롯한 세 가지 성질들은 자연과 접촉한 아我의 본모습에 관련된 것들이지만, 옛 행위에 장악되어서, 그리고 몸을 양육하기 위한 것인 음식의 차이로 인해서 진성을 비롯한 성질들은 서로서로 누르고 증가하는 형태로 작용한다. ; 고얀다까는 '행위(karma)와 갈망(tṛṣṇā)'을 '행위에 대한 갈망'으로 해석한다.

1163 샹까라에 의하면 모든 문은 아(ātman)我의 인식의 문들인 귀를 비롯한 모든 기관(karaṇa)들이다.

또한 늘어난 것이라고 알아라.[1164] 11

바라따족의 황소여, 탐욕,[1165] 활동,[1166] 행위들의 시작,[1167] 평안하지 않음,[1168] 희구,[1169] 이러한 것들이 동성이 늘어나면 생겨난다. 12

꾸루족을 기쁘게 하는 자여, 빛이 없음,[1170] 활동이 없음, 부주의,[1171] 미혹,[1172] 이러한 것들이 암성이 늘어나면 생겨난다. 13

1164 샹까라에 의하면 이 몸에 있는 모든 기관들에 생겨난, 내적기관(antaḥkaraṇa)인 지성(buddhi)의 활동이 빛(prakāśa)이다. 이러한 빛이 '지혜라고 이름하는 것'(jñānākhya)이다. 이러한 빛인 지혜가 늘어나면, '지혜의 빛'(jñānaprakāśa)을 표징으로 삼아 진성이 늘어난 것임을 알아야 한다. ; 여기서 기관은 지각기관을 의미한다. 지성, 자의식, 마음을 내적기관이라고 하며, 지각기관과 행위기관을 외적기관이라고 한다. 지금 샹까라는 지성, 자의식, 마음 가운데 지성만을 내적기관으로 부르고 있다.

1165 샹까라에 의하면 탐욕(lobha)은 '다른 자의 물건을 가지기를 원하는 것'(paradravyāditsā)이다. 라마누자에 의하면 자신의 물건을 '버리지 못하는 성향'(atyāgaśīlatā)이다.

1166 샹까라에 의하면 활동(pravṛtti)은 움직임(pravartana), 즉, '일반적인 움직임'(sāmānyaceṣṭā)이다. 라마누자에 의하면 목표를 지향하지 않음에도 '움직이는 본성'(calanasvabhāvatā)이다.

1167 라마누자에 의하면 '행위들의 시작'(ārambhaḥ karmaṇām)은 결과의 방편이 되는 행위들을 시작하려는 노력(udyoga)이다.

1168 샹까라에 의하면 '평안하지 않음'(aśama)은 '진정되지 않음'(anupaśama)이며 희(harṣa)喜와 애(rāga)愛 등이 일어나는 것이다. 라마누자에 의하면 '평안하지 않음'은 '기관이 멈추지 않는 것'(indriyānuparati)이다.

1169 샹까라에 의하면 희구(spṛhā)는 모든 일반적인 사물을 대상으로 하는 갈망(tṛṣṇā)이다. 라마누자에 의하면 희구는 '대상을 바라는 것'(viṣayecchā)이다.

1170 샹까라에 의하면 '빛이 없음'(aprakāśa)은 지나친 무분별(aviveka)이다. 라마누자에 의하면 '지혜가 일어나지 않는 것'(jñānānudaya)이다.

1171 샹까라에 의하면 부주의(pramāda)는 '활동이 없음'(apravṛtti)의 결과이다.

1172 샹까라에 의하면 미혹(moha)은 무분별한 어리석음(mūḍhatā)이다. 라마누자에 의하면 '반대되는 앎'(viparītajñāna)이다.

'몸을 유지하는 자'가[1173] 진성이 한껏 늘어났을 때 사라짐에[1174] 이르게 되면, 최상의 것을 아는 자들의[1175] 청정清淨한[1176] 세상들을 얻는다.[1177] 14

동성일 때 사라짐에 이르면 행위에 애착하는 자들 안에 태어난다.[1178] 암성일 때 사라진 자는 어리석은 자궁들 안에 태어난다.[1179] 15

선한 행위의[1180] 결과는 진성적이고 무구無垢한 것이라고 말한다.[1181]

1173 샹까라에 의하면 '몸을 유지하는 자'(dehabhṛt)는 아(ātman)我다.

1174 샹까라에 의하면 사라짐(pralaya)은 죽음(maraṇa)이다.

1175 샹까라에 의하면 '최상의 것을 아는 자'(uttamavid)는 '큰 것(mahat)大을 비롯한 실재를 아는 자'(mahadāditattvavid)이다. 라마누자에 의하면 '최상의 실재를 아는 자'(uttamatattvavid), 즉, '아我의 실상을 아는 자'(ātmayāthātmyavid)이다.

1176 라마누자에 의하면 청정(amala)清淨은 '무지가 없는 것'(ajñānarahita)이다.

1177 라마누자에 의하면 진성이 늘어났을 때 죽은 자는 '아我를 아는 자'(ātmavid)들의 집안에 태어나 '아我의 실상에 대한 지혜의 방편'(ātmayāthātmyajñānasādhana)인 '선한 행위'(puṇyakarma)들에 대해 권한을 가지게 된다.

1178 라마누자에 의하면 동성이 늘어났을 때 죽음(maraṇa)을 맞이하면 '행위에 애착하는 자'(karmasaṁgin)들, 즉, '결과를 위해서 행위를 행하는 자들의 집안'에 태어나서 천국 등등의 결과의 방편이 되는 행위들에 대한 권한을 가진다.

1179 라마누자에 의하면 암성이 늘어났을 때 죽은 자는 '어리석은 자궁'(mūḍhayoni)인 '개와 돼지 등의 자궁'(śvaśūkarādiyoni)들 안에 태어나 모든 인생의 목표를 행하기에 적합지 않게 된다. 샹까라에 의하면 '어리석은 자궁'은 '짐승 등의 자궁'(paśvādiyoni)이다.

1180 샹까라에 의하면 선한(sukṛta) 행위는 진성적인(sāttvika) 행위이다.

1181 라마누자에 의하면 진성이 늘어날 때 죽어서 '아我를 아는 자'(ātmavid)의 집안에 태어나 행한 선한 행위, 즉, '결과에 대한 바람이 없는' '나[끄리스나]를 숭배하는 형태'(madārādhanarūpa)의 행위의 결과는 이전의 것보다도 더욱더 진성적인 것이며 '무구無垢한 것'(nirmala)인 '고통의 냄새조차도 없는 것'(duḥkhagandharahita)이 된다.

동성의 결과는 고통이다.[1182] 암성의 결과는 무지다.[1183] 16

진성에서 지혜가[1184] 그리고 동성에서 탐욕이[1185] 생겨난다. 암성에서 부주의와 미혹과 무지가 생겨난다.[1186] 17

진성에 머문 자들은 위로 간다.[1187] 동성적인 자들은 중간에 머문

1182 샹까라에 의하면 동성은 동성의 행위를 의미한다. 결과는 행위에 지배되는 것이기 때문에 결과 또한 원인에 상응함으로써 고통인 '동성적인 것'(rājasa)이다. 라마누자에 의하면 마지막 순간에 동성이 늘어난 결과는 '결과의 방편인 행위에 집착하는 집안'에 태어나는 것이다. 태어나서 결과를 바라는 행위를 하게 되고, 행위의 결과를 경험하고, 그리고 다시 태어나게 된다. 또다시 동성이 늘어나고, 결과를 바라는 행위를 하는 계통적으로 연이어지는 형태의 이러한 '윤회적인 것'(sāṁsārika)은 '대체로 고통스러운 것'(duḥkhaprāya)이다.

1183 샹까라에 의하면 암성은 암성적인(tāmasa) 행위이다. 암성적인 행위는 '도리에 어긋나는'(adharma) 행위이다. 라마누자에 의하면 마지막 순간에 암성이 늘어난 결과는 '무지無知의 계통적으로 이어지는 형태'(ajñānaparamparārūpa)이다.

1184 라마누자에 의하면 지혜(jñāna)는 '아我의 실상에 대한 목격의 형태'(ātmayāthātmyāparokṣyarūpa)이다. ; 참된 지혜는 마음으로 헤아리는 것이 아니라, 마음의 눈이 열려 마치 눈으로 보는 것과 같은 직접지각의 형태이다.

1185 라마누자에 의하면 탐욕(lobha)은 '천국 등등 결과에 대한 탐욕'(svargādiphalalobha)이다.

1186 라마누자에 의하면 부주의(pramāda)는 '주의하지 않음으로 인해서 옳지 않은 행위에 종사하는 것'이다. 미혹(moha)은 부주의에서 생겨나는 것으로 '전도顚倒된 지혜'(viparītajñāna)이다. 미혹보다 더욱더 많은 암성에서 무지(ajñāna)無知가 생겨난다. 무지는 '지혜가 없는 것'(jñānābhāva)이다.

1187 샹까라에 의하면 '진성에 머문 자'(sattvastha)들은 '진성의 작용에 머문 자'(sattvaguṇavṛttastha)들이다. 이들은 '위로 간다'(ūrdhvaṁ gacchanti), 즉, '신의 세계'(devaloka) 등에 태어난다. 라마누자에 의하면 '위로 간다'는 것은 차례로 '윤회의 속박'(saṁsārabandha)에서 해탈(mokṣa)에 이른다는 것을 의미한다.

다.[1188] 천한 성질의 작용에[1189] 머문 암성적인 자들은 아래로 간다.[1190] 18

'보는 자'가 성질들 말고는 다른 행위자가 없다는 것을 보고, 그리고 성질들 너머의 것을 알면, 그는 나의 상태에 도달한다.[1191] 19

'몸을 가진 자'는 몸을 생겨나게 하는 것들인 이 세 성질을 넘어가

1188 샹까라에 의하면 '중간에 머문다'(madhye tiṣṭhati)는 것은 인간(manuṣya)들 가운데 태어난다는 것이다. 라마누자에 의하면 '중간에 머문다'는 것은 '다시 되돌아오는 형태의 상태'(punarāvṛt-tirūpatā)로 인해서 '대체로 고통스러운 것'(duḥkhaprāya)이다.

1189 샹까라에 의하면 '천한 성질의 작용'(jaghanyaguṇavṛtti)은 암성의 작용인 잠(nidrā), 게으름(ālasya) 등이다. 암성이 천한 성질이다. 라마누자에 의하면 '천한 성질의 작용'은 '더욱더 열등한 암성의 작용'을 의미한다.

1190 샹까라에 의하면 '아래로 간다'(adho gacchanti)는 것은 짐승(paśu) 등으로 태어난다는 것이다. 라마누자에 의하면 '가장 천한 자의 상태'(antyajatva), 그로부터 '축생의 상태'(tiryaktva), 그로부터 '벌레와 곤충 등으로 태어남'(kṛmikīṭādijanma), 그로부터 '식물계의 상태'(sthāvaratva), 그로부터도 또한 '관목과 덩굴의 상태'(gulmalatātva), 그리고 그로부터 '바위, 나무, 흙덩어리, 지푸라기 등의 상태'(śilākāṣṭhaloṣṭatṛṇāditva)로 간다는 의미이다.

1191 샹까라에 의하면 '보는 자'(draṣṭā)인 '앎이 있는 자'(vidvān)가 원인과 결과와 대상의 형태로 변화된 성질들 외의 다른 행위자를 보지 않으면, 즉, '모든 상태'(sarvāvasthā)의 성질들이 모든 행위의 행위자라는 것을 보면, 그리고 성질들과는 다른 것인 '성질의 작용을 바라보는 존재'(guṇavyāpārasākṣibhūta)를 보면, 그 '보는 자'는 '나[끄리스나]의 상태'(madbhāva)에 도달한다. 라마누자에 의하면 '진성적인 음식의 섭취'(sāttvikāhārasevā)에 의해서 그리고 '결과에 대한 바람이 없는 것인, 세존에 대한 숭배의 형태인 행위'들을 통해서 진성과 동성을 전적으로 제압하여 '진성이 수승한 상태에 도달한 자'(utkṛṣṭasattvaniṭha)인 '보는 자'가 성질들 외의 다른 행위자를 보지 않으면, 즉, 성질들이 바로 자기의 성질들에 따른 활동에 있어서 행위자들이라는 것을 보게 되면, 그리고 행위자들인 성질들과는 다른 것인 '지고의 아[我]'(paramātman)는 행위자가 아니라는 것을 알게 되면, 그러한 자는 '나[끄리스나]의 상태'에 도달한다. 본래 '본질이 온통 청정한 것'(pariśuddhasavabhāva)인 아[我]의 다양한 행위들에 있어서 '행위자의 상태'(kartṛtva)는 각각 이전의 행위의 뿌리인, '성질에 대한 애착'(guṇasaṁga)이 원인이다. 그러나 본래 아[我]는 '제한되지 않은 단일한 지혜의 형태'(aparic-chinnajñānaikākāra)이다. 이렇게 아[我]를 보게 될 때, 그때 '나[끄리스나]의 상태'에 도달한다.

서, 태어남과 죽음과 늙음의 고통에서 벗어나 불사를 누린다.[1192] 20

아르주나가 말했습니다.

주여, 이 세 성질을 벗어난 자는 어떤 특징들을 가지고 있습니까? 행실은 어떻습니까? 어떻게 이 세 성질을 벗어납니까? 21

성스러운 세존께서 말씀하셨습니다.

빤두의 아들이여, 빛과 활동과 미혹이 일어나는 것을 싫어하지도 않고, 물러나는 것을 바라지도 않는다.[1193] 22

무심한 듯이 앉아 성질들에 의해 동요되지 않는 자, "성질들이 작

1192 샹까라에 의하면 '환력幻力에 의해 한정된 것'(māyopādhibhūta)들이며, '몸이 생겨나는 씨앗이 되는 것'(dehotpattibījabhūta)들인 세 가지 성질들을 '몸을 가진 자'(dehin)는 살아있으면서 넘어가서, 살아있으면서 태어남(janma)과 죽음(mṛtyu)과 늙음(jarā)의 고통에서 벗어나 '아는 자'(vidvad)가 되어 불사(amṛta)를 누린다. 이렇게 '나[끄리스나]의 상태'에 도달한다. 라마누자에 의하면 '몸을 가진 자'는 '몸의 형태로 변화된 자연에서 생겨난 것'(dehākārapariṇataprakṛtisamudbhava)들인 이 진성을 비롯한 세 성질을 벗어나, 이 성질들과는 다른 것인 '단일한 지혜의 형태'(jñānaikākāra)인 아我를 보아 태어남과 죽음과 늙음의 고통에서 벗어나 불사인 아我를 누린다. 이것이 '나[끄리스나]의 상태'라는 의미이다.

1193 샹까라에 의하면 빛(prakāśa)은 진성의 결과이고, 활동(pravṛtti)은 동성의 결과이고, 미혹(moha)은 암성의 결과이다. '성질을 벗어난 자'(guṇātīta)는 이러한 것들이 '온전한 대상의 상태'(samyagviṣayabhāva)로 생겨난 것을 싫어하지 않는다. 진성적이거나 동성적이거나 암성적인 사람들은 진성적이거나 동성적이거나 암성적인 결과들이 자신에게 나타난 다음 물러난 것들을 원한다. 그러나 성질을 벗어난 자는 이렇게 물러난 것들을 원하지 않는다. 빛을 본질로 하는 진성적인 성질은 분별성(vivekatva)을 만들어 내어 기쁨에 연결하여 속박하기 때문에 성질을 벗어나지 못한 자는 빛을 싫어한다. 동성적인 것인 활동은 고통을 본질로 하는 것이다. 그러한 동성에 작용되어 자신의 본래 상태에서 벗어나 괴로움이 생기기 때문에 성질을 벗어나지 못한 자는 활동을 싫어한다. 암성적인 인식(pratyaya)이 생겨나서 자신이 어리석다고 여기기 때문에 성질을 벗어나지 못한 자는 미혹을 싫어한다.

용하는 것이다"라며 안정하는 자, 흔들리지 않는 자[1194] 23

고통과 기쁨에 대해 동일한 자,[1195] 자신에 머무는 자,[1196] 흙덩이와 돌과 황금에 대해 동일한 자, 좋아하는 것과 싫어하는 것에 대해 마찬가지인 자, 현명한 자,[1197] 자신에 대한 비난과 칭찬에 대해 마찬가지인 자, 24

존경과 모욕에 대해 마찬가지인 자,[1198] 친구와 적 편에 대해 마찬가지인 자, 기도企圖한 모든 일을 버리는 자,[1199] 이러한 자가 성질을 벗어난 자라 말해진다. 25

1194 샹까라에 의하면 '무심한 자'(udāsīna)가 그 누구의 편도 들지 않듯이 '성질을 벗어나는 방편의 길'(guṇātī topāyamārga)에 자리잡아 앉은 자, 즉, '아我를 아는 자'(ātmavid)인 '온전히 내던져 버린 자'(saṁnyāsin)는 '분별하여 보는 상태'(vivekadarśanāvasthā)로부터 성질들로 인해서 동요되지 않는다. 원인과 결과와 대상의 형태로 변화된 성질들이 다른 것이 다른 것에 대해 작용하는 것이라며 안정하는 자는 움직이지 않는다. 즉, '자신의 모습에 머문 자'(svarūpāvastha)가 된다. 다른 판본에 따르면 '안정하는 자'(yo'vatiṣṭhati)는 '실행하는 자'(yo'nutiṣṭhati)가 된다.

1195 라마누자에 의하면 '고통과 기쁨에 대해 동일한 자'(samaduḥkhasukha)는 고통과 기쁨에 대해서 마음이 동일한 자이다.

1196 샹까라에 의하면 '자신에 머무는 자'(svastha)는 자신(sva)인 아(ātman)我에 머물러 '기쁜 자'(prasanna)이다. 라마누자에 의하면 '자신에 머무는 자'는 '자신의 아我 하나만을 사랑하는 상태'(svātmaikapriyatva)이기 때문에 아我 이외의 것인 아들 등의 출생과 죽음 등으로 인한 기쁨과 고통에 대해 '마음이 동일한 자'(samacitta)이다.

1197 샹까라에 의하면 '현명한 자'(dhīra)는 '지혜로운 자'(dhīmān)이다. 라마누자에 의하면 '자연과 아我에 대한 분별능력이 있는 자'(prakṛtyātmavivekakuśala)이다.

1198 샹까라에 의하면 마찬가지(tulya)는 '변화가 없는 것'(nirvikāra)이다.

1199 샹까라에 의하면 '기도企圖한 모든 일을 버리는 자'(sarvārambhaparityāgin)는 단지 몸을 유지하기 위해서 하는 일 외에는 이 세상과 다른 세상의 것들을 목적으로 시작한 '모든 일을 버리는 자'(sarvakarmaparityāgin)이다.

오락가락하지 않는 신애의 요가를[1200] 통해 나를[1201] 가까이하는 자, 그는 이러한 성질들을 온전히 벗어나 브라흐만이 되기에[1202] 합당하다.[1203] 26

나는[1204] 불사이고[1205] 불변이며 항상하고 도리이고[1206] 절대적인 기

1200 샹까라에 의하면 '공경, 친근, 상응'(bhajana)恭敬, 親近, 相應이 신애(bhakti)信愛이며 신애가 요가인 것이 '신애의 요가'(bhaktiyoga)이다. 이것은 출가자(yati) 혹은 행위자(karmin)가 행하는 것이다.

1201 샹까라에 의하면 나[끄리스나]는 모든 존재의 심장에 깃들은 자재자인 나라야나(Nārāyaṇa)이다.

1202 샹까라에 의하면 '브라흐만이 되는 것'(brahmabhūya)은 '브라흐만으로 존재하는 것'(brahmabhavana)이며 해탈(mokṣa)이다. ; 고얀다까는 '브라흐만이 되는 것'(brahmabhūya)을 '브라흐만의 세상'(brahmaloka)을 얻는 것으로 해석한다.

1203 라마누자에 의하면 자연과 아我에 대한 분별을 추구하는 것만으로는 성질을 벗어나지 못한다. 왜냐하면, 이러한 분별은 무시이래로 일어난 '전도된 습기'(viparītavāsanā)에 의해 가로막힐 수가 있기 때문이다. 그러나 '생각한 것이 진실로 이루어지는 자'(satyasaṁkalpa)이며, '지극히 자비로운 자'(paramakāruṇika)이며, '귀의한 자를 자식으로 사랑함이 바다인 자'(āśritavātsalyajaladhi)인 나[끄리스나]를 '오락가락하지 않는'(avyabhicāra), 즉, '전적으로 특별한'(aikāntikaviśiṣṭa) 신애의 요가를 통해서 모시는 자는 벗어나기 힘든 성질들을 벗어나 '브라흐만의 상태에 적합한 자'(brahmabhāvayogya)가 된다. 즉, 불사(amṛta)이며 불변(avyaya)인 '있는 그대로 자리잡은'(yathāvasthita) 아我를 얻는다.

1204 샹까라에 의하면 나[끄리스나]는 '개별적인 아我'(pratyagātman)이다.

1205 샹까라에 의하면 불사(amṛta)는 '불멸하는 것'(avināśin)이다.

1206 샹까라에 의하면 도리(dharma)는 '도리를 통해 얻어야 할 지혜의 요가'(jñānayogadharmaprāpya) 혹은 '지혜에 충실함'(jñānaniṣṭhā)이다.

뿐인[1207] 브라흐만의 바탕이기 때문이다.[1208] 27

이상은 성스러운 마하바라타의 비스마 편 서른여섯 번째 장이다.[1209]

1207 샹까라에 의하면 절대적인(aikāntika) 기쁨(sukha)은 '오락가락하지 않는'(avyābhicārin) '환희의 형태'(ānandarūpa)이다.

1208 샹까라에 의하면 브라흐만은 '지고의 아我'(paramātman)이며, '개별적인 아我'는 '올바른 지혜'(samyagjñāna)에 의해서 '지고의 아我'로 확정되기 때문에 '개별적인 아我'가 불사 등을 본질로 하는 '지고의 아我'의 바탕(pratiṣṭhā)이다. '자재자의 힘'(īśvaraśakti)을 통해 신애자(bhakta)信愛者에게 은총 등을 베풀기 위해 브라흐만은 움직인다. 이러한 자재자의 힘이 브라흐만이며 바로 나[끄리스나]다. 힘과 힘을 가진 자는 다르지 않기 때문이다. 혹은 브라흐만은 '차별이 동반된'(savikalpaka) 브라흐만을 의미하며, '차별이 동반되지 않은'(nirvikalpaka) [브라흐만인] 나[끄리스나]는 그러한 브라흐만의 바탕이란 것을 뜻한다. 라마누자에 의하면 오락가락하지 않는 신애를 통해서 모셔진 나[끄리스나]는 불사(amṛta)와 불변(avyaya)인 브라흐만의 바탕(pratiṣṭhā)이다. 그리고 항상한 법도(dharma)法道, 즉, '비할 바 없는 항상한 자재력'(atiśayitanityaiśvarya)의 바탕이다. 그리고 완전한 기쁨의 바탕이다. 성질을 벗어나고, 그로 인해서 '브라흐만의 상태'(brahmabhāva)에 이르는 것은 '세존에게 헌신함이라는 단 하나의 방편'(aikāntabhagavatprapattyekopāya)만이 있을 뿐이다.

1209 반다르까르 판본에 따른 내용이다. 그러나 짜우캄바 판본에 따른 내용은 "이상은 성스러운 바가바드기타인 우파니샤드들 가운데 브라흐만에 대한 지혜이며 요가의 경전인 성스러운 끄리스나와 아르주나의 대화에서 '자연과 인아에 대한 분별의 요가'(prakṛtipuruṣavivekayoga)라고 이름하는 열네 번째 장이다." 기타프레스의 샹까라 주석 산스크리트어 힌디어 대역본에 따른 내용은 "이상은 브야싸의 십만 개로 이루어진 결집서인 성스러운 마하바라타의 비스마 편에 있어서 성스러운 바가바드기타인 우파니샤드들 가운데 브라흐만에 대한 지혜이며 요가의 경전인 성스러운 끄리스나와 아르주나의 대화에서 '세 성질에 대한 분위分位의 요가'(guṇatrayavibhāgayoga)라고 이름하는 열네 번째 장이다." 기타프레스의 라마누자 주석 산스크리트어 힌디어 대역본에 따른 내용은 "옴, 그것은 진실한 것! 성스러운 바가바드기타인 우파니샤드들 가운데 브라흐만에 대한 지혜이며 요가의 경전인 성스러운 끄리스나와 아르주나의 대화에서 '세 성질에 대한 분위의 요가'라고 이름하는 열네 번째 장이다."

제15장

성스러운 세존께서 말씀하셨습니다.

뿌리가 위에 있고[1210] 가지가 아래에[1211] 있으며, 잎사귀들이 운율들인

1210 샹까라에 의하면 시간보다도 '미세한 것'(sūkṣmatva)이기 때문에, '원인인 것'(kāraṇatva)이기 때문에, '항상한 것'(nityatva)이기 때문에, 그리고 '위대한 것'(mahattva)이기 때문에 '나타나지 않은 환력[幻力]의 힘을 가진'(avyaktamāyāśaktimat) 브라흐만은 '위에 있는 것'(ūrdhva)이라고 말한다. 그러한 브라흐만을 뿌리로 가진 것이기 때문에 '윤회의 나무'(saṁsāravṛkṣa)는 '뿌리가 위에 있는 것'(ūrdhvamūla)이다. 『까타 우파니샤드』(2.6.1)에서도 "위로 뿌리가, 아래로 가지가 있다."(ūrdhvamū-lo'vākśākhaḥ.)라고 말한다. 라마누자에 의하면 일곱 세상의 위에 자리잡은 얼굴이 넷인 창조의 신인 브라흐마(Brahmā)가 시작인 것이기 때문에 '뿌리가 위에 있는 상태'(ūrdhvamūlatva)이다. ; 일곱 세상은 아래에서 위로 차례로 부르(bhūr), 부와르(bhuvar), 쓰와르(svar), 마하르(mahar), 자나쓰(janas), 따빠쓰(tapas), 싸뜨얌(satyam) 이라는 이름의 세상들이다. 첫 번째 세상인 부르는 지상의 세상이며 뒤로 갈수록 더욱더 높은 하늘의 세상이다. 마지막인 싸뜨얌이 가장 높은 하늘의 세상이며, 창조의 신인 브라흐마의 세상이다.

1211 샹까라에 의하면 뿌리가 위에 있는 나무는 '윤회의 환력[幻力]으로 이루어진 것'(saṁsāramāyāmaya)이다. '큰 것'(mahat)[大], 자의식(ahaṁkāra)[自意識], 유(tanmātra)[唯] 들이 가지들처럼 이 나무의 아래에 있어서 가지가 아래라고 말한다. 라마누자에 의하면 땅에 거주하는 모든 사람(nara), 가축(paśu), 맹수(mṛga), 새(pakṣin), 벌레(kṛmi), 곤충(kīṭa), 나방(pataṁga), '움직이지 못하는 것'(sthāvara)에 이르기까지의 상태로 인해서 '가지가 아래에 있는 상태'(adhaḥśākhatva)이다. ; 나방의 원어인 빠땅가(pataṁga)는 메뚜기를 의미하기도 한다.

[1212] 보리수를[1213] 불멸이라고[1214] 말한다. 그 보리수를 아는 자가 베다를 아는 자다.[1215] 1

이것의 가지들은 성질에 의해 자라나 아래로 위로 뻗어있고 새싹

1212 샹까라에 의하면 운율들(chandāṁsi)은 리그(ṛc), 야주(yajus), 싸마(sāman)의 형태들인 베다들이다. 운율들은 '덮어 감추는 것'(chādana)이기 때문에 운율들이다. 잎사귀들이 나무를 온전히 보호하기 위한 것이듯이 베다들은 '도리와 도리가 아닌 것, 도리와 도리가 아닌 것의 원인과 결과를 밝히기 위한 것'(dharmādharmataddhetuphalaprakāśanārthatva)이기 때문에 윤회의 나무를 온전히 보호하기 위한 것들이다. 라마누자에 의하면 '윤회의 나무'(saṁsāravṛkṣa)는 '소망하는 것을 위한 행위'(kāmyakarma)들에 의해서 자라난다. 베다는 소망하는 것을 얻는 행위들을 알려준다. 따라서 베다인 운율들이 나무가 양분을 흡수하는 잎사귀로 표현된다.

1213 보리수의 원어는 아스와뜨타(aśvattha)이며, 학명은 Ficus religiosa이다. 불경에서는 '길상수吉祥樹, 길안吉安' 등으로 한역된다. 영어로는 성무화과수(the holy fig tree)聖無花果樹라고 한다. 원어인 아스와뜨타는 현대 인도어인 힌디어 사전에는 삐빨(pīpala)이란 단어로 풀이된다. 삐빨(pīpala)이란 나무는 바로 불교에서 말하는 보리수이다. 힌디어 사전에서 삐빨의 동의어로 보디드루마(bodhidruma)라는 단어가 제시된다. 보디드루마는 산스크리트 낱말로 불경에서 '각수覺樹, 보리수菩提樹' 등으로 번역된다. 샹까라에 의하면 보리수의 원어인 아스와뜨타의 어원은 '내일에도 머무는 것이 아니기 때문이다.'(na śvaḥ api sthātā iti)라는 말에서 유래한다. 즉, '찰나지간에 사라지는 것'(kṣaṇapradhvasin)이 보리수의 어원적인 의미이다. 라마누자에 의하면 보리수는 '윤회의 형태'(saṁsārākhya)이다.

1214 샹까라에 의하면 '윤회의 환력으로 이루어진 것'인 '윤회의 나무'는 '시작이 없는 시간부터 자라온 것'(anādikālapravṛttatva)이기 때문에 불멸(avyaya)不滅이다. '몸 등의 연속이 의지하는 곳은 시작과 끝이 없다는 것'(anādyantadehādisantānāśraya)은 널리 알려진 것이다. 그래서 불멸이다. 라마누자에 의하면 집착이 없는 상태가 원인이 되어 생겨나는 '올바른 지혜'(samyagjñāna)가 일어나기 전까지는 흐름의 형태로서 '단절되지 않는 상태'(acchedyatva)이기 때문에 불멸이다.

1215 샹까라에 의하면 윤회의 나무를 뿌리를 포함하여 아는 자가 '베다의 의미를 아는 자'(vedārthavid)이다. 이 윤회의 나무를 뿌리를 포함하여 아는 것 외에는 '알아야 할 것'(jñeya)은 조금도 남아 있지 않다. 그래서 베다의 의미를 아는 자는 '모든 것을 아는 자'(sarvajña)이다. 라마누자에 의하면 베다는 '윤회의 나무'를 베는 방법을 말한다. 베어야 할 것인 나무의 '본모습에 대한 앎'(svarūpajñāna)은 베는 방법을 앎에 있어서 유용하다. 그래서 '이러한 보리수를 아는 자가 베다를 아는 자다.'라고 말한다.

은 대상들이다.[1216] 행위를 따르는 뿌리들은 아래로 인간의 세상에 이어져 있다.[1217] 2

이 나무의 모습은 여기서 그렇게 보이지 않는다. 끝이 없고, 시작이 없고, 지속이 없다.[1218] 뿌리가 잘 자란 이 보리수를 무착無着의 강한 칼

1216 샹까라에 의하면 아래로는 사람에서 시작하여 움직이지 않는 것에 이르기까지, 그리고 위로는 도리(dharma)이며 '우주의 창조자'(viśvasṛja)인 브라흐마(Brahmā)에 이르기까지 각각의 행위(karma)와 학식(śruta)에 따라서 '지혜와 행위의 결과'(jñānakarmaphala)들이 나뭇가지들처럼 뻗어있다. 이것들은 진성과 동성과 암성들이 질료인(upādāna)質料因들이 되어 조대화粗大化한 것들이다. '몸을 비롯한 행위의 결과'(dehādikarmaphala)들인 이 가지들에서 소리를 비롯한 것들인 대상들이 새싹들처럼 싹을 틔운다. 그래서 대상들을 새싹으로 가지고 있는 가지들이다. 라마누자에 의하면 인간 등등이 가지인 이 나무는 각각의 행위에 의해 만들어진 가지들이 다시 사람과 가축 등의 형태로 아래로 뻗어 있다. 그리고 간다르바(gandharva), 약샤(yakṣa)夜叉, 신 등등의 형태로 아래로 뻗어 있다.

1217 샹까라에 의하면 윤회의 나무의 '지고의 뿌리'(paramamūla)인 질료의 원인[진성, 동성, 암성]은 앞에서 언급했다. 지금은 행위의 결과로서 생겨난 습기(vāsanā)習氣들이 뿌리들처럼 '도리와 도리가 아닌 활동의 원인'(dharmādharmapravṛttikāraṇa)들로써 부차적으로 존재하는 것을 말한다. 이 부차적인 뿌리들은 '인간의 세계'(manuṣyaloka)에 '도리와 도리가 아닌 것의 형태'(dharmādharmalakṣaṇa)인 행위에 따라서 생겨나는 것들이다. 인간의 세계는 천신(deva)天神 등에 비해 아래이기 때문에 뿌리들이 아래로 들어가 있다고 말한다. 라마누자에 의하면 '브라흐마의 세계'(brahmaloka)가 뿌리이며 인간이 그 꼭대기인 이 나무는 아래로 '인간의 세계'에도 행위를 따르는 뿌리들이 이어져 있다. 왜냐하면 '인간의 몸의 상태'(manuṣyatvāvasthā)에서 행한 행위들에 의해서 아래로 인간과 가축 등으로 되고, 위로 신 등으로 되기 때문이다.

1218 샹까라에 의하면 이 나무의 설명한 것과 같은 모습은 이곳에서 보이지 않는다. 꿈(svapna), 신기루(marīcyudaka), '환력幻力이 만들어 낸 간다르바의 성'(māyāgandharvanagara)처럼 본질적으로 보면 사라지는 것이기 때문이다. 그래서 종결(paryanta)이며 마침(samāpti)인 끝(anta)이 없고, 여기서부터 비롯된다는 시작(ādi)이 없고, 유지(sthiti)이며 중간(madhya)인 지속(saṁpratiṣṭhā)이 없다. 라마누자에 의하면 이 나무는 얼굴이 넷인 창조의 신인 브라흐마(Brahmā)가 시작인 것이라 뿌리가 위에 있는 것이며, 브라흐마로부터 이어지는 계통의 연속에 의해 인간이 끝인 상태이기 때문에 가지가 아래에 있는 것이다. 그리고 이 나무는 인간의 상태에서 행한 '뿌리가 되는 것'들인 행위들에 의해서 아래로 위로 가지가 뻗어 나간 상태이다. '윤회하는 자'(saṁsārin)들은 나무의 이러한 모습을 모른다. 이 나무의 끝, 즉, 멸(vināśa)滅은 '성질로 이루어진 것인 향유享有'(guṇamayabhoga)들에 집착하지 않음으로써 이루어진다. 윤회하는 자는 이것을 알지 못한다. '성질에 대한 애착'(guṇasaṃga)이 이 나무의 시작이다. 윤회하는 자는 이것을 알지 못한다. 그리고 '아我가 아닌 것'(anātman)에 대해서 '아我라는 자각의 형태'(ātmābhimānarūpa)인 무지(ajñāna)가 이 나무의 지속이다. 윤회하는 자는 이것을 알지 못한다.

로 베어내어,[1219] 3

그리하여[1220] 간 자들이 다시는 되돌아오지 않는 그 자리를 찾아야
한다.[1221] "그로부터 오래된 활동이 펼쳐진 것인 그 최초의 인아에 나
는 이르리라!"[1222] 4

아만我慢과 미혹이 사라진 자들,[1223] 애착이란 잘못을 이겨낸 자들,[1224]

1219 샹까라에 의하면 무착(asaṁga)無着은 아들과 재산과 세상에 대한 희구 등등으로부터 '떨쳐 일어나는 것'(vyutthāna)이다. 강한(dṛḍha) 것은 '지고의 아我를 향한 결심이 견고해진 것'(paramātmābhimukhyaniścayadṛḍhīkṛta)이며, 거듭거듭 '분별의 반복된 수련이라는 숫돌로 날을 세운 것'(vivekābhyāsāśmaniśita)이다. 이러한 '무착의 칼'(asaṁgaśastra)로 윤회의 나무를 씨앗채 뽑아내어라는 의미이다. 라마누자에 의하면 '성질로 이루어진 것인 향유享有에 대한 애착이 없는 형태'(guṇamayabhogāsaṃgākhya)인 칼은 '올바른 앎이 뿌리인 것'(samyagjñānamūla)이다.

1220 라마누자에 의하면 그리하여(tataḥ)는 '대상에 대한 애착이 없음'(viṣayāsaṃga)을 원인으로 해서라는 의미다.

1221 샹까라에 의하면 들어가서는 다시는 윤회를 위해서 되돌아오지 않는 '위스누의 자리'(padaṁ vaiṣṇavam)를 추구해야, 즉 알아야 한다.

1222 샹까라에 의하면 최초에 생겨난 '최초의 것'(ādya)인 그 인아(puruṣa)人我는 바로 앞에서 언급한 그 자리(pada)이다. 따라서 그 인아에 귀의함으로써 그 자리에 이르러야 한다. 이것이 바로 그 자리를 찾는 방법이다. 환술사(aindrajālika)로부터 펼쳐지듯이 그 인아로부터 오래된, 즉, 항구한 '윤회의 환력幻力인 나무의 활동'(saṁsāramāyāvṛkṣapravṛtti)이 펼쳐진다. 라마누자에 의하면 모든 것의 창조자인 '최초의 것'인 인아에서 오래된 것인 '성질로 이루어진 것인 향유에 대한 애착의 활동'(guṇamayabhogāsaṃgapravṛtti)이 펼쳐진다. 9장 10절 "감독자인 나에 의해 자연은 움직이는 것과 움직이지 않는 것을 낳는다." 10장 8절 "내가 모든 것의 근원, 모든 것이 내게서 펼쳐진다." 7장 7절 "이겨 재산을 얻은 자여, 나보다 더 높은 다른 건 아무것도 없다." '이렇게 언급된 최초의 것인 인아에 나는 귀의한다!'라며 귀의해야 한다. 혹은 그로부터(yataḥ)가 아니라 이처럼(iyataḥ)으로 된 판본을 인정하면, 해탈을 원하는 옛사람들의 활동이 오래된 활동이다. 해탈을 원하는 옛사람들은 나[끄리스나]에게 귀의하여 '속박을 벗어난 자'(nirmuktabandha)들이 되었다는 의미다.

1223 라마누자에 의하면 '아만我慢과 미혹이 사라진 자'(nirmānamoha)는 '아我가 아닌 것을 아我로 자각하는 형태인 미혹이 사라진 자'(nirgatānātmātmābhimānarūpamoha)이다.

1224 라마누자에 의하면 '애착이란 잘못을 이겨낸 자'(jitasaṃgadoṣa)는 '성질로 이루어진 것인 향유享有에 대한 애착이라는 형태의 잘못을 이겨낸 자'(jitaguṇamayabhogasaṃgākhyadoṣa)이다.

항상 아我 안에 있는 자들,[1225] 욕망이 벗겨 없어진 자들,[1226] 기쁨과 고통이라는 이름 등을 가진 서로 대립적인 것들에서 벗어난 자들, 어리석지 않은 자들은[1227] 그 불멸의 자리로 간다.[1228] 5

그곳을[1229] 태양도 달도 불도 비추지 못한다.[1230] 가서는 되돌아오지 않는 그곳이 나의 지고의 거처이다.[1231] 6

1225 샹까라에 의하면 '항상 아我 안에 있는 자'(adhyātmanitya)들은 '항상 지고의 아我의 본모습을 관조하는 자'(paramātmasvarūpālocananitya)들이며 '그에 전심하는 자'(tatpara)들이다. 라마누자에 의하면 '아我에 대한 명상에 정진하는 자'(ātmadhyānanirata)다.

1226 라마누자에 의하면 '욕망이 벗겨 없어진 자'(vinivṛttakāma)는 '아我에 대한 명상에 정진하는 것 혹은 아我에 대한 지혜 말고는 다른 욕망이 없어진 자'다.

1227 라마누자에 의하면 '어리석지 않은 자'(amūḍha)는 '아我와 아我가 아닌 것의 본질을 아는 자'(ātmānātmasvabhāvajña)다.

1228 라마누자에 의하면 '제한되지 않은 지혜의 형태'(anavacchinnajñākāra)인 아我를 있는 그대로 얻는다는 의미다.

1229 샹까라에 의하면 그곳은 거처(dhāma)이며, 거처는 '빛의 형태'(tejorūpa)인 자리(pada)이다. 라마누자에 의하면 그곳은 '아我의 빛'(ātmajyotis)이다.

1230 라마누자에 의하면 지혜는 모든 것을 밝히는 것이다. 그러나 외부의 빛들은 대상과 기관의 연결을 방해하는 어둠을 없애는 수단으로써 유용할 뿐이다. 지혜를 밝히는 것은 요가(yoga)다. 그리고 지혜를 막는 것은 '무시이래의 행위'(anādikarma)이다. 세존에 대한 헌신을 뿌리 삼아 생겨나는 '애착이 없음'(asaṃga)無着 등이 무시이래의 행위를 없애는 것이다.

1231 샹까라에 의하면 '나의 지고의 거처'(dhāma paramaṁ mama)는 위스누인 나[끄리스나]의 지고의 자리이다. 라마누자에 의하면 '나의 지고의 거처'는 나[끄리스나]의 위력이 되는 나[끄리스나]의 부분인 지고의 빛이다. 태양을 비롯한 것을 밝히는 것이기 때문에 지고의 상태이다. 태양 등등의 빛들은 '지혜의 빛'(jñānajyotis)을 밝히는 것이 아니다. 지혜만이 모든 것을 밝히는 것이다.

바로 나의[1232] 한 부분이 생명의 세계에[1233] 항구한 생명이 되어[1234] 자연에 자리잡은 마음이 여섯 번째인 기관들을 끌어당긴다.[1235] 7

자재자는[1236] 몸을 벗어나고 얻을 때, 바람이 향기들을 머물러 있는 곳에서 데려가듯이 이것들을 더불어 가져간다.[1237] 8

이것은 청각기관, 시각기관, 촉각기관, 미각기관, 후각기관, 그리고

1232 샹까라에 의하면 나[끄리스나]는 '지고의 아[我]'(paramātman)이다.

1233 샹까라에 의하면 '생명의 세계'(jīvaloka)는 생명들의 세계이다. 즉, 윤회(saṁsāra)이다.

1234 샹까라에 의하면 '생명이 된 것'(jīvabhūta)은 '누리는 자'(bhoktṛ)[享有者], 행위자(kartṛ)로 널리 알려진 '항구한 것'(sanātana)이다. 마치 물에 비친 태양의 한 부분이 물이라는 질료인이 사라지면 태양으로 가 되돌아오지 않듯이 이 한 부분도 아(ātman)[我]와 연결된다. 혹은 마치 그릇 등의 제한(upādhi)에 한정된 그릇 등의 허공은 허공의 한 부분이지만, 그릇 등의 질료인이 사라지면 허공에 이르러 되돌아오지 않는다. 이처럼 바로 앞의 구절에서 '가서는 되돌아오지 않는'(yadgatvā na nivartante)이라고 말한 것은 적합하다.

1235 샹까라에 의하면 '무명[無明]에 의해 만들어진 제한에 의해 한정된 것'(avidyākṛtopādhiparichinna)이 한 부분으로 여겨지는 것이다. 그리고 이것은 나[끄리스나]의 한 부분으로 여겨지는 생명(jīva)이다. 이 생명은 마음이 여섯 번째의 것인 귀를 비롯한 기관들을, 귓구멍(karṇaśaṣkuli)을 비롯한 '자신의 처소'(svasthāna)인 자연(prakṛti)에 자리잡은 기관들을 끌어당긴다. 이렇게 생명은 다가오고 그리고 떠나간다. 라마누자에 의하면 생명은 나[끄리스나]의 항구한 부분이면서 그 어떤 것은 '무시이래의 행위의 형태인 무명'(anādikarmarūpāvidyā)에 싸여 자신의 본모습이 감추어져 있다. 이러한 생명은 '생명의 세계'(jīvaloka)에서 자연의 변화인 신과 인간 등등의 특별한 몸에 위치한 마음을 비롯한 여섯 개의 기관을 끌어당긴다. 그리고 또 어떤 생명은 무명(avidyā)[無明]에서 벗어나 자신의 모습으로 자리잡는다. 그러나 '생명이 된 것'(jīvabhūta)이 지혜와 자재력(aiśvarya)[自在力]이 아주 줄어든 경우에는 '행위를 통해서 얻은 것인 자연의 특별한 변화 형태인 몸'(karmalabdhaprakṛtipariṇāmaviśeṣarūpaśarīra)에 위치한 마음을 위시한 여섯 개의 기관들의 자재자(īśvara)로서 행위에 따라서 그 기관들을 이리저리 끌어당긴다.

1236 샹까라에 의하면 여기서 자재자(īśvara)는 '몸을 비롯한 합성체의 주인'(dehādisaṁghātasvāmin)인 생명(jīva)을 의미한다. 라마누자에 의하면 기관들의 자재자를 의미한다.

1237 샹까라에 의하면 생명이 이전의 몸으로부터 다른 몸을 얻을 때, 그때 생명은 마음이 여섯 번째의 것인 기관들을 온전히 가져간다. 이것은 마치 바람이 머물러 있는 곳인 꽃을 비롯한 것에서 향기들을 가져가는 것과 같다. 라마누자에 의하면 '미세한 원소'(bhūtasūkṣma)와 함께 기관들을 함께 가져간다.

마음에 깃들어 대상들을 누린다.[1238] 9

벗어나는 것을,[1239] 머물러 있는 것을,[1240] 누리는 것을,[1241] 성질과 어울린 것을[1242] 어리석은 자들은[1243] 보지 못한다.[1244] 지혜의 눈을 가진 자들이[1245] 본다.[1246] 10

1238 샹까라에 의하면 이것은 '몸에 머문 것'(dehastha)이다. '몸에 머문 것'은 청각기관(śrotra), 시각기관(cakṣus), 촉각기관(sparśana), 미각기관(rasana), 후각기관(ghrāṇa), 그리고 여섯 번째의 것인 마음(manas)과 함께 자리잡아 소리를 비롯한 대상들을 즐긴다. 라마누자에 의하면 이러한 기관들에 자리잡아 기관들을 각각의 대상에 대한 활동에 어울리게 만들어 소리를 비롯한 대상들을 향유한다. ; 고얀다까에 의하면 몸에 머문 것인 '생명의 아我'(jīvātman)는 귀(śrotra), 눈(cakṣu), 피부(tvacā), 혀(rasanā), 코(nāsikā)들 가운데 각각의 기관(indriya)과 그리고 그 기관과 더불어 마음을 거처로 삼아 소리를 비롯한 대상들을 즐긴다. ; 기관에 마음이 연결되어야 인식하기 때문이다.

1239 샹까라에 의하면 '벗어나는 것'(utkrāmat)은 이전에 얻은 몸을 버리는 것이다.

1240 샹까라에 의하면 '머물러 있는 것'(sthita)은 몸에 머무는 것이다.

1241 샹까라에 의하면 '누리는 것'(bhuñjan)은 소리를 비롯한 것을 인식하는 것이다. 라마누자에 의하면 '성질로 이루어진 것'(guṇamaya)인 대상(viṣaya)을 누리는 것이다.

1242 샹까라에 의하면 '성질과 어울린 것'(guṇānvita)은 기쁨과 고통과 미혹의 형태의 성질들과 연결된 것이다. 라마누자에 의하면 '성질과 어울린 것'은 '진성을 비롯한 성질로 이루어진 것이며 자연의 특별한 변화인 인간의 상태 등등의 형상을 가진 몸덩어리와 연결된 것'이다. ; 기쁨은 진성의 특질, 고통은 동성의 특질, 미혹은 암성의 특질이다.

1243 샹까라에 의하면 '어리석은 자'(vimūḍha)들은 이 세상의 것과 이 세상의 것이 아닌 대상에 대한 향유의 힘에 마음이 이끌려 여러 가지로 '미혹된 자'(mūḍha)들이다. 라마누자에 의하면 '사람의 상태 등등의 몸덩어리를 아我로 자각하는 자'(manuṣyatvādipiṇḍātmābhimānin)들이다.

1244 라마누자에 의하면 '보지 못한다'(nānupaśyanti)는 말은 '자연의 특별한 변화인 사람의 상태를 비롯한 몸덩어리'와는 전혀 다른 것인 '단일한 지혜의 형태'(jñānaikākāra)를 보지 못한다는 것을 의미한다.

1245 샹까라에 의하면 '지혜의 눈을 가진 자'(jñānacakṣus)는 '올바른 앎의 도구에 의해서 생겨난 지혜의 눈을 가진 자'(pramāṇajanitajñānacakṣus)이며 '분별된 시각을 가진 자'(viviktadṛṣṭi)이다. 라마누자에 의하면 '몸덩어리와 아我에 대한 분별을 대상으로 하는 지혜를 가진 자'(piṇḍātmavivekaviṣaya-jñānavat)이다.

1246 라마누자에 의하면 '본다'(paśyanti)는 것은 모든 상태에서도 자연과는 '별개의 종류'(viviktākāra)라는 것을 본다는 것을 의미한다.

노력하는 요가수행자들은 이것이 자신 안에 자리잡은 것을 본다.[1247] 노력해도 마음이 만들어지지 않아 지각이 없는 자들은 이것을 보지 못한다.[1248] 11

온 세상을 비추는 태양에 깃든 빛, 달과 불에 있는 빛, 그 빛은 나의 것임을 알아라.[1249] 12

1247 샹까라에 의하면 요가수행자(yogin)는 '마음이 삼매에 든 자'(samāhitacitta)이다. '이것'(etat)은 현재 언급되고 있는 아(ātman)[我]이다. "이것이 나다."(ayam aham asmi.)라고 이렇게 자신의 지성(buddhi) 안에서 인식한다. 라마누자에 의하면 나[끄리스나]에게 헌신하여 행위의 요가 등에 노력하는 자들은 행위의 요가 등으로 인해 '내적기관에 때가 없는 무구한 자'(nirmalāntaḥkaraṇa)가 된다. 이러한 요가수행자들은 요가라는 형태의 눈을 통해서 자신인 몸 안에 자리잡고 있으면서도 몸과는 별개의 것인 자신의 모습으로 자리잡은 '이것'[아[我]]을 본다.

1248 샹까라에 의하면 고행과 '기관에 대한 승리'(indriyajaya)를 통해서 '마음이 만들어지지 않은 자'(akṛtātman)들, 즉, '마음이 정화되지 않은 자'(asaṁskṛtātmanas)들, 그리고 악행(duścarita)을 멈추지 않아 '고요하지 못하고 교만한 마음을 가진 자'(aśāntadarpātman)들은 '지각이 없는 자'(acetas)들, 즉, '분별하지 못하는 자'(avivekin)들이다. 이들은 '경전을 비롯한 올바른 앎의 도구'(śāstrādip-ramāṇa)들을 가지고 노력해도 이 아[我]를 보지 못한다. 라마누자에 의하면 노력해도 '마음이 만들어지지 않은 자'들은 '나[끄리스나]에 대한 헌신이 없는 자'(matprapattivirahin)들이어서 '마음이 정화되지 않은 자'들이다. 그래서 '아[我]를 관조하는 마음의 능력이 없는 자'(ātmāvalokanasamarthacetorahi-ta)들인 '지각이 없는 자'들이다. 이러한 자들은 노력해도 '이것'을 보지 못한다. ; '이것'(etat)은 아(ātman)[我]이다.

1249 샹까라에 의하면 빛(tejas)은 광(dīpti)[光], 즉, '밝히고 비추는 것'(prakāśa)[明, 照]이고, 나[끄리스나]는 위스누이다. 혹은 빛(tejas)은 '정신의 본질'(caitanyātmaka)인 빛(jyotis)[光明]이다. 태양 등에는 진성(sattva)이 많기 때문이다. 진성은 '몹시 밝히고 비추는 것'(atyantaprakāśa), '몹시 밝은 것'(atyant-abhāsvara)이다. 진성이 태양 등에 비교적 많다는 것이지, 그곳에만 많다는 것은 아니다.

나는 땅으로 들어가 힘으로[1250] 존재들을 지탱한다.[1251] 그리고 진액이 본질을 이루는 달이 되어 모든 약초들을 풍성하게 한다.[1252] 13

나는 와이스와나라가[1253] 되어 생명체들의 몸에 깃들어 생기와 하기와

1250 라마누자에 의하면 힘(ojas)은 나[끄리스나]의 '막힘이 없는 능력'(apratihatasāmarthya)이다.

1251 샹까라에 의하면 존재(bhūta)들은 '움직이는 것과 움직이지 않는 것'(carācara)들인 세상(jagat)이다. 나[끄리스나]는 '욕망과 애愛가 없는 자재자의 힘'(balaṁ kāmarāgavivarjitaṁ aiśvaram)으로 세상을 지탱하기 위해 땅(pṛthvī)에 들어가 무거운 땅을 아래로 떨어지지 않게 그리고 깨지지 않게 한다. 『따잇띠리야 쌍히따』(Taittirīya Saṁhitā : 4.1.8)에 "그것에 의해서 하늘과 무거운 땅이 견고하다."(yena dyorugrā pṛthivī ca dṛḍhā). "그것은 땅을 지탱한다."(sa dādhāra pṛthivīm) 라는 만뜨라(mantra)眞言가 있다. 따라서 땅(gau)大地에 들어가 움직이고 움직이지 않는 존재들을 지탱한다는 것은 적절한 말이다.

1252 샹까라에 의하면 모든 약초(oṣadhi)들은 땅에 생겨난 쌀(vrīhi)과 보리(yava) 등이다. 달(soma)은 모든 '진액의 본질을 이루는 것'(sarvarasātmaka), '진액의 본질'(rasasvabhāva), '모든 진액이 생겨나는 곳'(sarvarasānām ākaraḥ)이다. 그래서 달은 자신의 본질인 진액을 모든 약초에 들어가게 하여 풍성하게 한다. 즉, '진액과 맛을 가진 것'(rasasvādumat)으로 만든다. 라마누자에 의하면 나[끄리스나]는 '불사의 진액으로 된 달'(amṛtarasamayaḥ somaḥ)이 되어 모든 약초를 풍성하게 한다.

1253 샹까라에 의하면 와이스와나라(vaiśvānara)는 '배에 있는 불'(udarasthaḥ agniḥ)이다. 『브리하드아란야까 우파니샤드』(5.9.1)에 "사람 안에 있는 이것, 먹은 음식을 소화시키는 것, 이것은 불이다. 와이스와나라다."(ayam agnirvaiśvānaro yo'yamantaḥ puruṣe yenedamannaṁ pacyate.)라고 언급되어 있다.

[1254] 함께 연결되어 네 종류의 음식을[1255] 소화한다.[1256] 14

1254 『쁘라스나 우파니샤드』(3.5)에 의하면 "항문과 생식기에는 하기[下氣]가 주재하고, 눈과 귀에는 입과 코를 통해 생기[生氣]가 직접 주재하고, 그리고 가운데는 평기[平氣]가 주재한다. 이것은 이 공양한 음식을 고르게 가져간다." 생기(prāṇa)의 어원적인 의미는 '앞으로 움직이는 숨, 수승한 숨'이다. 하기(apāna)의 어원적인 의미는 '아래로 움직이는 숨, 떨어져 나가게 하는 숨'이다. 먹고 마신 것을 온몸에 고르게 가져가는 숨인 평기(samāna)의 어원적인 의미는 '고르게 하는 숨'이다. 우리 몸의 숨은 모두 다섯 가지다. 생기(prāṇa)[生氣], 하기(apāna)[下氣], 평기(samāna)[平氣], 편기(vyāna)[遍氣], 상기(udāna)[上氣]들이다. 상기(udāna)는 '위로 움직이는 숨'이라는 의미를 가진다. 편기(vyāna)는 '다른 방향들로 다양하게 나누어 움직이는 숨'이라는 의미를 가진다. 샹까라에 의하면 생기는 입과 코로 나가며 스스로 황제의 자리에 주재한다. 하기는 생기가 자신을 나눈 것이며, 소변과 대변을 빼주며 주재한다. 평기는 배꼽에 있는 숨이다. 먹고 마신 것을 고르게 가져가기 때문에 평기라고 한다. 편기는 태양에서 햇살들이 모든 곳으로 퍼져 도달하듯이 심장으로부터 모든 곳에 도달하는 경락들에 의해 모든 몸에 두루 퍼져 편재한다. 상기는 '고마운 이라는 이름의 경락'(suṣumnānāḍī) 위에 있으며 발바닥에서 머리끝까지 작용하는 숨이다. 와짜쓰빠띠미슈라(Vācaspatimiśra)는 『요가수트라』1장 36절에 대한 브야싸(Vyāsa)의 주석을 설명하면서 다음처럼 말한다. '배와 가슴 사이에 아래로 얼굴을 한 여덟 개의 꽃잎을 가진 연꽃을 한쪽 콧구멍으로 숨을 내쉬는 호흡법을 통해 얼굴을 위로 향하게 하고는 그 연꽃에 대해 정신을 집중해야 한다. 그 연꽃 가운데는 태양의 훈륜[暈輪]인 아(a) 자이며 깨어 있는 처소라고, 그 위는 달의 훈륜인 우(u) 자이며 꿈의 처소라고, 또 그 위는 불의 훈륜인 마(m) 자이며 꿈 없는 잠의 처소라고, 그 위는 지고의 하늘의 본질인 브라흐만의 소리이며 제4의 처소로 반절단모음이라고 브라흐만을 아는 사람들은 말한다. 그 연꽃의 과피[果皮]에서 위로 향해 태양을 비롯한 훈륜의 가운데를 통과해 가는 것이 범경락(brahmanāḍī)[梵經絡]이며, 그것 위로 감겨 나가는 것이 '고마운 이라는 이름의 경락'이며, 그것에 의해 밖에 있는 태양의 훈륜 등이 관통된다. 바로 그것이 '정신의 장소'(cittasthāna)이다. 그곳에 집중함으로써 요가수행자에게는 정신에 대한 감지(cittasaṁvid)가 생겨난다. 샹까라에 의하면 심장 위에서 시작된 '고마운 이라는 이름의 경락'은 입천장 사이로 지나간다. 심장 위에서 시작되어 입천장 사이의 젖꼭지 같은 것을 통과해 정수리에 도달한 다음 정수리에서 두개골을 양쪽으로 뚫고 나오는 것이 '고마운 이라는 이름의 경락'이다. 이 경락을 통해 마지막 때에 아(ātman)[我]를 통어하여 심장에 결합시켜야 한다. 이 경락을 타고 위로 올라가 태양문(ādityadvāra)[太陽門]을 통해 불사성(amṛtatva)[不死性]과 연결된다.

1255 샹까라에 의하면 '네 종류의 음식'(annaṁ caturvidham)은 '씹지 않고 먹을 수 있는 음식'(bhojya), '씹어 먹는 음식'(bhakṣya), '빨아 먹는 음식'(coṣya), '핥아먹는 음식'(lehya)을 의미한다. 라마누자에 의하면 '네 종류의 음식'은 '고기처럼 씹어 먹는 음식'(khādya), '빨아 먹는 음식'(coṣya), '핥아먹는 음식'(lehya), '마시는 음식'(peya)을 의미한다.

1256 샹까라에 의하면 와이스와나라(vaiśvānara)인 불(agni)을 '먹는 자'(bhoktṛ) 라고, 그리고 먹을 것인 음식을 달(soma)이라고 이렇게 모든 것을 '불과 달'(agnīṣomau) 둘 모두로 보는 자에게는 '음식의 잘못에 걸림'(annadoṣalepa)이 없다.

나는 모두의 심장에 잘 깃들어 있다.[1257] 그래서 내게서 기억과 지혜와 제거가 생겨난다.[1258] 모든 베다를 통해 알아야 할 것이 바로 나다.[1259] 내가 베단따를 만든 자이며,[1260] 베다를 아는 자다. 15

세상에는 멸하는 것과 멸하지 않는 것 이렇게 두 인아[人我]가 있다.[1261] 멸하는 것은 모든 존재들이라고,[1262] 멸하지 않는 것은 꼭대기

1257 라마누자에 의하면 존재들의 '모든 나아감과 물러남의 뿌리가 되는 지혜가 일어나는 장소'인 심장 안에 나[끄리스나]는 나[끄리스나]의 생각을 통해서 모든 것을 제어하면서 '아[我]의 상태'(ātmatā)로 들어가 있다.

1258 샹까라에 의하면 심장(hṛd)은 지성(buddhi)이다. 나[끄리스나]는 아[我]가 되어 모든 생명체의 지성에 머문다. 그래서 모든 생명체의 기억(smṛti)과 지혜(jñāna)와 그것의 제거(apohana)는 아[我]인 나의 것이다. 선행(puṇyakarma)을 행하는 자들은 선행에 따라서 지혜와 기억이 생겨난다. 마찬가지로 악행(pāpakarma)을 저지르는 자들은 악행에 따라서 지혜와 기억의 제거(apohana)가 있게 된다. 라마누자에 의하면 제거(apohana)는 '지혜를 없애는 것'(jñānanivṛtti), 혹은 사량(ūhana, ūha, vitarka)[思量]을 의미한다. 사량은 '올바른 앎의 도구'(pramāṇa)를 어떻게 적용해야 마땅한지를 대상으로 하는 것이다. 그리고 소재(sāmagrī) 등을 검토하고 관찰하여 생겨나는 것으로 '올바른 앎의 도구'에 도움이 되는 지혜다.

1259 샹까라에 의하면 나[끄리스나]는 '지고의 아[我]'(paramātman)다.

1260 샹까라에 의하면 '베단따를 만든 자'(vedāntakṛt)는 '베단타의 의미의 전통을 만든 자'(vedāntārthasampradāyakṛt)이다. 라마누자에 의하면 베단따(vedānta)는 '베다에서 언급한 결과'(veditaphala)이며, '베단따를 만든 자'는 '베다에서 언급한 결과를 주는 자'를 의미한다.

1261 샹까라에 의하면 '멸하지 않는 것'(akṣara)은 세존의 '환력[幻力]의 힘'(māyāśakti)이다. 이것은 '멸하는 것'(kṣara)이라 일컬어지는 인아(puruṣa)[人我]를 생겨나게 하는 씨앗이다. 이것이 '수많은 윤회하는 중생에게 있어서 욕망과 행위 등의 잠재인상[業行]의 바탕'(anekasaṁsārijantukāmakarmādisaṁskārāśraya)이며, 멸하지 않는 것인 '인아'이다. 라마누자에 의하면 '멸하는 것'으로 지시된 '인아'는 생명(jīva)이라는 낱말로 말해지는 것이다. 이것은 '멸하는 본성을 가진 정신이 없는 것과 접촉한 것'(kṣaraṇasvabhāvācitsaṁsṛṣṭa)으로 창조주인 브라흐마에서 시작하여 초목에 이르기까지의 모든 존재다. '멸하지 않는 것'으로 지시된 것은 '정신이 없는 것과의 접촉을 벗어난 것'(acitsaṁsargaviyukta)으로서 자신의 모습으로 자리잡은 '해탈한 아[我]'(muktātman)이다. 이것은 정신이 없는 것과의 접촉이 없어서 '정신이 없는 것의 특별한 변화'(acitpariṇāmaviśeṣa)인 브라흐마 등등의 몸에 공유된 것이 아니다. 그래서 '꼭대기에 머문 것'(kūṭastha)이라고 말한다.

1262 샹까라에 의하면 '멸하는 것은 모든 존재들'(kṣaraḥ sarvāṇi bhūtāni)이라는 것은 '변화에 의해 생겨난 모든 것'(samastaṁ vikārajātam)을 의미한다.

에 머문 것이라고 말해진다.[1263] 16

삼계에 들어와 지키고 유지시키는 자, 불멸인 자재자, 그 '지고의 아我'라고 일컬어지는 최상의 인아는 다른 것이다.[1264] 17

나는 '멸하는 것'을[1265] 벗어난 자, 그리고 '멸하지 않는 것'에서도[1266] 벗어난 최상이다. 그래서 나는 세상과[1267] 베다에 널리 알려진 최

1263 샹까라에 의하면 '꼭대기에 머문 것'(kūṭastha)에서 꼭대기(kūṭa)의 원어는 무더기(rāśi)를 의미한다. 따라서 '꼭대기에 머문 것'은 '무더기처럼 머문 것'(rāśiḥ iva sthitaḥ)을 뜻한다. 혹은 꼭대기의 원어는 환력(māyā)幻力, 속임(vañcanā), 허위(jihmatā), 사기(kuṭilatā)와 동의어다. 따라서 '꼭대기에 머문 것'은 '환력을 비롯한 수많은 방법으로 머문 것'(anekamāyādiprakāreṇa sthitaḥ)을 의미한다. 윤회의 씨앗은 끝이 없는 것이기 때문에 이것은 멸하지 않는다. 그래서 '멸하지 않는 것'이라고 부른다. ; 꼭대기의 원어인 꾸따(kūṭa)의 사전적인 의미는 '꼭대기, 산봉우리, 머리, 뿔, 누각樓閣, 집, 무더기, 적집積集, 허위, 사기, 속임, 거짓, 사슴을 잡는 올가미, 끝, 구석, 쇠망치' 등이다.

1264 샹까라에 의하면 '몸을 비롯한 무명無明에 의해서 만들어진 아我'(dehādyavidyākṛtātman) 보다 높은 아我이기 때문에, 그리고 모든 존재들의 '개별적인 정신'(pratyakcetana)이기 때문에 베단따들에서 '지고의 아我'(paramātman)라고 말해진다. 이것은 이들 둘[멸하는 것과 멸하지 않는 것]과는 완전히 다른 것이다. 이것은 자신의 '정신력인 신력'(caitanyabalaśakti)을 통해서 '땅과 허공과 하늘이라고 이름하는 것'(bhūrbhuvaḥsvarākhya)인 삼계(lokatraya)三界에 들어와 '오로지 자기 모습의 진실한 상태'(svarūpasadbhāvamātra)를 통해 삼계를 지탱한다. 이것은 멸(vyaya)滅이 없는 것이기 때문에 불멸(avyaya)不滅이다. 이것은 '모든 것을 아는 자'(sarvajña)全知者이며, 나라야나(Nārāyaṇa)라 이름하는 자이며, '다스리는 자성을 가진 자'(īśanaśīla)인 자재자(īśvara)이다. 라마누자에 의하면 '최상의 인아'(uttamaḥ puruṣaḥ)는 '멸하는 것'(kṣara)이라는 낱말로 지시된 속박된 인아와 '멸하지 않는 것'(akṣara)이라는 낱말로 지시된 해탈한 인아, 이 둘과는 다른 것으로 '지고의 아我'라고 일컬어지는 것이다. '보이는 것이 세상이다.'(lokyata iti lokaḥ)라는 어원에 따라서 삼계는 '정신이 없는 것'(acetana), 그 정신이 없는 것과 접촉한 '정신이 있는 것'(cetana), 그리고 '해탈한 것'(mukta), 이렇게 셋을 의미한다. '올바른 앎의 도구를 통해 알게 되는 것'(pramāṇāvagamya)인 이러한 셋에 '아我의 상태'(ātmatā)로서 들어가 유지하기 때문에 다른 것이다.

1265 샹까라에 의하면 '멸하는 것'(kṣara)은 보리수(aśvattha)라고 이름하는 '윤회의 환력幻力의 나무'(saṁsāramāyāvṛkṣa)이다. 라마누자에 의하면 '멸하는 것'은 멸하는 것인 인아이다.

1266 샹까라에 의하면 '멸하지 않는 것'(akṣara)은 '윤회의 나무의 씨앗이 되는 것'(saṁsāravṛkṣabījabhūta)이다. 라마누자에 의하면 '멸하지 않는 것'은 '해탈한 것'(mukta)이다.

1267 라마누자에 의하면 여기서 세상(loka)은 법전(smṛti)을 의미한다.

상의 인아人我다. 18

바라따족의 후손이여, 미혹이 없는 자는 이처럼 나를[1268] 최상의 인아라고 안다.[1269] 모든 것을 아는 자인[1270] 그는 모든 상태를 통해 나를 체험한다.[1271] 19

죄 없는 자여, 나는 이처럼 가장 비밀스러운 이 가르침을[1272] 그대에게 말했나니, 바라따족의 후손이여, 이것을 알아 지혜로운 자가 되리라! 이루어야 할 바를 이룬 자가 되리라![1273] 20

1268 샹까라에 의하면 나[끄리스나]는 자재자(īśvara)이다.

1269 샹까라에 의하면 '"이것은 나다!"라고 이렇게 최상의 인아를 아는 것이다.'(jānāti ayam aham asmi iti puruṣottamam). 라마누자에 의하면 최상의 인아인 나[끄리스나]는 '본질이 불멸인 것'(avyayasvabhāvatā) 그리고 '편재, 유지양육, 자재력 등을 갖춘 것'(vyāpanabharaṇaiśvaryādiyoga)이다. 따라서 이러한 나[끄리스나]를 '멸하는 인아와 멸하지 않는 인아'(kṣarākṣarapuruṣa) 이 둘과는 다른 종류라고 아는 것이다.

1270 샹까라에 의하면 '모든 것을 아는 자'(sarvavid)는 '모든 것의 아我'(sarvātman)로서 모든 것을 알기 때문이다. '모든 것을 아는 자'는 전지자(sarvajña)이다. 라마누자에 의하면 나[끄리스나]를 얻기 위해서 알아야 할 모든 방편을 아는 자다.

1271 샹까라에 의하면 '모든 상태'(sarvabhāva)를 통해서, 즉, '모든 것의 아我라는 마음'(sarvātmacittā)을 통해서 나[끄리스나]를 '모든 존재에 머문 것'(sarvabhūtastha)으로 체험한다. 라마누자에 의하면 '모든 상태'는 나[끄리스나]를 얻는 방편으로 제시된 모든 '종류의 숭배'(bhajanaprakāra)이다. 이러한 모든 종류의 숭배를 통해서 나[끄리스나]를 숭배한다.

1272 샹까라에 의하면 '가장 비밀스러운 이 가르침'(guhyatamaṁ śāstramidam)은 '지극한 신비'(atyantarahasya)인 이 15장의 가르침이다. 라마누자에 의하면 '최상의 인아의 상태를 이루게 하는 것'(puruṣottamatvapratipādana)이다.

1273 샹까라에 의하면 '이루어야 할 바를 이룬 자'(kṛtakṛtya)는 '이루어야 할 바'(kṛtya)인 '해야 할 것'(kartavya)을 '행한 자'(kṛta)이다. '세존의 본질'(bhagavattattva)을 알게 되면, 특별한 출생으로 태어난 브라흐마나로서 해야 할 것 모두를 행한 자가 된다. 다르게는 그 누구에게도 해야 할 것이 완전히 끝나지 않는다. 그대[아르주나]는 나[끄리스나]에게서 '지고의 사물의 본질'(paramārthatattva)을 들은 자이기 때문에 '목표를 달성한 자'(kṛtārtha)라는 의미이다. 라마누자에 의하면 나[끄리스나]를 얻기 원하는 자가 얻어야 할 그 모든 지혜를 얻게 되며, 나를 얻기 원하는 자가 해야 할 그 모두를 행한 자가 된다는 의미이다.

이상은 성스러운 마하바라타의 비스마 편 서른일곱 번째 장이다.[1274]

1274 반다르까르 판본에 따른 내용이다. 그러나 짜우캄바 판본에 따른 내용은 “이상은 성스러운 바가바드기타인 우파니샤드들 가운데 브라흐만에 대한 지혜이며 요가의 경전인 성스러운 끄리스나와 아르주나의 대화에서 ‘최상의 인아의 요가’(puruṣottamayoga)라고 이름하는 열다섯 번째 장이다.” 기타프레스의 샹까라 주석 산스크리트어 힌디어 대역본에 따른 내용은 “이상은 브야싸의 십만 개로 이루어진 결집서인 성스러운 마하바라타의 비스마 편에 있어서 성스러운 바가바드기타인 우파니샤드들 가운데 브라흐만에 대한 지혜이며 요가의 경전인 성스러운 끄리스나와 아르주나의 대화에서 ‘최상의 인아의 요가’라고 이름하는 열다섯 번째 장이다.” 기타프레스의 라마누자 주석 산스크리트어 힌디어 대역본에 따른 내용은 “옴, 그것은 진실한 것! 성스러운 바가바드기타인 우파니샤드들 가운데 브라흐만에 대한 지혜이며 요가의 경전인 성스러운 끄리스나와 아르주나의 대화에서 ‘최상의 인아의 요가’라고 이름하는 열다섯 번째 장이다.”

제16장

성스러운 세존께서 말씀하셨습니다.

두려움이 없음,[1275] 진성의 청정,[1276] 지혜의 요가에 확고히 머무름,[1277]

1275 라마누자에 의하면 좋아하는 것과 분리되고 좋아하지 않는 것과 연결되는 고통의 원인을 보아서 생겨나는 고통이 두려움(bhaya)이다. 이러한 두려움이 사라지는 것이 '두려움이 없음'(abhaya)이다.

1276 샹까라에 의하면 '진성의 청정'(sattvasaṁśuddhi)에서 진성(sattva)은 '내적기관'(antaḥkaraṇa)을 의미한다. 청정(saṁśuddhi)[清淨]은 내적기관의 행하는 바들에 있어서 '다른 자를 속임과 사기와 거짓 등을 온전히 없애는 것'(paravañcanamāyānṛtādiparivarjana)이다. '청정한 마음의 상태'(śuddhabhāva)로 생활하는 것이다. 라마누자에 의하면 진성인 내적기관에 동성과 암성의 접촉이 없는 상태이다.

1277 샹까라에 의하면 지혜(jñāna)는 경전과 스승에 의해서 아(ātman)[我] 등의 실체(padārtha)들에 대한 이해(avagama)이다. 요가(yoga)는 기관을 비롯한 것들을 근수(upasaṁhāra)[勤修]하고 집중통일(ekāgratā)하여 이해한 것들을 '자신의 아[我]에 직접지각으로 경험하는 것'(svātmasaṁvedytāpādana)이다. 이러한 지혜의 요가에 '안주하는 것'(vyavasthāna), 즉, '충실히 몰두하는 것'(tanniṣṭhā)이 '지혜의 요가에 확고히 머무름'(jñānayogavyavasthiti)이다. 이것은 '진성적이며 신적인 자질'(daivī sāttvikī saṁpad) 가운데 으뜸이 되는 것이다. 라마누자에 의하면 '지혜의 요가에 확고히 머무름'은 '자연과는 별개인 아[我]의 본 모습에 대한 분별에 충실함'(prakṛtiviyuktātmasvarūpavivekaniṣṭhā)이다.

보시,[1278] 조복調伏,[1279] 제사,[1280] 독경,[1281] 고행,[1282] 정직,[1283] 1

비폭력,[1284] 진실,[1285] 노여워하지 않음,[1286] 내버림,[1287] 평온,[1288] 다른

1278 샹까라에 의하면 보시(dāna)布施는 음식을 비롯한 것들을 힘닿는 대로 '함께 나누는 것'(saṁvibhāga)이다. 라마누자에 의하면 정당하게 벌어들인 재산을 '그릇이 되는 자'(pātra)에게 주는 것이다.

1279 샹까라에 의하면 조복(dama)調伏은 외적기관(bāhyakaraṇa)들이 '멈추는 것'(upaśama)止息이다. 내적기관(antaḥkaraṇa)이 멈추는 것은 평온(śānti)이다. 라마누자에 의하면 조복은 마음이 대상(viṣaya)을 향하는 것을 막기 위한 '꾸준한 수련'(saṁśīlana)이다.

1280 샹까라에 의하면 제사(yajña)는 '베다의 제사'(śrauta)와 '법전의 제사'(smārta)가 있다. 베다의 제사는 '제물을 불에 태워 올리는 것'(agnihotra)火事法 등이고, 법전의 제사는 '천신天神에 대한 제사'(devayajña)이다. 라마누자에 의하면 제사는 결과를 바라지 않고 세존을 숭배하는 형태의 대제사(mahāyajña) 등을 행하는 것이다.

1281 샹까라에 의하면 독경(svādhyāya)讀經은 '형이상학적인 것을 위해서'(adṛṣṭārtham) 『리그베다』 등을 독송(adhyayana)讀誦하는 것이다. 라마누자에 의하면 독경은 모든 베다는 위력을 가진 세존과 세존에 대한 경배의 종류를 표명하는 것이라 생각하며 '베다의 반복 학습에 충실함'(vedābhyāsaniṣṭhā)이다.

1282 라마누자에 의하면 고행(tapas)은 세존을 기쁘게 하는 행위를 할 자격이 생기게 하는 것이다.

1283 샹까라에 의하면 정직(ārjava)正直은 항상 '솔직한 것'(ṛjutva)이다. 라마누자에 의하면 다른 자들에 대해서 마음과 말과 몸의 행위와 방식이 '한결같이 충실함'(ekaniṣṭhā)이다.

1284 샹까라에 의하면 비폭력(ahiṁsā)非暴力은 '해치지 않는 것'(ahiṁsana)이며, 생명체들의 '고통을 없애는 것'(pīḍāvarjana)이다.

1285 샹까라에 의하면 진실(satya)은 '싫어함과 거짓이 없는 것'(apriyānṛtavarjita)이며, '있는 그대로의 사실을 말하는 것'(yathābhūtārthavacana)이다.

1286 샹까라에 의하면 '노여워하지 않음'(akrodha)은 다른 자들에게 욕을 먹거나 맞아도 노여워함(krodha)이 '멈추는 것'(upaśama)止息이다. 라마누자에 의하면 결과적으로 다른 자에게 고통을 주는 마음의 변화가 없는 상태이다.

1287 샹까라에 의하면 내버림(tyāga)은 '모든 것을 확실하게 내던져 버리는 것'(saṁnyāsa)이다. 라마누자에 의하면 내버림은 '아我를 위한 것에 장애가 되는 소유를 버리는 것'(ātmahitapratyanīkaparigrahavimocana)이다.

1288 샹까라에 의하면 평온(śānti)은 내적기관(antaḥkaraṇa)이 멈추는 것이다. 라마누자에 의하면 대상에 기우는 기관들을 멈추게 하기 위한 꾸준한 수련이다.

자의 잘못을 말하지 않음,[1289] 존재들에 대한 연민,[1290] 동요하지 않음,[1291] 마음이 부드러움,[1292] 염치,[1293] 침착,[1294] 2

1289 샹까라에 의하면 '다른 자의 잘못을 말하지 않음'(apaiśuna)은 다른 사람의 결점을 드러내지 않는 것이다. 라마누자에 의하면 다른 자에게 해가 되는 말을 하지 않는 것이다.

1290 샹까라에 의하면 '존재들에 대한 연민'(dayābhūteṣu)은 고통스러운 존재들에 대한 자비(kṛpā)慈悲이다. 라마누자에 의하면 모든 존재들의 고통을 견디지 못하는 것이다.

1291 샹까라에 의하면 '동요하지 않음'(aloluptva)은 대상들을 접해도 기관들이 '변하지 않는 것'(avikriyā)이다. 라마누자에 의하면 대상들을 희구하지 않는 것이다.

1292 샹까라에 의하면 '마음이 부드러움'(mārdava)은 온화함(mṛdutā)이며, '잔혹하지 않음, 무정하지 않음'(akraurya)이다. 라마누자에 의하면 부드러움(akāṭhinya)이며, 이것은 선한 사람과 연결될 자격을 갖추게 하는 것이다.

1293 샹까라에 의하면 염치(hrī)는 부끄러움(lajjā)이다. 라마누자에 의하면 해서는 안 될 일을 하는 데 있어서 '부끄러워하는 것'(vrīḍā)이다.

1294 샹까라에 의하면 침착(acāpala)은 쓸데없이 말하지 않고, 쓸데없이 손과 발 등을 놀리지 않는 것이다. 라마누자에 의하면 탐내는 대상이 가까이 있어도 '동요하지 않는 상태'(acapalatva)이다.

위광威光,[1295] 인욕忍辱,[1296] 굳셈,[1297] 정화,[1298] 해의害意가 없음,[1299] 오만傲慢이 없음,[1300] 바라따족의 후손이여, 이러한 것들은 신들의 자질을 가지고 태어난 자의 것이다.[1301] 3

1295 샹까라에 의하면 위광(tejas)威光은 '자신감이 외양으로 나타난 것'(prāgalbhya)이지 피부의 빛이 아니다. 라마누자에 의하면 나쁜 자들에게 제압되지 않는 상태이다.

1296 샹까라에 의하면 인욕(kṣamā)忍辱은 욕을 먹거나 맞아도 속으로 변화가 생겨나지 않는 것이다. 변화가 생겨났을 때 멈추는 것은 '노여워하지 않음'(akrodha)이다.

1297 샹까라에 의하면 굳셈(dhṛti)은 몸과 기관들이 지쳐도 지친 것을 막아내는 '내적기관의 특별한 작용'(antaḥkaraṇavṛttiviśeṣa)이다. 이것에 의해서 고무된 기관들과 몸은 지치지 않는다. 라마누자에 의하면 큰 재난에 처하더라도 해야 할 의무를 결정하는 것이다.

1298 샹까라에 의하면 정화(śauca)는 외적인 것과 내적인 것 이렇게 두 가지이다. 외적인 것은 '흙과 물로 이루어지는 것'(mṛjjalakṛta)이다. 내적인 것은 마음과 지성의 때를 없애는 것으로 '거짓과 꾸밈을 좋아하고 탐내는 것 등의 더러움이 없는 것'(māyārāgādikāluṣyābhāva)이다. 라마누자에 의하면 내적기관과 외적기관을 경전에 따른 해야 할 일에 적합한 상태로 만드는 것이다.

1299 샹까라에 의하면 '해의害意가 없음'(adroha)은 '다른 자를 해치려는 생각이 없는 것'(parajighāṁsābhāva)이며, '해치지 않게 하는 것'(ahiṁsana)이다. 라마누자에 의하면 다른 자들에 대해 해가 되지 않는 것이다. 즉, 다른 자들의 자유로운 생활에 장애가 되지 않는 것이다. ; 샹까라는 앞의 2절에서 비폭력(ahiṁsā)非暴力은 '해치지 않는 것'(ahiṁsana)이며, 생명체들의 '고통을 없애는 것'(pīḍāvarjana)이라고 해석했다. 따라서 비폭력은 실질적인 행위에 해당되고, '해의가 없음'은 마음의 자세에 해당된다. '해치지 않게 하는 것'(ahiṁsana)과 '해치지 않는 것'(ahiṁsana)의 원어는 동일하다. 그러나 '해의가 없음'은 마음의 자세이기 때문에 원어 아힌싸나(ahiṁsana)를 부정접두어 아(a), '해치다'를 의미하는 어근 히씨(hisi, 활용될 때는 hiṁs로 변화함)에 도구를 의미하는 명사화접사 유(yu, ana로 바뀌어 어근에 붙음)가 결합한 의미내역을 살려 2절의 샹까라 주석에서는 '해치지 않는 것'이라 번역했던 것을 여기서는 '해치지 않게 하는 것'이라고 옮긴다.

1300 샹까라에 의하면 '오만傲慢이 없음'(nātimānitā)은 '자신을 지나치게 존경하려는 감정이 없는 것'(ātmanaḥ pūjyatātiśayabhāvanābhāva)이다. 라마누자에 의하면 지위가 다른 자에게 자만(garva)하는 것인 오만함(atimānitva)이 없는 상태이다.

1301 샹까라에 의하면 제1절 '두려움이 없음'(abhaya)에서부터 여기까지의 것들은 신들의 자질(saṁpad)을 가지고 태어난 자에 속하는 것들이다. '신들의 위력에 합당한 자'(daivavibhūtyarha), '미래의 복을 가진 자'(bhāvikalyāṇa)의 것들이다. 라마누자에 의하면 '세존의 명에 따라 행동하는 성향을 가진 자'(bhagavadājñānuvṛttiśīla)들이 신(deva)들이다. 이러한 신들의 자질은 바로 '세존의 명에 따라 행동하는 것'(bhagavadājñānuvṛtti)이다. 이러한 것들은 이 신들의 자질을 향해 태어난 자들, 즉, 이 신들의 자질을 수행하기 위해서 태어난 자들에게 있다.

사위[詐僞],[1302] 교만[憍慢],[1303] 오만[傲慢],[1304] 분노[忿怒],[1305] 악구[惡口],[1306] 무지[無知],[1307] 쁘리타의 아들이여, 이러한 것들은 아쑤라들의[1308] 자질을 가지고 태어난 자의 것이다. 4

1302 샹까라에 의하면 사위(dambha)[詐僞]는 '도리의 깃발을 내건 것'(dharmadhvajitva)이다. 라마누자에 의하면 도리라는 것을 내세우기 위해서 '도리를 행하는 것'(dharmānuṣṭhāna)이다.

1303 샹까라에 의하면 교만(darpa)[憍慢]은 재산과 '친구나 친족'(svajana) 등으로 인한 오만(utseka)[傲慢]이다. 라마누자에 의하면 교만은 '해야 할 것과 해서는 안 될 것을 분별하지 못하게 하는 것'(kṛtyākṛtyāvivekakara)으로서 대상에 대한 경험에서 생겨나는 기쁨(harṣa)이다.

1304 샹까라에 의하면 오만(atimāna)[傲慢]은 지나친 자부(māna)[自負]이다. 라마누자에 의하면 오만은 자신의 학식과 가문에 어울리지 않는 거만(abhimāna)이다.

1305 라마누자에 의하면 분노(krodha)[忿怒]는 '결과적으로 다른 자에게 고통을 주는 마음의 변화'(parapīḍāphalacittavikāra)이다.

1306 샹까라에 의하면 악구(pāruṣya)[惡口]는 '거친 말'(paruṣavacana)이다. 이를테면 애꾸를 눈이 좋은 자, 못생긴 자를 잘난 자, 천한 태생을 고귀한 태생이라고 말하는 것 등이다. 라마누자에 의하면 악구는 선한 자들의 마음을 동요시키는 본성이다.

1307 샹까라에 의하면 무지(ajñāna)[無知]는 '무분별한 지혜'(avivekajñāna)이며, 해야 할 것과 하지 말아야 할 대상에 대한 '그릇된 인식'(mithyāpratyaya)이다.

1308 라마누자에 의하면 아쑤라(asura)[阿修羅]는 '세존의 명을 거역하는 성향을 가진 자'(bhagavadājñātivṛttiśīla)이다. ; 아쑤라라는 낱말의 생성은 두 가지로 분석된다. 첫째는 아쑤라를 '생명, 생기'를 의미하는 남성명사 아쑤(asu)와 '주다, 부여하다' 등의 의미를 지닌 어근 라(rā)에서 파생되어 형용사로 '소유하는, 주는' 등을 의미하는 라(ra)의 결합으로 분석하는 것이다. 둘째는 아쑤라를 아(a)라는 '부정, 반대, 비슷함' 등을 의미하는 접두어와 '신'을 의미하는 쑤라(sura)라는 낱말의 결합으로 분석하는 것이다. 신을 의미하는 쑤라는 '좋은, 아름다운'을 의미하는 쑤(su)와 '소유하는, 주는' 등을 의미하는 라(ra)가 결합한 낱말이다. 즉, '좋은 것을 가지고 있고 좋은 것을 주는 존재'가 신이라는 뜻이다. 아쑤라를 첫 번째 경우의 분석처럼 아쑤(asu)와 라(ra)의 결합으로 파악하면, 아쑤라는 '생명을 주는 존재'를 의미한다. 이 의미는 베다에서 일반적으로 나타나는 아쑤라의 의미이다. 그러나 아쑤라를 두 번째 경우의 분석처럼 아(a)와 쑤라(sura)의 결합으로 파악할 경우 아쑤라는 '신의 반대인 악신'을 의미한다. 이 의미는 후기 베다와 불경을 포함한 그 이후의 문헌들에 나타나는 의미이다. 불경에서 아쑤라(asura)는 '비천[非天], 장폐[障蔽]' 등으로 한역되며, '아쑤라[阿修羅], 아소라[阿素羅]' 등으로 음차된다.

신들의 자질은 해탈을[1309] 위한 것, 아쑤라들의 자질은 속박을[1310] 위한 것으로 여겨진다. 빤두의 아들이여,[1311] 슬퍼하지 마라! 그대는 신들의 자질을 가지고 태어난 자다. 5

이 세상에[1312] 존재의[1313] 창조는[1314] 두 가지가 있다. 신적인 것과 아쑤라적인 것이다. 쁘리타의 아들이여, 신적인 것은 자세히 말했으니 아쑤라적인 것을 내게서 들어라.[1315] 6

1309 샹까라에 의하면 '윤회의 얽매임'(saṁsārabandha)으로부터의 해탈(vimokṣa)[解脫]이다. 라마누자에 의하면 해탈은 차례로 '나[끄리스나]를 얻는 것'(matprāpti)을 의미한다.

1310 샹까라에 의하면 속박(nibandha)[束縛]은 '확고한 얽매임'(niyato bandhaḥ)이다. 라마누자에 의하면 속박은 '아래로 가는 것을 얻는 것'(adhogatiprāpti)이다. ; 아래로 가는 것은 지옥 등으로 가는 것을 뜻한다.

1311 라마누자에 의하면 여기서 끄리스나가 아르주나를 '빤두의 아들'(pāṇḍava)이라고 부르는 것은 '그대는 도리에 뛰어난 자인 빤두(Pāṇḍu)의 아들'이라는 것을 나타내기 위함이다.

1312 라마누자에 의하면 세상(loka)은 '행위의 세상'(karmaloka)이다.

1313 샹까라에 의하면 여기서 존재(bhūta)는 사람(manuṣya)을 의미한다. 라마누자에 의하면 행위하는 존재이다.

1314 라마누자에 위하면 창조(sarga)는 생겨남(utpatti)이다.

1315 라마누자에 의하면 행위의 세상에서 행위를 하는 존재들은 태어날 때 '옛날의 선과 악의 형태인 행위'(prācīnapuṇyapāparūpakarma)에 장악되어 '세존의 명을 따르는 행동'을 위해서 신적인 것으로 태어나거나 혹은 세존의 명에 거역하는 행동을 하기 위해서 아쑤라적인 것으로 태어난다. 나[끄리스나]의 명에 따르는 성향을 가진 자인 신들의 태어남은 나[끄리스나]의 명에 따르는 행위를 하기 위한 것이다. 이러한 신적인 품행(ācāra)은 '행위의 요가'(karmayoga)와 '지혜의 요가'(jñānayoga)와 '신애의 요가'(bhaktiyoga)의 형태이다.

아쑤라에 속한 사람들은 나아감과[1316] 물러남을[1317] 모른다. 그들에게는 정화도[1318] 없고, 품행도[1319] 없고, 진실도[1320] 없다.[1321] 7

그들은 세상은 진실이 아닌 것,[1322] 바탕이 없는 것,[1323] 자재자自在者가 없는 것,[1324] 서로에 의해 생겨난 것, 욕망이 원인인 것이라고, 다른 무

1316 샹까라에 의하면 나아감(pravṛtti)은 '인생 목표의 방편'(puruṣārthasādhana)인 '해야 할 바'(kartavya)에 '나아가는 것'(pravartana)이다. 라마누자에 의하면 나아감은 '상승의 방편'(abhyudayasādhana)인 베다의 법도이다. ; 일반적인 인생 목표는 도리(dharma), 재산(artha), 욕망(kāma), 해탈(mokṣa)이다. 도리에 맞게 재산을 모으고, 모은 재산으로 욕망을 채우고, 마지막으로 욕망을 버리어 해탈하는 것이다. 따라서 해탈이 최고의 인생 목표이다. 여기서 인생 목표는 해탈을 의미한다.

1317 샹까라에 의하면 물러남(nivṛtti)은 '목표를 이루게 하지 못하는 원인'(anarthahetu)으로부터 물러나는 것이다. 라마누자에 의하면 물러남은 '해탈의 방편'(mokṣasādhana)인 베다의 도리이다. ; '목표를 이루게 하지 못하는 원인'은 해탈을 이루지 못하게 하는 것들이다.

1318 라마누자에 의하면 정화(śauca)는 경전에 잘 알려진 내적인 그리고 외적인 정화로서 '베다의 행위를 할 만한 상태'(vaidikakarmayogyatva)이다.

1319 라마누자에 의하면 품행(ācāra)은 '아침 박명과 저녁 박명의 예경'(sandhyāvandanā) 등이다. 이러한 품행에 의해서 '내적인 그리고 외적인 정화'(bāhyābhyantaraśauca)가 생겨난다.

1320 라마누자에 의하면 진실(satya)은 알고 있는 그대로 '존재의 이익을 위해서 말하는 형태'(bhūtahitarūpabhāṣaṇa)이다.

1321 샹까라에 의하면 '아쑤라에 속한 자'(āsura)들은 청정하지 않은 자, 품행이 나쁜 자, 속이는 자, 거짓말을 하는 자들이기 때문이다.

1322 라마누자에 의하면 진실(satya)이라는 낱말은 브라흐만을 의미한다. 따라서 세상이 진실이라는 것은 세상은 브라흐만의 결과로서 '브라흐만이 본질인 것'(brahmātmaka)을 의미한다. '세상은 진실이 아닌 것'이라고 말하는 것은 세상이 이렇지 않다는 것이다.

1323 라마누자에 의하면 '바탕이 없는 것'(apratiṣṭha)은 브라흐만에 바탕을 두지 않는 것이다.

1324 라마누자에 의하면 '자재자自在者가 없는 것'(anīśvara)은 '생각이 진실한 자'(satyasaṃkalpa)이며, '지고의 브라흐만'(parabrahman)이며 '지고의 자재자'(parameśvara)인 나[끄리스나]에 의해서 통제되지 않는다는 것이다.

엇이 있겠냐고 말한다.[1325] 8

이런 시각에 의지하여 마음이 망가지고,[1326] 지성이 부족하고,[1327] 잔혹한 행위를 하고,[1328] 이롭지 않은 자들은[1329] 세상의 멸망을 위해 태어날 뿐이다. 9

1325 샹까라에 의하면 아쑤라적인 자들은 이렇게 말한다. 우리들은 대게 거짓말을 하는 자들이니, 이 세상 모두가 '진실이 아닌 것'(asatya)이며, '바탕이 없는 것'(apratiṣṭha)이다. '도리와 도리가 아닌 것'(dharmādharma)이라고 하는 이 세상은 바탕(pratiṣṭhā)이 없기에 '바탕이 없는 것'이다. '도리와 도리가 아닌 것'에 맞추어서 이 세상을 '다스리는 자'(śāsitṛ)가 없기에 '자재자自在者가 없는 것'(anīśvara)이다. '서로에 의해 생겨난 것'(aparasparasaṁbhūta), 즉, 모든 세상은 욕망에 사로잡힌 남성과 여성의 '상호의 결합'(anyo'nyasaṁyoga)에 의해서 생겨난 것이다. 그래서 '욕망이 원인인 것'(kāmahetuka)이다. 세상의 원인은 다른 그 무엇도 없다. '도리와 도리가 아닌 것'이라는 보이지 않는 다른 원인은 없다. 세상에서 욕망만이 생명체들의 원인이라고 하는 이것은 '세간론의 견해'(lokāyatikadṛṣṭi)이다. ; 고얀다까에 의하면 세간론(lokāyatika)世間論은 몸을 아(ātman)我로 여기는 한 학파이다. 세간론은 몸을 아我라고 주장한다.

1326 샹까라에 의하면 '마음이 망가진 자'(naṣṭātman)들은 '본성이 망가진 자'(naṣṭasvabhāva)들로 '다른 세상을 위한 방편이 훼멸된 자'(vibhraṣṭaparalokasādhana)들이다. '라마누자에 의하면 '몸과는 별개의 것인 아我를 보지 못한 자'(adṛṣṭadehātiriktātman)들이다.

1327 샹까라에 의하면 '작은 지성은 대상을 대상으로 삼는 것이다.'(viṣayaviṣayā alpā eva buddhiḥ). 이처럼 작은 지성을 가진 자들이 '지성이 부족한 자'(alpabuddhi)들이다. 라마누자에 의하면 그릇 등등처럼 알아야 할 대상인, 몸 안에 몸과는 별개의 것인 아我가 '아는 자의 상태'(jñātṛtva)로 있는 것을 경험하지 못함으로써 '분별에 능숙하지 못한 자'(vivekākuśala)다. ; 지성이 대상을 대상으로 삼는다는 것은 아我가 아닌 형태, 소리 등등의 외부의 대상을 지성이 대상으로 삼는다는 의미다.

1328 샹까라에 의하면 '잔혹한 행위를 하는 자'(ugrakarman)들은 '폭력적인 본질을 가진 자'(hiṁsātmaka)들이다. 라마누자에 의하면 모든 것들을 해치는 자이다.

1329 샹까라에 의하면 '이롭지 않은 자'(ahita)들은 적(śatru)들이다.

계행이 부정한 자들은[1330] 미혹으로[1331] 인해 그릇된 집착들을[1332] 가지고 채우기 힘든 욕망에 기대어 과시와 오만과 방일放逸에 어우러져 행동한다. 10

멸해야 끝나는[1333] 헤아릴 수 없는 근심에 깃든 자들, 욕망을 누리는 것을 최고라고 여기는 자들, "이만큼이다!" 이렇게 확신하는 자들,[1334] 11

희망이라는 수백의 올가미에 얽매인 자들, 욕망과 분노에 빠진 자들은[1335] 욕망을 누리기 위해 부정하게[1336] 재산 모으는 일을 한다. 12

1330 라마누자에 의하면 '계행戒行이 부정한 자'(aśucivrata)는 '경전에 규정되지 않은 계행을 갖춘 자'(aśāstravihitavratayukta)이다.

1331 샹까라에 의하면 미혹(moha)은 무분별(aviveka)이다. 라마누자에 의하면 무지(ajñāna)이다.

1332 샹까라에 의하면 '그릇된 집착'(asadgrāha)들은 '상서롭지 않은 결정'(aśubhaniścaya)들이다. 라마누자에 의하면 '그릇된 집착'은 '부당하게 받아들인 것'(anyāyagṛhīta), '옳지 않은 소유'(asatparigraha)이다.

1333 샹까라에 의하면 '멸해야 끝나는 것'(pralayānta)은 '죽어야 끝나는 것'(maraṇānta)이다.

1334 샹까라에 의하면 욕망(kāma)은 소리를 비롯한 것들이다. 이러한 욕망을 누리는 것, 이것만이 최고의 '인생의 목표'(puruṣārtha)라고 마음으로 결정한 자들이 "'이만큼이다!' 이렇게 확신하는 자들"(etāvaditi niścitāḥ)이다. ; 소리를 비롯한 것들은 외부의 대상들인 소리, 냄새, 형태, 맛, 촉감들이다.

1335 샹까라에 의하면 '욕망과 분노에 빠진 자'(kāmakrodhaparāyaṇa)들은 욕망(kāma)과 분노(krodha)가 지고(para)의 길(ayana), 즉, 거처(āśraya)인 자들이다.

1336 샹까라에 의하면 부정하게(anyāyena)는 다른 자의 소유를 빼앗는 것 등으로라는 의미이다.

"나에 의해서[1337] 이것을[1338] 오늘 얻었어. 마음이 바라는 이걸[1339] 이루어야지. 이것이 있어. 다시 또 이것이 내 재산이 될 거야!" 13

"저 원수를 내가 죽였어. 다른 놈들도 죽여야지! 내가 자재자야.[1340] 내가 누리는 자야. 내가 성취자야, 힘 있는 자야, 행복한 자야!" 14

"큰 부자야, 나는 귀족 출신이야.[1341] 다른 누가 나와 같겠어? 제사 지내야지,[1342] 주어야지,[1343] 즐겨야지!" 이렇게 무지에 미혹된 자들,[1344] 15

1337 라마누자에 의하면 '나에 의해서'(mayā)는 '보이지 않는 것인 운명'(adṛṣṭa) 등에 의해서 아니라 '나의 능력에 의해서'라는 의미이다.

1338 샹까라에 의하면 이것(idam)은 재물(dravya)財物이다. 라마누자에 의하면 땅과 아들 등이다.

1339 샹까라에 의하면 '마음이 바라는 것'(manoratha)은 '마음을 만족시키는 것'(manastuṣṭikara)이다.

1340 라마누자에 의하면 '내가 자재자'(īśvaro'ham)라는 것은 나는 독립적이고, 나는 다른 것들의 지배자라는 의미이다.

1341 샹까라에 의하면 '귀족 출신'(abhijanavat)은 예를 들면 칠대에 걸쳐 '베다에 정통한 것 등등을 갖춘 자'(śrotriyatvādisampanna)라는 의미이다.

1342 샹까라에 의하면 '제사 지내야지'(yakṣye)는 제식(yāga)祭式으로 다른 사람을 누른다는 의미이다.

1343 샹까라에 의하면 여기서 '주어야지'(dāsyāmi)는 광대(naṭa) 등에게 준다는 의미이다. ; 팁을 준다는 뜻이다.

1344 샹까라에 의하면 '무지에 미혹된 자들'(ajñānavimohitāḥ)은 '여러 가지로 무분별한 상태에 빠진 자들'(vividhaṁ avivekabhāvam āpannāḥ)이다. 라마누자에 의하면 '무지에 미혹된 자들'은 '자재자의 은총'(īśvarānugraha)을 무시하고 자신의 힘으로 제사와 보시 등을 할 수 있다고 여긴다.

여러 갈래로 마음이 산란한 자들,[1345] 미혹의 그물에 뒤덮인 자들,[1346] 욕망을 누리는 것들에 집착한 자들은 부정한 나락에 떨어진다.[1347] 16

그들은 자신에 도취된 자들,[1348] 거만한 자들,[1349] 재산의 교만과 방종에 사로잡힌 자들로[1350] 명목상의 제사들을 통해 규정에 맞지 않게 사위[詐僞]로[1351] 봉헌한다.[1352] 17

1345 라마누자에 의하면 '여러 갈래로 마음이 산란한 자'(anekacittavibhrānta)들은 '보이지 않는 것인 운명과 자재자 등의 도움'(adṛṣṭeśvarādisahakāra)없이도 자기 스스로 모든 걸 할 수 있다고 여기고 "이렇게 해야지! 이것도 해야지! 다른 것도 해야지!"(evaṁ kuryām etat ca kuryām anyat ca kuryām)라고 여러 마음의 상태로 산란한 자들이다.

1346 샹까라에 의하면 미혹(moha)은 부분별(aviveka)이며 무지(ajñāna)이다. 이것은 그물(jāla)처럼 '덮는 것이 본질인 것'(āvaraṇātmakatva)이기 때문에 '뒤덮인 것'(samāvṛta)이다. 그래서 '미혹의 그물에 뒤덮인 자'(mohajālasamāvṛta)들이다.

1347 샹까라에 의하면 '욕망을 누리는 것'(kāmabhoga)들에 집착한 자들은 욕망을 누리는 것들에 주저앉아 그로 인해서 '번뇌의 독인 예탁[穢濁]을 쌓은 자'(upacitakalmaṣa)들이 되어 '와이따라니 강을 비롯한'(vaitaraṇyādi) 부정(aśuci)[不淨]한 나락(naraka)[奈落]에 떨어진다. 라마누자에 의하면 중간에 죽어 부정한 나락에 떨어진다. ; 와이따라니(Vaitaraṇī)는 지옥에 흐르는 강의 이름이다. 나락(naraka)[奈落, 那落]은 불경에서 '지옥[地獄], 악도[惡道], 비행[非行], 암명[闇冥], 불가락[不可樂], 불가구제[不可救濟]' 등으로 한역되며, '나락가[奈落迦], 날락가[捺落迦], 나라가[那羅柯]' 등으로 음차된다.

1348 샹까라에 의하면 '훌륭한 자'(sādhu)들에 의해서가 아니라, 스스로 모든 덕이 수승하다고 여기는 자들이 '자신에 도취된 자'(ātmasaṁbhāvita)들이다.

1349 샹까라에 의하면 '거만한 자'(stabdha)는 '마음이 겸손하지 않은 자'(apraṇatātman)이다. 라마누자에 의하면 충만하다고 여기고 아무것도 하지 않는 자들이다.

1350 샹까라에 의하면 '재산의 교만과 방종에 사로잡힌 자'(dhanamānamadānvita)들은 재산으로 인한 교만(māna)[驕慢] 과 방종(mada)[放縱]이 둘에 '사로잡힌 자'(anvita)들이다. 라마누자에 의하면 재산과 '학식과 귀족으로 인한 교만'(vidyābhijanābhimāna)에 의해서 생겨난 방종에 사로잡힌 자들이다.

1351 샹까라에 의하면 사위(dambha)[詐僞]는 '도리의 깃발을 내건 것'(dharmadhvajitā)이다. 라마누자에 의하면 제사를 지내는 자라는 것을 알리기 위한 것이다.

1352 봉헌한다(yajante)는 '희생을 올린다, 희생물로 예경한다, 경배한다, 제사 지낸다' 등으로도 번역될 수 있다.

자의식과[1353] 힘과[1354] 고만[高慢]과[1355] 욕망과[1356] 분노에[1357] 의지해, 자신과 다른 자의 몸들에 있는 나를[1358] 증오하며[1359] 헐뜯는 자들이[1360] 있다. 18

나는 그 증오하는 자들을,[1361] 잔혹한 자들을, 가장 천한 인간들을,

1353 샹까라에 의하면 자의식(ahaṁkāra)[自意識]은 '나는 이라고 하는 것'(ahaṁkaraṇa)이다. 자신에게 부과한 현존하는 것과 현존하지 않는 특질들을 통해서 '나는 특별한 것이라고 자신을 생각하는 그것이 자의식이다.'(viśiṣṭam ātmānam aham iti manyate saḥ ahaṁkāraḥ). 이것은 '무명[無明]의 형태'(avidyākhya)이며, '가장 해로운 것'(kaṣṭatama)이다. 이것은 모든 잘못과 모든 이롭지 않은 활동의 뿌리이다. 라마누자에 의하면 자의식은 '다른 사람이 필요 없이 바로 내가 모든 것을 한다.'라는 이러한 생각이다.

1354 샹까라에 의하면 여기서 힘(bala)은 다른 자를 제압하기 위한 것으로 욕망(kāma)과 애염(rāga)[愛染] 에 연결된 것이다. 라마누자에 의하면 '모든 것을 하는 데 있어서 내 힘만으로 충분하다.'라는 그런 힘이다.

1355 샹까라에 의하면 고만(darpa)[高慢]은 내적기관에 깃든 '특별한 결함'(doṣaviśeṣa)이다. 이 고만이 생기면 도리(dharma)를 벗어난다. 라마누자에 의하면 고만은 '나 같은 사람은 아무도 없다.'라는 것이다.

1356 샹까라에 의하면 여기서 욕망(kāma)은 '여성 등을 대상으로 하는 것'(stryādiviṣaya)이다. 라마누자에 의하면 '단지 나의 욕망만으로 모든 것을 얻을 것이다.'라는 욕망이다.

1357 샹까라에 의하면 분노(krodha)는 '원하지 않는 것을 대상으로 하는 것'(aniṣṭaviṣaya)이다. 라마누자에 의하면 '나에게 좋지 않은 짓을 하는 그런 자들을 모두 해쳐버릴 것이다.'라는 분노이다.

1358 샹까라에 의하면 나[끄리스나]는 자신과 다른 자들의 몸 안에서 '그의 지성과 행위를 바라보는 존재'(tadbuddhikarmasākṣibhūta)인 자재자(īśvara)이다. 라마누자에 의하면 나[끄리스나]는 모두를 '행하게 만드는 자'(kārayitṛ)인 '최상의 인아'(puruṣottama)이다.

1359 샹까라에 의하면 나의 가르침을 벗어나 행동하는 것이 증오(dveṣa)이다.

1360 샹까라에 의하면 '헐뜯는 자'(asūyaka)들은 '올바른 길에 머무는 자'(sanmārgastha)들의 덕(guṇa)[德]들에 대해 견디지 못하는 자들이다.

1361 샹까라에 의하면 '증오하는 자'(dviṣat)들은 '올바른 길의 반대편에 있는 자'(sanmārgapratipakṣabhūta)이며, 나[끄리스나]와 '훌륭한 자'(sādhu)를 증오하는 자들이다.

상서롭지 못한 자들을[1362] 윤회들[1363] 안에서 계속하여 아쑤라들의 자궁들 속으로[1364] 던져넣는다.[1365] 19

꾼띠의 아들이여, 어리석은 자들은[1366] 아쑤라들의 자궁에[1367] 도달해 나를[1368] 얻지 못하고, 태어날 때마다 그보다도 더 천한 상태에 도달한다. 20

애욕과 분노와 탐욕 이 세 가지는 자신을 멸하게 하는 나락의 문이다.[1369] 그러니 이 셋을 버리라! 21

1362 샹까라에 의하면 '상서롭지 못한 자'(aśubha)들은 '상서롭지 못한 행위를 하는 자'(aśubha-karmakārin)들이다.

1363 샹까라에 의하면 윤회(saṁsāra)는 '나락으로 윤회하게 하는 길'(narakasaṁsāraṇamārga)을 의미한다. 라마누자에 의하면 윤회는 생(janma)^生과 노(jarā)^老와 사(maraṇa)^死의 형태로 변화하며 계속 이어지는 것이다.

1364 샹까라에 의하면 '아쑤라들의 자궁들 속으로'(āsurīṣveva yoniṣu)는 '대부분의 행위가 잔혹한 것들인 호랑이와 사자 등의 자궁들 속으로'라는 의미이다.

1365 라마누자에 의하면 나[끄리스나]를 따르는 것을 거역하는 생들 속으로 내던진다. 즉, 나[끄리스나]는 그렇게 각각 얻은 생에 어울리는 행위의 원인이 되는 잔혹한 생각들에 그들을 연결한다는 의미이다.

1366 샹까라에 의하면 '어리석은 자'(mūḍha)는 '무분별한 자'(avivekin)이다. 라마누자에 의하면 '나[끄리스나]를 반대로 아는 자'(madviparītajñāna)이다.

1367 샹까라에 의하면 '아쑤라들의 자궁'(āsurī yoniḥ)은 '암성이 많은 자궁'(tamobahulā yoniḥ)이다. 라마누자에 의하면 '나[끄리스나]를 따르는 것을 거역하는 생'(madānukūlyapratyanīkajanma)이다.

1368 샹까라에 의하면 나[끄리스나]는 자재자(Īśvara)이다. 여기서는 '내가 가르친 훌륭한 길'(macchiṣṭasādhumārga)을 의미한다. 라마누자에 의하면 '와아쑤데바 세존은 지고의 자재자이다.'(asti bhagavān vāsudevaḥ sarveśvaraḥ.)라는 지혜(jñāna)를 의미한다.

1369 라마누자에 의하면 나락(naraka)^那落은 '아쑤라의 본성의 형태'(asurasvabhāvarūpa)이며, 문(dvāra)은 길(mārga), 원인(hetu)이라는 의미이다.

꾼띠의 아들이여, 어둠의[1370] 이 세 문들을 벗어난 사람은 자신에게 복된 일을[1371] 행한다. 그래서 지고의 상태에[1372] 도달한다.[1373] 22

경전의 규정을[1374] 버리고 멋대로 내키는 대로[1375] 행하는 자, 그는 성취도[1376] 기쁨도[1377] 지고의 상태도[1378] 얻지 못한다. 23

그러므로 그대에게 해야 할 것과 하지 말아야 할 것의 결정에 있어서 경전이 올바른 앎의 도구임을[1379] 알아, 경전의 규정에 언급된 행

1370 샹까라에 의하면 어둠(tamas)은 나락(naraka)이며, '고통과 미혹을 본질로 하는 것'(duḥkhamohātmaka)이다. 라마누자에 의하면 '나[끄리스나]를 반대로 아는 것'(madviparītajñāna)이다.

1371 고얀다까는 '복된 일'(śreyas)을 '복의 방편'(kalyāṇa kā sādhana)으로 해석한다. 복된 일의 원어인 슈레야쓰(śreyas)는 불경에서 '녕寧, 최승最勝, 증익增益, 선업善業, 최선자最選者' 등으로 한역된다.

1372 샹까라에 의하면 '지고의 상태'(parā gati)는 해탈(mokṣa)이다.

1373 라마누자에 의하면 '나[끄리스나]를 대상으로 하는 지혜를 얻은 자'(labdhamadviṣayajñāna)는 나[끄리스나]를 따라서 행한다. 그래서 지고의 상태인 나[끄리스나]를 얻는 것이다.

1374 샹까라에 의하면 '경전의 규정'(śāstravidhi)은 '해야 할 것과 하지 말아야 할 것에 대한 지혜의 원인'(kartavyākartavyajñānakāraṇa)이며, '마땅히 행할 것과 금지해야 할 것을 밝히는 것'(vidhiniṣedhākhya)이다. 라마누자에 의하면 경전(śāstra)은 베다(Veda)들이며, 규정(vidhi)은 가르침(anuśāsana)이다. 베다의 형태인 나[끄리스나]의 가르침이 경전의 규정이다.

1375 샹까라에 의하면 '멋대로 내키는 대로'(kāmakārataḥ)는 '욕망에 매어'(kāmaprayuktaḥ san)라는 의미이다.

1376 샹까라에 의하면 성취(siddhi)는 '인생의 목표를 위해 적절한 상태'(puruṣārthayogyatā)를 의미한다. 라마누자에 의하면 저세상의 성취이다.

1377 샹까라에 의하면 이 세상에서의 기쁨(sukha)이다.

1378 샹까라에 의하면 '지고의 상태'(parā gati)는 천국(svarga) 혹은 해탈(mokṣa)을 의미한다.

1379 샹까라에 의하면 '올바른 앎의 도구'(pramāṇa)는 '지혜의 방편'(jñānasādhana)이다.

위를[1380] 여기서 행함이 마땅하다.[1381] 24

이상은 성스러운 마하바라타의 비스마 편 서른여덟 번째 장이다.[1382]

1380 샹까라에 의하면 행위(karma)는 '자신의 행위'(svakarma)이다. ; 자신의 행위는 '자신의 의무'(svadharma)이다.

1381 라마누자에 의하면 법전(dharmaśāstra), 역사서(itihāsa), '신화와 전설서'(purāṇa) 등을 동반한 베다들은 '최상의 인아'(puruṣottama)라고 하는 지고의 실재(sattva)와 '그 지고의 실재를 기쁘게 하는 형태인 행위'와 '그 지고의 실재에 도달하는 방편이 되는 행위'를 알려준다. 이렇게 경전의 규정을 통해서 언급된 실재와 행위를 가감 없이 있는 그대로 알아서 그것을 행함이 마땅하다. 즉, 그것을 받아들여야 함이 마땅하다. ; 법전은 『마누법전』(Manusmṛti) 등이며, 역사서는 산스크리트 대서사시인 『라마야냐』(Rāmāyaṇa)와 『마하바라타』(Mahābhārata)이며, 신화와 전설서는 베다의 편집자인 브야싸(Vyāsa) 선인仙人에 의해서 만들어진 열여덟 개의 뿌라나(Purāṇa)들이다.

1382 반다르까르 판본에 따른 내용이다. 그러나 짜우캄바 판본에 따른 내용은 "이상은 성스러운 바가바드기타인 우파니샤드들 가운데 브라흐만에 대한 지혜이며 요가의 경전인 성스러운 끄리스나와 아르주나의 대화에서 '신의 자질과 아쑤라의 자질에 대한 구분의 요가'(daivāsurasaṁpad-vibhāgayoga)라고 이름하는 열여섯 번째 장이다." 기타프레스의 샹까라 주석 산스크리트어 힌디어 대역본에 따른 내용은 "이상은 브야싸의 십만 개로 이루어진 결집서인 성스러운 마하바라타의 비스마 편에 있어서 성스러운 바가바드기타인 우파니샤드들 가운데 브라흐만에 대한 지혜이며 요가의 경전인 성스러운 끄리스나와 아르주나의 대화에서 '신의 자질과 아쑤라의 자질에 대한 구분의 요가'라고 이름하는 열여섯 번째 장이다." 기타프레스의 라마누자 주석 산스크리트어 힌디어 대역본에 따른 내용은 "옴, 그것은 진실한 것! 성스러운 바가바드기타인 우파니샤드들 가운데 브라흐만에 대한 지혜이며 요가의 경전인 성스러운 끄리스나와 아르주나의 대화에서 '신의 자질과 아쑤라의 자질에 대한 구분의 요가'라고 이름하는 열여섯 번째 장이다."

제17장

아르주나가 말했습니다.

경전의 규정을[1383] 버리고[1384] 믿음을[1385] 가지며 신을 공경하는 자들이 있습니다. 끄리스나여, 그들의 상태는 어떻습니까? 진성적인 것입니까? 아니면 동성적인 것이거나 암성적인 것입니까? 1

성스러운 세존께서 말씀하셨습니다.

몸을 가진 자들에게 있어서 본성에서[1386] 생겨난 그 믿음은 진성적인 것, 동성적인 것, 암성적인 것, 이렇게 세 가지이다. 그것에 대해

1383 샹까라에 의하면 '경전의 규정'(śāstravidhi)은 '베다와 법전의 가르침'(śrutismṛticodanā)이다.

1384 샹까라에 의하면 여기서 버리고(utsṛjya)는 경전의 규정을 '보지 못하며'(apaśyantaḥ) '나이 많고 현명한 자의 일반적인 관행'(vṛddhavyavahāra)을 보고 믿음을 가지고 신 등을 공경한다는 뜻이다. 경전의 규정을 보면서 그것을 버리고 규정에 맞지 않게 신 등을 공경한다는 의미가 아니다.

1385 샹까라에 의하면 믿음(śraddhā)은 '신과 다른 세계에 대한 믿음의 지성'(āstikyabuddhi)이다.

1386 샹까라에 의하면 본성(svabhāva)은 죽을 때에 나타나는 것이며, 다른 생에서 만든 '도리를 비롯한 것의 잠재인상[行業]'(dharmādisaṁskāra)이다.

들어라.[1387] 2

바라따족의 후손이여, 모든 자의 믿음은 본마음에[1388] 따른 모습이다.[1389] 이 인아는[1390] 믿음으로 된 것이다.[1391] 믿음인 것, 그것이 바로 그것이다.[1392] 3

1387 라마누자에 의하면 본성(svabhāva)은 자신(sva)의 일반적이지 않은 성향(bhāva)이며, '옛날의 습기習氣'(prācīnavāsanā)를 원인으로 하여 생겨난 각기 다른 애착(ruci)이다. 애착이 있는 곳에 믿음이 생겨난다. 왜냐하면, 믿음은 "자신이 욕망하는 이것이 이루어지게 하리라!"(svābhimataṁ sādhayati etat.)라는 신뢰를 가지고 방편에 대해 서두르는 것이기 때문이다. 습기와 애착과 믿음은 '성질과의 접촉'(guṇasaṁsarga)에 의해서 생겨나는 '아我의 특질'(ātmadharma)들이다. 몸과 기관과 내적기관과 대상에 존재하는 진성을 비롯한 성질들이 습기 등등의 '아我의 특질'들을 만들어 낸다. 이처럼 습기 등등의 '아我의 특질'들은 '진성을 비롯한 성질을 가진 몸'(sattvādiguṇayuktadeha) 등을 경험함으로써 생겨난다. 따라서 이 믿음은 '진성적인 것'(sāttvikī), '동성적인 것'(rājasī), '암성적인 것'(tāmasī), 이렇게 세 가지다.

1388 샹까라에 의하면 본마음(sattva)은 '특별한 잠재인상行業에 연결된 내적기관'(viśiṣṭasaṁskāropeta)을 의미한다. ; 여기서 본마음의 원어는 진성(sattva)의 원어와 동일하다. 자연(prakṛti)에 내재된 세 가지 성질들 가운데 진성이 자신의 특질을 제일 먼저 발현하여 생겨난 것이 본마음(manas)心이다. 이 마음은 진성이 가장 수승하게 자신의 특질을 발현한 상태이기 때문에 진성이라고도 부른다. 자의식(ahaṁkāra)에서 생겨난 칠정七情의 마음(manas)意과 구별하기 위해 본마음으로 옮긴다. 쌍캬철학에서는 이 본마음을 '큰 것'(mahat)大 그리고 지성(buddhi)이라고 부르기도 한다.

1389 라마누자에 의하면 본마음의 원어인 진성(sattva)은 내적기관(antaḥkaraṇa)을 의미한다. 모든 사람의 믿음은 내적기관을 따른 모습이다. 즉, 내적기관에 연결된 성질을 대상으로 가지는 믿음이 생겨난다. 본마음을 진성이라고 표현한 것은 몸과 기관 등도 나타내기 위해서이다.

1390 샹까라에 의하면 여기서 인아(puruṣa)人我는 '윤회하는 생명'(saṁsārī jīvaḥ)을 의미한다.

1391 샹까라에 의하면 '믿음으로 된 것'(śraddhāmaya)은 '거의가 믿음'(śraddhāprāya)이라는 의미이다. 라마누자에 의하면 '믿음으로 된 것'은 '믿음의 결과'(śraddhāpariṇāma)라는 뜻이다.

1392 샹까라에 의하면 생명(jīva)의 믿음 그것은 바로 그 생명이다. 생명은 '그 믿음에 따른 모습'(tacchraddhānurūpa)이다. 라마누자에 의하면 사람은 가지고 있는 믿음, 바로 그 믿음의 결과이다. 선한 행위를 대상으로 하는 믿음을 가진 자는 선한 행위의 결과와 연결된다. 이처럼 결과에 연결되는 데에는 믿음이 주가 된다.

진성적인 자들은 신들을, 동성적인 자들은 약샤와[1393] 나찰들을[1394] 공경한다. 암성적인 다른 사람들은 떠나간 자들과[1395] 귀신의 무리들을[1396] 공경한다.[1397] 4

경전에 규정되지 않은 혹독한 고행을[1398] 하는 사람들은 사위詐僞와 자의식에 얽매인 자들이며, 욕망과 애염愛染의 힘에 어우러진 자들이다. 5

1393 약샤(yakṣa)는 '존경하다, 경배하다, 예배하다, 움직이다' 등을 의미하는 어근 약스(yakṣ)에서 파생된 낱말로 남성명사로는 '부富의 신인 꾸베라(Kubera)의 신하로 하늘을 나는 등의 신통력을 지닌 반신반인의 존재, 영靈의 한 종류, 꾸베라의 이름, 예배, 멍멍이' 등을 의미하며, 중성명사로는 '유령, 제사, 존경스러운 것' 등을 뜻한다. 불경에서 약샤는 '용건勇健, 귀鬼, 귀신鬼神, 상자傷者' 등으로 한역되며, '야차夜叉, 약차藥叉, 열차閱叉' 등으로 음차된다.

1394 나찰(rakṣas)의 원어의 사전적인 의미는 '악령, 악귀, 악마' 등이다. 주로 밤에 힘이 강해지고, 하늘을 날며 변신하는 신통력을 지니고 있다. 경건한 제사를 방해하는 존재이다. 원어인 락샤쓰(rakṣas)는 락샤싸(rākṣasa)라는 낱말과 자주 혼용된다. 락샤싸(rākṣasa)는 형용사로 '악령에 속하는, 악령적인, 악귀의 본성을 지닌' 등을 의미하며, 남성명사로 '악령, 악귀, 악마, 여덟 가지 결혼 가운데 하나인 약탈결혼' 등을 뜻한다. 락샤싸는 불경에서 '악귀惡鬼, 매魅, 호자護者' 등으로 한역된다. 그리고 '나찰羅刹, 나차羅叉, 나찰사羅刹娑, 囉刹娑, 邏刹娑 나차사羅叉娑, 아락찰사阿落刹娑' 등으로 음차된다.

1395 '떠나간 자'(preta)의 원어의 사전적인 의미는 '이 세상에서 떠난, 죽은, 떠나간 영혼, 장례식을 치르기 전의 영혼, 유령, 악령, 지옥에 거주하는 자, 조상' 등이다. 원어인 쁘레따(preta)는 불경에서 '영靈, 귀鬼, 아귀餓鬼, 조부祖父, 조부귀祖父鬼' 등으로 한역된다.

1396 샹까라에 의하면 '귀신의 무리'(bhūtagaṇa)는 '일곱 명의 신모神母'(saptamātṛkā) 등이다. ; 일곱 명의 신모神母는 창조주인 브라흐마(Brahmā)의 여성적인 힘이며 브라흐마의 아내인 브라흐미(Brāhmī), 쉬바의 여성적인 힘이며 대자재(maheśvara)大自在인 쉬바의 아내인 마헤스와리(Māheśvarī), 꾸마라(Kumāra)라고도 부르는 까르띠께야(Kārtikeya)의 여성적인 힘이며 아내인 까우마리(Kaumārī), 위스누의 여성적인 힘이며 아내인 와스나비(Vaiṣṇavī), 위스누의 현신인 멧돼지(Vārāha)의 여성적인 힘이며 아내인 와라히(Vārāhī), 신들의 왕인 인드라의 여성적인 힘이며 아내인 인드라니(Indrāṇī), 쉬바의 아내인 빠르와띠(Pārvatī)의 변신인 두르가(Durgā)의 다른 모습인 짜문다(Cāmuṇḍā)이다. 인드라니는 쉬바의 아내인 빠르와띠의 변신인 두르가의 다른 이름이기도 하다.

1397 라마누자에 의하면 진성적인 믿음을 가진 자들은 신들을 공경한다. '고통이 섞이지 않은 수승한 기쁨의 원인이 되는 것인 신에 대한 제사'를 대상으로 하는 믿음을 진성적인 것이라고 말한다. 고통이 섞이고 적은 기쁨을 만들어 내는 것이 동성적인 믿음이다. 고통이 주를 이루며 아주 작은 기쁨을 만들어 내는 것이 암성적인 믿음이다.

1398 샹까라에 의하면 혹독한(ghora)은 생명체들과 자신에게 '고통을 주는 것'(pīḍākara)을 의미한다.

생각이 없는 그 자들은[1399] 몸에 머무른 원소의 무리와[1400] 몸 안에 머무른 나를 쇠하게 한다.[1401] 그들을 아쑤라들에[1402] 뜻을 둔 자들이라 알아라. 6

모든 자에게 있어 좋아하는 음식 또한 세 가지이다.[1403] 제사와 고행과 보시도 마찬가지다. 이것들의 이러한 차이에 대해 들어라. 7

수명과 진성과[1404] 힘과 건강과 행복과 기쁨을 늘려주고, 풍미가 있고, 기름지고, 든든하고, 마음에 드는 음식들은 진성적인 자들이 좋아

1399 샹까라에 의하면 '생각이 없는 자'(acetas)는 '무분별한 자'(avivekin)이다.

1400 샹까라에 의하면 '원소의 무리'(bhūtagrāma)는 '기관 전체'(karaṇasamudāya)이다. 라마누자에 의하면 흙(pṛthivī)[地]을 비롯한 오대원소의 무리이다. ; 원소의 무리를 고얀다까는 몸에 위치한 기관 등의 형태로 변화된 원소 전체라고 해석한다. ; 오대원소인 지수화풍공이 청각기관, 시각기관 등등의 형태로 변화한 것을 의미한다.

1401 샹까라에 의하면 '행위와 지성을 바라보는 존재'(karmabudhisākṣibhūta)인 나[끄리스나]의 가르침을 행하지 않는 것이 나를 쇠하게 하는 것이다. 라마누자에 의하면 '나[끄리스나]의 부분인 것'(madaṁśabhūta)인 생명(jīva)을 쇠하게 하는 것이다.

1402 라마누자에 의하면 아쑤라(asura)는 '나[끄리스나]의 명에 거역하여 행하는 자'(madājñāviparītakārin)들이다. 이들은 나의 명에 거역하여 행하는 자들이기 때문에 아주 작은 기쁨과도 관련이 없으며, 오히려 재난의 더미 속에 떨어진다.

1403 라마누자에 의하면 진성을 비롯한 성질을 늘어나게 하는 데 있어서 음식이 뿌리이다. 『찬도그야 우파니샤드』(6.5.4)는 "얘야, 곡식으로 된 것이 마음이다."(annamayaṁ hi somya manaḥ.)라고 말한다. 그리고 『찬도그야 우파니샤드』(7.26.2)는 "먹는 것이 청정해지면, 진성이 청정해진다."(āhāraśuddhau sattvaśuddhiḥ.)라고 말한다. 생명을 가진 모든 것들은 진성을 비롯한 세 가지 성질과 연결됨으로써 좋아하는 것이 세 가지가 된다. 따라서 제사, 고행, 그리고 보시도 세 가지이다.

1404 라마누자에 의하면 진성은 내적기관(antaḥkaraṇa)이다. 그러나 여기서는 내적기관의 작용인 지혜(jñāna)를 의미한다. ; 내적기관은 여기서 지성(buddhi)을 의미한다. 지성은 진성의 작용이다. 진성이 늘어나면 지성이 늘어난다. 샹캬철학에서 진성(sattva), 지성(buddhi), 본마음(manas), '큰 것'(mahat)[大]은 동의어이다.

하는 것들이다.[1405] 8

쓰고, 시고, 짜고, 아주[1406] 뜨겁고, 얼얼하고, 메마르고, 화끈거리게 하는 음식들은 동성적인 자들이 좋아하는 것이며, 고통과 근심과 질병을 주는 것들이다.[1407] 9

설익고,[1408] 풍미가 사라지고,[1409] 악취가 나고, 밤이 지나고,[1410] 먹다 남기고,[1411] 제사 지낼만하지 않은[1412] 음식은 암성적인 자가 좋아하는 것이다. 10

1405 라마누자에 의하면 진성을 갖춘 자는 진성이 가득한 음식을 좋아한다. 진성이 가득한 음식은 수명을 늘리고, 진성을 늘린다. 아울러 진성이 가득한 음식은 지혜를 늘리는 것이다. 진성이 가득한 음식들은 소화될 때 행복(sukha)이 늘어나게 하는 것들이며, 기쁨(prīti)의 원인이 되는 일을 시작하게 하여 기쁨을 늘어나게 하는 것들이다. 마음에 드는 음식은 보기에 마음을 기쁘게 하는 음식이라는 의미이다.

1406 샹까라에 의하면 아주(ati)라는 말은 '쓰고(kaṭu)'를 비롯한 음식의 특징을 나타내는 모든 낱말에 연결해야 한다. ; 즉, '아주 쓰고, 아주 시고, 아주 짜고, 아주 뜨겁고, 아주 얼얼하고, 아주 메마르고, 아주 화끈거리게 하는 음식들은 동성적인 자들이 좋아하는 것이며, 고통과 근심과 질병을 주는 것들이다.' 이렇게 해석해야 한다. 이에 따르면 아주 쓰지 않고, 아주 시지 않고, 아주 짜지 않고, 아주 뜨겁지 않고, 아주 얼얼하지 않고, 아주 메마르지 않고, 아주 화끈거리게 하지 않는 음식들은 동성적인 자들이 좋아하는 음식이 아니라는 뜻이다.

1407 라마누자에 의하면 이러한 음식들은 동성이 가득한 상태이기 때문에, 고통과 근심과 질병이 가득한 상태이기 때문에, 고통과 근심과 질병을 늘어나게 하고 동성을 늘어나게 하는 것들이다.

1408 '설익은 것'(yātayāma)은 샹까라의 해석에 따른 번역이다. 라마누자의 해석에 따르면 '오래 묵은 것'(cirakālāvasthita)으로 번역이 된다.

1409 샹까라에 의하면 '풍미가 사라진 것'(gatarasa)은 '기운이 사라진 것'(nirvīrya)을 의미한다. 라마누자에 의하면 본래의 맛을 잃은 것이다.

1410 샹까라에 의하면 '밤이 지난 것'(paryuṣita)은 만든 다음에 밤이 지나간 것이다. 라마누자에 의하면 시간이 지나가 맛이 변한 것이다.

1411 라마누자에 의하면 '먹다 남긴 것'(ucchiṣṭa)은 스승이 아닌 다른 사람이 먹다 남긴 음식을 의미한다.

1412 라마누자에 의하면 '제사 지낼만한 것이 아닌 것'(amedhya)은 제사 지내고 남은 음식이 아닌 음식을 의미한다.

"제사지내야 하는 것이다!"[1413] 이렇게 마음을 잘 집중하여,[1414] 결과를 바라지 않는 자들에 의해서 봉헌되는, 규정에 제시된[1415] 그 제사가 진성적인 것이다. 11

바라따족 가운데 으뜸이여, 결과를 염두에 두고 또한 사위詐僞로 봉헌되는 그 제사를 동성적인 것이라고 알아라.[1416] 12

규정을 갖추지 못하고, 음식을 베풀지 않고,[1417] 진언을 갖추지 못하고,[1418] 사례謝禮가 없고, 믿음이 없는 제사를 암성적인 것이라 말한다. 13

신과 재생자와[1419] 스승과 지혜로운 자에 대한 공경, 정화, 질박質

1413 샹까라에 의하면 '제사 지내야 하는 것이다.'(yaṣṭavyam eva)라는 것은 '제사의 본질을 수행하는 것이 해야 할 일이다.'(yajñasvarūpanivartanam eva kāryam)라는 의미이다. 라마누자에 의하면 '제사 지내야 하는 것이다.'라는 것은 '세존을 경배하는 것'이기에 저절로 목적이 되어서 '제사 지내야 하는 것'이라는 의미다.

1414 샹까라에 의하면 '마음을 잘 집중하여'(manaḥ samādhāya)는 '이것을 통해서 내 인생목표를 이룰 것이 아니다.'(na anena puruṣārtho mama kartavyaḥ)라는 의미이다.

1415 샹까라에 의하면 '규정에 제시된 것'(vidhidṛṣṭa)은 '경전의 가르침에 제시된 것'(śātracodanādṛṣṭa)이다. 라마누자에 의하면 경전에 제시된 진언(mantra)眞言과 물건(dravya)과 의식(kriyā)儀式을 갖춘 것이다.

1416 라마누자에 의하면 결과를 바라는 마음을 가진 자들에 의해서 봉헌되는, 사위(dambha)詐僞가 내재되어있고 명성을 결과로 삼는 제사는 '동성적인 것'(rājasa)이다.

1417 샹까라에 의하면 '음식을 베풀지 않는 것'(asṛṣṭānna)은 브라흐마나들에게 음식을 주지 않는 것이다.

1418 샹까라에 의하면 '진언을 갖추지 못한 것'(mantrahīna)은 진언(mantra)과 음조(svara)와 '음악적인 형식'(varṇa)을 갖추지 못한 것이다.

1419 재생자(dvija)는 브라흐마나를 의미한다.

朴,[1420] 범행梵行,[1421] 비폭력은[1422] 몸과 관련된 고행이라 말해진다. 14

격하지 않고[1423] 진실하고 사랑스럽고 이로운[1424] 언사(言辭)와 독경의 반복 수행은[1425] 언어와 관련된 고행이라 말해진다.[1426] 15

1420 샹까라에 의하면 질박(ārjava)質朴은 '바른 상태'(ṛjutva)이다. '라마누자에 의하면 '말과 마음과 몸의 태도가 꾸밈이 없는 것'(yathāvāṃmanaḥśārīravṛtta)이다.

1421 라마누자에 의하면 범행(brahmacarya)梵行은 여자들에 대해서 육욕을 가지고 눈길을 보내는 등의 상태가 없는 것이다.

1422 라마누자에 의하면 비폭력(ahiṁsā)은 '생명체에게 괴로움을 주지 않는 것'(aprāṇipīḍā)이다.

1423 샹까라에 의하면 '격하지 않은 것'(anudvegakara)은 생명체들에게 고통을 주지 않는 것이다.

1424 샹까라에 의하면 '사랑스럽고, 이로운 것'(priyahita)은 '이 세상과 저 세상'(dṛṣṭādṛṭa)을 위해 사랑스럽고 이로운 것이다.

1425 샹까라에 의하면 '독경의 반복 수행'(svādhyāyābhyasana)은 규정에 맞는 독경의 반복 수행이다.

1426 샹까라에 의하면 '격하지 않고, 진실하고, 사랑스럽고, 이로운' 이 모든 것을 갖춘 언사言辭가 '언어와 관련된 고행'(vāṃmayaṁ tapaḥ)이다. 이들 가운데 다른 하나나 두 개나 세 개가 없는 것은 '언어와 관련된 고행의 상태'(vāṃmayatapastva)가 아니다.

마음의 해맑음,[1427] 상쾌함,[1428] 묵언默言,[1429] 마음의 억제,[1430] 청정한 감정,[1431] 이러한 것들은 마음과 관련된 고행이라 말해진다. 16

결과를 바라지 않고 전념하는[1432] 사람들에 의해 지극한 믿음으로[1433] 행해진[1434] 이 세 가지 고행을 진성적인 것이라 말한다. 17

1427 샹까라에 의하면 '마음의 해맑음'(manaḥprasāda)은 마음이 '아주 고요하고 평온한 것'(praśānti)이며 '아주 깨끗한 상태를 이루는 것'(svacchatāpādana)이다. 라마누자에 의하면 '마음의 해맑음'은 마음에 '분노 등이 없는 상태'(krodhādirahitatva)이다. ; '아주 고요하고 평온한 것'(praśānti)의 원어는 불경에서 적정寂靜으로 한역된다. 해맑음은 진성의 특질 가운데 하나이다. 진성이 많아지면 마음이 해맑아진다.

1428 샹까라에 의하면 '상쾌爽快함'(saumya)은 '마음이 즐거운 상태'(saumanasya)로서 얼굴 등을 맑게 하는 내적기관의 활동이다. 라마누자에 의하면 다른 자의 번영(abhyudaya)에 마음을 기울이는 것이다.

1429 샹까라에 의하면 묵언(mauna)默言은 '입을 통제하는 것'(vāksaṁyama)이다. 입을 통제하는 것은 마음을 통제하는 것을 전제로 한다. 결과를 가지고 원인을 언급한 것이다. 라마누자에 의하면 마음으로 '언어 활동을 제어하는 것'(vākpravṛttiniyamana)이다.

1430 샹까라에 의하면 '마음의 억제'(ātmavinigraha)는 전체적이고 일반적인 형태로 '마음을 멈추는 것'(manonirodha)이다. 입을 대상으로 한 특별한 마음의 통제는 묵언이다. 라마누자에 의하면 '마음의 억제'는 마음의 활동을 '명상의 대상'(dhyeyaviṣaya)에 안주시키는 것이다.

1431 샹까라에 의하면 '청정한 감정'(bhāvasaṁśuddhi)은 다른 사람들과 행동할 때 '기만함이 없는 것'(amāyāvitva)이다. 라마누자에 의하면 '아我 이외의 대상에 대한 생각이 없는 상태'(ātmavyatiriktaviṣayacintārahitatva)이다.

1432 샹까라에 의하면 전념하는(yukta)은 '삼매에 든'(samāhita)이라는 의미이다. 라마누자에 의하면 '이것은 지고의 인아人我에 대한 숭배의 형태이다.'(paramapuruṣārādhanarūpam idam)라는 생각에 전념하는 것이다.

1433 샹까라에 의하면 믿음(śraddhā)은 '신과 다른 세계에 대한 믿음의 지성'(āstikyabuddhi)이다.

1434 라마누자에 의하면 '몸과 말과 마음들로(kāyavāṃmanobhiḥ) 행해진' 이라는 의미이다.

찬탄과[1435] 존경과[1436] 공경을[1437] 바라고 사위詐僞로 행해지는 고행은 동성적인 것이라 여기서 말해지는 것이다. 불안정하고 무상한 것이다.[1438] 18

어리석은 집착으로[1439] 자신을 고통스럽게 하거나, 타자를 파괴하려[1440] 행해지는 그 고행은 암성적인 것이라 말해지는 것이다. 19

"보시를 해야 한다!"라며,[1441] 장소와[1442] 시간과[1443] 인물에[1444] 맞게,

1435 샹까라에 의하면 찬탄(satkāra)贊嘆은 '훌륭하다고 하는 것'(sādhukāra)이다. "이 사람은 훌륭해, 고행자야, 브라흐마나야!"(sādhuḥ ayaṁ tapasvī brāhmanaḥ.). 이런 것이 찬탄이다. 라마누자에 의하면 마음으로 존경하는 것이다.

1436 샹까라에 의하면 존경(māna)은 '맞이하여 일어나는 것'(pratyutthāna), '인사하는 것'(abhivādana) 등이다. 라마누자에 의하면 말로 찬양하는 것이다.

1437 샹까라에 의하면 공경(pūjā)은 '발을 씻어주는 것'(pādaprakṣālana), '예경하는 것'(arcana), '음식을 대접하는 것'(aśayitṛtva) 등이다. 라마누자에 의하면 몸으로 인사를 하는 것 등이다.

1438 샹까라에 의하면 '불안정한 것'(cala)은 '가끔씩 결과가 있는 것'(kādācitkaphalatva)이기 때문에 '무상한 것'(adhruva)이다. 라마누자에 의하면 천국 등등의 방편이 되는 것이기 때문에 불안정한 것이고 무상한 것이다. 천국에서 떨어지는 두려움 때문에 불안정의 원인이 되는 것이다. 그래서 이것을 불안정한 것이라 말한 것이다. 그리고 소멸하는 것이기 때문에 무상한 것이다.

1439 샹까라에 의하면 '어리석은 집착'(mūḍhagrāha)은 '무분별한 결정'(avivekaniścaya)이다.

1440 샹까라에 의하면 파괴(utsādana)破壞는 파멸(vināśa)破滅이다.

1441 샹까라에 의하면 "보시를 해야 한다.(dātavyam) 이렇게 마음먹고"라는 의미이다. 라마누자에 의하면 '결과를 바라지 않고 보시를 해야 한다.'라는 의미이다.

1442 샹까라에 의하면 장소(deśa)는 꾸루끄쉐뜨라(kurukṣetra) 등이다. ; 성지를 비롯한 특정한 장소를 의미한다.

1443 샹까라에 의하면 시간(kāla)은 '태양이 어떤 한 황도 십이궁에서 다른 하나의 황도 십이궁으로 통과하는 시간'(saṁkrānti) 등이다. ; 길한 절기節氣를 비롯한 특정한 시간을 의미한다.

1444 샹까라에 의하면 인물(pātra)은 '여섯 개의 부속 학문을 겸비하여 베다에 통달한 자'(ṣaḍaṃgavidvedapāraga) 등이다. ; 베다의 여섯 부속 학문을 포함하여 베다에 정통한 학자를 비롯한 특정한 인물을 의미한다. 음성학(śikṣā), 운율학(chandas), 문법학(vyākaraṇa), 어원학(nirukta), 천문학(jyotiṣa), 제례학(kalpa), 이렇게 여섯 가지가 베다의 부속 학문이다.

보답하지 않는 자에게[1445] 주어지는 보시가 진성적인 것이라 상기된다. 20

보답을 바라거나 결과를 염두에 두고, 흔연하지 않게[1446] 주어지는 그 보시는 동성적인 것이라 상기된다. 21

장소와 시간에 맞지 않게,[1447] 그리고 적절치 않은 인물들에게[1448] 존경 없이[1449] 무시하며 주어지는 보시는 암성적인 것이라 말해지는 것이다. 22

'옴(ॐ) 그것은 진실'이라는 브라흐만에 대한 세 가지 현시[顯示]가 상기된다. 이에 의해서 예전에 브라흐마나들과 베다들과 제사들이 만

1445 샹까라에 의하면 '보답하지 않는 자'(anupakārin)는 보답할 능력이 없는 자와 보답할 능력이 있는 자라고 하더라도 보답을 바라지 않는 것을 의미한다.

1446 샹까라에 의하면 '흔연하지 않은 것'(parikliṣṭa)은 '유감스런 것'(khedasaṁyukta)이다. 라마누자에 의하면 '길하지 않은 물건이 들어 있는 것'(akalyāṇadravyaka) 이다.

1447 샹까라에 의하면 '장소와 시간에 맞지 않게'(adeśakāle)는 '야만인과 부정한 자 등이 가득한 죄악의 장소'와 '공덕의 원인이 되는 것으로 일컬어진, 태양이 어떤 한 황도 십이궁에서 다른 하나의 황도 십이궁으로 통과하는 시간을 비롯한 특별함이 없는 때'라는 의미다.

1448 샹까라에 의하면 '적절치 않은 인물'(apātra)은 어리석은 자나 도적(taskara)[盜賊] 등이다.

1449 샹까라에 의하면 '존경 없는 것'(asatkṛta)은 '다정한 말(priyavacana), 발을 씻어주는 것, 공경(pūjā) 등이 없는 것'이다.

들어졌다.[1450] 23

그래서 브라흐만에 대해 말하는 자들의,[1451] 규정에 언급된[1452] 제사와 보시와 고행의 의식들은 '옴(ॐ)' 이렇게 늘 발음하여 시작된다.[1453] 24

해탈을 바라는 자들에 의해 제사와 고행의 의식들이, 그리고 여러 가지 보시의 의식들이[1454] 결과를 염두에 두지 않고 '그것은'이라며[1455] 행해진다. 25

1450 라마누자에 의하면 '옴(ॐ) 그것은 진실'(Oṁ tat sat)이라는 이 세가지 낱말은 베다인 브라흐만(brahman)에 속한 것들이다. 여기서 베다인 브라흐만은 제사를 비롯한 베다의 행위를 의미한다. 베다의 행위는 '옴(ॐ) 그것은 진실'이라는 세 낱말과 관련되는 것이다. 옴(ॐ)이라는 낱말은 '베다의 행위의 부분의 상태'(vaidikakarmāṃgatva)로 행해지는 시작에 사용되는 것이기에 베다의 행위와 관련된다. 그것은(tat)과 진실(sat)이라는 두 낱말은 '공경공양恭敬供養하는 것'(pūjyatva)을 나타내기에 베다의 행위와 연결된다. 이러한 세 낱말들과 관련된 브라흐마나(brāhmaṇa)들, 즉, 베다에 따라 행하는 세 종성에 속하는 자들, 그리고 베다와 제사들은 예전에 나[끄리스나]에 의해서 만들어진 것들이다. ; 세 종성에 속하는 자들은 사제계급인 브라흐마나(brāhmaṇa), 왕공무사계급인 끄샤뜨리야(kṣatriya), 그리고 평민계급이며 경제활동을 하는 계급인 바이샤(vaiśya)이다.

1451 샹까라에 의하면 '브라흐만에 대해 말하는 자'(brahmavādin)는 '브라흐만에 대해 말하기를 좋아하는 자'(brahmavadanaśīla)이다. 라마누자에 의하면 '베다에 대해 말하는 자'(vedavādin)들이며 세 종성에 속하는 자들이다. ; 세 종성에 속하는 자들인 브라흐마나, 끄샤뜨리야, 바이샤, 이들만이 베다를 배울 수 있다.

1452 샹까라에 의하면 '규정에 언급된 것'(vidhānokta)은 '경전에 일깨워진 것'(śāstracodita)이다.

1453 라마누자에 의하면 베다를 읽는 것 역시 '옴(ॐ)' 이렇게 발음하여 늘 시작된다.

1454 샹까라에 의하면 '여러 가지 보시의 의식들'(dānakriyāśca vividhāḥ)는 토지와 황금 등을 주는 형태들이다.

1455 샹까라에 의하면 그것은(tat) 이라는 '브라흐만의 이름'(brahmābhidhāna)을 발음하고라는 뜻이다. 라마누자에 의하면 '그것은' '브라흐만을 나타내는 것'(brahmavācin)이다.

존재 상태와[1456] 선한 상태에[1457] 이 '진실'이라는 것이 사용된다.[1458] 쁘리타의 아들이여, 길한 행위에도[1459] '진실'이라는 낱말이 사용된다.[1460] 26

제사와 고행과 보시에 열중함이 '진실'이라고 말해진다. 그것을 위한 행위도[1461] '진실'이라고 불린다.[1462] 27

믿음 없이 불에 헌공獻供한 것, 보시한 것, 고행한 것, 행한 것은 '진실이 아닌 것'이라 말해진다. 쁘리타의 아들이여, 그것은 사후에도

1456 샹까라에 의하면 '존재 상태'(sadbhāva)는 '없는 것의 존재 상태에 대한 것'(asataḥ sadbhāve)이다. 이를테면 없는 아들의 출생에 대한 것과 같은 것이다. 라마누자에 의하면 '존재 상태'는 '현존하는 상태'(vidyamānatā)이다.

1457 샹까라에 의하면 '선한 상태'(sādhubhāva)는 존재 상태와 마찬가지다. 이를테면 행동이 선하지 않은 '불선한 자'(asādhu)의 선한 행동이다. 라마누자에 의하며 '선한 상태'는 '행복의 상태'(kalyāṇabhāva)이다.

1458 샹까라에 의하면 실재(sat)라는 브라흐만의 이름이 말해진다는 뜻이다. 라마누자에 의하면 세속과 베다에 있어서 존재 상태인 현존하는 상태, 선한 상태인 행복의 상태, 그리고 모든 것들에 있어서 '실재'라는 낱말이 사용된다.

1459 샹까라에 의하면 '길한 행위에'(praśaste karmaṇi)는 '결혼 등에'(vivāhādau)라는 의미이다.

1460 라마누자에 의하면 세속에서 그 누군가에 의해서 행해지는 길한 행위, 즉, 행복한 행위에 대해서 '이것은 진실한 행위'(satkarma idam)라고 이렇게 진실이라는 낱말이 사용된다는 의미이다.

1461 샹까라에 의하면 '그것을 위한'(tadarthīyam)은 제사와 보시와 고행을 위한 것이라는 의미, 혹은 '옴(ॐ) 그것은 진실'(Oṁ tatsat.)이라는 세 가지 이름을 가진 자재자(Īśvara)를 위한 것이라는 의미다. 라마누자에 의하면 베다들, 베다의 행위들, 그리고 브라흐마나라는 낱말이 지시하는 것인 세 종성들과 함께 '옴(ॐ) 그것은 진실'(Oṁ tat sat)이라는 낱말이 관련된다. 따라서 '옴(ॐ) 그것은 진실'이라는 낱말은 베다가 아닌 것들과 그리고 베다적이 아닌 것들과는 무관함을 알아야 한다.

1462 샹까라에 의하면 제사와 고행 등의 행위가 '진성적인 것'(sāttvika)이 아니고, '덕이 없는 것'(viguṇa)이라 하더라도 믿음을 가지고 브라흐만의 세 이름을 사용하면 진성적인 것이고 '덕이 있는 것'(saguṇa)으로 된다.

이승에도 없는 것이다.[1463] 28

이상은 성스러운 마하바라타의 비스마 편 서른아홉 번째 장이다.[1464]

1463 샹까라에 의하면 믿음(śraddhā)이 없이 행해진 '불의 헌공獻供'(havana)과 보시와 행위인 고행과 찬양(stuti)과 경배(namaskāra) 등 그 모든 것은 '나[끄리스나]를 얻는 방편의 길을 벗어난 것'(matprāptisādhanamārgabāhyatva)이기 때문에 '진실이 아닌 것'(asat)이라고 말해진다. 또한 그것은 많은 노력을 기울인 것이라 해도, 훌륭한 자들에 의해서 비난받는 것이기 때문에 사후에도 결과가 없고 이승에서도 의미가 없는 것이다. 라마누자에 의하면 사후의 결과는 해탈(mokṣa)이다.

1464 반다르까르 판본에 따른 내용이다. 기타프레스의 샹까라 주석 산스크리트어 힌디어 대역본에 따른 내용은 "이상은 브야싸의 십만 개로 이루어진 결집서인 성스러운 마하바라타의 비스마 편에 있어서 성스러운 바가바드기타인 우파니샤드들 가운데 브라흐만에 대한 지혜이며 요가의 경전인 성스러운 끄리스나와 아르주나의 대화에서 '믿음의 세 가지 구분에 대한 요가'(śraddhātrayavibhāgayoga)라고 이름하는 열일곱 번째 장이다." 기타프레스의 라마누자 주석 산스크리트어 힌디어 대역본에 따른 내용은 "옴, 그것은 진실한 것! 성스러운 바가바드기타인 우파니샤드들 가운데 브라흐만에 대한 지혜이며 요가의 경전인 성스러운 끄리스나와 아르주나의 대화에서 '믿음의 세 가지 구분에 대한 요가'라고 이름하는 열일곱 번째 장이다."

제18장

아르주나가 말했습니다.

긴 팔을 가진 분이여, 흐리쉬께샤여,[1465] 께쉬니슈다나여,[1466] '온전히 내던져 버림'과 '버림'의 본질에 대해 각기 알고 싶습니다. 1

성스러운 세존께서 말씀하셨습니다.

시인들은[1467] 욕망을 위한[1468] 행위들을 내던져 버림을[1469] '온전히

1465 흐리쉬께샤(hṛṣīkeśa)는 위스누의 다른 이름이다. 지각기관(hṣīka)을 '다스리는 자'(īśa)라는 뜻이다.

1466 샹까라에 의하면 세존인 와아쑤데바(Vāsudeva)는 말馬로 변장한 께쉬(keśi)라는 이름의 아쑤라를 '죽인 자'(niṣūditavat)이기 때문에 아르주나에 의해서 께쉬니슈다나(keśiniṣūdana)라는 호칭으로 불리는 것이다.

1467 샹까라에 의하면 시인(kavi)詩人은 '인도의 전통 학자'(paṇḍita)이다. ; 고얀다까는 '인도의 전통 학자'(paṇḍita)를 '지혜로운 자'(buddhimān) 라고 해석한다.

1468 샹까라에 의하면 '욕망을 위한 것'(kāmya)은 마사(aśvamedha)馬祠 등이다. ; 마사(aśvamedha)馬祠는 잘 기른 말을 자유롭게 풀어 놓고 그 뒤를 군대가 뒤따르게 한다. 말이 다른 나라를 들어가려 할 때 그 나라에서 말을 못 들어오게 막으면 말을 뒤따르던 군대가 그 나라를 점령하여 말이 들어가게 한다. 만일 들어오는 말을 순순히 받아들이면 마사를 지내는 나라에 항복한다는 뜻이다. 일정 기간 후에 그 말을 잡아 제물로 삼아 제사를 지낸다. 이러한 마사를 백 번 지내는 자는 천국의 왕인 인드라가 된다고 한다.

1469 샹까라에 의하면 '내던져 버림'(nyāsa)은 내버림(parityāga)이다.

내던져 버림'이라고[1470] 안다. 총명한 자들은[1471] 모든 행위의[1472] 결과의 버림을[1473] '버림'이라고 말한다. 2

어떤 지혜로운 자들은 행위는 결함이 있기에 버려야 할 것이라고 말한다.[1474] 다른 자들은 제사와 보시와 고행의 행위는 버려야 할 것

1470 샹까라에 의하면 '온전히 내던져 버림'(saṁnyāsa)이라는 낱말의 의미는 '실행해야 할 것'(anuṣṭheyatva)으로 정해진 것을 '실행하지 않는 것'(ananuṣṭhāna)이다.

1471 샹까라에 의하면 '총명한 자'(vicakṣaṇa)는 '인도의 전통 학자'(paṇḍita)이다.

1472 샹까라에 의하면 '모든 행위'(sarvakarma)는 '일상적으로 매일 행해야 하는 행위'(nityakarman)와 '특별한 목적을 위해 행해야 하는 행위'(naimittikakarman)를 의미한다. 라마누자에 의하면 '모든 행위'는 '욕망을 위한 행위'(kāmyakarman)와 '일상적으로 매일 행해야 하는 행위'와 '특별한 목적을 위해 행해야 하는 행위' 모두를 의미한다. ; '일상적으로 늘 행해야 하는 행위'는 다섯 가지의 대제사(mahāyajña)이다. 다섯 가지 대제사는 『마누법전』3장 70절에 따르면 "가르치는 것은 '브라흐마의 제사'(brahmayajña), 음식이나 물을 조상에게 바치는 것은 '조상의 제사'(pitṛyajña), 불에 헌공獻供하는 것은 '천신과 관련된 것'(daiva), 곡류를 주는 것은 '정령과 관련된 것'(bhauta), 손님을 예우하는 것은 '사람의 제사'(nṛyajña)이다." '천신과 관련된 것'은 '천신의 제사'(devayajña)이고, '정령과 관련된 것'은 '정령의 제사'(bhūtayajña)이다. '특별한 목적을 위해 행해야 하는 행위'는 '초승제사와 보름제사'(parvaśrāddha)이다.

1473 샹까라에 의하면 '결과의 버림'(phalatyāga)은 자신과 관련되어 정해진 결과를 내버림(parityāga)이다.

1474 라마누자에 의하면 샹캬철학의 창시자인 까삘라(Kapila)의 견해를 따르는 자들과 까삘라의 견해를 추종하는 베다학자(vaidika)들은 제사를 비롯한 모든 행위는 애염(rāga)愛染과 증오(dveṣa)를 비롯한 결함(doṣa)이 있는 것으로 '속박하는 것'(bandhakatva)이다. 따라서 '해탈을 바라는 자'(mumukṣu)는 버려야 하는 것이라고 말한다.

이 아니라고 한다.[1475] 3

바라따족 가운데 가장 뛰어난 자여, 그 가운데 버림에[1476] 대한 나의 결정을 들어라. 사람 가운데 호랑이여, 버림은 세 가지로[1477] 잘 언급된 것이기[1478] 때문이다. 4

제사와 보시와 고행의 행위는 버려야 할 것이 아니다. 그것은 해야

1475 샹까라에 의하면 '온전하게 밝힘'(sāṁkhya) 등의 시각에 의지하는 지혜로운 자인 '인도의 전통 학자'들은 모든 행위는 '속박의 원인인 것'(bandhuhetutva)이기 때문에 '버려야 할 것, 결함이 있는 것'(tyaktavyaṁ doṣavat)이라고 말한다. 혹은 애염 등과 같은 결함이 버려지듯이 버려져야 할 것이라고 말한다. 이와 관련하여 다른 자들은 제사와 보시와 고행의 행위는 버려야 할 것이 아니라고 한다. 이러한 선택은 '행위를 행하는 자'(karmin)들과 관련된 것이지, '온전히 내던져 버린 자'(saṁyāsin)이며 '모든 향유를 벗어난 자'(vyutthāyin)인 '지혜에 충실한 자'(jñānaniṣṭha)에 관련된 것이 아니다. 행위에 권한을 가진 자들에 대해서만이 '온전히 내던져 버림'(saṁnyāsa)과 버림(tyāga)에 대한 선택이 있는 것이다. '지고의 의미를 관조하는 자'(paramārthadarśin)인 '온전하게 밝히는 자'이며 '지혜에 충실한 자'들에게는 오로지 '온전히 내던져 버림의 형태'(saṁnyāsalakṣaṇa)에 대해서만 관련이 있다. 이들에게 있어서 다른 것에 대한 선택은 합당치 않다.

1476 샹까라에 의하면 버림(tyāga)과 '온전히 내던져 버림'(saṁnyāsa)이라는 낱말이 나타내는 의미는 하나이기 때문에, 여기서 버림은 '버림과 온전히 내던져 버림에 대한 선택'(tyāgasaṁnyāsavikalapa)을 의미한다.

1477 샹까라에 의하면 '아我에 대해 알지 못하는 자'(anātmajña)들인 '행위를 행하는 자'(karmin)들에게는 '버림'과 '온전히 내던져 버림'이라는 낱말의 의미가 암성적인 것 등의 차이에 의해서 세 가지로 존재한다. 라마누자에 의하면 행해지는 베다의 행위들에 대해서 '결과를 대상으로 하는 것'(phalaviṣayatā), '행위를 대상으로 하는 것'(karmaviṣayatā), '행위자를 대상으로 하는 것'(kartṛviṣayatā)으로 인해서 세 가지 버림이 있다. 세 가지 버림 가운데 행위에 의해서 생겨나는 천국을 비롯한 결과는 나의 것이 아니라는 생각이 '결과의 버림'(phalatyāga)이다. 결과의 방편이 되기에 이 행위는 나의 것이라는 행위에 대한 '자신의 것이라는 생각'(mamatā)을 버리는 것이 '행위를 대상으로 하는 버림'이다. '모든 것의 자재자'(sarveśvara)를 행위자라고 추구하여 자신이 행위자라는 생각을 버리는 것이 '행위자를 대상으로 하는 버림'이다.

1478 샹까라에 의하면 '잘 언급된 것'(saṁprakīrtita)은 경전들에 잘 언급된 것을 의미한다.

할 것이다. 제사와 보시와 고행은 지혜로운 자들을[1479] 정화하는 것들이다.[1480] 5

뻐리타의 아들이여, 오히려 이러한 행위들은[1481] 애착과[1482] 결과들을 버리고 해야 하는 것들이라는 게 결정된 나의 최상의 견해다. 6

정해진 행위를[1483] 온전히 내던져 버림은[1484] 온당하지 않다. 미혹에

1479 샹까라에 의하면 '지혜로운 자'(manīṣin)들은 '결과를 바라지 않는 자'(phalānabhisandhi)들이다. 라마누자에 의하면 '숙려하는 태도를 지닌 자'(mananaśīla)이다. 숙려(manana)熟慮는 받들어 섬김인 승사(upāsana)承事이다.

1480 라마누자에 의하면 해탈을 바라는 자는 제사와 보시와 고행을 비롯한 베다의 행위를 그 어느 때라도 버려서는 안된다. 오히려 이 세상을 떠날 때까지 매일매일 행해야 한다. 이러한 행위들은 살아 있는 동안 받들어 섬김인 승사를 하며 해탈을 바라는 자들에게 있어서 '받들어 섬김인 승사를 이루는데 장애가 되는 옛 행위를 멸하는 것'(upāsananiṣpattivirodhiprācīnakarmavināśana)들이다.

1481 샹까라에 의하면 '이러한 행위들'(etāni karmāṇi)은 앞에서 언급한 '정화시키는 것들인 제사와 보시와 고행들'(yajñadānatapāṁsi pāvanāni)이다. 이러한 행위들은 집착하고 결과를 추구하는 자에게 있어서는 속박의 원인이지만, '해탈을 원하는 자'(mumukṣu)는 '해야 하는 것'이다.

1482 라마누자에 의하면 애착(saṃga)은 행위에 대해서 나의 것이라고 생각하는 것이다.

1483 샹까라에 의하면 '정해진 행위'(niyatakarman)는 '일상적으로 매일 행해야 하는 행위'(nitya-karman)이다. 이 행위는 '무지한 자'(ajña)에게 있어서 정화시키는 것으로 여겨지는 것이다. 정해진 것은 반드시 행해야 하는 것이다.

1484 샹까라에 의하면 '온전히 내던져 버림'(saṁnyāsa)은 내버림(parityāga)이다.

[1485] 의해서 그것을 내버림은 암성적인 것이라고 칭해진다.[1486] 7

고통이라 여기어 몸이 괴로울 것에 대한 두려움에 행위를 버리는 자, 그는 동성적인[1487] 버림을 행하여 버림의 결과를[1488] 못 얻는다. 8

아르주나여, '해야 하는 것'이라 여기어 애착과[1489] 결과를 버리고

1485 샹까라에 의하면 미혹(moha)은 암성(tamas)이다. ; 미혹은 암성의 특질들 가운데 하나이다.

1486 라마누자에 의하면 '정해진 행위'는 다섯 가지의 대제사(mahāyajña) 등을 의미한다. 제사를 지내고 남은 음식을 먹어서 몸을 유지하는 것은 '올바른 앎'(samyagjñāna)을 생겨나게 한다. 제사를 지내고 남은 음식이 아닌 걸 먹어서 몸을 살찌우는 것은 '전도된 앎'(viparītajñāna)을 마음에 만들어 낸다. 『찬도그야 우파니샤드』에서는 "얘야, 곡식으로 된 것이 마음이다."(annamayaṁ hi somya manaḥ. : 6.5.4)라고, 그리고 "먹는 것이 청정해지면, 진성이 청정해진다. 진성이 청정해지면, 기억이 확고해진다. 기억을 얻으면, 모든 매듭이 풀린다."(āhāraśuddhau sattvaśuddhiḥ sattvaśuddhau dhruvā smṛtiḥ, smṛtilambhe sarvagranthīnāṁ vimokṣaḥ. : 7.26.2)라고 말한다. 이처럼 '브라흐만을 직접 바라보는 형태'(brahmasākṣātkārarūpa)인 지혜(jñāna)는 음식의 청정함에 의지하는 것이다. 따라서 생명이 다할 때까지 '다섯 가지 대제사' 등인 '일상적으로 매일 행해야 하고, 특별한 목적을 위해 행해야 하는 것'(nityanaimittika)인 행위를 '브라흐만에 대한 지혜'(brahmajñāna)를 위해서 받아들여야 한다. 이것을 버리는 것은 온당하지 않다. 지혜가 생겨나게 하는 행위를 속박하는 것이라 미혹하여 내버림(parityāga)을 '암성적인 것'(tāmasa)이라고 말한다. '암성적인 것'은 '암성이 뿌리'(tamomūla)인 버림(tyāga)이다. '결과가 무지이며 암성이 뿌리인 상태'(tamaḥkāryājñānamūlatva)이기에 버림에 있어서 '암성이 뿌리인 상태'(tamomūlatva)이다. 왜냐하면, 암성이 무지(ajñāna)의 뿌리이기 때문이다. 무지는 '지혜를 거역하는 전도된 앎'(jñānavirodhiviparītajñāna)이다. '일상적으로 매일 행해야 하고, 특별한 목적을 위해 행해야 하는 것' 등인 행위를 버림은 '전도된 앎의 뿌리'(viparītajñānamūla)이다.

1487 라마누자에 의하면 '동성적인 것'(rājasa)은 '동성이 뿌리인 것'(tamomūla)이다.

1488 샹까라에 의하면 '버림의 결과'(tyāgaphala)는 '지혜를 전제하는 것'(jñānapūrvaka)으로 '모든 행위의 버림'(sarvakarmatyāga)의 결과이며, '해탈이라 하는 것'(mokṣākhya)이다. 라마누자에 의하면 '버림의 결과'는 '지혜가 생겨나는 형태'(jñānotpattirūpa)이다.

1489 라마누자에 의하면 애착(saṁga)은 행위에 대한 '나의 것이라는 생각'(mamatā)이다.

1490 정해진 행위를 하는 것은 진성적인[1491] 버림이라 생각하는 바이다. 9

진성이 가득한 자,[1492] 슬기로운 자,[1493] 의심이 끊긴 자,[1494] 버리는 자는[1495] 평안하지 않은 행위를 싫어하지도 않고,[1496] 평안한 것에[1497]

1490 샹까라에 의하면 무지한 자는 행해진 '일상적으로 매일 행해야 하는 행위'는 '마음의 정화'(ātmasaṁskāra)와 '죄의 제거'(pratyavāyaparihāra)라는 결과를 만들어 낸다고 생각한다. 이러한 생각마저도 물리치는 것이다.

1491 라마누자에 의하면 '진성적인 것'(sāttvika)은 '진성이 뿌리인 것'(sattvamūla)이다. 진성은 '있는 그대로 자리잡은 사물에 대한 지혜'(yathāvasthitavastujñāna)를 생겨나게 한다.

1492 샹까라에 의하면 진성(sattva)은 '아我와 아我가 아닌 것을 분별하는 예지의 원인'(ātmānātmavivekavijñānahetu)이다. 이러한 진성이 '편만한 것'(savyāpta), '합쳐서 모인 것'(saṁyukta)이 '진성이 가득한 것'(sattvasamāviṣṭa)이다.

1493 샹까라에 의하면 슬기(medhā)는 '아我에 대한 지혜의 형태'(ātmajñānalakṣaṇa)이며 반야(prajñā)般若, 妙慧이다. 이러한 슬기가 합쳐서 모인 자, 슬기를 가진 자가 '슬기로운 자'(medhāvin)이다. 라마누자에 의하면 '있는 그대로 자리잡은 실재에 대한 앎이 있는 자'(yathāvasthitatattvajñāna)가 슬기로운 자이다.

1494 샹까라에 의하면 슬기로운 자이기 때문에 '의심이 끊긴 자'(chinnasaṁśaya)이다. 의심(saṁśaya)은 '무명無明이 만들어 낸 것'(avidyākṛta)이다. '아我의 본모습에 온전히 머무는 것'(ātmasvarūpāvasthāna)이 지고의 '지복의 방편'(niḥśreyasasādhana)이지 다른 것은 아무것도 없다는 결정을 통해서 의심이 끊긴 자가 된다.

1495 샹까라에 의하면 '버리는 자'(tyāgin)는 행위에 대한 집착과 그 행위에 대한 결과를 버리고 '일상적으로 매일 행해야 하는 행위를 실행하는 자'(nityakarmānuṣṭhāyin)이다. 라마누자에 의하면 '애착과 결과와 행위자라는 것을 버리는 자'(saṃgaphalakartṛtvatyāgin)가 버리는 자이다.

1496 샹까라에 의하면 '평안하지 않은 것'(akuśala)은 '불길한 것'(aśobhana)이며 '욕망하는 것'(kāmya)이다. 이러한 평안하지 않은 행위는 몸이 비롯되게 하기에 '윤회의 원인'(saṁsārakāraṇa)이다. 이런 행위가 무슨 소용이 있겠느냐는 것이 '평안하지 않은 행위를 싫어하는 것'이다.

1497 샹까라에 의하면 '평안한 것'(kuśala)은 '길한 것'(śobhana)이며 '일상적으로 매일 행해야 하는 것'(nitya)이다. 이러한 행위는 '진성을 정화하여 지혜를 생겨나게 하는 것이고 그 지혜에 충실하게 하는 원인이 되는 것'(sattvaśuddhijñānotpattitanniṣṭhāhetutva)이다. '해탈의 원인'(mokṣakāraṇa)이다. 이런 행위에 대해서도 결과를 바라보지 않으며 집착하지 않는 것, 좋아하지 않는 것이 '평안한 것에 집착하지 않는 것'이다.

집착하지도 않는다.[1498] 10

몸을 가진 자가[1499] 행위들을 남김없이 버린다는 것은 불가능하다.[1500] 그래서 행위의 결과를 버리는 자가[1501] 버리는 자라고 말해진다. 11

바라지 않은 것,[1502] 바란 것,[1503] 혼합된 것,[1504] 이렇게 행위의[1505] 세

1498 라마누자에 의하면 평안한 행위는 좋아하는 형태인 천국과 아들과 가축과 음식 등이 결과로 나타나는 행위이다. 평안하지 않은 행위는 좋아하지 않는 것이 결과로 나타나는 행위이다. 모든 행위에 대해서 '나의 것이라는 생각이 없는 상태'(mamatārahitatva)이기에, '브라흐만을 제외한 다른 모든 행위의 결과를 버린 상태'(tyaktabrahmavyatiriktasarvaphalatva)이기에, 그리고 '행위자라는 것을 버린 상태'(tyaktakartṛtva)이기에 행하는 이 두 가지 행위에 대해서 좋아하지도 않고, 싫어하지도 않는다.

1499 샹까라에 의하면 '몸을 가진 자'(dehabhṛt)는 '몸이 아[我]라고 하는 망집[妄執]을 가진 자'(dehātmābhimānavat)이며 '무지한 자'(ajña)이다.

1500 샹까라에 의하면 '몸을 가지지 않은 자'(adehabhṛt), 즉, '몸이 아[我]라고 하는 감정이 사라진 자'(dehātmabhāvarahita)이며 '지고의 사물을 관조하는 자'(paramārthadarśin)는 '행위들을 남김없이 온전히 내던져 버리는 것'(aśeṣakarmasaṁyāsa)이 가능하다.

1501 샹까라에 의하면 '행위의 결과를 버리는 자'(karmaphalatyāgin)는 일상적으로 매일 행해야 하는 행위들을 행하면서 '행위의 결과에 대한 기대만을 온전히 내던져 버리는 자'(karmaphalābhisaṁdhimātrasaṁnyāsin)이다. 즉 '행위를 하는 자'(karmin)이다. 라마누자에 의하면 '행위의 결과를 버리는 자'는 '결과와 행위자라는 생각과 행위에 대한 애착을 버리는 자'이다.

1502 샹까라에 의하면 '바라지 않은 것'(aniṣṭa)은 '나락과 축생 등의 형태'(narakatiryagādilakṣaṇa)이다.

1503 샹까라에 의하면 '바란 것'(iṣṭa)은 '신 등의 형태'(devādilakṣaṇa)이다.

1504 샹까라에 의하면 '혼합된 것'(miśra)은 바란 것과 바라지 않은 것이 서로 연결된 것이며 '인간의 형태'(manuṣyalakṣaṇa)이다.

1505 샹까라에 의하면 행위(karma)는 '도리와 도리가 아닌 것의 형태'(dharmādharmalakṣaṇa)이다.

가지 결과가[1506] 버리지 않는 자들에게[1507] 사후에 생겨난다. 하지만 '온전히 내던져 버린 자'에게는 그 어느 때에도 생겨나지 않는다.[1508]

12

긴 팔을 가진 자여, 모든 행위를 성취하기 위한 이 다섯 개의 원인을[1509] 내게서 잘 알아두어라. 행한 것의 종결인[1510] 온전한 밝힘에[1511]

1506 샹까라에 의하면 결과(phala)는 '외부의 많은 만들어 내는 것의 작용으로 이루어진 것'(bāhyānekakārakavyāpāraniṣpanna)이며, '무명無明에 의해 만들어진 것'(avidyākṛta)이며, '마술의 환력에 비유되는 것'(indrajālamāyopama)이며, '큰 미혹을 만들어 내는 것'(mahāmohakara)이며, '개별적인 아我에 접근하는 것 같은 것'(pratyagātmopasarpi iva)이다. '덧없는 침몰에, 보이지 않음에 이르기 때문에 결과이다.'(phalgutayā layam adarśanaṁ gacchati iti phalam). 이러한 것이 결과의 어원이다. ; 샹까라는 결과(phala)라는 낱말이 덧없음(phalgutā)에서 유래하는 것으로 본다. 즉, 행위의 결과라는 것은 덧없는 것이라는 의미이다. '마술의 환력에 비유되는 것'(indrajālmāyopama)에서 마술(indrajāla)은 불경에서 '제망帝網', 인드라망因陀羅網' 등으로 한역된다. 고얀다까는 '개별적인 아我에 접근하는 것 같은 것'을 '생명의 아我에 의지하는 것 같은 것'이라고 해석한다.

1507 샹까라에 의하면 '버리지 않는 자'(atyāgin)는 '무지한 자'(ajña)이며, '행위를 하는 자'(karmin)이고, '궁극적인 의미에서 온전히 내던져 버리지 않는 자'(aparamārthasaṁyāsin)이다.

1508 샹까라에 의하면 '온전히 내던져 버린 자'(saṁnyāsin)는 '궁극적인 의미에서 온전히 내던져 버린 자'(paramārthasaṁyāsin)이며, '지고의 인도기러기인 출가 유행자'(paramhaṁsaparivrājaka)이며, '오로지 지혜에 충실한 자'(kevalajñānaniṣṭhā)이다. '오로지 올바르게 바라보는 것에 충실한 자'(kevalasamyagdarśananiṣṭhā)는 '무명을 비롯한 윤회의 씨앗'(avidyādisaṁsārabīja)을 뿌리째 뽑아낸다. ; '지고의 인도기러기'(paramhaṁsa)는 최고의 출가 수행자에게 주어지는 칭호다. 인도기러기(haṁsa)는 물에 우유를 타주면 물에서 우유만을 골라 먹는다. 그래서 인도기러기는 오로지 지혜만을 추구하는 자, 지극히 지혜로운 자를 의미한다. 인도기러기는 인도평원에서 에베레스트산 위를 날아 넘어가는 철새이다.

1509 샹까라에 의하면 원인(kāraṇa)은 '완성하는 것'(nirvartaka)이다.

1510 샹까라에 의하면 '행한 것의 종결'(kṛtānta)에서 '행한 것'(kṛta)은 행위(karma)를 의미한다. '행한 것의 종결'은 행위가 끝나는 곳이다.

1511 샹까라에 의하면 실체(padārtha)들이 헤아려지는(sāṁkhyāyante) 경전(śāstra)이라는 어원에 따라서 '온전한 밝힘'(sāṁkhya)은 베단따(vedānta)이다. '아我에 대한 지혜'(ātmajñna)가 생겨나면 모든 행위가 사라짐이 보인다. 그래서 '아我에 대한 지혜를 위한 것'(ātmajñānārtha)이며 베단따인 '온전한 밝힘'은 '행한 것의 종결'(kṛtānta), 즉 행위가 끝나는 곳이다. ; 베단따는 베다(veda)의 '끝, 정점'(anta)을 의미한다. 우파니샤드가 베다문헌의 끝에 해당되며, 베다의 정점이다. 베단따철학은 우파니샤드, 『바가바드기타』, 『브라흐마수트라』, 이렇게 세 가지 문헌을 소의경전所依經典으로 삼는다.

언급된 것들이다.[1512] 13

머무는 곳,[1513] 행위자,[1514] 각각의 기관,[1515] 각각의 다양한 활동,[1516] 그리고 다섯 번째의 것으로 이들과 관련된 신이다.[1517] 14

이 다섯 개는 사람이 몸과 말과 마음으로 하는 행위,[1518] 올바른 것이든[1519] 삿된 것이든지[1520] 간에 그 행위의 원인들이다. 15

1512 라마누자에 의하면 '행한 것의 종결인 온전한 밝힘'은 '그대로 자리잡은 실재'(yathāvasthitatattva)를 대상으로 하는 '베다적인 지성'(vaidikī buddhi)에 의해 탐색 되어 행해진 결정(nirṇaya)이다. '베다적인 지성'은 몸과 기관과 숨과 '생명의 아我'(jīvātman)를 도구로 삼고 있는 '지고의 아我'(paramātman)를 행위자라고 결정하는 것이다.

1513 샹까라에 의하면 '머무는 곳'(adhiṣṭhāna)은 좋아함(icchā), 싫어함(dveṣa), 기쁨(sukha), 괴로움(duḥkha), 앎(jñāna) 등의 나타남이 '의지하는 곳'(āśraya)인 몸(śarīra)이다. 라마누자에 의하면 '생명의 아我'(jīvātman)가 머물고 있기에 '오대원소가 집적된 형태'(mahābhūtasaṃghātarūpa)인 몸이다.

1514 샹까라에 의하면 행위자(kartṛ)는 '한정의 형태'(upādhilakṣaṇa)이며, '누리는 자'(bhokṛ)이다. 라마누자에 의하면 '생명의 아我'가 행위자이다. '생명의 아我'는 '아는 자의 상태'(jñātṛtva)이며 '행위자의 상태'(kartṛtva)이다. ; 사람으로 한정되면 악기를 연주하는 등 사람으로 활동하며 생을 누린다. 토끼로 한정되면 풀을 뜯어 먹는 등 토끼로 활동하며 생을 누린다. 이처럼 한정의 형태로 누리는 자가 행위자이다.

1515 샹까라에 의하면 기관(karaṇa)은 귀를 비롯한 것이다. ; 다섯 개의 지각기관과 다섯 개의 행위기관, 이렇게 열 개의 기관은 외적기관이다. 마음은 내적기관이다.

1516 샹까라에 의하면 활동(ceṣṭā)들은 상기(prāṇa)生氣와 하기(apāna)下氣 등의 '숨과 관련된 것'(vāyavīya)들이다.

1517 샹까라에 의하면 신(daiva)은 눈을 비롯한 것들을 '지지하는 자'(anugrāhaka)인 태양(āditya) 등이다. 라마누자에 의하면 신은 '내적인 통제자'(antaryāmin)인 '지고의 아我'(paramātman)이다. '지고의 아我'가 행위를 만드는 데 있어서 최상의 원인이다. '생명의 아我'의 '행위자의 상태'는 '지고의 아我'에 의지한다.

1518 『느야야수트라』(Nyāsūtra : 1.1.17)에 의하면 "행위는 언어 활동, 마음의 활동, 몸의 활동이다."(prav ṛttirvāgbuddhiśarīrārambhaḥ.).

1519 샹까라에 의하면 '올바른 것'(nyāyya)은 '도리에 맞는 것'(dharmya)이며 '경전에 따른 것'(śāstrīya)이다.

1520 샹까라에 의하면 '삿된 것'(viparīta)은 '도리에 맞지 않는 것'(adharmya)이며 '경전에 따르지 않는 것'(aśāstrīya)이다.

이러함에도 불구하고 지성을 이루지 못해[1521] 순일한[1522] 아我를 행위자라고 보는 어리석은 자는[1523] 보지 못한다.[1524] 16

'내가 행한 것'이라는 감정이 없는 자,[1525] 지성에 걸림이 없는 자,[1526] 그는 이 세상들을 죽여도 죽이는 것이 아니며, 얽매이지 않는다.[1527] 17

1521 샹까라에 의하면 '지성을 이루지 못한 것'(akṛtabuddhitva)은 '지성이 정화되지 않은 것'(asaṁskṛtabuddhitva)이다. 라마누자에 의하면 '있는 그대로 자리잡은 사물을 이해하는 지성을 갖추지 못한 상태'(aniṣpannayathāvasthitavastubuddhitva)이다.

1522 샹까라에 의하면 순일(kevala)純一은 청정(śuddha)淸淨이다.

1523 샹까라에 의하면 '어리석은 자'(durmati)는 천하고 삿되고 나쁜 견해(mati)를 가진 자이다. 이 견해는 거듭거듭 '생사가 생겨나는 원인이 되는 것'(jananamaraṇapratipattihetubhūta)이다. 라마누자에 의하면 '어리석은 자'는 '전도된 견해를 가진 자'(viparītamati)이다.

1524 샹까라에 의하면 보지 못한다는 것은 아(ātman)我와 행위(karma)의 본질을 보지 못한다는 뜻이다. 라마누자에 의하면 '지고의 아'(paramātman)의 동의하에 '생명의 아我'(jīvātman)가 행위자의 상태로 있는 행위에 대해서 순일한 아我를 행위자로 보는 자는 전도된 견해를 가진 자이다. 이러한 자는 '있는 그대로 자리잡은 사물을 이해하는 지성을 갖추지 못한 상태'이기에 '있는 그대로 자리잡은 행위자'를 보지 못한다.

1525 샹까라에 의하면 '내가 행한 것이다'(ahaṁkṛtaḥ)라는 것은 '내가 행위자이다'(ahaṁ kartā)라는 형태의 감정(bhāva)인 관상(bhāvanā)觀想, 즉 인식(pratyaya)이다. 이러한 인식은 '경전과 스승의 가르침 그리고 올바른 도리를 통해 마음이 정화된 자'에게는 없다. 이처럼 마음이 정화된 자는 앞의 14절에서 언급한 '머무는 곳'을 비롯한 다섯 가지가 무명無明에 의해서 아我 안에 상상되어서 모든 행위의 행위자들이 된 것이지 본래는 자신이 행위자가 아니란 걸 안다. 그리고 자신은 그 다섯 가지의 작용들을 '바라보는 존재'(sākṣibhūta), 바로 『문다까 우파니샤드』(2.1.2)에서 "생기가 없는 것, 마음이 없는 것, 순백純白인 것, 높은 것인 불멸보다 훨씬 높은 것이다."(aprāṇo hyamanāḥ śubho'kṣarātparataḥ paraḥ.)라고 언급한 '순일한 것'(kevala), '변화가 없는 것'(avikriya)이라는 것을 안다.

1526 샹까라에 의하면 지성(buddhi)은 아我가 '한정된 것'(upādhibhūta)인 내적기관(antaḥkaraṇa)이다. 이러한 지성이 "이걸 내가 저질렀으니, 그래서 나는 나락으로 갈 거야!"(idam aham akārṣaṁ tena ahaṁ narakaṁ gamiṣyāmi.)라고 회한悔恨하지 않는 것이 걸림이 없는 것이다. 라마누자에 의하면 행위에 대해서 자신의 '행위자의 상태'(kartṛtva)가 없기에 행위의 결과도 자신과는 무관하고, 행위 역시 자신의 것이 아니라는 지성(buddhi)을 가진 자가 '지성에 걸림이 없는 자'(buddhiryasya na lipyate)이다.

1527 샹까라에 의하면 세상(loka)은 생명체(prāṇin)를 의미한다. 모든 생명체들을 죽여도 죽이는 것이 아니다. 즉, 죽이는 행위를 하는 것이 아니다. 그리고 그 행위의 결과인 '도리가 아닌 것의 과보'(adharmaphala)와도 연결되지 않는다.

앎,[1528] 알아야 할 것,[1529] 아는 자,[1530] 세 가지가 행위를[1531] 부추기는 것이다.[1532] 기관,[1533] 행위,[1534] 행위자,[1535] 이렇게 세 가지가 행위를 구성하는 것이다.[1536] 18

1528 샹까라에 의하면 여기서 앎(jñāna)은 남김없이 모든 것을 대상으로 하는 앎이다. 라마누자에 의하면 '해야 할 행위'(kartavyakarman)를 대상으로 하는 앎이다.

1529 샹까라에 의하면 '알아야 할 것'(jñeya) 역시 일반적으로 모든 알아야 할 것이다. 라마누자에 의하면 '알아야 할 것'은 해야 할 행위이다.

1530 샹까라에 의하면 '아는 자'(parijñātṛ)는 '한정의 형태'(upādhilakṣaṇa)이며, '무명無明에 의해서 상상된 것'(avidyākalpita)으로 '누리는 자'(bhoktṛ)이다.

1531 샹까라에 의하면 행위(karma)는 모든 행위이다.

1532 샹까라에 의하면 앎, 알아야 할 것, 아는 자, 이 셋 모두가 연결될 때에 '가지고 버리는 등의 의도'가 있게 되며, 행위의 시작이 있게 된다. 라마누자에 의하면 '열여섯 명의 제관이 필요한 쏘마제사의 한 종류인 즈요띠스또마'(jyotiṣṭoma)등의 규정은 '앎과 알아야 할 것과 아는 자를 갖춘 것'(boddhaboddhavyaboddhṛyukta)이라는 의미이다.

1533 샹까라에 의하면 기관(karaṇa)은 외부의 것으로는 귀를 비롯한 것들이며, 내면에 위치한 것으로는 지성 등이다. 라마누자에 의하면 기관은 도구로 해석되어야 한다. 기관은 도구가 되는 물건 등이다. ; 외부의 것은 외적기관이며 다섯 개의 지각기관과 다섯 개의 행위기관이다. 내면에 위치한 것은 내적기관이며 지성(buddhi), 자의식(ahaṁkāra), 그리고 마음(manas)이다.

1534 샹까라에 의하면 행위(karma)는 행위자가 가장 원하는 것이며, 활동(kriyā)을 통해서 이루어 가는 것이다. 라마누자에 의하면 행위는 제식(yāga)祭式 등이다.

1535 샹까라에 의하면 행위자(kartṛ)는 '한정의 형태'(upādhilakṣaṇa)이며, 기관들을 '작용하게 하는 자'(vyāpārayitṛ)이다. 라마누자에 의하면 행위자는 실행자(anuṣṭhātṛ)이다. ; 고얀다까는 '한정의 형태'(upādhilakṣaṇa)를 한정의 본질인 생명(jīva)이라고 해석한다.

1536 샹까라에 의하면 '행위를 구성하는 것'(karmasaṁgraha)은 행위가 모이는 곳을 의미한다. 이 세 가지에 행위가 모이기 때문에 이 세 가지가 행위가 모이는 곳이다.

앎,[1537] 행위,[1538] 행위자는[1539] '성질에 대해 잘 밝히는 것'에서[1540] 성질의 차이에[1541] 따라 세 가지로 말해진다. 이것들에 대해서도 사실대로[1542] 들어라.[1543] 19

모든 존재들 안에서 하나인 상태를,[1544] 나누어진 것들 안에서 나누

1537 라마누자에 의하면 '해야 할 행위'(kartavyakarma)를 대상으로 하는 앎이다.

1538 샹까라에 의하면 여기서 행위(karma)는 활동(kriyā)을 의미한다. 라마누자에 의하면 행위는 실행되는 것이다.

1539 샹까라에 의하면 행위자(kartṛ)는 '완성하는 자'(nirvartaka)이다. 라마누자에 의하면 실행자이다.

1540 샹까라에 의하면 '성질에 대해 잘 밝히는 것'(guṇasaṁkhyāna)은 까삘라(Kapila)의 경전(śāstra)이다. 라마누자에 의하면 '성질의 작용을 헤아리는 것'(guṇakāryagaṇana)이다. ; 까삘라 성자는 『쌍캬 수트라』의 저자이며, 쌍캬철학의 창시자이다. 위스누의 화신이라고 하며, 태어나면서부터 모든 것을 알고 태어난 자라고 한다.

1541 샹까라에 의하면 '성질의 차이'(guṇabheda)는 진성 등의 차이를 의미한다. ; 진성, 동성, 암성, 이렇게 세 가지 성질의 차이를 말한다.

1542 샹까라에 의하면 사실대로(yathāvat)는 '올바른 도리에 맞게'(yathānyāyam), '경전에 따라서'(yathāśāstram)라는 의미이다.

1543 샹까라에 의하면 들어라(śṛṇu)는 '말하려는 의미에 대해 마음을 삼매에 들게 하라!'(vakṣyamāṇe arthe manaḥsamādhiṁ kuru.)는 뜻이다.

1544 샹까라에 의하면 모든 존재는 '나타나지 않은 것'(avyakta)에서부터 '움직이지 않는 것'(sthāvara)에 이르기까지이다. '하나인 존재'(ekaṁ bhūtam)는 '하나인 아[我]라는 사물'(ekam ātmavastu)을 의미한다.

어지지 않은 것을,[1545] 불멸을[1546] 보게 하는 그 앎을[1547] 진성적인 것이라[1548] 알아라. 20

모든 존재들 안에서 별개의 것으로[1549] 각기 다른 여러 가지 상태들을[1550] 알게 하는 그 앎을 동성적인[1551] 앎이라 알아라. 21

하나의 결과에[1552] 전부인 것처럼[1553] 집착해 있고,[1554] 근거가 없고,

1545 샹까라에 의하면 '나누어진 것'(vibhakta)들은 '몸의 차이'(dehabheda)이다. '나누어지지 않은 것'(avibhakta)은 '아我라는 사물'(ātmavastu)이다. '아我라는 사물'은 각각의 몸에 나누어지지 않은 것이다. 허공처럼 간격이 없다는 의미이다. ; 허공은 편재하는 것이다. 편재하는 것은 존재하지 않는 곳이 없기에 단절됨이 있을 수 없다. 따라서 저의 손바닥이 합장을 한 공간의 허공과 여러분의 손바닥이 합장을 한 공간의 허공은 실상 이어진 것으로 동일한 허공이다. 저의 손과 여러분의 손이라는 장소의 차이만이 있을 뿐이다. 이처럼 모든 존재에 깃든 아我는 장소인 '몸의 차이'만 있는 것이지 실상은 차이가 없다.

1546 샹까라에 의하면 불멸(avyaya)不滅은 '자신의 본질'(svātman) 혹은 특질(dharma)들이 멸하지 않는 것이다. '상주불괴(kūṭastha)常住不壞하고 항상(nitya)恒常한 것'(kūṭasthanitya)이라는 뜻이다.

1547 샹까라에 의하면 '그 앎'(tad jñānam)은 '둘이 아닌 아我에 대한 관조'(advaitātmadarśana)이다.

1548 샹까라에 의하면 '진성적인 것'(sāttvika)은 '올바로 보는 것'(samyagdarśana)이다.

1549 샹까라에 의하면 '별개의 것으로'(pṛthaktvena)는 '각각의 몸에 따라 다른 것으로'라는 의미이다.

1550 샹까라에 의하면 '여러 가지 상태'(nānābhāva)들은 '차이 나는 것'(bhinna)들이다. '각기 다른'(pṛthagvidha)은 아我와 별개의 형태들, 차이 나는 특성들이다.

1551 샹까라에 의하면 '동성적인 것'(rājasa)은 '동성에서 생겨난 것'(rajonirvṛtta)을 의미한다.

1552 샹까라에 의하면 결과(kārya)는 몸(deha) 혹은 우상(pratimā) 등이다.

1553 샹까라에 의하면 '전부인 것처럼'(kṛtsnavat)은 '모여들어 있는 것처럼'(samastavat), '모든 대상인 것처럼'(sarvaviṣayamiva)이란 의미이다.

1554 샹까라에 의하면 아我 혹은 자재자(īśvara)는 몸이나 우상 외의 것이 아니라고 집착한 것이다. 예를 들면 '나체로 탁발하는 수행자'(nagnakṣapaṇaka) 등은 아我는 '몸에 따르는 것'(śarīrānuvartin), '몸과 동일한 양'(dehaparimāṇa)이며, 자재자는 '돌과 나무 등에 불과한 것'(pāṣāṇadārvādimātra)이라는 하나의 결과에 집착한 앎이다. ; 고얀다까에 의하면 '나체로 탁발하는 수행자'는 자이나교의 천의파(digambara)天衣派이며, '몸에 따르는 것'은 몸에 머무는 것이다.

진실한 의미가 없고, 사소한[1555] 그것은[1556] 암성적인 것이라 말해지는 것이다. 22

정해진 것이고,[1557] 애착이 없는 것이고,[1558] 결과를 바라지 않는 자에 의해서 애증이 없이[1559] 행한 그 행위는 진성적인 것이라 말해진다. 23

그러나 욕망을 이루기를 바라는 자에[1560] 의해서, 혹은[1561] 자의식에[1562] 의해서 많은 노력으로 행해지는 그것은 동성적인 것이라 말해지는 것이다.[1563] 24

1555 샹까라에 의하면 '사소한 것'(alpa)은 '대상이 사소한 것'(alpaviṣayatva)이거나 '결과가 사소한 것'(alpaphalatva)이기 때문이다.

1556 라마누자에 의하면 그것(tat)은 앎을 의미한다.

1557 샹까라에 의하면 '정해진 것'(niyata)은 '일상적으로 매일 행해야 하는 것'(nitya)이다. 라마누자에 의하면 '자신이 속한 카스트에 알맞은 것'(svavarṇāśramocita)이다.

1558 라마누자에 의하면 '애착이 없는 것'(saṃgarahita)은 '행위자의 상태'(kartṛtva) 등에 대한 애착이 없는 것이다.

1559 라마누자에 의하면 '애증이 없이'(arāgadveṣataḥ)는 명예를 좋아함과 불명예를 싫어함이, 즉, '사위詐僞가 없이'(adambhena)라는 뜻이다.

1560 샹까라에 의하면 '욕망을 이루기를 바라는 자'(kāmepsu)는 '결과를 바라는 자'(phalepsu)이다.

1561 라마누자에 의하면 혹은(vā)이라는 낱말은 그리고(ca)의 의미로 사용된 것이다.

1562 라마누자에 의하면 자의식(ahaṁkāra)은 '행위자의 상태라는 자각'(kartṛtvābhimāna)이다.

1563 라마누자에 의하면 "노력이 많은 이 일은 바로 나에 의해서 행해지는 것이다."(bahulāyāsam idaṁ karma mayā eva kriyate.)라고 이렇게 자각을 가지고 행해지는 행위는 '동성적인 것'(rājasa)이라는 의미이다.

뒤따라 연결되는 것과[1564] 손실과[1565] 폭력과[1566] 노력을[1567] 살피지 않고 미혹에[1568] 의해 비롯되는 그러한 행위는 암성적인 것이라[1569] 말해진다. 25

애착을 벗어나고,[1570] '나는'이라고 말하지 않고,[1571] 인내와[1572] 근면함을[1573] 갖추고, 성취와 성취하지 못함에[1574] 있어서 변함이 없는[1575] 행위자는 진성적인 자라 말해진다. 26

1564 라마누자에 의하면 '뒤따라 연결되는 것'(anubandha)은 행하는 행위에 수반되는 고통(duḥkha)이다.

1565 샹까라에 의하면 손실(kṣaya)[損失]은 '힘의 손실' 혹은 '재산의 손실'이다.

1566 샹까라에 의하면 폭력(hiṁsā)은 '생명체를 괴롭히는 것'(prāṇipīḍā)이다.

1567 샹까라에 의하면 노력(pauruṣa)은 '사람의 노력'(puruṣakāra)이며, "나는 이 일을 끝낼 수 있어!"(śaknomi idaṁ karma samāpayitum)와 같은 '자신의 능력'(ātmasāmarthya)이다. 라마누자에 의하면 행위를 완성하는 자신의 능력이다.

1568 샹까라에 의하면 미혹(moha)은 무분별(aviveka)이다. 라마누자에 의하면 '지고의 인아가 행위자임을 모르는 것'(paramapuruṣakartṛtvājñāna)이다.

1569 샹까라에 의하면 '암성적인 것'(tāmasa)은 '암성에서 생겨난 것'(tamonirvṛtta)이다.

1570 라마누자에 의하면 '애착을 벗어난 것'(muktasaṃga)은 '결과에 대한 애착이 없는 것'(phala-saṃgarahita)이다.

1571 라마누자에 의하면 '나는 이라고 말하지 않는 자'(anahaṁvādin)는 '행위자라는 자각이 없는 자'(kartṛtvābhimānarahita)이다.

1572 라마누자에 의하면 인내(dhṛti)는 시작한 일에 있어서 그 일을 완수할 때까지 물리칠 수 없는 고통을 견디는 것이다.

1573 라마누자에 의하면 근면함(utsāha)은 '정진하는 마음의 상태'(udyuktacetastva)이다.

1574 샹까라에 의하면 '성취와 성취하지 못함'(siddhyasiddhi)은 행위의 결과를 성취함과 성취하지 못함이다.

1575 샹까라에 의하면 '변함이 없는 자'(nirvikāra)는 오로지 '경전의 규준에 의해서 행한 자'(śāstrapr amāṇaprayukta)이지, '결과를 탐하는 것'(phalarāga) 등에 의해서 행한 자가 아니다.

탐내는 자,[1576] 행위의 결과를 바라는 자, 탐욕스러운 자,[1577] 폭력적인 자,[1578] 청정하지 않은 자,[1579] 기쁨과[1580] 슬픔에[1581] 매어 있는 자는[1582] 동성적인 행위자라고 칭해진다. 27

전념하지 않는 자,[1583] 다듬어지지 않은 자,[1584] 뻣뻣한 자,[1585] 거짓

1576 라마누자에 의하면 '탐내는 자'(rāgin)는 '명예를 바라는 자'(yaśarthin)이다.

1577 샹까라에 의하면 '탐욕스러운 자'(lubdha)는 다른 사람의 재물(dravya)에 갈망이 생긴 자, 그리고 성지(tīrtha)聖地 등에서 '자신의 재물을 희사하지 않는 자'(svadravyāparityāgin)이다. 라마누자에 의하면 행위에 필요한 물건을 지출하지 않는 본성을 가진 자이다. ; 고얀다까에 따르면 성지(tīrtha)는 적절한 장소와 시간이다.

1578 샹까라에 의하면 '폭력적인 자'(hiṁsātmaka)는 '다른 자에게 괴로움을 주는 본성을 가진 자'(parapīḍāsvabhāva)이다. 라마누자에 의하면 다른 자들을 괴롭혀서 그들과 함께 일을 하는 자이다.

1579 샹까라에 의하면 '청정하지 않은 자'(aśuci)는 외적으로 그리고 내적으로 청정함이 없는 자이다. 라마누자에 의하면 일에 어울리는 청정함이 없는 자이다.

1580 샹까라에 의하면 기쁨(harṣa)은 좋아하던 것을 얻었을 때 생기는 것이다.

1581 샹까라에 의하면 슬픔(śoka)은 좋아하지 않던 것을 얻었을 때 그리고 좋아하던 것을 잃었을 때 생기는 것이다.

1582 샹까라에 의하면 기쁨과 슬픔에 매어 있는 자에게는 행위를 이루었을 때와 이루지 못했을 때 기쁨과 슬픔이 생긴다.

1583 샹까라에 의하면 '전념하지 않는 자'(ayukta)는 '삼매에 들지 않는 자'(asamāhita)이다. 라마누자에 의하면 '전념하지 않는 자'는 '경전의 행위에 적합하지 않은 자'(śāstrīyakarmāyogya)이며, '그릇된 행동에 종사하는 자'(vikarmastha)이다.

1584 샹까라에 의하면 '다듬어지지 않은 자'(prākṛta)는 '지성이 너무 정화되지 않은 자'(atyantāsaṁskṛtabuddhi)이며, '애 같은 자'(bālasama)이다. 라마누자에 의하면 '지식이 갖추어지지 않은 자'(an-adhigatavidya)이다.

1585 샹까라에 의하면 '뻣뻣한 자'(stabdha)는 막대기처럼 그 누구에게도 숙이지 않는 자이다. 라마누자에 의하면 '시작하려는 성향이 없는 자'(anārambhaśīla)이다.

꾸미는 자,[1586] 비열한 자,[1587] 게으른 자,[1588] 우울한 자,[1589] 그리고 미루는 자는[1590] 암성적인 행위자라 말해진다. 28

이겨 재산을 얻은 자여,[1591] 성질에[1592] 따른 지성과[1593] 인내의[1594] 세 가지 차이를 각각[1595] 남김없이[1596] 말할 테니 들어라. 29

1586 샹까라에 의하면 '거짓 꾸미는 자'(śaṭha)는 '속임수를 쓰는 자'(māyāvin)이며, '힘을 숨기는 자'(śaktigūhanakārin)이다. 라마누자에 의하면 '주술 등의 행위에 흥미가 있는 자'(abhicārādikarmaruci)이다.

1587 샹까라에 의하면 '비열한 자'(naiṣkṛtika)는 '타인의 생계를 끊어버리는 데 몰두하는 자'(paravṛttichedanapara)이다.

1588 샹까라에 의하면 '게으른 자'(alasa)는 해야 할 것들에 대해서도 '활동하지 않는 성향을 가진 자'(apravṛttiśīla)이다.

1589 샹까라에 의하면 '우울한 자'(viṣādin)는 늘 '침울한 본성을 가진 자'(avasannasvabhāva)이다.

1590 샹까라에 의하면 '미루는 자'(dīrghasūtrin)는 해야 할 일들을 길게 연기하는 자이다. 오늘이나 내일 해야 할 일을 한 달이 되어도 하지 않는 자이다. 라마누자에 의하면 주술 등의 행위를 행하면서 다른 사람들에게 오랫동안 지속되는 재난에 대해서 깊게 생각하는 성향을 가진 자이다.

1591 샹까라에 의하면 '이겨 재산을 얻은 자'(dhanaṁjaya)는 아르주나의 칭호다. 아르주나가 사방을 정벌할 때 사람과 신의 많은 재산(dhanam)을 '이겨 얻었다'(ajayat). 그래서 아르주나는 '이겨 재산을 얻은 자'이다.

1592 샹까라에 의하면 성질(guṇa)은 진성을 비롯한 것이다.

1593 샹까라에 의하면 지혜(jñāna)는 지성(buddhi)의 활동(vṛtti)이다. 지성은 '활동을 가진 것'(vṛttimatī)이다. 라마누자에 의하면 지성은 '분별이 앞서는 것'(vivekapūrvaka)으로서 '결정의 형태'(niścayarūpa)인 지혜이다.

1594 샹까라에 의하면 인내(dhṛti)는 지성의 특별한 활동이다. 라마누자에 의하면 시작한 일에 장애가 생겨나도 그 일을 '견지堅持하는 능력'(vidhāraṇasāmarthya)이다.

1595 샹까라에 의하면 각각(pṛthaktvena)은 분별하여(vivekataḥ)라는 의미다.

1596 샹까라에 의하면 남김없이(aśeṣeṇa)는 '남은 것 없이 그대로'(niravaśeṣato yathāvat)라는 뜻이다.

쁘리타의 아들이여, 나아감과 물러남,[1597] 해야 할 것과 하지 말아야 할 것,[1598] 두려운 것과 두렵지 않은 것,[1599] 속박과 해탈을 아는[1600] 지성은 진성적인 것이다. 30

쁘리타의 아들이여, 도리와 도리가 아닌 것,[1601] 해야 할 것과 하지 말아야 할 것에[1602] 대해 사실과 다르게 아는[1603] 지성은 동성적인 것이다. 31

쁘리타의 아들이여, 어둠에 덮여 도리가 아닌 것을 도리로 여기

1597 샹까라에 의하면 나아감(pravṛtti)은 활동(pravartana)이며, '속박의 원인'(bandhahetu)이며, '행위의 길'(karmamārga)이다. 물러남(nivṛtti)은 '해탈의 원인'(mokṣahetu)이며, '온전히 내던져 버림의 길'(saṁnyāsamārga)이다. 라마누자에 의하면 나아감은 세속적인 번영의 방편이 되는 도리이며, 물러남은 해탈의 방편이 되는 도리이다.

1598 샹까라에 의하면 '해야 할 것'(kārya)과 '하지 말아야 할 것'(akārya)은 장소와 시간 등과 관련하여 '이 세상의 것과 이 세상의 것이 아닌 것을 위한'(dṛṣṭādṛṣṭārtha) 행위들에 대한 것이다. '해야 할 것'은 '명령된 것'(vihita)이고, '하지 말아야 할 것'은 '금지된 것'(pratiniṣiddha)이다. ; '명령된 것'은 하라고 명령된 것이다.

1599 샹까라에 의하면 '두려운 것'(bhaya)과 '두렵지 않은 것'(abhaya)은 '이 세상의 것과 이 세상의 것이 아닌 것'에 대한 두려움과 두렵지 않음의 원인을 의미한다. 라마누자에 의하면 경전에서 벗어나는 것이 '두려운 상태'(bhayasthāna)이며 경전을 따르는 것이 '두렵지 않은 상태'(abhayasthāna)이다.

1600 샹까라에 의하면 '속박과 해탈을 아는 것'(bandhaṁ mokṣaṁ ca yā vetti)은 원인과 더불어 속박을 그리고 원인과 더불어 해탈을 아는 것이다. 라마누자에 의하면 속박(bandha)은 '윤회의 실상實相'(saṁsārayāthātmya)이며, 해탈(mokṣa)은 윤회에서 벗어나는 것의 실상이다.

1601 샹까라에 의하면 도리(dharma)는 '경전에서 가르친 것'(śāstracodita)이다. '도리가 아닌 것'(adharma)은 경전에서 금지한 것이다.

1602 라마누자에 의하면 '해야 할 것과 하지 말아야 할 것'(kāryaṁ cākāryam)은 장소와 시간과 상황에 따른 것이다.

1603 샹까라에 의하면 '사실과 다르게 안다'(ayathāvatprajānāti)는 것은 '전체적으로 결정적으로 알지 못한다'(sarvato nirṇayena na prajānāti)는 의미이다.

고,[1604] 모든 사물을[1605] 반대로 아는 지성은 암성적인 것이다. 32

쁘리타의 아들이여, 한눈을 팔지 않는 흔들림이 없는 요가를[1606] 통해 마음과 숨과 기관의 활동들을 챙기게 되는 그런 인내는 진성적인 것이다.[1607] 33

아르주나여, 쁘리타의 아들이여, 결과를[1608] 바라는 자가 도리와 욕망과 재산을[1609] 강한 애착에 의해 챙기게 되는[1610] 그런 인내는 동성적인 것이다.[1611] 34

1604 샹까라에 의하면 도리(dharma)는 '하도록 규정된 것'(vihita)이고, '도리가 아닌 것'(adharma)은 '금지된 것'(pratiniṣiddha)이다.

1605 샹까라에 의하면 '모든 사물'(sarvārtha)은 모든 '알아야 할 사물의 의미'(jñeyapadārtha)이다.

1606 라마누자에 의하면 요가(yoga)는 '해탈의 방편이 되는 것'(mokṣasādhanabhūta)으로 '세존에 대한 숭배'(bhagavadupāsana)이다.

1607 샹까라에 의하면 인내(dhṛti)는 마음과 숨과 기관의 활동들이 '경전의 길에서 엇나가는 것'(ucchāstrapravṛtti)을 막는다. 인내에 의해서 막힌 것들은 경전에 어긋나는 것을 대상으로 삼지 않는다. 요가(yoga)는 삼매(samādhi)[三昧]이다. '한눈을 팔지 않는 흔들림이 없는 것'(avyabhicārin)은 '항상 삼매에 드는 것'(nityasamādhyanugatā)이다. 챙기는 자는 흔들림이 없는 인내를 통해서 요가에 의해 마음과 숨과 기관의 활동들을 챙긴다. 이런 특징을 가진 인내가 진성적인 것이다.

1608 라마누자에 의하면 여기서 결과(phala)는 '도리와 욕망과 재산'(dharmakāmārtha)을 의미한다.

1609 라마누자에 의하면 '도리와 욕망과 재산'이라는 낱말은 '도리와 욕망과 재산'의 방편이 되는 것들인 '마음과 숨과 기관의 활동'(manaḥprāṇendriyakriyā)을 의미한다.

1610 샹까라에 의하면 '챙기게 되는 것'(yayā dhārayate)은 '항상 해야 할 것의 형태로 마음에 정해지는 것'이다.

1611 샹까라에 의하면 '강한 애착'(prasaṁga)은 도리를 비롯한 것을 각각 챙기려는 강한 애착이다. 이러한 각각의 애착에 의해서 '결과를 바라는 자'(phalākāṃkṣin)가 된다. 그러한 사람이 가지고 있는 인내가 동성적인 것이다.

쁘리타의 아들이여, 그릇된 생각을 가진 자가 꿈과[1612] 두려움과 슬픔과 낙담과 도취를[1613] 버리지 못하는[1614] 그런 인내는 암성적인 것이다. 35

바라따족 가운데 황소여, 이제 세 가지 기쁨에 대해 내게서 들어라. 반복되는 수련을 통해 즐기고, 고통의 끝에 확실히 이르는 것이다.[1615] 36

처음에는 독과 같지만 결국에는 불사의 감로와 같은 것, 자신의 지성이 해맑아 생겨나는 그러한 기쁨은 진성적인 것이라 말해지는 것

1612 샹까라에 의하면 꿈(svapna)은 잠(nidrā)이다.

1613 샹까라에 의하면 도취(mada)는 취한 듯이 '대상에 대한 탐닉'(viṣayasevā)을 자신에게 있어 대단한 것으로 여기는 것이다. 라마누자에 의하면 대상의 경험에서 생겨난 도취이다.

1614 샹까라에 의하면 '버리지 못한다'(na vimuñcati)는 것은 '해야 하는 것의 형태로 마음속에 항상 생각하면서 버리지 못하고 챙기는 것'이다.

1615 샹까라에 의하면 '반복되는 수련'(abhyāsa)은 숙련(paricaya)熟練이다. 익숙하게 반복되면 즐거움이 생겨난다. 기쁨을 경험하면 '고통의 끝'(duḥkhānta)을 확실하게 얻는다. '고통의 끝'은 '고통의 최후'(duḥkhāvasāna)이며, '고통의 적멸'(duḥkhopaśama)이다. 라마누자에 의하면 오랜 시간 동안 반복되는 수련을 통해서 점차적으로 더할 바 없는 즐거움을 얻게 하는 그런 기쁨이다. 모든 윤회적인(sāṁsārika) 고통의 끝을 얻게 하는 그런 기쁨이다.

이다.[1616] 37

대상과 지각기관의 결합에 의해 처음에는 불사의 감로와 같지만, 결국에는 독약과 같은 그러한 기쁨은 동성적인 것이라 상기되는 것이다.[1617] 38

처음과 결과에[1618] 있어 자신을 미혹시키는 기쁨은 잠과 게으름과

1616 샹까라에 의하면 처음 접할 때, 즉, 지혜(jñāna)와 이욕(vairāgya)[離慾]과 명상(dhyāna)과 삼매(samādhi)를 시작할 때, 그때는 독약(viṣa)과 같은 '고통이 본질인 것'(duḥkhātmaka)이다. 그러나 결과(pariṇāma)적으로는 지혜와 이욕을 비롯한 것이 완숙하여 생겨나는 기쁨(sukha)은 '불사의 감로'(amṛta)에 비유되는 것이다. 이러한 기쁨은 '자신의 지성'(ātmabuddhi)의 해맑음(prasāda), 즉, 물처럼 맑은 티 없는 상태에서 생겨나는 것이다. 그래서 '자신의 지성이 해맑아 생겨나는 것'(ātmabuddhiprasādaja)이라고 말한다. 혹은 '자신의 지성(ātmabuddhi)은 '아[我]를 대상으로 하는 지성'(ātmaviṣayā buddhiḥ), '아[我]에 의지하는 지성'(ātmālambanā buddhiḥ)이다. 이러한 지성의 해맑음이 수승해지면 생겨나는 기쁨이기 때문에 '진성적인 것'(sāttvika)이다. 라마누자에 의하면 요가는 처음 시작할 때는 많은 노력이 필요하기 때문에, 그리고 '별개의 것인 본모습'(viviktasvarūpa)을 경험하지 못하기 때문에 독처럼 고통스러운 것이다. 그러나 반복되는 수련의 힘에 의해서 요가가 결국에 완숙되어 '별개의 것인 아[我]의 본모습의 나타남'(viviktātmasvarūpāvirbhāva)이 있게 되면, 요가는 '불사의 감로'와 같이 된다. 이러한 것은 '아[我]를 대상으로 하는 지성'에 의해서 생겨난다. '아[我]에 대한 지성'(ātmabuddhi)에 있어서 '다른 모든 대상이 제거된 상태'(nivṛttasakaletaraviṣayatva)가 해맑음(prasāda)이다. 이처럼 '다른 모든 대상이 제거된 지성'(nivṛttasakaletaraviṣayabuddhi)에 의해서 '별개의 것의 본질인 아[我]에 대한 경험'(viviktāmasvabhāvānubhāva)을 얻어 생겨난 기쁨은 '불사의 감로'와 같다. 이러한 기쁨을 진성적인(sāttvika) 기쁨(sukha)이라고 말한다.

1617 샹까라에 의하면 '대상과 기관의 결합'(viṣayendriyasaṁyoga)에 의해서 생겨나는 기쁨은 첫 순간에는 불사의 감로와도 같은 것이지만, 결과적으로는 힘(bala)과 원기(vīrya)와 생김새(rūpa)와 '수승한 지혜'(prajñā)와 총명(medhā)과 재산(dhana)과 노력(utsāha)을 손상하는 원인이 되는 것이기 때문에, 그리고 '도리가 아닌 것'(adharma)과 그에 의해서 생겨난 나락(naraka)[奈落] 등의 원인이 되는 것이기 때문에 그 기쁨을 누리는 것이 변화된 마지막에는 독약과 같은 것이다.

1618 샹까라에 의하면 결과(anubandha)는 '끝난 이후의 시간'(avasānottarakāla)이다. ; 고얀다까에 따르면 시작과 결과는 기쁨의 시작과 결과이다. 결과는 기쁨을 누린 다음을 의미한다.

부주의함에서 일어나는 것이다.[1619] 그것은 암성적인 것이라 말해지는 것이다. 39

땅에 있는 것이나 또한 하늘에 있는 신들이나 간에 자연에서 생겨난 이 세 성질을 벗어난 존재는[1620] 없다.[1621] 40

적을 괴롭히는 자여, 브라흐마나와 끄샤뜨리야와 바이샤들의, 그리고 슈드라들의[1622] 행위들은 본성에서 생겨난 성질들에 의해서 확연

1619 라마누자에 의하면 미혹(moha)은 '있는 그대로 자리잡은 사물을 밝히지 못하는 것'(yathāvasthitavastvaprakāśa)이다. '미혹시키는 것'(mohana)은 '미혹의 원인'(mohahetu)이다. 잠(nidrā)이 미혹의 원인이란 것은 분명하다. 게으름(ālasya)은 '기관의 작용이 둔함'(indriyavyāpāramāndya)이다. 기관의 작용이 둔하면 '지혜의 둔함'(jñānamāndya)이 생겨난다. 부주의함(pramāda)은 '해야 할 것에 대해 등한한 형태'(kṛtyānavadhānarūpa)이다. 이로 인해서도 '지혜의 둔함'이 생겨난다. 따라서 게으름과 부주의함 둘도 미혹의 원인이다.

1620 샹까라에 의하면 존재(sattva)는 '생명체의 무리'(prāṇijāta)와 '생명체의 무리가 아닌 것'(aprāṇijāta)을 포함한다.

1621 라마누자에 의하면 땅에 있는 인간을 비롯한 것이나 하늘에 있는 신들이거나 간에 '자연과 접촉한 것'(prakṛtisaṁsṛṣṭa)들인 창조의 신인 브라흐마에서 초목에 이르기까지에 있어서 이 세 가지 성질을 벗어난 생명체의 무리는 없다.

1622 샹까라에 의하면 슈드라(śūdra)를 브라흐마나와 끄샤뜨리야 그리고 바이샤들과 별개로 표현한 것은 베다에 대한 권리가 없기 때문이다.

히 구분된 것들이다.[1623] 41

평정,[1624] 자제,[1625] 고행,[1626] 정화,[1627] 인욕[1628], 질박質朴,[1629] 지혜,[1630] 예

1623 샹까라에 의하면 본성(svabhāva)은 자재자의 자연(prakṛti)이며, '세 가지 성질을 본질로 하는 것'이고, 환력(māyā)幻力이다. '본성에서 생겨난 성질'(svabhāvaprabhavaguṇa)들은 '본성이 성질들의 원인'이라는 것을 의미한다. 혹은 브라흐마나(brāhmaṇa)의 본성은 진성(sattvaguṇa)이 원인이며, 끄샤뜨리야(kṣatriya)의 본성은 진성이 첨가된 동성이 원인이며, 바이샤(vaiśya)의 본성은 암성이 첨가된 동성이 원인이며, 슈드라(śūdra)의 본성은 동성이 첨가된 암성이 원인이라는 것을 의미한다. 왜냐하면, 이들 넷에게 있어서 적정(praśānti)寂靜, 지배(aiśvarya)支配, 근면(īhā)勤勉, 우매(mūḍhatā)愚昧가 보이기 때문이다. 이처럼 본성을 원인으로 하는, 즉, 자연을 원인으로 하는 진성과 동성과 암성에 의해서 각각의 작용에 따라 평정(śama)平靜을 비롯한 행위들이 확연히 구분된다. 혹은 생명체들에게 있어서 '다른 생에서 행한 것의 잠재인상行業'(janmāntarakṛtasaṁskāra)이 '현재의 생'(vartmānajanman)에서 자신의 결과를 향해 나타난 것이 본성이다. 라마누자에 의하면 본성은 '자신의 기질'(svakīyo bhāvaḥ)이다. 이것은 브라흐마나 등으로 출생하는 원인이 되는 것으로 옛날의 행위이다. 이러한 옛날의 행위에서 진성을 비롯한 성질들이 생겨난다. 브라흐마나의 본성에서 생겨난 것은 동성과 암성을 누르고 늘어난 진성이다. 끄샤뜨리야의 본성에서 생겨난 것은 진성과 암성을 누르고 늘어난 동성이다. 바이샤의 본성에서 생겨난 것은 진성과 동성을 누르고 약간 증가한 암성이다. 그러나 슈드라의 본성에서 생겨난 것은 동성과 진성을 누르고 많이 증가한 암성이다. 경전들은 이러한 성질들을 가진 브라흐마나 등등의 행위들과 활동들을 구분하여 표명하고 있다.

1624 샹까라는 10장 4절의 주석에서 평정(śama)은 내적기관과 관련된 것이라고 말하며, 여기서는 이미 설명된 것이기에 설명하지 않는다고 한다. 그러나 여기서 라마누자는 평정을 '외적기관의 억제'(bāhyendriyaniyamana)로 해석한다.

1625 샹까라는 10장 4절의 주석에서 자제(dama)는 '외적기관이 고요해지는 것'(bāhyendriyopaśama)이라고 말하며, 여기서는 이미 설명된 것이기에 설명하지 않는다고 한다. 그러나 여기서 라마누자는 자제를 '내적기관의 억제'(antaḥkaraṇaniyamana)로 해석한다.

1626 라마누자에 의하면 고행(tapas)은 향유(bhoga)享有를 억제하는 형태이며, 경전에 잘 알려진 '육체의 괴로움'(kāyakleśa)이다.

1627 라마누자에 의하면 정화(śauca)는 '경전의 행위에 대한 적합성'(śāstrīyakarmayogyatā)이다.

1628 샹까라에 의하면 인욕(kṣānti)忍辱은 용서(kṣamā)容恕이다. 라마누자에 의하면 인욕은 다른 자들에게 고통을 당해도 마음의 상태가 변하지 않는 것이다.

1629 샹까라에 의하면 질박(ārjava)質朴은 솔직(ṛjutā)率直이다. 라마누자에 의하면 다른 자들 앞에서 마음의 상태에 따라 외부로 움직임을 나타내는 것이다.

1630 라마누자에 의하면 지혜(jñāna)는 '이승과 저승의 본질에 대한 여실한 앎'(parāvaratattvayāthātmyajñāna)이다.

지,[1631] 신앙은[1632] 본성에서 생겨난 브라흐마의 행위이다.[1633] 42

용기,[1634] 위광,[1635] 인내,[1636] 능수능란,[1637] 임전무퇴, 보시,[1638] 지배는[1639] 본성에서 생겨난 '끄샤뜨라'의 행위이다.[1640] 43

1631 라마누자에 의하면 예지(vijñāna)[叡智]는 '지고의 본질'(paramatattva)에 대한 일반적이지 않고 특별한 앎이다.

1632 샹까라에 의하면 신앙(āstikya)[信仰]은 '존재한다는 마음의 상태'(astibhāva)이며 '경전의 내용'(śāstrārtha)들에 대한 '깊은 믿음'(śraddadhānatā)이다. 라마누자에 의하면 신앙은 베다의 모든 의미가 진실한 것이라는 판단이며, 그 어떤 이유로도 흔들리지 않는 것이다. 세존이며 '최상의 인아'(puruṣottama)인 와아쑤데바(Vāsudeva)가 '지고의 브라흐만이라는 낱말로 일컬어지는 것'(parabrahmaśabdābhidheya), 모든 결함의 냄새조차 제거된 것, 본성적으로 한계가 없는 것, 더할 바 없는 지혜의 힘을 비롯한 헤아릴 수 없는 복덕의 무리를 갖춘 것, 모든 베다와 베단따를 통해서 알 수 있는 것이다. 그가 바로 모든 세상의 유일한 원인이며, 모든 세상의 바탕이다. 그가 바로 모든 것을 움직이게 하는 자이다. 베다의 모든 행위는 이러한 와아쑤데바에 대한 숭배이다. 베다의 각각의 행위들을 통해서 숭배된 와아쑤데바는 '도리와 재산과 욕망과 해탈'(dharmārthakāmamokṣa)이라는 형태의 결과를 준다. 이러한 의미가 진실한 것이라는 판단이 신앙이다.

1633 샹까라에 의하면 '브라흐마의 행위'(brahmakarma)는 '브라흐마나 종성'(brāhmaṇajāti)의 행위를 의미한다.

1634 샹까라에 의하면 용기(śaurya)는 영웅(śūra)의 '마음의 상태'(bhāva)이다. 라마누자에 의하면 전쟁에서 겁 없이 돌진하는 능력이다.

1635 샹까라에 의하면 위광(tejas)[威光]은 자신감(prāgalbhya)이다. 라마누자에 의하면 다른 자들에게 제압당하지 않는 것이다.

1636 샹까라에 의하면 인내(dhṛthi)는 '정신적으로 꽉 움켜지고 있는 것'(dhāraṇa)이다. 모든 상황에 있어서 절망하지 않게 지탱하는 것이다. 라마누자에 의하면 시작한 일에 장애가 생겨도 그 일을 완수해내는 능력이다.

1637 샹까라에 의하면 능수능란(dākṣya)[能手能爛]은 '능숙함의 상태'(dakṣasya bhāvaḥ)이며, 갑자기 닥친 일들에 대해서 당황함이 없이 일을 진행하는 것이다. 라마누자에 의하면 모든 업무를 완성하는 능력이다.

1638 샹까라에 의하면 보시(dāna)는 '줄만한 것'(deya)들을 '거침없이 주는 것'(muktahastatā)이다.

1639 샹까라에 의하면 지배(īśvarabhāva)[支配]는 다스려야 할 자들에 대해서 '지배자의 힘을 드러내는 것'(prabhuśaktiprakaṭīkaraṇa)이다. 라마누자에 의하면 자신을 제외한 모든 사람을 제어하는 능력이다.

1640 샹까라에 의하면 '끄샤뜨라의 행위'(kṣatrakarma)는 끄샤뜨리야 종성에게 규정된 행위를 의미한다.

농사, 목우,[1641] 상업은 본성에서 생겨난 바이샤의 행위이다. 봉사를 본질로 하는 것은[1642] 본성에서 생겨난 슈드라의 행위이다. 44

사람은 각기 자신의 행위에 기뻐 몰두함으로써 온전한 성취를 얻는다.[1643] 자신의 행위에 몰두하는 자가 성취를 이루는 것에 대해 들어라. 45

그로부터[1644] 존재들의[1645] 나아감이[1646] 있고, 그에 의해서 이 모든 것이 펼쳐진,[1647] 그를 자신의 행위를 통해 예경함으로써 사람은 성취를[1648] 이룬다. 46

1641 샹까라에 의하면 목우(gaurakṣya)^牧牛^는 소를 지키는 것, 목축(pāśupālya)^牧畜^이다. 라마누자에 의하면 '가축을 기르는 것'(paśupālana)이다.

1642 샹까라에 의하면 '봉사를 본질로 하는 것'(praricaryātmaka)은 '말을 잘 듣는 것이 본질인 것'(śuśrūṣāsvabhāva)이다. 라마누자에 의하면 브라흐마나, 끄샤뜨리야, 바이샤들에게 봉사하는 형태이다.

1643 샹까라에 의하면 사람은 각기 자기 자신의 행위에 몰두하여 자신의 행위를 실행함으로써 몸과 기관들이 '지혜에 충실하기에 적합한 형태'(jñānaniṣṭhāyogyatālakṣaṇā)를 얻는다. 라마누자에 의하면 사람은 앞에서 언급한 각기 자신의 행위에 몰두하여 '지고의 경지를 얻음'(paramapadaprāpti)에 도달한다.

1644 샹까라에 의하면 '그'는 '내면에 머물러 다스리는 자'(antaryāmin)인 자재자(īśvara)이다. 라마누자에 의하면 신들의 왕인 인드라 등등의 '내적인 아^我^의 상태로 자리잡은 것'(antarātmatayāvasthita)이다.

1645 샹까라에 의하면 존재(bhūta)는 생명체(prāṇin)이다.

1646 샹까라에 의하면 나아감(pravṛtti)은 생겨남(utpatti) 혹은 움직임(ceṣṭā)이다.

1647 샹까라에 의하면 '그에 의해서 이 모든 것이 펼쳐진'(yena sarvam idaṁ tatam) 것은 '그 자재자에 의해서 이 모든 세상은 펼쳐진, 즉, 편재되어 있는'(yena īśvareṇa sarvam idaṁ jagat tataṁ vyāptam) 것을 의미한다.

1648 샹까라에 의하면 성취(siddhi)는 '지혜에 충실하기에 적합한 형태'(jñānaniṣṭhāyogyatālakṣaṇā)이다. 라마누자에 의하면 나[끄리스나]의 은총에 의해서 나[끄리스나]를 얻는 형태이다.

자신의 도리가 장점이 없다 할지라도 잘 실행한 다른 자의 도리보다는 훌륭하다.[1649] 본성에 의해 정해진[1650] 행위를 행하면 잘못에[1651] 이르지 않는다. 47

꾼띠의 아들이여, 결함이 있다[1652] 할지라도 생득의[1653] 행위를 버리지 말라.[1654] 모든 일들은 불이 연기에 덮여 있듯이 허물로 덮여 있는 것이다.[1655] 48

1649 라마누자에 의하면 '자신의 도리'(svadharma)는 '행위의 요가'(karmayoga)이며, '다른 자의 도리'(paradharma)는 '지혜의 요가'(jñānayoga)이다. 행위자의 상태 등을 버린 것으로서 나[끄리스나]에 대한 숭배의 형태인 행위가 '자신의 도리'이다. 자연과 접촉한 사람에 의해서 '기관의 작용형태'(indriyavyāpārarūpa)인 '행위의 요가'가 본질인 도리는 쉽게 이루어진다. 그러나 기관을 제어하는 데 능숙한 사람의 도리인 '지혜의 요가'는 모든 기관을 제어하는 형태의 것이라서 부주의의 가능성으로 인해서 간혹 이루어지는 것이다. 따라서 잘 실행한 다른 자의 도리인 '지혜의 요가'보다는 자신의 도리인 '행위의 요가'가 훌륭하다.

1650 샹까라에 의하면 '본성에 의해 정해진 것'(svabhāvaniyata)은 앞(42절, 43절, 44절)에서 언급한 '본성에서 생겨난 것'(svabhāvaja)이다.

1651 샹까라에 의하면 잘못(kilbiṣa)은 죄악(pāpa)이다. 라마누자에 의하면 윤회(saṁsāra)이다.

1652 샹까라에 의하면 '결함이 있는 것'(sadoṣa)은 '세 가지 성질의 것'(triguṇatva)이기 때문이다. 라마누자에 의하면 '결함이 있는 것'은 '고통이 있는 것'(saduḥkha)을 의미한다.

1653 샹까라에 의하면 '생득生得의 것'(sahaja)은 출생에 의해서 생겨난 것이다. 라마누자에 의하면 생득의 것이기 때문에 '하기가 쉬운 것'(sukara)이고 '부주의하지 않게 되는 것'(apramāda)이다.

1654 샹까라에 의하면 '자신의 도리라고 이름하는 것'(svadharmākhya)인 생득의 행위를 버리고 타인의 행위를 실행한다고 해도 허물에서 벗어나지 못한다. 타인의 도리는 무시무시한 것이다. 또한 '무지한 자'(ajña)는 행위를 남김없이 버릴 수가 없다. 따라서 생득의 행위를 버리지 말아야 한다. 그러나 '아는 자'(vidvān)智者 는 명(vidyā)明에 의해서 무명(avidyā)無明이 사라지게 되면 무명에 의해서 부과된 부분이 남지 않기 때문에 행위를 남김없이 버릴 수가 있다. 라마누자에 의하면 지혜의 요가에 적합한 자라 할지라도 행위의 요가를 해야 한다. 행위의 요가는 '하기가 쉬운 것'이고 '부주의하지 않게 되는 것'이다. 지혜의 요가는 이와는 반대다.

1655 샹까라에 의하면 '모든 일'(sarvārambha)들은 '모든 행위'(sarvakarman)들이다. 모든 행위는 '자신의 도리'(svadharma)이든 '다른 자의 도리'(paradharma)이든 모두가 다 '세 가지 성질이 본질인 것'(triguṇātmakatva)이기 때문에 불이 함께 생겨난 연기로 덮여 있듯이 허물로 덮여 있는 것이다. 라마누자에 의하면 행위의 일이든 지혜의 일이든지 간에 모든 일은 불이 연기에 덮여 있듯이 고통에 덮여 있는 것이다.

모든 곳에 대해 집착이 없는 지성을 가진 자,[1656] 자신을 이긴 자,[1657] 갈망이 사라진 자는[1658] 온전히 내던져 버림을 통해서[1659] 행위가 사라짐의 성취인[1660] 지고의 것에[1661] 도달한다. 49

꾼띠의 아들이여, 성취를 얻은 자가[1662] 브라흐만을[1663] 어떻게 얻는

1656 샹까라에 의하면 지성(buddhi)은 내적기관(antaḥkaraṇa)이다. 집착의 원인이 되는 아들과 아내 등 모든 곳에 대해 집착이 없는 내적기관을 가진 자가 '모든 곳에 대해 집착이 없는 지성을 가진 자'(asaktibuddhiḥ sarvatra)이다.

1657 샹까라에 의하면 '자신을 이긴 자'(jitātman)는 내적기관을 장악한 자이다. 라마누자에 의하면 '마음을 이긴 자'(jitamanāḥ)이다.

1658 샹까라에 의하며 '갈망이 사라진 자'(vigataspṛha)는 몸(deha)과 생명(jīvita)과 '누릴 것'(bhoga)들에 대한 갈망이 사라진 자이다. 라마누자에 의하면 '지고의 인아가 행위자의 상태'(paramapuruṣa-kartṛtva)라는 것을 추구하여 '자신의 행위자의 상태'(ātmakartṛtva)에 대한 갈망이 사라진 자이다.

1659 샹까라에 의하면 '온전히 내던져 버림'(saṁnyāsa)은 '올바른 관조'(samyagdarśana) 혹은 올바른 관조에 의해서 생겨나는 '모든 행위를 온전히 내던져 버림'(sarvakarmasaṁnyāsa)이다. 라마누자에 의하면 '지고의 인아가 행위자의 상태'라는 것을 추구하여 '자신의 행위자의 상태'에 대한 갈망이 사라진 버림(tyāga)을 통해서 '다른 것이 없는 상태'(ananyatva)라는 결정에 도달한 '온전히 내던져 버림'이다.

1660 샹까라에 의하면 '활동이 없는 것인 브라흐만이 아[我]임을 온전히 아는 것'(niṣkriyabrah-mātmasaṁbodha)을 통해서 '행위들이 사라진 자'(niṣkarmā)의 상태가 '행위가 사라짐'(naiṣkarmya)이다. '행위가 사라짐'이 성취(siddhi)인 것이 '행위가 사라짐의 성취'(naiṣkarmyasiddhi)이다. 혹은 '활동이 없는 아[我]의 본모습에 자리잡는 것의 형태'(niṣkriyātmasvarūpāvasthānalakṣaṇa)가 '행위가 사라짐'이며, '행위가 사라짐'의 완성(niṣpatti), 즉, 성취가 '행위가 사라짐의 성취'이다. 라마누자에 의하면 '모든 기관의 행위가 멈춘 형태'(sarvendriyakarmoparatirūpa)이며, 이것은 '명상요가의 증득'(d-hyānayogāvāpti)이다.

1661 샹까라에 의하면 '지고의 것'(paramā)은 '수승한 것'(prakṛṣṭā)이다. '행위에서 생겨나는 성취와는 형태가 다른 것'(karmajasiddhivilakṣaṇa)으로 '즉각 해탈에 자리 잡는 형태'(sadyomuk-tyavasthānarūpa)이다. 라마누자에 의하면 '지고의 것'은 지혜의 요가의 결과인 지고의 '명상에 충실한 것'(dhyānaniṣṭhā)이다.

1662 샹까라에 의하면 '성취를 얻은 자'(siddhiṁ prāptaḥ)는 자신의 행위를 통하여 자재자를 온전히 예경하고, 자재자의 은총(prasāda)에서 생겨난 성취, 즉, 몸과 기관들의 '지혜에 충실하기에 적합한 형태'(jñānaniṣṭhāyogyatālakṣaṇā)인 성취를 얻은 자이다. 라마누자에 의하면 죽을 때까지 매일매일 행위의 요가를 실행하여 이루어지는 '명상의 성취를 얻은 자'(dhyānasiddhiṁ prāptaḥ)이다.

1663 샹까라에 의하면 브라흐만(brahman)은 '지고의 아[我]'(paramātman)이다.

지 간략하게 내게서 분명히 알아라. 지혜의 궁극인[1664] 지고의 것이다. 50

아주 청정한[1665] 지성을[1666] 갖추고, 인내로 자신을[1667] 확실하게 제어하고,[1668] 소리를 비롯한 대상들을 버리고,[1669] 좋아함과 싫어함을 집어 던지고,[1670] 51

한적하고 외딴 곳에서 홀로 지내는 자,[1671] 적게 먹는 자,[1672] 말과 몸

1664 샹까라에 의하면 궁극(niṣṭhā)은 완결(paryavasāna)이며 마감(parisamāpti)이다. 브라흐만에 대한 지혜의 궁극은 '아我에 대한 지혜'(ātmajñāna)와 같은 것이다. 지혜(jñāna)는 자명한 것이다. 지혜를 위해서 노력해야 할 것은 없다. '아我가 아닌 것에 대한 지성의 멈춤'(anātmabuddhinivṛtti)을 위해서 노력하기만 하면 된다. 이를 통해서 '지혜의 궁극'(jñānaniṣṭhā)이 쉽게 이루어진다.

1665 샹까라에 의하면 '아주 청정한 것'(viśuddhi)은 '환력幻力이 없는 것'(māyārahita)이다. 라마누자에 의하면 '있는 그대로 자리잡은 아我의 본질을 대상으로 하는 것'(yathāvasthitātmatattvaviṣaya)이다.

1666 샹까라에 의하면 지성(buddhi)은 '확정판단이 본질적인 것'(adhyavasāyātmika)이다.

1667 샹까라에 의하면 자신(ātmān)은 '원인과 결과의 합성'(kāryakaraṇasaṁghāta)이다. 라마누자에 의하면 '자신'은 마음(manas)이다. ; 고얀다까에 의하면 '원인과 결과의 합성'은 몸(śarīra)이다.

1668 라마누자에 의하면 인내(dhṛti)를 통해서 대상을 외면하게 하여 마음을 요가에 적합하게 만든다는 의미이다.

1669 샹까라에 의하면 오로지 육체를 유지하기 위한 대상(viṣaya)들만을 남기고 기쁨을 위한 다른 대상들을 버린다는 뜻이다. ; 대상은 귀를 비롯한 다섯 가지 지각기관의 대상들이다. 소리, 촉감, 형태, 맛, 냄새가 대상들이다.

1670 샹까라에 의하면 몸을 유지하기 위해 얻은 대상들에 대해서도 좋아함(rāga)과 싫어함(dveṣa)을 버린다는 뜻이다.

1671 샹까라에 의하면 '한적하고 외딴 곳에서 홀로 지내는 자'(viviktasevin)는 숲(araṇya), '강의 모래사장이나 언덕'(nadīpulina), '산의 동굴'(giriguhā) 등등의 한적하고 외딴 장소에서 지내는 성향을 가진 자이다. 라마누자에 의하면 명상(dhyāna)에 장애가 되는 모든 것을 벗어난 장소에서 지내는 자이다.

1672 샹까라에 의하면 '한적하고 외딴 곳에서 홀로 지내는 것(viviktasevā)'과 '적게 먹는 것'(laghvaśana)은 잠을 비롯한 허물을 물리치는 것이기 때문에 마음을 맑게 하는 원인이 되는 것이다. 라마누자에 의하면 '적게 먹는 자'(laghvāśin)는 너무 많이 먹거나 전혀 먹지 않는 자가 아니다.

과 마음을 제어한 자,[1673] 늘 명상과 요가에 몰두한 자,[1674] 이욕[離欲]에 잘 의지하는 자는,[1675] 52

자의식과[1676] 힘과[1677] 고만[高慢]과[1678] 욕망과[1679] 분노와[1680] 소유를 벗어나 나의 것이라는 것이 없는 평온한 자로서[1681] 브라흐만이 되기에

1673 샹까라에 의하면 지혜에 충실한 수행자는 '말과 몸과 마음을 제어한 자'(yatavākkāyamānasa)가 되어야 한다. 라마누자에 의하면 '말과 몸과 마음을 제어한 자'는 말과 몸과 마음의 활동이 명상(dhyāna)을 향해 이루어진 자이다.

1674 샹까라에 의하면 명상은 '아[我]의 본모습에 대한 사유'(ātmasvarūpacintana)이다. 요가(yoga)는 '아[我]라는 대상'(ātmaviṣaya)에 대해 '집중통일하는 것'(ekāgrīkaraṇa)이다. 이러한 두 가지가 '지극한 것'(paratva)으로 해야 할 것인 자가 '명상과 요가에 몰두한 자'(dhyānayogapara)이다. 늘(nitya)이란 말을 첨가한 것은 '진언의 염송'(mantrajapa) 등등 다른 해야 할 것은 없음을 보여주기 위한 것이다. 라마누자에 의하면 죽을 때까지 매일매일 '명상과 요가에 몰두한 자'를 의미한다.

1675 샹까라에 의하면 이욕(vairāgya)[離欲]은 '탐하는 것을 벗어난 상태'(virāgabhāva)이다. 이 세상에 속하는 것과 이 세상에 속하지 않는 대상들에 대한 '갈망이 없는 것'(vaitṛṣṇya)이다. 이러한 것에 늘 잘 의지하는 자가 '이욕[離欲]에 잘 의지하는 자'(vairāgyaṁ samupāśritaḥ)이다. 라마누자에 의하면 집중해야 할 본질 이외의 대상에 대해서는 결함을 고찰하여 그 대상에 대해 '탐애가 없는 상태'(virāgatā)를 늘리는 자가 '이욕[離欲]에 잘 의지하는 자'이다.

1676 샹까라에 의하면 자의식(ahaṁkāra)[自意識]은 '몸과 기관'(dehendriya) 등등에 대해 '나는 이라고 하게 하는 것'(ahaṁkaraṇa)이다. 라마누자에 의하면 아(ātman)[我]가 아닌 것을 '아[我]라고 자각하는 것'(ātmābhimāna)이 자의식이다.

1677 샹까라에 의하면 힘(bala)은 욕망(kāma)과 애착(rāga) 등이 연결된 능력(sāmarthya)이다. 다른 것인 몸 등의 능력은 본질적인 것이라 버릴 수가 없는 것이다. 라마누자에 의하면 자의식이 늘어나는 원인이 되는 '습기[習氣]의 힘'(vāsanābala)이다.

1678 샹까라에 의하면 고만(darpa)[高慢]은 기쁨과 더불어 생겨나는 것으로 '도리를 벗어나는 원인'(dharmātikramahetu)이다.

1679 샹까라에 의하면 욕망(kāma)은 바람(icchā)이다.

1680 샹까라에 의하면 분노(krodha)는 싫어함(dveṣa)이다.

1681 샹까라에 의하면 '나의 것이라는 것이 없음'(nirmama)으로 인해서 '평온한 것'(śānta)[寂靜], 즉 적멸(uparata)[寂滅]이 된다. 라마누자에 의하면 나의 것이 아닌 모든 것들에 대해서 '나의 것이라는 생각이 없는 것'(ātmīyabuddhirahita)이 '나의 것이라는 것이 없음'이다. '평온한 것'은 '오로지 아[我]의 경험으로 인한 기쁨'(ātmānubhavaikasukha)을 의미한다.

합당하다.[1682] 53

브라흐만이 된 자,[1683] 마음이 맑은 자는[1684] 슬퍼하지 않는다, 바라지 않는다.[1685] 모든 존재에 대해 동일한 자는[1686] 나에 대한 지고의 신애를 얻는다.[1687] 54

신애를 통해 내가 어떠한지 누군지 사실대로 알게 된다. 그리고 사

1682 샹까라에 의하면 '노고[勞苦]가 끝나버린 자'(saṁhṛtāyāsa)이며 수행자(yati)인 '지혜에 충실한 자'(jñānan iṣṭha)는 브라흐만이 되기에 적합하다. 라마누자에 의하면 '브라흐만이 되기에 합당하다.'(brahmabhūyāya kalpate)는 것은 모든 속박을 벗어나 '있는 그대로 자리잡은 것'(yathāvasthita)인 아[我]를 경험한다는 의미이다.

1683 샹까라에 의하면 '브라흐만이 된 자'(brahmabhūta)는 '브라흐만에 도달한 자'(brahmaprāpta)이다. 라마누자에 의하면 '제한되지 않은 지혜의 단일한 형태와 나[끄리스나]만이 남은 상태가 유일한 본성인 아[我]의 본모습이 나타난 자'(āvirbhūtāparicchinnajñānaikākāramaccheṣataikasvabhāvātmas-varūpa)가 '브라흐만이 된 자'이다.

1684 샹까라에 의하면 '마음이 맑은 자'(prasannātman)는 '아[我]에 대한 해맑음을 얻은 자'(lab-dhādhyātmaprasāda)이다. 라마누자에 의하면 번뇌(kleśa)와 행위 등에 의해서 '본모습이 더럽혀지지 않은 자'(akaluṣasvarūpa)이다.

1685 샹까라에 의하면 '바라지 않는다'(na kāṃkṣati)는 다른 판본에 의하면 '기뻐하지 않는다'(na hṛṣyati)이다.

1686 샹까라에 의하면 자신과 유사하게 모든 존재에 대해서 기쁨과 슬픔을 동일하게 보는 자가 '모든 존재에 대해 동일한 자'(samaḥ sarveṣu bhūteṣu)이다.

1687 샹까라에 의하면 이처럼 '지혜에 충실한 자'(jñānaniṣṭha)는 '지고의 자재자'(parameśvara)인 나[끄리스나]에 대한 신애(bhakti)[信愛]인 친근(bhajana)[親近]을 얻는다. 7장 16절에서 "아르주나여, 선업을 지은 네 종류의 사람들이 나를 체험한다. 바라따족의 황소여, 고통받는 자, 알기를 원하는 자, 재산을 바라는 자, 지혜로운 자이다."라고 말한 네 가지의 신애 가운데 네 번째 것인 '지혜의 형태'(jñānalakṣaṇa)가 지고의 신애이다. 라마누자에 의하면 '지고의 자재자'이며, '모든 세상이 생겨나고 유지되고 멸하는 것을 놀이하는 자'(nikhilajagadudbhavasthitipralayalīla)이며, '버려야 할 모든 것의 냄새조차 없는 자'(nirastasamastaheyagandha)이며, '무한하고 탁월하고 셀 수 없는 복덕의 무리의 단일한 연장[延長]'(anavadhikātiśayāsaṃkhyeyakalyāṇaguṇagaṇaikatāna)이며, '아름다운 영생의 감로의 바다'(lāvaṇyāmṛtasāgara)이며, '영광을 지닌 자'(śrīmat)이며, '연꽃의 눈을 가진 자'(puṇḍarīkanayana)이며 '자신의 주인'(svasvāmin)인 나[끄리스나]에 대한 지극한 사랑을 경험하는 형태의 지고의 신애를 얻는다.

실대로 나를 알아 그 즉시에 내게로 들어온다.[1688] 55

내게 의지한 자는[1689] 모든 행위를[1690] 늘 행하면서도 나의 은총에 의해서 불멸의 항상한 자리를[1691] 얻는다. 56

모든 행위를[1692] 의식적으로[1693] 온전히 내게[1694] 내맡기고 지성의 요가에[1695] 의지하여[1696] 내가 지고인 자, 늘 내게 마음을 둔 자가 되라. 57

1688 샹까라에 의하면 '내가 어떠한지 누군지 사실대로 신애를 통해 알게 되는 것'(bhaktyā māmabhijānāti yāvānyaścāsmi tattvataḥ)은 신애를 통해서 '한정에 의해 만들어진 펼쳐짐의 차이'(upādhikṛtavistārabheda)가 얼마나 인지를 아는 것, '모든 한정의 차이가 사라진 것'(vidhvastasarvopādhibheda)인 '최상의 인아'(uttamapuruṣa)가 나라는 것을 아는 것, 나는 '허공과 같은 것'(ākāśakalpa), '둘이 아닌 것'(advaita), '오로지 정신뿐인 단일한 풍미인 것'(caitanyamātraikarasa), '생겨남이 없는 것'(aja), '늙음이 없는 것'(ajara), '죽음이 없는 것'(amara), '두려움이 없는 것'(abhaya), '마침이 없는 것'(anidhāna)임을 아는 것이다. 이처럼 사실대로 나[끄리스나]를 알아 그 즉시에 내게로 들어온다.

1689 샹까라에 의하면 '내게 의지한 자'(madvyapāśraya)는 와아쑤데바(Vāsudeva)이며 자재자(Īśvara)인 내[끄리스나]가 피난처(vyapāśraya)인 자이다. '나에게 자신의 모든 상태를 바친 자'(mayyarpitasarvātmabhāva) 라는 뜻이다.

1690 샹까라에 의하면 '모든 행위'(sarvakarman)에는 금지된 행위들도 포함된다.

1691 샹까라에 의하면 자리(pada)는 '위스누의 자리'(vaiṣṇavaṁ padam)이다. 라마누자에 의하면 나[끄리스나]이다.

1692 샹까라에 의하면 여기서 '모든 행위'(sarvakarman)들은 '이 세상의 것과 이 세상의 것이 아닌 것을 위한 것'(dṛṣṭādṛṣṭārtha)들이다.

1693 샹까라에 의하면 의식(cetas)은 분별지(vivekabuddhi)이다. 라마누자에 의하면 자신이 나[끄리스나]의 것이고 내[끄리스나]가 자신의 통제자라는 의식이다.

1694 샹까라에 의하면 나[끄리스나]는 자재자이다.

1695 샹까라에 의하면 '지성의 요가'(buddhiyoga)는 '나[끄리스나]에 대한 삼매에 든 지성의 상태'(mayi samāhitabuddhitva)이다.

1696 샹까라에 의하면 의지하여(upāśritya)는 '귀의할 다른 곳이 없는 것'(ananyaśaraṇatva)인 의지처(āśraya)라는 의미다.

내게 마음을 둔 자가 되면, 나의 은총으로 너는 가기 어려운[1697] 모든 것들을 건너가리라. 만일 네가 자의식[1698] 때문에 말을 듣지 않는다면, 너는 파멸하리라. 58

자의식에[1699] 기대어 "나는 싸우지 않을 거야!" 이렇게 네가 생각한다면, 이것은 헛된 결심이다. 너의 자연이[1700] 너에게 명할 것이기 때문이다. 59

꾼띠의 아들이여, 미혹에[1701] 의해서 행하기 원치 않는 것도, 본성에서 생겨난[1702] 자신의 행위에 얽매어 어쩔 수 없이 하게 된다. 60

아르주나여,[1703] 기구에 올라간 모든 존재들을 환력幻力으로 돌리며,

1697 샹까라에 의하면 '가기 어려운 것'(durga)은 '건너기 어려운 것'(dustara)이며, '윤회의 원인이 되는 것들'(saṁsārahetujāta)이다. 라마누자에 의하면 윤회와 관련된 모든 어려움이다.

1698 샹까라에 의하면 여기서 자의식(ahaṁkāra)은 "나는 총명한 사람이다!"(paṇḍitaḥ aham)라는 것이다. 라마누자에 의하면 "내가 바로 해야 할 대상과 하지 말아야 할 대상 모두를 안다."(aham eva kṛtyākṛtyaviṣayaṁ sarvaṁ jānāmi.)라는 감정이다.

1699 라마누자에 의하면 여기서 자의식은 자신의 이익과 불이익을 아는 데 있어서 '독립적인 자각'(svātantryābhimāna)을 뜻한다.

1700 샹까라에 의하면 여기서 자연(prakṛti)은 '끄샤뜨리야의 본성'(kṣatrasvabhāva)이다. ; 원어 끄샤뜨라(kṣatra)는 왕공무사계급인 끄샤뜨리야를 의미한다.

1701 샹까라에 의하면 미혹(moha)은 무분별(aviveka)이다. 라마누자에 의하면 무지(ajñāna)이다.

1702 샹까라에 의하면 '본성에서 생겨난 것'(svabhāvaja)은 18장 43절에서 "용기, 위광, 인내, 능수능란, 임전무퇴, 보시, 지배는 본성에서 생겨난 끄샤뜨라의 행위이다."라고 언급한 것들이다. 라마누자에 의하면 '영웅적인 행위'(śaurya)이다.

1703 샹까라에 의하면 아르주나(Arjuna)는 '밝은 내적인 아我의 본성을 가진 자'(śuklāntarātmasvabhāva), 즉, '내적기관이 청정한 자'(viśuddhāntaḥkaraṇa)이다.

모든 존재들의[1704] 자재자는 심장의 공간에 머문다.[1705] 61

바라따의 후손이여, 그에게 온 정성으로 귀의하라.[1706] 너는 그의 은총으로[1707] 지고의 평온을,[1708] 항상한 장소를[1709] 얻으리라. 62

이렇게 내가[1710] 그대에게 비밀스럽고도 더욱 비밀스러운[1711] 지혜를[1712] 밝혔나니, 이를 남김없이 살펴 헤아려 그대가 원하는 대로 하

1704 샹까라에 의하면 '모든 존재'(sarvabhūta)는 '모든 생명체'(sarvaprāṇin)이다.

1705 샹까라에 의하면 기구 위에 올린 나무로 만든 인형들을 위장(chadman)僞裝을 통해서 돌아다니게 하듯이, '다스리는 자성을 가진 자'(īśanaśīla)이며 나라야나(Nārāyaṇa)인 자재자(īśvara)는 모든 생명체를 환력(māyā)幻力을 통해서 돌아다니게 하면서 모든 생명체의 심장이란 장소에 머문다. 라마누자에 의하면 모든 것을 통제하는 자인 와아쑤데바(Vāsudeva)는 모든 '나아감과 물러남의 뿌리가 되는 지혜'(sakalapravṛttinivṛttimūlajñāna)가 일어나는 장소인 '심장의 공간'(hṛddeśa)에 머문다. 그는 자신이 만든 '몸과 기관으로 자리잡은 자연의 형태'(dehendriyāvasthaprakṛtyākhya)인 기구(yantra)에 올라탄 모든 존재를 진성을 비롯한 성질로 만들어진 것인 자신의 환력으로 성질에 따라 움직이게 하면서 머문다.

1706 샹까라에 의하면 그는 자재자이며, '온 정성'(sarvabhāva)은 '자신의 모든 것'(sarvātman)이다. 윤회의 고통을 없애기 위해 '자신의 모든 것으로'(sarvātmanā) 자재자에게 귀의하라는 의미다. ; 고얀다까에 의하면 '자신의 모든 것으로'는 마음과 말과 몸에 의한 '모든 방법으로'(saba prakāra se)라는 뜻이다.

1707 샹까라에 의하면 '그의 은총'(tadprasāda)은 '자재자의 은혜'(īśvarānugraha)이다.

1708 샹까라에 의하면 평온(śānti)은 멈춤(uparati)이다. 라마누자에 의하면 '지고의 평온'(parā śānti)은 '모든 행위로 인한 모든 속박의 소멸'(sarvakarmabandhopaśamana)이다.

1709 샹까라에 의하면 장소(sthāna)는 위스누인 나[끄리스나]의 지고의 자리(pada)이다.

1710 샹까라에 의하면 나[끄리스나]는 '모든 것을 아는 자'(sarvajña)인 자재자이다.

1711 샹까라에 의하면 '비밀스러운 것'(guhya)은 신비(rahasya)이다. 라마누자에 의하면 모든 비밀스러운 것들 가운데 가장 비밀스러운 것은 '행위의 요가에 대한 것'(karmayogaviṣaya), '지혜의 요가에 대한 것'(jñānayogaviṣaya), '신애의 요가에 대한 것'(bhaktiyogaviṣaya)이다.

1712 라마누자에 의하면 지혜(jñāna)는 '해탈을 원하는 자'(mumukṣu)들이 얻어 알아야 할 것이다.

라.[1713] 63

모든 비밀스러운 것 가운데 가장 비밀스러운[1714] 나의 지극한[1715] 말을 다시 들어라. 그대는 내가 매우 사랑하는 자이니, 그대에게 이로운 것을[1716] 말하리라! 64

내게 마음을 둔 자,[1717] 나를 신애하는 자,[1718] 나를 공경하는 자가[1719]

1713 라마누자에 의하면 남김없이 살펴 헤아려 자신의 권한에 따라서 '행위의 요가'거나, '지혜의 요가'거나, '신애의 요가'거나 좋아하는 대로 행하라는 의미이다.

1714 샹까라에 의하면 '모든 비밀스러운 것 가운데 가장 비밀스러운'(sarvaguhyatama)은 모든 비밀스러운 것보다 극히 신비한 것이다. 라마누자에 의하면 '신애의 요가'가 가장 뛰어난 것이기 때문에 '가장 비밀스러운 것'(guhyatama)이다.

1715 샹까라에 의하면 지극한(parama) 것은 수승한(prakṛṣṭa) 것을 뜻한다.

1716 샹까라에 의하면 '이로운 것'(hita)은 '지혜를 얻는 방편'(jñānaprāptisādhana)이다. 왜냐하면, 이것이 모든 이로운 것들 가운데 가장 이로운 것이기 때문이다.

1717 라마누자에 의하면 "나는 이것을, 인아人我를, 큰 것을, 태양의 색을, 어둠의 저편에 있는 것을 아네. 이렇게 그것을 아는 자는 여기서 불사가 되네, 가기 위해 다른 길은 없네!"(vedāhametaṁ puruṣaṁ mahāntamādityavarṇaṁ tamasaḥ parastāt. tamevaṁ vidvānamṛta iha bhavati nānyaḥ panthā vidyate'yanāya.[라마누자가 인용하는 원문은 1958년에 인도의 뿌나(Poona)에서 간행된 교정판본과는 일부 차이가 있다. 따라서 본인이 번역한 우파니샤드의 해당 구절과도 번역에 일부 차이가 난다.])라고 『스웨따스와따라 우파니샤드』 3장 8절 등에서 언급한 '앎과 명상과 숭배 등등의 낱말이 표명하는 것'(vedanadhyānopāsanādiśabdavācya)인 '관조와 동일한 형태'(darśanasāmānākāra)인 '사랑의 지극한 염(smṛti)念의 흐름을 가진 자'가 '내게 마음을 둔 자'(manmanāḥ)이다.

1718 샹까라에 의하면 '나를 신애信愛하는 자'(madbhakta)는 '나에게 친근親近하는 자'(madbhajana)이다. 라마누자에 의하면 나[끄리스나]를 아주 사랑하는 자가 '나를 신애하는 자'이다. '나[끄리스나]를 아주 사랑하기 때문에 나[끄리스나]에 대한 지극한 사랑의 염(smṛti)念이 이어져 흐르는 자'가 '나를 신애하는 자'이다.

1719 샹까라에 의하면 '내게 공경하는 자'(madyājin)는 '나에게 제식을 행하는 자성을 가진 자'(madyajanaśīla)이다. 라마누자에 의하면 나[끄리스나]를 지극히 사랑하여 숭배에 몰두하는 자이다. 숭배(ārādhana)는 '전체적으로 매달리는 활동'(paripūrṇaśeṣavṛtti)이다.

되어라. 나를 예경하라.[1720] 진실로 그대에게 약속하노니,[1721] 그대는 내게 이르리라.[1722] 그대는 나의 사랑스러운 자다. 65

모든 도리를 내버리고[1723] 오로지 나[1724] 하나에 귀의하라.[1725] 내가

1720 라마누자에 의하면 '나를 예경하라.'(māṁ namaskuru.)는 것은 나[끄리스나]를 아주 사랑하여 매우 숙이는 상태가 되라는 의미다.

1721 샹까라에 의하면 세존의 '약속은 진실이라는 것'(satyapratijñatva)을 알고, 세존에 대한 신애에 의해서 '해탈이라는 결과가 분명히 생겨난다는 것'(avaśyaṁbhāvimokṣaphala)을 이해하여 '세존에게 귀의하는 것이 유일한 지고의 길인 자'(bhagavaccharaṇaikaparāyaṇa)가 되어야 한다.

1722 샹까라에 의하면 이처럼 행하면서 와아쑤데바(Vāsudeva)에게 '이루어야 할 것과 이루는 도구와 목적을 모두 바친 자'(sarvasamarpitasādhyasādhanaprayojana)는 나[끄리스나]에게로 온다. 라마누자에 의하면 나를 몹시 사랑하는 자를 나도 몹시 사랑한다. 따라서 나는 그가 없이는 견딜 수 없기에 그를 나에게 이르게 한다. 그래서 그대는 내게 이르리라고 진실로 약속하는 것이다.

1723 샹까라에 의하면 여기서 '모든 도리'(sarvadharma)는 '도리가 아닌 것'(adharma)도 포함한다. '행위가 사라짐'(naiṣkarmya)에 대해 말하려 하기 때문이다. '모든 도리를 내버리고'(sarvadharmānparityajya)는 '모든 행위를 온전히 내던지고'(saṁnyasya sarvakarmāṇi)라는 의미이다.

1724 샹까라에 의하면 나[끄리스나]는 '모든 것의 아(我)'(sarvātman), '동일한 것'(sama), '모든 존재에 머문 것'(sarvabhūtastha), 자재자(Īśvara), '퇴락이 없는 것'(acyuta), '모태와 태어남과 늙음과 죽음이 없는 것'(garbhajanmajarāmaraṇavivarjita), '하나인 것'(eka)이다.

1725 라마누자에 의하면 모든 도리는 '지고의 행복의 방편이 되는 것'(paramaśreyasasādhanabhūta)이며, 이것들은 '행위의 요가', '지혜의 요가', '신애의 요가'의 형태들이다. 이러한 요가들을 나[끄리스나]에 대한 숭배라 여기어 지극한 사랑으로 권한에 따라 행하며 '결과와 행위와 행위자의 상태 등등'(phalakarmakartṛtvādi)을 버림으로써 행위자(kartṛ), '숭배의 대상'(ārādhya), '얻어야 할 것'(prāpya), 방편(upāya)은 바로 나[끄리스나] 하나뿐이라고 추구해야 한다. 바로 이것이 경전에 합당하게 모든 도리를 버리는 것이다. 18장 4절 "그 가운데 버림에 대한 나의 결정을 들어라. 사람 가운데 호랑이여, 버림은 세 가지로 잘 언급된 것이기 때문이다."에서 시작하여 18장 9절 "애착과 결과를 버리고 정해진 행위를 하는 것은 진성적인 버림이라 생각하는 바이다." 그리고 18장 11절 "몸을 가진 자가 행위들을 남김없이 버린다는 것은 불가능하다. 그래서 행위의 결과를 버리는 자가 버리는 자라고 칭해진다."라고 18장의 초반에 버림에 대해 확실하게 언급했다.

너를 모든 죄에서 벗어나게 하리라.[1726] 그대여 슬퍼하지 마라. 66

너를 위한 이것을[1727] 고행이 없는 자에게, 신애하지 않는 자에게,[1728] 들으려 하지 않는 자에게,[1729] 그리고 나를 헐뜯는 자에게[1730]

1726 샹까라에 의하면 '모든 죄'(sarvapāpa)는 '도리와 도리가 아닌 것인 모든 속박의 형태'(sarvadharmādh armabandhanarūpa)이다. '자신의 아我의 상태를 밝히게 함'(svātmabhāvaprakāśīkaraṇa)으로써 벗어나게 한다. 라마누자에 의하면 나[끄리스나]를 얻는데 장애가 되는 것들이 죄(pāpa)다. 이 죄는 '무시이래로 쌓인 끝 없는 것이며, 하지 말아야 할 것을 하고, 해야 할 것을 하지 않은 형태'(anādikālasaṁcitānantākṛtyakaraṇakṛtyākaraṇarūpa)이다. 이러한 모든 죄에서 벗어나게 하리라는 의미이다. 혹은 '신애의 요가'를 시작하는 데 있어서 장애가 되는 것은 무시이래로 쌓인 다양한 종류의 끝없는 죄들이다. 이러한 죄들을 참회하기 위한 여러 가지 고행과 규정에 따른 도리들이 있다. 이러한 모든 도리는 제한된 시간에는 실행하기 어려운 끝없는 도리들이다. 이러한 모든 도리를 버리고 '신애의 요가'의 시작이 이루어지기 위해서 '지극히 자비로운 자'(paramkāruṇika)이며, '그 어떤 차이도 마음에 두지 않고 사람들에게 귀의처를 주는 자'(anālocitaviśeṣaśeṣalokaśaraṇya)이며, '귀의한 자에 대한 사랑이 바다인 자'(āśritavātsalyajaladhi)인 나[끄리스나] 하나만을 귀의처로 삼으라는 의미이다.

1727 샹까라에 의하면 '너를 위한 이것'(idaṁ te)은 너의 이로움을 위해, '윤회의 단절'(saṁsāravicchiti)을 위해 내[끄리스나]가 말한 가르침(śāstra)이다.

1728 샹까라에 의하면 고행자(tapasvin)라고 하더라도, '스승과 신에 대한 신애信愛가 없는 자'(gurudevabhaktirahita)에게는 말하지 말라는 뜻이다.

1729 샹까라에 의하면 신애하는 자이고 고행자라 할지라도 '들으려 하지 않는 자'(aśuśrūṣu)에게는 말하지 말라는 뜻이다.

1730 샹까라에 의하면 와아쑤데바(Vāsudeva)인 나[끄리스나]를 일반적인 사람으로 알고 헐뜯는 자, 즉, 나의 '자재자로서의 우월성'(Īśvaratva)을 알지 못하고, 자화자찬 등의 허물을 내게 뒤집어씌우며 견디지 못하는 자, 이러한 자에게도 역시 말하지 말라는 뜻이다. 라마누자에 의하면 헐뜯는 자는 절대로 피해야 한다는 의미에서 다른 자들에게는 원문에서 여격이 사용되었으나 여기서는 원문에서 관계사를 이용한 주격이 쓰였다.

그 어느 때라도[1731] 말하지 마라.[1732] 67

지극히 비밀스러운 이것을[1733] 나를 신애하는 자들에게[1734] 말해주는 자는[1735] 나를 지극히 신애하여[1736] 의심할 바 없이 바로 내게 이르리라.[1737] 68

사람들 가운데 내게 그보다[1738] 더 사랑스러운 일을 하는 자는 아무

1731 샹까라에 의하면 '그 어느 때라도'(kadācana)는 그 어떤 상황에서도 말하지 말라는 뜻이다.

1732 샹까라에 의하면 세존을 신애하는 자, 고행자, 들으려 하는 자, 헐뜯지 않는 자, 이 네 가지 조건을 모두 갖춘 자에게 가르침을 전하라는 의미이다. 이와 관련하여 '총명하고 지혜로운 자'(medhāvin)와 고행자라는 두 개의 선택사항이 보이기 때문에 헌신하는 자, 들으려 하는 자, 고행자, 이 세 가지 조건을 모두 갖춘 자, 그리고 신애하는 자, 들으려 하는 자, 고행자, '총명하고 지혜로운 자', 이렇게 이 네 가지 조건을 모두 갖춘 자에게는 말해주어야 한다. 그러나 신애하지 않는 자이고 들으려 하지 않는 자이지만, 고행자이거나 총명하고 지혜로운 자에게는 말해주어서는 안 된다. 모든 덕을 갖춘 자라 할지라도 세존을 헐뜯는 자에게는 말하지 않아야 한다. 스승의 말을 듣기를 원하고 신애가 있는 자에게 말해주어야 한다. 이것은 '학파와 관련된 규정'(śāstrasampradāya)이다. ; 『바가바드기타』의 학파에 관련된 규정이란 의미이다.

1733 샹까라에 의하면 이것(idam)은 지복(niḥśreyas)至福을 위한 끄리스나인 께샤바(Keśava)와 아르주나의 대화의 형태인 경전(grantha)經典이다. ; 께샤바(Keśava)는 훌륭한 머리카락(keśa)들을 가진 자라는 뜻으로 위스누의 별칭이다. 지고의 존재를 뜻하기도 하며, 여기서는 끄리스나를 의미한다.

1734 샹까라에 의하면 여기서 신애(bhakti)를 언급함은 단지 신애만을 가지고 있어도 가르침을 전해줄 그릇이 된다는 뜻이다.

1735 샹까라에 의하면 '말해주는 자'(yaḥ abhidhāsyati)는 '내[끄리스나]가 너[아르주나]에게 말해준 것처럼 경전의 형태로 그리고 의미의 형태로 확립하는 자'라는 뜻이다.

1736 샹까라에 의하면 '나를 지극히 신애하여'(bhaktiṁ mayi parāṁ kṛtvā)는 "나는 세존이신 지고의 스승의 말씀에 순종한다."(bhagavataḥ paramaguroḥ śuśrūṣā mayā kriyate.)라고 신애한다는 의미이다.

1737 샹까라에 의하면 '의심할 바 없이 바로 내게 이르리라'(māmevaiṣyatyasaṁśayaḥ)는 해탈한다는 것에 대해 의심할 여지가 없다는 뜻이다.

1738 샹까라에 의하면 '그'는 '학파를 이루는 자'(śāstrasampradāyakṛt)이다. ; '학파를 이루는 자'는 『바가바드기타』의 학파의 규정에 따라 가르침을 전하여 『바가바드기타』의 학파를 확립하는 자이다.

도 없다. 내게 그보다 더 사랑스러운 다른 자는 앞으로도 세상에[1739] 없으리라! 69

도리가 가득한 우리 둘의 이 대화를 연구하는 자가 있다면, 그에 의해서 나는 지혜의 제사를[1740] 통해 예배 되는 것이라 생각한다. 70

사람이 믿음을 가지고 헐뜯음이 없이 듣기라도[1741] 한다면, 그 역시 벗어나[1742] 덕행을 하는 자들의[1743] 길한[1744] 세상들을 얻으리라. 71

쁘리타의 아들이여, 그대는 마음을 하나로 모아 이것을 들었는가? 이겨 재산을 얻은 자여, 무지로 인한 그대의 미혹은[1745] 사라졌는가? 72

1739 샹까라에 의하면 세상(bhūḥ)은 이 세상이다.

1740 샹까라에 의하면 '규정의 제사'(vidhiyajña), '염송의 제사'(japayajña), '묵도의 제사'(upāṁśuy-ajña), '마음의 제사'(mānasayajña)들 가운데 마음의 제사가 가장 뛰어나다. '지혜의 제사'(jñānayajña)는 마음의 제사이기 때문에 지혜의 제사라는 말을 통해서 『바가바드기타』의 가르침을 연구하는 것이 찬양되고 있다. 혹은 신 등을 대상으로 하는 지혜의 제사와 같은 결과라는 것을 의미한다. ;『마누법전』2장 85절에 의하면 "규정의 제사보다 염송의 제사가 열 배는 더 뛰어나다. 묵도의 제사는 백 배이며, 마음으로 하는 것은 천 배라고 기억된다." 규정의 제사는 초승제사와 보름제사 등이다. 염송[念誦]의 제사는 옴(ॐ)등의 진언을 소리내어 염송하는 것이다. 묵도의 제사는 자기만이 들을 수 있는 작은 소리로 기도하며 제사 지내는 것이다. 마음의 제사는 마음으로 지내는 제사이다.

1741 샹까라에 의하면 라도(api)는 '의미에 대해 아는 자'(arthajñānavat)는 말할 나위도 없다는 뜻이다.

1742 샹까라에 의하면 죄(pāpa)에서 벗어나는 것이다. 라마누자에 의하면 신애(bhakti)에 장애가 되는 죄들에서 벗어나는 것이다.

1743 샹까라에 의하면 '덕행을 하는 자'(puṇyakarman)는 '불에 헌공을 올리는 등의 행위'(agniho-trādikarman)를 하는 자이다. 라마누자에 의하면 '나[끄리스나]를 신애하는 자'(madbhakta)이다.

1744 샹까라에 의하면 길한(śubha)은 '찬미 받는'(praśta)이라는 뜻이다.

1745 샹까라에 의하면 미혹(saṁmoha)은 '마음이 여러 갈래인 상태'(vicittabhāva), 무분별함(avivekatā)이다. '자신이 본래 가지고 있는 것'(svābhāvika)이다.

아르주나가 말했습니다.

퇴락이 없는 분이시여, 저는 당신의 은총으로 미혹이[1746] 사라지고 지각을[1747] 얻었습니다.[1748] 의심이 사라지고 결심이 섰습니다. 당신의 말씀을 따르겠습니다! 73

싼자야가 말했습니다.

이처럼 저는 와아쑤데바와 위대한 영혼인 쁘리타의 아들의 희유稀有하고[1749] 환희로워 털끝이 쭈뼛 서는 이런 대화를 들었습니다. 74

브야사의 은총에 의해서 저는 이 지극히 비밀스러운 요가를,[1750] 요가의 자재자이신 끄리스나께서 스스로 말씀하시는 것을 직접 들었습

1746 샹까라에 의하면 미혹(moha)은 '모든 윤회이며 이롭지 않은 것의 원인'(samastasaṁsārānarthahetu)이다. 바다처럼 건너기 어려운 것이다. 라마누자에 의하면 미혹은 '전도된 앎'(viparītajñāna)이다.

1747 샹까라에 의하면 지각(smṛti)知覺은 '아我의 본질을 대상으로 하는 것'(ātmatattvaviṣaya)이다. 이것을 얻게 되면 모든 매듭이 풀린다. 라마누자에 의하면 지각은 '있는 그대로 자리잡은 본질에 대한 앎'(yathāvasthitatattvajñāna)이다. ; 지각(smṛti)의 원어의 사전적인 의미는 '기억, 법전, 안목, 분별, 지각, 이해' 등이다. 불경에서는 '기記, 지智, 염念, 정념正念, 본심本心, 기념記念, 억념憶念, 회포懷抱' 등으로 한역된다.

1748 샹까라에 의하면 '모든 경전의 의미를 아는 것의 결과'(sarvaśāstrārthajñānaphala)는 '무지의 미혹이 멸함'(ajñānasaṁmohanāśa)과 '아我에 대한 지각을 얻음'(ātmasmṛtilābha)이다.

1749 샹까라에 의하면 희유(adbhuta)稀有는 '지나치게 놀라게 하는 것'(atyantavismayakara)이다.

1750 샹까라에 의하면 대화가 '요가의 의미인 것'(yogārthatva)이기 때문에 요가라고 한 것이다.

니다.[1751] 75

왕이시여,[1752] 께샤바와 아르주나의 이 희유한 공덕의[1753] 대화를 되새기고 되새기며 저는 거듭거듭 환희로워집니다. 76

왕이시여, 하리의[1754] 아주 희유한 그 모습을[1755] 되새기고 되새기며 저는 몹시 경탄하고 다시 다시 환희로워집니다. 77

1751 『마하바라타』의 저자인 브야싸(Vyāsa) 선인仙人은 전쟁이 시작되자 장님인 왕 드리따라스뜨라(Dhṛtarāṣṭra)를 위해 그의 마부인 싼자야(Sañjaya)에게 신성한 눈을 준다. 그래서 싼자야는 드리따라스뜨라와 왕궁에 함께 앉아 천리안의 신통으로 멀리 왕궁에서 본 전쟁의 상황을 드리따라스뜨라에게 생중계를 하듯이 말한다. 따라서 싼자야는 끄리스나와 아르주나의 대화를 전해 들은 게 아니라 직접 들었다고 말한다. 라마누자에 의하면 싼자야는 브야싸 선인에게서 신성한 눈과 귀를 얻었다.

1752 샹까라에 의하면 왕(rājan)은 드리따라스뜨라이다.

1753 샹까라에 의하면 공덕(puṇya)功德은 듣기만 하여도 '죄를 없애는 것'(pāpahara)이다.

1754 하리(hari)는 '가져가다, 도달하게 하다, 없애다, 훔치다' 등을 의미하는 어근 흐리(hṛ)에서 파생된 낱말이다. '바람, 불, 해, 달, 빛' 등을 의미하기도 하며, 신들 가운데는 인드라(Indra), 위스누(Viṣṇu), 브라흐마(Brahmā), 쉬바(Śiva), 야마(Yama)를 의미하는 낱말이다. 그러나 주로 위스누의 명칭으로 사용된다. 여기서도 위스누의 화신인 끄리스나를 의미한다. 고통의 세계에서 우리를 데려가 영원한 세계에 도달하게 하여 우리의 모든 고통을 훔치듯이 없애주는 존재이기에 하리이다. 하리의 호격 단수형태는 하레(hare)이다. 끄리스나와 라마(Rāma)를 신애하는 자들이 "하레 끄리스나 하레 끄리스나 끄리스나 끄리스나 하레 하레! 하레 라마 하레 라마 라마 라마 하레 하레!"(hare kṛṣṇa hare kṛṣṇa kṛṣṇa kṛṣṇa hare hare, hare rāma hare rāma rāma rāma hare hare.)라는 진언(mantra)眞言을 염송하곤 한다.

1755 샹까라에 의하면 모습(rūpa)은 '모든 곳에 있으며 모든 것을 담은 모습'(viśvarūpa)이다.

제 생각에,[1756] 요가의 자재자인[1757] 끄리스나가 있는 곳, 활을[1758] 가진 쁘리타의 아들이 있는 곳, 그곳에 영광과 승리와 번영과 흔들림 없는 도덕이[1759] 있습니다! 78

이상은 성스러운 마하바라타의 비스마 편 마흔 번째 장이다.

바가바드기타 편 끝 [1760]

1756 드리따라스뜨라의 마부인 싼자야의 생각이라는 의미이다.

1757 샹까라에 의하면 모든 요가와 '요가의 씨앗'(yogabīja)이 그로부터 생겨나기 때문에 '요가의 자재자'(yogeśvara)이다.

1758 샹까라에 의하면 간디바(gāṇḍīva)라는 이름의 활이다. ; 간디바는 아르주나가 불의 신인 아그니(Agni)를 도와 아그니에게서 선물로 받은 활이다. 원래는 쏘마(Soma)신이 바다와 창공 그리고 법의 신인 와루나(Varuṇa)에게 주고, 와루나가 아그니에게 준 것을 아그니가 다시 아르주나에게 준 활이다.

1759 샹까라에 의하면 도덕(nīti)[道德]은 정법(naya)[正法]이다.

1760 반다르까르 판본에 따른 내용이다. 그러나 짜우캄바 판본에 따른 내용은 "이상은 성스러운 바가바드기타인 우파니샤드들 가운데 브라흐만에 대한 지혜이며 요가의 경전인 성스러운 끄리스나와 아르주나의 대화에서 '해탈과 온전히 내던져 버림의 요가'(mokṣasaṁnyāsayoga)라고 이름하는 열여덟 번째 장이다." 기타프레스의 샹까라 주석 산스크리트어 힌디어 대역본에 따른 내용은 "이상은 브야싸의 십만 개로 이루어진 결집서인 성스러운 마하바라타의 비스마 편에 있어서 성스러운 바가바드기타인 우파니샤드들 가운데 브라흐만에 대한 지혜이며 요가의 경전인 성스러운 끄리스나와 아르주나의 대화에서 '해탈과 온전히 내던져 버림의 요가'라고 이름하는 열여덟 번째 장이다." 기타프레스의 라마누자 주석 산스크리트어 힌디어 대역본에 따른 내용은 "옴, 그것은 진실한 것! 성스러운 바가바드기타인 우파니샤드들 가운데 브라흐만에 대한 지혜이며 요가의 경전인 성스러운 끄리스나와 아르주나의 대화에서 '해탈과 온전히 내던져 버림의 요가'라고 이름하는 열여덟 번째 장이다."

부록

वृकोदरं वारणराजदर्पं
योधास्त्वदीया भयविप्रमत्ताः ॥ १३
अनीकमध्ये तिष्ठन्तं राजपुत्रं दुरासदम् ।
अब्रवीद्भरतश्रेष्ठ गुडाकेशं जनार्दनः ॥ १४

वासुदेव उवाच ।

य एष गोप्ता प्रतपन्बलस्थो
यो नः सेनां सिंह इवेक्षते च ।
स एष भीष्मः कुरुवंशकेतु-
र्येनाहृतास्त्रिंशतो वाजिमेधाः ॥ १५
एतान्यनीकानि महानुभावं
गूहन्ति मेघा इव घर्मरश्मिम् ।
एतानि हत्वा पुरुषप्रवीर
काङ्क्षस्व युद्धं भरतर्षभेण ॥ १६

धृतराष्ट्र उवाच ।

केषां प्रहृष्टास्तत्राग्रे योधा युध्यन्ति संजय ।
उदग्रमनसः के ऽत्र के वा दीना विचेतसः ॥ १७
के पूर्वं प्राहरंस्तत्र युद्धे हृदयकम्पने ।
मामकाः पाण्डवाना वा तन्ममाचक्ष्व संजय ॥ १८
कस्य सेनासमुदये गन्धमाल्यसमुद्भवः ।
वाचः प्रदक्षिणाश्चैव योधानामभिगर्जताम् ॥ १९

संजय उवाच ।

उभयोः सेनयोस्तत्र योधा जहृषिरे मुदा ।
स्रग्धूपपानगन्धानामुभयत्र समुद्भवः ॥ २०
संहतानामनीकानां व्यूढानां भरतर्षभ ।
संसर्पतामुदीर्णानां विमर्दः सुमहानभूत् ॥ २१
वादित्रशब्दस्तुमुलः शङ्खभेरीविमिश्रितः ।
कुञ्जराणां च नदतां सैन्यानां च प्रहृष्यताम् ॥ २२

इति श्रीमहाभारते भीष्मपर्वणि
द्वाविंशोऽध्यायः ॥ २२ ॥

२३

धृतराष्ट्र उवाच ।

धर्मक्षेत्रे कुरुक्षेत्रे समवेता युयुत्सवः ।
मामकाः पाण्डवाश्चैव किमकुर्वत संजय ॥ १

संजय उवाच ।

दृष्ट्वा तु पाण्डवानीकं व्यूढं दुर्योधनस्तदा ।
आचार्यमुपसंगम्य राजा वचनमब्रवीत् ॥ २
पश्यैतां पाण्डुपुत्राणामाचार्य महतीं चमूम् ।
व्यूढां द्रुपदपुत्रेण तव शिष्येण धीमता ॥ ३
अत्र शूरा महेष्वासा भीमार्जुनसमा युधि ।
युयुधानो विराटश्च द्रुपदश्च महारथः ॥ ४
धृष्टकेतुश्चेकितानः काशिराजश्च वीर्यवान् ।
पुरुजित्कुन्तिभोजश्च शैब्यश्च नरपुंगवः ॥ ५
युधामन्युश्च विक्रान्त उत्तमौजाश्च वीर्यवान् ।
सौभद्रो द्रौपदेयाश्च सर्व एव महारथाः ॥ ६
अस्माकं तु विशिष्टा ये तान्निबोध द्विजोत्तम ।
नायका मम सैन्यस्य संज्ञार्थं तान्ब्रवीमि ते ॥ ७
भवान्भीष्मश्च कर्णश्च कृपश्च समितिंजयः ।
अश्वत्थामा विकर्णश्च सौमदत्तिस्तथैव च ॥ ८
अन्ये च बहवः शूरा मदर्थे त्यक्तजीविताः ।
नानाशस्त्रप्रहरणाः सर्वे युद्धविशारदाः ॥ ९
अपर्याप्तं तदस्माकं बलं भीष्माभिरक्षितम् ।
पर्याप्तं त्विदमेतेषां बलं भीमाभिरक्षितम् ॥ १०
अयनेषु च सर्वेषु यथाभागमवस्थिताः ।
भीष्ममेवाभिरक्षन्तु भवन्तः सर्व एव हि ॥ ११
तस्य संजनयन्हर्षं कुरुवृद्धः पितामहः ।
सिंहनादं विनद्योच्चैः शङ्खं दध्मौ प्रतापवान् ॥ १२
ततः शङ्खाश्च भेर्यश्च पणवानकगोमुखाः ।
सहसैवाभ्यहन्यन्त स शब्दस्तुमुलोऽभवत् ॥ १३
ततः श्वेतैर्हयैर्युक्ते महति स्यन्दने स्थितौ ।

माधवः पाण्डवश्चैव दिव्यौ शङ्खौ प्रदध्मतुः ॥ १४
पाञ्चजन्यं हृषीकेशो देवदत्तं धनंजयः ।
पौण्ड्रं दध्मौ महाशङ्खं भीमकर्मा वृकोदरः ॥ १५
अनन्तविजयं राजा कुन्तीपुत्रो युधिष्ठिरः ।
नकुलः सहदेवश्च सुघोषमणिपुष्पकौ ॥ १६
काश्यश्च परमेष्वासः शिखण्डी च महारथः ।
धृष्टद्युम्नो विराटश्च सात्यकिश्चापराजितः ॥ १७
द्रुपदो द्रौपदेयाश्च सर्वशः पृथिवीपते ।
सौभद्रश्च महाबाहुः शङ्खान्दध्मुः पृथक्पृथक् ॥ १८
स घोषो धार्तराष्ट्राणां हृदयानि व्यदारयत् ।
नभश्च पृथिवीं चैव तुमुलो व्यनुनादयन् ॥ १९
अथ व्यवस्थितान्दृष्ट्वा धार्तराष्ट्रान्कपिध्वजः ।
प्रवृत्ते शस्त्रसंपाते धनुरुद्यम्य पाण्डवः ॥ २०
हृषीकेशं तदा वाक्यमिदमाह महीपते ।
सेनयोरुभयोर्मध्ये रथं स्थापय मेऽच्युत ॥ २१
यावदेतान्निरीक्षेऽहं योद्धुकामानवस्थितान् ।
कैर्मया सह योद्धव्यमस्मिन्रणसमुद्यमे ॥ २२
योत्स्यमानानवेक्षेऽहं य एतेऽत्र समागताः ।
धार्तराष्ट्रस्य दुर्बुद्धेर्युद्धे प्रियचिकीर्षवः ॥ २३
एवमुक्तो हृषीकेशो गुडाकेशेन भारत ।
सेनयोरुभयोर्मध्ये स्थापयित्वा रथोत्तमम् ॥ २४
भीष्मद्रोणप्रमुखतः सर्वेषां च महीक्षिताम् ।
उवाच पार्थ पश्यैतान्समवेतान्कुरूनिति ॥ २५
तत्रापश्यत्स्थितान्पार्थः पितॄनथ पितामहान् ।
आचार्यान्मातुलान्भ्रातॄन्पुत्रान्पौत्रान्सखींस्तथा ॥
श्वशुरान्सुहृदश्चैव सेनयोरुभयोरपि ।
तान्समीक्ष्य स कौन्तेयः सर्वान्बन्धूनवस्थितान् ॥ २७
कृपया परयाविष्टो विषीदन्निदमब्रवीत् ।
दृष्ट्वेमान्स्वजनान्कृष्ण युयुत्सून्समवस्थितान् ॥ २८
सीदन्ति मम गात्राणि मुखं च परिशुष्यति ।
वेपथुश्च शरीरे मे रोमहर्षश्च जायते ॥ २९
गाण्डीवं स्रंसते हस्तात्त्वक्चैव परिदह्यते ।
न च शक्नोम्यवस्थातुं भ्रमतीव च मे मनः ॥ ३०
निमित्तानि च पश्यामि विपरीतानि केशव ।
न च श्रेयोऽनुपश्यामि हत्वा स्वजनमाहवे ॥ ३१
न काङ्क्षे विजयं कृष्ण न च राज्यं सुखानि च ।
किं नो राज्येन गोविन्द किं भोगैर्जीवितेन वा ॥ ३२
येषामर्थे काङ्क्षितं नो राज्यं भोगाः सुखानि च ।
त इमेऽवस्थिता युद्धे प्राणांस्त्यक्त्वा धनानि च ॥ ३३
आचार्याः पितरः पुत्रास्तथैव च पितामहाः ।
मातुलाः श्वशुराः पौत्राः स्यालाः संबन्धिनस्तथा ॥
एतान्न हन्तुमिच्छामि घ्नतोऽपि मधुसूदन ।
अपि त्रैलोक्यराज्यस्य हेतोः किं नु महीकृते ॥ ३५
निहत्य धार्तराष्ट्रान्नः का प्रीतिः स्याज्जनार्दन ।
पापमेवाश्रयेदस्मान्हत्वैतानाततायिनः ॥ ३६
तस्मान्नार्हा वयं हन्तुं धार्तराष्ट्रान्सबान्धवान् ।
स्वजनं हि कथं हत्वा सुखिनः स्याम माधव ॥ ३७
यद्यप्येते न पश्यन्ति लोभोपहतचेतसः ।
कुलक्षयकृतं दोषं मित्रद्रोहे च पातकम् ॥ ३८
कथं न ज्ञेयमस्माभिः पापादस्मान्निवर्तितुम् ।
कुलक्षयकृतं दोषं प्रपश्यद्भिर्जनार्दन ॥ ३९
कुलक्षये प्रणश्यन्ति कुलधर्माः सनातनाः ।
धर्मे नष्टे कुलं कृत्स्नमधर्मोऽभिभवत्युत ॥ ४०
अधर्माभिभवात्कृष्ण प्रदुष्यन्ति कुलस्त्रियः ।
स्त्रीषु दुष्टासु वार्ष्णेय जायते वर्णसंकरः ॥ ४१
संकरो नरकायैव कुलघ्नानां कुलस्य च ।
पतन्ति पितरो ह्येषां लुप्तपिण्डोदकक्रियाः ॥ ४२
दोषैरेतैः कुलघ्नानां वर्णसंकरकारकैः ।
उत्साद्यन्ते जातिधर्माः कुलधर्माश्च शाश्वताः ॥ ४३
उत्सन्नकुलधर्माणां मनुष्याणां जनार्दन ।

नरके नियतं वासो भवतीत्यनुशुश्रुम ॥ ४४
अहो बत महत्पापं कर्तुं व्यवसिता वयम् ।
यद्राज्यसुखलोभेन हन्तुं स्वजनमुद्यताः ॥ ४५
यदि मामप्रतीकारमशस्त्रं शस्त्रपाणयः ।
धार्तराष्ट्रा रणे हन्युस्तन्मे क्षेमतरं भवेत् ॥ ४६
एवमुक्त्वार्जुनः संख्ये रथोपस्थ उपाविशत् ।
विसृज्य सशरं चापं शोकसंविग्नमानसः ॥ ४७

इति श्रीमहाभारते भीष्मपर्वणि
त्रयोविंशोऽध्यायः ॥ २३ ॥

२४

संजय उवाच ।

तं तथा कृपयाविष्टमश्रुपूर्णाकुलेक्षणम् ।
विषीदन्तमिदं वाक्यमुवाच मधुसूदनः ॥ १

श्रीभगवानुवाच ।

कुतस्त्वा कश्मलमिदं विषमे समुपस्थितम् ।
अनार्यजुष्टमस्वर्ग्यमकीर्तिकरमर्जुन ॥ २
क्लैब्यं मा स्म गमः पार्थ नैतत्त्वय्युपपद्यते ।
क्षुद्रं हृदयदौर्बल्यं त्यक्त्वोत्तिष्ठ परंतप ॥ ३

अर्जुन उवाच ।

कथं भीष्ममहं संख्ये द्रोणं च मधुसूदन ।
इषुभिः प्रतियोत्स्यामि पूजार्हावरिसूदन ॥ ४
गुरूनहत्वा हि महानुभावा-
ञ्छ्रेयो भोक्तुं भैक्ष्यमपीह लोके ।
हत्वार्थकामांस्तु गुरूनिहैव
भुञ्जीय भोगान्रुधिरप्रदिग्धान् ॥ ५
न चैतद्विद्मः कतरन्नो गरीयो
यद्वा जयेम यदि वा नो जयेयुः ।
यानेव हत्वा न जिजीविषाम-
स्तेऽवस्थिताः प्रमुखे धार्तराष्ट्राः ॥ ६
कार्पण्यदोषोपहतस्वभावः
पृच्छामि त्वा धर्मसंमूढचेताः ।
यच्छ्रेयः स्यान्निश्चितं ब्रूहि तन्मे
शिष्यस्तेऽहं शाधि मां त्वां प्रपन्नम् ॥ ७
न हि प्रपश्यामि ममापनुद्या-
द्यच्छोकमुच्छोषणमिन्द्रियाणाम् ।
अवाप्य भूमावसपत्नमृद्धं
राज्यं सुराणामपि चाधिपत्यम् ॥ ८

संजय उवाच ।

एवमुक्त्वा हृषीकेशं गुडाकेशः परंतप ।
न योत्स्य इति गोविन्दमुक्त्वा तूष्णीं बभूव ह ॥ ९
तमुवाच हृषीकेशः प्रहसन्निव भारत ।
सेनयोरुभयोर्मध्ये विषीदन्तमिदं वचः ॥ १०

श्रीभगवानुवाच ।

अशोच्यानन्वशोचस्त्वं प्रज्ञावादांश्च भाषसे ।
गतासूनगतासूंश्च नानुशोचन्ति पण्डिताः ॥ ११
न त्वेवाहं जातु नासं न त्वं नेमे जनाधिपाः ।
न चैव न भविष्यामः सर्वे वयमतः परम् ॥ १२
देहिनोऽस्मिन्यथा देहे कौमारं यौवनं जरा ।
तथा देहान्तरप्राप्तिर्धीरस्तत्र न मुह्यति ॥ १३
मात्रास्पर्शास्तु कौन्तेय शीतोष्णसुखदुःखदाः ।
आगमापायिनोऽनित्यास्तांस्तितिक्षस्व भारत ॥ १४
यं हि न व्यथयन्त्येते पुरुषं पुरुषर्षभ ।
समदुःखसुखं धीरं सोऽमृतत्वाय कल्पते ॥ १५
नासतो विद्यते भावो नाभावो विद्यते सतः ।
उभयोरपि दृष्टोऽन्तस्त्वनयोस्तत्त्वदर्शिभिः ॥ १६
अविनाशि तु तद्विद्धि येन सर्वमिदं ततम् ।
विनाशमव्ययस्यास्य न कश्चित्कर्तुमर्हति ॥ १७
अन्तवन्त इमे देहा नित्यस्योक्ताः शरीरिणः ।
अनाशिनोऽप्रमेयस्य तस्माद्युध्यस्व भारत ॥ १८
य एनं वेत्ति हन्तारं यश्चैनं मन्यते हतम् ।

उभौ तौ न विजानीतो नायं हन्ति न हन्यते ॥
न जायते म्रियते वा कदाचि-
न्नायं भूत्वा भविता वा न भूयः ।
अजो नित्यः शाश्वतोऽयं पुराणो
न हन्यते हन्यमाने शरीरे ॥ २०
वेदाविनाशिनं नित्यं य एनमजमव्ययम् ।
कथं स पुरुषः पार्थ कं घातयति हन्ति कम् ॥ २१
वासांसि जीर्णानि यथा विहाय
नवानि गृह्णाति नरोऽपराणि ।
तथा शरीराणि विहाय जीर्णा-
न्यन्यानि संयाति नवानि देही ॥ २२
नैनं छिन्दन्ति शस्त्राणि नैनं दहति पावकः ।
न चैनं क्लेदयन्त्यापो न शोषयति मारुतः ॥ २३
अच्छेद्योऽयमदाह्योऽयमक्लेद्योऽशोष्य एव च ।
नित्यः सर्वगतः स्थाणुरचलोऽयं सनातनः ॥ २४
अव्यक्तोऽयमचिन्त्योऽयमविकार्योऽयमुच्यते ।
तस्मादेवं विदित्वैनं नानुशोचितुमर्हसि ॥ २५
अथ चैनं नित्यजातं नित्यं वा मन्यसे मृतम् ।
तथापि त्वं महाबाहो नैनं शोचितुमर्हसि ॥ २६
जातस्य हि ध्रुवो मृत्युर्ध्रुवं जन्म मृतस्य च ।
तस्मादपरिहार्येऽर्थे न त्वं शोचितुमर्हसि ॥ २७
अव्यक्तादीनि भूतानि व्यक्तमध्यानि भारत ।
अव्यक्तनिधनान्येव तत्र का परिदेवना ॥ २८
आश्चर्यवत्पश्यति कश्चिदेन-
माश्चर्यवद्वदति तथैव चान्यः ।
आश्चर्यवच्चैनमन्यः शृणोति
श्रुत्वाप्येनं वेद न चैव कश्चित् ॥ २९
देही नित्यमवध्योऽयं देहे सर्वस्य भारत ।
तस्मात्सर्वाणि भूतानि न त्वं शोचितुमर्हसि ॥ ३०
स्वधर्ममपि चावेक्ष्य न विकम्पितुमर्हसि ।
धर्म्याद्धि युद्धाच्छ्रेयोऽन्यत्क्षत्रियस्य न विद्यते ॥ ३१
यदृच्छया चोपपन्नं स्वर्गद्वारमपावृतम् ।
सुखिनः क्षत्रियाः पार्थ लभन्ते युद्धमीदृशम् ॥ ३२
अथ चेत्त्वमिमं धर्म्यं संग्रामं न करिष्यसि ।
ततः स्वधर्मं कीर्तिं च हित्वा पापमवाप्स्यसि ॥ ३३
अकीर्तिं चापि भूतानि कथयिष्यन्ति तेऽव्ययाम् ।
संभावितस्य चाकीर्तिर्मरणादतिरिच्यते ॥ ३४
भयाद्रणादुपरतं मंस्यन्ते त्वां महारथाः ।
येषां च त्वं बहुमतो भूत्वा यास्यसि लाघवम् ॥
अवाच्यवादांश्च बहून्वदिष्यन्ति तवाहिताः ।
निन्दन्तस्तव सामर्थ्यं ततो दुःखतरं नु किम् ॥ ३६
हतो वा प्राप्स्यसि स्वर्गं जित्वा वा भोक्ष्यसे महीम् ।
तस्मादुत्तिष्ठ कौन्तेय युद्धाय कृतनिश्चयः ॥ ३७
सुखदुःखे समे कृत्वा लाभालाभौ जयाजयौ ।
ततो युद्धाय युज्यस्व नैवं पापमवाप्स्यसि ॥ ३८
एषा तेऽभिहिता सांख्ये बुद्धिर्योगे त्विमां शृणु ।
बुद्ध्या युक्तो यया पार्थ कर्मबन्धं प्रहास्यसि ॥ ३९
नेहाभिक्रमनाशोऽस्ति प्रत्यवायो न विद्यते ।
स्वल्पमप्यस्य धर्मस्य त्रायते महतो भयात् ॥ ४०
व्यवसायात्मिका बुद्धिरेकेह कुरुनन्दन ।
बहुशाखा ह्यनन्ताश्च बुद्धयोऽव्यवसायिनाम् ॥ ४१
यामिमां पुष्पितां वाचं प्रवदन्त्यविपश्चितः ।
वेदवादरताः पार्थ नान्यदस्तीति वादिनः ॥ ४२
कामात्मानः स्वर्गपरा जन्मकर्मफलप्रदाम् ।
क्रियाविशेषबहुलां भोगैश्वर्यगतिं प्रति ॥ ४३
भोगैश्वर्यप्रसक्तानां तयापहृतचेतसाम् ।
व्यवसायात्मिका बुद्धिः समाधौ न विधीयते ॥ ४४
त्रैगुण्यविषया वेदा निस्त्रैगुण्यो भवार्जुन ।
निर्द्वंद्वो नित्यसत्त्वस्थो निर्योगक्षेम आत्मवान् ॥ ४५
यावानर्थ उदपाने सर्वतःसंप्लुतोदके ।

तावान्सर्वेषु वेदेषु ब्राह्मणस्य विजानतः ॥ ४६
कर्मण्येवाधिकारस्ते मा फलेषु कदाचन ।
मा कर्मफलहेतुर्भूर्मा ते सङ्गोऽस्त्वकर्मणि ॥ ४७
योगस्थः कुरु कर्माणि सङ्गं त्यक्त्वा धनंजय ।
सिद्ध्यसिद्ध्योः समो भूत्वा समत्वं योग उच्यते ॥
दूरेण ह्यवरं कर्म बुद्धियोगाद्धनंजय ।
बुद्धौ शरणमन्विच्छ कृपणाः फलहेतवः ॥ ४९
बुद्धियुक्तो जहातीह उभे सुकृतदुष्कृते ।
तस्माद्योगाय युज्यस्व योगः कर्मसु कौशलम् ॥ ५०
कर्मजं बुद्धियुक्ता हि फलं त्यक्त्वा मनीषिणः ।
जन्मबन्धविनिर्मुक्ताः पदं गच्छन्त्यनामयम् ॥ ५१
यदा ते मोहकलिलं बुद्धिर्व्यतितरिष्यति ।
तदा गन्तासि निर्वेदं श्रोतव्यस्य श्रुतस्य च ॥ ५२
श्रुतिविप्रतिपन्ना ते यदा स्थास्यति निश्चला ।
समाधावचला बुद्धिस्तदा योगमवाप्स्यसि ॥ ५३

अर्जुन उवाच ।

स्थितप्रज्ञस्य का भाषा समाधिस्थस्य केशव ।
स्थितधीः किं प्रभाषेत किमासीत व्रजेत किम् ॥

श्रीभगवानुवाच ।

प्रजहाति यदा कामान्सर्वान्पार्थ मनोगतान् ।
आत्मन्येवात्मना तुष्टः स्थितप्रज्ञस्तदोच्यते ॥ ५५
दुःखेष्वनुद्विग्नमनाः सुखेषु विगतस्पृहः ।
वीतरागभयक्रोधः स्थितधीर्मुनिरुच्यते ॥ ५६
यः सर्वत्रानभिस्नेहस्तत्तत्प्राप्य शुभाशुभम् ।
नाभिनन्दति न द्वेष्टि तस्य प्रज्ञा प्रतिष्ठिता ॥ ५७
यदा संहरते चायं कूर्मोऽङ्गानीव सर्वशः ।
इन्द्रियाणीन्द्रियार्थेभ्यस्तस्य प्रज्ञा प्रतिष्ठिता ॥ ५८
विषया विनिवर्तन्ते निराहारस्य देहिनः ।
रसवर्जं रसोऽप्यस्य परं दृष्ट्वा निवर्तते ॥ ५९
यततो ह्यपि कौन्तेय पुरुषस्य विपश्चितः ।
इन्द्रियाणि प्रमाथीनि हरन्ति प्रसभं मनः ॥ ६०
तानि सर्वाणि संयम्य युक्त आसीत मत्परः ।
वशे हि यस्येन्द्रियाणि तस्य प्रज्ञा प्रतिष्ठिता ॥ ६१
ध्यायतो विषयान्पुंसः सङ्गस्तेषूपजायते ।
सङ्गात्संजायते कामः कामात्क्रोधोऽभिजायते ॥ ६२
क्रोधाद्भवति संमोहः संमोहात्स्मृतिविभ्रमः ।
स्मृतिभ्रंशाद्बुद्धिनाशो बुद्धिनाशात्प्रणश्यति ॥ ६३
रागद्वेषवियुक्तैस्तु विषयानिन्द्रियैश्चरन् ।
आत्मवश्यैर्विधेयात्मा प्रसादमधिगच्छति ॥ ६४
प्रसादे सर्वदुःखानां हानिरस्योपजायते ।
प्रसन्नचेतसो ह्याशु बुद्धिः पर्यवतिष्ठते ॥ ६५
नास्ति बुद्धिरयुक्तस्य न चायुक्तस्य भावना ।
न चाभावयतः शान्तिरशान्तस्य कुतः सुखम् ॥ ६६
इन्द्रियाणां हि चरतां यन्मनोऽनुविधीयते ।
तदस्य हरति प्रज्ञां वायुर्नावमिवाम्भसि ॥ ६७
तस्माद्यस्य महाबाहो निगृहीतानि सर्वशः ।
इन्द्रियाणीन्द्रियार्थेभ्यस्तस्य प्रज्ञा प्रतिष्ठिता ॥ ६८
या निशा सर्वभूतानां तस्यां जागर्ति संयमी ।
यस्यां जाग्रति भूतानि सा निशा पश्यतो मुनेः ॥ ६९
आपूर्यमाणमचलप्रतिष्ठं
समुद्रमापः प्रविशन्ति यद्वत् ।
तद्वत्कामा यं प्रविशन्ति सर्वे
स शान्तिमाप्नोति न कामकामी ॥ ७०
विहाय कामान्यः सर्वान्पुमांश्चरति निःस्पृहः ।
निर्ममो निरहंकारः स शान्तिमधिगच्छति ॥ ७१
एषा ब्राह्मी स्थितिः पार्थ नैनां प्राप्य विमुह्यति ।
स्थित्वास्यामन्तकालेऽपि ब्रह्मनिर्वाणमृच्छति ॥ ७२

इति श्रीमहाभारते भीष्मपर्वणि
चतुर्विंशोऽध्यायः ॥ २४ ॥

२५

अर्जुन उवाच ।

ज्यायसी चेत्कर्मणस्ते मता बुद्धिर्जनार्दन ।
तत्किं कर्मणि घोरे मां नियोजयसि केशव ॥ १
व्यामिश्रेणेव वाक्येन बुद्धिं मोहयसीव मे ।
तदेकं वद निश्चित्य येन श्रेयोऽहमाप्नुयाम् ॥ २

श्रीभगवानुवाच ।

लोकेऽस्मिन्द्विविधा निष्ठा पुरा प्रोक्ता मयानघ ।
ज्ञानयोगेन सांख्यानां कर्मयोगेन योगिनाम् ॥ ३
न कर्मणामनारम्भान्नैष्कर्म्यं पुरुषोऽश्नुते ।
न च संन्यसनादेव सिद्धिं समधिगच्छति ॥ ४
न हि कश्चित्क्षणमपि जातु तिष्ठत्यकर्मकृत् ।
कार्यते ह्यवशः कर्म सर्वः प्रकृतिजैर्गुणैः ॥ ५
कर्मेन्द्रियाणि संयम्य य आस्ते मनसा स्मरन् ।
इन्द्रियार्थान्विमूढात्मा मिथ्याचारः स उच्यते ॥६
यस्त्विन्द्रियाणि मनसा नियम्यारभतेऽर्जुन ।
कर्मेन्द्रियैः कर्मयोगमसक्तः स विशिष्यते ॥ ७
नियतं कुरु कर्म त्वं कर्म ज्यायो ह्यकर्मणः ।
शरीरयात्रापि च ते न प्रसिध्येदकर्मणः ॥ ८
यज्ञार्थात्कर्मणोऽन्यत्र लोकोऽयं कर्मबन्धनः ।
तदर्थं कर्म कौन्तेय मुक्तसङ्गः समाचर ॥ ९
सहयज्ञाः प्रजाः सृष्ट्वा पुरोवाच प्रजापतिः ।
अनेन प्रसविष्यध्वमेष वोऽस्त्विष्टकामधुक् ॥ १०
देवान्भावयतानेन ते देवा भावयन्तु वः ।
परस्परं भावयन्तः श्रेयः परमवाप्स्यथ ॥ ११
इष्टान्भोगान्हि वो देवा दास्यन्ते यज्ञभाविताः ।
तैर्दत्तानप्रदायैभ्यो यो भुङ्क्ते स्तेन एव सः ॥ १२
यज्ञशिष्टाशिनः सन्तो मुच्यन्ते सर्वकिल्बिषैः ।
भुञ्जते ते त्वघं पापा ये पचन्त्यात्मकारणात् ॥१३
अन्नाद्भवन्ति भूतानि पर्जन्यादन्नसंभवः ।
यज्ञाद्भवति पर्जन्यो यज्ञः कर्मसमुद्भवः ॥ १४
कर्म ब्रह्मोद्भवं विद्धि ब्रह्माक्षरसमुद्भवम् ।
तस्मात्सर्वगतं ब्रह्म नित्यं यज्ञे प्रतिष्ठितम् ॥ १५
एवं प्रवर्तितं चक्रं नानुवर्तयतीह यः ।
अघायुरिन्द्रियारामो मोघं पार्थ स जीवति ॥ १६
यस्त्वात्मरतिरेव स्यादात्मतृप्तश्च मानवः ।
आत्मन्येव च संतुष्टस्तस्य कार्यं न विद्यते ॥ १७
नैव तस्य कृतेनार्थो नाकृतेनेह कश्चन ।
न चास्य सर्वभूतेषु कश्चिदर्थव्यपाश्रयः ॥ १८
तस्मादसक्तः सततं कार्यं कर्म समाचर ।
असक्तो ह्याचरन्कर्म परमाप्नोति पूरुषः ॥ १९
कर्मणैव हि संसिद्धिमास्थिता जनकादयः ।
लोकसंग्रहमेवापि संपश्यन्कर्तुमर्हसि ॥ २०
यद्यदाचरति श्रेष्ठस्तत्तदेवेतरो जनः ।
स यत्प्रमाणं कुरुते लोकस्तदनुवर्तते ॥ २१
न मे पार्थास्ति कर्तव्यं त्रिषु लोकेषु किंचन ।
नानवाप्तमवाप्तव्यं वर्त एव च कर्मणि ॥ २२
यदि ह्यहं न वर्तेयं जातु कर्मण्यतन्द्रितः ।
मम वर्त्मानुवर्तन्ते मनुष्याः पार्थ सर्वतः ॥ २३
उत्सीदेयुरिमे लोका न कुर्यां कर्म चेदहम् ।
संकरस्य च कर्ता स्यामुपहन्यामिमाः प्रजाः ॥२४
सक्ताः कर्मण्यविद्वांसो यथा कुर्वन्ति भारत ।
कुर्याद्विद्वांस्तथासक्तश्चिकीर्षुर्लोकसंग्रहम् ॥ २५
न बुद्धिभेदं जनयेदज्ञानां कर्मसङ्गिनाम् ।
जोषयेत्सर्वकर्माणि विद्वान्युक्तः समाचरन् ॥ २६
प्रकृतेः क्रियमाणानि गुणैः कर्माणि सर्वशः ।
अहंकारविमूढात्मा कर्ताहमिति मन्यते ॥ २७
तत्त्ववित्तु महाबाहो गुणकर्मविभागयोः ।
गुणा गुणेषु वर्तन्त इति मत्वा न सज्जते ॥ २८
प्रकृतेर्गुणसंमूढाः सज्जन्ते गुणकर्मसु ।

तानकृत्स्नविदो मन्दान्कृत्स्नविन्न विचालयेत् ॥ २९
मयि सर्वाणि कर्माणि संन्यस्याध्यात्मचेतसा ।
निराशीर्निर्ममो भूत्वा युध्यस्व विगतज्वरः ॥ ३०
ये मे मतमिदं नित्यमनुतिष्ठन्ति मानवाः ।
श्रद्धावन्तोऽनसूयन्तो मुच्यन्ते तेऽपि कर्मभिः ॥ ३१
ये त्वेतदभ्यसूयन्तो नानुतिष्ठन्ति मे मतम् ।
सर्वज्ञानविमूढांस्तान्विद्धि नष्टानचेतसः ॥ ३२
सदृशं चेष्टते स्वस्याः प्रकृतेर्ज्ञानवानपि ।
प्रकृतिं यान्ति भूतानि निग्रहः किं करिष्यति ॥ ३३
इन्द्रियस्येन्द्रियस्यार्थे रागद्वेषौ व्यवस्थितौ ।
तयोर्न वशमागच्छेत्तौ ह्यस्य परिपन्थिनौ ॥ ३४
श्रेयान्स्वधर्मो विगुणः परधर्मात्स्वनुष्ठितात् ।
स्वधर्मे निधनं श्रेयः परधर्मो भयावहः ॥ ३५

अर्जुन उवाच ।

अथ केन प्रयुक्तोऽयं पापं चरति पूरुषः ।
अनिच्छन्नपि वार्ष्णेय बलादिव नियोजितः ॥ ३६

श्रीभगवानुवाच ।

काम एष क्रोध एष रजोगुणसमुद्भवः ।
महाशनो महापाप्मा विद्ध्येनमिह वैरिणम् ॥ ३७
धूमेनाव्रियते वह्निर्यथादर्शो मलेन च ।
यथोल्बेनावृतो गर्भस्तथा तेनेदमावृतम् ॥ ३८
आवृतं ज्ञानमेतेन ज्ञानिनो नित्यवैरिणा ।
कामरूपेण कौन्तेय दुष्पूरेणानलेन च ॥ ३९
इन्द्रियाणि मनो बुद्धिरस्याधिष्ठानमुच्यते ।
एतैर्विमोहयत्येष ज्ञानमावृत्य देहिनम् ॥ ४०
तस्मात्त्वमिन्द्रियाण्यादौ नियम्य भरतर्षभ ।
पाप्मानं प्रजहि ह्येनं ज्ञानविज्ञाननाशनम् ॥ ४१
इन्द्रियाणि पराण्याहुरिन्द्रियेभ्यः परं मनः ।
मनसस्तु परा बुद्धिर्यो बुद्धेः परतस्तु सः ॥ ४२
एवं बुद्धेः परं बुद्ध्वा संस्तभ्यात्मानमात्मना ।
जहि शत्रुं महाबाहो कामरूपं दुरासदम् ॥ ४३

इति श्रीमहाभारते भीष्मपर्वणि
पञ्चविंशोऽध्यायः ॥ २५ ॥

२६

श्रीभगवानुवाच ।

इमं विवस्वते योगं प्रोक्तवानहमव्ययम् ।
विवस्वान्मनवे प्राह मनुरिक्ष्वाकवेऽब्रवीत् ॥ १
एवं परंपराप्राप्तमिमं राजर्षयो विदुः ।
स कालेनेह महता योगो नष्टः परंतप ॥ २
स एवायं मया तेऽद्य योगः प्रोक्तः पुरातनः ।
भक्तोऽसि मे सखा चेति रहस्यं ह्येतदुत्तमम् ॥ ३

अर्जुन उवाच ।

अपरं भवतो जन्म परं जन्म विवस्वतः ।
कथमेतद्विजानीयां त्वमादौ प्रोक्तवानिति ॥ ४

श्रीभगवानुवाच ।

बहूनि मे व्यतीतानि जन्मानि तव चार्जुन ।
तान्यहं वेद सर्वाणि न त्वं वेत्थ परंतप ॥ ५
अजोऽपि सन्नव्ययात्मा भूतानामीश्वरोऽपि सन् ।
प्रकृतिं स्वामधिष्ठाय संभवाम्यात्ममायया ॥ ६
यदा यदा हि धर्मस्य ग्लानिर्भवति भारत ।
अभ्युत्थानमधर्मस्य तदात्मानं सृजाम्यहम् ॥ ७
परित्राणाय साधूनां विनाशाय च दुष्कृताम् ।
धर्मसंस्थापनार्थाय संभवामि युगे युगे ॥ ८
जन्म कर्म च मे दिव्यमेवं यो वेत्ति तत्त्वतः ।
त्यक्त्वा देहं पुनर्जन्म नैति मामेति सोऽर्जुन ॥ ९
वीतरागभयक्रोधा मन्मया मामुपाश्रिताः ।
बहवो ज्ञानतपसा पूता मद्भावमागताः ॥ १०
ये यथा मां प्रपद्यन्ते तांस्तथैव भजाम्यहम् ।
मम वर्त्मानुवर्तन्ते मनुष्याः पार्थ सर्वशः ॥ ११
काङ्क्षन्तः कर्मणां सिद्धिं यजन्त इह देवताः ।

क्षिप्रं हि मानुषे लोके सिद्धिर्भवति कर्मजा ॥१२
चातुर्वर्ण्यं मया सृष्टं गुणकर्मविभागशः ।
तस्य कर्तारमपि मां विद्ध्यकर्तारमव्ययम् ॥ १३
न मां कर्माणि लिम्पन्ति न मे कर्मफले स्पृहा ।
इति मां योऽभिजानाति कर्मभिर्न स बध्यते ॥ १४
एवं ज्ञात्वा कृतं कर्म पूर्वैरपि मुमुक्षुभिः ।
कुरु कर्मैव तस्मात्त्वं पूर्वैः पूर्वतरं कृतम् ॥ १५
किं कर्म किमकर्मेति कवयोऽप्यत्र मोहिताः ।
तत्ते कर्म प्रवक्ष्यामि यज्ज्ञात्वा मोक्ष्यसेऽशुभात् ॥
कर्मणो ह्यपि बोद्धव्यं बोद्धव्यं च विकर्मणः ।
अकर्मणश्च बोद्धव्यं गहना कर्मणो गतिः ॥ १७
कर्मण्यकर्म यः पश्येदकर्मणि च कर्म यः ।
स बुद्धिमान्मनुष्येषु स युक्तः कृत्स्नकर्मकृत् ॥ १८
यस्य सर्वे समारम्भाः कामसंकल्पवर्जिताः ।
ज्ञानाग्निदग्धकर्माणं तमाहुः पण्डितं बुधाः ॥ १९
त्यक्त्वा कर्मफलासङ्गं नित्यतृप्तो निराश्रयः ।
कर्मण्यभिप्रवृत्तोऽपि नैव किंचित्करोति सः ॥ २०
निराशीर्यतचित्तात्मा त्यक्तसर्वपरिग्रहः ।
शारीरं केवलं कर्म कुर्वन्नाप्नोति किल्बिषम् ॥ २१
यदृच्छालाभसंतुष्टो द्वंद्वातीतो विमत्सरः ।
समः सिद्धावसिद्धौ च कृत्वापि न निबध्यते ॥ २२
गतसङ्गस्य मुक्तस्य ज्ञानावस्थितचेतसः ।
यज्ञायाचरतः कर्म समग्रं प्रविलीयते ॥ २३
ब्रह्मार्पणं ब्रह्म हविर्ब्रह्माग्नौ ब्रह्मणा हुतम् ।
ब्रह्मैव तेन गन्तव्यं ब्रह्मकर्मसमाधिना ॥ २४
दैवमेवापरे यज्ञं योगिनः पर्युपासते ।
ब्रह्माग्नावपरे यज्ञं यज्ञेनैवोपजुह्वति ॥ २५
श्रोत्रादीनीन्द्रियाण्यन्ये संयमाग्निषु जुह्वति ।
शब्दादीन्विषयानन्य इन्द्रियाग्निषु जुह्वति ॥ २६
सर्वाणीन्द्रियकर्माणि प्राणकर्माणि चापरे ।
आत्मसंयमयोगाग्नौ जुह्वति ज्ञानदीपिते ॥ २७
द्रव्ययज्ञास्तपोयज्ञा योगयज्ञास्तथापरे ।
स्वाध्यायज्ञानयज्ञाश्च यतयः संशितव्रताः ॥ २८
अपाने जुह्वति प्राणं प्राणेऽपानं तथापरे ।
प्राणापानगती रुद्ध्वा प्राणायामपरायणाः ॥ २९
अपरे नियताहाराः प्राणान्प्राणेषु जुह्वति ।
सर्वेऽप्येते यज्ञविदो यज्ञक्षपितकल्मषाः ॥ ३०
यज्ञशिष्टामृतभुजो यान्ति ब्रह्म सनातनम् ।
नायं लोकोऽस्त्ययज्ञस्य कुतोऽन्यः कुरुसत्तम ॥ ३१
एवं बहुविधा यज्ञा वितता ब्रह्मणो मुखे ।
कर्मजान्विद्धि तान्सर्वानेवं ज्ञात्वा विमोक्ष्यसे ॥ ३२
श्रेयान्द्रव्यमयाद्यज्ञाज्ज्ञानयज्ञः परंतप ।
सर्वं कर्माखिलं पार्थ ज्ञाने परिसमाप्यते ॥ ३३
तद्विद्धि प्रणिपातेन परिप्रश्नेन सेवया ।
उपदेक्ष्यन्ति ते ज्ञानं ज्ञानिनस्तत्त्वदर्शिनः ॥ ३४
यज्ज्ञात्वा न पुनर्मोहमेवं यास्यसि पाण्डव ।
येन भूतान्यशेषेण द्रक्ष्यस्यात्मन्यथो मयि ॥ ३५
अपि चेदसि पापेभ्यः सर्वेभ्यः पापकृत्तमः ।
सर्वं ज्ञानप्लवेनैव वृजिनं संतरिष्यसि ॥ ३६
यथैधांसि समिद्धोऽग्निर्भस्मसात्कुरुतेऽर्जुन ।
ज्ञानाग्निः सर्वकर्माणि भस्मसात्कुरुते तथा ॥ ३७
न हि ज्ञानेन सदृशं पवित्रमिह विद्यते ।
तत्स्वयं योगसंसिद्धः कालेनात्मनि विन्दति ॥ ३८
श्रद्धावाँल्लभते ज्ञानं तत्परः संयतेन्द्रियः ।
ज्ञानं लब्ध्वा परां शान्तिमचिरेणाधिगच्छति ॥ ३९
अज्ञश्चाश्रद्दधानश्च संशयात्मा विनश्यति ।
नायं लोकोऽस्ति न परो न सुखं संशयात्मनः ॥४०
योगसंन्यस्तकर्माणं ज्ञानसंछिन्नसंशयम् ।
आत्मवन्तं न कर्माणि निबध्नन्ति धनंजय ॥ ४१
तस्मादज्ञानसंभूतं हृत्स्थं ज्ञानासिनात्मनः ।

छित्त्वैनं संशयं योगमातिष्ठोत्तिष्ठ भारत ।। ४२

इति श्रीमहाभारते भीष्मपर्वणि
षड्विंशोऽध्यायः ।। २६ ।।

२७

अर्जुन उवाच ।

संन्यासं कर्मणां कृष्ण पुनर्योगं च शंससि ।
यच्छ्रेय एतयोरेकं तन्मे ब्रूहि सुनिश्चितम् ।। १

श्रीभगवानुवाच ।

संन्यासः कर्मयोगश्च निःश्रेयसकरावुभौ ।
तयोस्तु कर्मसंन्यासात्कर्मयोगो विशिष्यते ।। २
ज्ञेयः स नित्यसंन्यासी यो न द्वेष्टि न काङ्क्षति ।
निर्द्वंद्वो हि महाबाहो सुखं बन्धात्प्रमुच्यते ।। ३
सांख्ययोगौ पृथग्बालाः प्रवदन्ति न पण्डिताः ।
एकमप्यास्थितः सम्यगुभयोर्विन्दते फलम् ।। ४
यत्सांख्यैः प्राप्यते स्थानं तद्योगैरपि गम्यते ।
एकं सांख्यं च योगं च यः पश्यति स पश्यति ।।
संन्यासस्तु महाबाहो दुःखमाप्तुमयोगतः ।
योगयुक्तो मुनिर्ब्रह्म नचिरेणाधिगच्छति ।। ६
योगयुक्तो विशुद्धात्मा विजितात्मा जितेन्द्रियः ।
सर्वभूतात्मभूतात्मा कुर्वन्नपि न लिप्यते ।। ७
नैव किंचित्करोमीति युक्तो मन्येत तत्त्ववित् ।
पश्यञ्शृण्वन्स्पृशञ्जिघ्रन्नश्नन्गच्छन्स्वपञ्श्वसन् ।। ८
प्रलपन्विसृजन्गृह्णन्नुन्मिषन्निमिषन्नपि ।
इन्द्रियाणीन्द्रियार्थेषु वर्तन्त इति धारयन् ।। ९
ब्रह्मण्याधाय कर्माणि सङ्गं त्यक्त्वा करोति यः ।
लिप्यते न स पापेन पद्मपत्रमिवाम्भसा ।। १०
कायेन मनसा बुद्ध्या केवलैरिन्द्रियैरपि ।
योगिनः कर्म कुर्वन्ति सङ्गं त्यक्त्वात्मशुद्धये ।। ११
युक्तः कर्मफलं त्यक्त्वा शान्तिमाप्नोति नैष्ठिकीम् ।
अयुक्तः कामकारेण फले सक्तो निबध्यते ।। १२
सर्वकर्माणि मनसा संन्यस्यास्ते सुखं वशी ।
नवद्वारे पुरे देही नैव कुर्वन्न कारयन् ।। १३
न कर्तृत्वं न कर्माणि लोकस्य सृजति प्रभुः ।
न कर्मफलसंयोगं स्वभावस्तु प्रवर्तते ।। १४
नादत्ते कस्यचित्पापं न चैव सुकृतं विभुः ।
अज्ञानेनावृतं ज्ञानं तेन मुह्यन्ति जन्तवः ।। १५
ज्ञानेन तु तदज्ञानं येषां नाशितमात्मनः ।
तेषामादित्यवज्ज्ञानं प्रकाशयति तत्परम् ।। १६
तद्बुद्धयस्तदात्मानस्तन्निष्ठास्तत्परायणाः ।
गच्छन्त्यपुनरावृत्तिं ज्ञाननिर्धूतकल्मषाः ।। १७
विद्याविनयसंपन्ने ब्राह्मणे गवि हस्तिनि ।
शुनि चैव श्वपाके च पण्डिताः समदर्शिनः ।। १८
इहैव तैर्जितः सर्गो येषां साम्ये स्थितं मनः ।
निर्दोषं हि समं ब्रह्म तस्माद्ब्रह्मणि ते स्थिताः ।। १९
न प्रहृष्येत्प्रियं प्राप्य नोद्विजेत्प्राप्य चाप्रियम् ।
स्थिरबुद्धिरसंमूढो ब्रह्मविद्ब्रह्मणि स्थितः ।। २०
बाह्यस्पर्शेष्वसक्तात्मा विन्दत्यात्मनि यत्सुखम् ।
स ब्रह्मयोगयुक्तात्मा सुखमक्षयमश्नुते ।। २१
ये हि संस्पर्शजा भोगा दुःखयोनय एव ते ।
आद्यन्तवन्तः कौन्तेय न तेषु रमते बुधः ।। २२
शक्नोतीहैव यः सोढुं प्राक्शरीरविमोक्षणात् ।
कामक्रोधोद्भवं वेगं स युक्तः स सुखी नरः ।। २३
योऽन्तःसुखोऽन्तरारामस्तथान्तर्ज्योतिरेव यः ।
स योगी ब्रह्मनिर्वाणं ब्रह्मभूतोऽधिगच्छति ।। २४
लभन्ते ब्रह्मनिर्वाणमृषयः क्षीणकल्मषाः ।
छिन्नद्वैधा यतात्मानः सर्वभूतहिते रताः ।। २५
कामक्रोधवियुक्तानां यतीनां यतचेतसाम् ।
अभितो ब्रह्मनिर्वाणं वर्तते विदितात्मनाम् ।। २६
स्पर्शान्कृत्वा बहिर्बाह्यांश्चक्षुश्चैवान्तरे भ्रुवोः ।
प्राणापानौ समौ कृत्वा नासाभ्यन्तरचारिणौ ।।२७

यतेन्द्रियमनोबुद्धिर्मुनिर्मोक्षपरायणः ।
विगतेच्छाभयक्रोधो यः सदा मुक्त एव सः ॥२८
भोक्तारं यज्ञतपसां सर्वलोकमहेश्वरम् ।
सुहृदं सर्वभूतानां ज्ञात्वा मां शान्तिमृच्छति ॥२९

इति श्रीमहाभारते भीष्मपर्वणि
सप्तविंशोऽध्यायः ॥ २७ ॥

२८

श्रीभगवानुवाच ।

अनाश्रितः कर्मफलं कार्यं कर्म करोति यः ।
स संन्यासी च योगी च न निरग्निर्न चाक्रियः ॥१
यं संन्यासमिति प्राहुर्योगं तं विद्धि पाण्डव ।
न ह्यसंन्यस्तसंकल्पो योगी भवति कश्चन ॥ २
आरुरुक्षोर्मुनेर्योगं कर्म कारणमुच्यते ।
योगारूढस्य तस्यैव शमः कारणमुच्यते ॥ ३
यदा हि नेन्द्रियार्थेषु न कर्मस्वनुषज्जते ।
सर्वसंकल्पसंन्यासी योगारूढस्तदोच्यते ॥ ४
उद्धरेदात्मनात्मानं नात्मानमवसादयेत् ।
आत्मैव ह्यात्मनो बन्धुरात्मैव रिपुरात्मनः ॥ ५
बन्धुरात्मात्मनस्तस्य येनात्मैवात्मना जितः ।
अनात्मनस्तु शत्रुत्वे वर्तेतात्मैव शत्रुवत् ॥ ६
जितात्मनः प्रशान्तस्य परमात्मा समाहितः ।
शीतोष्णसुखदुःखेषु तथा मानावमानयोः ॥ ७
ज्ञानविज्ञानतृप्तात्मा कूटस्थो विजितेन्द्रियः ।
युक्त इत्युच्यते योगी समलोष्टाश्मकाञ्चनः ॥ ८
सुहृन्मित्रार्युदासीनमध्यस्थद्वेष्यबन्धुषु ।
साधुष्वपि च पापेषु समबुद्धिर्विशिष्यते ॥ ९
योगी युञ्जीत सततमात्मानं रहसि स्थितः ।
एकाकी यतचित्तात्मा निराशीरपरिग्रहः ॥ १०
शुचौ देशे प्रतिष्ठाप्य स्थिरमासनमात्मनः ।
नात्युच्छ्रितं नातिनीचं चैलाजिनकुशोत्तरम् ॥ ११
तत्रैकाग्रं मनः कृत्वा यतचित्तेन्द्रियक्रियः ।
उपविश्यासने युञ्ज्याद्योगमात्मविशुद्धये ॥ १२
समं कायशिरोग्रीवं धारयन्नचलं स्थिरः ।
संप्रेक्ष्य नासिकाग्रं स्वं दिशश्चानवलोकयन् ॥ १३
प्रशान्तात्मा विगतभीर्ब्रह्मचारिव्रते स्थितः ।
मनः संयम्य मच्चित्तो युक्त आसीत मत्परः ॥ १४
युञ्जन्नेवं सदात्मानं योगी नियतमानसः ।
शान्तिं निर्वाणपरमां मत्संस्थामधिगच्छति ॥ १५
नात्यश्नतस्तु योगोऽस्ति न चैकान्तमनश्नतः ।
न चातिस्वप्नशीलस्य जाग्रतो नैव चार्जुन ॥ १६
युक्ताहारविहारस्य युक्तचेष्टस्य कर्मसु ।
युक्तस्वप्नावबोधस्य योगो भवति दुःखहा ॥ १७
यदा विनियतं चित्तमात्मन्येवावतिष्ठते ।
निःस्पृहः सर्वकामेभ्यो युक्त इत्युच्यते तदा ॥ १८
यथा दीपो निवातस्थो नेङ्गते सोपमा स्मृता ।
योगिनो यतचित्तस्य युञ्जतो योगमात्मनः ॥ १९
यत्रोपरमते चित्तं निरुद्धं योगसेवया ।
यत्र चैवात्मनात्मानं पश्यन्नात्मनि तुष्यति ॥ २०
सुखमात्यन्तिकं यत्तद्बुद्धिग्राह्यमतीन्द्रियम् ।
वेत्ति यत्र न चैवायं स्थितश्चलति तत्त्वतः ॥ २१
यं लब्ध्वा चापरं लाभं मन्यते नाधिकं ततः ।
यस्मिन्स्थितो न दुःखेन गुरुणापि विचाल्यते ॥ २२
तं विद्याद्दुःखसंयोगवियोगं योगसंज्ञितम् ।
स निश्चयेन योक्तव्यो योगोऽनिर्विण्णचेतसा ॥ २३
संकल्पप्रभवान्कामांस्त्यक्त्वा सर्वानशेषतः ।
मनसैवेन्द्रियग्रामं विनियम्य समन्ततः ॥ २४
शनैः शनैरुपरमेद्बुद्ध्या धृतिगृहीतया ।
आत्मसंस्थं मनः कृत्वा न किंचिदपि चिन्तयेत् ॥
यतो यतो निश्चरति मनश्चञ्चलमस्थिरम् ।
ततस्ततो नियम्यैतदात्मन्येव वशं नयेत् ॥ २६

प्रशान्तमनसं ह्येनं योगिनं सुखमुत्तमम् ।
उपैति शान्तरजसं ब्रह्मभूतमकल्मषम् ॥ २७
युञ्जन्नेवं सदात्मानं योगी विगतकल्मषः ।
सुखेन ब्रह्मसंस्पर्शमत्यन्तं सुखमश्नुते ॥ २८
सर्वभूतस्थमात्मानं सर्वभूतानि चात्मनि ।
ईक्षते योगयुक्तात्मा सर्वत्र समदर्शनः ॥ २९
यो मां पश्यति सर्वत्र सर्वं च मयि पश्यति ।
तस्याहं न प्रणश्यामि स च मे न प्रणश्यति ॥ ३०
सर्वभूतस्थितं यो मां भजत्येकत्वमास्थितः ।
सर्वथा वर्तमानोऽपि स योगी मयि वर्तते ॥ ३१
आत्मौपम्येन सर्वत्र समं पश्यति योऽर्जुन ।
सुखं वा यदि वा दुःखं स योगी परमो मतः ॥ ३२

अर्जुन उवाच ।

योऽयं योगस्त्वया प्रोक्तः साम्येन मधुसूदन ।
एतस्याहं न पश्यामि चञ्चलत्वात्स्थितिं स्थिराम् ॥ ३३
चञ्चलं हि मनः कृष्ण प्रमाथि बलवद्दृढम् ।
तस्याहं निग्रहं मन्ये वायोरिव सुदुष्करम् ॥ ३४

श्रीभगवानुवाच ।

असंशयं महाबाहो मनो दुर्निग्रहं चलम् ।
अभ्यासेन तु कौन्तेय वैराग्येण च गृह्यते ॥ ३५
असंयतात्मना योगो दुष्प्राप इति मे मतिः ।
वश्यात्मना तु यतता शक्योऽवाप्तुमुपायतः ॥ ३६

अर्जुन उवाच ।

अयतिः श्रद्धयोपेतो योगाच्चलितमानसः ।
अप्राप्य योगसंसिद्धिं कां गतिं कृष्ण गच्छति ॥ ३७
कच्चिन्नोभयविभ्रष्टश्छिन्नाभ्रमिव नश्यति ।
अप्रतिष्ठो महाबाहो विमूढो ब्रह्मणः पथि ॥ ३८
एतन्मे संशयं कृष्ण छेत्तुमर्हस्यशेषतः ।
त्वदन्यः संशयस्यास्य छेत्ता न ह्युपपद्यते ॥ ३९

श्रीभगवानुवाच ।

पार्थ नैवेह नामुत्र विनाशस्तस्य न विद्यते ।
न हि कल्याणकृत्कश्चिद्दुर्गतिं तात गच्छति ॥ ४०
प्राप्य पुण्यकृताँल्लोकानुषित्वा शाश्वतीः समाः ।
शुचीनां श्रीमतां गेहे योगभ्रष्टोऽभिजायते ॥ ४१
अथ वा योगिनामेव कुले भवति धीमताम् ।
एतद्धि दुर्लभतरं लोके जन्म यदीदृशम् ॥ ४२
तत्र तं बुद्धिसंयोगं लभते पौर्वदेहिकम् ।
यतते च ततो भूयः संसिद्धौ कुरुनन्दन ॥ ४३
पूर्वाभ्यासेन तेनैव ह्रियते ह्यवशोऽपि सः ।
जिज्ञासुरपि योगस्य शब्दब्रह्मातिवर्तते ॥ ४४
प्रयत्नाद्यतमानस्तु योगी संशुद्धकिल्बिषः ।
अनेकजन्मसंसिद्धस्ततो याति परां गतिम् ॥ ४५
तपस्विभ्योऽधिको योगी ज्ञानिभ्योऽपि मतोऽधिकः ।
कर्मिभ्यश्चाधिको योगी तस्माद्योगी भवार्जुन ॥ ४६
योगिनामपि सर्वेषां मद्गतेनान्तरात्मना ।
श्रद्धावान्भजते यो मां स मे युक्ततमो मतः ॥ ४७

इति श्रीमहाभारते भीष्मपर्वणि
अष्टाविंशोऽध्यायः ॥ २८ ॥

२९

श्रीभगवानुवाच ।

मय्यासक्तमनाः पार्थ योगं युञ्जन्मदाश्रयः ।
असंशयं समग्रं मां यथा ज्ञास्यसि तच्छृणु ॥ १
ज्ञानं तेऽहं सविज्ञानमिदं वक्ष्याम्यशेषतः ।
यज्ज्ञात्वा नेह भूयोऽन्यज्ज्ञातव्यमवशिष्यते ॥ २
मनुष्याणां सहस्रेषु कश्चिद्यतति सिद्धये ।
यततामपि सिद्धानां कश्चिन्मां वेत्ति तत्त्वतः ॥ ३
भूमिरापोऽनलो वायुः खं मनो बुद्धिरेव च ।
अहंकार इतीयं मे भिन्ना प्रकृतिरष्टधा ॥ ४
अपरेयमितस्त्वन्यां प्रकृतिं विद्धि मे पराम् ।

जीवभूतां महाबाहो ययेदं धार्यते जगत् ॥ ५
एतद्योनीनि भूतानि सर्वाणीत्युपधारय ।
अहं कृत्स्नस्य जगतः प्रभवः प्रलयस्तथा ॥ ६
मत्तः परतरं नान्यत्किंचिदस्ति धनंजय ।
मयि सर्वमिदं प्रोतं सूत्रे मणिगणा इव ॥ ७
रसोऽहमप्सु कौन्तेय प्रभास्मि शशिसूर्ययोः ।
प्रणवः सर्ववेदेषु शब्दः खे पौरुषं नृषु ॥ ८
पुण्यो गन्धः पृथिव्यां च तेजश्चास्मि विभावसौ ।
जीवनं सर्वभूतेषु तपश्चास्मि तपस्विषु ॥ ९
बीजं मां सर्वभूतानां विद्धि पार्थ सनातनम् ।
बुद्धिर्बुद्धिमतामस्मि तेजस्तेजस्विनामहम् ॥ १०
बलं बलवतां चाहं कामरागविवर्जितम् ।
धर्माविरुद्धो भूतेषु कामोऽस्मि भरतर्षभ ॥ ११
ये चैव सात्त्विका भावा राजसास्तामसाश्च ये ।
मत्त एवेति तान्विद्धि न त्वहं तेषु ते मयि ॥ १२
त्रिभिर्गुणमयैर्भावैरेभिः सर्वमिदं जगत् ।
मोहितं नाभिजानाति मामेभ्यः परमव्ययम् ॥ १३
दैवी ह्येषा गुणमयी मम माया दुरत्यया ।
मामेव ये प्रपद्यन्ते मायामेतां तरन्ति ते ॥ १४
न मां दुष्कृतिनो मूढाः प्रपद्यन्ते नराधमाः ।
माययापहृतज्ञाना आसुरं भावमाश्रिताः ॥ १५
चतुर्विधा भजन्ते मां जनाः सुकृतिनोऽर्जुन ।
आर्तो जिज्ञासुरर्थार्थी ज्ञानी च भरतर्षभ ॥ १६
तेषां ज्ञानी नित्ययुक्त एकभक्तिर्विशिष्यते ।
प्रियो हि ज्ञानिनोऽत्यर्थमहं स च मम प्रियः ॥१७
उदाराः सर्व एवैते ज्ञानी त्वात्मैव मे मतम् ।
आस्थितः स हि युक्तात्मा मामेवानुत्तमां गतिम् ॥
बहूनां जन्मनामन्ते ज्ञानवान्मां प्रपद्यते ।
वासुदेवः सर्वमिति स महात्मा सुदुर्लभः ॥ १९
कामैस्तैस्तैर्हृतज्ञानाः प्रपद्यन्तेऽन्यदेवताः ।
तं तं नियममास्थाय प्रकृत्या नियताः स्वया ॥ २०
यो यो यां यां तनुं भक्तः श्रद्धयार्चितुमिच्छति ।
तस्य तस्याचलां श्रद्धां तामेव विदधाम्यहम् ॥ २१
स तया श्रद्धया युक्तस्तस्या राधनमीहते ।
लभते च ततः कामान्मयैव विहितान्हि तान् ॥ २२
अन्तवत्तु फलं तेषां तद्भवत्यल्पमेधसाम् ।
देवान्देवयजो यान्ति मद्भक्ता यान्ति मामपि ॥ २३
अव्यक्तं व्यक्तिमापन्नं मन्यन्ते मामबुद्धयः ।
परं भावमजानन्तो ममाव्ययमनुत्तमम् ॥ २४
नाहं प्रकाशः सर्वस्य योगमायासमावृतः ।
मूढोऽयं नाभिजानाति लोको मामजमव्ययम् ॥२५
वेदाहं समतीतानि वर्तमानानि चार्जुन ।
भविष्याणि च भूतानि मां तु वेद न कश्चन ॥ २६
इच्छाद्वेषसमुत्थेन द्वंद्वमोहेन भारत ।
सर्वभूतानि संमोहं सर्गे यान्ति परंतप ॥ २७
येषां त्वन्तगतं पापं जनानां पुण्यकर्मणाम् ।
ते द्वंद्वमोहनिर्मुक्ता भजन्ते मां दृढव्रताः ॥ २८
जरामरणमोक्षाय मामाश्रित्य यतन्ति ये ।
ते ब्रह्म तद्विदुः कृत्स्नमध्यात्मं कर्म चाखिलम् ॥ २९
साधिभूताधिदैवं मां साधियज्ञं च ये विदुः ।
प्रयाणकालेऽपि च मां ते विदुर्युक्तचेतसः ॥ ३०

इति श्रीमहाभारते भीष्मपर्वणि
एकोनत्रिंशोऽध्यायः ॥ २९ ॥

३०

अर्जुन उवाच ।

किं तद्ब्रह्म किमध्यात्मं किं कर्म पुरुषोत्तम ।
अधिभूतं च किं प्रोक्तमधिदैवं किमुच्यते ॥ १
अधियज्ञः कथं कोऽत्र देहेऽस्मिन्मधुसूदन ।
प्रयाणकाले च कथं ज्ञेयोऽसि नियतात्मभिः ॥ २

श्रीभगवानुवाच ।
अक्षरं ब्रह्म परमं स्वभावोऽध्यात्ममुच्यते ।
भूतभावोद्भवकरो विसर्गः कर्मसंज्ञितः ॥ ३
अधिभूतं क्षरो भावः पुरुषश्चाधिदैवतम् ।
अधियज्ञोऽहमेवात्र देहे देहभृतां वर ॥ ४
अन्तकाले च मामेव स्मरन्मुक्त्वा कलेवरम् ।
यः प्रयाति स मद्भावं याति नास्त्यत्र संशयः ॥ ५
यं यं वापि स्मरन्भावं त्यजत्यन्ते कलेवरम् ।
तं तमेवैति कौन्तेय सदा तद्भावभावितः ॥ ६
तस्मात्सर्वेषु कालेषु मामनुस्मर युध्य च ।
मय्यर्पितमनोबुद्धिर्मामेवैष्यस्यसंशयः ॥ ७
अभ्यासयोगयुक्तेन चेतसा नान्यगामिना ।
परमं पुरुषं दिव्यं याति पार्थानुचिन्तयन् ॥ ८
कविं पुराणमनुशासितार-
मणोरणीयांसमनुस्मरेद्यः ।
सर्वस्य धातारमचिन्त्यरूप-
मादित्यवर्णं तमसः परस्तात् ॥ ९
प्रयाणकाले मनसाचलेन
भक्त्या युक्तो योगबलेन चैव ।
भ्रुवोर्मध्ये प्राणमावेश्य सम्य-
क्स तं परं पुरुषमुपैति दिव्यम् ॥ १०
यदक्षरं वेदविदो वदन्ति
विशन्ति यद्यतयो वीतरागाः ।
यदिच्छन्तो ब्रह्मचर्यं चरन्ति
तत्ते पदं संग्रहेण प्रवक्ष्ये ॥ ११
सर्वद्वाराणि संयम्य मनो हृदि निरुध्य च ।
मूर्ध्न्याधायात्मनः प्राणमास्थितो योगधारणाम् ॥ १२
ओमित्येकाक्षरं ब्रह्म व्याहरन्मामनुस्मरन् ।
यः प्रयाति त्यजन्देहं स याति परमां गतिम् ॥ १३
अनन्यचेताः सततं यो मां स्मरति नित्यशः ।
तस्याहं सुलभः पार्थ नित्ययुक्तस्य योगिनः ॥ १४
मामुपेत्य पुनर्जन्म दुःखालयमशाश्वतम् ।
नाप्नुवन्ति महात्मानः संसिद्धिं परमां गताः ॥ १५
आ ब्रह्मभुवनाल्लोकाः पुनरावर्तिनोऽर्जुन ।
मामुपेत्य तु कौन्तेय पुनर्जन्म न विद्यते ॥ १६
सहस्रयुगपर्यन्तमहर्यद्ब्रह्मणो विदुः ।
रात्रिं युगसहस्रान्तां तेऽहोरात्रविदो जनाः ॥ १७
अव्यक्ताद्व्यक्तयः सर्वाः प्रभवन्त्यहरागमे ।
रात्र्यागमे प्रलीयन्ते तत्रैवाव्यक्तसंज्ञके ॥ १८
भूतग्रामः स एवायं भूत्वा भूत्वा प्रलीयते ।
रात्र्यागमेऽवशः पार्थ प्रभवत्यहरागमे ॥ १९
परस्तस्मात्तु भावोऽन्योऽव्यक्तोऽव्यक्तात्सनातनः ।
यः स सर्वेषु भूतेषु नश्यत्सु न विनश्यति ॥ २०
अव्यक्तोऽक्षर इत्युक्तस्तमाहुः परमां गतिम् ।
यं प्राप्य न निवर्तन्ते तद्धाम परमं मम ॥ २१
पुरुषः स परः पार्थ भक्त्या लभ्यस्त्वनन्यया ।
यस्यान्तःस्थानि भूतानि येन सर्वमिदं ततम् ॥ २२
यत्र काले त्वनावृत्तिमावृत्तिं चैव योगिनः ।
प्रयाता यान्ति तं कालं वक्ष्यामि भरतर्षभ ॥ २३
अग्निर्ज्योतिरहः शुक्लः षण्मासा उत्तरायणम् ।
तत्र प्रयाता गच्छन्ति ब्रह्म ब्रह्मविदो जनाः ॥ २४
धूमो रात्रिस्तथा कृष्णः षण्मासा दक्षिणायनम् ।
तत्र चान्द्रमसं ज्योतिर्योगी प्राप्य निवर्तते ॥ २५
शुक्लकृष्णे गती ह्येते जगतः शाश्वते मते ।
एकया यात्यनावृत्तिमन्ययावर्तते पुनः ॥ २६
नैते सृती पार्थ जानन्योगी मुह्यति कश्चन ।
तस्मात्सर्वेषु कालेषु योगयुक्तो भवार्जुन ॥ २७
वेदेषु यज्ञेषु तपःसु चैव
दानेषु यत्पुण्यफलं प्रदिष्टम् ।
अत्येति तत्सर्वमिदं विदित्वा

योगी परं स्थानमुपैति चाद्यम् ॥ २८

इति श्रीमहाभारते भीष्मपर्वणि
त्रिंशोऽध्यायः ॥ ३० ॥

३१

श्रीभगवानुवाच ।

इदं तु ते गुह्यतमं प्रवक्ष्याम्यनसूयवे ।
ज्ञानं विज्ञानसहितं यज्ज्ञात्वा मोक्ष्यसेऽशुभात् ॥ १
राजविद्या राजगुह्यं पवित्रमिदमुत्तमम् ।
प्रत्यक्षावगमं धर्म्यं सुसुखं कर्तुमव्ययम् ॥ २
अश्रद्दधानाः पुरुषा धर्मस्यास्य परंतप ।
अप्राप्य मां निवर्तन्ते मृत्युसंसारवर्त्मनि ॥ ३
मया ततमिदं सर्वं जगदव्यक्तमूर्तिना ।
मत्स्थानि सर्वभूतानि न चाहं तेष्ववस्थितः ॥ ४
न च मत्स्थानि भूतानि पश्य मे योगमैश्वरम् ।
भूतभृन्न च भूतस्थो ममात्मा भूतभावनः ॥ ५
यथाकाशस्थितो नित्यं वायुः सर्वत्रगो महान् ।
तथा सर्वाणि भूतानि मत्स्थानीत्युपधारय ॥ ६
सर्वभूतानि कौन्तेय प्रकृतिं यान्ति मामिकाम् ।
कल्पक्षये पुनस्तानि कल्पादौ विसृजाम्यहम् ॥ ७
प्रकृतिं स्वामवष्टभ्य विसृजामि पुनः पुनः ।
भूतग्राममिमं कृत्स्नमवशं प्रकृतेर्वशात् ॥ ८
न च मां तानि कर्माणि निबध्नन्ति धनंजय ।
उदासीनवदासीनमसक्तं तेषु कर्मसु ॥ ९
मयाध्यक्षेण प्रकृतिः सूयते सचराचरम् ।
हेतुनानेन कौन्तेय जगद्विपरिवर्तते ॥ १०
अवजानन्ति मां मूढा मानुषीं तनुमाश्रितम् ।
परं भावमजानन्तो मम भूतमहेश्वरम् ॥ ११
मोघाशा मोघकर्माणो मोघज्ञाना विचेतसः ।
राक्षसीमासुरीं चैव प्रकृतिं मोहिनीं श्रिताः ॥ १२
महात्मानस्तु मां पार्थ दैवीं प्रकृतिमाश्रिताः ।
भजन्त्यनन्यमनसो ज्ञात्वा भूतादिमव्ययम् ॥ १३
सततं कीर्तयन्तो मां यतन्तश्च दृढव्रताः ।
नमस्यन्तश्च मां भक्त्या नित्ययुक्ता उपासते ॥ १४
ज्ञानयज्ञेन चाप्यन्ये यजन्तो मामुपासते ।
एकत्वेन पृथक्त्वेन बहुधा विश्वतोमुखम् ॥ १५
अहं क्रतुरहं यज्ञः स्वधाहमहमौषधम् ।
मन्त्रोऽहमहमेवाज्यमहमग्निरहं हुतम् ॥ १६
पिताहमस्य जगतो माता धाता पितामहः ।
वेद्यं पवित्रमोंकार ऋक्साम यजुरेव च ॥ १७
गतिर्भर्ता प्रभुः साक्षी निवासः शरणं सुहृत् ।
प्रभवः प्रलयः स्थानं निधानं बीजमव्ययम् ॥ १८
तपाम्यहमहं वर्षं निगृह्णाम्युत्सृजामि च ।
अमृतं चैव मृत्युश्च सदसच्चाहमर्जुन ॥ १९
त्रैविद्या मां सोमपाः पूतपापा
यज्ञैरिष्ट्वा स्वर्गतिं प्रार्थयन्ते ।
ते पुण्यमासाद्य सुरेन्द्रलोक-
मश्नन्ति दिव्यान्दिवि देवभोगान् ॥ २०
ते तं भुक्त्वा स्वर्गलोकं विशालं
क्षीणे पुण्ये मर्त्यलोकं विशन्ति ।
एवं त्रयीधर्ममनुप्रपन्ना
गतागतं कामकामा लभन्ते ॥ २१
अनन्याश्चिन्तयन्तो मां ये जनाः पर्युपासते ।
तेषां नित्याभियुक्तानां योगक्षेमं वहाम्यहम् ॥ २२
येऽप्यन्यदेवता भक्ता यजन्ते श्रद्धयान्विताः ।
तेऽपि मामेव कौन्तेय यजन्त्यविधिपूर्वकम् ॥ २३
अहं हि सर्वयज्ञानां भोक्ता च प्रभुरेव च ।
न तु मामभिजानन्ति तत्त्वेनातश्च्यवन्ति ते ॥ २४
यान्ति देवव्रता देवान्पितृन्यान्ति पितृव्रताः ।
भूतानि यान्ति भूतेज्या यान्ति मद्याजिनोऽपि माम् ॥
पत्रं पुष्पं फलं तोयं यो मे भक्त्या प्रयच्छति ।

तदहं भक्त्युपहृतमश्नामि प्रयतात्मनः ॥ २६
यत्करोषि यदश्नासि यज्जुहोषि ददासि यत् ।
यत्तपस्यसि कौन्तेय तत्कुरुष्व मदर्पणम् ॥ २७
शुभाशुभफलैरेवं मोक्ष्यसे कर्मबन्धनैः ।
संन्यासयोगयुक्तात्मा विमुक्तो मामुपैष्यसि ॥ २८
समोऽहं सर्वभूतेषु न मे द्वेष्योऽस्ति न प्रियः ।
ये भजन्ति तु मां भक्त्या मयि ते तेषु चाप्यहम् ॥
अपि चेत्सुदुराचारो भजते मामनन्यभाक् ।
साधुरेव स मन्तव्यः सम्यग्व्यवसितो हि सः ॥ ३०
क्षिप्रं भवति धर्मात्मा शश्वच्छान्तिं निगच्छति ।
कौन्तेय प्रतिजानीहि न मे भक्तः प्रणश्यति ॥ ३१
मां हि पार्थ व्यपाश्रित्य येऽपि स्युः पापयोनयः ।
स्त्रियो वैश्यास्तथा शूद्रास्तेऽपि यान्ति परां गतिम् ॥
किं पुनर्ब्राह्मणाः पुण्या भक्ता राजर्षयस्तथा ।
अनित्यमसुखं लोकमिमं प्राप्य भजस्व माम् ॥ ३३
मन्मना भव मद्भक्तो मद्याजी मां नमस्कुरु ।
मामेवैष्यसि युक्त्वैवमात्मानं मत्परायणः ॥ ३४

इति श्रीमहाभारते भीष्मपर्वणि
एकत्रिंशोऽध्यायः ॥ ३१ ॥

३२

श्रीभगवानुवाच ।

भूय एव महाबाहो शृणु मे परमं वचः ।
यत्तेऽहं प्रीयमाणाय वक्ष्यामि हितकाम्यया ॥ १
न मे विदुः सुरगणाः प्रभवं न महर्षयः ।
अहमादिर्हि देवानां महर्षीणां च सर्वशः ॥ २
यो मामजमनादिं च वेत्ति लोकमहेश्वरम् ।
असंमूढः स मर्त्येषु सर्वपापैः प्रमुच्यते ॥ ३
बुद्धिर्ज्ञानमसंमोहः क्षमा सत्यं दमः शमः ।
सुखं दुःखं भवोऽभावो भयं चाभयमेव च ॥ ४
अहिंसा समता तुष्टिस्तपो दानं यशोऽयशः ।
भवन्ति भावा भूतानां मत्त एव पृथग्विधाः ॥ ५
महर्षयः सप्त पूर्वे चत्वारो मनवस्तथा ।
मद्भावा मानसा जाता येषां लोक इमाः प्रजाः ॥ ६
एतां विभूतिं योगं च मम यो वेत्ति तत्त्वतः ।
सोऽविकम्पेन योगेन युज्यते नात्र संशयः ॥ ७
अहं सर्वस्य प्रभवो मत्तः सर्वं प्रवर्तते ।
इति मत्वा भजन्ते मां बुधा भावसमन्विताः ॥ ८
मच्चित्ता मद्गतप्राणा बोधयन्तः परस्परम् ।
कथयन्तश्च मां नित्यं तुष्यन्ति च रमन्ति च ॥ ९
तेषां सततयुक्तानां भजतां प्रीतिपूर्वकम् ।
ददामि बुद्धियोगं तं येन मामुपयान्ति ते ॥ १०
तेषामेवानुकम्पार्थमहमज्ञानजं तमः ।
नाशयाम्यात्मभावस्थो ज्ञानदीपेन भास्वता ॥ ११

अर्जुन उवाच ।

परं ब्रह्म परं धाम पवित्रं परमं भवान् ।
पुरुषं शाश्वतं दिव्यमादिदेवमजं विभुम् ॥ १२
आहुस्त्वामृषयः सर्वे देवर्षिर्नारदस्तथा ।
असितो देवलो व्यासः स्वयं चैव ब्रवीषि मे ॥ १३
सर्वमेतदृतं मन्ये यन्मां वदसि केशव ।
न हि ते भगवन्व्यक्तिं विदुर्देवा न दानवाः ॥ १४
स्वयमेवात्मनात्मानं वेत्थ त्वं पुरुषोत्तम ।
भूतभावन भूतेश देवदेव जगत्पते ॥ १५
वक्तुमर्हस्यशेषेण दिव्या ह्यात्मविभूतयः ।
याभिर्विभूतिभिर्लोकानिमांस्त्वं व्याप्य तिष्ठसि ॥ १६
कथं विद्यामहं योगिंस्त्वां सदा परिचिन्तयन् ।
केषु केषु च भावेषु चिन्त्योऽसि भगवन्मया ॥ १७
विस्तरेणात्मनो योगं विभूतिं च जनार्दन ।
भूयः कथय तृप्तिर्हि शृण्वतो नास्ति मेऽमृतम् ॥ १८

श्रीभगवानुवाच ।

हन्त ते कथयिष्यामि दिव्या ह्यात्मविभूतयः ।

प्राधान्यतः कुरुश्रेष्ठ नास्त्यन्तो विस्तरस्य मे ।। १९
अहमात्मा गुडाकेश सर्वभूताशयस्थितः ।
अहमादिश्च मध्यं च भूतानामन्त एव च ।। २०
आदित्यानामहं विष्णुर्ज्योतिषां रविरंशुमान् ।
मरीचिर्मरुतामस्मि नक्षत्राणामहं शशी ।। २१
वेदानां सामवेदोऽस्मि देवानामस्मि वासवः ।
इन्द्रियाणां मनश्चास्मि भूतानामस्मि चेतना ।। २२
रुद्राणां शंकरश्चास्मि वित्तेशो यक्षरक्षसाम् ।
वसूनां पावकश्चास्मि मेरुः शिखरिणामहम् ।। २३
पुरोधसां च मुख्यं मां विद्धि पार्थ बृहस्पतिम् ।
सेनानीनामहं स्कन्दः सरसामस्मि सागरः ।। २४
महर्षीणां भृगुरहं गिरामस्म्येकमक्षरम् ।
यज्ञानां जपयज्ञोऽस्मि स्थावराणां हिमालयः ।। २५
अश्वत्थः सर्ववृक्षाणां देवर्षीणां च नारदः ।
गन्धर्वाणां चित्ररथः सिद्धानां कपिलो मुनिः ।। २६
उच्चैःश्रवसमश्वानां विद्धि माममृतोद्भवम् ।
ऐरावतं गजेन्द्राणां नराणां च नराधिपम् ।। २७
आयुधानामहं वज्रं धेनूनामस्मि कामधुक् ।
प्रजनश्चास्मि कन्दर्पः सर्पाणामस्मि वासुकिः ।। २८
अनन्तश्चास्मि नागानां वरुणो यादसामहम् ।
पितॄणामर्यमा चास्मि यमः संयमतामहम् ।। २९
प्रह्लादश्चास्मि दैत्यानां कालः कलयतामहम् ।
मृगाणां च मृगेन्द्रोऽहं वैनतेयश्च पक्षिणाम् ।। ३०
पवनः पवतामस्मि रामः शस्त्रभृतामहम् ।
झषाणां मकरश्चास्मि स्रोतसामस्मि जाह्नवी ।। ३१
सर्गाणामादिरन्तश्च मध्यं चैवाहमर्जुन ।
अध्यात्मविद्या विद्यानां वादः प्रवदतामहम् ।। ३२
अक्षराणामकारोऽस्मि द्वंद्वः सामासिकस्य च ।
अहमेवाक्षयः कालो धाताहं विश्वतोमुखः ।। ३३
मृत्युः सर्वहरश्चाहमुद्भवश्च भविष्यताम् ।
कीर्तिः श्रीर्वाक्च नारीणां स्मृतिर्मेधा धृतिः क्षमा ।।
बृहत्साम तथा साम्नां गायत्री छन्दसामहम् ।
मासानां मार्गशीर्षोऽहमृतूनां कुसुमाकरः ।। ३५
द्यूतं छलयतामस्मि तेजस्तेजस्विनामहम् ।
जयोऽस्मि व्यवसायोऽस्मि सत्त्वं सत्त्ववतामहम् ।।
वृष्णीनां वासुदेवोऽस्मि पाण्डवानां धनंजयः ।
मुनीनामप्यहं व्यासः कवीनामुशना कविः ।। ३७
दण्डो दमयतामस्मि नीतिरस्मि जिगीषताम् ।
मौनं चैवास्मि गुह्यानां ज्ञानं ज्ञानवतामहम् ।। ३८
यच्चापि सर्वभूतानां बीजं तदहमर्जुन ।
न तदस्ति विना यत्स्यान्मया भूतं चराचरम् ।। ३९
नान्तोऽस्ति मम दिव्यानां विभूतीनां परंतप ।
एष तूद्देशतः प्रोक्तो विभूतेर्विस्तरो मया ।। ४०
यद्यद्विभूतिमत्सत्त्वं श्रीमदूर्जितमेव वा ।
तत्तदेवावगच्छ त्वं मम तेजोंशसंभवम् ।। ४१
अथ वा बहुनैतेन किं ज्ञातेन तवार्जुन ।
विष्टभ्याहमिदं कृत्स्नमेकांशेन स्थितो जगत् ।। ४२

इति श्रीमहाभारते भीष्मपर्वणि
द्वात्रिंशोऽध्यायः ।। ३२ ।।

३३

अर्जुन उवाच ।

मदनुग्रहाय परमं गुह्यमध्यात्मसंज्ञितम् ।
यत्त्वयोक्तं वचस्तेन मोहोऽयं विगतो मम ।। १
भवाप्ययौ हि भूतानां श्रुतौ विस्तरशो मया ।
त्वत्तः कमलपत्राक्ष माहात्म्यमपि चाव्ययम् ।। २
एवमेतद्यथात्थ त्वमात्मानं परमेश्वर ।
द्रष्टुमिच्छामि ते रूपमैश्वरं पुरुषोत्तम ।। ३
मन्यसे यदि तच्छक्यं मया द्रष्टुमिति प्रभो ।
योगेश्वर ततो मे त्वं दर्शयात्मानमव्ययम् ।। ४

श्रीभगवानुवाच ।

पश्य मे पार्थ रूपाणि शतशोऽथ सहस्रशः ।
नानाविधानि दिव्यानि नानावर्णाकृतीनि च ॥ ५
पश्यादित्यान्वसून्रुद्रानश्विनौ मरुतस्तथा ।
बहून्यदृष्टपूर्वाणि पश्याश्चर्याणि भारत ॥ ६
इहैकस्थं जगत्कृत्स्नं पश्याद्य सचराचरम् ।
मम देहे गुडाकेश यच्चान्यद्द्रष्टुमिच्छसि ॥ ७
न तु मां शक्यसे द्रष्टुमनेनैव स्वचक्षुषा ।
दिव्यं ददामि ते चक्षुः पश्य मे योगमैश्वरम् ॥ ८

संजय उवाच ।

एवमुक्त्वा ततो राजन्महायोगेश्वरो हरिः ।
दर्शयामास पार्थाय परमं रूपमैश्वरम् ॥ ९
अनेकवक्त्रनयनमनेकाद्भुतदर्शनम् ।
अनेकदिव्याभरणं दिव्यानेकोद्यतायुधम् ॥ १०
दिव्यमाल्याम्बरधरं दिव्यगन्धानुलेपनम् ।
सर्वाश्चर्यमयं देवमनन्तं विश्वतोमुखम् ॥ ११
दिवि सूर्यसहस्रस्य भवेद्युगपदुत्थिता ।
यदि भाः सदृशी सा स्याद्भासस्तस्य महात्मनः ॥
तत्रैकस्थं जगत्कृत्स्नं प्रविभक्तमनेकधा ।
अपश्यद्देवदेवस्य शरीरे पाण्डवस्तदा ॥ १३
ततः स विस्मयाविष्टो हृष्टरोमा धनंजयः ।
प्रणम्य शिरसा देवं कृताञ्जलिरभाषत ॥ १४

अर्जुन उवाच ।

पश्यामि देवांस्तव देव देहे
सर्वांस्तथा भूतविशेषसंघान् ।
ब्रह्माणमीशं कमलासनस्थ-
मृषींश्च सर्वानुरगांश्च दिव्यान् ॥ १५
अनेकबाहूदरवक्त्रनेत्रं
पश्यामि त्वा सर्वतोऽनन्तरूपम् ।
नान्तं न मध्यं न पुनस्तवादिं
पश्यामि विश्वेश्वर विश्वरूप ॥ १६
किरीटिनं गदिनं चक्रिणं च
तेजोराशिं सर्वतो दीप्तिमन्तम् ।
पश्यामि त्वां दुर्निरीक्ष्यं समन्ता-
द्दीप्तानलार्कद्युतिमप्रमेयम् ॥ १७
त्वमक्षरं परमं वेदितव्यं
त्वमस्य विश्वस्य परं निधानम् ।
त्वमव्ययः शाश्वतधर्मगोप्ता
सनातनस्त्वं पुरुषो मतो मे ॥ १८
अनादिमध्यान्तमनन्तवीर्य-
मनन्तबाहुं शशिसूर्यनेत्रम् ।
पश्यामि त्वां दीप्तहुताशवक्त्रं
स्वतेजसा विश्वमिदं तपन्तम् ॥ १९
द्यावापृथिव्योरिदमन्तरं हि
व्याप्तं त्वयैकेन दिशश्च सर्वाः ।
दृष्ट्वाद्भुतं रूपमिदं तवोग्रं
लोकत्रयं प्रव्यथितं महात्मन् ॥ २०
अमी हि त्वा सुरसंघा विशन्ति
केचिद्भीताः प्राञ्जलयो गृणन्ति ।
स्वस्तीत्युक्त्वा महर्षिसिद्धसंघाः
स्तुवन्ति त्वां स्तुतिभिः पुष्कलाभिः ॥
रुद्रादित्या वसवो ये च साध्या
विश्वेऽश्विनौ मरुतश्चोष्मपाश्च ।
गन्धर्वयक्षासुरसिद्धसंघा
वीक्षन्ते त्वा विस्मिताश्चैव सर्वे ॥ २२
रूपं महत्ते बहुवक्त्रनेत्रं
महाबाहो बहुबाहूरुपादम् ।
बहूदरं बहुदंष्ट्राकरालं
दृष्ट्वा लोकाः प्रव्यथितास्तथाहम् ॥ २३
नभःस्पृशं दीप्तमनेकवर्णं

व्यात्ताननं दीप्तविशालनेत्रम् ।
दृष्ट्वा हि त्वां प्रव्यथितान्तरात्मा
धृतिं न विन्दामि शमं च विष्णो ॥ २४
दंष्ट्राकरालानि च ते मुखानि
दृष्ट्वैव कालानलसंनिभानि ।
दिशो न जाने न लभे च शर्म
प्रसीद देवेश जगन्निवास ॥ २५
अमी च त्वां धृतराष्ट्रस्य पुत्राः
सर्वे सहैवावनिपालसंघैः ।
भीष्मो द्रोणः सूतपुत्रस्तथासौ
सहास्मदीयैरपि योधमुख्यैः ॥ २६
वक्त्राणि ते त्वरमाणा विशन्ति
दंष्ट्राकरालानि भयानकानि ।
केचिद्विलग्ना दशनान्तरेषु
संदृश्यन्ते चूर्णितैरुत्तमाङ्गैः ॥ २७
यथा नदीनां बहवोऽम्बुवेगाः
समुद्रमेवाभिमुखा द्रवन्ति ।
तथा तवामी नरलोकवीरा
विशन्ति वक्त्राण्यभिविज्वलन्ति ॥ २८
यथा प्रदीप्तं ज्वलनं पतंगा
विशन्ति नाशाय समृद्धवेगाः ।
तथैव नाशाय विशन्ति लोका-
स्तवापि वक्त्राणि समृद्धवेगाः ॥ २९
लेलिह्यसे ग्रसमानः समन्ता-
ल्लोकान्समग्रान्वदनैर्ज्वलद्भिः ।
तेजोभिरापूर्य जगत्समग्रं
भासस्तवोग्राः प्रतपन्ति विष्णो ॥ ३०
आख्याहि मे को भवानुग्ररूपो
नमोऽस्तु ते देववर प्रसीद ।
विज्ञातुमिच्छामि भवन्तमाद्यं
न हि प्रजानामि तव प्रवृत्तिम् ॥ ३१

श्रीभगवानुवाच ।

कालोऽस्मि लोकक्षयकृत्प्रवृद्धो
लोकान्समाहर्तुमिह प्रवृत्तः ।
ऋतेऽपि त्वा न भविष्यन्ति सर्वे
येऽवस्थिताः प्रत्यनीकेषु योधाः ॥ ३२
तस्मात्त्वमुत्तिष्ठ यशो लभस्व
जित्वा शत्रून्भुङ्क्ष्व राज्यं समृद्धम् ।
मयैवैते निहताः पूर्वमेव
निमित्तमात्रं भव सव्यसाचिन् ॥ ३३
द्रोणं च भीष्मं च जयद्रथं च
कर्णं तथान्यानपि योधवीरान् ।
मया हतांस्त्वं जहि मा व्यथिष्ठा
युध्यस्व जेतासि रणे सपत्नान् ॥ ३४

संजय उवाच ।

एतच्छ्रुत्वा वचनं केशवस्य
कृताञ्जलिर्वेपमानः किरीटी ।
नमस्कृत्वा भूय एवाह कृष्णं
सगद्गदं भीतभीतः प्रणम्य ॥ ३५

अर्जुन उवाच ।

स्थाने हृषीकेश तव प्रकीर्त्या
जगत्प्रहृष्यत्यनुरज्यते च ।
रक्षांसि भीतानि दिशो द्रवन्ति
सर्वे नमस्यन्ति च सिद्धसंघाः ॥ ३६
कस्माच्च ते न नमेरन्महात्म-
न्गरीयसे ब्रह्मणोऽप्यादिकर्त्रे ।
अनन्त देवेश जगन्निवास
त्वमक्षरं सदसत्तत्परं यत् ॥ ३७
त्वमादिदेवः पुरुषः पुराण-
स्त्वमस्य विश्वस्य परं निधानम् ।

वेत्तासि वेद्यं च परं च धाम
त्वया ततं विश्वमनन्तरूप ॥ ३८
वायुर्यमोऽग्निर्वरुणः शशाङ्कः
प्रजापतिस्त्वं प्रपितामहश्च ।
नमो नमस्तेऽस्तु सहस्रकृत्वः
पुनश्च भूयोऽपि नमो नमस्ते ॥ ३९
नमः पुरस्तादथ पृष्ठतस्ते
नमोऽस्तु ते सर्वत एव सर्व ।
अनन्तवीर्यामितविक्रमस्त्वं
सर्वं समाप्नोषि ततोऽसि सर्वः ॥ ४०
सखेति मत्वा प्रसभं यदुक्तं
हे कृष्ण हे यादव हे सखेति ।
अजानता महिमानं तवेदं
मया प्रमादात्प्रणयेन वापि ॥ ४१
यच्चावहासार्थमसत्कृतोऽसि
विहारशय्यासनभोजनेषु ।
एकोऽथ वाप्यच्युत तत्समक्षं
तत्क्षामये त्वामहमप्रमेयम् ॥ ४२
पितासि लोकस्य चराचरस्य
त्वमस्य पूज्यश्च गुरुर्गरीयान् ।
न त्वत्समोऽस्त्यभ्यधिकः कुतोऽन्यो
लोकत्रयेऽप्यप्रतिमप्रभाव ॥ ४३
तस्मात्प्रणम्य प्रणिधाय कायं
प्रसादये त्वामहमीशमीड्यम् ।
पितेव पुत्रस्य सखेव सख्युः
प्रियः प्रियायार्हसि देव सोढुम् ॥ ४४
अदृष्टपूर्वं हृषितोऽस्मि दृष्ट्वा
भयेन च प्रव्यथितं मनो मे ।
तदेव मे दर्शय देव रूपं
प्रसीद देवेश जगन्निवास ॥ ४५
किरीटिनं गदिनं चक्रहस्त-
मिच्छामि त्वां द्रष्टुमहं तथैव ।
तेनैव रूपेण चतुर्भुजेन
सहस्रबाहो भव विश्वमूर्ते ॥ ४६

श्रीभगवानुवाच ।

मया प्रसन्नेन तवार्जुनेदं
रूपं परं दर्शितमात्मयोगात् ।
तेजोमयं विश्वमनन्तमाद्यं
यन्मे त्वदन्येन न दृष्टपूर्वम् ॥ ४७
न वेदयज्ञाध्ययनैर्न दानै-
र्न च क्रियाभिर्न तपोभिरुग्रैः ।
एवंरूपः शक्य अहं नृलोके
द्रष्टुं त्वदन्येन कुरुप्रवीर ॥ ४८
मा ते व्यथा मा च विमूढभावो
दृष्ट्वा रूपं घोरमीदृङ्ममेदम् ।
व्यपेतभीः प्रीतमनाः पुनस्त्वं
तदेव मे रूपमिदं प्रपश्य ॥ ४९

संजय उवाच ।

इत्यर्जुनं वासुदेवस्तथोक्त्वा
स्वकं रूपं दर्शयामास भूयः ।
आश्वासयामास च भीतमेनं
भूत्वा पुनः सौम्यवपुर्महात्मा ॥ ५०

अर्जुन उवाच ।

दृष्ट्वेदं मानुषं रूपं तव सौम्यं जनार्दन ।
इदानीमस्मि संवृत्तः सचेताः प्रकृतिं गतः ॥ ५१

श्रीभगवानुवाच ।

सुदुर्दर्शमिदं रूपं दृष्टवानसि यन्मम ।
देवा अप्यस्य रूपस्य नित्यं दर्शनकाङ्क्षिणः ॥ ५२
नाहं वेदैर्न तपसा न दानेन न चेज्यया ।
शक्य एवंविधो द्रष्टुं दृष्टवानसि मां यथा ॥ ५३

भक्त्या त्वनन्यया शक्य अहमेवंविधोऽर्जुन ।
ज्ञातुं द्रष्टुं च तत्त्वेन प्रवेष्टुं च परंतप ॥ ५४
मत्कर्मकृन्मत्परमो मद्भक्तः सङ्गवर्जितः ।
निर्वैरः सर्वभूतेषु यः स मामेति पाण्डव ॥ ५५

इति श्रीमहाभारते भीष्मपर्वणि
त्रयस्त्रिंशोऽध्यायः ॥ ३३ ॥

३४

अर्जुन उवाच ।

एवं सततयुक्ता ये भक्तास्त्वां पर्युपासते ।
ये चाप्यक्षरमव्यक्तं तेषां के योगवित्तमाः ॥ १

श्रीभगवानुवाच ।

मय्यावेश्य मनो ये मां नित्ययुक्ता उपासते ।
श्रद्धया परयोपेतास्ते मे युक्ततमा मताः ॥ २
ये त्वक्षरमनिर्देश्यमव्यक्तं पर्युपासते ।
सर्वत्रगमचिन्त्यं च कूटस्थमचलं ध्रुवम् ॥ ३
संनियम्येन्द्रियग्रामं सर्वत्र समबुद्धयः ।
ते प्राप्नुवन्ति मामेव सर्वभूतहिते रताः ॥ ४
क्लेशोऽधिकतरस्तेषामव्यक्तासक्तचेतसाम् ।
अव्यक्ता हि गतिर्दुःखं देहवद्भिरवाप्यते ॥ ५
ये तु सर्वाणि कर्माणि मयि संन्यस्य मत्पराः ।
अनन्येनैव योगेन मां ध्यायन्त उपासते ॥ ६
तेषामहं समुद्धर्ता मृत्युसंसारसागरात् ।
भवामि नचिरात्पार्थ मय्यावेशितचेतसाम् ॥ ७
मय्येव मन आधत्स्व मयि बुद्धिं निवेशय ।
निवसिष्यसि मय्येव अत ऊर्ध्वं न संशयः ॥ ८
अथ चित्तं समाधातुं न शक्नोषि मयि स्थिरम् ।
अभ्यासयोगेन ततो मामिच्छाप्तुं धनंजय ॥ ९
अभ्यासेऽप्यसमर्थोऽसि मत्कर्मपरमो भव ।
मदर्थमपि कर्माणि कुर्वन्सिद्धिमवाप्स्यसि ॥ १०
अथैतदप्यशक्तोऽसि कर्तुं मद्योगमाश्रितः ।
सर्वकर्मफलत्यागं ततः कुरु यतात्मवान् ॥ ११
श्रेयो हि ज्ञानमभ्यासाज्ज्ञानाद्ध्यानं विशिष्यते ।
ध्यानात्कर्मफलत्यागस्त्यागाच्छान्तिरनन्तरम् ॥ १२
अद्वेष्टा सर्वभूतानां मैत्रः करुण एव च ।
निर्ममो निरहंकारः समदुःखसुखः क्षमी ॥ १३
संतुष्टः सततं योगी यतात्मा दृढनिश्चयः ।
मय्यर्पितमनोबुद्धिर्यो मद्भक्तः स मे प्रियः ॥ १४
यस्मान्नोद्विजते लोको लोकान्नोद्विजते च यः ।
हर्षामर्षभयोद्वेगैर्मुक्तो यः स च मे प्रियः ॥ १५
अनपेक्षः शुचिर्दक्ष उदासीनो गतव्यथः ।
सर्वारम्भपरित्यागी यो मद्भक्तः स मे प्रियः ॥ १६
यो न हृष्यति न द्वेष्टि न शोचति न काङ्क्षति ।
शुभाशुभपरित्यागी भक्तिमान्यः स मे प्रियः ॥ १७
समः शत्रौ च मित्रे च तथा मानावमानयोः ।
शीतोष्णसुखदुःखेषु समः सङ्गविवर्जितः ॥ १८
तुल्यनिन्दास्तुतिर्मौनी संतुष्टो येन केनचित् ।
अनिकेतः स्थिरमतिर्भक्तिमान्मे प्रियो नरः ॥ १९
ये तु धर्म्यामृतमिदं यथोक्तं पर्युपासते ।
श्रद्दधाना मत्परमा भक्तास्तेऽतीव मे प्रियाः ॥ २०

इति श्रीमहाभारते भीष्मपर्वणि
चतुस्त्रिंशोऽध्यायः ॥ ३४ ॥

३५

श्रीभगवानुवाच ।

इदं शरीरं कौन्तेय क्षेत्रमित्यभिधीयते ।
एतद्यो वेत्ति तं प्राहुः क्षेत्रज्ञ इति तद्विदः ॥ १
क्षेत्रज्ञं चापि मां विद्धि सर्वक्षेत्रेषु भारत ।
क्षेत्रक्षेत्रज्ञयोर्ज्ञानं यत्तज्ज्ञानं मतं मम ॥ २
तत्क्षेत्रं यच्च यादृक्च यद्विकारि यतश्च यत् ।
स च यो यत्प्रभावश्च तत्समासेन मे शृणु ॥ ३
ऋषिभिर्बहुधा गीतं छन्दोभिर्विविधैः पृथक् ।

ब्रह्मसूत्रपदैश्चैव हेतुमद्भिर्विनिश्चितैः ॥ ४
महाभूतान्यहंकारो बुद्धिरव्यक्तमेव च ।
इन्द्रियाणि दशैकं च पञ्च चेन्द्रियगोचराः ॥ ५
इच्छा द्वेषः सुखं दुःखं संघातश्चेतना धृतिः ।
एतत्क्षेत्रं समासेन सविकारमुदाहृतम् ॥ ६
अमानित्वमदम्भित्वमहिंसा क्षान्तिरार्जवम् ।
आचार्योपासनं शौचं स्थैर्यमात्मविनिग्रहः ॥ ७
इन्द्रियार्थेषु वैराग्यमनहंकार एव च ।
जन्ममृत्युजराव्याधिदुःखदोषानुदर्शनम् ॥ ८
असक्तिरनभिष्वङ्गः पुत्रदारगृहादिषु ।
नित्यं च समचित्तत्वमिष्टानिष्टोपपत्तिषु ॥ ९
मयि चानन्ययोगेन भक्तिरव्यभिचारिणी ।
विविक्तदेशसेवित्वमरतिर्जनसंसदि ॥ १०
अध्यात्मज्ञाननित्यत्वं तत्त्वज्ञानार्थदर्शनम् ।
एतज्ज्ञानमिति प्रोक्तमज्ञानं यदतोऽन्यथा ॥ ११
ज्ञेयं यत्तत्प्रवक्ष्यामि यज्ज्ञात्वामृतमश्नुते ।
अनादिमत्परं ब्रह्म न सत्तन्नासदुच्यते ॥ १२
सर्वतःपाणिपादं तत्सर्वतोक्षिशिरोमुखम् ।
सर्वतःश्रुतिमल्लोके सर्वमावृत्य तिष्ठति ॥ १३
सर्वेन्द्रियगुणाभासं सर्वेन्द्रियविवर्जितम् ।
असक्तं सर्वभृच्चैव निर्गुणं गुणभोक्तृ च ॥ १४
बहिरन्तश्च भूतानामचरं चरमेव च ।
सूक्ष्मत्वात्तदविज्ञेयं दूरस्थं चान्तिके च तत् ॥ १५
अविभक्तं च भूतेषु विभक्तमिव च स्थितम् ।
भूतभर्तृ च तज्ज्ञेयं ग्रसिष्णु प्रभविष्णु च ॥ १६
ज्योतिषामपि तज्ज्योतिस्तमसः परमुच्यते ।
ज्ञानं ज्ञेयं ज्ञानगम्यं हृदि सर्वस्य विष्ठितम् ॥ १७
इति क्षेत्रं तथा ज्ञानं ज्ञेयं चोक्तं समासतः ।
मद्भक्त एतद्विज्ञाय मद्भावायोपपद्यते ॥ १८
प्रकृतिं पुरुषं चैव विद्ध्यनादी उभावपि ।
विकारांश्च गुणांश्चैव विद्धि प्रकृतिसंभवान् ॥ १९
कार्यकारणकर्तृत्वे हेतुः प्रकृतिरुच्यते ।
पुरुषः सुखदुःखानां भोक्तृत्वे हेतुरुच्यते ॥ २०
पुरुषः प्रकृतिस्थो हि भुङ्क्ते प्रकृतिजान्गुणान् ।
कारणं गुणसङ्गोऽस्य सदसद्योनिजन्मसु ॥ २१
उपद्रष्टानुमन्ता च भर्ता भोक्ता महेश्वरः ।
परमात्मेति चाप्युक्तो देहेऽस्मिन्पुरुषः परः ॥ २२
य एवं वेत्ति पुरुषं प्रकृतिं च गुणैः सह ।
सर्वथा वर्तमानोऽपि न स भूयोऽभिजायते ॥ २३
ध्यानेनात्मनि पश्यन्ति केचिदात्मानमात्मना ।
अन्ये सांख्येन योगेन कर्मयोगेन चापरे ॥ २४
अन्ये त्वेवमजानन्तः श्रुत्वान्येभ्य उपासते ।
तेऽपि चातितरन्त्येव मृत्युं श्रुतिपरायणाः ॥ २५
यावत्संजायते किंचित्सत्त्वं स्थावरजङ्गमम् ।
क्षेत्रक्षेत्रज्ञसंयोगात्तद्विद्धि भरतर्षभ ॥ २६
समं सर्वेषु भूतेषु तिष्ठन्तं परमेश्वरम् ।
विनश्यत्स्वविनश्यन्तं यः पश्यति स पश्यति ॥ २७
समं पश्यन्हि सर्वत्र समवस्थितमीश्वरम् ।
न हिनस्त्यात्मनात्मानं ततो याति परां गतिम् ॥ २८
प्रकृत्यैव च कर्माणि क्रियमाणानि सर्वशः ।
यः पश्यति तथात्मानमकर्तारं स पश्यति ॥ २९
यदा भूतपृथग्भावमेकस्थमनुपश्यति ।
तत एव च विस्तारं ब्रह्म संपद्यते तदा ॥ ३०
अनादित्वान्निर्गुणत्वात्परमात्मायमव्ययः ।
शरीरस्थोऽपि कौन्तेय न करोति न लिप्यते ॥ ३१
यथा सर्वगतं सौक्ष्म्यादाकाशं नोपलिप्यते ।
सर्वत्रावस्थितो देहे तथात्मा नोपलिप्यते ॥ ३२
यथा प्रकाशयत्येकः कृत्स्नं लोकमिमं रविः ।
क्षेत्रं क्षेत्री तथा कृत्स्नं प्रकाशयति भारत ॥ ३३
क्षेत्रक्षेत्रज्ञयोरेवमन्तरं ज्ञानचक्षुषा ।

भूतप्रकृतिमोक्षं च ये विदुर्यान्ति ते परम् ॥ ३४

इति श्रीमहाभारते भीष्मपर्वणि
पञ्चत्रिंशोऽध्यायः ॥ ३५ ॥

३६

श्रीभगवानुवाच ।

परं भूयः प्रवक्ष्यामि ज्ञानानां ज्ञानमुत्तमम् ।
यज्ज्ञात्वा मुनयः सर्वे परां सिद्धिमितो गताः ॥ १
इदं ज्ञानमुपाश्रित्य मम साधर्म्यमागताः ।
सर्गेऽपि नोपजायन्ते प्रलये न व्यथन्ति च ॥ २
मम योनिर्महद्ब्रह्म तस्मिन्गर्भं दधाम्यहम् ।
संभवः सर्वभूतानां ततो भवति भारत ॥ ३
सर्वयोनिषु कौन्तेय मूर्तयः संभवन्ति याः ।
तासां ब्रह्म महद्योनिरहं बीजप्रदः पिता ॥ ४
सत्त्वं रजस्तम इति गुणाः प्रकृतिसंभवाः ।
निबध्नन्ति महाबाहो देहे देहिनमव्ययम् ॥ ५
तत्र सत्त्वं निर्मलत्वात्प्रकाशकमनामयम् ।
सुखसङ्गेन बध्नाति ज्ञानसङ्गेन चानघ ॥ ६
रजो रागात्मकं विद्धि तृष्णासङ्गसमुद्भवम् ।
तन्निबध्नाति कौन्तेय कर्मसङ्गेन देहिनम् ॥ ७
तमस्त्वज्ञानजं विद्धि मोहनं सर्वदेहिनाम् ।
प्रमादालस्यनिद्राभिस्तन्निबध्नाति भारत ॥ ८
सत्त्वं सुखे सञ्जयति रजः कर्मणि भारत ।
ज्ञानमावृत्य तु तमः प्रमादे सञ्जयत्युत ॥ ९
रजस्तमश्चाभिभूय सत्त्वं भवति भारत ।
रजः सत्त्वं तमश्चैव तमः सत्त्वं रजस्तथा ॥ १०
सर्वद्वारेषु देहेऽस्मिन्प्रकाश उपजायते ।
ज्ञानं यदा तदा विद्याद्विवृद्धं सत्त्वमित्युत ॥ ११
लोभः प्रवृत्तिरारम्भः कर्मणामशमः स्पृहा ।
रजस्येतानि जायन्ते विवृद्धे भरतर्षभ ॥ १२
अप्रकाशोऽप्रवृत्तिश्च प्रमादो मोह एव च ।
तमस्येतानि जायन्ते विवृद्धे कुरुनन्दन ॥ १३
यदा सत्त्वे प्रवृद्धे तु प्रलयं याति देहभृत् ।
तदोत्तमविदां लोकानमलान्प्रतिपद्यते ॥ १४
रजसि प्रलयं गत्वा कर्मसङ्गिषु जायते ।
तथा प्रलीनस्तमसि मूढयोनिषु जायते ॥ १५
कर्मणः सुकृतस्याहुः सात्त्विकं निर्मलं फलम् ।
रजसस्तु फलं दुःखमज्ञानं तमसः फलम् ॥ १६
सत्त्वात्संजायते ज्ञानं रजसो लोभ एव च ।
प्रमादमोहौ तमसो भवतोऽज्ञानमेव च ॥ १७
ऊर्ध्वं गच्छन्ति सत्त्वस्था मध्ये तिष्ठन्ति राजसाः ।
जघन्यगुणवृत्तस्था अधो गच्छन्ति तामसाः ॥ १८
नान्यं गुणेभ्यः कर्तारं यदा द्रष्टानुपश्यति ।
गुणेभ्यश्च परं वेत्ति मद्भावं सोऽधिगच्छति ॥ १९
गुणानेतानतीत्य त्रीन्देही देहसमुद्भवान् ।
जन्ममृत्युजरादुःखैर्विमुक्तोऽमृतमश्नुते ॥ २०

अर्जुन उवाच ।

कैर्लिङ्गैस्त्रीन्गुणानेतानतीतो भवति प्रभो ।
किमाचारः कथं चैतांस्त्रीन्गुणानतिवर्तते ॥ २१

श्रीभगवानुवाच ।

प्रकाशं च प्रवृत्तिं च मोहमेव च पाण्डव ।
न द्वेष्टि संप्रवृत्तानि न निवृत्तानि काङ्क्षति ॥ २२
उदासीनवदासीनो गुणैर्यो न विचाल्यते ।
गुणा वर्तन्त इत्येव योऽवतिष्ठति नेङ्गते ॥ २३
समदुःखसुखः स्वस्थः समलोष्टाश्मकाञ्चनः ।
तुल्यप्रियाप्रियो धीरस्तुल्यनिन्दात्मसंस्तुतिः ॥ २४
मानावमानयोस्तुल्यस्तुल्यो मित्रारिपक्षयोः ।
सर्वारम्भपरित्यागी गुणातीतः स उच्यते ॥ २५
मां च योऽव्यभिचारेण भक्तियोगेन सेवते ।
स गुणान्समतीत्यैतान्ब्रह्मभूयाय कल्पते ॥ २६
ब्रह्मणो हि प्रतिष्ठाहममृतस्याव्ययस्य च ।

शाश्वतस्य च धर्मस्य सुखस्यैकान्तिकस्य च ॥ २७

इति श्रीमहाभारते भीष्मपर्वणि
षट्त्रिंशोऽध्यायः ॥ ३६ ॥

३७

श्रीभगवानुवाच ।

ऊर्ध्वमूलमधःशाखमश्वत्थं प्राहुरव्ययम् ।
छन्दांसि यस्य पर्णानि यस्तं वेद स वेदवित् ॥ १

अधश्चोर्ध्वं प्रसृतास्तस्य शाखा
गुणप्रवृद्धा विषयप्रवालाः ।
अधश्च मूलान्यनुसंततानि
कर्मानुबन्धीनि मनुष्यलोके ॥ २

न रूपमस्येह तथोपलभ्यते
नान्तो न चादिर्न च संप्रतिष्ठा ।
अश्वत्थमेनं सुविरूढमूल-
मसङ्गशस्त्रेण दृढेन छित्त्वा ॥ ३

ततः पदं तत्परिमार्गितव्यं
यस्मिन्गता न निवर्तन्ति भूयः ।
तमेव चाद्यं पुरुषं प्रपद्ये
यतः प्रवृत्तिः प्रसृता पुराणी ॥ ४

निर्मानमोहा जितसङ्गदोषा
अध्यात्मनित्या विनिवृत्तकामाः ।
द्वंद्वैर्विमुक्ताः सुखदुःखसंज्ञै-
र्गच्छन्त्यमूढाः पदमव्ययं तत् ॥ ५

न तद्भासयते सूर्यो न शशाङ्को न पावकः ।
यद्गत्वा न निवर्तन्ते तद्धाम परमं मम ॥ ६

ममैवांशो जीवलोके जीवभूतः सनातनः ।
मनःषष्ठानीन्द्रियाणि प्रकृतिस्थानि कर्षति ॥ ७

शरीरं यदवाप्नोति यच्चाप्युत्क्रामतीश्वरः ।
गृहीत्वैतानि संयाति वायुर्गन्धानिवाशयात् ॥ ८

श्रोत्रं चक्षुः स्पर्शनं च रसनं घ्राणमेव च ।
अधिष्ठाय मनश्चायं विषयानुपसेवते ॥ ९

उत्क्रामन्तं स्थितं वापि भुञ्जानं वा गुणान्वितम् ।
विमूढा नानुपश्यन्ति पश्यन्ति ज्ञानचक्षुषः ॥ १०

यतन्तो योगिनश्चैनं पश्यन्त्यात्मन्यवस्थितम् ।
यतन्तोऽप्यकृतात्मानो नैनं पश्यन्त्यचेतसः ॥ ११

यदादित्यगतं तेजो जगद्भासयतेऽखिलम् ।
यच्चन्द्रमसि यच्चाग्नौ तत्तेजो विद्धि मामकम् ॥ १२

गामाविश्य च भूतानि धारयाम्यहमोजसा ।
पुष्णामि चौषधीः सर्वाः सोमो भूत्वा रसात्मकः ॥

अहं वैश्वानरो भूत्वा प्राणिनां देहमाश्रितः ।
प्राणापानसमायुक्तः पचाम्यन्नं चतुर्विधम् ॥ १४

सर्वस्य चाहं हृदि संनिविष्टो
मत्तः स्मृतिर्ज्ञानमपोहनं च ।
वेदैश्च सर्वैरहमेव वेद्यो
वेदान्तकृद्वेदविदेव चाहम् ॥ १५

द्वाविमौ पुरुषौ लोके क्षरश्चाक्षर एव च ।
क्षरः सर्वाणि भूतानि कूटस्थोऽक्षर उच्यते ॥ १६

उत्तमः पुरुषस्त्वन्यः परमात्मेत्युदाहृतः ।
यो लोकत्रयमाविश्य बिभर्त्यव्यय ईश्वरः ॥ १७

यस्मात्क्षरमतीतोऽहमक्षरादपि चोत्तमः ।
अतोऽस्मि लोके वेदे च प्रथितः पुरुषोत्तमः ॥ १८

यो मामेवमसंमूढो जानाति पुरुषोत्तमम् ।
स सर्वविद्भजति मां सर्वभावेन भारत ॥ १९

इति गुह्यतमं शास्त्रमिदमुक्तं मयानघ ।
एतद्बुद्ध्वा बुद्धिमान्स्यात्कृतकृत्यश्च भारत ॥ २०

इति श्रीमहाभारते भीष्मपर्वणि
सप्तत्रिंशोऽध्यायः ॥ ३७ ॥

३८

श्रीभगवानुवाच ।

अभयं सत्त्वसंशुद्धिर्ज्ञानयोगव्यवस्थितिः ।

दानं दमश्च यज्ञश्च स्वाध्यायस्तप आर्जवम् ॥ १
अहिंसा सत्यमक्रोधस्त्यागः शान्तिरपैशुनम् ।
दया भूतेष्वलोलुप्त्वं मार्दवं ह्रीरचापलम् ॥ २
तेजः क्षमा धृतिः शौचमद्रोहो नातिमानिता ।
भवन्ति संपदं दैवीमभिजातस्य भारत ॥ ३
दम्भो दर्पोऽतिमानश्च क्रोधः पारुष्यमेव च ।
अज्ञानं चाभिजातस्य पार्थ संपदमासुरीम् ॥ ४
दैवी संपद्विमोक्षाय निबन्धायासुरी मता ।
मा शुचः संपदं दैवीमभिजातोऽसि पाण्डव ॥ ५
द्वौ भूतसर्गौ लोकेऽस्मिन्दैव आसुर एव च ।
दैवो विस्तरशः प्रोक्त आसुरं पार्थ मे शृणु ॥ ६
प्रवृत्तिं च निवृत्तिं च जना न विदुरासुराः ।
न शौचं नापि चाचारो न सत्यं तेषु विद्यते ॥ ७
असत्यमप्रतिष्ठं ते जगदाहुरनीश्वरम् ।
अपरस्परसंभूतं किमन्यत्कामहैतुकम् ॥ ८
एतां दृष्टिमवष्टभ्य नष्टात्मानोऽल्पबुद्धयः ।
प्रभवन्त्युग्रकर्माणः क्षयाय जगतोऽहिताः ॥ ९
काममाश्रित्य दुष्पूरं दम्भमानमदान्विताः ।
मोहाद्गृहीत्वासद्ग्राहान्प्रवर्तन्तेऽशुचिव्रताः ॥ १०
चिन्तामपरिमेयां च प्रलयान्तामुपाश्रिताः ।
कामोपभोगपरमा एतावदिति निश्चिताः ॥ ११
आशापाशशतैर्बद्धाः कामक्रोधपरायणाः ।
ईहन्ते कामभोगार्थमन्यायेनार्थसंचयान् ॥ १२
इदमद्य मया लब्धमिदं प्राप्स्ये मनोरथम् ।
इदमस्तीदमपि मे भविष्यति पुनर्धनम् ॥ १३
असौ मया हतः शत्रुर्हनिष्ये चापरानपि ।
ईश्वरोऽहमहं भोगी सिद्धोऽहं बलवान्सुखी ॥ १४
आढ्योऽभिजनवानस्मि कोऽन्योऽस्ति सदृशो मया ।
यक्ष्ये दास्यामि मोदिष्य इत्यज्ञानविमोहिताः ॥ १५
अनेकचित्तविभ्रान्ता मोहजालसमावृताः ।
प्रसक्ताः कामभोगेषु पतन्ति नरकेऽशुचौ ॥ १६
आत्मसंभाविताः स्तब्धा धनमानमदान्विताः ।
यजन्ते नामयज्ञैस्ते दम्भेनाविधिपूर्वकम् ॥ १७
अहंकारं बलं दर्पं कामं क्रोधं च संश्रिताः ।
मामात्मपरदेहेषु प्रद्विषन्तोऽभ्यसूयकाः ॥ १८
तानहं द्विषतः क्रूरान्संसारेषु नराधमान् ।
क्षिपाम्यजस्रमशुभानासुरीष्वेव योनिषु ॥ १९
आसुरीं योनिमापन्ना मूढा जन्मनि जन्मनि ।
मामप्राप्यैव कौन्तेय ततो यान्त्यधमां गतिम् ॥ २०
त्रिविधं नरकस्येदं द्वारं नाशनमात्मनः ।
कामः क्रोधस्तथा लोभस्तस्मादेतत्त्रयं त्यजेत् ॥ २१
एतैर्विमुक्तः कौन्तेय तमोद्वारैस्त्रिभिर्नरः ।
आचरत्यात्मनः श्रेयस्ततो याति परां गतिम् ॥ २२
यः शास्त्रविधिमुत्सृज्य वर्तते कामकारतः ।
न स सिद्धिमवाप्नोति न सुखं न परां गतिम् ॥ २३
तस्माच्छास्त्रं प्रमाणं ते कार्याकार्यव्यवस्थितौ ।
ज्ञात्वा शास्त्रविधानोक्तं कर्म कर्तुमिहार्हसि ॥ २४

इति श्रीमहाभारते भीष्मपर्वणि
अष्टात्रिंशोऽध्यायः ॥ ३८ ॥

३९

अर्जुन उवाच ।

ये शास्त्रविधिमुत्सृज्य यजन्ते श्रद्धयान्विताः ।
तेषां निष्ठा तु का कृष्ण सत्त्वमाहो रजस्तमः ॥ १

श्रीभगवानुवाच ।

त्रिविधा भवति श्रद्धा देहिनां सा स्वभावजा ।
सात्त्विकी राजसी चैव तामसी चेति तां शृणु ॥ २
सत्त्वानुरूपा सर्वस्य श्रद्धा भवति भारत ।
श्रद्धामयोऽयं पुरुषो यो यच्छ्रद्धः स एव सः ॥ ३
यजन्ते सात्त्विका देवान्यक्षरक्षांसि राजसाः ।
प्रेतान्भूतगणांश्चान्ये यजन्ते तामसा जनाः ॥ ४

अशास्त्रविहितं घोरं तप्यन्ते ये तपो जनाः ।
दम्भाहंकारसंयुक्ताः कामरागबलान्विताः ॥ ५
कर्शयन्तः शरीरस्थं भूतग्राममचेतसः ।
मां चैवान्तःशरीरस्थं तान्विद्ध्यासुरनिश्चयान् ॥ ६
आहारस्त्वपि सर्वस्य त्रिविधो भवति प्रियः ।
यज्ञस्तपस्तथा दानं तेषां भेदमिमं शृणु ॥ ७
आयुःसत्त्वबलारोग्यसुखप्रीतिविवर्धनाः ।
रस्याः स्निग्धाः स्थिरा हृद्या आहाराः सात्त्विकप्रियाः॥
कट्वम्ललवणात्युष्णतीक्ष्णरूक्षविदाहिनः ।
आहारा राजसस्येष्टा दुःखशोकामयप्रदाः ॥ ९
यातयामं गतरसं पूति पर्युषितं च यत् ।
उच्छिष्टमपि चामेध्यं भोजनं तामसप्रियम् ॥ १०
अफलाकाङ्क्षिभिर्यज्ञो विधिदृष्टो य इज्यते ।
यष्टव्यमेवेति मनः समाधाय स सात्त्विकः ॥ ११
अभिसंधाय तु फलं दम्भार्थमपि चैव यत् ।
इज्यते भरतश्रेष्ठ तं यज्ञं विद्धि राजसम् ॥ १२
विधिहीनमसृष्टान्नं मन्त्रहीनमदक्षिणम् ।
श्रद्धाविरहितं यज्ञं तामसं परिचक्षते ॥ १३
देवद्विजगुरुप्राज्ञपूजनं शौचमार्जवम् ।
ब्रह्मचर्यमहिंसा च शारीरं तप उच्यते ॥ १४
अनुद्वेगकरं वाक्यं सत्यं प्रियहितं च यत् ।
स्वाध्यायाभ्यसनं चैव वाङ्मयं तप उच्यते ॥ १५
मनःप्रसादः सौम्यत्वं मौनमात्मविनिग्रहः ।
भावसंशुद्धिरित्येतत्तपो मानसमुच्यते ॥ १६
श्रद्धया परया तप्तं तपस्तत्त्रिविधं नरैः ।
अफलाकाङ्क्षिभिर्युक्तैः सात्त्विकं परिचक्षते ॥ १७
सत्कारमानपूजार्थं तपो दम्भेन चैव यत् ।
क्रियते तदिह प्रोक्तं राजसं चलमध्रुवम् ॥ १८
मूढग्राहेणात्मनो यत्पीडया क्रियते तपः ।
परस्योत्सादनार्थं वा तत्तामसमुदाहृतम् ॥ १९
दातव्यमिति यद्दानं दीयतेऽनुपकारिणे ।
देशे काले च पात्रे च तद्दानं सात्त्विकं स्मृतम् ॥
यत्तु प्रत्युपकारार्थं फलमुद्दिश्य वा पुनः ।
दीयते च परिक्लिष्टं तद्दानं राजसं स्मृतम् ॥ २१
अदेशकाले यद्दानमपात्रेभ्यश्च दीयते ।
असत्कृतमवज्ञातं तत्तामसमुदाहृतम् ॥ २२
ॐ तत्सदिति निर्देशो ब्रह्मणस्त्रिविधः स्मृतः ।
ब्राह्मणास्तेन वेदाश्च यज्ञाश्च विहिताः पुरा ॥ २३
तस्मादोमित्युदाहृत्य यज्ञदानतपःक्रियाः ।
प्रवर्तन्ते विधानोक्ताः सततं ब्रह्मवादिनाम् ॥ २४
तदित्यनभिसंधाय फलं यज्ञतपःक्रियाः ।
दानक्रियाश्च विविधाः क्रियन्ते मोक्षकाङ्क्षिभिः ॥
सद्भावे साधुभावे च सदित्येतत्प्रयुज्यते ।
प्रशस्ते कर्मणि तथा सच्छब्दः पार्थ युज्यते ॥ २६
यज्ञे तपसि दाने च स्थितिः सदिति चोच्यते ।
कर्म चैव तदर्थीयं सदित्येवाभिधीयते ॥ २७
अश्रद्धया हुतं दत्तं तपस्तप्तं कृतं च यत् ।
असदित्युच्यते पार्थ न च तत्प्रेत्य नो इह ॥ २८

इति श्रीमहाभारते भीष्मपर्वणि
एकोनचत्वारिंशोऽध्यायः ॥ ३९ ॥

४०

अर्जुन उवाच ।

संन्यासस्य महाबाहो तत्त्वमिच्छामि वेदितुम् ।
त्यागस्य च हृषीकेश पृथक्केशिनिषूदन ॥ १

श्रीभगवानुवाच ।

काम्यानां कर्मणां न्यासं संन्यासं कवयो विदुः ।
सर्वकर्मफलत्यागं प्राहुस्त्यागं विचक्षणाः ॥ २
त्याज्यं दोषवदित्येके कर्म प्राहुर्मनीषिणः ।
यज्ञदानतपःकर्म न त्याज्यमिति चापरे ॥ ३
निश्चयं शृणु मे तत्र त्यागे भरतसत्तम ।

त्यागो हि पुरुषव्याघ्र त्रिविधः संप्रकीर्तितः ॥ ४
यज्ञदानतपःकर्म न त्याज्यं कार्यमेव तत् ।
यज्ञो दानं तपश्चैव पावनानि मनीषिणाम् ॥ ५
एतान्यपि तु कर्माणि सङ्गं त्यक्त्वा फलानि च ।
कर्तव्यानीति मे पार्थ निश्चितं मतमुत्तमम् ॥ ६
नियतस्य तु संन्यासः कर्मणो नोपपद्यते ।
मोहात्तस्य परित्यागस्तामसः परिकीर्तितः ॥ ७
दुःखमित्येव यत्कर्म कायक्लेशभयात्त्यजेत् ।
स कृत्वा राजसं त्यागं नैव त्यागफलं लभेत् ॥ ८
कार्यमित्येव यत्कर्म नियतं क्रियतेऽर्जुन ।
सङ्गं त्यक्त्वा फलं चैव स त्यागः सात्त्विको मतः ॥
न द्वेष्ट्यकुशलं कर्म कुशले नानुषज्जते ।
त्यागी सत्त्वसमाविष्टो मेधावी छिन्नसंशयः ॥ १०
न हि देहभृता शक्यं त्यक्तुं कर्माण्यशेषतः ।
यस्तु कर्मफलत्यागी स त्यागीत्यभिधीयते ॥ ११
अनिष्टमिष्टं मिश्रं च त्रिविधं कर्मणः फलम् ।
भवत्यत्यागिनां प्रेत्य न तु संन्यासिनां क्वचित् ॥
पञ्चैतानि महाबाहो कारणानि निबोध मे ।
सांख्ये कृतान्ते प्रोक्तानि सिद्धये सर्वकर्मणाम् ॥ १३
अधिष्ठानं तथा कर्ता करणं च पृथग्विधम् ।
विविधाश्च पृथक्चेष्टा दैवं चैवात्र पञ्चमम् ॥ १४
शरीरवाङ्मनोभिर्यत्कर्म प्रारभते नरः ।
न्याय्यं वा विपरीतं वा पञ्चैते तस्य हेतवः ॥ १५
तत्रैवं सति कर्तारमात्मानं केवलं तु यः ।
पश्यत्यकृतबुद्धित्वान्न स पश्यति दुर्मतिः ॥ १६
यस्य नाहंकृतो भावो बुद्धिर्यस्य न लिप्यते ।
हत्वापि स इमाँल्लोकान्न हन्ति न निबध्यते ॥ १७
ज्ञानं ज्ञेयं परिज्ञाता त्रिविधा कर्मचोदना ।
करणं कर्म कर्तेति त्रिविधः कर्मसंग्रहः ॥ १८
ज्ञानं कर्म च कर्ता च त्रिधैव गुणभेदतः ।
प्रोच्यते गुणसंख्याने यथावच्छृणु तान्यपि ॥ १९
सर्वभूतेषु येनैकं भावमव्ययमीक्षते ।
अविभक्तं विभक्तेषु तज्ज्ञानं विद्धि सात्त्विकम् ॥
पृथक्त्वेन तु यज्ज्ञानं नानाभावान्पृथग्विधान् ।
वेत्ति सर्वेषु भूतेषु तज्ज्ञानं विद्धि राजसम् ॥ २१
यत्तु कृत्स्नवदेकस्मिन्कार्ये सक्तमहैतुकम् ।
अतत्त्वार्थवदल्पं च तत्तामसमुदाहृतम् ॥ २२
नियतं सङ्गरहितमरागद्वेषतः कृतम् ।
अफलप्रेप्सुना कर्म यत्तत्सात्त्विकमुच्यते ॥ २३
यत्तु कामेप्सुना कर्म साहंकारेण वा पुनः ।
क्रियते बहुलायासं तद्राजसमुदाहृतम् ॥ २४
अनुबन्धं क्षयं हिंसामनपेक्ष्य च पौरुषम् ।
मोहादारभ्यते कर्म यत्तत्तामसमुच्यते ॥ २५
मुक्तसङ्गोऽनहंवादी धृत्युत्साहसमन्वितः ।
सिद्ध्यसिद्ध्योर्निर्विकारः कर्ता सात्त्विक उच्यते ॥
रागी कर्मफलप्रेप्सुर्लुब्धो हिंसात्मकोऽशुचिः ।
हर्षशोकान्वितः कर्ता राजसः परिकीर्तितः ॥ २७
अयुक्तः प्राकृतः स्तब्धः शठो नैकृतिकोऽलसः ।
विषादी दीर्घसूत्री च कर्ता तामस उच्यते ॥ २८
बुद्धेर्भेदं धृतेश्चैव गुणतस्त्रिविधं शृणु ।
प्रोच्यमानमशेषेण पृथक्त्वेन धनंजय ॥ २९
प्रवृत्तिं च निवृत्तिं च कार्याकार्ये भयाभये ।
बन्धं मोक्षं च या वेत्ति बुद्धिः सा पार्थ सात्त्विकी ॥
यया धर्ममधर्मं च कार्यं चाकार्यमेव च ।
अयथावत्प्रजानाति बुद्धिः सा पार्थ राजसी ॥ ३१
अधर्मं धर्ममिति या मन्यते तमसावृता ।
सर्वार्थान्विपरीतांश्च बुद्धिः सा पार्थ तामसी ॥ ३२
धृत्या यया धारयते मनःप्राणेन्द्रियक्रियाः ।
योगेनाव्यभिचारिण्या धृतिः सा पार्थ सात्त्विकी ॥
यया तु धर्मकामार्थान्धृत्या धारयतेऽर्जुन ।

प्रसङ्गेन फलाकाङ्क्षी धृतिः सा पार्थ राजसी ॥ ३४
यया स्वप्नं भयं शोकं विषादं मदमेव च ।
न विमुञ्चति दुर्मेधा धृतिः सा पार्थ तामसी ॥ ३५
सुखं त्विदानीं त्रिविधं शृणु मे भरतर्षभ ।
अभ्यासाद्रमते यत्र दुःखान्तं च निगच्छति ॥ ३६
यत्तदग्रे विषमिव परिणामेऽमृतोपमम् ।
तत्सुखं सात्त्विकं प्रोक्तमात्मबुद्धिप्रसादजम् ॥ ३७
विषयेन्द्रियसंयोगाद्यत्तदग्रेऽमृतोपमम् ।
परिणामे विषमिव तत्सुखं राजसं स्मृतम् ॥ ३८
यदग्रे चानुबन्धे च सुखं मोहनमात्मनः ।
निद्रालस्यप्रमादोत्थं तत्तामसमुदाहृतम् ॥ ३९
न तदस्ति पृथिव्यां वा दिवि देवेषु वा पुनः ।
सत्त्वं प्रकृतिजैर्मुक्तं यदेभिः स्यात्त्रिभिर्गुणैः ॥ ४०
ब्राह्मणक्षत्रियविशां शूद्राणां च परंतप ।
कर्माणि प्रविभक्तानि स्वभावप्रभवैर्गुणैः ॥ ४१
शमो दमस्तपः शौचं क्षान्तिरार्जवमेव च ।
ज्ञानं विज्ञानमास्तिक्यं ब्रह्मकर्म स्वभावजम् ॥ ४२
शौर्यं तेजो धृतिर्दाक्ष्यं युद्धे चाप्यपलायनम् ।
दानमीश्वरभावश्च क्षत्रकर्म स्वभावजम् ॥ ४३
कृषिगोरक्ष्यवाणिज्यं वैश्यकर्म स्वभावजम् ।
परिचर्यात्मकं कर्म शूद्रस्यापि स्वभाजम् ॥ ४४
स्वे स्वे कर्मण्यभिरतः संसिद्धिं लभते नरः ।
स्वकर्मनिरतः सिद्धिं यथा विन्दति तच्छृणु ॥ ४५
यतः प्रवृत्तिर्भूतानां येन सर्वमिदं ततम् ।
स्वकर्मणा तमभ्यर्च्य सिद्धिं विन्दति मानवः ॥ ४६
श्रेयान्स्वधर्मो विगुणः परधर्मात्स्वनुष्ठितात् ।
स्वभावनियतं कर्म कुर्वन्नाप्नोति किल्बिषम् ॥ ४७
सहजं कर्म कौन्तेय सदोषमपि न त्यजेत् ।
सर्वारम्भा हि दोषेण धूमेनाग्निरिवावृताः ॥ ४८
असक्तबुद्धिः सर्वत्र जितात्मा विगतस्पृहः ।
नैष्कर्म्यसिद्धिं परमां संन्यासेनाधिगच्छति ॥ ४९
सिद्धिं प्राप्तो यथा ब्रह्म तथाप्नोति निबोध मे ।
समासेनैव कौन्तेय निष्ठा ज्ञानस्य या परा ॥ ५०
बुद्ध्या विशुद्धया युक्तो धृत्यात्मानं नियम्य च ।
शब्दादीन्विषयांस्त्यक्त्वा रागद्वेषौ व्युदस्य च ॥ ५१
विविक्तसेवी लघ्वाशी यतवाक्कायमानसः ।
ध्यानयोगपरो नित्यं वैराग्यं समुपाश्रितः ॥ ५२
अहंकारं बलं दर्पं कामं क्रोधं परिग्रहम् ।
विमुच्य निर्ममः शान्तो ब्रह्मभूयाय कल्पते ॥ ५३
ब्रह्मभूतः प्रसन्नात्मा न शोचति न काङ्क्षति ।
समः सर्वेषु भूतेषु मद्भक्तिं लभते पराम् ॥ ५४
भक्त्या मामभिजानाति यावान्यश्चास्मि तत्त्वतः ।
ततो मां तत्त्वतो ज्ञात्वा विशते तदनन्तरम् ॥ ५५
सर्वकर्माण्यपि सदा कुर्वाणो मद्व्यपाश्रयः ।
मत्प्रसादादवाप्नोति शाश्वतं पदमव्ययम् ॥ ५६
चेतसा सर्वकर्माणि मयि संन्यस्य मत्परः ।
बुद्धियोगमुपाश्रित्य मच्चित्तः सततं भव ॥ ५७
मच्चित्तः सर्वदुर्गाणि मत्प्रसादात्तरिष्यसि ।
अथ चेत्त्वमहंकारान्न श्रोष्यसि विनङ्क्ष्यसि ॥ ५८
यदहंकारमाश्रित्य न योत्स्य इति मन्यसे ।
मिथ्यैष व्यवसायस्ते प्रकृतिस्त्वां नियोक्ष्यति ॥ ५९
स्वभावजेन कौन्तेय निबद्धः स्वेन कर्मणा ।
कर्तुं नेच्छसि यन्मोहात्करिष्यस्यवशोऽपि तत् ॥ ६०
ईश्वरः सर्वभूतानां हृद्देशेऽर्जुन तिष्ठति ।
भ्रामयन्सर्वभूतानि यन्त्रारूढानि मायया ॥ ६१
तमेव शरणं गच्छ सर्वभावेन भारत ।
तत्प्रसादात्परां शान्तिं स्थानं प्राप्स्यसि शाश्वतम् ॥
इति ते ज्ञानमाख्यातं गुह्याद्गुह्यतरं मया ।
विमृश्यैतदशेषेण यथेच्छसि तथा कुरु ॥ ६३
सर्वगुह्यतमं भूयः शृणु मे परमं वचः ।

इष्टोऽसि मे दृढमिति ततो वक्ष्यामि ते हितम् ॥ ६४
मन्मना भव मद्भक्तो मद्याजी मां नमस्कुरु ।
मामेवैष्यसि सत्यं ते प्रतिजाने प्रियोऽसि मे ॥ ६५
सर्वधर्मान्परित्यज्य मामेकं शरणं व्रज ।
अहं त्वा सर्वपापेभ्यो मोक्षयिष्यामि मा शुचः ॥ ६६
इदं ते नातपस्काय नाभक्ताय कदाचन ।
न चाशुश्रूषवे वाच्यं न च मां योऽभ्यसूयति ॥ ६७
य इदं परमं गुह्यं मद्भक्तेष्वभिधास्यति ।
भक्तिं मयि परां कृत्वा मामेवैष्यत्यसंशयः ॥ ६८
न च तस्मान्मनुष्येषु कश्चिन्मे प्रियकृत्तमः ।
भविता न च मे तस्मादन्यः प्रियतरो भुवि ॥ ६९
अध्येष्यते च य इमं धर्म्यं संवादमावयोः ।
ज्ञानयज्ञेन तेनाहमिष्टः स्यामिति मे मतिः ॥ ७०
श्रद्धावाननसूयश्च शृणुयादपि यो नरः ।
सोऽपि मुक्तः शुभाँल्लोकान्प्राप्नुयात्पुण्यकर्मणाम् ॥
कच्चिदेतच्छ्रुतं पार्थ त्वयैकाग्रेण चेतसा ।
कच्चिदज्ञानसंमोहः प्रनष्टस्ते धनंजय ॥ ७२

अर्जुन उवाच ।

नष्टो मोहः स्मृतिर्लब्धा त्वत्प्रसादान्मयाच्युत ।
स्थितोऽस्मि गतसंदेहः करिष्ये वचनं तव ॥ ७३

संजय उवाच ।

इत्यहं वासुदेवस्य पार्थस्य च महात्मनः ।
संवादमिममश्रौषमद्भुतं रोमहर्षणम् ॥ ७४
व्यासप्रसादाच्छ्रुतवानेतद्गुह्यमहं परम् ।
योगं योगेश्वरात्कृष्णात्साक्षात्कथयतः स्वयम् ॥ ७५
राजन्संस्मृत्य संस्मृत्य संवादमिममद्भुतम् ।
केशवार्जुनयोः पुण्यं हृष्यामि च मुहुर्मुहुः ॥ ७६
तच्च संस्मृत्य संस्मृत्य रूपमत्यद्भुतं हरेः ।
विस्मयो मे महान्राजन्हृष्यामि च पुनः पुनः ॥ ७७
यत्र योगेश्वरः कृष्णो यत्र पार्थो धनुर्धरः ।
तत्र श्रीर्विजयो भूतिर्ध्रुवा नीतिर्मतिर्मम ॥ ७८

इति श्रीमहाभारते भीष्मपर्वणि
चत्वारिंशोऽध्यायः ॥ ४० ॥

॥ समाप्तं भगवद्गीतापर्व ॥

४१

संजय उवाच ।

ततो धनंजयं दृष्ट्वा बाणगाण्डीवधारिणम् ।
पुनरेव महानादं व्यसृजन्त महारथाः ॥ १
पाण्डवाः सोमकाश्चैव ये चैषामनुयायिनः ।
दध्मुश्च मुदिताः शङ्खान्वीराः सागरसंभवान् ॥ २
ततो भेर्यश्च पेश्यश्च क्रकचा गोविषाणिकाः ।
सहसैवाभ्यहन्यन्त ततः शब्दो महानभूत् ॥ ३
अथ देवाः सगन्धर्वाः पितरश्च जनेश्वर ।
सिद्धचारणसंघाश्च समीयुस्ते दिदृक्षया ॥ ४
ऋषयश्च महाभागाः पुरस्कृत्य शतक्रतुम् ।
समीयुस्तत्र सहिता द्रष्टुं तद्वैशसं महत् ॥ ५
ततो युधिष्ठिरो दृष्ट्वा युद्धाय सुसमुद्यते ।
ते सेने सागरप्रख्ये मुहुः प्रचलिते नृप ॥ ६
विमुच्य कवचं वीरो निक्षिप्य च वरायुधम् ।
अवरुह्य रथात्तूर्णं पद्भ्यामेव कृताञ्जलिः ॥ ७
पितामहमभिप्रेक्ष्य धर्मराजो युधिष्ठिरः ।
वाग्यतः प्रययौ येन प्राङ्मुखो रिपुवाहिनीम् ॥ ८
तं प्रयान्तमभिप्रेक्ष्य कुन्तीपुत्रो धनंजयः ।
अवतीर्य रथात्तूर्णं भ्रातृभिः सहितोऽन्वयात् ॥ ९
वासुदेवश्च भगवान्पृष्ठतोऽनुजगाम ह ।
यथामुख्याश्च राजानस्तमन्वाजग्मुरुत्सुकाः ॥ १०

अर्जुन उवाच ।

किं ते व्यवसितं राजन्यदस्मानपहाय वै ।
पद्भ्यामेव प्रयातोऽसि प्राङ्मुखो रिपुवाहिनीम् ॥ ११

Abstract

Bhagavadgītā

Translated and Annotated by Lim Geundong

In the Vedānta School, one of the six philosophies of India, there are three sutras: Upaniṣad, Bhagavadgītā, and Brahmasūtra. The Vedānta School has two major sects: the Advaita Vedānta School, centered on Śaṁkara, a figure from around the 8th century, and the Viśiṣṭādvaita Vedānta School, with Rāmānuja, a figure from around the 11th century. Therefore, among the commentaries of Bhagavadgītā, the commentaries with the highest authority are those of Śaṁkara and the commentaries of Rāmānuja. These commentaries are in Sanskrit. Bhagavadgītā, originally a part of Mahābarata, consists of 18 chapters, and in Mahābarata, there are no separate titles for these 18 chapters. Therefore, in principle, each chapter of Bhagavadgītā has no title. However, Śaṁkara and Rāmānuja, who have the highest authority among the commentators of Bhagavadgītā, give each chapter of Bhagavadgītā a title.

Bhagavadgītā is a collection of the essence of the meaning contained in all the Vedas, and it is very difficult to understand its profound meaning without the comments of Śaṁkara and Rāmānuja. The teachings of Bhagavadgītā are aimed at supreme happiness, that is, absolute cessation of reincarnation with cause. The teachings of Bhagavadgītā reveal these two dharmas, the dharma in the form of advancing and the dharma in the retreating form, which aim at the ultimate happiness, and the supreme existence, called the supreme Brahman, known as Vāsudeva. By knowing the teachings of this Bhagavadgītā, the achievement of all human goals (puruṣārtha) is achieved.

Based on the comments of Śaṁkara and Rāmānuja, this book translates Bhagavadgītā directly from Sanskrit into Korean, and important parts of the commentaries of Śaṁkara and Rāmānuja are transrated from Sanskrit into Korean and added as footnotes.

This book was translated from the second volume of Critical edition of The Mahābhārata, published by The Bhandarkar Oriental Research Institute in Poona in 1972. Also, the Sanskrit Hindi version (Reprint, 1996) of Śaṁkara's commentary on Bhagavadgītā published by Gītāpress and the Sanskrit Hindi version of the commentary by Rāmānuja published by the same publisher (Reprint, 2017) as a copy of the translation.